Das Neue Zeitalter
New Age und kirchliche Erwachsenenbildung –
Versuch einer kritischen Auseinandersetzung

Europäische Hochschulschriften

Publications Universitaires Européennes
European University Studies

Reihe XI
Pädagogik

Série XI Series XI
Pédagogie
Education

Bd./Vol. 482

PETER LANG
Frankfurt am Main · Bern · New York · Paris

Kurt Finger

Das Neue Zeitalter

New Age und kirchliche
Erwachsenenbildung –
Versuch einer kritischen
Auseinandersetzung

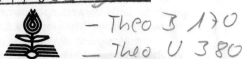

PETER LANG
Frankfurt am Main · Bern · New York · Paris

Die Deutsche Bibliothek - CIP-Einheitsaufnahme

Finger, Kurt:

Das neue Zeitalter : New Age und kirchliche
Erwachsenenbildung – Versuch einer kritischen
Auseinandersetzung / Kurt Finger. - Frankfurt am Main ; Bern ;
New York ; Paris : Lang, 1991
  (Europäische Hochschulschriften : Reihe 11, Pädagogik ;
  Bd. 482)
  Zugl.: Wien, Univ., Diss., 1989
  ISBN 3-631-44037-5

NE: Europäische Hochschulschriften / 11

ISSN 0531-7398
ISBN 3-631-44037-5

© Verlag Peter Lang GmbH, Frankfurt am Main 1991
Alle Rechte vorbehalten.

Printed in Germany 1 2   4 5 6 7

INHALTSVERZEICHNIS

Kurzzusammenfassung

Diese Arbeit setzt sich im ersten Teil mit dem Phänomen 'New Age' auseinander. Hauptlinien, Geschichte und Erscheinungsweisen dieser vielgestaltigen Strömung werden von verschiedenen Blickwinkeln aus dargestellt.
Im zweiten Teil wird eine kritische Auseinandersetzung Christentum-New Age versucht, bei der das New Age als Antwort auf Defizite der kirchlichen Verkündigung charakterisiert wird. Der Frage nach den unterschiedlichen Gottesvorstellungen kommt in diesem Abschnitt besondere Bedeutung zu.
Der dritte Teil beschreibt, nach einer Schilderung des Selbstverständnisses katholischer Erwachsenenbildung, diesen Bereich als ein Forum des Dialoges Christentum-New Age. Dieser Dialog wird als eine wichtige Herausforderung für die kirchliche Verkündigung im ausgehenden 20.Jahrhundert verstanden.

In the first part of this thesis, a general survey of the phenomenon <New Age> ist given. The main currents, the history, and the different types of this manifold movement are presented from various points of view.
The main concern of the second part has been to provide a critical analysis of the relationship between the christian faith and the <New Age> movement, whereby the latter proves to be an answer to the deficiencies of present trends in church preaching. The question of the different conceptions of God ist particularly important in this part.
In the third part, it has been tried to settle the objects of catholic adult education, which turns out to be a potential forum for the dialogue between Christianity and <New Age>. This dialogue is regardet as an important challenge for the church preachings of the late 20th century.

Zitation

Bei erstmaliger Zitation werden Verfasser (Vorname, Zuname), Titel, Untertitel(n), Erscheinungsort, Erscheinungsjahr und Seite angeführt. Bei jeder weiteren Zitation: Zuname des Verfassers, Erscheinungsjahr und Seitenzahl.
Eine unmittelbar folgende Zitation desselben Werkes erfolgt mit ebd. und Seitenangabe, oder nur mit ebd., wenn auf dieselbe Seite wie im vorangegangenen Zitat Bezug genommen wird. Sind mehrere Werke desselben Autors in einem Jahr erschienen, werden diese im Zitat durch a,b,c... unterschieden (vgl. auch Literaturverzeichnis).

Abkürzungen

LThK	Lexikon für Theologie und Kirche (vgl. auch Literaturverzeichnis)
Tln.	Teilnehmer (Abschnitt 4, Anhang)
NA	New Age (Abschnitt 4, Strukturgitter)
EB	Erwachsenenbildung (Abschnitt 4)
Sp.	Spalte

VORWORT

Mein Zugang zum Thema

Durch die Beschäftigung mit Fragen der Ökologie, des Rollenverständnisses von Mann und Frau und christlichem Zen im Bereich der kirchlichen Erwachsenenbildung bin ich erstmals auf Phänomene gestoßen, von denen ich nach und nach erfuhr, daß sie unter den Begriff "New Age" subsumiert werden.

Über die Lektüre von Capras "Wendezeit" und Fergusons "Sanfter Verschwörung" habe ich dann Zugang zu weiterer New Age–Literatur gefunden. Durch den Besuch von Veranstaltungen, die sich als dem New Age verpflichtet ausgaben, habe ich versucht, mich intensiver mit dieser Strömung auseinanderzusetzen.

Manche Denkansätze des New Age erschienen mir plausibel und bedenkenswert (Ganzheitlichkeit, ökologisches Verantwortungsbewußtsein, neues Rollenverständnis Frau-Mann, Bereitschaft zur Überprüfung des eigenen Denkrahmens, Aufwertung konkreter Erfahrung); andere forderten mich zur kritischen Abgrenzung heraus (entpersonalisiertes Gottesbild, Ausspielen der Erfahrung gegenüber der Reflexion, Totalitätsansprüche holistischer Konzepte).

Dabei tauchte in mir auch immer wieder die Frage auf, was Menschen – vor allem junge Menschen – dazu bringt, sich mit den oft widersprüchlichen, wirr und abstrus wirkenden Theorien des New Age ernsthaft auseinanderzusetzen. Denn durch alle Verworrenheit, Geschäftemacherei und oberflächliche Effekthascherei hindurch ist mir klar geworden, daß bei vielen Kursteilnehmern und –leitern ehrliches, religiös-spirituelles Suchen Motiv für diese Auseinandersetzung ist.

Es stellte sich mir auch die Frage, nach welchen Kriterien dem New Age von einer christlichen Grundposition aus offen, kritisch und fair zu begegnen sei. Dazu kam die Beobachtung, daß im Bereich der kirchlichen Erwachsenenbildung viele Themen, die dem New Age verdeckt oder offen zuzurechnen sind, unreflektiert und unkritisch übernommen werden.

So war für mich ein weiterer Punkt der Überlegung, wie kirchliche Erwachsenenbildung vom eigenen Selbstverständnis aus ebenso offen, kritisch und fair auf das New Age eingehen könnte, und auf welche Inhalte es bei einer Auseinandersetzung mit dem New Age besonders ankäme.

Da ich schon seit längerer Zeit im Bereich der katholischen Erwachsenenbildung als freier Mitarbeiter tätig bin, wollte ich den angesprochenen Fragen intensiver nachgehen und habe sie daher im Rahmen dieser Arbeit thematisiert.

Aufbau der Arbeit

Im ersten Teil setzt sich diese Arbeit mit dem Phänomen New Age auseinander. Hauptlinien, Geschichte und Erscheinungsweisen dieser vielgestaltigen Strömung werden von verschiedenen Blickwinkeln aus dargestellt. Wiederholungen und Überschneidungen sind dabei kaum zu vermeiden. Ich nehme diese aber in Kauf, um ein möglichst breites Bild des Neuen Zeitalters zu skizzieren.

Im zweiten Teil wird eine kritische Auseinandersetzung Christentum-New Age versucht, bei der das New Age als Antwort auf Defizite der kirchlichen Verkündigung charakterisiert wird. Der Frage nach den unterschiedlichen Gottesvorstellungen im Christentum und im New Age kommt in diesem Abschnitt besondere Bedeutung zu.

Der dritte Teil beschreibt nach einer Abhandlung zum Selbstverständnis der katholischen Erwachsenenbildung diesen Bereich als ein mögliches Forum des Dialoges Christentum-New Age. Dieser Dialog wird als eine wichtige Herausforderung für die kirchliche Verkündigung im ausgehenden 20.Jahrhundert verstanden.

Im Anhang werden Modellprojekte für Erwachsenenbildungsveranstaltungen vorgestellt, die, didaktisch-methodisch auf unterschiedliche Zielgruppen hin strukturiert, einige Themenfacetten des New Age ansprechen.

Dank

Mein besonderer Dank gilt Herrn Universitätsprofessor Dr. Herbert Zdarzil für die vielen Impulse und kritischen Hinweise im Gespräch.
Herrn Dr. Guido Heintel und Herrn Universitätsdozent Dr. Karl Garnitschnig danke ich für die freundschaftliche Betreuung und Begleitung.

Schönkirchen, im April 1991   Kurt Finger

1. DAS PHÄNOMEN

1.1. DIE NEW AGE-SZENE: SCHLAGLICHTER

1.1.1. Bioenergetik, Primär-, Gestalttherapie und Rebirthing – ein Seminarbericht

3.–7. Jänner 1988. Ein hochgelegenes Bauerngehöft im Reichraminger Hintergebirge, Oberösterreich. Ich besuche ein Seminar mit T.S., einer Schweizer Therapeutin. In der Ausschreibung des Seminars war die Rede von der Möglichkeit, über bewußtes Atmen, gruppendynamische Prozesse, Körperarbeit und Meditation zu einer verstärkten Auseinandersetzung mit der eigenen Persönlichkeit zu gelangen.

Die Unterbringung auf dem Sternhof, so der Name des Bauernhofs, ist extrem einfach, Frauen und Männer getrennt in je einer Dachkammer. Der ehemalige Bergbauernhof wird zur Zeit von einem belgischen Ehepaar geführt. Der Mann ist Musiklehrer und Astrologe; die Frau sorgt für eine naturnahe Ernährung der Kursteilnehmer. Zum Teil lebt das Ehepaar mit seinen zwei Kindern vom Vermieten des Hofes für Kurse und Seminare; astrologische Beratung durch den Hausherrn ist möglich. Ein größerer Dachraum ist zu einem Seminarraum ausgebaut.

Von den 19 Teilnehmern – 11 Frauen und 8 Männer – kennen einander einige; die Begrüßung ist herzlich: Kuß, Umarmung. T., die Therapeutin, knapp 60 Jahre alt, geht auf mich zu, faßt mich an den Oberarmen, sieht mich lange an und sagt dann: "Du bist neu, willkommen!" Mit ihren weißen langen Haaren, ihrer ganz einfachen Kleidung, ihrer tiefen Stimme und der sanften Art der Zuwendung wirkt sie wie eine Mischung aus gütiger Oma, Guru und weißer Hexe. Später komme ich dann dahinter, daß sie mit diesem Flair durchaus kokettiert. Für einige der Teilnehmer, die sie schon aus früheren Seminaren kennen, scheint sie tatsächlich eine Art Guru zu sein. Ihr Wort hat Autorität; was sie sagt, wird nahezu wie eine Offenbarung aufgenommen.

Nach dem Eintreffen am späten Nachmittag, einem einfachen Abendessen und organisatorischen Hinweisen steigen wir mit einem meditativen Kreistanz in das Seminar ein. Zum Largo aus Bachs Konzert für Flöte und Streicher in g-Moll gibt uns T. eine langsame Schrittfolge vor. Wir fassen einander an den Händen und werden von Melodie, Rhythmus und gemeinsamer Bewegung getragen.

Nach einer Vorstellrunde – die Teilnehmer kommen aus allen möglichen Berufen, Lehrer sind in der Überzahl – klingt der Tag bei zwanglosen Gesprächen in der Wohnstube aus. Die Hausfrau versteht es, Atmosphäre zu schaffen: In einem alten Kachelofen knistert Holz, am Christbaum brennen einige Kerzen...

Der Morgen beginnt in Schweigen: Dusche, bioenergetische Übungen, das Lied "Morning has broken" (Cat Stevens) als Morgenlob, Frühstück (Müsli, Vollkornbrot, eigenerzeugter Honig, getrocknete Früchte, Milch, Kaffee). Während des Frühstücks signalisiert ein "Guten Morgen allerseits" von T. das Ende des Schweigens. Langsam setzt die Unterhaltung ein.

Es folgen Gruppensitzungen, unterbrochen von Tanz, Gesang und Zeit für Spaziergänge oder Einzelaussprachen mit T. Unterschiedlichste Probleme und Sorgen tauchen auf. Eine Teilnehmerin leidet unter einem hartnäckigen Hautausschlag an den Beinen. In einer Gestaltsitzung wird dieser Ausschlag, an dem sich die Schulmedizin bisher mit nur geringen Erfolgen versucht hat, zum Thema. Zunächst entblößt die Teilnehmerin ihre Beine, geht von einem zum andern in der Gruppe, zeigt ihren Hautausschlag her, erzählt dabei, wie sie sich durch ihn behindert, belästigt fühlt. Anschließend wird sie von T. angeleitet, diesen Ausschlag als eine Botschaft ihres Unbewußten, das sich über den Körper ausdrückt, zu sehen. Hanna, so der Name der Teilnehmerin, sitzt auf einem Kissen auf dem Boden. Etwa einen Meter vor ihr legt T. ein weiteres Kissen. "Setz deinen Ausschlag hierher, und sag ihm, wie du dich durch ihn eingeschränkt fühlst." Dann: "Wechsle jetzt den Platz; du bist jetzt dein Ausschlag. Sag Hanna, was du ihr mitteilen willst."
Ein Zwiegespräch zwischen Hanna und ihrem Hautausschlag beginnt; Rede – Gegenrede, Argument – Gegenargument. Partnerschaftsprobleme Hannas tauchen auf. Die Beziehung zu ihrem Mann ist schwierig geworden. Sie fühlt sich ihm entfremdet, findet ihn abstoßend – vor allem wenn er trinkt. Sie kann ihm das aber nicht mitteilen und es sich selbst nahezu nicht eingestehen. Der Ausschlag entpuppt sich als Abwehrhilfe gegen die unerwünschten Annäherungsversuche des Partners. Mit ihm kann eine körperliche Begegnung ohne weitere Erklärung und tiefere Auseinandersetzung abgeschlagen werden. T. ermuntert Hanna, zu ihrem Partnerproblem zu stehen, die Abneigung, die sie ihrem Mann gegenüber empfindet, zu akzeptieren und sich näher anzusehen, sich auf eine Auseinandersetzung mit ihm in Offenheit einzulassen; dann hätte der Ausschlag keine Veranlassung mehr, sie zu schützen, und es bestünde eine Chance, daß er von selbst verschwindet.
Ein Beispiel für viele weitere ähnliche Sequenzen. Im Umgang mit den

verschiedenen Körpersignalen zeigt T. zunächst eine große Gewandtheit und Kreativität im Reduzieren auf tieferliegende Probleme, erweist sich aber bald auch als deutlich abhängig von der Akzeptanz ihrer Aussagen durch die Teilnehmer. Auf kritische Anfragen, ob psychosomatische Deutungen so klar und nahezu ausschließlich angeboten werden könnten, reagiert T. sichtlich verstimmt, beruft sich auf ihre Erfahrung und Intuition, spricht von der leib-seelisch-geistigen Einheit des Menschen.

Der Umgang unter den Kursteilnehmern ist ein liebevoller, offener, verständnisvoller. Trotzdem – oder vielleicht gerade deshalb? – entsteht in der Gruppe nach und nach ein Konfliktdruck, der aus vielen kleinen Mißverständnissen, Gedankenlosigkeiten, unbeachteten Geschehnissen seine Nahrung zieht. Im Umgang mit diesen latenten Gruppenkonflikten erlebe ich T. als nahezu hilflos. Die in der Gruppe vorhandene Aggressivität bezieht sie vorschnell auf sich, fühlt sich zum Teil abgelehnt oder doch in ihrer Kompetenz angegriffen und findet keine Möglichkeit, die Konflikte anzusprechen und aufzuarbeiten.

Ihre Strategie empfinde ich als eine meditative Flucht: Wir sitzen im Schneidersitz auf dem Boden, legen die Hände auf die Knie des Nachbarn zur Rechten und zur Linken und schließen die Augen. T. spricht vor, langsam, mit vielen Pausen: "Wir sind verbunden, wir lassen Liebe und Harmonie durch unseren Kreis strömen, Liebe und Harmonie lösen Bosheit und Kränkung auf, wir geben einander Güte und Wohlwollen, wir schenken einander Wärme und Energie, wir nehmen einander an, wir sind einander in Liebe zugetan..." (Meine Aggressivität steigt, mein Rücken schmerzt, meine Oberschenkel sind verkrampft).
Auf meine Anfrage an die Gruppe, ob nun der Konflikt beigelegt sei und wie sich die anderen Teilnehmer fühlten, vermutet T., daß ich den Energiestrom in der Gruppe blockierte, weil ich zu sehr "im Kopf" sei.

Für den dritten Tag ist eine Rebirthing-Einheit geplant. Nach dem Mittagessen hält uns T. zunächst an, einen Gegenstand zu suchen, der uns in die Augen springt, um uns eine Stunde lang schweigend in ihn zu versenken. Das würde die Aufmerksamkeit in unser Inneres lenken und die Konzentrationsfähigkeit für das darauffolgende Nacherleben unserer Geburt steigern. Die Teilnehmer sitzen bald darauf vor einem vertrockneten Blatt, einem Stein, einem leeren Schneckenhaus... den Blick fest darauf geheftet, überall im Haus verteilt; konzentriertes Schweigen. Nach etwa einer Stunde ruft uns T. in den Seminarraum. Wir legen uns auf Decken auf den Boden. T. führt uns langsam in das Kindheitsalter zurück. "Laß vor deinem inneren Auge ein Bild von dir entstehen, das dich mit fünf Jahren zeigt..." – immer weiter zurück.

Schließlich sollen wir, auf dem Rücken liegend mit ausgestreckten Armen anfangen, nach der Mutter zu rufen. Das gelingt anfangs nur vereinzelt und zögernd; dann aber wird das Rufen und Schreien immer intensiver und steigert sich schließlich zu einem Inferno: Schreien, Weinen, Verwünschungen, Fluchen, Beschimpfungen, Rufe nach der Mutter. Dazwischen geht T. von einem zum andern und gibt Ermunterungen: "Mach weiter, gib nicht auf, drück Angst, Wut und Verzweiflung auch mit Händen und Füßen aus, du mußt durch.." Ab einem gewissen Punkt mache ich nicht weiter. Ich beobachte, was vor sich geht. Der Teilnehmer neben mir krümmt sich zu einer fötalen Haltung zusammen, zuckt verkrampft, schreit, versucht, sich mit den Beinen von der Wand abzustemmen. T. kommt ihm zu Hilfe: "Du bist durch, gib nicht auf, komm, du hast es geschafft!" Sie nimmt ihn wie ein Neugeborenes in die Arme, hüllt ihn in Decken, streichelt ihn und spricht leise, liebevoll auf ihn ein.

Nach und nach sind alle "durch" oder haben resigniert. Eine entspannte, gelöste Stille macht sich breit. Dann zeigt uns T. die "Baby-Massage", die wir einander geben; als wäre die Partnerin/der Partner noch ein Baby, streicheln wir zart über die einzelnen Körperteile und erklären dazu: "Das sind deine Augen, mit denen wirst du noch viele Dinge sehen, schöne und häßliche. Das ist dein Hals, er verbindet deinen Kopf mit dem Rumpf. Und das sind deine Finger..."

Für den kommenden Morgen steht ein "Nachtmarsch" auf dem Programm. Um drei Uhr werden wir geweckt. Nach dem Waschen und Anziehen in Stille marschieren wir ohne Frühstück, schweigend, um halb vier los. Unser Ziel ist der etwa 1300 Meter hohe Hochzöbl, auf dem wir die aufgehende Sonne begrüßen wollen. Der Winter ist mild, Straßen und Wiesen vor allem auf den Südseiten sind schneefrei. Der Himmel ist sternklar, der Mond ist im Zunehmen. Wir gehen einzeln oder in kleinen Gruppen auf Forststraßen bergan. Gesprochen wird nicht.

Von Zeit zu Zeit hält uns T. an und macht uns auf das Plätschern eines Rinnsales aufmerksam; dann zitiert sie den Liedtext "Der Mond ist aufgegangen" von Matthias Claudius mit dem Hinweis, daß, wer innerlich weit geworden ist, auch diese alten Texte akzeptieren, mit ihren Bildern etwas anfangen und aus ihnen leben könne. Wir sollen uns am Begriff "Gott" nicht stoßen, sondern ihn entsprechend unseren Erfahrungen und Vorstellungen auffüllen: "Wie ist die Welt so stille und in der Dämmrung Hülle, so traulich und so hold! [...] Gott, laß dein Heil uns schauen, auf nichts Vergänglichs bauen, nicht Eitelkeit uns freun [...] Woll'st endlich sonder Grämen aus dieser Welt uns nehmen durch einen sanften Tod! Und wenn du uns genommen, laß uns in Himmel kommen, du unser Herr und unser Gott".

Auf dem Hochzöbl angekommen, warten wir noch eine knappe halbe Stunde und begrüßen dann die aufgehende Sonne mit ausgestreckten Armen und dem Lied (wir können mittlerweile die drei Strophen auswendig) "Morning has broken". Dann spricht T. von der Erde, unserer Mutter, die wir Menschen mit Chemikalien vergiften, mit Betonbahnen schänden, zu Tode roden. Sie lädt jeden von uns ein, auf seine Weise der Erde zu danken und sie zu segnen. Sie selbst legt sich mit dem Gesicht voran und mit ausgebreiteten Armen auf den Moosboden und verharrt minutenlang in dieser Stellung. Mir kommt wieder das Bild von der Hexe, der wissenden, alten, naturverbundenen Frau, in den Sinn.

Der Abstieg geht flott und mit Gelächter, Singen und Witze-machen; es ist mittlerweile halb zehn; das Frühstück wartet.

Nach dem Mittagessen am vierten Tag: die Schlußrunde. Sie ist dem Feed-back vorbehalten und der Entscheidung der Teilnehmer, ob sie an der Jahresgruppe (ein Wochenende zu Ostern, Pfingsten, Allerheiligen und dazwischen noch zwei- oder dreimal) teilnehmen wollen. Von einem tiefen Erleben wird gesprochen, von der wohltuenden Erfahrung des Schweigens und der Stille, dem Herankommen an die eigenen Gefühle, von Herzlichkeit, Abschied und Hoffnung auf ein Wiedersehen.

Ich sage T., daß ich an der Jahresgruppe nicht teilnehmen werde. Sie versucht mich nicht, wie andere, dazu zu überreden...

1.1.2. Lebenssinn aus dem Supermarkt –
Beispiele von Kursangeboten

Das Angebot an Kursen, Seminaren und Ausbildungsgängen im Umfeld des New Age-Denkens ist unübersichtlich und vielfältig, was ihre thematische Ausrichtung, ihre Veranstalter, ihre Organisation und vielleicht auch ihre Seriosität anbelangt. Da gibt es Fastenkurse (Fasten und Schweigen, Fasten und Meditation, Fasten und die Kunst der Wahrnehmung, Fasten und die Welt der Gefühle), Obertonsingen, Tai Chi-Kurse, Atemtraining, Ausbildungsmöglichkeit zum "Professional-Rebirther", Aikido-Kurse, Psychologische Astrologie, Yoga und Zen, Ganzheitliche Massage und Chakraaktivierung, Kurse zur Entwicklung von Psi-Fähigkeiten, Sufischulung und Meditationsseminare, Einführung in indianische Heilrituale, Tarot- und Reiki-Seminare und vieles mehr.

Geworben wird für diese Seminare in den Anzeigenteilen der ein-

schlägigen Zeitschriften[1], mit Plakaten und Handzetteln (in Bioläden, Lokalen
im Universitätsviertel, in einschlägigen Buchhandlungen, wie etwa "Oktopus",
"777" und "Okkult-Center" in Wien).

Außerdem scheint unter den Veranstaltern ein reger Adressenaustausch
stattzufinden; wer einmal an einem Seminar teilgenommen hat, der ist bereits mit
einem Fuß in der Szene: In regelmäßigen Abständen füllen Prospekte und
Programme den Briefkasten.

So unterschiedlich all diese Angebote auch sein mögen, in den
Momenten Persönlichkeitsentfaltung, Harmonie von Körper, Seele und Geist,
Gesundheit und Spiritualität (was immer im konkreten damit auch gemeint sein
mag) und Erfahrungsorientierung finden sie einen gemeinsamen Mittelpunkt.

In Handzetteln, Prospekten und Programmen ist dann zu lesen:
"Healing Touch, Lehrgang in ganzheitlicher Massage und Energiearbeit –
Ganzheitliche Massage ist eine Synthese der wirksamsten Massagetechniken zum
Auflösen von Spannungen in Körper, Seele und Geist. Von einem ganzheitlichen
Menschenbild ausgehend, verbindet sie Elemente von Polarity-Massage, Klassi-
scher Massage und Shia-tsu mit Intuitivem Energieausgleich und schließt die
Behandlung von Meridianpunkten (Akupressur), Reflexzonen und Energiezentren
(Chakren, Gelenke, Wirbelsäule) ein. Das Ziel dieser 'Kunst der Berührung' ist der
natürliche Fluß der Lebenskraft (auch Energie, Chi, Ki, Prana genannt).
Entspannung und Vitalität sind die Folgen dieses wiedergefundenen Gleichgewichts [...] Auf die Entfaltung dieser Sensibilität [des Massierenden] durch Kör-
perübungen und verschiedene Meditationen sowie auf ausreichend Zeit zum
Massieren wird in der Ausbildung viel Wert gelegt... Der Lehrgang ist für jeden
Menschen zugänglich, der in Familie oder Freundeskreis mit seinen Händen auf
einfache Art helfen will, Blockaden im Energiefluß und Verspannungen im Körper
zu lösen und die Selbstheilungskraft des Organismus zu aktivieren"[2].

Unter dem Titel "Experience, not Philosophy" wirbt ein Prospekt für
ein Seminar mit Richard Baker-Roshi, der als Zen-Meister vorgestellt wird: "Za-Zen
ist die Praxis, in der wir unseren reinen Lebensweg wiedererlangen, jenseits
irgendeiner gewinnhaften Vorstellung und jenseits von Ruhm und Profit. Durch
die Praxis erhalten wir einfach unsere ursprüngliche Natur wie sie ist. Es ist nicht

---

[1]   Esotera; Bio, Zeitschrift für Mensch und Natur; Essentia, Die Zeitschrift für evolutionäre Ideen; Hologramm, Das
        ganzheitliche Magazin; 2000, Magazin für Neues Bewußtsein; Geist und Natur, Das Magazin für Zukunftsfragen, und an-
        dere mehr.
[2]   Prospekt zum Ausbildungsprojekt Healing Touch, Lehrgang in ganzheitlicher Massage und Energiearbeit mit Martin Lob-
        gesang, Wien 1989.

nötig darüber nachzudenken, was unsere reine, ursprüngliche Natur ist, denn sie liegt jenseits unseres verstandesmäßigen Begreifens. Und es ist nicht nötig, sie wert zu schätzen, da sie jenseits unserer Wertschätzung ist..."[3].

Mit dem Hinweis, daß "Yoga im täglichen Leben" speziell für die Bedürfnisse westlicher Menschen entwickelt wurde, wirbt ein Handzettel unter dem Titel "Harmonie für Seele und Geist" für einen laufenden Yoga-Kurs: "Ein meisterhaftes System aus Meditation, Körper-, Atem- und Entspannungstechniken bringt den Menschen in Einklang mit Körper, Geist und Seele: Yoga im täglichen Leben entwickelt ganz natürlich innere Ausgeglichenheit, Kreativität und Lebensfreude, entspannt und harmonisiert Körper und Geist, fördert Gesundheit und stärkt das Selbstvertrauen, kann von Menschen aller Altersstufen problemlos ausgeübt werden..."[4].

In einem Prospekt für ein 3-Tage-Seminar heißt es: "Chakraaktivierung, Selbstheilung und Entwicklung der PSI-Fähigkeiten: Der bekannte amerikanische Heiler Keith Sherwood wird in diesem Seminar die grundlegenden Techniken der Selbstheilung vermitteln. Dies wird er zunächst demonstrieren und anschließend mit den Teilnehmern praktizieren; wie man in seinem Körper bioenergetische Schwingungen erzeugt, wie man die Aura sehen lernt und eine Auradiagnose vornimmt oder durch Handauflegen magnetisch heilt. Verschiedene Meditationsformen werden geübt, die das Erleben bestimmter Bewußtseinszustände ermöglichen. Unter anderem wird das Öffnen und Ausbalancieren der Chakras, die Anwendung des Heilatmens, Alpha-Bewußtsein und Visualisierung erläutert. Die Entwicklung der Hellsichtigkeit durch Psychometrie und psychische Diagnose werden erklärt"[5].

Als letztes Beispiel aus der Vielfalt der Angebote eine kurze Textpassage aus einem Informationsblatt zu einem Seminarkurs zum Thema Bach-Blüten und Meditation: "Ausgang und Zentrum dieses Seminars sind die heilenden Energien der Bach-Blüten, deine körperliche, seelische, geistige Erneuerung und deine spirituelle Überholung und Ausrichtung auf deine göttliche Natur und Einstimmung mit dem kosmischen Gesetz der Liebe und der Einheit. Die Bach-Blüten geben dir einen Spiegel deines JETZT-Zustandes und zeigen dir gleichzeitig den Weg zur Erlösung deiner Lebensgeschichte, indem sie alle Verletzungen, Hemmungen und prägenden Einschränkungen deiner Vergangenheit behutsam auflösen und die in Angst gebundene Energie befreien. INNERES Erleben der

---

[3]   Prospekt Richard Baker-Roshi, 'Experience, not Philosophy', Rastenberg 1989.
[4]   Prospekt 'Harmonie für Körper, Geist und Seele' - Yoga im täglichen Leben, Paramhans Swami Maheshwarananda, Wien o.J.
[5]   Prospekt 'Chakraaktivierung, Selbstheilung und Entwicklung der Psi-Fähigkeiten', Yoga-Institut Dr. Schneider, Wien 1989.

einzelnen Blütenqualitäten und tiefes Verstehen der jeweiligen INFORMATION, die
in der Blüte schwingt, werden deine Wahrnehmung, deine Intuition und die
Fähigkeit in Analogien zu denken, anregen. Wir werden astrologische Zusammenhänge erkennen und durch spezielle Methoden bestimmte Energiequalitäten der
Blüten durch den Körper 'wiedererinnern' und ankern..."[6].

Die technische Qualität der Prospekte könnte ein Hinweis auf die
Prosperität der Veranstalter sein; neben einfachst gestalteten, hand- oder
maschinegeschriebenen und fotokopierten Handzetteln gibt es in Abstufungen
alles bis zum aufwendig gestalteten, gedruckten Prospekt oder Programmheft in
ansprechendem Layout und auf Tiefdruckpapier.

Die Leiter, Trainer oder Lehrer werden in der Regel so vorgestellt,
daß die angeführten Referenzen einen grundsätzlichen Vertrauensvorschuß in
ihre Kompetenz stimulieren. Hinweisen auf Ausbildung bei Lehrern mit exotisch
klingenden Namen, Auslandsaufenthalt, Autorschaft von einschlägigen literari-
schen Werken oder eigene therapeutische Praxis wird dabei offensichtlich eine
besondere Werbewirksamkeit zugeschrieben. Dazu einige Beispiele:

"N.R. lehrt Vipassana-Meditation und wendet Reiki in seiner
therapeutischen Praxis an. Er hat Lyrik, Erzählungen und Artikel in zahlreichen
Zeitschriften veröffentlicht und ist Co-Autor des Buches 'The Healing Sea'. Er
leitet Workshops und Retreats in Österreich, Deutschland, der Schweiz, Schweden,
Großbritannien und New York, wo er seine Privatpraxis hat"[7].

"W.W. - In Asien intensives Studium des Pranayama-Yoga (Yoga
des Atmens) sowie Atem und Trancetechniken der Sufis. Später Hinwendung zur
Humanistischen Psychologie und Ausbildung bei verschiedenen Lehrern in den
Bereichen Rebirthing, Encounter-Techniken, Atemschulung, Körperarbeit
(Bioenergetik, Neo-Reichianische), sowie Chakra- und Energiearbeit. Leitung von
Selbsterfahrungsgruppen und Einzelsitzungen"[8].

"M.L., Arbeit im sozialen Bereich, Studium in Psychologie und
Philosophie, staatliche Ausbildung zum Heilmasseur, Weiterbildung in chinesischer
Punkt-Meridian-Massage bei Foeng Tjoeng Lie,in Shiatsu ·und energetischer
Medizin bei Dr. Reinhard Flick, sowie in Polarity-Massage, Reiki und Reflexzonen.
Mehrjährige Erfahrungen im Neoreichianischer Körperarbeit, Gesundheits-
gymnastik, Tai Chi und Meditation. Studienaufenthalt in Kalifornien. Derzeit
Weiterbildung in verschiedenen Bereichen der humanistischen Psychologie.
Tätigkeit als Massagelehrer und Seminarleiter (Selbsterfahrung, Körperbewußt-

[6]   Prospekt 'Bach-Blüten und Meditation', Megatherian, Rastbach b. Gföhl 1989.
[7]   Prospekt 'Das Ego verstehen: Reiki-Energy Balancing', Buddhistisches Zentrum Scheibbs, 1989.
[8]   Prospekt 'Rebirthing - Atmen und Körperarbeit', WÖB-Weerth, Wien 1989.

sein, Energiearbeit)"[9].

Der Weg zu sich selbst hat auch seinen Preis. Die Kursbeiträge schwanken in ihrer Höhe zwischen bewußt und selbstbewußt. Mitunter scheint es, daß durch die Höhe des Preises die Qualität des Angebotes unterstrichen werden soll: Was so teuer ist, muß gut und erfolgreich sein! Der Kursbeitrag für ein Samstag-Sonntag-Luna-Yoga-Seminar beträgt S 1500,- (ohne Unterkunft u. Verpflegung)[10]; für einen Rebirthingkurs von Freitag 18 Uhr bis Sonntag 17 Uhr werden S 1800,- Kursgebühr zuzüglich S 320,- pro Nacht und für Verpflegung eingehoben[11]. Für ein Reiki-Seminar 2. Grades Samstag 15-19 Uhr und Sonntag 15-19 Uhr sind S 5600,- zu bezahlen[12], und für das Professional-Rebirther-Training (12 Tage jeweils von 9-17 Uhr) S 15.000,-[13].

Viele Veranstalter halten es für notwendig, mögliche Teilnehmer von vornherein auf ihre Eigenverantwortung hinzuweisen: "Die Teilnahme am Kurs ist freiwillig. Jeder Teilnehmer trägt die Verantwortung für sich selbst und seine Handlungen"[14]; oder: "Ich erkläre, daß ich geistig und körperlich in der Lage bin, an einem Atem-Selbsterfahrungsseminar teilzunehmen und für mich selbst verantwortlich bin"[15]; oder: "Luna Yoga ist ein selbstverantwortlicher Prozeß und die Teilnehmerinnen übernehmen die Verantwortung für sich selbst"[16].

1.1.3. Bücher, Zeitschriften, Kassetten – Beispiele der Vermarktung.

Offenbar schlägt sich das New Age-Denken besonders im Bereich des Verlagwesens zu Buche. Nach einem Bericht von Michael Hesemann über die Frankfurter Buchmesse 1988 im "Magazin 2000"[17] sind bereits 12 % des Gesamtumsatzes des deutschen Buchhandels im Jahr 1987 New Age-Titeln zu

[9]   Prospekt zum Ausbildungsprojekt Healing Touch, Lehrgang in ganzheitlicher Massage und Energiearbeit mit Martin Lob-gesang, Wien 1989.
[10]   Prospekt, Luna Yoga, Adelheid Ohlig, Altenmarkt 1989.
[11]   Prospekt 'Rebirthing oder Die Freiheit ist in dir', Bruckner, Kupitz, Wien 1989.
[12]   Prospekt 'Reiki-Seminar', Fries-Tersch, Wien 1989.
[13]   Bewußtsein, Programm und Forum Nr.47, Februar 1989, S.14.
[14]   Prospekt zum Ausbildungsprojekt Healing Touch, Lehrgang in ganzheitlicher Massage und Energiearbeit mit Martin Lob-gesang, Wien 1989.
[15]   Prospekt 'Rebirthing oder Die Freiheit ist in dir'", Bruckner, Kupitz, Wien 1989.
[16]   Prospekt, Luna Yoga, Adelheid Ohlig, Altenmarkt 1984.
[17]   Michael Hesemann, Messebummel. In: 2000, Magazin für neues Bewußtsein Nr.79, Göttingen Dez.88/Jan.89, S.60f.

verdanken.

Ein Großverlag wie Goldmann bietet, bezogen auf seine Gesamt-produktion, 55 % der Sachbuchtitel und 40 % der Hardcoverreihe zu diesem Themenbereich an – insgesamt etwa 250 Titel. Knaur hat in einer Reihe 'Esoterik' etwa 50 und Rowohlt in der Reihe 'Transformation' ebenfalls 50 Titel im Programm. Daneben gibt es eine ganze Reihe von Kleinverlagen, die ihren Verlagsschwerpunkt auf die Themenbereiche New Age, Esoterik, Okkultismus verlegt haben, und die mit einem differenzierten Spezialprogramm und Büchern in gehobener Ausstattung durchaus neben den großen Taschenbuchverlegern bestehen können (Verlage wie Ansata, Ariston, Aquamarin, Horizonte, PE–Peter Erd, Silberschnur, Greuthof).

Dazu reagiert der Buchhandel auf die gesteigerte Nachfrage mit aufwendig gestalteten Sammel- und Spezialkatalogen; so der von Jens Dittmar herausgegebene Katalog "Lebenshilfe und Esoterik – Mit den wichtigsten Büchern oder Tonträgern"[18], oder der Spezialkatalog "Tarot – Spiegel der Seele und des Lebens"[19].

Einige Titelbeispiele sollen in einem ersten Umriß ahnen lassen, wie weitläufig der Themenbereich, der dem New Age-Denken beigezählt wird, ist: "Wandel des Weiblichen – Der Aufbruch der Frau ins New Age" (Herder), "Aromatherapie – Gesundheit und Wohl-befinden durch pflanzliche Essenzen" (Heyne), "Die Botschaft der Edelsteine – Meditation und Spiel" (Hugendubel), "Weisheit aus dem Unbewußten – Channeling als Schlüssel zur geistigen Welt" (Goldmann), "Krankheit als Weg – Deutung und Be-deutung der Krankheitsbilder" (Bertelsmann), "Die Macht Ihres Unterbewußtseins" (Ariston), "Das ganzheitliche Unternehmen – Die Umsetzung des Neuen Denkens in der Praxis zur Sicherung von Gewinn und Lebensfähigkeit" (Scherz), "Managergeheimnisse – Wie Führungskräfte ihr ungenutztes geistiges Potential erschließen" (PE), "Selbsthilfe durch Bach-Blütentherapie – Blumen, die durch die Seele heilen" (Heyne), "Mit der Natur reden – Bäume, Pflanzen, Tiere, Steine, Wasser und Wind offenbaren das verborgene Wissen der Schöpfung" (Ansata), "Das Buch der wahren Praktik in der göttlichen Magie" (Diederichs), "Sich den höheren Energien öffnen – Die unsichtbaren Kräfte des Universums nutzen. Mit praktischen Übungsanleitungen" (Ansata), "Aura und spirituelle Entwicklung. Ein Wegweiser aus der geistigen Welt für ein erfülltes Leben" (Hannemann), "Entfaltung der Persönlichkeit durch psychologische Astrologie" (Hugendubel), "Eros und Religion – Sexualität und Spiritualität" (Panorama), "Naturgeister – wie Seher sie schauen, wie Magier sie rufen"

---

[18]   Jens Dittmar (Red.), Lebenshilfe und Esoterik, München 1988.
[19]   Tarot – Spiegel der Seele und des Lebens.   Tarot, Kabbala, Zahlenmagie; Urania Sachthemenprospekt, ohne Erscheinungsort und Jahreszahl.

(Schikowski), "Runenmagie – Handbuch der Runenkunde" (Schikowski), "Koan – Der Sprung ins Grenzenlose. Das Koan als Mittel der meditativen Schulung im Zen" (Barth), "Die Welt der Schamanen – Traumzeit und innerer Raum – Entdeckungsreise in die Terra incognita der Seele – der Schamane als Pionier der modernen Bewußtseinsforschung" (Barth), "Makrobiotik – Der Weg zu Frieden und Harmonie – Durch gesunde Ernährung in eine bessere Zukunft" (Scherz), "Im Strom des Erwachens – Der Kundaliniweg des Siddha-Yoga und der Individuationsprozeß nach C.G.Jung" (Ansata), "Der Weg zur Göttin der Tiefe – Die Erlösung der dunklen Schwester: eine Initiation für Frauen" (Ansata), "Aus Träumen lernen – mit Träumen leben" (Knaur); die Reihe der Titel ließe sich bis zur Übermüdung weiterführen.

Insgesamt sind zum Themenbereich des New Age bisher rund 40.000 Buchtitel erschienen[20]. Auch traditionell katholische Verlage nehmen sich des Themas an.

Der Verlag Herder/Freiburg bringt unter dem Kennwort "Zeit-Wende-Zeit" eine eigene Taschenbuchreihe auf den Markt, die sich mit dem New Age nicht nur in kritisch christlicher Distanzierung, sondern mit deutlicher Akzeptanz auseinandersetzt (etwa Elmar Gruber, Was ist New Age? – Bewußtseinstransformation und neue Spiritualität, Freiburg 1988).

Ebenso ist der im Bereich katholischer Religionspädagogik profilierte Verlag Kösel/München im Grenzbereich New Age und Christentum tätig geworden. Dies nicht nur durch das Verlegen von Hugo M. Enomiya-Lassalle ("Wohin geht der Mensch?" und "Leben im neuen Bewußtsein") und Bede Griffiths ("Rückkehr zur Mitte – Das Gemeinsame östlicher und westlicher Spiritualität"), sondern auch durch die Herausgabe des Bandes "Der Geist des neuen Zeitalters – New Age-Spiritualität und Christentum" von Günther Schiwy, der zu dem Schluß kommt: "Der Geist des Neuen Zeitalters ist der Geist Gottes"[21].

Michael Hesemann beschreibt in seinem Bericht von der Frankfurter Buchmesse 1988 eine neue Form der esoterischen bzw. New Age-Literatur: "...so zeigt sich, daß immer mehr Verlage 'Channeling' und 'gechannelte' Literatur für sich entdeckt haben"[22].

Unter "Channeling" (Kanalisieren) versteht das New Age die Fähigkeit, Botschaften aus einem Jenseits zu empfangen, sei es durch die Vermittlung Verstorbener, durch Geistführer oder sonstige außerirdische Wesen[23]. Dabei

[20]   Karl-R. Essmann, "Sekten", Neue religiöse Bewegungen, New Age. Menschen auf der Suche nach Sinn. In: Dialog Spezial 3/88, Wien 1988, S.8.
[21]   Günther Schiwy, Der Geist des Neuen Zeitalters. New-Age-Spiritualität und Christentum. München 1987, S.109.
[22]   Hesemann, ebd. S.60.
[23]   vgl. Gruber/Fassberg, New-Age-Wörterbuch. 300 Schlüsselbegriffe von A-Z. Freiburg 1988[2], S.30f.

kann es sich um Gemälde, Zeichnungen, Musik (etwa Rosemary Browns "Musik aus dem Jenseits"!), Literatur oder Heilungswissen handeln. Dies scheint bereits in den Vorformen des New Age Tradition zu haben. Auch Helena Petrowna Blavatsky (1831-1891), die Begründerin der Theosophie, will ihre Botschaften von Wesen aus dem Jenseits, von zwei "Meistern des 2. Strahles", erhalten haben[24].

Titel wie "Ein tibetanischer Mönch spricht aus dem Jenseits" (Silberschnur), "Im Trance-Dialog mit C.G.Jung oder Kontakt mit dem Unbewußten? - Channeling Chronik I 1985-1987" (Silberschnur), "Botschaften aus anderen Dimensionen" (Knaur), sind als Channeling-Literatur ausgewiesen und finden steigenden Absatz. So wurden von dem bei Goldmann verlegten Band 'Weisheit aus dem Unbewußten - Channeling als Schlüssel zur geistigen Welt' bereits im Erscheinungsjahr 6000 Exemplare verkauft[25].

Auch der Phono-Markt hat auf eine durch New Age veränderte Nachfrage reagiert. Besonders in der Sparte Kassetten gibt es ein breites Angebot für jene, die darangehen, ihre Persönlichkeit zu entdecken, ihr Bewußtsein zu verändern und die Wirklichkeit neu zu sehen.

Der Neptun-Verlag, als Spezialverlag für Meditationskassetten ausgewiesen[26], führt Titel wie "Lichtmeditation zur Aktivierung der Chakren", "Mikrokosmos - Makrokosmos, Reise in die Welt - Reise in den Körper", "Heilung, Meditation zur Selbstheilung - der innere Arzt", "Albatros - Music for meditation", "Meditationen für den Skorpion", etc. etc. in seinem Programm.

Für Meditationsmusik - von schwebenden Computer-Klängen über Gregorianischen Choral, Bambusflöte und Keltische Harfe bis zum Meeresrauschen mit Möwenrufen - ist der Aquamarin-Verlag gerüstet, und der MGV-Verlag in Landsberg bringt eine Reihe unter dem Etikett "New-Age-Motivations-Cassetten" auf den Markt, mit Titeln wie "Freiheit durch großzügiges Denken - Loslassen und neues Vertrauen schaffen", "Zukunftsmeditation - So verlieren Sie die Angst vor der Zukunft", "Praxis der Autosuggestion - wie Sie sich selbst und andere positiv beeinflussen", "Das Feuer der Begeisterung -Ein begeisterter Mensch überwindet seine Grenzen".

Zunehmend werden Kassetten mit Subliminal-Technik angeboten. Dabei werden Suggestionen in einem technisch aufwendigen Mischverfahren mit Musik so verbunden, daß sie unter der Schwelle bewußter Wahrnehmung bleiben ("subliminal"), vom Verstand daher nicht abgeschwächt oder verändert werden

---

[24]   vgl. Medard Kehl, New Age oder Neuer Bund?. Mainz 1988, S.53.
[25]   Hesemann, ebd. S.61.
[26]   Dittmar, ebd. S.43.

und so im Unterbewußtsein ihre volle Wirkung entfalten können. Bewußtseinserweiterung und die Arbeit an der Persönlichkeit sind einfach geworden. Man
braucht nur eine entsprechende Subliminalkassette eine Zeit hindurch – am besten
mehrmals am Tag – im Hintergrund laufen zu lassen, und schon entfaltet sie ihre
wohltuende Wirkung.
Was für den Körper die Tablette, ist für die Seele das Subliminal. "Alles wird völlig
ohne Zwang, ohne Mühe und ohne Disziplinierung erfolgen. Sie brauchen keine
'festen Entschlüsse' mehr zu fassen, Sie werden sie einfach ausführen! Und
warum? Weil die entsprechenden Formeln, die Suggestionen, die sich durch ständi-
dige Wiederholung in Ihrem Bewußtsein verankern, ihre Wirkung zu entfalten
beginnen". So im Einleitungstext zur "New-Age-Motivations-Cassette 'Lebensmut
und Zuversicht' – Subliminal: Gesundheitstraining für ihr Unterbewußtsein"[27].

   Auch im Rundfunk und im Fernsehen beginnt schrittweise das New
Age Einzug zu halten – in der Bundesrepublik rascher, in Österreich noch
verhaltener. Ö3 etwa bietet jeden Morgen den "Astrotip des Tages" mit Myriam
Mondrian, spät abends unterstützt Ö1 mit sanft schwebenden Sphärenklängen die
Reise nach innen – so auch der Titel der Sendung: "Mandala-Musik für die Reise
nach innen".
   Das Fernsehen ging in der Reihe "Terra X" dem Rätsel von Atlantis
nach, das im Selbstverständnis vieler New-Ager eine große Rolle spielt. Das
Hessische Fernsehen brachte am Christtag 1988 im Hauptabendprogramm die
Sendung "Zwischenleben" von und mit Shirley MacLaine, die mit ihrer TV-Serie
den New Age-Boom in Amerika stark beeinflußt hat. Die Beispiele ließen sich vor
allem für die BRD noch fortsetzen.

   1.1.4. Reisen für Psychotripper –
         eine Marktlücke wird geschlossen

   Der Touristenmarkt beginnt sich ebenfalls der New Ager anzunehmen.
War eine Reise nach Israel bzw. Palästina in vergangenen Jahrhunderten eine
Pilgerreise zu den heiligen Stätten der Christen, haben solche Reisen in den
vergangenen Jahrzehnten eine deutlich kulturhistorische Ausrichtung erhalten.
Im Trend des New Age hat Israel als Reiseland wieder eine neue Facette anzubie-

[27]   Therapie Products International (Hg.), Lebensmut und Zuversicht. Subliminal: Gesundheitstraining für Ihr
        Unterbewußtsein. New-Age-Motivations-Cassette 656. Landsberg 1986[2], S.25.

ten. Im Anzeigenteil einer Fachzeitschrift für "Neue Dimensionen des Bewußtseins" heißt es: "Israel – Ganzheitsmedizinische Kur-Rundreise für Körper, Geist und Seele nach Israel vom 9.-19. März – Mittelmeer, See Genezareth, Totes Meer... Heilbäder, Seminare, Ausflüge, medizinische Betreuung..."[28].

Es gibt Reisen zu den Geistheilern in Brasilien (Macumba, weiße Magie) und auf den Philippinen, weiters eine "Reise zu den heiligen Plätzen der Indianer in Arizona und New-Mexiko" mit "Wandern und Meditieren im Grand Canyon, Monument Valley, Sedona, Santa Fe"[29].

In der BRD haben sich Reisebüros auf Touristen spezialisiert, die im Urlaub nach Sinn suchen wollen. Ein Beispiel dafür ist das Aachener "Vacancia"-Reisebüro, das "esoterische Nilfahrten" und "Yoga auf den Bahamas" anbietet[30]. Aber auch "Meditatives Tennis" oder das "Heilen mit Edelsteinen" in Etora-Lanzarote, Obertonsingen in der Toskana, Shiatsu auf Stromboli, Tankra auf Lesbos und vieles mehr kann gebucht werden[31].

Unter 1.1. wurde schlaglichtartig in einigen Bereichen die New Age Szene ausgeleuchtet. Der größere Teil der Szene blieb im Dunkeln. Denn es gibt nahezu keinen Bereich mehr, in dem sich das neue Denken nicht langsam durchsetzt (von "neuen Spielen" über "neues Management" bis "neues Kochen" und "neues Lernen").

Aber bereits hier kann als erstes Resümee festgehalten werden, daß es sich beim Begriff "New Age" um einen schillernden Sammelbegriff für sehr unterschiedliche und zum Teil gegensätzliche Strömungen in der Gegenwart handelt. Unter 1.2. soll versucht werden, den Begriff zu klären und die heterogene Vielfalt zu thematisieren. Zwei Hauptvertreter sollen zu Wort kommen.

---

[28]   Esctera - Neue Dimensionen des Bewußtseins, Februar 1989, S.91.
[29]   ebd.
[30]   vgl. Karen Müller, "Fang dir deinen Psychotripper". In: "Wiener", Mai 1987, S.86f.
[31]   vgl. ebd. S.88.

1.2. WAS IST NEW AGE?

1.2.1. New Age - eine Begriffsklärung

Der Begriff "New Age" - "Neues Zeitalter" steht für eine neue Epoche, in die wir eintreten. Synonym für New Age werden auch die Bezeichnungen "Wassermann-Zeitalter", "Aquarius-Zeitalter", "Solarzeitalter", "Ökologisches Zeitalter" verwendet. Ihnen allen ist gemeinsam, daß sie eine zukünftige Welt charakterisieren, die bereits jetzt im Kommen ist. Die alte Welt, das "Old Age" geht unter, wir stehen in einer "Wendezeit" - auch eine gängige Umschreibung für das New Age.

Der Terminus New Age wurde von der dritten Präsidentin der theosophischen Gesellschaft, Alice Bailey, zu Beginn unseres Jahrhunderts geprägt[32]. Zur Bezeichnung der anbrechenden, besseren neuen Zeit verwendete sie auch eine astrologische Kategorie und sprach vom "Wassermann-Zeitalter".

Nach astrologischen Vorstellungen durchläuft die gedachte Verlänge-rung der Erdachse in 25.868 Jahren den gesamten Tierkreis. Ein solcher Umlauf bildet ein Weltenjahr, auch Platonisches Jahr genannt. Auch wenn diese astrolo-gische Annahme auf Grund der Präzession[33] der Erdachse keine astro-nomische Entsprechung mehr hat, wird ihr eine symbolhafte Bedeutung für die Menschheit zugesprochen. Das durch zwölf geteilte Weltenjahr ergibt Weltenmo-nate mit einer Dauer von etwa 2100 Jahren. Wir stehen nunmehr - astrologisch gesehen - an der Wende vom Fische- zum Wassermann-Zeitalter.

Das Fische-Zeitalter - das Zeitalter des Christentums - war gekenn-zeichnet durch das archetypische Motiv der "feindlichen Brüder"[34]; es war ein dunkles und gewalttätiges Zeitalter der Entzweiung, Entfremdung und des Krieges.

Im Bild des Wassermanns sieht die Astrologie denjenigen, "der Weisheit bringt, der die Wasser des Geistes ausschüttet"[35]. Das Wassermann-Zeitalter bringt die Chance zu einer neuen Humanität, einer neuen spirituellen

---

[32] vgl. Elmar Gruber, Was ist New Age. Bewußtseinstransformation und neue Spiritualität. Freiburg 1987, S.15.
[33] Präzession (in der Astronomie): fortschreitende Verlagerung des Frühlingspunkts auf der Ekliptik in rückläufigem Sinn um jährlich 50,26 Bogensekunden.
[34] C.G. Jung, zit. in: Christof Schorsch, Die New Age Bewegung - Utopie und Mythos einer neuen Zeit. Gütersloh 1988[2], S.145.
[35] B.u.W. Dahlberg, Esoterik - Was ist das eigentlich? In: Hans-Jürgen Ruppert, New Age - Endzeit oder Wendezeit, Wiesbaden 1985, S.153.

Ausrichtung. Das Motiv der feindlichen Brüder aus dem Äon der Fische wird abgelöst vom Motiv der "Gegensatzvereinigung"[36]; der Weg zur Synthese und
Überkonfessionalität wird frei. Esoterisches Wissen ist kein geheimes Wissen mehr,
es wird allen zugänglich und bildet die breite Basis für eine neue Geisteshaltung
und tiefe mystische Einsicht. Durch die Transformation zu einer neuen
Bewußtseinsstufe gewinnt auch das gesellschaftliche Leben eine neue Dynamik:
Wir treten in eine "Ära der Liebe und des Lichtes"[37] ein.

Im Musical "Hair" singen junge Menschen von ihren Sehnsüchten und
begrüßen das Heraufkommen eines neuen Zeitalters mit dem Lied "Aquarius":

"Harmonie und Recht und Klarheit!

Sympathie und Licht und Wahrheit!

Niemand wird die Freiheit knebeln,

niemand mehr den Geist umnebeln.

Mystik wird uns Einsicht schenken,

und der Mensch lernt wieder denken,

dank dem Wassermann, dem Wassermann"[38].

Unklarheit besteht bei den Astrologen und New Agern, zu welchem
Zeitpunkt das aquarianische Zeitalter angebrochen ist. Rosenberg meint in seinem
1958 erschienenen Buch "Durchbruch zur Zukunft – Der Mensch im Wassermann–
Zeitalter"[39], es könnte sich um das Jahr 1950 handeln; er bringt es in
Zusammenhang mit der Dogmatisierung der Assumptio Mariae durch die katholische
Kirche und lehnt sich in einem astrologisch–katholischen Mystizismus an C.G.Jung
an, der in ebendiesem Dogma einen Hinweis auf den Zustand des zukünftigen
Menschen sieht[40].

Nach Jung könnte aber auch das Jahr 1997 oder 2154 den Beginn des
neuen Zeitalters markieren[41]. Auch die Jahre 1962 (Schmidt) und 1967
(Russell)[42] werden genannt, je nach Berechnung und Vorannahmen.

Als Bezeichnung für die Subkultur der Postmoderne greift David
Spangler den Begriff New Age 1971 mit seinem Buch "New Age. Die Geburt eines
Neuen Zeitalters"[43] wieder auf. Mit der Übersetzung dieses Buches im Jahr

---

[36]   Lotz, zit. in: Schorsch 1988, S.145.
[37]   Lotz, ebd.
[38]   zit. nach: Dokumentation 3-4/87. 'Esoterik und New Age - Darstellung und Kritik'. Wien 1987, S.22.
[39]   Alfred Rosenberg, Durchbruch zur Zukunft. Der Mensch im Wassermann-Zeitalter. München 1958, S.126.
[40]   vgl. Rosenberg 1958, S.143.
[41]   vgl. Dokumentation 3-4/87, S.22.
[42]   beide zit. in: Schorsch 1988, S.144-145.
[43]   vgl. Constance Cumbey, Die sanfte Verführung. Hintergrund und Gefahren der New-Age-Bewegung. Gütersloh 1987[7],
        S.55.

1978 wurde der Begriff New Age auch im deutschen Sprachraum bekannt und setzte sich als Sammelbezeichnung für ein neues Denken, ein neues Bewußtsein – was immer darunter zu verstehen sein mag – durch.

Kehl bietet in seinem Buch "New Age oder Neuer Bund?"[44] in Anlehnung an P.M.Zulehner eine brauchbare Differenzierung des Begriffes, wenn er von einem "höheren New Age" und einem "Leute-New Age" spricht. Geht es dem "höheren New Age" vor allem um eine theoretische und praktische Auseinandersetzung mit der Transformation des Bewußtseins, so dient das "Leute-New Age" vor allem als Kompensationshilfe in einer überkomplex und bedrohlich gewordenen Lebenswelt. Reinkarnationsglaube und Astrologie, Spiritismus, Okkultismus und diverse Meditations- und Therapieformen werden zu einem deutlichen Religionsersatz.

Gerhard Fuchs weist indessen in einem Beitrag zur christlichen Kritik am New Age[45] darauf hin, daß dieser Begriff deutliche Korrosionsspuren zeigt. Während sich diese Bezeichnung in Europa eben erst als Sammelbezeichnung durchgesetzt hat, beginnen sich in Amerika New Age-Denker von diesem Etikett zu distanzieren und plädieren für neue, eingrenzende Bezeichnungen. Fritjof Capra etwa spricht neuerdings von "Tiefenökologie" oder von "aufsteigender Kultur"[46].

Hans A. Pestalozzi meint in seinem kritischen Pamphlet "Die sanfte Verblödung"[47],daß das New Age gar nicht so neu sei: "Alles, was New Age als das große Neue prophezeit, war schon längst einmal da", ob es um das Reden von einem neuen Bewußtsein, einer neuen Pädagogik, einer neuen Medizin oder sonst etwas geht.

Walther Ch. Zimmerli spricht von einer bereits der Vergangenheit angehörenden New Age-Bewegung, "mit deren Relikten wir uns zu befassen haben"[48].

---

[44]   Kehl 1988, S.13.
[45]   Gotthard Fuchs, Holistisch oder katholisch? - Christliche Kritik am New Age in solidarischer Zeitgenossenschaft. In: Lebendige Seelsorge, Würzburg 1988, S.264.
[46]   Fritjof Capra, Die neue Sicht der Dinge. In: Horst Bürkle (Hg.), New Age. Kritische Anfragen an eine verlockende Bewegung. Düsseldorf 1988, S.14.
[47].   Hans A. Pestalozzi, Die sanfte Verblödung. Gegen falsche New Age-Heilslehren und ihre Überbringer - Ein Pamphlet. Düsseldorf 1988[6], S. 37.
[48]   Walther Ch. Zimmerli, Die Zeitalter der angekündigten neuen Zeitalter. In: Bürkle (Hg) 1988, S.60.

1.2.2. New Age im Horizont der Zeittendenzen;
Grundströme und Grundmotive des New Age

Was New Age tatsächlich ist, läßt sich nicht exakt bestimmen. Sehen die einen in ihm eine geschlossene Bewegung, die sich durch gezielte Unterwanderung unserer Gesellschaft anschickt, eine neue Weltregierung auf Grund einer neuen Weltordnung und einer neuen Welt–Einheitsreligion zu errichten[49], ist New Age für andere "ein dicker Sack voll unterschiedlicher Glaubensrichtungen und Methoden, einige vernünftig, einige verrückt"[50]. Erweckt die eine Sicht den Eindruck, es handle sich um eine geschlossene Bewegung mit definierten Zielen und strukturierter Führung, so wird in der zweiten Sicht deutlich, daß es sich um ein loses "Netzwerk" handelt, um ein Sammelbecken unterschiedlicher und zum Teil gegensätzlicher geistiger Strömungen ohne jede Organisationsstruktur oder gar Hierarchie. "Es ist müßig zu betonen: *Die* New Age-Bewegung gibt es nicht"[51].

Im folgenden wird zu zeigen sein, daß diese Feststellung den Kern in der Hinsicht trifft, daß bei allem, was über "New Age" ausgesagt wird, gefragt werden muß, welche Facette von New Age, welches Moment dieser Strömung gemeint ist.

Eine Textpassage wie die folgende von Constance Cumbey wird sich die Kritik gefallen lassen müssen, daß sie diese Bewegung undifferenziert als homogenes Moment darstellt: "Es versteht sich von selbst, daß die New–Age-Bewegung und ihre Führer das von ihnen ersehnte 'neue Zeitalter' erst einleiten und ihren 'Christus' erst zur Macht verhelfen können, wenn ein wesentlicher Teil der Bevölkerung durch Indoktrination dazu gebracht worden ist, diesen falschen Messias anzunehmen. Wie zu erwarten, wurde daher ein gut durchdachter und bestens organisierter Propagandafeldzug in die Wege geleitet. Sein Ziel besteht darin, die Öffentlichkeit immer mehr zu beeinflussen, bis sie schließlich bereit ist, die neue Weltordnung anzunehmen"[52].
Hier wird ein theosophischer, von Alice Bailey ausgehender Teilaspekt, als *die* New Age-Bewegung ausgegeben[53].

---

[49]   So etwa Cumbey 1987 und in Anlehnung an diese: M. Basilea Schlink, New Age aus biblischer Sicht. Darmstadt 1988[3], bes. S.11-18.
[50]   Stanislav Grof, zit. bei Ruppert 1985, S22.
[51]   Wolfgang Schneider, New Age und Esoterik: Ausdruck des Unbehagens an "Nur-Rationalem". In: Lebendige Seelsorge 1988, S.334.
[52]   Cumbey 1987, S.141.
[53]   Alice Bailey, Die Wiedergeburt Christi, 1948. Hierin stellt Bailey Christus als den Vorboten des Wassermannzeitalters vor. Christus selbst wird nicht als Sohn Gottes, sondern als Weltenlehrer "Avatar" gesehen.

Besonders kritische Stimmen aus dem evangelischen (Schlink) und dem evangelikalen Bereich (Tibusek, Lawhead/Tibusek) neigen zu plakativ vereinfachenden Darstellungen des New Age und kommen dadurch zu einer ablehnenden Beurteilung, weil sie unter Umständen abstruse oder irreführende Teilmomente des New Age als die New Age-Bewegung ausgeben.

So läßt sich *das* New Age wegen seiner heterogenen Ansätze und Erscheinungsformen gar nicht so einfach kritisieren; es muß, soll die Kritik an der Sache bleiben, immer gefragt werden: Was wird hier unter New Age verstanden, welche Teilströmung ist angesprochen, welcher Autor steht zur Debatte? Es muß klar sein, daß das Sammelbecken New Age Kost unterschiedlichster Qualität enthält.

Wenn im Verlauf dieser Arbeit der Begriff "New Age" verwendet wird, dann wird entweder eine bestimmte Strömung innerhalb des Sammelbeckens direkt angesprochen und genannt, oder er wird, reduziert auf den kleinsten gemeinsamen Nenner all dieser Strömungen (siehe dann auch 1.5.1.), als Globalkennung für das Sammelbecken postmoderner Denkrichtungen benutzt.

Bevor im Abschnitt 1.4. – Versuch einer Topographie des New Age – aufgezeigt wird, in welchen Bereichen das "neue Bewußtsein" heute auftritt, sollen hier in einer ersten Annäherung Grundströme und Grundmotive dieses Phänomens skizziert werden.

Signifikantes Merkmal unserer Zeit ist das breite *Bewußtsein, daß wir in einer "tiefgreifenden und weltweiten Krise"*[54] stecken, die selbst wieder aus vielen Einzelkrisen besteht: Frieden, Ökologie, Politik, Wissenschaft, Medizin, Architektur, Währungssystem, Energie, Ernährung, Bevölkerungszahl, Sozialsystem, Psychologie, Kriminalität...; es gibt nahezu keinen Lebensbereich, der sich nicht in der Krise erfährt. Der Verdacht erscheint gerechtfertigt, daß hinter der Vielfalt der Einzelkrisen eine fundamentale Existenzkrise nach einer umgehenden Lösung drängt. Der heutige Mensch weiß sich, konfrontiert mit den globalen Ausmaßen der Umweltzerstörung, der atomaren Bedrohung durch militärische Overkill-Potentiale und die Kernenergie (Tschernobyl war ja nur die Spitze eines Eisberges), den sozialen Problemen einer auf ihn zukommenden Überbevölkerung, existentiell bedroht wie vielleicht noch nie in der Geschichte. Die globale Selbstvernichtung des Lebens ist nicht nur eine technische Möglichkeit, sondern eine reale Bedrohung geworden.

---

[54]   Fritjof Capra, Wendezeit. Bausteine für ein neues Weltbild. Bern 1985[10], S.XI.

So schreibt vor diesem Szenario Aurelio Peccei im Vorwort zu den Berichten an den Club of Rome: "Alles in allem: die Welt steht an einem epochalen Scheideweg"[55]. Die Menschheit befindet sich nach seiner Meinung vor entscheidenden, nie dagewesenen Herausforderungen[56], die ein radikales Umdenken, eine grundsätzliche kulturelle Neuorientierung verlangen.

Aber Peccei zeigt sich 1983 optimistisch; er schreibt: "Und doch bin ich überzeugt, daß wir die Wende zum Guten erreichen können, weil in vielen Ländern Bewegungen entstanden sind, die ein waches Bewußtsein von unserer Situation haben und einen Kurswechsel befürworten"[57]. Er sieht auch die Ambivalenz dieser Herausforderung und meint: "Das Wechselspiel negativer Entwicklungen, Verhaltensformen und Einstellungen kann sie [die Welt] ins Chaos stürzen, während die Renaissance des Geistes echter Menschlichkeit ihr neue, ungeahnte Möglichkeiten erschließen kann"[58].

Peccei argumentiert hier in der Richtung der führenden New Age-Denker. Es mag einen Gutteil der Faszination des neuen Denkens ausmachen, daß es bei aller Bedrohung doch Grund zur Hoffnung gibt, daß Optimismus nicht vermessen ist und daß noch Handlungsmöglichkeiten bestehen: Substrat der Kulturkrise ist nicht das Schicksal, sondern das falsche Denken des Menschen, sein überholtes Bewußtsein. So deutet New Age die Krisen der Gegenwart als Geburtswehen für das Heraufkommen eines neuen, besseren Zeitalters und sieht bereits Anzeichen der Bewußtseinsänderung und des Umdenkens sich netzartig ausbreiten: Frauenbewegung, Umweltbewegung, Friedens- und "Dritte Welt"-Bewegung, Meditation, Spiritualität, Selbsterfahrung und psychosomatische Therapie, alternative Lebensweise und intuitive Praktiken werden zu Indikatoren für eine im Gang befindliche Transformation des Bewußtseins – wir haben nicht nur noch die Chance, daß es weitergeht wie bisher, sondern daß wir überdies ein neues Existenzniveau erreichen. Der Wassermann bricht sich Bahn.

Ein weiteres, augenfälliges Merkmal für die Wendezeit ist die beginnende Hinwendung bzw. *Rückwendung zur Mystik, Spiritualität* (als Ersatzbegriff für Religion) und Transzendenzerfahrung. Günther Schiwy faßt das mit der Bemerkung "Gott ist wieder 'in'"[59] zusammen. Er sieht in der Kombination von der Erfahrung des Göttlichen (was immer das im konkreten auch

---

[55]   Club of Rome, Berichte an den Club of Rome. Der Weg ins 21. Jahrhundert. Alternative Strategie für die Indu-
        striegesellschaft. Einführung von Aurelio Peccei. München 1983, S.19.
[56]   vgl. ebd. S.7.
[57]   ebd. S.17.
[58]   ebd. S.19.
[59]   Günther Schiwy, Der Geist des neuen Zeitalters. New Age-Spiritualität und Christentum. München 1987, S.35.

heißen mag) und der stammelnden, unreflektierten Rede über diese Erfahrung[60] ein Merkmal, das die New Age-Anhänger mit den Mystikern aller Religionen und Zeiten verbindet[61]. Sieht man die Titellisten von New Age- und Esoterik-Buchkatalogen durch, so ist ein Großteil davon der spirituell-mystischen Literatur zuzurechnen.

Der Jesuit und Zen-Meister Hugo M. Enomiya-Lassalle vermutet in der Tatsache des spirituell-mystischen Neuaufbruchs einen Wandel, der die ganze Menschheit betrifft und der auf die etablierten Religionen und Wissenschaften im Sinne einer neuen Chance zurückfällt. Er schreibt: "Es geht eine Bewußtseinsveränderung vor sich, die nicht nur den einzelnen, sondern die Menschheit insgesamt betrifft[...]wir leben in einer Zeit des Umbruchs. Dies gilt besonders für die neue Physik, mit der das mechanistische Weltbild seine Geltung verloren hat. Diese Erkenntnisse haben auch einen unvermeidlichen Einfluß auf die Religionen. Man kann heute Wissenschaft und Religion nicht mehr säuberlich voneinander trennen. Überspitzt ausgedrückt: Die neue Physik beschäftigt sich auch mit metaphysischen und damit mit religiösen Fragen"[62].

Weiters fällt an der New Age-Strömung auf, daß sie offensichtlich eine gewisse *Affinität zur Mittel- und Oberschicht* besitzt. Was für Hans-Jürgen Ruppert noch eine Frage ist – ob nämlich die neue Religiosität nicht ein Luxus und damit "auch vornehmlich das Problem bestimmter gesellschaftlicher Schichten und sozialer Lagen"[63] ist –, wird für Jürgen Tibusek zur empirisch belegten Tatsache: "Soziologische Untersuchungen der neuen Religionen weisen darauf hin, daß deren Mitglieder größtenteils aus der Mittelschicht stammen, die Familien sind meist 'gutbürgerlich'"[64].

Dabei bezieht er sich auf eine Untersuchung von Willa Appel aus den Vereinigten Staaten aus dem Jahr 1983, wonach annähernd 60 % der New Ager ein College besucht hätten, 20 % graduiert, überwiegend weißer Hautfarbe wären und zur Mittelschicht gehörten[65].

Harald Baer stellt fest: "Aufgrund der Bagatellisierung der sozialen Probleme wird die Beschäftigung mit New Age eine Angelegenheit des saturierten Mittelständlers bleiben"[66].

[60] Im Urchristentum galt die Glossolalie als legitimes Ausdrucksmittel der Gotteserfahrung und besonderes Charisma! - vgl. 1Kor 12,10.
[61] vgl. ebd. S.33.
[62] Hugo M. Enomiya-Lasalle, Vorwort in: Bede Griffiths, Rückkehr zur Mitte. Das gemeinsame östlicher und westlicher Spiritualität. München 1987, S.9.
[63] Hans-Jürgen Ruppert, Grenzen und Gefahren der Esoterik. In: Dokumentation 3-4/87, S.48.
[64] Jürgen Tibusek, Die neue religiöse Kultur - New Age: Personen, Organisationen, Zitate. Gießen 1988, S.14.
[65] vgl. ebd. S.63f.
[66] Harald Baer, Rezension zu Günther Schiwy, Der Geist des neuen Zeitalters. In: Lebendiger Seelsorge 1988, S.396.

Der katholische Religionspädagoge und -psychologe Bernhard Grom bemerkt auf Grund eigener Vortragstätigkeit zum Thema New Age: "Je größer die Stadt, desto stärker - so scheint es - ist der Zulauf zu solchen Veranstaltungen, ausgenommen Industrieorte mit wenig studentischer und akademischer Bevölkerung und spürbaren Arbeitslosenproblemen"[67].

Die neue Religiosität im Gefolge des New Age wird somit zu einer Möglichkeit elitärer geistiger Kultur, die "vor allem die breite Schicht junger Erwachsener mit besserer Ausbildung und gelockerter Bindung an Tradition und Glaubensgemeinschaft"[68] anspricht.

Auch Gotthard Fuchs ortet im New Age "ein insgesamt mittel- und oberschichtiges Milieu mit deutlicher Tendenz zum Intellektuellen und Intellektualistischen"[69]. Pointierter und bissig merkt Hans A. Pestalozzi an: "Kampf? Um Gottes Willen, nein. Im Gegenteil, keine Konfrontation, Rückzug auf dich selbst[...]Vergeistigung statt des materialistischen Trends, heißt es bei New Age. Sagen Sie das einem Familienvater auf dem Existenzminimum, einem Sozialhilfeempfänger, einem Arbeitslosen. Elitärer geht es nicht mehr"[70].

Kennzeichnend für die heutige Zeit ist auch das immer drängendere *Fragen nach dem Sinn*. Bisher gültige Orientierungsmuster der Tradition, Moral und Religion sind brüchig geworden oder haben ihre Gültigkeit verloren. Angesichts eines breit gefächerten Angebotes an Deutungskonzepten und Wertvorstellungen fällt die Orientierung nicht leicht, ist Sinn schwer zu finden und zu einer schillernden und instabilen Größe geworden.

Das "Verfügungswissen"[71] des Menschen ist in den letzten Jahren und Jahrzehnten enorm gewachsen. Mahdi Elmandjra, ehemaliger stellvertretender Generalsekretär der UNESCO, spricht davon, daß sich zur Zeit das von der Menschheit angehäufte Wissen in neun Jahren verdoppelt[72]. Aber die Steigerung der technischen Möglichkeiten durch ein vertieftes Verfügungswissen ist kein Ersatz für defizitäre Sinnerfahrung. Trotz gehobenen Lebensstandards und gesteigerter Lebenserwartung spricht man gerade in der westlichen Welt von einer Sinnkrise, und es scheint sich das Wort Nietzsches zu bewahrheiten, daß jedes *Wie* zu ertragen sei, wenn man um das *Wozu* und *Warum*

---

[67]   Bernhard Grom, Rückfragen an die Esoterik - eine Aufgabe kirchlicher Erwachsenenbildung. In: Lebendige Seelsorge 1988, S.375.
[68]   ebd.
[69]   Fuchs, in: Lebendige Seelsorge 1988, S.271.
[70]   Pestalozzi 1988, S.48.
[71]   Gottfried Heinelt, Sinnsuche und Sinnangebote heute. In: Lebendige Seelsorge 1988, S.329.
[72]   vgl. Club of Rome 1983, S.147.

weiß[73].

Was uns heute abgeht, ist ein Wissen, das in einer Welt des Wertepluralismus Markierungen bietet und Sinnfindung ermöglicht. Gottfried Heinelt
spricht in Anlehnung an H. Lübbe deshalb auch vom heute fehlenden "Orientie-
rungswissen"[74].

In dieses Sinnvakuum und Defizit an Deutungsmustern steigt New Age
mit einem konkreten und optimistischen Welt- und Menschenbild ein: Eine neue
Spiritualität weist den Weg in die eigene Tiefe und ermöglicht Selbstfindung und
Sinnorientierung; die Beziehungslosigkeit des Menschen kann durch Transformation des Bewußtseins überwunden werden, und eine neue Einheit mit sich selbst,
den Mitmenschen, der Natur und dem ganzen Kosmos wird dadurch möglich. Die als
verhängnisvoll empfundene Spaltung des Menschen wird aufgehoben. Wir stehen
vor einem entscheidenden Evolutionssprung der Menschheit; trotz globaler Krise
gibt es gerade jetzt die Chance, in ein neues Zeitalter einzutreten. New Age bietet
damit neben einem individuellen auch ein kollektiv-globales Sinn- und Zielangebot
und übt damit auf Menschen in Sinnkrisen eine spürbare Faszination aus.

Manche Autoren vermuten, daß sich in der Bundesrepublik Deutschland etwa 500.000 Menschen direkt als New Ager verstehen und in irgendeine New
Age-Gruppierung vernetzt sind, "dazu Unzählige, die ihr [der New Age-Bewegung]
nahestehen"[75].

Gottfried Küenzelen faßt zusammen: "Die New Age-Bewegung hat deshalb für eine zunehmende Zahl von Zeitgenossen Anziehungskraft, weil sie
Antworten bietet auf tatsächliche Fraglichkeiten und Defiziterfahrungen
gegenwärtiger Lebenswelt, diese Antworten aber in weitgehender Übereinstimmung mit den heute bestimmenden Werthaltungen und Orientierungen der
säkularen Kultur stehen"[76].

Ein weiteres gemeinsames Grund- und Hauptmotiv des bunten
Sammelbeckens New Age sieht Wolfgang Schneider[77] im *Protest gegen die
nur-rationalen Denk- und Handlungsmuster* unserer Zeit, die den Zugang zu Tiefe
und Transzendenz versanden. Die Suche nach neuen Erfahrungsmöglichkeiten von
Mensch, Welt und Gott wird zum Ausdruck des Unbehagens am Nur-Rationalen und
auch zur Kritik an den vorherrschenden Methoden der Natur-, Geistes- und
Humanwissenschaften und einer Technik, die die Welt als universal machbar und

[73]   vgl. Heinelt in: Lebendige Seelsorge 1988, S.329.
[74]   H. Lübbe, zit. bei Heinelt, ebd. S.329.
[75]   M. Basilea Schlink, New Age aus biblischer Sicht. Darmstadt-Eberstadt 1987, S.6.
       Für die österreichische Situation standen dem Verfasser keine Zahlen zur Verfügung.
[76]   Gottfried Küenzelen, Was führt Menschen zu New-Age-Gruppen? In: Lebendige Seelsorge 1988, S.291.
[77]   vgl. Schneider, in: Lebendige Seelsorge 1988. S.334f.

planbar behandelt.

Der Protest richtet sich damit auch gegen einen bürgerlichen Lebensstil und seiner vermeintlichen Zweckrationalität, die wirtschaftlich orientierte
Interessen zum Maßstab für Sinnerfüllung und Werterfahrung stilisiert.
Diese Bewegung aus der Rationalität wird von vielen Autoren als
Flucht in die Irrationalität gewertet. Selbst die dem New Age nahestehende Autorin
Ulli Olvedi schreibt im Vorwort zu ihrem Buch "Die neue Lust am Irrationalen":
"Mit dem Instrumentarium des Unterscheidens [...] soll den typischen Manifestationen der New Age-Bewegung hier zu Leibe gerückt werden: der neuen Lust
an Magie und Mythos, an Orakelei und Schamanismus, an Weiblichkeitskult und
Reinkarnation, an Mystifizierung aller Art, die befürchten lassen, daß das Kind mit
dem Bad ausgeschüttet wird und das Pendel nur mal wieder ins andere Extrem
ausschlägt – in diesem Fall von der rationalen Vergewaltigung der Psyche zur
psychischen Vergewaltigung der Ratio"[78].

Wie auch immer – mit seiner Kritik an einer hypertrophen und einer
von der menschlichen Gesamtexistenz abgekoppelten Rationalität und seiner
Hinwendung zur Mystik und Irrationalität unterschiedlichster Ausprägung, ist das
New Age Ausdruck für das Lebensgefühl der Postmoderne geworden.

Abschließend zu 1.2.2. sei noch auf die Verklammerung von
regressiven und progressiven Momenten im New Age hingewiesen, die mit Ursache
für das Widersprüchliche und Buntschillernde dieser Bewegung zu sein scheint.
Spricht das New Age auf der einen Seite von einem Evolutionssprung der
Menschheit, bei dem die Kommunikationstechnologie eine entscheidende Rolle
spielt[79] und die Welt zu einem "globalen Dorf" werden läßt, ist auf der
anderen Seite die Rückkehr zu den Mythen und zur Praxis vormoderner
Gesellschaften ebenfalls signifikant für das Zeitalter des Wassermannes geworden.
Technologiegläubigkeit ist im New Age genauso anzutreffen wie die Dämonisierung
der Technik und der Rückgriff auf vortechnische Lebensbewältigung, Vorantreiben der Zivilisation hin zu einem neuen Evolutionsschub ebenso wie Aussteigen, alternatives Leben und Zivilisationsabstinenz.

---

[78]   Ulli Olvedi, Die neue Lust am Irrationalen - Chancen und Fallen der New Age-Bewegung. Freiburg 1988, S.9f.
[79]   so etwa Ferguson, Die sanfte Verschwörung, Persönliche und Gesellschaftliche Transformation im Zeitalter des
        Wassermanns. Basel 1982, S.62.

1.2.3. Capras "Wendezeit" und Fergusons
       "Sanfte Verschwörung" – Kultbücher des New Age

Wer sich mit dem New Age-Denken auseinandersetzt, stößt unweiger-
lich auf die Namen Fritjof Capra und Marilyn Ferguson. Sie haben mit ihren
Büchern "Wendezeit, Bausteine für ein neues Weltbild" und "Die sanfte Verschwörung, Persönliche und Gesellschaftliche Transformation im Zeitalter des
Wassermanns" das neue Bewußtsein stark popularisiert und die Tendenzen dieser
neuen Strömung brennpunktartig gesammelt. Ihre Bücher sind zu "Kultbüchern"
der New Age-Szene geworden. Nicht von ungefähr teilen sich Capra und Ferguson
den Ruf, Propheten des Neuen Zeitalters zu sein.

Wenn die unter 1.1. zitierte Einteilung Medard Kehls in ein "höheres"
und in ein "Leute-New Age" seine Berechtigung besitzt, dann findet dies auch hier
seinen Niederschlag. Während der Physiker Fritjof Capra bei all seiner Offenheit
für mystisch-esoterisches Denken auf dem Boden einer nachvollziehbaren
Begrifflichkeit argumentiert und in seiner Tendenz eher dem "höheren New Age"
zuzurechnen ist, bereitet die Publizistin Marilyn Ferguson ihre Botschaft vom
Neuen Zeitalter plakativ auf, mit der spürbaren Absicht, auch auf Kosten klarer
Begriffe in die Breite zu wirken. Mit dieser Tendenz zielt sie vor allem auf das
Publikum, das im "Leute-New Age" beheimatet ist.

Die Beurteilung beider Autoren in der kritischen Literatur geht
indessen weit auseinander. Werden sie von den einen schlicht als "Bestseller-
autoren"[80] bezeichnet, wird Capra von anderen zum "Propheten"[81] der
Wendezeit stilisiert und Fergusons Werk zum "Handbuch des New Age"[82]
schlechthin.

Wie auch immer die Beurteilung von Capra und Ferguson ausfallen
mag, mit der "Wendezeit" und mit der "Sanften Verschwörung" haben sie eine
breit akzeptierte Summe des New Age-Denkens geboten. Deshalb sollen im
folgenden die Grundaussagen beider Autoren kurz skizziert werden, weil dadurch
eine weitere Annäherung an das schillernde und vielgestaltige Phänomen New Age
möglich scheint.

---

[80]   Dokumentation 3-4/87, S.3.
[81]   Gottfried Küenzelen, Wendezeit - oder "Die sanfte Verschwörung". Eine neue Erlösungshoffnung. In: Ruppert 1987,
        S.187.
[82]   Hans-Jürgen Ruppert, New Age - Das Zeitalter des Wassermanns. In: Dokumentation 3-4/87, S.31.

1.2.3.1. Capra und die "Wendezeit"

Fritjof Capra, den Jürgen Tibusek als den "bekanntesten New Age-Naturwissenschaftler"[83] apostrophiert, grenzt sich von dieser Bewegung bzw. von diesem Begriff klar ab. Er spricht heute von "Tiefenökologie"[84], die er mit spirituellem oder religiösem Bewußtsein gleichsetzt. Er kritisiert an der "alten" New Age-Bewegung deren fehlendes politisches Bewußtsein und faßt die Bewegungen, in denen er neues Bewußtsein und neues Denken ortet[85], mit dem von Arnold Toynbee inspirierten Begriff "aufsteigende Kultur"[86] zusammen.

Im Blick auf den Begriff "New Age" schreibt er: "Dieser Zusammenfluß [der verschiedenen Bewegungen] ist jetzt so weit fortgeschritten, daß sich die meisten Vertreter der aufsteigenden Kultur schon lange nicht mehr mit der New Age-Bewegung identifizieren. In Kalifornien gebrauchen wir den Ausdruck 'New Age' heute nur noch dazu, um diejenigen zu bezeichnen, die in der Geisteshaltung der siebziger Jahre steckengeblieben sind und die inzwischen eingetretene Ausweitung des sozialen und politischen Bewußtseins nicht mitgemacht haben. Als vitale Bewegung gibt es also die New Age-Bewegung in Kalifornien schon fast seit zehn Jahren nicht mehr[...]Andererseits haben die deutschen Medien inzwischen das Schlagwort 'New Age' jetzt, fünfzehn Jahre nach dem Höhepunkt der Bewegung, entdeckt und vermarkten es mit großem Erfolg"[87]. Tatsächlich kommt das Stichwort New Age in seinem 1982 entstandenen Werk "Wendezeit" nicht vor.

Will man die Aussagen Capras in der "Wendezeit" in den richtigen Zusammenhängen sehen und die Art seines Zuganges zur Realität unserer Zeit verstehen, muß man auch seinen 1975 im "Tao der Physik"[88] erstmals vorgelegten Ansatz mit berücksichtigen. Wie im Untertitel angedeutet, geht es Capra im "Tao" darum, im Denken der östlichen Philosophie und Mystik einen neuen Denkrahmen für die an die Grenzen ihres cartesianisch-newtonschen Paradigmas gestoßene westliche Physik zu finden. Ein Bemühen, bei dem sich Capra durchaus auf namhafte Vorläufer beziehen kann.

So äußerte Werner Heisenberg 1952 in einem Gespräch, daß er sich als

---

[83]   Tibusek 1988, S.39.
[84]   Capra in Bürkle 1988, S.12.
[85]   Ökologiebewegung, Friedensbewegung, Frauenbewegung, spirituelle Bewegungen, Bürgerinitiativen, Befreiungs-
        bewegungen, Basisbewegungen.
[86]   ebd. S.14.
[87]   Capra ebd. S.16.
[88]   Fritjof Capra, Das Tao der Physik. Die Konvergenz von westlicher Wissenschaft und östlicher Philosophie. Bern
        1988[10].

Physiker die Fragen und Gedankengänge früherer Philosophien und alter Religionen nicht verbieten lassen wolle, nur weil sie nicht in einer präzisen Sprache ausgedrückt worden seien. "Ich habe zwar manchmal Schwierigkeiten zu verstehen", schreibt er, "was mit diesen Gedankengängen gemeint ist, und ich versuche dann, sie in eine moderne Terminologie zu übersetzen und nachzusehen, ob wir jetzt neue Antworten geben können. Aber ich habe keine Hemmung, die alten Fragen wieder aufzugreifen, so wie ich auch keine Hemmung habe, die traditionelle Sprache einer alten Religion zu verwenden... Aber es bleibt doch die Aufgabe gestellt, diesen Sinn zu verstehen, da er offenbar einen entscheidenden Teil unserer Wirklichkeit bedeutet; oder ihn vielleicht in einer neuen Sprache auszudrücken, wenn er in der alten nicht mehr ausgesprochen werden kann"[89].

Fritjof Capra, Professor für theoretische Physik in Berkeley/Kalifornien und der Denktraditionen Heisenbergs nahestehend[90], findet in der östlichen Mystik Ansätze, die in den modernen Naturwissenschaften nach und nach Geltung gewinnen. Anstoß für sein Denken war eine mystische Erfahrung, die er im Vorwort zur Erstausgabe das "Tao" (1974) so beschreibt: "Vor fünf Jahren hatte ich ein wunderbares Erlebnis, worauf ich den Weg einschlug, der zum Schreiben dieses Buches führte. Eines Nachmittags im Spätsommer saß ich am Meer und sah, wie die Wellen anrollten, und fühlte den Rhythmus meines Atems, als ich mir plötzlich meiner Umgebung als Teil eines gigantischen kosmischen Tanzes bewußt wurde. Als Physiker wußte ich, daß der Sand und die Felsen, das Wasser und die Luft um mich her sich aus vibrierenden Molekülen und Atomen zusammensetzten [...] Als ich an diesem Strand saß, gewannen meine früheren Experimente Leben. Ich 'sah' förmlich, wie aus dem Weltraum Energie in Kaskaden herabkam und ihre Teilchen rhythmisch erzeugt und zerstört wurden. Ich 'sah' die Atome der Elemente in meinem Körper als Teil dieses kosmischen Energie-Tanzes; ich fühlte seinen Rhythmus und 'hörte' seinen Klang, und in diesem Augenblick wußte ich, daß dies der Tanz Shivas war, des Gottes der Tänzer, den die Hindus verehren"[91]. Die Erstausgabe des "Tao" kam 1975 auch unter dem Titel "Der kosmische Reigen" in den Buchhandel.

---

[89]   Werner Heisenberg, Der Teil und das Ganze, Gespräche im Umkreis der Atomphysik. München 1984[8], S.248. Aber auch andere Physiker wie Einstein, Bohr, Schrödinger, Dirac haben sich zumindest in ihrem Spätwerk mit Fragen der Philosophie und Religion auseinandergesetzt und ihre naturwissenschaftlichen Erkenntnisse vor diesem Hintergrund neu reflektiert. Die östlichen Denktraditionen waren dabei offensichtlich von besonderer Attraktivität. Vgl. dazu auch Paul Davies, Gott und die moderne Physik. München 1986, S.26,199 u.a.

[90]   Die werbewirksame Ankündigung, der Atomphysiker sei Heisenberg-Schüler, ist inzwischen "auf die Feststellung zusammengeschrumpft, daß Capra 'mehrere Gespräche' [...] mit Heisenberg geführt habe". Josef Sudbrack, Neue Religiosität. Herausforderung für die Christen. Mainz 1987[2], S.32.

[91]   Capra 1988, S.7.

Einen weiteren Hinweis auf das mystische Grundmuster, als Physiker zu denken, gibt Capra im Vorwort zur revidierten Ausgabe des "Tao": "Als ich die Parallelen zwischen den Anschauungen der Physiker und denen der Mystiker aufdeckte, auf die andere vorher bereits hingewiesen hatten, die jedoch noch niemand gründlich untersucht hatte, empfand ich sehr stark, nur etwas offenkundig zu machen, was im Grunde ganz augenscheinlich war und in der Zukunft allgemeines Erkenntnisgut sein würde. Manchmal hatte ich beim Schreiben sogar das Gefühl, dieses Buch werde eigentlich nicht 'von mir', sondern nur 'durch mich' geschrieben. Die nachfolgenden Ereignisse haben diese Empfindungen bestätigt"[92].

Als Motto stellt Capra der "Wendezeit"[93] ein Zitat aus dem I Ging voran: "Nach einer Zeit des Zerfalls kommt die Wendezeit ...Es gibt Bewegung... Es ist eine natürliche Bewegung, die sich von selbst ergibt... Altes wird abgeschafft, Neues wird eingeführt, beides entspricht der Zeit und bringt daher keinen Schaden"[94].
Der optimistische Cantus firmus, der die ganzen folgenden Überlegungen durchzieht, ist vorgestellt: Die Herausforderungen der Gegenwart und Zukunft sind bewältigbar, wenn wir von Grund auf anders denken lernen! Denn die gegenwärtige Krise ist zunächst eine Krise der Wahrnehmung und des Weltbildes. Wenn es einen Ausweg aus der tiefgreifenden und weltweiten Krise geben soll, dann nur, wenn es der Menschheit gelingt, über ein neues ganzheitlich-ökologisches Weltbild zu neuen sozialen und ökonomischen Strukturen zu gelangen.

In einem ersten Durchgang[95] leuchtet Capra die heutige Krisensituation aus – von der atomaren Bedrohung über den möglichen ökologischen Kollaps bis zur Energie- und Sozialkrise. Er weist in Anlehnung an Arnold Toynbee[96] darauf hin, daß die Geburt einer Zivilisation im Übergang von einem statischen Zustand in eine dynamische Aktivität erfolgt[97]. Die gegenwärtige Situation ist für Capra eine Zeit des Übergangs, eine Wendezeit, die bei allen Risiken die Chance für eine kulturelle Neugeburt in sich trägt. Im Verfall des Patriarchats und in der erstarkenden feministischen Bewegung, im Übergang vom Zeitalter der fossilen Brennstoffe ins Solarzeitalter, in der Übergangsbe-

[92]   Capra, ebd. S.1.
[93]   Fritjof Capra, Wendezeit. Bausteine für ein neues Weltbild. Bern 1985[10].
[94]   ebd. S.VII.
[95]   ebd. S.15ff.
[96]   Capra bezieht sich hier auf Arnold Toynbee, Der Gang der Weltgeschichte. 1972; vgl. ebd. S.22 und S.490 Fußnote 12.
[97]   Capra 1985, S.22.

wegung innerhalb der kulturellen Werte und der Wahrnehmung der Wirklichkeit im Zuge eines Paradigmenwechsels macht Capra ein dreifaches Fanal für ein anbrechendes, besseres Zeitalter aus.

Nach der taoistischen Denktradition deutet Capra alle Manifestationen der Wirklichkeit als Wechselwirkung zwischen den polaren Kräften des Yin[98] und des Yang[99]. Er meint, daß die natürliche Ordnung, jenseits aller moralischen Bewertung dieser beiden archetypischen Pole, in einem dynamischen Gleichgewicht zwischen ihnen besteht. Im Sinne dieses dynamischen Gleichgewichts befindet sich das Universum in einem kontinuierlichen Prozeß und in pausenloser Aktivität. Die chinesische Philosophie spricht in diesem Zusammenhang vom "Tao" – "Weg".

Wenn dieselbe chinesische Philosophie vom "wu-wei" – "Nichthandeln" als Handlungsmaxime spricht, dann nicht im Sinn von Passivität, sondern im Sinn von "Enthaltung von jeder gegen die Natur gerichteten Handlung"[100]. Von da her findet Capra zur Beschreibung von zwei grundsätzlichen Verhaltensweisen der Natur gegenüber: "Yang-" oder "Ego-Handeln" als Aktivität gegen den natürlichen Fluß der Dinge und das "Yin-" oder "Öko-Handeln" als Aktivität in Harmonie mit der Natur.

Eng verbunden mit diesen Handlungskategorien sieht Capra zwei menschliche Bewußtseins- bzw. Denkarten: eine *intuitive*, traditionell mit Religion oder Mystik assoziierte und eine *rationale*, traditionell mit Wissenschaft verbundene. Beide Denkweisen sind komplementäre Formen des menschlichen Geistes. Ist rationales Denken linear, fokussiert und analytisch, beruht intuitives Wissen auf unmittelbarer, nicht-intellektueller Erfahrung der Wirklichkeit; es ist holistisch und nimmt die Wirklichkeit als integrierte Ganzheiten wahr. Er schließt, daß vernunftorientiertes Wissen Yang- oder Ich-bezogene Aktivität hervorbringt, und er erkennt in der "intuitiven Weisheit"[101] die Grundlage ökologischer- oder Yin-Aktivität.

In Descartes' Feststellung "Cogito ergo sum" diagnostiziert Capra ein Dokument für die Bevorzugung des rationalen Denkens in unserer abendländisch-neuzeitlichen Kultur und den Anstoß für eine radikale Trennung von Körper und Geist, Geist und Materie. Das Universum wird als mechanisches System gesehen. Lebende Organismen werden zu aus getrennten Teilen zusammenkonstruierten Ma-

---

[98]   weiblich, bewahrend, empfänglich, kooperativ, synthetisierend.
[99]   männlich, fordernd, aggressiv, wettbewerbsorientiert, rational, analytisch.
[100]   so Joseph Needham, zit. ebd. S.34.
[101]   ebd. S.35.

schinen, und die Umwelt wird zu einem Steinbruch verschiedener Einzelteile, derer man sich nach Bedarf bedienen könne.

Diese Ausbeutung der Natur im Zuge einer bestimmten Bewußtseinslage und einer patriarchalischen Gesellschaftsstruktur läuft parallel mit der Ausbeutung der Frau, die in allen Zeitaltern als "Mutter Erde", "ernährende Mutter", aber auch als "wildes und unbeherrschtes Weib" mit der Natur identifiziert wurde. "Die altüberlieferte Assoziation von Frau und Natur verknüpft also die Geschichte der Frau mit der Geschichte der Umwelt und ist die Quelle der natürlichen Verwandtschaft zwischen Feminismus und Ökologie"[102].

Den Fortschritt der zu Ende gehenden Epoche qualifiziert Capra als einseitige Evolution, die nunmehr ein alarmierendes Stadium erreicht hat. Wir haben unsere maskuline Yang-Seite mit Rationalität, Analyse und Expansion überbetont und unsere weibliche Yin-Seite mit intuitiver Weisheit, Synthese und ökologischem Bewußtsein vernachlässigt.

Capra hält die Yin-Yang-Terminologie auch für eine systemtheoretische Analyse der Wirklichkeit für nützlich. Systeme sind – nach Aussagen der Systemtheorie – integrierte Ganzheiten, deren Eigenschaften nicht mehr auf die ihrer einzelnen Teile reduziert werden können. Lebende Organismen, Gesellschaften,... alles das sind Systeme, integrierte Strukturen, die wieder als Teile von noch größeren Ganzheiten auf höheren Komplexitätsebenen angesehen werden können – Moleküle, Gewebe, Organe, Menschen, Familien, Stämme...
Capra zitiert Arthur Koestler, der für die Untersysteme, die zugleich Ganzes und Teil sind, den Begriff "Holonen"[103] geprägt hat und meint, daß jedes Holon zwei entgegengesetzte und doch komplementäre Tendenzen im Sinn der Yin/Yang-Polarität verfolgt: Eine integrierende Tendenz möchte als Teil eines größeren Ganzen fungieren, während eine Selbstbehauptungstendenz nach individueller Autonomie strebt.

In gesunden Systemen halten sich Integration und Selbstbehauptung im Gleichgewicht; unsere Kulturepoche ist aus diesem Gleichgewicht geraten und durch die Dominanz des Yang-Verhaltens in eine existenzbedrohende Krise in allen Lebensbereichen geschlittert.

"Hat das Yang seinen Gipfel erreicht, zieht es sich zugunsten des Yin zurück"[104], zitiert Capra einen nicht näher bezeichneten chinesischen Autor. Er ortet in den neuerdings aufbrechenden philosophischen, spirituellen und politischen Bewegungen eine gemeinsame Ausrichtung auf Yin-Werte und

---

[102]   ebd. S.38.
[103]   ebd. S.41.
[104]   ebd. S.44.

damit eine Umkehr in der Fluktuation zwischen Yin und Yang.

Eine Gegenkultur ist im Entstehen, jetzt noch zersplittert in einzelne Ansätze und zaghafte Versuche, aber "man kann voraussehen, daß alle diese Aktivitäten zusammenfließen und eine machtvolle Kraft gesellschaftlicher Umgestaltung bilden werden"[105], hofft Capra, und er spricht, wie oben angedeutet, in Anlehnung an Toynbees kulturdynamisches Modell von "aufsteigender Kultur".

Der Physik schreibt Capra bei diesem Umgestaltungsprozeß eine Leitfunktion zu, wie sie auch bisher innehatte. Der mechanistische Denkrahmen der Physik war Leitwährung und -norm für alle anderen Wissenschaften bis hin zur Theologie – denkt man an einige ihrer Disziplinen. Komplexe Phänomene wurden auf Grundbausteine reduziert und nach dem Mechanismus befragt, der ihr Zusammenwirken garantiert.

Im zwanzigsten Jahrhundert aber hat die moderne Physik mehrere innere Revolutionen erlebt und begonnen, die reduktionistischen Anschauungen der klassischen Physik zu relativieren und die Grenzen eines mechanistischen Paradigmas anzuerkennen.

Die moderne Physik beschreibt Capra als "extreme Spezialisierung des rationalen Verstandes"[106]. In deren Bemühen, Kontakt mit der Mystik aufzunehmen, sieht er ein Beispiel für die Einheit und Komplementarität des rationalen Yang- und des intuitiven Yin-Bewußtseins; es besteht die Chance, daß am Beispiel der modernen Physik klar wird, daß wissenschaftliches Denken nicht zwangsläufig reduktionistisch und mechanistisch sein muß, sondern daß auch ökologisch-ganzheitliche Anschauungen einen legitimen Anspruch auf Wissenschaftlichkeit haben.

In einem zweiten Gedankengang, "Die beiden Paradigmen" betitelt stellt Capra das reduktionistisch-materialistische Denkmodell noch einmal dem Paradigma der neuen Physik gegenüber. Im 17. Jahrhundert wandelte sich die Naturbetrachtung, die bislang "Verständnis für die natürliche Ordnung und das Leben in Harmonie mit dieser Ordnung zu gewinnen"[107] trachtete. Im Geiste der induktiven Methode Francis Bacons gelangte sie aber von einer Yin-orientierten Betrachtungsweise in ihr polares Gegenteil, von der Integration zur Selbstbehauptung, zur Yang-Orientierung. "Der antike Begriff von der Erde als gütiger Nährmutter wurde in Bacons Schriften radikal umgestaltet und

---

[105]   ebd. S.45.
[106]   ebd. S.46.
[107]   ebd. S.54.

verschwand vollständig, als die wissenschaftliche Revolution sich daranmachte,
die organische Naturanschauung durch die Metapher von der Welt als Maschine zu
ersetzen"[108].

Dieser Wandel wurde vor allem von zwei überragenden Persönlichkeiten des 17. Jahrhunderts in Gang gebracht: von Descartes und Newton.
Descartes' Methode war analytisch und wurde zu einem Charakteristikum
modernen wissenschaftlichen Denkens: Probleme werden immer weiter in
Teilaspekte zerlegt, bis sie in eine logische Ordnung gebracht werden können. So
leistete Descartes der Zersplitterung wissenschaftlichen Denkens und einem
Reduktionismus Vorschub, der glaubt, daß alle komplexen Phänomene verstanden
werden können, wenn sie auf ihre Bestandteile reduziert werden.

Auch für die im Denken der Neuzeit vorherrschende Trennung von
Geist und Materie macht Capra den "Vater der neuen Philosophie" (Schischkoff)
verantwortlich. In seiner Unterscheidung von "res cogitans" und "res extensa"
schuf er den Denkrahmen für zwei voneinander unabhängige und getrennte
Bereiche: Die Geisteswissenschaften konzentrieren sich auf die res cogitans, den
Bereich des Geistes, die Naturwissenschaften auf die res extensa, die "aus-
gedehnten Dinge", die Materie. Die Natur funktioniert demnach nach mechanischen
Gesetzen, und "dieses mechanische Bild der Natur wurde zum dominierenden
Paradigma der Naturwissenschaft in der auf Descartes folgenden Perio-
de"[109].

Isaac Newton vervollständigte diese mit Descartes ansetzende
Denkrichtung und lieferte eine geschlossene mathematische Theorie der Welt. Die
mechanistische Weltauffassung mit der Annahme eines absoluten Raumes und einer
absoluten Zeit ist in der Newtonschen Denkweise eng verbunden mit der
Auffassung einer kausalen, völlig determinierten Maschine. "Dieses Bild einer
vollkommenen Weltmaschine erfordert einen außerhalb stehenden Schöpfer, einen
monarchischen Gott, der die Welt von oben regiert, indem er ihr seine göttlichen
Gesetze auferlegt"[110]. Dieser mechanistische Denkrahmen der Physik wurde
nach und nach von den sich ausdifferenzierenden Wissenschaftsdisziplinen
übernommen und zum herrschenden Paradigma. Die Grundsätze der Newtonschen
Mechanik wurden auf die menschliche Natur ebenso angewandt wie auf die
menschliche Gesellschaft, bis in der zweiten Hälfte des 19. Jahrhunderts die Grenzen des Newtonschen Modells sichtbar wurden.

---

[108]   ebd. S.55.
[109]   ebd. S.59.
[110]   ebd. S.66.

In den Arbeiten von Faraday und Maxwell zur Erforschung elektri-
scher und elektromagnetischer Phänomene und in den Überlegungen zur
Evolutionstheorie bei Lamarck und Darwin breitete sich die wissenschaftliche
Revolution des 20. Jahrhunderts vor.

Mit der Formulierung der Relativitäts- und Quantentheorie in der
ersten Hälfte unseres Jahrhunderts wurden die Hauptbegriffe der cartesianischen
Weltanschauung und der Newtonschen Mechanik in ihrem Absolutheitsanspruch
entthront. Die neue Physik fordert eine tiefgreifende Änderung der Grundbegriffe
Raum, Zeit, Materie, Ursache und Wirkung. Die Physiker mußten akzeptieren lernen, daß sie immer dann, wenn sie die innere Struktur der Atome mit den
traditionellen Begriffen der Physik beschreiben wollten, auf Aporien und
Paradoxien stießen.

Einsteins Relativitätstheorie hat die Annahme eines absoluten Raumes
und einer absoluten Zeit zu Fall gebracht, und Heisenbergs Unschärferelation löst
die mechanistische Vorstellung von Materie auf. Denn im subatomaren Bereich
existiert Materie nicht an bestimmten Orten, sondern zeigt vielmehr Tendenzen zu
existieren. Ein Geschehen in diesem Bereich kann nicht vorausgesagt werden, nur
die Wahrscheinlichkeit seines Eintretens ist aussagbar. Die strenge Kausalität der
Newtonschen Mechanik löst sich im subatomaren Bereich in Statistik auf, feste
materielle Objekte der klassischen Physik werden zu wellenartigen Wahrschein-
lichkeitsstrukturen. "Subatomare Teilchen sind also keine 'Dinge', sondern
Verknüpfungen zwischen 'Dingen', und diese 'Dinge' sind ihrerseits Verknüpfungen zwischen anderen 'Dingen', und so fort. In der Quantentheorie langt man
niemals bei 'Dingen' an, man hat es immer mit Geweben von Wechselbeziehungen
zu tun"[111].

Somit enthüllt nach Capra die moderne Physik die "grundlegende
Einheit des Universums"[112]. Jedes Ding soll nicht durch das definiert
werden, was es an sich ist, sondern durch seine Zusammenhänge mit anderen
Dingen. Die Welt kann nach der Quantentheorie nicht mehr in unabhängig
voneinander existierende Elemente zerlegt werden. Während in der klassischen
Mechanik die Eigenschaften und das Verhalten der Teile das Ganze bestimmen, ist
die Lage in der Quantenmechanik umgekehrt: Es ist das Ganze, das das Verhalten
der Teile bestimmt.
Capra zitiert den Einstein-Schüler und Physiker David Bohm: "Heute besteht ein
großes Maß an Übereinstimmung, [...] daß der Strom unserer Erkenntnis sich in

[111]   ebd. S.83.
[112]   ebd.

Richtung einer nicht-mechanischen Wirklichkeit bewegt; das Universum beginnt
mehr wie ein großer Gedanke denn wie eine große Maschine auszusehen"[113].

Eine weitere wesentliche Erkenntnis der Quantentheorie ist in diesem
Zusammenhang von Bedeutung: nämlich die Tatsache, daß das menschliche Bewußtsein beim Beobachtungsvorgang eine entscheidende Rolle spielt. In der Atomphysik ist der Beobachter nicht nur notwendig, um die Eigenschaften eines
atomaren Geschehens zu beobachten, sondern sogar um diese Eigenschaften
hervorzurufen. Capra kann unter Hinweis darauf, daß das Elektron etwa keine
vom Bewußtsein des Beobachters unabhängige Eigenschaften besitzt, schreiben:
"In der Atomphysik kann die scharfe kartesianische Unterscheidung zwischen
Geist und Materie, zwischen dem Beobachter und dem Beobachteten, nicht länger
aufrechterhalten werden. Wir können niemals von der Natur sprechen, ohne
gleichzeitig von uns zu sprechen"[114].

In der modernen Physik wird das Bild des Universums als Maschine
zugunsten der Vision eines unteilbaren, dynamischen Ganzen fallengelassen. "Auf
subatomarer Ebene sind die Wechselbeziehungen und Wechselwirkungen zwischen
den Teilen des Ganzen von grundlegenderer Bedeutung als die Teile selbst. Es
herrscht Bewegung, doch gibt es letzten Endes keine sich bewegenden Objekte;
es gibt Aktivität, jedoch keine Handelnden, es gibt keine Tänzer, sondern nur den
Tanz"[115].

Hängen die Eigenschaften der Teilchen und damit die grundlegenden
Strukturen der materiellen Welt letztlich von der Art und Weise ab, wie sie ein
Beobachter sieht, dann sind die beobachteten Strukturen der Materie "Spiegelun-
gen der Strukturen unseres Bewußtseins"[116]. Die Trennung Geist-Materie
ist aufgehoben, der Weg zu einer holistisch-dynamischen Auffassung vom
Universum ist frei.

In diesem Zusammenhang greift Capra auch Bohms Begriff der
"ungebrochenen Ganzheit" auf, wonach dem kosmischen Gewebe von Zusammenhängen auf einer tieferen, nicht-manifesten Ebene eine "implizite", "eingefaltete"
Ordnung innewohnt; jeder Teil enthält auf gewisse Weise das Ganze – ein
dynamisches Phänomen, das Bohm "holomovement – Holobewegung" nennt. "Um
diese implizite Ordnung zu verstehen, sah Bohm sich genötigt, das Bewußtsein als
ein wesentliches Charakteristikum der 'Holobewegung' anzusehen und es in seiner
Theorie ausdrücklich zu berücksichtigen. Für ihn sind Geist und Materie unabhängig und korrelat, aber nicht kausal verknüpft. Sie sind gegenseitig einge-

---

[113]   ebd. S.90.
[114]   ebd. S.91.
[115]   ebd. S.97.
[116]   ebd. S.99.

faltete Projektionen einer höheren Wirklichkeit, die weder Materie noch Bewußtsein ist"[117].

Die Überlegungen Capras in den ersten beiden Teilen der "Wendezeit" wurden hier relativ ausführlich nachgezeichnet, weil dabei im Gedanken der "Ganzheitlichkeit" und "Einheit" ein Grundmotiv anklingt, das sich als kleinster gemeinsamer Nenner durch die ganze New Age-Philosophie zieht.

Im letzten Teil des Buches stellt er eine neue Sicht der Wirklichkeit vor, die von einem Systembild des Lebens ausgeht und in einer ganzheitlichen Medizin und Psychologie sowie in der Entwicklung sanfter Technologien einen Ausweg aus der gegenwärtigen Krisensituation sieht. Er fordert im Schlußsatz ein radikales Umdenken, wenn die Menschheit überleben will: "Wir werden unsere Probleme nur dann lösen können, wenn wir den Prozeß des Paradigmenwechsels fortsetzen und als Gesellschaft dazu in der Lage sind, den Übergang zur tiefen Ökologie zu vollziehen [...] Die Erkenntnisse und Wertvorstellungen der tiefen Ökologie als Einzelne und als Gesellschaft zu verwirklichen, ist die Herausforderung dieser Wendezeit an uns alle"[118].

1.2.3.2. Ferguson und die "Sanfte Verschwörung"

Marilyn Ferguson, amerikanische Publizistin und Schriftstellerin, hat nach Ansicht ihres Verlegers mit der "Sanften Verschwörung"[119] das "Handbuch des New Age"[120] vorgelegt. Zentrale Kategorien ihres Buches, das sich mit einiger journalistischer Noblesse über exakte Zitation und begriffliche Klarheit hinwegsetzt, sind die Begriffe "Transformation" und "Verschwörung". Hans-Jürgen Ruppert vermutet, daß Ferguson den ersteren von George Leonard bzw. seinem 1972 erschienenen Buch "The Transformation" übernommen hat[121], während für den Begriff "Verschwörung" Teilhard de Chardin Pate stand, der von der "Verschwörung der Liebe"[122] sprach, und der zu ihren meistzitierten Autoren gehört[123].
Ein dritter Lieblingsbegriff Fergusons ist der von Thomas Kuhn geprägte Ausdruck "Paradigmenwechsel".

---

[117]   ebd. S.102.
[118]   ebd. S.484.
[119]   Marilyn Ferguson, Die sanfte Verschwörung, Persönliche und Gesellschaftliche Transformation im Zeitalter des Wassermanns. Basel 1982.
[120]   Dokumentation 3-4/87, S.31.
[121]   vgl. Ruppert 1985, S.116.
[122]   vgl. ebd. S.117.
[123]   Ferguson nimmt laut Personenregister auf Teilhard zwanzigmal Bezug, dagegen etwa auf Erich Fromm siebenmal, auf C.G. Jung neunmal, auf Aldous Huxley vierzehnmal.

In der Dreiecksfläche zwischen diesen drei Begriffen versucht Ferguson in einer ausführlich-plakativen Weise, Perspektiven für ein neues Zeitalter aufzuzeigen und das Heraufkommen eines neuen Bewußtseins zu beschreiben.

Zunächst beginnt sie damit, den Begriff "Verschwörung" zu klären: Wo immer Menschen Erfahrungen teilen und unterwegs sind zu einem neuen Bewußtsein, wo sie gemeinsam "ein neues Denken atmen" – conspirare –, beginnen sie, an der Verschwörung teilzunehmen. Dabei handelt es sich nicht um Vereinigungen oder Organisationen alten Stils; es gibt dagegen kleine Gruppen, lose miteinander verbunden, denen sich früher oder später weitere Kreise anschließen – "täglich wird deren Zahl größer"[124].

Mit einem Paradigmenwechsel erhofft Ferguson eine neue Denkweise im Hinblick auf alte Probleme. Dieser Wechsel ist zu einem Zeitpunkt abgeschlossen, wo eine bestimmte Anzahl von Denkern eine neue Idee akzeptiert hat. Eng verbunden mit dem Paradigmenwechsel ist bei Ferguson der Begriff "Transformation" – sie erwartet in ihr die Umwandlung von Menschen, hergebrachten Denkmustern, Struktur- und Organisationsformen, die damit beginnt, daß sich Menschen ihres Bewußtseins bewußt werden. Sie erachtet den Beginn dieser Transformation "geradezu absurd einfach. Wir müssen nur unsere Aufmerksamkeit auf den Fluß der Aufmerksamkeit selbst lenken"[125]. Wenn diese Transformation so gelingt, daß das Gehirn, an dessen nahezu unglaubliche Formbarkeit sie erinnert, eine neue Idee tatsächlich zu einer neuen Einheit integriert, dann ist das erreicht, "was wir als Paradigmaveränderung, als Transformation bezeichnet haben"[126]. "Die richtigen Umstände vorausgesetzt, verfügt das Gehirn über grenzenlose Fähigkeiten zu Paradigmenwechseln"[127].

Ist die Transformation "eine Reise ohne Endziel"[128], so kann sie doch in ihrer Stufenfolge für zukünftige Verschwörer beschrieben werden. Die erste Stufe findet beinahe zufällig statt.
Der *Einstieg* "kann durch alles ausgelöst werden, was unser altes Weltverständnis, die alten Prioritäten aufrüttelt"[129], sei dies durch die Lektüre eines Buches

---

[124]   Ferguson 1982, S.27.
[125]   ebd. S.17.
[126]   ebd. S.81.
[127].   ebd. S.82.
[128]   ebd. S.99.
[129]   ebd. S.100.

oder durch das Anhören eines Vortrages.

Die zweite Stufe nennt sie *Erforschung*: Mit der neuen Erfahrung beschäftigt, spürt der Einsteiger, daß es Wertvolles zu finden gibt und begibt sich auf die Suche nach weiteren klärenden Erfahrungen. "Diese Suche ist die Transformation selbst"[130], denn der Suchende wird zur Erkenntnis kommen, daß ihm kein System genügt, daß es keine endgültigen Antworten gibt.

Auf der dritten Stufe, der *Integration*, lebt der Suchende "mitten in dem Geheimnis. Obwohl es bevorzugte Lehrer oder Methoden geben mag, vertraut der Mensch einem inneren Guru"[131]. Es ist die Zeit der Stille, Einkehr und Kontemplation, die Zeit der Vorbereitung auf die aktive vierte Phase.

Auf der Stufe der *Verschwörung* – so nennt Ferguson die vierte Phase – hat sich das neue Bewußtsein im Sinn eines Paradigmenwechsels so weit herausgebildet, daß es nun nach Manifestation verlangt und im Dienst der Menschen aktiv werden möchte.

Die Bereitschaft zur Veränderung ist eine jeweils individuelle Entscheidung und verlangt Mut. "Die heikelste Entdeckung ist die Transformation der Angst"[132], und "jeder von uns bewacht ein Tor zur Veränderung, das nur von innen her geöffnet werden kann"[133].

Sinn der Transformation ist die Erneuerung der Menschheit durch einen neuen Geist. Aber dieser neue Geist ist nicht mehr im Sinn der biblischen Tradition ein von Gott gegebener[134], sondern ist naturgegeben. "Nur durch einen neuen Geist kann sich die Menschheit erneuern, und das Potential ist natur-bedingt"[135].

Wir können unseren Geist verändern, wenn wir uns darauf einlassen, mit neuen Augen zu sehen und unser Gehirn in seiner Plastizität und Kapazität fordern. "Die erwiesene Flexibilität des menschlichen Gehirns und der menschli-chen Bewußtheit eröffnet die Möglichkeit, daß individuelle Evolution vielleicht zur kollektiven Evolution führt"[136].

Evolution ist ebenfalls ein bevorzugt gebrauchter Begriff bei Ferguson und verantwortlich für unser Schicksal. Wir müssen uns nur auf die na-turbedingte Evolution einlassen, dann können wir über alle Krisensymptome und

[130]   ebd. S.103.
[131]   ebd. S.104.
[132]   ebd. S.132.
[133]   ebd. S.128.
[134]   etwa Ez 11,17.19: "So spricht Gott, der Herr [...] Ich schenke ihnen ein anderes Herz und schenke ihnen einen neuen Geist.".
[135]   ebd. S.51.
[136]   ebd. S.79.

Aporien hinweg sagen: "Wir befinden uns[...]am Vorabend eines neuen Zeitalters, dem Zeitalter einer offenen Welt, einer Zeit der Erneuerung, in der eine Frei- setzung frischer geistiger Energien in der Kultur unserer Welt neue Möglichkeiten erschließen kann"[137].

Für Ferguson, die sich in ihrem ersten Buch mit Gehirnphysiologie beschäftigt hat[138], hängt unsere Transformation auch mit der Aktivierung bzw. Integration unserer beiden Gehirnhälften zusammen. Im Rückgriff auf Arbeiten von Ward Milton, Joseph Goldstein, Kenneth Pope McLuhan und andere, beschreibt sie die beiden Hemisphären des menschlichen Gehirns als zwei voneinander unabhängige Zentren des Bewußtseins.

Während die linke Hemisphäre des Gehirns im wesentlichen die Sprache kontrolliert und analytisch-logisch arbeitet, denkt die rechte in Bildern, arbeitet analog und färbt sprachliche, von der linken Hemisphäre stammende Äußerungen emotional ein. Die rechte komplettiert im Unterschied zur linken Wahrnehmungen zu Gestalten, schafft Ganzheit und wirkt holistisch. "Die linke Gehirnhälfte macht Momentaufnahmen, die rechte betrachtet den ganzen Film"[139].

Die rechte Hemisphäre steht nach Ferguson in vielfacher Verbindung zu dem aus stammesgeschichtlich alter Zeit stammenden limbischen System, das sie "als das Gehirn des Herzens"[140] anspricht, und sie diagnostiziert eine einseitige, kulturdeformierte Aktivierung unseres Gehirns: "Einen großen Teil unserer bewußten Bewußtheit beschränken wir auf jenen Aspekt der Gehirn- funktion, der die Dinge in ihre Teile zerlegt. So sabotieren wir unsere einzige Strategie zur Bedeutungsfindung, indem das linke Gehirn durch ein gewohnheits- mäßiges Ausschalten der von der rechten Gehirnhemisphäre ausgehenden Konflikte, auch seine Fähigkeit, Muster und das Ganze zu sehen, außer Tätigkeit setzt [...] Gefühle werden eingedämmt, wodurch sie möglicherweise im stillen Unheil anrichten: durch Ermüdung, Krankheit, Neurose, durch ein durchdrin- gendes Gefühl, daß etwas nicht stimmt, daß etwas fehlt – eine Art kosmisches Heimweh"[141].

Das Ziel der Transformation kann nun auch als "Flucht aus dem Gefängnis der beiden Gehirnhälften"[142] beschrieben werden. Durch die Verbindung beider Teile entsteht Neues, weit mehr als die Summe beider Teile. Es

[137]   ebd. S.48.
[138]   Marilyn Ferguson, Geist und Evolution. Die Revolution der Gehirnforschung, Olten 1981.
[139]   Ferguson 1982, S.89.
[140]   ebd.
[141]   ebd. S.90.
[142]   ebd. S.93.

kommt zur Integration des logischen und intuitiven Denkens, Geist und Herz, Verstand und Gefühl sind zu einer neuen Einheit versöhnt. Die Sprache erhält eine neue integrierende Funktion, denn sie "holt das Unbekannte aus der Vergangenheit hervor und bringt es auf eine Weise zum Ausdruck, die das ganze Gehirn verstehen kann. Beschwörungen, Mantras, die Poesie und geheime heilige Worte sind alles Brücken, welche die beiden Gehirnhälften verbinden"[143].

Von diesem Gedankengang aus wird auch die Faszination, die östliche Philosophie und Spiritualität auf Ferguson und das New Age ausüben, verständlich. Bereits 1960 hat Suzuki geschrieben: "Demnach ist der westliche Geist analytisch, unterscheidend, differenzierend, induktiv, individualistisch, intellektuell, objektiv, wissenschaftlich, verallgemeinernd, begrifflich, schematisch, unpersönlich, am Recht hängend, organisierend, Macht ausübend, selbstbewußt, geneigt, anderen seinen Willen aufzuzwingen usw. Die Wesenszüge des Ostens können dagegen folgendermaßen charakterisiert werden: synthetisch, zusammenfassend, integrierend, nicht unterscheidend, deduktiv, unsystematisch, dogmatisch, intuitiv bzw. affektiv, nicht diskursiv, subjektiv, geistig individualistisch und sozial kollektivistisch usw."[144].

Die beiden globalen Hemisphären sind zu einem Modell der beiden Gehirnhälften geworden. Die Wendung nach Osten wird das Aufbruchsignal, über die Wiederentdeckung der rechten, intuitiv arbeitenden Gehirnhemisphäre zu einer neuen mentalen Integration zu gelangen. "Während der Osten über den Wald meditiert, zählt der Westen die Bäume[...]Der Geist, der die Bäume und den Wald wahrnimmt, ist ein neuer Geist"[145], schreibt Ferguson in der Denkrichtung Suzukis.

In einer *historischen Rückschau* beschreibt Ferguson im amerikanischen "Traum von der Erneuerung" den Nährboden für den Gedanken der Transformation. Ausgehend von den amerikanischen Transzendentalisten des 19.Jahrhunderts, die gegen den trockenen Intellektualismus ihrer Zeit rebellierten[146], bis herauf zur Human-Potential-Bewegung in den 60er Jahren unseres Jahrhunderts sind die Vereinigten Staaten für Ferguson der Motor für ein neues Denken, ein neues Bewußtsein. Eine besondere Rolle spielt dabei Kalifornien: "Die Vereinigten Staaten sind immer noch das revolutionärste Land der

---

[143] ebd. S.92.
[144] Erich Fromm/Daisetz Teitaro Suzuki/Richard de Martino, Zen Buddhismus und Psychoanalyse. (1960) deutsch Frankfurt 1971, S.13.
[145] Ferguson 1982, ebd. S.94.
[146] Vertreter dieser Denkrichtung sind etwa Henry David Thoreau und Ralph Waldo Emerson.

Welt, das Laboratorium für die Gesellschaft. Sämtliche Experimente – sozialer, wissenschaftlicher, rassischer Art, und solche, die verschiedenen Generationen mit einbeziehen – finden alle in den Vereinigten Staaten statt [...] Kalifornien, das zu einer sagenhaften Insel ernannt wurde, ist in den Vereinigten Staaten eine Insel der Mythen gewesen, der heilige Zufluchtsort des gefährdeten amerikanischen Traums [...] Wenn Amerika frei ist, ist Kalifornien freier. Wenn Amerika offen für Erneuerung ist, ist Erneuerung Kaliforniens Beiname [...] Kalifornien scheint eine Art 'Beschleuniger' des nationalen Charakters zu verkörpern [...] Was der Amerikaner wird, ist der Kalifornier bereits"[147].

Kalifornien, bevorzugt durch ein mildes Klima, ist durch das Fehlen von Tradition und dem allgemeinen Gefühl des Neubeginns unter den Einwanderern aus allen Richtungen der Windrose gekennzeichnet. Ohne Bindung an enge Traditionen ist nach Ferguson Toleranz hier leichter lebbar und eine Atmosphäre der Experimentierfreude und Erneuerung verständlich. Kalifornien ist zum Wetterwinkel der Verschwörung im Zeichen des Wassermanns geworden"[148].

Man muß diesen amerikanischen Background mit sehen, will man erahnen, was mit New Age gemeint sein könnte. Ferguson zitiert einen Kulturkritiker namens Leslie Fiedler, der sagt: "Ein Amerikaner zu sein, bedeutet eher, sich ein Schicksal vorzustellen denn eines zu erben. Wir haben schon immer mehr dem Mythos als der Geschichte angehört"[149].

Ferguson ruft ähnlich wie Capra, nur journalistischer, Vertreter der *Wissenschaft* für eine in Bewegung geratene geistige Welt auf: Physiker wie Einstein, Heisenberg, Schrödinger, Bohm und Prigogine werden ebenso angeführt wie die Sprachwissenschaftler Korzybski und Whorf, der Gehirnforscher Karl Pribram und viele andere. Dies mit einer für Ferguson umso größeren Berechtigung, weil sie alle Wissenschaft im neuen Denken systemtheoretisch verklammert sieht: Holismus ist für sie der Schlüssel zum Verstehen: "Nun zeigt sich mit überwältigender Klarheit, daß Ganzheiten nicht durch Analyse von Teilen verstanden werden können[...] Die 'Allgemeine System-Theorie'[...]besagt, daß jede Variable innerhalb eines gegebenen Systems auf so vollkommene Weise auf die anderen Variablen einwirkt, daß Ursache und Wirkung nicht voneinander getrennt

---

[147]   ebd. S.152f.
[148]   Das Esalen Institut in der Nähe des kalifornischen Big Sur war das Zentrum der später noch zu besprechenden Human Potential Bewegung. Es steht mit Namen wie Arnold Toynbee, Carl Rogers, Paul Tillich, Abraham Maslow, B.F.Skinner, Fritz Perls, Stanislav Grof, Carlos Castaneda, Alan Watts in Verbindung und hat etwas vom Flair eines New Age-Mekka an sich.
[149]   ebd. S.165.

werden können. Eine einzige Variable kann sowohl Ursache als auch Wirkung sein"[150]. Evolution bedeutet dann Transformation[151], das Gehirn wird zur dissipativen Struktur im Sinne Ilja Prigogines[152], die Welt zu einem Hologramm, und Psi-Phänomene werden zur Unbekannten der Physik[153].

In weiteren Überlegungen spürt Ferguson einem Paradigmenwechsel in der *Politik* nach. H.D.Thoreau mit seinem Essay über zivilen Ungehorsam und Mahatma Gandhi mit seinem Satyagraha-Prinzip[154] stehen ihr Modell, wenn sie eine wassermanntransformierte politische Führung beschreibt: "Der wahre Führer fördert einen Paradigmenwechsel bei denen, die dafür bereit sind..."[155]; und in Anlehnung an Lao-tse schreibt sie: "Die beste Führung ist die, unter der die Leute sagen: 'Wir haben es selbst geschafft'"[156].

Zum Vergleich[157] stellt sie die Leitsätze der Macht nach dem alten und neuen Paradigma einander gegenüber und kommt über eine Analogie mit der Gehirnphysiologie zu einem Modell für die Transformation der Gesellschaft: "Netzwerke bilden die Strategie, mit der kleine Gruppen eine ganze Gesellschaft transformieren können [...] Netzwerke verbinden die Menschen mit sich ergänzenden Fähigkeiten, Interessen und Zielen [...] Der Vergleich eines Netzwerks mit dem menschlichen Nervensystem ist mehr als bloß eine nützliche Metapher. Das Gehirn und ein Netzwerk arbeiten tatsächlich ähnlich. Das Gehirn ist so strukturiert, daß die einzelnen Teile zusammenarbeiten und eine hierarchische Ordnung vorherrscht. Bedeutung wird im Gehirn durch dynamische Muster, durch das Zusammenspiel von Neuronengruppen und die Interaktion zwischen Gruppen geschaffen. Im Gehirn ist die Macht dezentralisiert"[158].

Eine besondere Bedeutung kommt bei der politischen Transformation den *Frauen* zu. Da nach dem Psychologen George Stratton[159] die Frauen gehirnphysiologisch mehr rechtshemisphärisch als die Männer orientiert und diesen im Wahrnehmen von Ganzheiten überlegen sind, werden Frauen überall dort, wo die Verschwörung des Wassermanns sich durchsetzt, stärker vertreten sein. Ferguson zitiert wieder Gandhi: "Wenn Satyagraha die Verhaltensweise der

[150]   ebd. S.181f.
[151]   vgl. ebd. S.187.
[152]   vgl. ebd. S.194.
[153]   vgl. ebd. S.210.
[154]   Satyagraha: Macht der Seele, Macht der Wahrheit.
[155]   ebd. S.235.
[156]   ebd.
[157]   vgl. Anhang/Dokumentation 1.
[158]   ebd. S.249f.
[159]   zit. ebd. S.266.

Zukunft darstellt, dann gehört die Zukunft den Frauen"[160].

Dem unter dem Titel "Selbstheilung" abgehandelten Abschnitt über *Gesundheit* im New Age stellt sie das Motto "Perfekte Gesundheit und das Erwachen sind in der Tat dasselbe" von Tarthang Tulku voran. Sie weist damit auf eine typische Denkrichtung des Wassermannzeitalters hin: Heil und Heilung sind für die Menschen in den Griff zu bekommen, wenn sie aus einem neuen Bewußtsein heraus zu sich selbst kommen, wenn sie "erwachen". Ein Grundzug, der später unter dem Apostroph "gnostisch" noch eingehender behandelt wird.

Auch im Gesundheitswesen entsteht ein neues Paradigma. Die Zeichen stehen nach Ferguson auf "ganzheitlicher Gesundheit", die nicht von Ärzten verschreibbar ist, sondern aus einer bestimmten Bewußtseinslage und Einstellung heraus entsteht: "aus dem Akzeptieren der Ungewißheit des Lebens, der Bereitschaft, Verantwortung für Gewohnheiten zu übernehmen, aus einer bestimmten Art und Weise, Streß wahrzunehmen und mit ihm fertigzuwerden, aus befriedigenden menschlichen Beziehungen, aus einem Sinn im Leben"[161].

Heilung findet nach Ferguson "automatisch" statt, sobald negative Geisteshaltungen überwunden sind[162]. Sie zitiert einen nicht näher ausgewiesenen Anatomen, der gesagt hat: "Der Heiler in unserem Inneren ist das weiseste, komplexeste und integrierteste Wesen im Universum"[163]. Auch zu diesem Themenbereich bietet Ferguson eine Übersicht an[164], die die Unterschiede zwischen der "alten" Medizin und der "neuen" angibt, und faßt zusammen: "Die Rolle der veränderten Bewußtheit beim Heilungsprozeß ist vielleicht die allerwichtigste Entdeckung der modernen Medizin"[165].

Auch zum *Lernen* und zur Rolle der schulischen Institutionen im Zeitalter des Wassermannes macht sich Ferguson Gedanken. Sie beginnt mit der Feststellung, daß das Erziehungswesen eine der am wenigsten dynamischen Institutionen sei. Im herkömmlichen Schulsystem ortet sie den Ursprung der "pädagogenen Krankheit"[166], die den Willen und oft auch den Geist der Kinder bricht, Kreativität, Spontaneität und Freude am Lernen verhindert. Auch für das Lernen ist ein neues Paradigma zu entwerfen, eine neue "transpersonale" Erziehung anzustreben, bei der Lernende dazu ermutigt wird, "wachsam und autonom zu sein, Fragen zu stellen, alle Ecken und Enden der bewußten Erfahrung

---

[160]   ebd. S.267.
[161]   ebd. S.291f.
[162]   vgl. ebd. S.293.
[163]   ebd. S.291.
[164]   vgl. Anhang/Dokumentation 2.
[165]   ebd. S.294.
[166]   ebd. S.327.

zu erforschen, nach Sinn zu suchen, äußere Begrenzungen auf die Probe
zu stellen und die Grenzen und die Tiefen des Selbst zu überprüfen [...] Die
transpersonale Erziehung ist humaner als die traditionelle Erziehung und geht
intellektuell rigoroser vor als viele Alternativen der Vergangenheit. Sie hat zum
Ziel, Transzendenz zu fördern und keine bloß wetteifernden Fähigkeiten zu bieten.
Ganzheitliche Erziehung ist das Gegenstück zur ganzheitlichen Medizin"[167].

Lernen wird zur Transformation[168], und "jede Art des Lernens
ist eine Art Paradigmenwechsel"[169]. Der gute Lehrer ist für die Prophetin
des Wassermannzeitalters mit dem Unterschied zwischen einem Lautsprecher und
einer Gegensprechanlage charakterisierbar: "Wie ein guter Therapeut stellt der
geistig offene Lehrer eine durch Harmonie, Einklang, Zuneigung und Rückkoppelung gekennzeichnete Beziehung her; er spürt unausgesprochene Bedürfnisse
auf, Konflikte, Hoffnungen und Ängste. Mit vollstem Respekt gegenüber der
Autonomie des Lernenden verbringt der Lehrer mehr Zeit damit, bei der Artikulation von dringenden Fragen behilflich zu sein, als damit, die richtigen
Antworten zu fordern"[170]. Er fördert ganzheitliches Wissen, spricht beide
Gehirnhälften an und läßt sich insgesamt auf seine eigene Transformation
ein[171].

Auch zu diesem Thema bietet ein Paradigmenvergleich[172] eine
Gegenüberstellung der Leitsätze der alten und der neuen Erziehung.

Die *Wirtschaft* ist für Marilyn Ferguson ein lebendiger und
integrierter Organismus, keine Maschine[173]. Sie meint, auch in diesem
Lebensbereich ein neues Denken feststellen zu können. "Das im Entstehen
begriffene Paradigma: Werte, nicht Volkswirtschaft"[174] ist ein Kapitel
überschrieben, und sie zeigt in einer zur Methode gewordenen
Gegenüberstellung[175] die Leitsätze des neuen Wirtschaftsparadigmas im
Vergleich zum alten. Es entsteht ein euphorisches Bild von der Transformation der
Geschäftswelt, und sie sieht in Spitzenleuten aus dem Management, die sich über
Werte und Entwicklung des menschlichen Potentials Gedanken machen, die neuen
"Business-Philosophen": "Die leitenden Köpfe in der Geschäftswelt bilden
möglicherweise die geistig aufgeschlossenste Gruppe in der Gesellschaft, weitaus

---

[167]   ebd. S.333.
[168]   vgl. ebd. S.337.
[169]   ebd.
[170]   ebd. S.339.
[171]   vgl. ebd. S.360.
[172]   vgl. Anhang/Dokumentation 3.
[173]   vgl. ebd. S.378.
[174]   ebd. S.379.
[175]   vgl. Anhang/Dokumentation 4.

aufgeschlossener als Gelehrte oder Fachleute, weil ihr Erfolg von der Fähigkeit abhängt, Trends und neue Perspektiven frühzeitig zu erkennen"[176].

Natürlich gibt es auch eine Transformation der Arbeit; neue Arbeitsbedingungen versprechen Arbeitnehmern eine erholsame Zukunft, in der sie in Kreativität und Selbstentfaltung von therapeutisch orientierten Chefs unterstützt werden, denn "die Eigenschaften erfolgreicher Manager ähneln verblüffend den Eigenschaften guter Lehrer"[177].

Im goldenen Westen scheinen die Uhren auch im Bereich der Wassermann-Wirtschaft voranzugehen: "Die neuen amerikanischen Manager wird man nicht daran erkennen, daß sie auf alles die richtige Antwort haben, sondern daran, daß sie die richtigen Fragen zu stellen wissen [...] Die 'Bereicherung des Berufs' und die 'Humanisierung des Arbeitsplatzes' wurden in den letzten Jahren in vielen Unternehmen in die Management-Philosophie übernommen"[178].

Selbstverständlich ist dem transformierten Unternehmer die Umwelterhaltung ein Anliegen; er bewertet daher Technik neu, und er sieht nicht mehr die Ausbeutung natürlicher Ressourcen, sondern "Phantasie als eine Quelle von Reichtum"[179] an.

Eine weitere grundlegende Überlegung Fergusons trägt den Titel: "Spirituelles Abenteuer: Verbindung mit der Quelle"[180]. Sie beschreibt die Grundsehnsucht des Menschen nach Sinn, *Spiritualität,* mystischer Erfahrung und "persönlicher Religiosität", um gleichzeitig festzustellen, daß diese Sehnsucht von den traditionellen Religionen und etablierten Kirchen nicht mehr gestillt werden kann.

Sie läßt auch die Begriffe Religion und Religiosität zugunsten des Begriffes Spiritualität fallen und zitiert eine 1978 von der Zeitschrift "McCalls" veröffentlichte Umfrage, nach der 60 Prozent der Kirchgänger der Feststellung "Die meisten Kirchen haben den realen spirituellen Teil der Religion verloren" zustimmten[181]. Die Funktion der Kirchen scheint überholt, da "es Grund zur Annahme gibt, daß uns allen eine angeborene Fähigkeit zur mystischen Erfahrung – 'zur direkten Verbindung' – innewohnt"[182] und daß mit der "Idee eines inneren Gottes" Vermittlungsinstanzen zwischen Mensch und Transzendenz ausgedient haben.

Ferguson zitiert die Bemerkung eines amerikanischen Theologen im

---

[176] ebd. S.393.
[177] ebd. S.403.
[178] ebd. S.404f.
[179] ebd. S.415.
[180] ebd. S.417.
[181] ebd. S.425.
[182] ebd. S.422.

Rahmen einer Konferenz über Meditation: "Die große Unruhe in den Religionen wird vom Geist bewirkt, der Innerlichkeit fordert. Der Glaube stirbt nicht im Westen. Er bewegt sich lediglich nach innen"[183].

Sie entschleiert, was sie unter Religiosität bzw. Spiritualität versteht: "Jetzt gewinnen die Ketzer an Boden, die herrschende Doktrin verliert ihre Autorität, und Wissen ersetzt den Glauben"[184]. Der gnostische Grundcharakter tritt an den Tag: Glaube hat nichts mehr mit personaler Bindung, Vertrauen, Liebe zu tun, sondern löst sich auf in ein intellektuelles und initiatisches Unternehmen.

Ferguson bemüht eine Reihe von christlichen und nichtchristlichen Mystikern, um Gott als "ein Fließen, als Ganzheit, als ein unendliches Kaleidoskop des Lebens und des Todes"[185] zu beschreiben. "Gott ist das Bewußtsein, das sich als Lila[186], das Spiel des Universums manifestiert, Gott ist die organisierende Matrix, die wir erfahren, aber nicht beschreiben können; das, was die Materie belebt"[187].

Wer sich mit spirituellen Disziplinen beschäftigt, sich auf mystische Erfahrungen und sonstige Gipfelerlebnisse einläßt, der kommt zu der Überzeugung, daß Aspekte unseres Bewußtseins unvergänglich sind. Der Tod ist nicht länger das Ende, sondern kann als Tor zu einem neuen Leben gesehen werden. Ein "Fragebogen zur Verschwörung im Zeichen des Wassermanns" brachte das Ergebnis, daß 53 % der "Verschwörer" der Überzeugung waren, daß der körperliche Tod nicht das Ende des Bewußtseins bedeute. Weitere 23 % waren sich dessen ziemlich sicher, 5 % waren skeptisch, und nur 3 % konnten nicht daran glauben[188].

Transformation und Paradigmenwechsel wirken sich auch auf *menschliche Beziehungen* verändernd aus. Die Basis der Mann–Frau–Interaktionen wird neu definiert: Frauen werden autonomer und zweckgerichteter, Männer sensibler und intuitiver. Androgynität wird das Kennzeichen des neuen Menschen. Transformative Beziehungen zeichnen sich durch volles Vertrauen der Partner untereinander aus. Sie brauchen gegenseitig keine Schutzmauern aufzubauen, denn sie wissen, "daß keiner sich einen Vorteil verschaffen, noch einen unnötigen

---

[183]   ebd. S.426.
[184]   ebd. S.428.
[185]   ebd. S.441.
[186]   Lila (sanskr.: Spiel): im Hinduismus Ausdruck f. d. göttliche Spiel in der Erscheinungswelt. vgl. Nevill Drury, Lexikon esoterischen Wissens. München 1988, S.360.
[187]   Ferguson 1982,S.441
[188]   vgl. S.442f.

Schmerz verursachen wird"[189].

Auch die herkömmliche eheliche Bindung sieht Ferguson in Frage gestellt. "Für viele Menschen bedeutet die Aufgabe der Idee monogamer Beziehungen den schwierigsten Paradigmenwechsel im Rahmen ihrer eigenen Transformation [...] Die Erwünschtheit monogamer Beziehungen stellt einen tiefgehenden kulturellen Glauben dar, ungeachtet widersprechender Beweise und gegenteiligen Verhaltens"[190].

Über die Transformation der Zweierbeziehung Mann—Frau kommt es dann auch zu einer Transformation der Familie: "Wie die transformative Beziehung Erwachsener, so ist auch die transformative Familie ein offenes System, reich an Freunden und Hilfsquellen, offenherzig und gastfreundlich. Sie ist flexibel und den Realitäten der Welt gegenüber anpassungsfähig. Sie vermittelt ihren Mitgliedern sowohl Freiheit und Autonomie als auch ein Gefühl der Gruppeneinheit"[191]. Alte Gruppendefinitionen werden transzendiert; die Erfahrung der Verbundenheit und Vernetzung aller Menschen läßt die Menschheit als planetarische Familie erscheinen.

Schlußendlich ruft Ferguson zur weltweiten Verschwörung auf: Wir müßten begreifen lernen, daß alle Länder der Erde ökonomisch, ökologisch und politisch miteinander verknüpft sind. Das Leben auf diesem zerbrechlichen Wasserplaneten, der wie ein "Juwel im Weltraum" schwebt, ist nur in gegenseitiger Abhängigkeit aller Menschen untereinander möglich. Isolation und Nationalismus sind obsolet geworden und gefährden den Weiterbestand der Zivilisation. Die Welt ist ein globales Dorf, jeder ist mit jedem, alles ist mit allem vernetzt und verbunden. Kann man auch nur in beschränkten Bereichen aktiv werden, trägt man doch mit Verantwortung für das Ganze. 'Regional handeln und global denken' wird zur Devise.

---

[189]   ebd. S.456.
[190]   ebd. S.461.
[191]   ebd. S.463.

1.3. VON DER SPÄTANTIKEN GNOSIS ZUM WASSERMANN-ZEITALTER
DIE HISTORISCHEN WURZELN DES NEW AGE

Will man den historischen Ursprüngen des New Age nachgehen, stößt man auf eine verwirrende Fülle von Wurzeln und Verzweigungen, die sich verlieren, plötzlich enden, sich zu stärkeren Strängen verbinden. Die heterogene Vielfalt der einzelnen Strömungen und Ansätze im New Age lassen höchstens den Versuch einer historischen Darstellung zu; wobei dies hier nur zusammenfassend geschehen kann.

Das "höhere New Age" läßt sich in seinem Bemühen um Erkenntnis, existenzielles Höhersteigen und Initiation als gnostische Strömung gut zurückverfolgen. Der historische Rückblick im "Leute-New Age" löst sich dagegen bald im Labyrinth von Vermutungen, willkürlichen Gleichsetzungen und mythenhaften Genealogien auf.

Das sagenumwobene Atlantis wird als Ausgangspunkt spiritueller Kultur angepriesen[192], die germanisch-mythische Tradition wird im "Buch der Runen"[193], die als archetypische Symbole mit besonderer Bedeutung für das mitteleuropäische Bewußtsein ausgegeben werden, beschworen, die diversen Totenbücher[194] werden neu aufgelegt, kommentiert und auch verkauft, die Geschichte des Grals soll als "lebendiger Mythos" die "archetypischen Kräfte des Menschen"[195] wecken; esoterisches Wissen führt sich auf Kelten genauso zurück[196] wie auf südamerikanische Indianer[197].

Es gibt nahezu keinen Kulturkreis, der nicht einen historischen Quellbach in das New Age-Sammelbecken, Abteilung "Leute New Age", leiten würde, wobei auch hier eine Grenzziehung zur europäisch-gnostischen Wurzel des "höheren New Age" nicht leichtfällt: Das Johannesevangelium wird als mystische Schrift neu gedeutet und als Dokument für den "Vater in uns"[198] angeboten; das Auferstehungsgeschehen wird zu einer "mystischen Ostersymbolik"[199], und das Weihnachtsmysterium wird zum Fest der "einmaligen

[192]   vgl. Willigis, Der Alte aus Atlantis. Grafing 1988[3].
[193]   Zoltan Szabo, Buch der Runen. München 1988.
[194]   etwa Paul Arnold, Das Totenbuch der Maya. München 1988; Das Totenbuch der Tibeter. München 1983; Kolpaktchy, Das
        Ägyptische Totenbuch. München 1988; Rahim, Das Totenbuch des Islam. München 1988.
[195]   Verlagsankündigung zu John Matthews (Hg.), Der Gralsweg. München 1988.
[196]   vgl. Martha Sills-Fuchs, Wiederkehr der Kelten, München 1988.
[197]   vgl. Karl Brugger, Die Chronik der Akakor, München 1988.
[198]   so Verlagsprospekt zu White Eagle, Die verborgene Weisheit des Johannesevangeliums. 1988, Aquamarin-Katalog, S.9.
[199]   so der Verlagsprospekt zu Flower A. Newhouse, Das Christuslicht. Grafing 1988. Aquamarin-Katalogs, S.17.

Durchdringung von geistiger und materieller Welt"[200]. Peter Andreas und Rose Lloyd Davies gehen der Frage nach, was bei den unterirdischen Weihen der ägyptischen Tempelschüler geschah, ob Jesus die Kreuzigung überlebt hat, und welche Beziehung zwischen Kabbala, Gral und Jetztzeit besteht[201]. Die gnostische Einfärbung auch des populär-trivialen Quellstranges des New Age ist unverkennbar.

In einem ersten Gedankengang wird in diesem Abschnitt die Auseinandersetzung des frühen Christentums mit der Gnosis skizziert; darin werden bereits Grundmotive der heutigen Auseinandersetzung des Christentums mit New Age vernehmbar. Ein zweiter verfolgt den Einfluß der Gnosis und der Hermetik durch die Jahrhunderte. Ein dritter skizziert die historischen Wurzeln des New Age im 19. und 20. Jahrhundert.

1.3.1. Gnosis und frühes Christentum – Grundmotive einer Auseinandersetzung

In der Gegenwart scheint für viele Zeitgenossen eine grundlegend neue Weise des Erkennens aufzubrechen. Aurelio Peccei[202] sagte bei der Eröffnungsrede zur Konferenz des Club of Rome in Tokio 1982: "Mit dem Ende dieses Jahrhunderts bringt das Menschengeschlecht ein Jahrtausend seiner Entwicklung zum Abschluß, in dem es sich den Planeten unterwarf, aus dunkler Unwissenheit sich erhob und das Tor zu einem Zeitalter der Erkenntnis und der Information aufstieß. Wir spüren, daß wir einer Epoche grundlegender Veränderungen entgegengehen"[203].

Er deutet diese Erkenntnis als Rahmenbedingung einer "geistig-kulturellen Evolution"[204] und gibt die Blickrichtung auf die religiöse Dimension frei: "Es besteht auch der ernsthafte Wunsch [...] nach einer Orientierung des Lebens an transzendentalen geistigen Werten"[205].

---

[200]   Verlagsprospekt zu Flower A. Newhouse, Das Weihnachtsmysterium in geistiger Schau. Grafing 1988, Aquamarin-Prospekt, S.16.

[201]   so in der Verlagsankündigung zu Peter Andreas/Rose Lloyd Davies, Das verheimlichte Wissen, Tempelgeschehnisse, verschollene Evangelien und das unbekannte Leben Jesu. München 1988. Knaur-Esoterik-Katalog 88/89, S.32.

[202]   vgl. Fußnote 206!

[203]   Aurelio Peccei in: Berichte an den Club of Rome 1983, S.34.

[204]   ebd. S.43.

[205]   ebd. S.44.

Ein Grundmotiv der Gnosis ist angesprochen: Das Heil des Menschen –
was immer zunächst darunter verstanden werden mag – hängt ab vom Zustand
seines Erkennens, das nicht bloß ein Wissen ist. Erkennen taucht auf, wenn das
Wissen den Zustand einer "kritischen Masse" erreicht hat, wenn Wissen zu einer
Bewußtseinsveränderung führt, wenn durch Initiation der Weg zu geheimem
Wissen freigelegt ist und der Mensch "einen Funken der göttlichen Welt in
sich"[206] erfährt.

Mit seinen Aussagen über die geistige Situation des Menschen rückt
Peccei in die Nähe der New Age–Philosophie[207], und in vielen kritischen
Auseinandersetzungen wird die Parallelität New Age –Gnosis auch deutlich angesprochen. Hans–Jürgen Ruppert etwa erkennt in den Grundzügen des New Age "im
wesentlichen die Merkmale einer heute um sich greifenden Neognosis"[208],
und er meint weiter über die religiöse Praxis des New Age: "Glaube wird in typisch
gnostischer Weise durch 'Wissenschaft' ersetzt"[209]. Bei Ferguson heißt es:
"Wissen ersetzt den Glauben"[210], und sie begründet den religiösen Drang
im Menschen in der Art, wie die Gnosis den 'Pneumatiker' charakterisieren würde:
"Bevor die Seele die Welt betritt, wird sie durch alle Welten geführt, und es wird
ihr das Urlicht gezeigt, auf daß sie sich immer danach sehne, es zu
erreichen"[211].

Will man einen Überblick geben, was die historische Gnosis sei, ist
man wegen ihrer Heterogenität und Vielgestaltigkeit vor dasselbe Problem gestellt
wie beim historischen Darstellungsversuch des New Age. Daniel-Rops schreibt in
seiner Kirchengeschichte über den Gnostizismus, den er eine Geistesverwirrung
nennt und dem er den Mißbrauch philosophischen Denkens vorwirft: "Es ist nicht
leicht, sich in der Chaos- und Nebelwelt auszukennen, in die diese häretische
Strömung uns führt. Zahlreiche Studien konnten diese seltsame Welt nicht völlig
erhellen, ja nicht einmal in allen ihren Aspekten ganz erforschen"[212].

Ein neueres Werk über die Gnosis stellt fest: "Eine festumrissene
Definition dieser 'Religion der Erkenntnis' oder 'des Wissens', wie man das

---

[206]   Karl Suso Frank, Irenäus von Lyon: Gegen die Gnostiker. In: Lebendige Seelsorge 1988, S.331.
[207]   Tatsächlich wird der von Peccei begründete Club of Rome von einigen Autoren in mehr oder minder enger Verbindung
        zum New Age gesehen; so etwa M.Basilea Schlink 1988, S.10; bei Constance Cumbey 1987, S.20 heißt es: "Der 'Club of
        Rome' ist eine weitere, sehr bekannte New Age-Organisation, die bereits Pläne für eine neue Weltordnung entworfen
        hat."
[208]   Ruppert 1985, S.18.
[209]   ebd. S.50.
[210]   Ferguson 1982, S.418.
[211]   ebd. S.445, vgl. dazu auch Alfred Bertholet/Hans Frhr.v. Campenhausen, Wörterbuch der Religionen, Stuttgart
        1976[3], S.206, Stichwort 'Gnosis'.
[212]   Henry Daniel-Rops, Die Kirche zur Zeit der Apostel und Märtyrer. Innsbruck 1951, S.378.

griechische Wort γνῶσις einfach übersetzen kann, ist nicht leicht, sollte aber gleich eingangs wenigstens kurz angegeben werden. Man geht nicht fehl, wenn man darunter eine aus mehreren Schulen und Richtungen bestehende dualistische Religion sieht, die zu Welt und damaliger Gesellschaft in einer betont ablehnenden Haltung stand und eine Befreiung ('Erlösung') des Menschen eben aus den Zwängen des irdischen Seins durch die 'Einsicht' in seine – zeitweise verschüttete – wesenhafte Bindung, sei es als 'Seele' oder 'Geist', an ein überirdisches Reich der Freiheit und der Ruhe verkündet hat. Ihre zeitliche und räumliche Ausbreitung von Beginn unserer Zeitrechnung an im westlichen Vorderasien (Syrien, Palästina, Ägypten, Kleinasien) bis nach Inner- und Ostasien und das mittelalterliche Europa (14.Jh.) läßt erahnen, welche Rolle ihr, auch in verwandelter und angepaßter Form, für die Religionsgeschichte zukommt, abgesehen davon, daß noch heute ein eigenständiger Rest in Gestalt der Mandäer im Irak und Iran existiert. Auch sonst sind vielfältige geistesgeschichtliche Nachwirkungen in europäischen und vorderasiatischen Traditionen nachweisbar, sei es in denen der Theologie, Theosophie, Mystik oder Philosophie. Mit der Information über die Gnosis steht es allerdings nicht zum besten..."[213].

Entscheidende Wesensmerkmale der spätantiken Gnosis sind für Medard Kehl[214], daß sie eine spätantike Religion war, vorrangig in großstädtischen Zentren anzutreffen, daß sie die Welt mit ihrer Geschichte und ihrer Gesellschaft grundsätzlich negierte, die Möglichkeit einer Erlösung mit der Einsicht in das geistig-göttliche Wesen des Menschen und der Wirklichkeit insgesamt proklamierte.

Waltherscheid/Gieraths unterscheiden drei Hauptformen der Gnosis[215]: eine *orientalische Gnosis*, abhängig von der Kosmogonie und Astrologie altorientalischer Religionen mit alttestamentlichen Bestandteilen und nur geringem christlichen Inhalt[216], eine *hellenistische Gnosis*, die stark von der griechischen Philosophie bestimmt ist, mit einer kritischen Haltung dem Alten Testament gegenüber, vielen christlichen Motiven und den Hauptvertretern Basilides[217] und Valentinus[218], und eine *christliche Gnosis*, die sich wieder in eine juden- und eine heidenchristliche unterteilen läßt.

Die Ebioniten und Nazaräer verwarfen als Vertreter der judenchrist-

---

[213]   Kurt Rudolph, Die Gnosis. Wesen und Geschichte einer antiken Religion. Göttingen 1980[2], S.7.
[214]   Kehl 1988, S.87.
[215]   vgl. Johannes Waltherscheid/Gundolf Gieraths, Kirchengeschichte in Übersichten. Kevelaer 1961, S.26ff.
[216]   Barbelow-Gnostiker, Ophiten, Nikolaiten, Archontiker.
[217]   120-160 n.Chr. in Alexandrien.
[218]   um 250 n.Chr. in Rom.

lichen Richtung die Gottheit Jesu. Einer ihrer Vertreter, Cerinth[219], vertrat
die Auffassung, daß auf den Menschen Jesus bei der Taufe im Jordan Christus
herabgekommen sei und ihn vor seinem Leiden wieder verlassen habe; die Welt sei
nicht von Gott, sondern von einem Engelwesen erschaffen.

Marcion[220] nahm als Hauptvertreter der heidenchristlichen
Gnosis neben einem obersten guten Gott den Gott der Juden als Schöpfer der Welt
und Urheber des Bösen an. Christus ist in einem Scheinleib erschienen, um das
Reich dieses Demiurgen zu zerstören.

Die Gnostiker – soweit man mit dieser Sammelbezeichnung wie auch
im New Age überhaupt umgehen kann – entwickelten verschiedene Organisationsformen, sammelten sich in verschiedensten Gruppierungen, aber ohne übergeord-
nete zentrale Leitungsgewalt. "Auch in sich waren diese Gruppen und Gemeinden
nicht streng organisiert; sie kannten in der Regel [...] weder eine hierarchische
Leitung noch eine rechtlich geordnete 'Kirchenzucht' noch den Unterschied
zwischen Klerus und Laien. Der heilsrelevante 'Stand' eines Gnostikers hing ja
einzig und allein vom 'Stand' seiner Erleuchtung, seines Wissens um die göttlichen
Geheimnisse ab, nicht aber von bestimmten soziologischen Funktionen und
Standesmerkmalen"[221].

Von dieser Unterscheidung aus unterteilte die Gnosis die Menschen
in *Pneumatiker*, die durch einen Funken des göttlichen Geistes mit Gott verbunden
sind, in *Psychiker*, die Mitglieder der Kirchen, die nicht erkennen, sondern nur
glauben und allein eine diesseitige Seele besitzen und in *Hyliker*, die vollends an
die Materie gebunden sind und die Gnosis nicht erfassen können.
Die Pneumatiker jedenfalls wußten sich dank der Erkenntnis als Erlöste: "'Ich bin
in das Heiligtum eingetreten, mir kann nichts widerfahren.' Sie entdeckten den
göttlichen Funken in sich und gehörten nun zur göttlichen Welt [...] Gnostische
Erlöstheit schuf vor allem Weltüberlegenheit"[222].

Bereits an dieser Stelle drängt es sich auf, einige Parallelen zwischen
spätantiker Gnosis und dem New Age nachzuziehen: Glaube wird da und dort durch
Wissen bzw. Erkenntnis ersetzt. Der Unterschied zwischen der unhierarchischen,
gnostischen Organisationsform und dem Netzwerk der New Age-Gruppen besteht
nur im Begriff; was in der Gnosis dem Pneumatiker vorbehalten war, nämlich in der
Sicherheit des Erlösten zu leben, ist jetzt ein Vorrecht der Transformierten, die

[219]   lehrte um 100 n.Chr. in Kleinasien.
[220]   gest. um 164 n.Chr.
[221]   Kehl 1988, S.90.
[222]   Frank in: Lebendige Seelsorge 1988, S.331.

auf Grund des neuen Bewußtseins den "Gott in uns"[223] erfahren können. Auch in der soziologischen Struktur lassen sich Parallelen zwischen Gnostikern und New Agern aufzeigen. Kurt Rudolph schreibt über die soziale Zusammensetzung gnostischer Gemeinden: "Allem Anschein nach waren es, modern ausgedrückt, entwurzelte, politisch entmachtete Intellektuelle mit mehr oder weniger philosophischer und vor allem mythologischer Bildung"[224]. In Richtung New Age, das ebenfalls im großstädtischen Bereich den größten Zulauf hat[225], wird, wie schon unter 1.2.2. erwähnt, von einer mittelschichtigen Tendenz gesprochen[226], und Bernhard Grom registriert vor allem studentisches oder akademisches Interesse am New Age[227].

Wenn es stimmt, daß sich viele Aktivisten der Studentenbewegung 1968 nach einem "erfolglosen Versuch, die Gesellschaft zu verändern, frustriert nach innen wandten, um zuerst sich selbst zu verändern"[228], dabei nun zu Okkultismus, Esoterik und pseudoreligiösen Psychotechniken Zuflucht nehmen, dann ist auch in dem Bereich eine Parallele zur Gnosis zu vermuten, zumal auch den New Agern eine "gelockerte Bindung an Tradition und Glaubensgemeinschaft"[229] nachgesagt wird.

Medard Kehl beschreibt eine eigenartige Mischung von dualistischen und monistischen Ansätzen im Welt- und Gottesbild der Gnosis. Stehen einander einerseits Gott und Welt feindlich gegenüber und gilt die Welt als Machtbereich des Bösen, von einem bösen Schöpfer hervorgebracht, wird dieser Dualismus auf der anderen Seite monistisch aufgebrochen. Denn diese Welt ist nicht das absolut böse Abfallprodukt eines kosmischen Abstiegs; der Mensch birgt in sich einen unsterblichen göttlichen Funken, er trägt in sich eine pneumatische Spur, die ihn, wenn er dies durch Erkenntnis und Initiation freigelegt hat, im Innersten mit Gott wesensgleich sein läßt. "Dieses innerste göttliche Selbst des Menschen ('Seele', 'Vernunft', 'wahrer Mensch') ist bei der Schöpfung in die Materie gefallen (was in zahlreichen gnostischen Kosmogonien und Anthropogonien ausgemalt wird) und muß nun daraus wieder befreit werden, um mit Gott vereinigt zu werden"[230].

Dagegen mußte das jüdisch-christliche Verständnis vom Menschen

---

[223]   Ferguson 1982, S.441.
[224]   Rudolph 1987, S.226.
[225]   vgl. Kehl 1988, S.87; Grom in: Lebendige Seelsorge 1988, S.375; u.a.
[226]   vgl. Fuchs, in: Lebendige Seelsorge 1988, S.271.
[227]   Grom, in: Lebendige Seelsorge 1988, S.375.
[228]   Ferguson 1982, Seite 66.
[229]   Grom, ebd. S.375.
[230]   Kehl 1988, S.103.

und von der Schöpfung ankämpfen, für das Mensch, Seele und Welt von Gott als
endliche, nicht-göttliche Wirklichkeiten geschaffen und in Freiheit gesetzt
wurden; was an Göttlichem im Menschen sein mag, ist keine notwendige Seins-
qualität im Innersten des Menschen, sondern lebt aus der geschenkten Beziehung
Gottes zu den Menschen, zu seiner Schöpfung. "Das Christentum kennt also weder
den radikalen Dualismus noch den sublimen Monismus der Gnosis. Es deutet
Einheit und Verschiedenheit zwischen Gott und Welt als Beziehung der Liebe, die
in der Einigung zugleich die Pole der Beziehung unterscheidet und so als
Unterschiedene gelten läßt"[231].

Im New Age-Denken treten die angezogenen gnostischen Tendenzen
wieder auf. Der Dualismus wird vergeschichtlicht und zu einem radikalen Gegensatz zwischen altem und neuem Zeitalter stilisiert.
Im Zeichen des neuen Paradigmas wird das Heil erwartet. "Aus dem vertikalen
Dualismus Gott-Welt wird jetzt - nach der neuzeitlichen Verabschiedung eines
transzendenten Gottes - der horizontale, naturgeschichtliche Dualismus zwischen
böser, dekadenter Gegenwart bzw. Vergangenheit (der letzten 2000 Jahren) und
guter, heilbringender Zukunft der Welt"[232].
Aus der Leib- und Kosmosfeindlichkeit der Gnosis wurde im New Age ein Rückzug
in esoterische Innerlichkeit mit deutlicher politischer Abstinenz. Aber auch der
spätantik-gnostische Monismus kommt im New Age zu Wort, wenn die kosmische
Wirklichkeit als einheitlicher Evolutionsprozeß gedeutet wird[233]. Gott ist
nicht mehr Schöpfer der Welt; Erich Jantsch, von New Agern gern zitierter öster-
reichisch-amerikanischer Astrophysiker, schreibt: "In einer Welt, die sich selbst
erschafft, steht die Gottesidee nicht außerhalb, sondern liegt in der Gesamtheit
ihrer Selbstorganisations-Dynamik auf allen Ebenen und in allen Dimensionen [...]
Gott wäre dann nicht der Schöpfer, wohl aber der Geist des Universums"[234].

Für das frühe Christentum war die Gnosis eine harte Bewäh-
rungsprobe und ernste Herausforderung. Aber es hat gerade in dieser aufs Ganze
gehenden Auseinandersetzung "Klarheit und reflektierendes Selbstbewußt-

[231]   ebd.
[232]   ebd. S.104.
[233]   Strenggenommen ist (neben dem "Psychokult") der Gedanke der Evolution das einzige, mit dem New Age über die gnosti-
        schen Grundmuster hinausgeht, vgl. dazu auch Josef Sudbrack, Die vergessene Mystik und die Herausforderung des
        Christentums durch New Age, Würzburg 1988(a), S.54.
[234]   Erich Jantsch, Die Geburt eines Paradigmas aus einer Metafluktuation. In: Michael Schaeffer/Anita Bachmann (Hg.),
        Neues Bewußtsein - neues Leben. Bausteine für eine menschliche Welt. München 1988, S.244.

sein"[235] gewonnen und innere Dynamik und Flexibilität bewiesen. Es hat den Dialog mit der Gnosis nicht gescheut, hat es sogar gewagt, in gnostischen Bildern und Begriffen die eigene Wahrheit auszudrücken[236]. So kam die junge Kirche in ebendieser Auseinandersetzung zu einer Formulierung ihrer ersten eigenen Theologien: personaler Gott, Dreifaltigkeit, Menschwerdung, Gnade, Erlösung, Verhältnis Gott–Schöpfung mußten reflektiert und gegen synkretistische Vereinnahmung und mythologische Verdünnung abgesichert werden. In der Abgrenzung von Marcion liegt der Ansatz für eine Kanonbildung der Heiligen Schriften.

Am Beispiel dieser historischen Tatsache wird sich das heutige Christentum[237] fragen lassen müssen, wie weit es noch etwas vom Mut und der Dynamik der frühen Christenheit besitzt, sich auf fremdes oder gegnerisches Denken dialogisch einzulassen, um dabei selbst in einer geänderten geistigen, kulturellen und politischen Situation neue Konturen zu gewinnen.

1.3.2. Hermetik und immerwährende Gnosis –
ein Gang durch die Jahrhunderte

Spätestens im 6. Jahrhundert verschwindet die Gnosis in ihren westlichen Formen. Nach Kurt Rudolph[238] war es den gnostischen Schulen mit Ausnahme des Manichäismus nicht gelungen, eine Massenbewegung zu werden. Dafür war sie für das breite Volk zu elitär, esoterisch und zu weltfeindlich. Dagegen konnte sich das Christentum in Lehre und Organisation immer mehr konsolidieren, nicht zuletzt auch durch die Auseinandersetzung mit ebendieser Gnosis und die teilweise Übernahme gnostischer Begrifflichkeit.

Die Gnosis blieb aber in gewissen Fragestellungen auch in der Folgezeit für das Christentum immer noch Herausforderung und Stachel. "Man kann nahezu sagen, daß die Gnosis nach wie vor wie ein Schatten die Kirche begleitet; ganz konnte sie ihrer nie Herr werden, dafür war sie zu sehr von ihr beeinflußt; sie blieben durch ihre gemeinsame Geschichte zwei – feindliche –

---

[235]   Sudbrack 1987, S.22.
[236]   besonders im Johannesevangelium und in den Johannesbriefen, die antignostische Polemik in gnostischer Begriff-
        lichkeit bieten, und im Kolosser- und Epheserbrief des Paulus.
[237]   vgl. dazu Punkt 2 dieser Arbeit: Die Auseinandersetzung New Age - Christentum.
[238]   vgl. Rudolph 1980, S.394. In der östlichen Entwicklungslinie der Gnosis hat sich in den Mandäern - im südlichen
        Euphrat-Tigris-Gebiet des Irak - bis heute eine gnostische Sekte erhalten, ebd. S.379f. Franzen schreibt kurz und
        bündig: "Aus der Auseinandersetzung mit der Gnosis und den anderen Irrlehren erwuchs die wissenschaftliche
        christliche Theologie", August Franzen, Kleine Kirchengeschichte, Freiburg 1965, S.40.

Schwestern"[239].

Von Bedeutung für das immer wiederkehrende, direkte Auftauchen gnostischer Denkansätze und Weltdeutungen bis in die heutige Zeit wurde das, wahrscheinlich im 2./3. Jahrhundert entstandene, "Corpus Hermeticum"[240], eine Gruppe von 18 Schriften, das einem Hermes Trismegistos[241] zugeschrieben wurde. In ihnen ist griechisches (besonders das für die Spätantike charakteristische Gemisch von stoischen, neuplatonischen und aristotelischen Formeln), orientalisches und semitisches Gedankengut zu einer gnostisch orientierten Kosmogonie und Anthropogonie verarbeitet. Diese Schriften dienten wahrscheinlich den "erbaulichen Bedürfnissen gnostischer Konventikel"[242].   In der ersten Schrift 'Poimandres' berichtet ein "Menschenhirte" als Offenbarungsvermittler von einem kosmischen Sündenfall, von Erlösung, dem Aufstieg der Seele durch sieben Planetensphären, bis sie in einer achten zur Vereinigung mit Gott gelangt. Von besonderer Bedeutung bis in die heutige "neognostische Bewegung"[243] hinein sind folgende, dem Corpus Hermeticum entstammende Grundprinzipien geworden:

Dem Mikrokosmos entspricht der Makrokosmos ("wie oben, so unten"[244]); durch Einweihung oder Initiation in ein höheres, geheimes, esoterisches Wissen kommt es zu einem Bewußtseins- und Lebenswandel des Menschen;

die Anschauung einer jenseitigen Seelenreise durch verschiedene Entwicklungssphären;

die Lehre vom Astralleib und der Astralwelt als eine Art feinstofflicher Organismus zwischen Körper und geistigem Kern des Menschen[245].

Weitere hermetische Grundprinzipien sind, daß alles in der Welt polar angelegt ist (männlich-weiblich, hell-dunkel, oben-unten), daß zwischen diesen Polen ein gegenseitiger Kraftfluß herrscht, der Neues entstehen läßt und daß alles im Kosmos zyklisch und rhythmisch abläuft und dem Gesetz der Balance

---

[239]   Rudolph 1980, S.395. Ruppert spricht in diesem Zusammenhang von "immerwährender Gnosis", die in der neuen Religiosität wieder an die Oberfläche tritt; Ruppert 1985, S.18.
[240]   Hermetica, Corpus Hermeticum, hermetische Schriften.
[241]   Hermes Trismegistos, der "dreimalgrößte Hermes" nach Herodot mit dem ägyptischen Thoth, dem Schreiber der Götter und Gott der Weisheit gleichgesetzt, vgl. J. Schwabl in: Lexikon für Theologie und Kirche 5, S.258.
[242]   Bertholet 1976, S.232.
[243]   so kann nach vielen Autoren New Age bezeichnet werden; etwa Ruppert in: Dokumentation 3-4/87, S.13; Ruppert 1985, S.18; Kehl 1988, S.86 u.a.
[244]   Besonders fundamental für die Selbstbegründung der Astrologie, vgl. Ruppert in: Dokumentation 3-4/87, S.4; aber auch Esoteriker wie Dethlefsen beziehen sich ausdrücklich auf dieses hermetische Prinzip, vgl. Thorwald Dethlefsen, Schicksal als Chance. Das Urwissen zur Vollkommenheit des Menschen. München 1981[1], S.30ff.
        Capra sieht in dieser Mikro-Makrokosmos-Entsprechung die "Urform ökologischen Denkens", weil damit die Überzeugung einer inneren und unaufhebbaren Zusammengehörigkeit des Menschen mit dem ganzen Sein zum Ausdruck kommt; Capra 1985, S.2.
[245]   vgl. Ruppert, ebd. S.5.

unterliegt[246].

　　　Das Nachzeichnen der gnostischen Wirkungsgeschichte nennt Kurt Rudolph schwierig, "da es sich vielfach um 'unterirdische' Kanäle handelt oder um einfache ideengeschichtliche Konstruktionen von Zusammenhängen, wie sie vor allem auf philosophisch-historischem Gebiet häufig vorgenommen worden sind"[247]. Aber er beschreibt einen Einfluß gnostischer Ideen auf altchristliches Denken genauso wie auf die mittelalterliche Sektenwelt (Bogomilen, Katharer, Albigenser), gnostische Grundmuster in der christlichen Mönchsmystik ebenso, wie Ansätze einer philosophischen Gnosis bei Lactantius und Augustinus, und er zitiert F.C. Baur, der Jakob Böhme, Schelling, Schleiermacher und Hegel als Erben der alten Gnosis vorstellt[248].

　　　In die jüdische Mystik der Kabbala ist neben pythagoräischen und neuplatonischen Einflüssen ein Strom gnostischer Vorstellungen ebenso eingegangen wie in die islamische[249]. Die Mystik und Naturphilosophie eines Giordano Bruno ist der immerwährenden Gnosis ebenso verpflichtet, wie durch ihn später Leibniz, Herder, Goethe und Schelling beeinflußt wurden. Wenn der zu seinen Lebzeiten "Luther der Medizin" genannte Arzt und Philosoph Paracelsus meint, daß alle Wesen aus einem elementar-irdischen und einem himmlisch-astralen Körper bestehen[250], dann zeigt er sich der Tradition des gnostisch-hermetischen Denkens verpflichtet, denn das Entsprechungsprinzip von Mikro- und Makrokosmos hat damit für ihn auch in der Medizin seine Bedeutung[251]. Jakob Böhme steht in dieser Denktradition, und Goethe weist mit seiner Anspielung auf Plotin "Wär' nicht das Auge sonnenhaft, die Sonne könnt es nie erblicken" auf die Verbindung von Erkenntnisgegenstand und Erkanntem, oben und unten hin – ein Gedanke, der den hermetischen Schriften bestens vertraut ist. Capra sieht Goethe mit seiner Naturlehre, die in Capras Beurteilung Naturforschung, -philosophie und -religion ist, als "die zentrale Gestalt in der Entwicklung des ökologischen Ganzheitsdenkens"[252], dessen Naturmystik von einer "tief ökologischen Spiritualität"[253] getragen war[254].

---

[246]　vgl. Sudbrack 1987, S.110.
[247]　Rudolph 1980, S.395.
[248]　vgl. ebd. S.395f.
[249]　vgl. ebd. S.404.
[250]　vgl. Georgi Schischkoff (Hg.), Philosophisches Wörterbuch, Stuttgart 1982[21], S.512.
[251]　"Also muß man den Menschen in zwei Leiber teilen, in den, den wir sehen, und in den, den wir nicht sehen [...] Dies
　　　　alles ist die Macht und Kraft des Himmels, und der Mensch ist der Mikrokosmos [...] Bei der Heilung muß man vor
　　　　allem daran denken, der Sonne des Mikrokosmos genügend Feuchtigkeit zu geben, damit sie sie immer verzehren kann.-
　　　　."; Paracelsus, Arzt und Philosoph. Auswahl aus seinen Schriften. München 1959, S.25,57f.
[252]　Capra 1985, S.5.
[253]　ebd. S.6.

Für Theodore Roszak gelten die Renaissance, die Romantik und unsere
gegenwärtige Kulturepoche als jene Zeitabschnitte, die "von glühendem Instinkt
für Erneuerungsprozesse und Innovation beseelt sind"[255]. Die Renaissance
hat nicht nur die klassische Antike wiederentdeckt, sondern die magischen und
mythischen Elemente unserer Kultur aufgespürt. Symbolfigur für dieses Streben
ist Marlowes Dr. Faustus. Genauso sieht Roszak die Romantik im 19. Jahrhundert
von der Sehnsucht nach dem Esoterischen, Fremdartigen und Geheimnisvollen getragen, und in der heutigen Generation stellt er in Parallele dazu eine kulturelle
Dominanz des Apokryphen, Bizarren und Mythischen fest[256].

Die Esoterik übernimmt ab dem 19. Jahrhundert die hermetisch-
gnostische Tradition mit neuplatonischen, pythagoräischen, spätantik-syn-
kretistischen Elementen und füllt dieses Sammelbecken mit neuen Inhalten weiter
an. "Die Esoterik will autorisierter Erbe der Hermetiker, Gnostiker und Mystiker
aller Zeiten sein und beansprucht die Verwaltung sämtlicher Mysterien-Weishei-
ten"[257].
Insofern Templer, Freimaurer, Rosenkreuzer, Alchimisten und Magier die
hermetischen Prinzipien zur Weltdeutung heranzogen und – ziehen, sind sie der
Esoterik und Neognosis zuzurechnen.

1.3.3. Historische Wurzeln des New Age
im 19. und 20. Jahrhundert

Ein deutlicher esoterischer Schub setzt im 19. Jahrhundert mit der
Russin Helena Petrowna Blavatsky (1831-1891) ein. Medial veranlagt und zum
Okkulten neigend, begründet sie 1875 mit dem amerikanischen Oberst Henry Steel
Olcott die Theosophische Gesellschaft. Sudbrack stellt Blavatsky, Steiner (1861-
1925) und Gurdjew (1865-1949) als jene drei Esoteriker aus dem 19. bzw. dem
beginnenden 20. Jahrhundert vor, die für die neue Religiosität eine deutliche
Verkäuferfunktion und in New Age-Kreisen einen guten Ruf haben[258].

---

[254]   Die Vereinnahmung von Persönlichkeiten als Vordenker des Wassermannzeitalters ist im New Age häufig geübte Praxis;
        bei Ferguson heißt es: "Die Themen der Transformation entwickeln sich im Laufe der Zeit mit wachsender Stärke und
        Klarheit und gewannen mit zunehmender Kommunikationsmöglichkeit an Stoßkraft [...] Zu Beginn sind Überlieferungen
        dieser Art in kleineren Kreisen weitergegeben worden: von Alchimisten, Gnostikern, Kabbalisten und Geheimgesell-
        schaften. Unter den kühnen und isolierten Stimmen befanden sich Meister Eckhart, der deutsche Geistliche und Mysti-
        ker des 14. Jahrhunderts, Giovanni Pico della Mirandola im 15. Jahrhundert, Jacob Böhme im 16. und 17 Jahrhundert
        und Emanuel Swedenborg im 17. und 18. Jahrhundert." Ferguson 1982, S.52.
[255]   Theodore Roszak, Das unvollendete Tier. Eine neue Stufe in der Entwicklung des Menschen. München 1982, S.21.
[256]   ebd. S.22ff.
[257]   Schilling, zit. Ruppert in: Dokumentation 3-4/87, S.14.
[258]   vgl. Sudbrack 1987, S.114f.

Mit ihren Hauptwerken "Die entschleierte Isis" und "Geheimlehre" vertrat Blavatsky die Ansicht, daß Materie nur eine Empfangsstation für den Geist und Darwins Evolutionstheorie im Materiellen steckengeblieben sei; sie ist zu einer psychisch-geistigen Vollendung weiterzuführen.

Im Vorwort zur Geheimlehre gibt Blavatsky ihre Grundideen an: "Die Geheimlehre stellt drei fundamentale Sätze auf:

I. Ein allgegenwärtiges, ewiges und grenzenloses und unveränderliches Prinzip, über das gar keine Spekulation möglich ist, da es die Kraft menschlicher Vorstellung übersteigt und durch irgendwelche menschliche Ausdrucksweise oder Vergleiche nur erniedrigt werden könnte. Es ist jenseits von Raum und Reichen des Gedankens – mit den Worten der Mandukya 'unausdenkbar und unaussprechlich' [...] So ist denn der erste Satz der Geheimlehre diese metaphysische eine absolute Seinheit – von endlicher Intelligenz als die theologische Dreieinigkeit symbolisiert"[259].

Blavatskys Berührung mit buddhistischem und hinduistischem Denken bei ihrem Indienaufenthalt spiegelt sich wider, wenn sie die eine "absolute Seinheit" als das "Parabrahman der Vedantisten"[260] bezeichnet.

"Ferner behauptet die Geheimlehre: II. Die Ewigkeit des Weltalls in toto als einer grenzenlosen Ebene, die periodisch der Spielplatz ist von zahllosen, unaufhörlich erscheinenden und verschwindenden Universen [...] Die zweite Behauptung der Geheimlehre ist also die absolute Universalität jenes Gesetzes der Periodicität [...] Ferner lehrt die Geheimlehre: III. Die fundamentale Identität aller Seelen mit der universellen Oberseele, welche letztere selbst ein Aspekt der unbekannten Wurzel ist; und die Verpflichtung für jede Seele – einen Funken der vorgenannten –, dem Cyklus von Inkarnation, oder 'Notwendigkeit', in Übereinstimmung mit cyklischem und karmischem Gesetz während seiner ganzen Dauer zu durchwandern"[261].

So weit H.P. Blavatsky im Wortlaut ihrer im übrigen sehr bombastisch abgefaßten Geheimlehre, die nach ihren Angaben auf ein 'Buch des Dzyan' zurückgeht, das sie in einem tibetischen Ashram studiert haben will. In diesem ist von einer "Großen Weißen Bruderschaft", einer "Geistigen Hierarchie" und den Mahatmas die Rede, die, dem Kreislauf der Wiedergeburt entronnen, vom Himalaja aus ihre menschlichen Werkzeuge lenken[262].

Zum hundertsten Jahrestag des Erscheinens der Geheimlehre bringt

---

[259]   H.P. Blavatsky, Die Geheimlehre. Eine Auswahl. Calw 1987[2] S.348f.
[260]   ebd. S.351.
[261]   ebd. S.352.
[262]   vgl. Tibusek 1988, S.20.

die New Age-Zeitschrift "2000 - Magazin für ein Neues Bewußtsein" einen Artikel
von einem nicht näher bezeichneten Autor[263], der in der "Geheimlehre" das
"geistige Fundament für ein Neues Zeitalter" sieht und über dieses Buch schreibt,
daß es "in Form und Inhalt so einzigartig war, daß es seine Faszination auch in
unseren Tagen nicht einbüßt [...] Alles, was man sich im folgenden Jahrhundert
langsam erarbeiten sollte, von den Erkenntnissen der Quantenphysik bis zu jener
Einsicht der Menschheitsevolution, für die die Wissenschaft immer mehr Beweise
findet, ist hier quasi schon vorweggenommen [...] Dabei wird deutlich, was die
'Geheimlehre' tatsächlich ist: Es ist das geheime Urwissen der Völker, die 'ewige
Weisheit' oder 'philosophia perennis', jenes Wissen, das in den alten Mysterien-
schulen gelehrt, später von Geheimbünden gehütet und dann an der Schwelle zu
einem Neuen Zeitalter, der Menschheit in dieser 'rekonstruierten' Form neu
offenbart wurde"[264]. - Blavatsky als Ahnfrau und Prophetin des New Age,
als Brennglas alter Weisheitstradition und Ausgangspunkt für ein 'Neues
Zeitalter'.

Anliegen der von ihr gegründeten 'Theosophischen Gesellschaft' ist
es, unter Rückgriff auf brahmanische und buddhistische Vorstellungen zu einem
"esoterischen Synkretismus aller Religionen"[265] zu gelangen. Besonders
unter der Nachfolgerin Blavatskys in der Leitung der Gesellschaft, Annie Besant,
wurden spiritistische Praktiken mit von Bedeutung. Muttersitz der theosophischen
Gesellschaft ist seit 1882 Adyar bei Madras in Indien, und ihre Ziele werden heute
angegeben mit:
1. Bildung einer allumfassenden Bruderschaft der Menschheit ohne Unterschied
von Rasse, Religion, Geschlecht, Kaste oder Hautfarbe;
2. Anregung zum vergleichenden Studium von Religion, Philosophie und Naturwissenschaft;
3. Erforschung ungeklärter Naturgesetze und Förderung der im Menschen verborgenen Kräfte[266].

Als im Jahr 1913 die schon erwähnte Blavatsky-Nachfolgerin Annie
Besant den Hindu Krishnamurti zum Weltenlehrer und wiederverkörperten
Christus ausrief[267], löste Rudolf Steiner seine Verbindung zur
Theosophischen Gesellschaft Deutschland, deren Leiter er damals war, und

[263]   2000 - Magazin für ein Neues Bewußtsein Nov. 1988, S.80ff.
[264]   ebd. S.80.
[265]   Bertholet 1976, S.593.
[266]   vgl. Tibusek 1988, S.20f.
[267]   eine Auszeichnung, die Krishnamurti 1929 selbst widerrief, vgl. ebd.

gründete mit 95 Prozent der Mitglieder der deutschen Sektion die *Anthroposophische Gesellschaft.*

Fritjof Capra würdigt Steiner als bedeutendsten "Verbreiter und Weiterentwickler der Goetheschen Naturlehre", der "sein Wissen aus mystischer Versenkung, in der sich ihm eine übersinnliche, spirituelle Welt offenbarte", schöpfte und der "eher als Seher denn als Denker zu bezeichnen ist"[268].

Steiner nannte das von ihm errichtete anthroposophische Lehrgebäude eine 'Geisteswissenschaft' – meinte damit aber in Abhebung zur universitären Bedeutung des Begriffes nicht Philosophie, Sprachwissenschaft, historische Fächer usw. im Gegensatz zur Naturwissenschaft.

Geisteswissenschaft in seinem Sinn erforscht einen Bereich, der dem sinnlichen Erkennen und der kritischen Vernunft unzugänglich und daher im wesentlichen Geheimwissenschaft ist. Nach Baumann[269] tritt der Begriff Geheimwissenschaft in den späteren Jahren bei Steiner zurück und wird nur mehr als Synonym für Okkultismus verwendet. Steiner will mit seiner Lehre dem modernen Menschen die Möglichkeit geben, "in unmittelbarer Weise Kunde zu erhalten von der unsichtbaren Welt"[270]; seine Anthroposophie soll "eine Eröffnung der Tore zu einer übersinnlichen Welt sein. Sie will diese Welt nicht durch bloß spekulatives Denken finden, sondern durch wirkliche Wahrnehmungen, welche der Seele ebenso zugänglich sind wie die Wahrnehmung der physischen Sinne"[271].

Kernstück der Anthroposophie ist der Gedanke der Erd- und Menschheitsentwicklung. Dabei baut Steiner ein phantastisches Weltbild auf, spekulativ und abstrus, wonach der Erde drei andere planetarische Verkörperungen vorangingen: der alte Saturn, die alte Sonne und der alte Mond. Nach einer Ruhepause, "Pralaya" genannt, ist im kosmischen Schöpfungsprozeß die Erde entstanden. Nachdem sich auf ihr alle "früheren Zustände"[272] wiederholt hatten, konnte die Entwicklung der Erde weiterschreiten und durchläuft gegenwärtig eine Phase, die sich in sieben Zeitalter gliedert[273]: das polarische, hyperboräische, lemurische, atlantische, nachatlantische und noch zwei zukünftige Zeitalter.

In Parallele zu diesen Erd-Entwicklungsstufen sieht Steiner auch die

[268]   Capra 1985, S.8.
[269]   vgl. Adolf Baumann, ABC der Anthroposophie. Ein Wörterbuch für jedermann. Bern 1986, S.92f und 97.
[270]   Rudolf Steiner, Bibel und Weisheit, S.9, zit. in: Jan Badewein, Anthroposophie. Eine kritische Darstellung.
         Konstanz 1988[3], S.33.
[271]   Rudolf Steiner, Theosophie, S.13, zit. in ebd. S.33.
[272]   Baumann 1986, S.66.
[273]   'Sieben' ist bei Steiner die Zahl der Zeit und des Zeitablaufes: Sieben planetarische Verkörperungen, sieben kleine
         Kreisläufe in jeder planetarischen Verkörperung, darin wieder sieben Formzustände oder kleinere Kreisläufe, sieben
         Hauptzeitalter, sieben Kulturepochen, usw...; vgl. ebd. S.232.

Entwicklung des Menschen: Gibt es im polaren Zeitalter nur ein "Ätherle-
ben"[274], so verdichtet sich in der hyperboräischen Epoche der Äther, Wel-
tenkörper entstehen, und mit dem "Austritt der Sonne"[275] entwickelt der
Mensch seine ersten Anlagen für die Augen.

Im darauffolgenden lemurischen Zeitalter spaltet sich der Mond von der Erde ab,
und für den Menschen ist die "Folge der Abspaltung des Mondes [...] die Trennung
der Geschlechter"[276].

Nach dem Untergang von Atlantis setzt der Mensch seinen Weg aus dem Geistigen
in die Materie in immer stärkeren Verkörperungen fort. Ziel der weiteren Entwicklung des Menschen ist es, von Periode zu Periode, von Reinkarnation zu
Reinkarnation aufzusteigen und den höheren inneren Menschen zu wecken.

Das Ende dieser Entwicklung sieht Steiner so: "Wenn einstmals der
volle höhere Mensch entwickelt sein wird, dann wird der ganze astralische Leib
so durchläutert sein, daß er zur gleichen Zeit Manas oder Geistleib geworden sein
wird, der Ätherleib wird so gereinigt sein, daß er zugleich Lebensgeist oder
Buddha sein wird; und der physische Leib wird so weit umgewandelt sein, daß er,
ebenso wahr, wie er physischer Leib ist, zugleich Geistesmensch oder Atma sein
wird. Die größte Kraft wird dazu gehören, den niedersten Leib zu überwinden,
und daher wird die Überwindung und Umwandlung des physischen Leibes den
höchsten Sieg für den Menschen bedeuten"[277]. Die Befähigung zu dieser
Umwandlung erhält der Mensch durch den "Christus-Impuls"[278].

Die Philosophie Steiners ist in ihrer Mischung aus christlichen, indischen, germanischen Elementen, aus Mythen, Mystischem und Wissenschaft nicht
leicht nachzuvollziehen. Sudbrack meint dazu: "Dem Nicht-Anhänger ist es ein
Geheimnis, wie bei Rudolf Steiner [...] Genialität und Absurdität zusammenkommen.
Er las z.B. auf Grund seines Astralleibes in der 'Akasha-Chronik' eine pedantisch
genaue Weltgeschichte ab bis in Daten der nächsten 6000 Jahre hinein. Auf der anderen Seite stehen seine erstaunlichen biologischen, ganz-körperlichen (Eurythmie) und pädagogischen Einsichten, mit denen er der allgemein-wissenschaftlichen
Entwicklung (trotz aller Einseitigkeit) um Jahrzehnte voraus lag"[279].

Tatsächlich beeindrucken die anthroposophischen Einrichtungen
(R.Steiner-Krankenhäuser, Waldorf Schulen) durch ihre Art, den Menschen in
seiner Ganzheitlichkeit ernstzunehmen und zu fördern. So tritt Steiner als einer
der Vorläufer der heutigen neuen Art zu denken sehr schillernd und wider-

[274]   ebd. S.66.
[275]   ebd. S.67.
[276]   ebd.
[277]   Rudolf Steiner, Das Johannesevangelium, S.39, zit. in: Badewein 1988, S.64.
[278]   ebd.
[279]   Sudbrack 1988a, S.31.

sprüchlich auf, zumal auch seine Art zu schreiben schwer in eine klar nach-
vollziehbare Begrifflichkeit umzusetzen ist. Roszak bezeichnet Steiners Schreibstil
"reichlich obskur", und er sieht in ihm "eine linkische Mischung aus teutonischem
Ordnungswahn und romantischer Schwärmerei"[280].

Als Vorläufer des New Age aus der Mitte des 19. Jahrhunderts sind,
als nichteuropäische Großväter des Wassermann-Zeitalters, die amerikanischen
Transzendentalisten anzuführen[281]. Die Transzendentalisten[282]
beriefen sich eklektizistisch auf die Traditionen der Puritaner und Quäker. Ebenso
bezogen sie Elemente der griechischen und deutschen Philosophie und östlicher
Religionen in ihr Denken ein. "In jedem Lebensbereich forderten sie die Leitsätze,
die stillschweigenden Voraussetzungen ihrer Zeit heraus: in Religion, Philosophie,
Wissenschaft, Ökonomie, Kunst, Erziehung und Politik. Sie nahmen viele der
Bewegungen des 20. Jahrhunderts vorweg [...] [Die Transzendentalisten
vertraten] die Meinung, daß die meisten Menschen noch nicht damit begonnen
hätten, ihre eigenen, ihnen innewohnenden Kräfte zu erschließen; die meisten
hätten weder ihre Einzigartigkeit noch ihren Grundstock an Kreativität entdeckt"[283]. Eine Denkweise, die hundert Jahre später in der Human-
Potential-Bewegung wieder aufleben sollte. Nach Fergusons Darstellung dürften
um die Mitte des vorigen Jahrhunderts viele Amerikaner auf ihrer Suche nach
Sinn von dieser Philosophie angezogen worden sein.

Roszak stellt von den vielen möglichen Vorläufern des New Age Georg
Iwanowitsch Gurdjew (1865-1949) vor, der auch hier angeführt werden soll, weil
mit ihm ein deutliches psychotherapeutisches Moment in die Ahnengalerie des
Wassermann-Zeitalters einzieht. Roszak nennt ihn neben Blavatsky und Steiner
"den dritten Hauptvertreter des evolutionären Okkultismus"[284], der sich
zwar auch wie die beiden anderen auf eine bunte Kosmologie und Metaphysik
bezieht, diese aber nur als Kulisse für sein eigentliches Anliegen benutzt: Er
möchte die Person durch direkte therapeutische Interventionen revolutionieren.
Verschiedene zeitgenössische eupsychische Therapien (T-Gruppen,
Encounter Gruppen, Transaktionsanalyse, Erhard Seminar u.a.) sind letztlich den
oft seltsamen Experimenten in seinem "Institut für harmonische Entwicklung des
Menschen" in Fontainebleau verpflichtet. Roszak zeichnet den russisch-

---

[280]   Roszak 1982, S.172.
[281]   siehe auch oben unter 1.2.3.2.
[282]   Henry David Thoreau, Ralph Waldo Emerson u.a.
[283]   Ferguson 1982, S.141.
[284]   Roszak 1982, S.187.

kappadokischen Emigranten als schillernde Persönlichkeit: Er ist für ihn "Baron Münchhausen"[285], eine "Mischung aus Schamane (listig, trickreich und erfahren) und Rüpel (à la Falstaff: freß- und trunksüchtig)"[286], "Guru und Therapeut"[287]. Seine Methode[288] wurde vom Guru Shree Rajneesh Bhagwan genauso übernommen, wie sein therapeutisches Erbe, das von John G. Bennet und Peter Demianowitsch Ouspensky aufgegriffen wurde, bis in die heutige Zeit weiterlebt. Der Schweizer Kulturphilosoph Jean Gebser, der noch zu Wort kommen wird, ist nicht zuletzt auch von Gurdjew beeinflußt[289].

Mit Alice Ann Bailey (1880-1949) ist schließlich eine Frau vorzustellen, deren Einfluß auf das New Age - zieht man polemisch-kritische Arbeiten aus dem evangelischen und evangelikalen Bereich heran[290] - besonders in seinen institutionellen Ausprägungen sehr bedeutend ist. Bailey trat 1915 der Theosophischen Gesellschaft bei, wurde 1918 bereits in den inneren Kreis, die 'Esoterische Schule', aufgenommen. Sie trennte sich aber bereits 1920 wieder von der Gesellschaft, um eine eigene theosophische Organisation zu gründen, die sie später "Arkanschule" nannte. In ihr sollte eine Elite der Esoterik herangebildet werden.

Die Ausbildung in dieser Arkanschule beruht auf drei "fundamentalen Forderungen [...]: okkulte Meditation, Studium und Dienst an der Menschheit [...] Die Schulung, welche von der Schule geboten wird, ist deshalb eliminierend gegenüber den noch Unentschlossenen und denen, die nicht willens sind, die notwendige Anstrengung und deren Begleitumstände zu vollziehen. Die Arkanschule ist ein Ort harten Arbeitens"[291].

Alice Ann Bailey beanspruchte Kontakt mit der "Geistigen Hierarchie" im Sinne der Theosophie zu haben, und ein Großteil ihrer Bücher soll ihr angeblich von ihrem "Meister", einem Tibeter namens Dhjwal Khul, eingegeben worden sein. Sie verkündete das Heraufkommen eines neuen Zeitalters, das sie "Wassermannzeitalter" nannte[292], in dem ein 'Christus' erscheinen werde, um die Menschheit zu regieren.

Aber "der erwartete Christus wird nicht der gleiche sein wie Jener, der damals (scheinbar) von uns ging. Er wird kein 'Mann der Schmerzen' und keine stille, ernste Figur sein [...] Er anerkennt und liebt auch alle Nicht-Christen, wenn sie

---

[285]   ebd. S.188.
[286]   ebd. S.191.
[287]   ebd. S.192.
[288]   Gurdjew unterbrach rituelle Tänze oder rhythmische Bewegungen mit einem 'Halt'-Befehl und ließ seine Schüler von ihren momentanen Empfindungen berichten.
[289]   vgl. dazu auch Sudbrack 1987, S.116.
[290]   Constance Cumbey 1987, M. Basilea Schlink 1988, Lawhead/Tibusek 1988.
[291]   Die Arkanschule, Informationsblatt, Genf o.J.; zit. in: Tibusek 1988, S.25.
[292]   vgl. auch unter 1.2.1.

nur treu zu ihren Religionsbrüdern – Buddha, Mohammed und anderen – stehen. Ihn kümmert nicht, wes Glaubens jemand ist, wenn nur das Ziel erstrebt wird: Gott und die Menschen zu lieben. Wenn die Menschen nach dem Christus Ausschau halten, der seine Jünger vor vielen Jahrhunderten verließ, dann werden sie schwerlich den Christus wiedererkennen, der sich jetzt zur Rückkehr rüstet. Im Bewußtsein Christi gibt es keine Schranken, und es hat bei ihm nichts zu sagen, zu welchem Glauben sich jemand bekennt"[293].

Damit aber dieser Christus kommen kann, müssen vorher bestimmte Bedingungen erfüllt werden: Die Welt muß eine Welt des Friedens und des guten Willens sein; die Menschheit muß selbst in Richtung Frieden und Vorbereitung initiativ werden, damit die 'Hierarchie' eingreifen kann; Menschen, die reaktionär, nationalistisch und im Gehorsam einer Weltanschauung verpflichtet sind, blockieren als 'Sektierer' den Vorbereitungsprozeß.

Als besonders problematische Menschengruppe sieht Bailey die Juden an; in ihrer Autobiographie schreibt sie: "Das Judenproblem habe ich von jeher für nahezu unlösbar gehalten. Ich sehe auch heute noch keinen anderen Ausweg, als den langsamen Evolutionsprozeß und planmäßige Erziehungspropaganda [...] Diese ständige und unaufhörliche Verfolgung [der Juden] muß doch irgendeinen tieferen Grund haben, der die Unbeliebtheit der Juden erklärt. Worum könnte es sich dabei handeln? Dieser tiefere Grund beruht wahrscheinlich auf bestimmten Rasseneigenschaften. Man beklagt sich (und häufig mit Recht) darüber, daß die Juden die Atmosphäre in jedem Bezirk, wo sie wohnhaft werden, negativ beeinflussen"[294].

Zwar weist sie den Vorwurf des Antisemitismus zurück: "Ich habe keinerlei Abneigung gegen Juden; einige meiner liebsten Freunde [...] sind Juden"[295], doch sagt sie weiter über das Judentum als Religion: "Was dem Juden sein Trennungsbewußtsein verliehen und seinen Überlegenheitskomplex genährt hat, der (unter äußerem Anschein von Minderwertigkeit) für ihn so bezeichnend ist, dürfte vielleicht in der Hauptsache sein religiöser Glaube sein"[296].

Bei der Durchsetzung von Zielen in Richtung 'Frieden' ist Bailey in ihren Vorschlägen nicht zimperlich. So schreibt sie zum Thema Atombombe: "Sie gehört in die Hände der UNO und sollte dann eingesetzt werden (hoffentlich genügt die Androhung), wenn irgendeine Nation einen Angriff unternimmt. Dabei spielt es grundsätzlich keine Rolle, ob dieser Angriff von einer bestimmten Nation

---

[293]   Bailey, Die Wiederkunft Christi, Genf 1970[2]; S.63, zit. in: Tibusek 1988, S.26.
[294]   Bailey, Die unvollendete Autobiographie. Genf 1975, S.124f; zit. in: Tibusek 1988, S.27.
[295]   ebd.
[296]   Bailey, Das Jüdische Problem. Eine Studie für Weltdiener. Genf o.J. S.5; zit. in: Tibusek 1988, S.27f.

oder Mächtegruppe unternommen wird oder ob er von den politischen Gruppen einer mächtigen religiösen Organisation (wie z.B. der römischen Kirche) veranlaßt wurde"[297]. Es ist überflüssig anzumerken, daß für Bailey die etablierten christlichen Kirchen ein Hindernis für die Aufrichtung der Herrschaft des Wassermann-Christus sind.

Bailey entwickelte ein Konzept von Meditations- oder Gebetsgemeinschaften, wonach sich jeweils drei Personen zum Zweck des "positiven Denkens" als Basis der Weltveränderung gleichzeitig überall auf der Erde versammeln sollten. Diese als "Dreiecks-Arbeit" bezeichnete Aktion wurde 1937 von ihrem 'Lucis Trust', der 1922 als 'Lucifer Publishing Compagny' zur Verbreitung ihrer Schriften gegründet wurde, forciert. Nach Bailey möchte Christus seit dem Jahre 1945 - nach den Nöten der Weltkriege - mit der Menschheit wieder in physischen Kontakt treten. Doch müßten vorher erst "Schritte zur Gewinnung rechter menschlicher Beziehungen"[298] gesetzt werden. Zu diesem Zweck teilte er der Welt erstmals die "Große Invokation"[299] mit, eine Anrufung Gottes, die vorher nur von höchsten geistigen Wesen benutzt worden war, jetzt aber von den "Dreiecken" täglich gesprochen werden soll[300].

Bailey hat einige Organisationen zur Verbreitung ihrer Ideen initiiert. Der vorhin erwähnte "Lucis-Trust"-Verlag hat seinen Namen vom Engel Luzifer, der "erleuchtet und erneuert, indem er verbrennt"[301]. 1932 wurde der "Weltumfassende Gute Wille" als Organisation zur "Herstellung rechter menschlicher Beziehungen" gegründet. Er ist als nichtstaatliche Organisation in der Zentrale für "Public Informations" bei der UNO anerkannt[302]. Ein Arbeitszweig des "Weltumfassenden Guten Willens" ist die "Neue Gruppe der Weltdiener", die als "Vorhut des Reiches Gottes auf Erden" das Wirksamwerden der "Geistigen Hierarchie" vorbereiten soll[303]. Zwei neuere, auf den Schriften Baileys aufbauende Organisationen sind die 1972 gegründeten "Planetary Citizens" und das im Jahr 1981 ins Leben gerufene "Institut für Planetarische Synthese" in Genf.

Die "Planetary Citizens" verstehen sich unter der Leitung Donald Keys seit 1982 als Koordinationsstelle der "Planetarischen Initiative für die Welt unserer Wahl", die 1982 entstand, und der heute nach Ruppert über 300 Gruppierungen angehören: unter anderen die amerikanische Gesellschaft für Humanistische Psychologie, die Findhorn Foundation, der Sufi-Orden und viele

[297]   Bailey, Die geistige Hierarchie tritt in Erscheinung. Genf 1978[2], S.656; zit. in: Tibusek 1988, S.28.
[298]   Ruppert 1985, S.30.
[299]   siehe Anhang, Dokumentation 5.
[300]   vgl. Tibusek 1988, S.29.
[301]   Horst Miers, Lexikon des Geheimwissens. München 1986[6], S.261.
[302]   so nach einem in Genf o.J. beim Lucis Trust erschienenen Informationsblatt; zit. in: Tibusek 1988, S.29.
[303]   ebd.

"Vereinigungen aus der Friedens- und Zukunftsforschung und der ökologischen, alternativen und spirituellen Szene"[304].

Tibusek nennt Aurelio Peccei, den Gründer des Club of Rome, am Aufbau der "Planetarischen Initiative " als mitbeteiligt; ebenso den ehemaligen UNO-Generalsekretär U Thant[305].

Ruppert äußert den Verdacht, daß sich die "Sanfte Verschwörung" immer mehr konkretisiert: "Die vielfältigen Kontakte der hier beschriebenen 'Netzwerke' untereinander kann tatsächlich den Verdacht erregen, daß es bereits so etwas wie ein globales Netzwerk gibt, das sich bis hinein in die UNO-Bürokratie erstreckt!"[306]. Er zitiert eine 1983 in der Zeitschrift "Share International" veröffentlichten Rede des aus dem Elsaß stammenden UNO-Beamten Robert Muller[307], in der es heißt: "Aus dieser Sicht [...] möchte ich voraussagen, daß die UN und ihre amtlichen Dienststellen und Programme die gewaltigste Friedenskraft sind, die die Menschheit jemals geschaffen hat, und stufenweise zum globalen Hirn, Nervensystem, Herz und Seele einer menschlichen Spezies werden, die sich zu einer völlig neuen globalen Zivilisationsperiode hinentwickeln wird"[308].

Mit Hinweisen auf die in den USA Ende der fünfziger Jahre entstandene Hippie-Kultur mit ihrer Verbindung zum Buddhismus und ihren Drogenexperimenten und der Erwähnung der 1962 unter Eileen und Peter Caddy und Dorothy McLean entstandenen Findhorn-Foundation, ist der Versuch einer Nachzeichnung historischer Entwicklungslinien des New Age bis in die Gegenwart vorangetrieben. Im folgenden Kapitel werden einige der wesentlichsten Erscheinungsfelder des Wassermannzeitalters abgeschritten.

1.3.4. Das Lebensgefühl der Postmoderne zwischen Apokalypse, Umkehr und Transformation

Das Lebensgefühl der Postmoderne ist, einer allgemeinen Ansicht nach, entscheidend von der Erfahrung einer radikalen Krisensituation gekennzeichnet. Nach dem Menetekel von Tschernobyl ist die atomare Bedrohung in ihrer drängenden Aktualität bewußt geworden. Aber diese Gefahr ist es nicht allein, die jetzige Zeit als "apokalyptische" erscheinen läßt[309]. In allen Lebensbe-

---

[304]   Ruppert 1985, S.52.
[305]   vgl. Tibusek 1988, S.30.
[306]   ebd.
[307]   Zur Verbindung Robert Mullers mit dem New Age siehe auch unter 1.4.8.
[308]   ebd. S.53.
[309]   vgl. dazu Bernhard Philberth, Christliche Prophetie und Nuklearenergie. Wuppertal 1967[5], bes. S.12ff.

reichen sind derart massive Krisensymptome feststellbar, daß vom "Niedergang der bisherigen Kulturepoche"[310] gesprochen werden muß. "Wir sind an der Grenze..."[311], so kann das heutige Lebensgefühl zusammengefaßt werden, mit der wenig optimistischen Perspektive: "Wir sind davon überzeugt, am Rande des Abgrunds zu leben – und nun sehen wir, wie sich der Uhrzeiger mit rasender Geschwindigkeit der Zwölf nähert. Wir sind zu weit gegangen"[312].

Der Präsident der United Nations University und indonesische Botschafter bei den Vereinten Nationen, Soejatmoko, spricht von einer "Krise des gesamten internationalen Systems, weil die globalen Probleme sich radikal zugespitzt haben"[313].

Aurelio Peccei meint in demselben Bericht im Blick auf die nächsten Jahre und Jahrzehnte: "Der Zustand der Welt ist alles andere als stabil, in einigen Regionen bzw. einigen gesellschaftlichen Teilbereichen sieht es ausgesprochen schlecht aus; hier ist man nicht fähig, auch nur den Anforderungen der Gegenwart zu genügen, geschweige denn dem, was die Zukunft bringen wird"[314].

Erhard Hanefeld beschreibt das Bewußtsein der menschlichen Krise als Kriterium für das New Age-Bewußtsein; er meint: "Die apokalyptische Vision ist zur Wirklichkeit geworden – nur tragen die apokalyptischen Reiter heute eher die Namen chemischer Fabriken, von Atomkraftwerken und Rüstungsbetrieben. Das klare Wissen darum gehört zum wesentlichen Element des 'New Age-Bewußtseins'. Entweder das New Age-Bewußtsein breitet sich über die ganze Welt aus [im Sinn des 'transformierten Bewußtseins'], oder es wird bald überhaupt kein Bewußtsein auf diesem Planeten mehr geben"[315].

Als weiteres Moment des heutigen Lebensgefühls ortet Sudbrack eine "moderne Ungeborgenheit"[316] vor allem im Bereich des Religiösen[317]. Der Zug zur Innerlichkeit ist damit ein Wesensmerkmal des New Age geworden. Offenbar folgt auf die Periode des politischen Protestes und der Aktivität der 68er-Generation eine Zeit der Innerlichkeit und des Subjektivismus.

Ferguson meint dazu: "Nach der Unruhe, der Gewalt und den Auseinandersetzungen der späten sechziger Jahre kam eine Periode, in der man nach innen sah, als finge ein ganzes Volk an, erschüttert und zutiefst ernüchtert

[310]   Gerhard Breidenstein, Kommt ein Neues Zeitalter? In: Lebendige Seelsorge 1988, S.289.
[311]   Stephen Lawhead/Jürgen Tibusek, Reiseführer in eine neue Zeit. Eine Orientierung. Gießen 1988[2], S.102.
[312]   ebd. S.103.
[313]   Soejatmoko in: Berichte an den Club of Rome 1983, S.26.
[314]   Peccei in: ebd. S.35.
[315]   Erhardt Hanefeld, "New Age - was ist das eigentlich". In: Esotera 1980, S.141.
[316]   Sudbrack 1988a, S.15.
[317]   vgl. ebd.; ebenso unter 1.4.2.

von diesen Jahren des Aufruhrs [...] im stillen daran zu arbeiten, die positiven Ergebnisse des Geschehens auszusondern"[318]; manche 68er-Aktivisten sind heute in der Psycho-Szene etabliert und üben sich in politischer Abstinenz[319].

Offensichtlich ist diese Mischung aus neuer Innerlichkeit und politischer Enthaltsamkeit mitzusehen mit einer allgemeinen "Zivilisationsmüdigkeit"[320] einer materialistischen Kultur gegenüber, die bei aller technischen Raffinesse die existentiellen Bedürfnisse des Menschen doch nicht befriedigen kann. Ein Gefühl der "spirituellen Leere"[321] hat bei vielen Zeitgenossen ein neues Hungergefühl entstehen lassen.

Adam Schaff, Professor für Philosophie an der Universität Lodz und Mitglied des Club of Rome, stellt die Frage, mit welchen Strategien wir den schizophrenen Konflikt- und Krisensituationen unserer Zeit begegnen könnten. In Anlehnung an Festingers Theorie der kognitiven Dissonanz meint er, daß grundsätzlich drei Verhaltensweisen denkbar sind[322]:
Wir könnten die *Wirklichkeit so verändern*, daß sie unseren gedanklichen Rahmenbedingungen entspricht, was aber im Normalfall unmöglich ist.
Wir könnten *die Probleme nicht zur Kenntnis nehmen* und uns gegen "die Stimme der Wirklichkeit, die unsere Glaubensvorstellungen Lügen straft"[323], immunisieren.
Oder wir könnten versuchen, unsere *Gedanken, Glaubensvorstellungen und Positionen so zu verändern, daß sie mit der Wirklichkeit übereinstimmen.*

Schaff meint, daß wir alles daransetzen würden, gerade diesen Weg nicht zu gehen, weil wir dann eine "ideologische Katastrophe"[324] befürchteten.

Tatsächlich aber wird in nahezu allen New Age-Publikationen der Ruf zum Umdenken und zur Umkehr zu einem zentralen Postulat, weil die gegenwärtige Krisensituation zuerst als Folge eines falschen Bewußtseins angesehen wird.
Bei Capra lautet, wie unter 1.2.3.1. bereits angedeutet, eine Grundaussage, daß alle krisenhaften Einzelerscheinungen nur "verschiedene Facetten ein und derselben Krise sind und daß es sich dabei im wesentlichen um eine Krise der Wahrnehmung

---

[318]   Ferguson 1982, S.394.
[319]   vgl. ebd. S.240f.
[320]   Ruppert in: Dokumentation 3-4/87, S.49.
[321]   Schiwy 1987, S.25.
[322]   Adam Schaff, Die Auswirkungen der mikroelektronischen Revolution auf die Gesellschaft. In: Berichte an den Club of Rome 1983, S.165f.
[323]   ebd. S.166.
[324]   ebd. S.165.

handelt"[325].

Wenn Aurelio Peccei eine "Renaissance des Geistes echter Menschlichkeit"[326] fordert, dann klingt bei ihm an, was ausgewiesene New Age-
Denker klar aussprechen. Günther Schiwy spricht von der grundlegenden
Überzeugung der New Age-Bewegung, daß die gegenwärtige, vom Menschen
heraufgeführte Überlebenskrise der Menschheit und der Natur nur durch ein
radikales Umdenken und entsprechend neues Handeln bestanden werden kann.
"Entweder wird es einen neuen Menschen und ein neues Zeitalter geben, oder es
wird überhaupt keine Menschen mehr geben"[327].
Bei dem als hinduistischer Sannyasi lebenden Benediktiner Bede Griffiths, der in
paulinischer Dynamik Christliches in der Sprache des Wassermanns auszudrücken
sucht, wird der biblische Urklang des Wortes Umkehr[328] vernehmbar:
"Wenn die Menschheit überleben will [...] kann es nur durch eine völlige Veränderung in den Herzen, durch eine Metanoia, geschehen"[329].

Aber es hieße, den grundsätzlichen Optimismus des New Age zu
übersehen, wollte man die Krisensituation der heutigen Zeit als tatsächliche und
radikale Gefährdung des Menschen ausweisen. Für Capra ist die Krise ein "Aspekt
der Transformation"; es steht fest, "daß die Probleme, denen wir heute gegen-
überstehen, keine gewöhnlichen Probleme sind, sondern Anzeichen einer der
großen Phasen kulturellen Übergangs"[330]. Existenzielle Bedrohung wird
zum Fanal einer transformierten Zukunft, und das Wort "Krise" erhält seine
ambivalente Bedeutung in Richtung Zukunft zurück.
Mahdi Elmandjra, ehemaliger stellvertretender Generalsekretär der
UNESCO und Mitglied des Club of Rome, schreibt: "Ein Zeitalter ist zu Ende
gegangen, ein neues hat begonnen. Es gibt immer mehr Menschen, die bezweifeln,
daß die menschliche Rasse ihr Überleben sichern kann. Nie zuvor wurden
Anpassungsfähigkeit und schöpferische Phantasie dringender gebraucht. Das
neue Zeitalter von Kultur und Kommunikation ist in erster Linie eine Zeit mutiger
und kühner Umgestaltung"[331].
Gerade im Bereich des Lebensgefühls zeigt sich die Zerrissenheit und

---

[325]   Capra 1985, S.VIII.
[326]   Peccei in: Berichte an den Club of Rome 1983, S.19.
[327]   Günther Schiwy, New Age-Spiritualität und Christentum. In: Bürkle 1988, S.92.
[328]   Mk 1,15 par.
[329]   Griffiths 1987, S.20.
[330]   Capra in: Ferguson 1982, S.12 (Vorwort).
[331]   Mahdi Elmandjra, Das neue Zeitalter von Kultur und Kommunikation. In: Berichte an den Club of Rome 1983, S.162.

diametrale Gegensätzlichkeit unserer heutigen Zeit, fokussiert im New Age-Denken. Ernüchternden Analysen der Gegenwart stehen optimistische Zukunftsentwürfe gegenüber. Trotz tiefer Krise bleibt alles machbar. Die Bedrohung wird abgewendet, ein neues goldenes Zeitalter bricht an, wenn wir unser Bewußtsein transformieren. Das Pendeln zwischen Euphorie und Depression ist zum Zeitmerkmal geworden.

Odo Marquard zeichnet die Situation treffend: "Was immer unsere Zeit sein mag: Sie ist jedenfalls auch das Zeitalter der Wechselwirtschaft zwischen Utopien und Apokalypsen, zwischen Diesseitserlösungs-Enthusiasmus und Katastrophengewißheit, zwischen den Naherwartungen einerseits des Himmels auf Erden, andererseits der Hölle auf Erden, und jedenfalls zwischen – überemphatischen – Fortschrittsphilosophien und Verfallsphilosophien"[332].

1.3.5. Der spirituelle Aufbruch – auf dem Weg zu einer neuen Religiosität?

Religiosität, wie umfassend die Bedeutungsbreite dieses Wortes im einzelnen auch sein mag, ist eine wesentliche Dimension menschlichen Lebens. Für die christliche Anthropologie ist der Mensch "von Natur aus religiös"[333]; zu welcher Antwort er auch kommen mag, er muß sich der Frage nach Gott, der Transzendenz, dem Sinn, dem "Danach" stellen[334]. Wie bereits Herodot kein Volk ohne Religion antreffen konnte, so gilt auch heute, daß der Mensch "bis in sein Herz hinein 'religiös'"[335] ist, und wenn er "dieses sein 'Existential' nicht in den klassischen Religionen erfüllt sieht, sucht er anderswo nach Sinn"[336].

Offenbar leisten die etablierten Kirchen die Sinnerfüllung für den heutigen Menschen nur mehr in unzureichendem Maße. Christof Schorsch spricht von einer "Hochkonjunktur religiöser Suchbewegungen und einer Neuen Innerlichkeit"[337], fernab traditioneller Religionen und Kirchen. Sudbrack stellt eine "vagabundierende Neue Religiosität"[338] in ebendiesem Raum fest,

[332]   Odo Marquard, Apologie des Zufälligen. Stuttgart 1986, S.76.
[333]   Pannenberg in: Sudbrack 1987, S.16.
[334]   Rahner schreibt dazu: "Der Mensch ist und bleibt das Wesen der Transzendenz, d.h. jenes Seiende, dem sich die unverfügbare und schweigende Unendlichkeit der Wirklichkeit als Geheimnis dauernd zuschickt. Dadurch wird der Mensch zur seiner Offenheit für dieses Geheimnis gemacht und gerade so als Person und Subjekt vor sich selbst gebracht." Karl Rahner, Grundkurs des Glaubens. Einführung in den Begriff des Christentums. Freiburg 1976[8], S.46.
[335]   Sudbrack 1988a, S.15.
[336]   ebd.
[337]   Christof Schorsch, Entstehungsbedingungen der New-Age-Bewegung. In: Lebendige Seelsorge 1988, S.260.
[338]   Sudbrack 1988a, S.15.

und er erkennt darin ein Zeichen des Suchens nach einer neuen religiösen Heimat, nach Geborgenheit, nach dem "Ganzen".

Wie immer man New Age in seinem Verhältnis zu den Naturwissenschaften oder der Psychologie sehen und beurteilen mag, "das eigentliche Anliegen der Bewegung ist religiös, ist 'mystisch'"[339]. Das New Age ist aufgebrochen, den Tod Gottes zu überwinden, oder besser, die Leere zu füllen, die der Tod Gottes in der Moderne hinterlassen hat. Die Suche beginnt mit einer radikalen Wendung nach innen. "Wir haben [...] keine andere Chance, als mit uns selbst zu beginnen. In uns selbst!" schreibt Theodore Roszak. "Alles, was wir verloren haben im Verlauf der sogenannten Menschwerdung (und der Mensch ist nun einmal eine in sich zerrissene, geplagte Kreatur): die visionären Energien, die Disziplin der Heiligen; wir entdecken erneut die Tiefen unserer Identität. Entweder dort oder überhaupt nicht"[340].

Auf dem Weg in die Tiefe begegnet im New Age aber kein persönlicher Gott, sondern der Mensch wird sich eines eigenen göttlichen Grundes bewußt. Ferguson schreibt, wie schon erwähnt, von der "Idee eines inneren Gottes"[341], die damit auch keinen Raum mehr hat für eine personale Rückbindung im Sinn einer "religio". Sie ersetzt konsequent "Religion" auch durch "Spiritualität"[342]. Religion, die personale Bindung an einen personalen Gott, zeigt im New Age die Tendenz, zu einer Psychologie des Selbst zu werden. An die Stelle kultischer Verehrung treten Meditation und Psychotechniken.

Auffallendes Merkmal der neuen Religiosität im Zeichen des Wassermannes ist die Nähe zu östlichen religiösen Traditionen. Kardinal Ratzinger, der Präfekt der Glaubenskongregation, meinte 1982 in einem Interview, daß der Erfolg östlicher Spiritualität im Westen eine zentrale Herausforderung für die Christen sei[343].

Bereits dreißig Jahre zuvor sprach Guardini von einer noch bevorstehenden Auseinandersetzung des Christentums mit dem Buddhismus. Respektvoll schrieb er von Gautama: "Einen Einzigen gibt es, der den Gedanken eingeben könnte, ihn in die Nähe Jesu zu rücken: Buddha [...] Vielleicht wird Buddha der Letzte sein, mit dem das Christentum sich auseinanderzusetzen

---

[339]   ebd. S.83.
[340]   Roszak 1982, S.35.
[341]   Ferguson 1982, S.427.
[342]   vgl. ebd. S.424.
[343]   vgl. Knut Walf (Hg.), Stille Fluchten. Zur Veränderung des religiösen Bewußtseins. München 1983, S.8.

hat"[344].

Das New Age scheint nun die Bühne für diese Auseinandersetzung geworden zu sein. Ferguson erkennt in Buddhas Lehre vom achtfachen Pfad eine Richtschnur für richtig angewandte Macht[345], und Capra sieht die ethischen Normen Buddhas oder Lao-tses für die Gestaltung des Gesellschaftslebens den unseren zumindest gleichwertig an[346]. Er deutet das Zentralthema der buddhistischen Aratamsaka-Schule von der Einheit und dem inneren Zusammenhang aller Dinge und Ereignisse als Modell für die Weltanschauung der modernen Physik[347].

Leuchtet man das ganze bunte Spektrum der synkretistisch eingefärbten New Age-Spiritualität ab, dann fällt, neben der starken Abhängigkeit von hinduistischen und buddhistischen Momenten, auch eine Beeinflussung durch Tantrismus, Taoismus, Sufismus, indianische Mythologien, keltisch-germanische Religiosität und Schamanismus auf.

Religiosität ist jeweils in einen bestimmten Kulturkreis eingebunden und von diesem charakteristisch bestimmt. Sprache, Traditionen und Lebensumstände prägen die alltäglichen Kommunikationsmuster der Menschen und damit auch das Sprechen über religiöse Erfahrungen. Dieser kulturelle Kontext muß gesehen und ernstgenommen werden, will man sich mit Verantwortung fremder Religiosität nähern.

Im New Age ist von einer solchen gebotenen Behutsamkeit wenig zu spüren: Zen - Meditation, taoistische und tantrische Meditation, Yoga und Sufi-Techniken werden, losgelöst von ihren kulturellen Wurzeln und für westlichen Konsum aufbereitet, in Wochenendkursen angeboten. Dieser Eklektizismus ebnet das Profil der New Age-Spiritualität ein, läßt sie über eine oberflächliche und unverbindliche Begegnung mit religiösen Erfahrungen fremder Kulturen nicht hinauskommen.

Mit Marc Albrecht lassen sich die *Merkmale der New Age-Spiritualität*, die er auch eine chiliastische, utopische, eklektische und synkretistische Philosophie nennt, so zusammenfassen[348]:

Gott wird im allgemeinen als unpersönliche, schöpferische Kraft aufgefaßt; ansatzweise Vorstellungen einer Personalität Gottes werden so

---

[344]   Romano Guardini, Der Herr. Betrachtungen über die Person und das Leben Jesu Christi. Würzburg 1961[12] S.360 (Erste Auflage 1951).
[345]   vgl. Ferguson 1982, S.220.
[346]   vgl. Capra 1985, S.40.
[347]   vgl. Capra 1988[10], S.104.
[348]   vgl. Mark Albrecht, New-Age-Spiritualität. In: Ruppert 1985, S.181f.

reduziert, daß sie in einen monistisch-pantheistischen Rahmen passen.

Der Mensch wird durch Anwendung bestimmter Techniken und Rituale nach und nach gewahr, daß er ein Teil des Göttlichen oder Gott selbst ist. Ein Prozeß, der sich über viele Inkarnationen erstreckt. Er erfährt, daß in ihm ein Funken des kosmischen Feuers lebt, daß er eine Welle im großen göttlichen Ozean ist.

Die Welt selbst wird häufig als ein vergänglicher Bühnenraum, als eine Illusion angesehen; Materie ist nur eine vergängliche Emanation des reinen Geistes. Erlösung erfolgt durch Erleuchtung und durch Befreiung von den Bindungen an die Welt und an das Bewußtsein.

Gut und Böse werden mit Erleuchtung und Nichterleuchtung parallelisiert; ein Erleuchteter transzendiert den Gut-Böse-Dualismus und erkennt alles als Teil einer kosmischen Balance.

Die neue Religiosität in der Form der New Age-Spiritualität setzt auf die Grundsäulen von Meditation und Erfahrung. Sie geht dabei so weit, daß es zu einer Art "Hypostasierung der Erfahrung"[349] kommt. Die rationale Abstützung und Strukturierung erlebter Religiosität ist wie alles "kalte Wissen" obsolet geworden. Erfahrung und Rationalität werden polarisiert und gegeneinander ausgespielt. Nach einer Periode rationalistischer Dominanz erleben wir im New Age die Gegenbewegung zu einer Hegemonie der Emotionalität.

Auffallend für die Spiritualität im Zeichen des Wassermanns ist weiters die religiöse Überhöhung wissenschaftlicher Theorien; ob es sich dabei um Capra handelt, der "die Atome der Elemente" als kosmischen "Tanz Shivas" beschreibt[350], oder um Erich Jantsch, für den sich die evolutionäre Gesamtdynamik als das Göttliche entpuppt[351], oder um Hans Jonas, der Evolution und Gott gleichsetzt: "Gott gibt sich in einer Abfolge von Evolutionen immer wieder auf, transformiert sich selbst, ist nicht absolut, sondern ist selbst diese Evolution"[352].

Dieser Zug zur Überhöhung naturwissenschaftlicher Theorien in religiösen Analogien entspricht dem monistischen Ansatz. Wenn alles miteinander vernetzt und systemtheoretisch im Sinne des New Age verkoppelt ist, dann fallen die Grenzen zwischen den Wissenschaften; eins geht ins andere über, wird mit ihm ident. Die Konturen unterschiedlicher religiöser Traditionen schleifen sich ab, die

---

[349]   Sudbrack 1988a, S.23; (Hypostasierung hier: Verselbständigung).
[350]   vgl. Capra 1988[10], S.7.
[351]   vgl. Jantsch in Schaeffer/Bachmann 1988, S.244.
[352]   Hans Jonas, zit. in: Erich Jantsch, Die Selbstorganisation des Universums. In: Ruppert 1985, S.129.

synkretistische Amalgamierung der Religiosität wird legitim und zur "Überzeugung, daß alle verschiedenen religiösen, spirituellen, mystischen Überlieferun-
gen unterschiedlich geprägte Ausformungen eines in seinen Grundzügen
identischen religiösen Modells, einer 'Einheitsreligion' sind"[353].

Sind aber alle religiösen Traditionen nur unterschiedliche Erscheinungsweisen eines identen Grundmodells, dann ist auch die persönliche
Einbindung in eine solche Tradition ohne Bedeutung, eine Orientierung an
kirchlichen Institutionen nur mehr ein mögliches Hindernis für das Experiment
einer je persönlichen Religiosität.

Im New Age verflüchtigt sich konkrete Religiosität, die hier und jetzt
unter konkreten sozialen und kulturellen Bedingungen nicht nur nach einer
Orthodoxie, sondern auch nach einer Orthopraxie strebt, unter der Annahme einer
monistisch-pantheistischen Konzeption zu einer esoterischen Wissenschaft. Religion wird aus der sozialen Verantwortung entlassen und zu einem Medium der
Selbsterfahrung, einer eupsychischen Therapie oder alternativ-medizinischen
Praxis: Geistheilung, Gesundbeten und "mentales Training" als Steigerung der
körperlichen und geistigen Abwehrkräfte sind im New Age hoch angesehen.

Ist im Grunde alles Eins, ist der Mensch selbst im Innersten göttlich,
dann braucht er nicht Ausschau zu halten nach einem Gott, der sich ihm zuwendet,
ihn anruft und erlöst. Aus der Zuwendung Gottes wird eine Selbsterfahrung, die
den "Gott in uns" immer mehr bewußtmachen und freilegen will; aus der Erlösung
wird eine Selbsterlösung, die der Mensch selbst in die Hand nehmen kann, wenn
er sich auf ein transformiertes Wissen einläßt. Religion ist im New Age machbar
geworden: Wer Meditation, Yoga, Mantrasingen oder sonst eine "spirituelle
Technik" beherrscht, kann sich auf den Weg zur eigenen inneren Transzendenz,
zum "Gott in sich" begeben.

Für das Zeitalter der Technik ist es konsequent, wenn Spiritualität
auch maschinell "produzierbar" wird. In einem Boulevard-Blatt[354] wird von
neuesten Entwicklungen in den USA berichtet: Yoga, autogenes Training und
Meditation sind out, die Mind-machines[355] sind im Kommen. Im
Isoliertank[356], der zur Hälfte mit einer Salzlösung gefüllt ist, in dem
Flüssigkeit und Luft genau Körpertemperatur haben und in dem für den
"schwebenden" Körper jeglicher Sinneseindruck von außen wegfällt, ist das
Bewußtsein auf sich selbst zurückgeworfen. Es steigt in seine eigene Tiefe, um

---

[353]   Joachim Müller, Pastorale Erfahrungen mit New Age. In: Lebendige Seelsorge 1988, S.379.
[354]   Peter Hiess, Glück aus der Steckdose. Die Revolution der Gehirn-Maschine. In: Wiener 19/1988, S.95ff.
[355]   Synchro-Energizer, Graham-Potentializer, Alpha-Stim, Hypnoperipherial Processing Tapes,... ebd.
[356]   Isoliertank: eine große, geräuschdicht abschließbare Wanne. Vgl. dazu auch John C. Lilly, Das Zentrum des Zyklons.
          Eine Reise in die inneren Räume. Neue Wege der Bewußtseinserweiterung. Frankfurt 1976, S.48ff.

dort auf sein wahres Selbst, das in gnostischer Tradition mit Gott ident ist, zu treffen. Das zwanzigste Jahrhundert braucht nicht mehr das Bemühen um eine Beziehung zur Transzendenz oder zu einem persönlichen Gott. Via Technik kann sich der fortschrittliche New Ager mühsame spirituelle Anmarschwege ersparen und sich maschinell in religiöse Gipfelerlebnisse katapultieren. Auch wenn einiges aus dem Bereich der Mind-machines noch utopisch anmutet – der eingeschlagene Weg ist für die Religiosität des New Age folgerichtig.

Im Sog der New Age-Spiritualität ist für den westlichen, durch christliche Tradition geprägten Menschen das Thema Reinkarnation von besonderer Bedeutung geworden. Demoskopische Erhebungen sprechen davon, daß bereits zwischen 25 und 30 Prozent der Durchschnittsbürger in den westlichen Industriestaaten davon überzeugt sind, "daß der Existenzentwurf nach dem Modell der Wiedergeburt hoffnungsstärker ist als die Dramatik der Ein- maligkeit des Lebens"[357].

Es ist denkrichtig, daß dann, wenn im New Age das Geheimnis einer personalen Zuwendung Gottes in kosmische Gesetzmäßigkeiten überführt und das Wagnis eines personalen Glaubens in subjektive Sicherheit aufgelöst wird, für das Problemfeld Schuld und Erlösung neue Deutungskonzepte notwendig werden.

In der westlichen Spielform bietet die Reinkarnationslehre Deutungs- hilfen für all diese Fragenkomplexe: Verbunden mit der Idee evolutiver Höher- entwicklung, durchschreitet der Mensch Reinkarnation um Reinkarnation, trägt Karma aus vorangegangenen Leben ab, steigt höher, gelangt zu einen immer höheren Seinszustand, bis er in ein kosmisches Bewußtsein eingehen kann. Mit der Idee der Reinkarnation wird auch der drängenden Todesgewißheit die Schärfe und Unbedingtheit genommen: Etwas von mir kann meinen Tod überdauern, erhält die Chance eines neuen Anfangs. Im New Age wird die Reinkarnationslehre auch Aus- gangspunkt für jene Therapieform, die durch Zurückgehen in frühere Existenzen Leidenszustände des gegenwärtigen Lebens verstehen und heilen will[358].

Für den östlichen Menschen dagegen bedeutet Reinkarnation eine Last: das Lebensrad, das durch die Ansammlung von Karma immer wieder in Bewegung gehalten wird, läßt niemanden entfliehen. Ziel östlicher Religiosität ist es, aus diesem Rad des Immerwiederkehrens durch Opfergaben, aszetische Übungen oder Meditation und Versenkung einen Ausstieg zu finden. Was aber in der östlichen Tradition als Last der Wiedergeburt erfahren wird, ist in der westlich adaptierten Form der Reinkarnationslehre zu einem beruhigenden Moment

---

[357]   Richard Friedli, Schamanische Gottesvorstellungen im Christentum Europas? Einige religionssoziologische Beobachtun-
        gen. In: Lebendige Seelsorge 1988, S.351.
[358]   past-life-therapie.

der Sicherheit geworden: Es gibt für mich ein Danach. Ich kann gelassen meinen Weg gehen; was mir jetzt nicht gelingt, kann ich in einer neuen Existenz erreichen, und wenn da nicht, dann in der übernächsten. Hier wird deutlich, wie weit sich die Spiritualität des New Age von der Tradition christlicher Kirchen entfernt hat. Nach dem bisher Dargelegten wird auch verständlich, warum in der transformierten Spiritualität kein Verständnis für "Kirche" aufgebracht werden kann. Religion löst sich auf in eine nicht näher definierbare Innerlichkeit, und Kirchen haben keine Bedeutung mehr bei der Suche nach subjektiver Religiosität. "Nur die Religion kann die Bürde der Zukunft tragen [...] aber nicht die Religion der Kirchen, sondern jene spirituelle Dimension, die Sitten und Politik transzendiert"[359], heißt es bei Ferguson.

Trotz ihrer deklarierten Distanz zu organisierten Kirchen rufen die Theoretiker und Verkünder der Wassermann-Spiritualität gerne christliche Kronzeugen auf, die zwar zu Lebzeiten mit dem kirchlichen Lehramt ihre Schwierigkeiten hatten, aber nie, weder objektiv noch subjektiv, außerhalb der Kirche gestanden sind. Hoch im Kurs stehen dabei *Meister Eckhart* und *Teilhard de Chardin.*

Für Ferguson (ihre Vorliebe für die beiden Mystiker soll exemplarisch für viele andere[360] angesprochen werden) gehört der mittelalterliche Dominikaner zu "den kühnen und isolierten Stimmen"[361], die die Themen der Transformation bereits zur Sprache brachten. Sie legt ihm ein für die New Age-Spiritualität zugkräftiges, aus dem Kontext genommenes Wort in den Mund, das den Mystiker um 1300 in noch größere Schwierigkeiten gebracht hätte, als er ohnehin durch eine argwöhnische Kirchenbehörde schon war: "Der deutsche Mystiker Meister Eckhart hatte gesagt, daß 'Gott entsteht und vergeht'"[362].

Teilhard wiederum ist nicht nur Pate für Fergusons Buchtitel, der in Anlehnung an sein Wort von der "Verschwörung der Liebe" formuliert wurde, sondern geschätzter Zitatenlieferant, wenn er von Synthese, Kosmos, Universum oder ähnlichem spricht. Die Autorin der "Sanften Verschwörung" macht sich dabei nicht die Mühe, genau nachzufragen, was Teilhard, bezogen auf das Ganze seiner Arbeit, im einzelnen gemeint haben könnte. Bei Ferguson ist zu lesen: "Ein Artikel in einer Zahnarztzeitschrift zitierte eine Aussage Teilhard de Chardins: 'Liebe ist der innere, gefühlsmäßig begreifende Aspekt der Affinität, welche die Elemente

---

[359]   Ferguson 1982, S.61.
[360]   Capra, Wilbur, Berman,...
[361]   Ferguson 1982, S.52.
[362]   ebd. S.215; Ferguson gibt keinen näheren Zitationshinweis; ein Beispiel für viele andere, wie Ferguson Zitate behandelt.

der Welt verbindet und zusammenfügt. Es ist die Liebe, die zu einer universalen Synthese führt."[363].

Der Versuch, eine Kontinuität zwischen christlicher Mystik-Tradition und der New Age-Spiritualität herzustellen, gerät bei Ferguson zu einem wenig glaubwürdigen Gebilde mit bloß auf Optik ausgelegter Konstruktion; die innere Verstrebung der Argumente ist dürftig und ohne Verbindung zu den tatsächlichen Fundamenten der Mystik bei Eckhart und Teilhard.

Gerade in der Auseinandersetzung mit dem Letztgenannten sieht Sudbrack eine Chance für den Dialog zwischen Christentum und New Age[364]. Er schreibt: "Teilhard de Chardin könnte einer der wichtigsten Autoritäten im Gespräch mit der 'Neuen Religiosität' werden – allerdings nur, wenn er unverkürzt zur Sprache kommt und dann natürlich auch selbst kritisch befragt wird"[365].

Ferguson, über die "Sanfte Verschwörung" zur Gewährsfrau des New Age geworden, geht nicht nur mit Zitaten großzügig um, auch die von ihr verwendeten Begriffe werden wenig differenziert eingesetzt. Ein Beispiel für viele andere mag dies verdeutlichen: Sie lehnt den Begriff Religion ab, weil er für sie eine zu starke Affinität zur institutionalisierten Religiosität aufweist[366] und will sich mit der Umschreibung Spiritualität vor allem von der "autoritärsten Institution[...nämlich der]katholische Kirche"[367] absetzen.

Sie bedenkt aber nicht, daß gerade der Begriff "Spiritualität" ein christlicher Neologismus des 2./3. Jahrhunderts ist[368], der auf eine Verankerung in der dritten Göttlichen Person, dem Geist Gottes hinweist. Das um die Jahrhundertwende im französischen Katholizismus aufgekommene "spiritualité" hat seine frühchristliche Urbedeutung ebenso beibehalten, wie der im Deutschen in der Zwischenkriegszeit auftauchende Begriff "Spiritualität" seine kirchliche Herkunft nie abgelegt hat.

Mit den letzten Hinweisen zum Umgang mit Zitaten und Begriffen bei der Selbstdarstellung der New Age-Religiosität sei auch die Schwierigkeit

[363]   ebd. S.285; ebenfalls ohne nähere Zitation; man erfährt weder etwas über den Originalort des Teilhard-Zitates, noch
         etwas Näheres über die Zahnarztzeitschrift.
[364]   Unter 2.2.2. wird näher auf die Auseinandersetzung Christentum-New Age am Beispiel der Mystik Eckarts und Teilhards
         eingegangen.
[365]   Sudbrack 1987, S.74.
[366]   vgl. Ferguson 1982, S.424.
[367]   ebd. S.426.
[368]   vgl. Sudbrack 1988a, S.10.

angedeutet, die neue Spiritualität sachgerecht im Vergleich vorangehender und paralleler Traditionen zu beschreiben. Die schillernde, schwebende Buntheit des New Age kommt im Bereich der "Religiosität" voll zum Durchbruch.

Aber trotz allem wäre es falsch, wollte man den New Agern eine echte religiöse Sehnsucht und ein ehrliches spirituelles Suchen absprechen. "Die Vielzahl der Elemente, die bei der Betrachtung der 'Neuen Religiosität' zusammen kommen, mag verwirren", schreibt Sudbrack. "Doch sie ist eben – wenigstens in dem breiten Ansatz und der Ernsthaftigkeit, wie sie hier als Dialogpartner des Christentums betrachtet werden soll – kein isoliertes Zufallsphänomen der heutigen Zeit, sondern bringt ein Grundbedürfnis des Menschen zum Ausdruck: Daß der Mensch von Natur aus religiös ist, Sinn sucht über die Alltäglichkeit des Lebens hinaus; daß er sich nicht zufrieden gibt mit schmalen Vertröstungen, sondern in irgendeiner Weise das 'Ganze' will"[369].

1.3.6. Esoterik – die okkulte Tochter der Gnosis

Der Begriff Esoterik, abgeleitet vom griechischen ἔσω (innerlich, nach innen gerichtet, verborgen; Gegensatz: exoterisch) wird als Bezeichnung für jenes "Geheimwissen" bzw. für jene "Geheimwissenschaften" verwendet, die nur einem bestimmten Kreis von Eingeweihten zugänglich sind, wie etwa die Lehren der Kabbala, Alchemie, Rosenkreuzertum, Freimaurerei, Theosophie, usw.

J.B. Metz spricht davon, daß Glaube als personale Gottesbegegnung immer ein gewisses esoterisches Element enthält[370]: die Weisheit Gottes wird auch im Neuen Testament als "Geheimnis" verkündet[371], und der Auferstandene ist nach der Apostelgeschichte nur einem ausgewählten Kreis von Zeugen, nicht dem ganzen Volk erschienen[372]. "Soll im institutionell-kultisch-sakramentalen Bereich das Personal-Geistige nicht degradiert werden, so muß dieser Bereich etwas Esoterisches an sich haben"[373]. Die Arkandisziplin war in der frühen Christenheit Teil der liturgischen Praxis.

Von der christlich vertretenen Esoterik hebt Metz eine häretisch-gnostische ab. Diese verkennt, daß sich die menschliche Person in ihrer Subjektivität erst in realen geschichtlich-sozialen Bindungen vollendet, und sie macht die Verbindung mit Gott als Zeichen der Erlesenheit nur wenigen zugäng-

---

[369]   Sudbrack 1987, S.129.
[370]   Metz in: LThK 3/ Sp.1106.
[371]   vgl. 1Kor 2,6-7.
[372]   vgl. Apg 10,41.
[373]   Metz in: Lthk 3. 1106.

lich. Im Christentum, meint Metz, sei der Begriff "Esoterik" insofern überboten und bekommt in ihm auch deshalb oft eine abwertende Bedeutung, "weil die Souveränität der Liebe Gottes sich machtvoll vor Profanierung zu schützen weiß, ohne darum aufzuhören, das Heil aller zu sei"[374].

Gebhard Frei unterscheidet eine westliche und eine östliche Esoterik[375]. Zunehmend wird die östliche[376] in Europa und in den USA gefragter. Daneben läuft der Strom westlicher Esoterik, der in Ägypten mit den Lehren des Thot bzw. Hermes Trismegistos[377] ansetzt und in der Regel als 'Hermetik' bezeichnet wird. Die "hermetischen Grundprinzipien" (Entsprechung Mikrokosmos–Makro-kosmos; Initiation; Reinkarnation; Lehre v. Astralleib, etc. vgl. Punkt 1.3.2.) sind Grundraster esoterisch-hermetischen Denkens.

So wie das Corpus Hermeticum nicht auf die Ausbildung eines organisierten Kultes ausgerichtet war und sich als reine Erbauungsliteratur verstand, haben Esoteriker der heutigen Tage ebenfalls nur eine geringe Neigung zur Bildung fester, organisierter Gemeinschaften. Ruppert stellt daher fest: "Die Mitgliederzahlen esoterischer Weltanschauungsgemeinschaften lesen sich daher auch relativ bescheiden"[378], aber im Gegensatz dazu erfreuen sich esoterische Veranstaltungen wie etwa die 'Esoterik-Messe', 'New Age-Tage', 'Festival for Mind, Body und Spirit' steigender Teilnehmerzahlen und ziehen zeitweise bis zu 100.000 Besucher an[379]. Die Strahlkraft esoterischen Gedankenguts dürfte demnach wesentlich größer sein, als es die Anzahl fest organisierter New Age-Gruppen vermuten lassen würde.

Im New Age präsentiert sich die Esoterik in einer Amalgamierung mit dem Okkultismus, die zu einer häufig synonymen Verwendung der Begriffe geführt hat. Nach H. Vorgrimler ist Okkultismus "eine Sammelbezeichnung für sämtliche Phänomene, Daten, Lehren und Praktiken, die bei Astrologie, Magie, Spiritismus usw. vorkommen, mit besonderer Betonung der naturwissenschaftlich-psychologisch (noch) nicht erklärbaren"[380]. Als Sammelbezeichnung ist "Okkultismus" nur ein ungenauer, vager Begriff.

Schischkoff sieht die Praxis des Okkultismus in der Beschäftigung

---

[374]   ebd.
[375]   vgl. Ruppert in: Dokumentation 3-4/87, S.4.
[376]   religiös-esoterische Traditionen Chinas, Indiens, Tibets.
[377]   vgl. auch Punkt 1.3.2.
[378]   Hans-Jürgen Ruppert, Esoterik - Neuer Trend auf alten Wegen. In: Dokumentation 3-4/87, S.5.
[379]   vgl. ebd.
[380]   Vorgrimler in: Lthk 7, Sp.1125.

mit geheimen, oft personifizierten und beschworenen Naturkräften und verweist auf Parapsychologie und Magie als Hauptmomente des Okkultismus[381].

Grün beschreibt zwei Quellen des Okkultismus: die *heidnischen Volksreligionen* (mit Animismus, Magie, Schamanismus, Astrologie, Zauberei, Hexenwesen, Spiritismus und verschiedensten PSI-Phänomenen) als einen Quellstrang und die *Gnosis*, besonders in der hermetischen Ausprägung, als zweiten[382].

Ruppert gibt in Anlehnung an Rudolf Steiner drei wesentliche Formen okkulter Praxis an: Erkenntnis (Gnosis), Initiation (Mysterium) und Magie (Mageia)[383]. Die inneren Querverstrebungen und gegenseitigen Bezüge zwischen Esoterik und Okkultismus werden damit sichtbar.

Nach Rüdiger Lutz[384] zählt ein Prozent der bundesdeutschen Bürger zu jener Szene, die vom Esoterik- und Okkultboom getragen wird. "Besonders der Feminismus wird zunehmend von esoterischen Hexenzirkeln unterwandert. Vielerorts entstehen sogenannte Wicca-Gruppen. Auch magisch arbeitende Gruppen sind im Vormarsch"[385].

Als Ausdruck des antisäkularen Protestes und der Hinwendung zu einem neuen Irrationalismus sind Esoterik und Okkultismus zur Grundphilosophie und -praxis des New Age geworden. Ferguson beschreibt "Alchimisten, Gnostiker, Kabbalisten und Geheimgesellschaften"[386] als die ersten, die die Fahne der Transformation hochgehalten haben. Ein aufmerksamer Spaziergang durch einschlägige Buchhandlungen und Esoterik-Center zeigt, daß hier eine Marktlücke eben aufgefüllt wird: Nicht nur die Literatur zu Astrologie, Tarot, Magie und allen anderen esoterisch-okkulten Themen werden angeboten. Sämtliche Requisiten für die okkulte Praxis (vom Pendel über Tarotkarten bis zu Pyramiden in verschiedenen Größen und Ausführungen, von Kristallkugeln und magisch-wirksamen Halsanhängern bis zur schwarzen Kapuzensoutane für magische Zeremonien) können zu selbstbewußten Preisen erworben werden.

Wie obskur und verworren viele dieser okkult-esoterischen Richtungen auch sein mögen, es kommt in ihnen ein Bedürfnis zum Ausdruck; nicht nur um die geheimnisvollen Kräfte des Universums zu wissen, sondern auch mit

---

[381]   vgl. Schischkoff 1982, S.502.
[382]   vgl. Joachim Friedrich Grün, Die Fische und der Wassermann. Hoffnung zwischen Kirche und New Age. München 1988, S.65.
[383]   vgl. Ruppert in: Dokumentation 3-4/87, S.6.
[384]   zit. in: ebd. S.7.
[385]   Ruppert, ebd.
[386]   Ferguson 1982, S.52.

ihnen umgehen zu können und sie technisch in den Griff zu bekommen. Damit ist
wieder die Grundtendenz angesprochen, die schon beim Thema Religiosität nach
New Age sichtbar geworden war: die Machbarkeit spiritueller Erfahrung durch
bestimmte Praktiken. Der unter 1.4.2. beschriebene flüssigkeitsgefüllte "Samadhi-
Tank" kann dabei als technische Neuerung herkömmlicher okkulter Utensilien
gedeutet werden.

Im New Age kann die Grenze zwischen Religiosität, Spiritualität,
Esoterik und Okkultismus nicht gezogen werden. Alles fließt in ein Bemühen um
Selbsterlösung in Theorie und Praxis zusammen. Die Begriffe Esoterik und Okkul-
tismus haben eine große Elastizität erlangt[387]. Die Transpersonale
Psychologie mit ihren peri- und pränatalen Erfahrungen, Astrologie und Tarot
werden unter Esoterik und Okkultismus ebenso subsumierbar wie die moderne
Physik, von der E. Benz schreibt: "Der Okkultismus wird immer wissenschaftlicher,
die Physik wird immer okkulter"[388].

1.3.7. Die Philosophie im New Age –
auf dem Weg zu einer rationalen Irrationalität?

New Ager zeichnen sich neben einer Hinwendung zu Innerlichkeit und
subjektiver Erfahrung, trotz des Ernstnehmens neuer naturwissenschaftlicher
Denkansätze auch durch Ratiomüdigkeit und Wissenschaftsskepsis aus. Das
Mystische ist ihnen tragfähiger als die Vernunft; Geschichte wird aufgelöst in
Mythologien, die Technik wird zur magischen Praktik; Rationalität wird von der
Intuition in ihre Schranken gewiesen. Was als unterschwellige Kulturkritik in der
Neuzeit bereits vorhanden war – etwa in der Romantik –, hat sich in der Post-
moderne zu einer umfassenden Kulturmüdigkeit ausgewachsen.

Mit Kant setzt im *abendländischen Philosophieren* ein Wandel ein, der
den Denkhintergrund für die heutige Psychologie und die heutige Physik abgibt.
Wir erfahren die Wirklichkeit nicht, wie sie ist, sondern abhängig von den
apriorischen Anschauungsformen unseres Bewußtseins. Wahrnehmung hängt vom
wahrnehmenden Subjekt ab. Raum und Zeit sind Formen unserer inneren
Anschauung. Wir erhalten Erkenntnisse nicht aus einer vor uns liegenden Welt,
sondern wir gehen mit in uns liegenden Grundvorstellungen in diese Welt hinein.

Bei Bede Griffiths, einem katholischen Mystiker und Religionsphilo-
sophen, der um eine Zusammenschau östlicher und westlicher Spiritualität bemüht

---

[387]   Kurt Hutterer spricht von einer "okkulten Explosion" im New Age. Zit. bei Ruppert in: Dokumentation 3-4/87, S.7.
[388]   E.Benz, Parapsychologie und Religion, zit. in: Ruppert 1985, S.23.

ist[389], heißt es in der Denkrichtung Kants: "Unsere Sinne zeigen uns alles in Raum und Zeit getrennt; unsere Vernunft, die auf diesen Sinnen basiert, kann niemals jene Begrenzung überwinden. Die Wissenschaft ist also ein illusorisches Wissen, ein Wissen um die Erscheinungen in Raum und Zeit, so wie unsere Sinne Sonne, Mond und Sterne am Himmel wahrnehmen. Sonne, Mond und Sterne sind wirklich, aber so, wie sie uns erscheinen, sind sie eine Illusion [...] In diesem Sinne ist die ganze Welt, die Welt unseres gegenwärtigen Bewußtseins, 'Maya'"[390].

Heisenberg meint in ebenfalls dieser Linie: "Naturwissenschaft beschreibt nicht einfach die Natur; sie ist Teil des Wechselspiels zwischen Natur und uns"[391].

Gruber[392] beschreibt Schelling, der dem romantischen Denken des vorigen Jahrhunderts mit seiner pantheistischen Natur- und Identitätsphilosophie den klarsten philosophischen Ausdruck gab, als einen, der den Traum des New Age von einem höheren Dasein bereits mit sich herumgetragen hat. "Schellings Erkenntnis, daß die innere Abfolge der Mythen, der Prozeß ihres Hervortretens in der Menschheits- und Völkergeschichte die innere geistige Entwicklung der Menschheit wiederspiegelt, ja daß diese Entwicklung in jenem mythologischen Prozeß selbst bestehe, wurde in der geistigen Überlieferung Schellings kaum bewahrt. Erst durch die psychologisierende Behandlung von Mythos in unserem Jahrhundert erwachte die Erinnerung an den Vordenker"[393].

Bei Schopenhauer zeigt sich eine erste Synthese des traditionellen abendländischen Denkens mit der östlichen Philosophie: die äußere Wirklichkeit ist nur Vorstellung, Maya, Schein; die Geschichte läuft zyklisch ab, und der Wille als bestimmende Wirklichkeitskraft steht vor Vernunft und Wissenschaft[394].

Ähnlich ist bei Nietzsche Vernunft im wesentlichen Wille zur Macht. Nietzsches Botschaft ist, daß die Wirklichkeit ein Kreislauf chaotischer, irrationaler Willenskräfte ist, ein Tanz freigelassener Vitalität, die aus der apollinisch-vernünftigen Gefangenschaft befreit werden muß, damit der dionysische Weltgrund als Wille zur Macht erkennbar wird. Der Mensch kann seiner Zerrissenheit nur entkommen, wenn er überlieferte Illusionen demaskiert ("Gott ist tot"). Gefragt ist

---

[389]　Näheres zu Bede Griffiths unter 2.3.3.
[390]　Griffiths 1987, S.29.
[391]　zit. in: Bede Griffiths, Die Hochzeit von Ost und West. Hoffnung für die Menschheit, Salzburg 1983, S.29.
[392]　Elmar Gruber, Was ist New Age? Bewußtseinstransformation und neue Spiritualität. Freiburg 1987.
[393]　ebd. S.51.
[394]　vgl. Arthur Schopenhauer, Die Welt als Wille und Vorstellung, Kap.17. In: Werke in zwei Bänden. (hg. v. Werner Brede), Bd.2, München o.J., S.9-43.

der Übermensch, der alles Verlogene, Krankhafte und Lebensfeindliche ver-
nichtet[395].

In der Beschreibung der Krise der abendländischen Philosophie bei
Grün heißt es: "Mit Schopenhauer und Nietzsche bricht die christliche Philosophie
zusammen und öffnet sich für die Grunddogmen der östlichen Philosophie [...] Es
ist wohl kaum ein Zufall, daß wir gleichzeitig mit New Age eine Nietzsche-Renais-
sance erleben, stellt doch Nietzsches Philosophie geradezu eine Prophetie des New
Age-Denkens dar"[396].

In Hegels Dialektik erkennt Capra eine Tendenz zur Wiedergewinnung
ganzheitlichen Denkens. Er meint vor dem Hintergrund der Auseinandersetzung
zwischen analytischem und ganzheitlichem Wissenschaftsverständnis in diesem
Sinn, wir sollten "als Spätgeborene die Chance wahrnehmen, das Widersprüchliche
beider Richtungen in dynamischem Wechselspiel in den ganzheitlich-ökologischen
Rahmen zu integriere"[397]. Dabei räumt er dem methodisch verantworteten
Nachdenken einen hohen Kredit ein und zitiert Manon Maren-Griesbach: "Die
Philosophie bleibt der Hort ganzheitlichen Denkens"[398].

Im Vorwort zu Fergusons "Sanfter Verschwörung" stellt Capra ein
neues Paradigma vor, das von einer ganzheitlich-ökologischen Sicht geprägt ist.
Es erfordert Entwürfe von Raum, Zeit, Materie, Geist, Leben, Bewußtsein und
Evolution und führt zu einem neuen Wertesystem[399]. Die *Ethik* ist zur
Transformation herausgefordert, denn auch das Wassermann-Zeitalter wird ohne
allgemeingültige Handlungskonzepte nicht auskommen. Da ist es zunächst wichtig,
die deformierende und behindernde Wirkung überkommener Normen zu durchschauen, denn für das New Age gilt, "daß das Vorhandensein der alten Ethik als
die uns anerzogene Weise, mit dem 'Bösen' umzugehen, die Entwicklung zur
Ganzheit behindert und schwerste innere Konflikte zu erzeugen
vermag"[400]. Der Mensch wird durch die Dichotomie von Gut und Böse
gespalten.

Das New Age fordert daher eine Ethik, die eine neue und gesündere
Einstellung zum Umgang mit dem Bösen entwickelt. Dieses soll nicht mehr unter-
drückt oder verdrängt, sondern als realer Anteil der eigenen Wirklichkeit

---

[395]   vgl. Friedrich Nietzsche, Nachgelassene Schriften - Der Wille zur Macht. In: Werke in zwei Bänden (hg. v. Gerhard
        Stenzel). Salzburg o.J., Band 1, S.665ff.
[396]   Grün 1988, S.14.
[397]   Capra 1985, S.11.
[398]   ebd.
[399]   vgl. Capra in: Ferguson 1982, S.13.
[400]   Wolfgang Hussong, Der gespaltene Mensch. Auf dem Weg zu einer Ethik des Wassermannzeitalters. In: Esotera 1984,
        S.127.

anerkannt werden.

Das unter Strafandrohung stehende "Gut-sein-sollen" der alten Ethik wird in der neuen Ethik vom "Ganz-werden-wollen", das sich dem dunklen Anteil in uns liebevoll zuwendet, aufgehoben. "Das Ziel der neuen Ethik ist die Wiederherstellung menschlicher Ganzheit durch die Integration des 'Bösen' und die Vereinigung der Gegensätze. Ihr Grundprinzip ist die Bejahung des Bösen, das Annehmen und Wiedereingliedern der unter der alten Ethik abgespaltenen Teile"[401].

Das Entstehen der neuen Ethik wird als höchstpersönlicher und religiöser Vorgang beschrieben. Sie wird nur möglich im Kontakt mit dem eigenen Zentrum, mit der eigenen Mitte, die "religiöse Erlebnisqualitäten"[402] beinhaltet und offensichtlich das meint, was in der "alten Ethik" mit Gewissen bezeichnet wurde. Dieses Innere wird zur Bühne, auf der sich persönliche, aber auch kollektive Transformation ereignet. "Wer immer sein eigenes Böses annimmt und verwandelt, verwandelt damit einen Teil des 'Bösen' der ganzen Menschheit, seinen persönlichen Anteil daran, nicht mehr und nicht weniger. Sich um das eigene Böse kümmern, wird im weitesten Sinne zum konstruktiven politischen Akt..."[403].

Handeln im Sinne der neuen Ethik wird zu einem Weitergehen des New Agers auf dem Weg der Ganzheit, die eine "tiefe menschliche Liebe und Toleranz" freizusetzen vermag. Das christliche Gebot der Nächstenliebe "Du sollst den Herrn, deinen Gott, und deinen Nächsten lieben wie dich selbst" wird an das "dich selbst" erinnert. Die "neue Ethik" ereignet sich im Annehmen der eigenen Person mit seinen lichten und auch abgespaltenen dunklen Seiten.

Aber was zunächst als eine Ausweitung des "Doppelgebotes"[404] auf ein "Tripelgebot" (Gott-Mitmensch-Selbst) aussieht, erweist sich im Kontext monistischer New Age-Theorien als Reduktion auf die Selbstliebe. Denn wenn der Mensch im Kern seines Wesens mit Gott ident ist, entfällt auch eine individuelle Differenzierung dem Mitmenschen gegenüber, und die Liebe des Menschen verliert personalen Charakter, fällt auf sich selbst zurück und löst sich auf in einem kosmischen All-Bewußtsein.

Die *Geschichtsphilosophie* des New Age läßt sich zwar nicht einheitlich beschreiben, aber doch im wesentlichen auf zwei Grundmotive zurückführen.

Das eine Motiv leitet sich aus dem zyklischen Geschichtsdenken des Ostens her.

---

[401]   ebd. S.247.
[402]   ebd. S.251.
[403]   ebd.
[404]   und diese katechetische Kurzbezeichnung stellt sicher eine Verkürzung des neutestamentlichen Liebesgebotes dar.

Nach dem Prinzip des I-Ging pendelt die Geschichte zwischen Yin und Yang, den beiden Grundpolen der Wirklichkeit. Es ist eine Haupteigenschaft des "Tao", daß seine Bewegung zyklisch verläuft. In diesem Sinn stellt Capra seiner "Wendezeit" auch das I-Ging-Zitat als Motto voran: "Nach einer Zeit des Zerfalls kommt die Wendezeit. Das starke Licht, das zuvor vertrieben war, tritt wieder ein. Es gibt Bewegung [...] Altes wird abgeschafft, Neues wird eingeführt, beides entspricht der Zeit und bringt keinen Schaden"[405].

Diese zyklische Auffassung östlicher Philosophie wurde auch vor der Rezeption durch das New Age von abendländischen Denkern als ein mögliches historisches Deutungsmodell herangezogen. In seinem 1958 erschienenen Buch "Durchbruch zur Zukunft. Der Mensch im Wassermann-Zeitalter" beschreibt Alfred Rosenberg, wie er zur Annahme seiner östlich anmutenden Geschichtsphilosophie kam: "Als ich [...] Zehntausende von Geschichtszahlen miteinander verglich, ergab sich für mich als Schlüssel zur Geschichte die Erkenntnis, daß sich nach 2100 Jahren analogieartig ähnliche Ereignisse wiederholen. Damit aber hatte ich ein Grundgesetz zum Verständnis der Geschichte und darüber hinaus zu ihrer Vorschau gewonnen"[406].

Was Oswald Spengler in seiner zyklischen Geschichtstheorie auf etwa tausend Jahre veranschlagt hatte, ist in Rosenbergs "Geschichtsparallelismus" in die Nähe des platonischen Weltenjahres gerückt. Rosenberg spricht auch von einem Wassermannzeitalter. Aber im Unterschied zum New Age erwartet er keine Höherentwicklung, sondern eine apokalyptische Wende im Fortschreiten unserer Kultur im Sinne des 2. Petrusbriefes: "An jenem Tag wird sich der Himmel im Feuer auflösen, und die Elemente werden im Brand zerschmelzen"[407].

Die zyklische Geschichtstheorie, die im altgriechischen Denken ihre ersten europäischen Ansätze zeigt, wird im New Age durch die Beschäftigung mit der östlichen Philosophie verstärkt wieder aufgenommen und mit dem Gedanken der Evolution verknüpft. Das Wiederholen geschichtlicher Abläufe ist kein Parallelismus, der sich durch Kreisläufe ausdrücken läßt, sondern eine spiralförmige Höherentwicklung. Ähnlichkeiten geschichtlicher Phänomene werden als Entsprechungen auf höherer Ebene erklärt. Bereits die Kosmogonie Steiners, die von planetarischen Verkörperungen der Erde ausgeht, kennt sieben Zeitalter und sieben Kulturepochen, in denen das Geistige sich höherarbeitet und über eine hierarchische Stufenleiter zur höchsten Vollkommenheitsstufe gelangt[408].

Ferguson meint, in weniger kosmischen Dimensionen als Steiner, eine

[405]   zit. in: Capra 1984, S.VII.
[406]   Alfons Rosenberg, Die Welt im Feuer. In: Ruppert 1985, S.149.
[407]   2Petr 3,12.
[408]   vgl. Badewein 1988, S.37.

Stufe der Höherentwicklung sei dann erreicht, wenn sich die Transformation des
Bewußtseins und der allgemeine Paradigmenwechsel durchgesetzt haben: Dann
werden wir gelernt haben, einander zu vertrauen[409], gegenseitig den
Hunger nicht nur nach Brot, sondern auch nach Sinn, Verbundenheit und
Vollendung zu stillen und beginnen, in Freiheit miteinander zu leben[410].
Es erinnert an die Beschreibung der neuen Erde in der Offenbarung des Johannes[411], wenn zu lesen ist: "Unsere Metaphern der Transzendenz haben
wahrhaftigere Kunde von uns gegeben als unsere Kriege: die Lichtung, das Ende
des Winters, die Bewässerung der Wüste, das Heilen der Wunden, das Licht nach
der Dunkelheit"[412].

Joachim-Ernst Behrendt ist zwar kein "bekennender" New Ager, aber
ein Protagonist der esoterischen Kultur und gehört in das weltumspannende Netz
entsprechender Ansätze. Wie Sudbrack schreibt[413], kommt mit ihm ein
musikästhetischer Grundton in das neue Denken des Wassermann-Zeitalters. Mit
seinem Buch "Nanda Brahma - Die Welt ist Klang"[414] kann das Mitglied der
Shree-Rajneesh-Bhagwan-Bewegung einen Zugang zum Denken und Fühlen der
neuen Religiosität bieten. Behrendt erspürt in Wellenbewegungen, Schwingungen
die eigentliche und letzte Wirklichkeit der Welt, und nicht in den festen Dingen
und Körpern, mit denen der Mensch im Alltag umgeht. Auch die Atomphysik belege,
daß der Grundstoff aller Materie Schwingung sei und nichts Festes. Raum und Zeit
stammen aus der Illusion, sind das Ergebnis eines Irrtums über die substantiell
gedachte Wirklichkeit.

Nun offenbart sich nach Behrendt Wahrheit nirgends so wie in der
Musik: Sie ist ihrem Wesen nach Harmonie, Schwingung, Beziehung. Töne sind
nicht nur feststellbare Schwingung, sondern bauen einen ganzen Kosmos von
Obertönen auf. Westliche Musik habe den Ton in das Prokrustesbett musik-
theoretisch definierter Grundtonbeziehungen gepreßt und arbeite mit bestimmten
Rhythmus-, Harmonie- und Melodiegesetzen. Die Fülle der Obertöne bliebe
unbeachtet.
Die fernöstliche und die alte mitteleuropäische Musiktradition dagegen leben aus
dem Ganzen der Klangsäule. Wer sich auf Oberton-Musik einläßt, ist auf dem Weg
zur vollen Musik, die dem Hörer eigentliche Wirklichkeit erschließe. "Das, was uns
eben noch als das Unerschütterlichste und Gesichertste erschien, ist illusorisch

---

[409]   vgl. Ferguson 1982, S.470.
[410]   vgl. ebd. S.480f.
[411]   Offb 21,1-8.
[412]   Ferguson 1982, S.480
[413]   vgl. Sudbrack 1988a, S.40.
[414]   Frankfurt 1983.

geworden - Zeit und Stoff. Dafür [...] wurde uns eine neue, umso sicherere Erkenntnis geschenkt [...]: Kosmos und Erde, Anorganisches und Organisches, Pflanzen und Tiere und Menschen sind Schwingung, Schwingung ist Klang"[415].

In Behrendts Nachfolgebuch "Das dritte Ohr"[416] heißt es: "Der
große Ton ist der Ton des Seins oder, wie die Inder sagen, der Ton des Selbst, das
Atma. Der große Ton ist Nanda Brahma - der Ton, aus dem Gott die Welt geschaffen
hat und der am Grunde der Schöpfung weiterklingt und durch alles hindurch-
tönt"[417].

Man wird an die Sphärenharmonie der Pythagoräer erinnert, nach
deren Lehre die Himmelskörper in bestimmten Intervallen tönen und der ganze
"Kosmos" in Harmonie geordnet sei. In der Welt des Tones, des Klanges und der
Harmonie spiegeln sich Gesetzmäßigkeiten, die etwas über die Gesamtwirklichkeit
und die Wesensstruktur des Menschen aussagen. Die Ordnung der Obertöne stellt
dabei ein wichtiges Moment dar. Über Harmonie kann der Mensch Heilung erfahren
(Musiktherapie).

Sudbrack schreibt über Behrendts Ansatz: "Es lohnt, sich in dieses
faszinierende Weltbild hineinzudenken: Im Ursprungsgrund und in der lebendigen
Mitte schwingt ein einziger volltönender Klang (auch christliche Mystik erfährt
Gott oftmals im Bild der Musik); alles Wirkliche aber ist nichts als ein Weiter- und
Aus-Klingen dieses Ur-Tönens in die raum-zeitliche Zerstreuung hinein (auch
dieses Bild ist der christlichen Mystik nicht unbekannt). Sinn und Erfüllung
findet der Mensch dieser raum-zeitlichen Welt, wenn er sich in diesen Urklang
hineinwirft, wenn er das isolierende Selbstsein aufgibt [...] und eintaucht in das
ganzkosmische Erklingen..."[418].

1.3.8. Psychologie im New Age -
das Entstehen einer neuen Religion?

"Das New Age ist das Zeitalter eines noch nicht dagewesenen Psycho-
und Therapeutenjahrmarktes"[419]; so spielt Ruppert auf den Psychoboom
als eines der auffälligsten Merkmale des Wassermann-Zeitalters an. Es wird wenige
Märkte geben, die ähnlich steile Expansionskurven zeichnen können wie der
Psychomarkt.

---

[415]   Behrendt, Nanda Brahma, zit. in: Sudbrack 1987, S.23.
[416]   Frankfurt 1985.
[417]   Behrendt, Das dritte Ohr, zit. in: Sudbrack 1987, S.23.
[418]   ebd. S.26f.
[419]   Ruppert 1985, S.157.

Alberto Godenzi hat die Strukturen dieses Marktes untersucht[420] und festgestellt, daß das Interesse am Psychoboom vor allem bei Personen mit höherer Bildung zwischen dem 20. und dem 50. Lebensjahr besonders ausgeprägt ist, und dies vor allem dann, wenn es sich um Personen handelt, die eher außerhalb des Kreises der beiden großen Konfessionen stehen. Godenzi charakterisiert kritisch die verschiedenen Angebote des Psycho-Marktes: "Was unfaßbar ist, ist auch nicht meßbar. Es gibt keine Erfolgskontrolle im üblichen Sinn, der Meister, die Druidin, der Psychoanalytiker, das eben erst entdeckte Selbst erteilt die Absolution"[421]. Er sieht in der heutigen "Erosion der Sozialbeziehungen" ein Motiv für den Zulauf zu Psychogruppen. In ihnen kann die Erfahrung der Vereinzelung im Gefühl einer Gruppenzugehörigkeit aufgefangen werden.

Ein Psychoboom-Merkmal ist weiters die marktgerechte Adaption östlicher Meditations- und Psychotechniken - bis zur Unkenntlichkeit ihres Ursprungs - damit sie, aller traditionellen Schwere entkleidet, für den postmodernen Verbraucher genießbar werden. Die Lehre des indisch-nordamerikanischen Star-Gurus Bhagwan charakterisiert Godenzi als "eine Brühe aus fernöstlichen, islamischen und nordamerikanischen Zutate"[422].

Als auffällig merkt er weiters das Verlangen nach einem Führer an: Hingabe an den Meister und abgrundtiefes Vertrauen zu ihm sind die Bedingungen der meisten Psychoverfahren. Er erkennt in diesem Verlangen die "Folge eines Identifikationsdefizits der Nachfrager [...] Der Wertepluralismus und die technische Revolution verlangen flexible, leicht desorganisierte Bewußtseinszustände. Im Strudel solch rasch wandelnder Gewißheiten entsteht das Bedürfnis nach stabilitätsstiftenden Leitplanken. Der Neo-Konservativismus der achtziger Jahre und die führerorientierte Psychokultur sind Konsequenzen dieser gesellschaftlichen Umwälzungen"[423].

Der heutige Psychoboom kann auch als eine Reaktion auf die versandete politische Bewegung der späten sechziger Jahre verstanden werden. Die Erfahrung der politischen Wirkungslosigkeit war Motiv für eine Wendung nach innen: Ändere zuerst dich, dann veränderst du die Welt.

Ruppert stellt fest, daß die Humanistische und Transpersonale Psychologie den Eindruck vermitteln, bereits weitgehend von "Okkultismus und

---

[420]   vgl. Alberto Godenzi, Strukturen des Psychomarktes. In: Lebendige Seelsorge 1988. S.360f; siehe auch Anhang/Dokumentation 7.
[421]   ebd. S.360.
[422]   ebd. S.363.
[423]   ebd. S.363f.

östlichen Weltanschauungen"[424] unterwandert zu sein. Ein Eindruck, der durch einen Blick in den Anzeigenteil einer Fachzeitschrift wie "Psychologie heute" bestätigt wird[425]. Therapien und Beratungen mit unterschied- lichsten spirituellen oder religiösen Hintergründen werden angeboten. Die Vermischung und Verwirrung ist schwer zu durchschauen: Wer bietet was an? Mit welcher Qualifikation und Kompetenz? Was ist der eigentliche geistige Horizont einer Therapieform? Worauf lasse ich mich ein – auf eine gruppendynamische Erfahrung, eine esoterisch-okkulte Séance, eine neue Religion? Was geschieht nach einer solchen Erfahrung – einem Wochenendkurs, einer 'Therapiewoche' oder ähnlichem?

Anneliese Fuchs, selbst praktizierende Therapeutin, meint: "Es ist schmerzlich zu sehen, daß Menschen, die eigentlich keine Ahnung haben, was mit ihnen passiert, in Dimensionen ihrer Seele geführt werden, die ihnen unbekannt sind, und sie nachher alleingelassen werden mit all dem, was in ihnen aufgebro- chen ist"[426]. Spirituell-psychotherapeutische Kurpfuscherei ist ein Vorwurf, der vielen prak- tizierenden "Heilern" der Szene nicht erspart werden kann und der eine geeignete gesetzliche Regelung dieses Bereiches immer notwendiger erscheinen läßt (was für Österreich mit dem Psychotherapiegesetz zur Zeit auch tatsächlich in Angriff genommen wird).

Für die "Psychologie des New Age" stellt der Freud-Schüler und – Dissident C.G.Jung eine Art Kirchenvater dar. Mit seiner Lehre von den Ar- chetypen, seiner Beschreibung der persönlichen Entwicklung als Individuation und seinen Aussagen über das kollektive Unbewußte liefert Jung einen Vor- entwurf, in dem sich die Psychologie des Wassermannzeitalters wiederfindet, zumal er den religiös-spirituellen Ansatz des New Age in seiner Therapie bereits berücksichtigt. "Unter allen meinen Patienten jenseits der Lebensmitte, d.h. jenseits 35, ist nicht ein einziger, dessen endgültiges Problem nicht das der religiösen Einstellung wäre"[427], heißt es bei Jung.

Capra entdeckt in Jungs Psychologie bereits systemische Ansätze: "Jungs Vorstellungen von der menschlichen Psyche führten ihn zu einer Auffassung der psychischen Erkrankung, die in den vergangenen Jahren die Psy-

---

[424]   Ruppert 1985, S.62.
[425]   Als Beispiel: Vgl. Psychologie heute. Das Bild vom Menschen. Februar 1989, Heft 2, S.75-81.
[426]   Anneliese Fuchs, Erfahrungen einer Psychologin. In: APP-Info. Vereinszeitschrift der Arbeitsgemeinschaft für
        Präventivpsychologie, Wien 1988 Nr.43, S.13.
[427]   zit. in: Toni Wolff, Studien zu C.G.Jungs Psychologie. Zürich 1981, S.55.

chotherapeuten stark beeinflußt hat. Für ihn war die Psyche ein sich selbst regulierendes oder, wie man heute sagen würde, ein selbstorganisierendes System"[428].

Zu einem bedeutenden Motor der Entwicklung der Psychologie des Wassermann-Zeitalters wurde das *Esalen Institut* bei Big Sur in Kalifornien. Auf einer alten Indianerkultstätte errichtet, hat es der Psychologie einen Tunnel durch die "black box" des Behaviorismus gegraben und ihr spirituell-ganzheitliche Perspektiven zu eröffnen versucht.

Die *"Human Potential-Bewegung"* nahm von dort ihren Ausgang, und für die *"Humanistische Psychologie"* ist Esalen das, was Jerusalem für die Christen ist.

Um 1960 entstand auf Initiative von Aldous Huxley ein Institut, das es sich zur Aufgabe machte, das volle Potential des menschlichen Selbst zum Wohl des einzelnen und der Gesellschaft zu erschließen. In Seminaren, Encounter-Gruppen, Arbeitskreisen und Vorlesungsreihen sollten alle verfügbaren Kräfte ausgeschöpft werden, um an die verborgenen menschlichen Energien heranzukommen. Die Reihe der Mitarbeiter in Esalen läßt sich sehen; Tibusek meint, daß der Jubiläumskatalog zum 25-jährigen Bestehen des Institutes (das er "eines der wesentlichen New Age-Zentren" nennt) ein Stück "spiritueller Zeitgeschichte"[429] beschreibt: Namen wie Maslow, Huxley, Perls, Feldenkrais, Rolf, Lowen sind ebenso zu finden wie Rogers[430], Bateson, Fuller und viele andere.

In der "Humanistischen Psychologie" hat die Human-Potential-Bewegung ihr theoretisches Konzept gefunden. Ihre Vertreter bezeichnen sich nach Sudbrack[431] neben dem experimentellen (Behaviorismus) und analytischen (Freud) als dritten Zweig der Psychologie. Grundsätzlich bedeutet für die Humanistische Psychologie Therapie, das bessere, verborgene Selbst des Menschen freizulegen.

Maslow, neben Rogers einer ihrer Hauptvertreter, beschreibt in seiner Skala der Persönlichkeitswerte zur Messung der Selbstverwirklichung (eine Lieblingsvokabel der Humanistischen Psychologie) die Liebe als Höchstwert dieser Selbstverwirklichung, der in den "peak-experiences", den "Gipfelerfah-

---

[428]   Capra 1985, S.407.
[429]   Tibusek 1988, S.45.
[430]   Zu Karl Rogers siehe auch unter 1.4.10. und 1.6.
[431]   vgl. Sudbrack 1987, S.92.

rungen" voll entfaltet wird. "Die Feststellung, daß die voll-verwirklichte menschliche Person in gewissen Momenten die Einheit des Kosmos erfährt, mit ihm verschmilzt und für diesen Augenblick völlig erfüllt im Auslangen nach Eins-sein ruht, ist doch sicherlich gleichbedeutend, synonym mit der Feststellung: 'Dies ist eine voll-verwirklichte menschliche Person.'"[432].

Was aber als religiöser Aufbruch in der Psychologie bei Jung gedeutet werden kann, kommt in der Humanistischen Psychologie zum Stehen. Bei Jung scheint noch nicht klar, ob das Selbst Göttliches widerspiegle oder Gott (das Göttliche) selbst sei. In der Humanistischen Psychologie werden religiöse Erfahrungen ohne ontologische Entsprechung zu innerpsychischen Phänomenen, die den Menschen ganz werden lassen. Das Selbst ist das Göttliche geworden. Sudbrack merkt dazu an: "Gott als ein jemand [sic], der Welt und ihrem Menschen begegnet, spielt bei Maslow keine Rolle mehr. Die ausführlichen Sachindizes der deutschen Übersetzungen führen ihn konsequenterweise auch nicht mehr"[433].

Damit ist eine neue Ebene der Humanistischen Psychologie erreicht, die vorrangig wieder die Seele, ihr Fragen nach existentiellem Sinn und ihr Bedürfnis nach transzendenter Erfahrung in den Mittelpunkt stellt. Die "Transpersonale Psychologie" beschäftigt sich mit letzten Werten, mystischen Erfahrungen, letztem Sinn, Sakralisierung des Alltagslebens, Gipfel-Erlebnissen.

Dazu Maslow: "Die B-Werte sind als Befriedigung der Metabedürfnisse auch höchste Freude und höchstens Glück [...] Vielleicht können wir das 'Metahedonismus' nennen, denn auf dieser Ebene gibt es keinen Widerspruch mehr zwischen Freude und Pflichterfüllung, und die höchsten Verpflichtungen des Menschen, nämlich gegenüber Wahrheit, Gerechtigkeit, Schönheit und so weiter, sind auch seine höchste Freuden, sein höchster Genuß [...] Da das spirituelle Leben (B-Werte, B-Fakten, Metabedürfnisse, etc.) dem wahren Selbst angehört, das instinkthafter Natur ist, kann es im Prinzip introspektiv erfahren werden [...] Es sollte im Prinzip möglich sein, den Zugang zu diesem Bereich der Erfahrung durch Schulung zu erleichtern, vielleicht sogar mit dem feinfühligen Einsatz psychotroper Substanzen, jedenfalls aber mit nichtverbalen Methoden, wie sie am Esalen Institut praktiziert werden, mit Meditation und kontemplativen Techniken und durch die weitere Erforschung der Gipfelerfahrungen, des B-Erkennens und so weiter"[434].

[432]   Abraham Maslow, Religions, Values and Peak-Experiences, New York 1970. Zit. in: Sudbrack 1987, S.93.
[433]   Sudbrack 1987, S.94.
[434]   Abraham Maslow, Eine Theorie der Metamotivation. In: Walsh/Vaughan, Psychologie in der Wende. Grundlagen, Methoden und Ziele der Transpersonalen Psychologie. Reinbek 1987, S.148f.

Tatsächlich hat der Mediziner Stanislav Grof zunächst in Prag, dann in Esalen außergewöhnliche Bewußtseinszustände durch Einsatz von LSD erforscht und ist dabei zu der Ansicht gelangt, daß LSD-Zustände nicht einfach unspezifische Gehirnreaktionen auf eine schädliche Chemikalie im Sinne einer "toxischen Psychose" sind. Er sah im Laufe seiner Versuche in LSD-Phänomenen immer mehr eine psychodynamische Sinnhaftigkeit, die psychologisch interpretierbar sei. LSD schien eine Art Katalysator mentaler Prozesse zu sein, der unbewußtes Material aus verschiedenen Tiefenschichten der Persönlichkeit zutage fördert; LSD wurde für Grof immer mehr zu einem Instrument psychologischer Tiefendiagnostik.

Er unterscheidet vier Ebenen von LSD-Erfahrungen mit jeweils unterschiedlich aktivierten Bereichen des Unbewußten: abstrakt-ästhetische, psychodynamische, perinatale und transpersonale Erfahrungen.

Abstrakt-ästhetische Erfahrungen liegen nur knapp unter der Bewußtseinsschwelle, haben keine psychodynamische Bedeutung, entstehen durch chemische Reizung des sensorischen Apparates und erschöpfen sich in optischen Sensationen wie der Wahrnehmung abstrakter Formen, wirbelnder und intensiver Farben.

Die *psychodynamischen Erfahrungen* stehen in Beziehung zu wichtigen Erinnerungen, ungelösten emotionalen Konflikten aus verschiedenen Lebensabschnitten und äußern sich in bildhaften Konkretisierungen, Phantasien, Tag-Wunschträumen und verwickelten Vermischungen aus Phantasie und Wirklichkeit. Hier können noch weitgehend die klassischen Begriffe der Psychoanalyse entsprechend angewendet werden, doch zeigen sich bereits Phänomene, die den klassischen Deutungsrahmen sprengen, die Grof als spezifische Erinnerungskonstellationen betrachtet und als COEX-Systeme bezeichnet (Systems of condensed experience – System verdichteter Erfahrung). Erfahrungen aus frühester Kindheit werden mit späteren Erfahrungen überlagert und jedes COEX-System hat ein Thema, das alle Schichten als gemeinsamer Nenner durchzieht.

Auf der Ebene der *perinatalen Erfahrungen* wird der Mensch mit der Ähnlichkeit von Geburt und Tod konfrontiert. Personen unter LSD-Einfluß sprechen auf dieser Ebene häufig von einem expliziten Wiedererleben des eigenen Geburtsdramas. Grof sieht in der Erkenntnis, die auf dieser Ebene gewonnen wird, daß nämlich der Beginn des Lebens seinem Ende gleicht, ein wichtiges Moment: Unabhängig von jeder kulturellen oder religiösen Programmierung ist die Öffnung auf spirituelle und religiöse Erfahrungen hin offenbar ein Bestandteil der menschlichen Natur. Hier ortet Grof den Überlappungsbereich zwischen Psychologie und Religion: "Perinatale Erfahrungen sind Manifestationen einer Tiefenschicht des Unbewußten, die ersichtlich außerhalb der Reichweite klassischer Freudscher Techniken liegt [...] Perinatale Erfahrungen repräsentieren eine sehr wichtige

Überschneidungszone zwischen Individualpsychologie und transpersonaler Psychologie oder, wie wir auch sagen könnten, zwischen Psychologie und Psychopathologie einerseits und Religion andererseits [...] Die Intensität solcher Erfahrungen sprengt alle bisher angenommenen Grenzen der menschlichen Erfahrung"[435].

Nachdem eine Person im Rahmen einer LSD-Therapie Material aus der psychodynamischen und perinatalen Ebene aufgearbeitet hat, nach "Erfahrung von Tod und Wiedergeburt des Ego"[436], beherrschen *transpersonale Elemente* alle weiteren LSD-Sitzungen. Gemeinsames Merkmal der vielfältigen und verzweigten Phänomene auf dieser Ebene (embryonale und fötale Erfahrungen, archetypische Erfahrungen mit komplexen mythologischen Sequenzen, Chakrenaktivierung und Erweckung der "Schlangenkraft - Kundalini"[437], Erfahrung kosmischen Bewußtseins und der supra- und metakosmischen Leere) ist das "Gefühl der Erweiterung des Bewußtseins über die gewohnten Grenzen des Ich und über Raum und Zeit hinau"[438].

Zu den Folgen der transpersonalen Erfahrungen merkt Grof an: "Tiefgreifende transzendente Erfahrungen wie die Kundalini-Aktivierung oder die Erfahrung des kosmischen Bewußtseins und der Leere üben nicht nur einen günstigen Einfluß auf die körperliche und seelische Gesundheit aus, sondern wecken auch ein lebhaftes Interesse an religiösen, mystischen und philosophischen Fragen und erzeugen das starke Bedürfnis, der spirituellen Dimension einen Platz im eigenen Leben einzuräumen"[439].

Das mag genügen, um den Brückenschlag anzudeuten, den die Transpersonale Psychologie zur Religion hin versucht. Was immer aber hier an "religiöser Erfahrung" möglich wird, abstrahiert von einer personalen Begegnung und kommt ohne Gott aus. Religion wird zu einer reichen und tiefen Psychologie des Selbst, zu einer Projektion perinataler und transpersonaler Erfahrungen. Sudbrack stellt deshalb im Zusammenhang mit Transpersonaler Psychologie und Religion die Frage, ob das, "was wir als 'Liebe' erfahren, auch auf Selbst-Erfahrung und Psychologie zu reduzieren"[440] sei. "So müßte es nach Grof

[435]   Stanislav Grof, Verstoß ins Unbewußte. In: Walsh/Vaughan 1987, S.107f.
[436]   ebd. S.109.
[437]   Kundalini: eine bildlich oft als Schlange dargestellte Energieform, die am unteren Ende der Wirbelsäule in einem ruhenden Zustand verweilt. Diese Energie kann geweckt werden und steigt dann entlang der Wirbelsäule zum Scheitel-Chakra, wo sie den Moment der vollständigen und direkten Erkenntnis über das wirkliche Wesen unserer Existenz hervorruft. Vgl. Gruber/Fassberg 1988, S.73f. und Lilla Beck/Philippa Pullar, Chakra-Energie. Die Kraftzentren des menschlichen Körpers. München 1987, bes. S.49ff.
[438]   ebd. S.109.
[439]   ebd. S.114.
[440]   Sudbrack 1988a, S.39.

sein. Partnerschaft wäre dann nichts als sublime Selbstfindung oder gar Selbst-
befriedigung. Oder bleibt hier nicht ein Rest, der nicht in Selbsterfahrung
aufgeht, aber gerade für die Liebe entscheidend ist, die Entscheidung zum
'Du'"[441].

        Mit dieser Skizzierung sei eine Antwort auf die in der Überschrift
1.3.5. gestellte Frage gegeben. In der Transpersonalen Psychologie lebt
tatsächlich eine neue Religion auf; eine Ersatzreligion, die Religion auf inner-
psychische Erfahrungen reduziert, und die personale Begegnungen mit einem Du
im religiösen Erfahrungsraum für irrelevant hält. "Damit ist das Tor zu einer Religiosität ohne Gott geöffnet"[442].

        Vor allem sind für den ehemaligen Präsidenten der "International
Transpersonal Assoziation", Stanislav Grof, etablierte religiöse Institutionen
obsolet geworden: "Die Beobachtungen im Rahmen der LSD-Psychotherapie, der
Selbsterfahrungstherapien ohne die Anwendung von Drogen und verschiedenen
Formen spiritueller Praxis sind von einer Bedeutung, die engen Grenzen der
Psychiatrie, Psychologie und Psychotherapie überschreitet. Viele neue Erkennt-
nisse haben Bezug zu Phänomenen, die für die Zukunft der Gattung Mensch und
des Lebens auf diesem Planeten wichtig sind [...] Auch erscheinen viele dunkle
Kapitel aus der Geschichte der Religion in einem neuen Licht, da jetzt eine klare
Unterscheidung zwischen echter Mystik und wahrer Spiritualität auf der einen
Seite und den etablierten Religionen und Kirchen auf der anderen Seite möglich
ist"[443].

1.3.9. Die exakten Naturwissenschaften
auf der Suche nach einem neuen Denkrahmen

        Bei der Skizzierung der Grundströme und -motive des New Age
(1.2.2.) und der Kurzdarstellung von Capras "Wendezeit" (1.2.3.1.) und Fergusons
"Sanfter Verschwörung" (1.2.3.2.) wurde bereits vereinzelt auf die Tatsache einer
neuen Sichtweise im Bereich der Naturwissenschaften hingewiesen. Wegen der
Bedeutung, die dem Paradigmenwechsel in diesen Wissenschaften für das eigene
Verständnis vom New Age beigemessen wird, sei dieser Bereich hier zusammenfassend behandelt.

---

[441]   ebd.
[442]   Sudbrack 1987, S.97.
[443]   Stanislav Grof, Geburt, Tod und Transzendenz. Neue Dimensionen in der Psychologie. München 1985, S.385.

Capra kritisiert in der "Wendezeit"[444] das cartesianisch-
newtonsche Paradigma und kommt zu dem Schluß, daß die verschiedenen
Einzelkrisen der Gegenwart im wesentlichen nur Facetten einer
Wahrnehmungskrise sind. Ein neues Denkmodell würde unsere Sicht der
Wirklichkeit, unser Denken und unsere Wertvorstellungen so verändern, daß ein
Weg aus der Krise sichtbar wird.

Tatsächlich scheint in den Naturwissenschaften, allen voran in der Physik, ein
Umdenken einzusetzen. Wie Capra popularisierend beschreibt, versuchen sie, den
Reduktionismus des klassischen materialistischen Denkmodells durch einen
Holismus zu ersetzen, dessen Grundidee so zusammengefaßt werden kann: Das
Ganze ist mehr als die Summe seiner Teile. In der Spannung zwischen reduktioni-
stischer und holistischer Sicht der Wirklichkeit kann die grundlegende Ausein-
andersetzung zwischen hergebrachter und neuer Wissenschaftsauffassung
dargestellt werden.

Mit dem von Thomas S. Kuhn in die Diskussion eingebrachten Begriff
"Paradigmenwechsel"[445] wird der gegenwärtige Wandel in den Naturwis-
senschaften beschrieben. "Ein Paradigma beinhaltet [...] die Weltanschauung einer
Wissenschaftlergemeinschaft zu einer bestimmten Zeit"[446]. Im
Paradigmenwechsel werden allgemein anerkannte Schemen, um die Wirklichkeit
deutend verstehen zu können, fallengelassen, um einer neuen Denkweise im
Hinblick auf durchaus alte Probleme Platz zu machen. Im New Age – nimmt man
wieder Fergusons 'Sanfte Verschwörung' als Indikator – hat sich der Begriff
'Paradigmenwechsel' zu einem Zauberwort entwickelt. Ferguson spricht von einem
Paradigmenwechsel in der Politik, in der Wissenschaft, der Wirtschaft, der Medizin,
der Erziehung, einem neuen Machtparadigma, einem weltumspannenden Paradigma.

Gruber beschreibt den Paradigmenwechsel als verhältnismäßig
plötzliche Erschütterung eines Denkmusters: die alte Wirklichkeit wird durch eine
geänderte Wahrnehmung völlig neu gesehen. "Ein Paradigmenwechsel verläuft
analog zur Betrachtung eines Vexierbildes, wobei durch Kippen von Figur und
Hintergrund, ein und dieselbe Wirklichkeit zwei vollkommen verschiedene Inter-
pretationen erlaubt"[447].

Gegenwärtig scheint in den Wissenschaften so ein Kippen des
Vexierbildes im Gang zu sein. Physiker beschäftigen sich mit Mystik und östlichem
Denken, wissenschaftliche Journale lesen sich manchmal wie religiöse Blätter,

[444]   siehe auch unter 1.2.3.
[445]   vgl. Thomas S. Kuhn, Die Struktur wissenschaftlicher Revolutionen, Frankfurt 1975.
[446]   Gruber 1987, S.78.
[447]   Gruber 1987, S.80.

manche Physiker scheuen sich nicht mehr, mit der Metaphysik in Berührung zu kommen. Auffallend ist die Konvergenz von Naturwissenschaften und spirituellen Traditionen geworden. Dies ist aber nicht erst ein Phänomen des ausgehenden zwanzigsten Jahrhunderts. Bereits in den zwanziger Jahren haben etliche Physiker eine östliche Blickrichtung eingeschlagen[448]: Heisenberg war in Indien und hat mit Tagore über Physik und Philosophie diskutiert, Schrödinger hat sich mit den Upanischaden auseinandergesetzt, Niels Bohr ließ sich vom chinesischen Komplementaritätsdenken des Yin-Yang beeindrucken, und Oppenheimer studierte eigens Sanskrit, um die Veden und Upanischaden im Originaltext zu lesen.

Will man den Beschreibungen der Naturwissenschaftler glauben, dann ähnelt die Betrachtungsweise, die modernen Naturwissenschaften auf Grund empirisch gewonnener Daten heute entwickeln, verblüffend dem intuitiv und kontemplativ gewonnenen Wissen des Ostens und früherer Zeiten[449].

Bede Griffiths schreibt im Zusammenhang mit Heisenbergs Aussage, daß wir nicht die Natur selbst, sondern die unseren Fragemethoden ausgesetzte Natur betrachten und der Ansicht, daß sich Bewußtsein und empirische Wirklichkeit als komplementäre Aspekte zeigen: "Es gibt im Universum einen physischen Aspekt der Materie (prakriti), das weibliche Prinzip, aus dem sich alles entwickelt, und Bewußtsein (purusha), das männliche Prinzip der Vernunft und Ordnung. Diese entsprechen dem Yin und Yang der chinesischen Tradition und der Materie und Form des Aristoteles"[450].

Capra schreibt in seinem ersten Werk, 'Tao der Physik': "Das Zentralthema des Avatamsaka[451] ist die Einheit und der innere Zusammenhang aller Dinge und Ereignisse, eine Vorstellung, die nicht nur die eigentliche Essenz der östlichen Weltanschauung ist, sondern auch eines der Grundelemente der modernen Physik. Daher wird man sehen, daß das Avatamsaka-Sutra, dieser alte religiöse Text, die auffallendsten Parallelen zu den Modellen und Theorien der modernen Physik bietet"[452].

Eine kopernikanische Wende der Naturwissenschaften scheint im Gedanken des Holismus, wie das New Age ihn versteht, zu liegen. Der Holismus ist der gemeinsame Nenner der unterschiedlichsten Theorien, die der Paradigmenwechsel in den modernen Naturwissenschaften hervorgebracht hat. Im folgenden

---

[448]   vgl. Schiwy 1987, S.76.
[449]   vgl. dazu auch Hans-Peter Dürr (Hg.), Physik und Transzendenz. Die großen Physiker unseres Jahrhunderts über ihre Begegnung mit dem Wunderbaren. Bern 19874, bes.7-19.
[450]   Griffiths 1983, S.54.
[451]   Ein Sutra des Mahayana-Buddhismus, das von einer ursprünglichen Buddha-Natur aller Menschen spricht.
[452]   Capra 1988, S.104.

seien einige dieser Theorien exemplarisch vorgestellt, um die Konturen naturwissenschaftlichen Denkens im New Age klarer auszuzeichnen.

Der amerikanische Physiker und Einstein-Schüler David Bohm, der
mit seiner holonomischen Theorie großen Einfluß auf Capra ausgeübt hat, entwarf
in seinem Hauptwerk *"Die implizite Ordnung,* Grundlagen eines dynamischen
Holismus" eine Theorie, die Trennung von Geist und Materie überwinden will. Bohm
geht vom Gedanken einer "impliziten Ordnung"[453] aus: Der Welt der Erfah-
rung liegt demnach eine Ordnung "eingefaltet" zugrunde, die nicht an Raum und
Zeit gebunden ist. Erst durch die Entfaltung dieser impliziten Ordnung entstehen
Raum, Zeit, Universum. Die explizite Ordnung, die objektive Welt, ist die, die wir
durch unsere Wahrnehmung kennenlernen; die implizite Ordnung ist die Welt der
Quantenphysik, in der sich die Partikel auch als Wellenformen verhalten und
Organisationen bilden, die an Hologramme erinnern.
Bohm schreibt: "Wie bereits ausgeführt, zeigt die Quantentheorie, daß alle
sogenannten Teilchen, die Materie im allgemeinen bilden, auch Wellen wie die des
Lichts sind [...] Der entscheidende Punkt ist dann, daß die mathematischen
Gesetze der Quantentheorie, die für diese Wellen und folglich für die ganze Materie
gelten, sichtlich genau eine solche Bewegung beschreiben, [...] die also zum einen
eine ständige Einfaltung des Ganzen in einen jeden Teilbereich vollzieht wie auch
zum anderen eine Entfaltung jedes Teilbereichs in das Ganze. Obwohl dies viele
besondere Formen annehmen kann, von denen einige mittlerweile bekannt sind und
andere nicht, ist eine solche Bewegung, wie wir gesehen haben, allumfassend. Wir
werden dieses allumfassende Spiel des Einfaltens und Entfaltens die *Eine*
Bewegung (holomovement) nennen. Damit stellen wir die Eine Bewegung als das im
Grunde Wirkliche dar, so daß all das, was man gewöhnlich als Wesen, Objekte, Formen usw. ansieht, relativ stabile, unabhängige und autonome Erscheinungsweisen
der Einen Bewegung sind [...] In der impliziten Ordnung ist alles in alles gefaltet.
Es ist wichtig, an dieser Stelle anzumerken, daß das ganze Universum im Prinzip
durch die Eine Bewegung *aktiv* in einen jeden Teil eingefaltet wird"[454].
Dies bedeutet in letzter Konsequenz, daß die Gesamtinformation des
Universums zu jeder Zeit und an jedem Ort voll präsent ist und daß jeder Mensch
als Teil der impliziten Ordnung potentiell über eine kosmische Gesamtinformation
verfügt. Phänomene wie Telepathie etwa bräuchten dann keine gesonderte
Erklärung mehr und könnten im Rückbezug auf die implizite Ordnung gedeutet
werden.

---

[453]   David Bohm, 'Die implizite Ordnung'. In: Schaeffer/Bachmann 1988, S.152ff.
[454]   ebd. S.169.

Der englische Biochemiker Rupert Sheldrake hat mit seiner Hypothese der *"morphogenetischen Felder"* bei New Agern große Zustimmung gefunden, obwohl sein Entwurf empirisch bisher nicht bestätigt werden konnte. Für New Ager ist Sheldrake einer der Hauptrepräsentanten des Paradigmenwechsels in der Naturwissenschaft[455]. Sheldrakes Hypothese setzt bei dem Gedanken an, daß wir zwar in allen unseren Körperzellen mit der DNS identische Kopien unseres genetischen Materials besitzen, die Ausformung in Arme und Beine usw. aber zu unterschiedlichen Gestalten mit unterschiedlicher Chemie, Struktur und Aufgabe führt.

Er schreibt: "Es ist wie in der Architektur: Wenn wir Häuser oder Gebäude untersuchen, werden wir die Form des Gebäudes nicht dadurch verstehen, daß wir die Ziegel, den Mörtel oder das Holz analysieren, die in dem Gebäude verarbeitet wurden, [...] Also wird die Form des Gebäudes nicht durch die chemische Zusammensetzung der Substanzen erklärt, aus denen es besteht"[456].

Der Begriff der "morphogenetischen Felder" ist von ihm entwickelt worden, um den Vorgang der Regeneration nach Verlust eines Organs zu erklären. Grundgedanke ist, daß ein Feld einem System angehört; wird das System beschädigt (etwa wenn einem Wassermolch die Augenlinse entfernt wird), bleiben Feld und System prinzipiell erhalten, und die Möglichkeit zur Wiederherstellung der Form ist gegeben (die Linse wächst nach). "Das Feld ist eine Ganzheit. Genau das ist die Idee hinter dem Konzept der morphogenetischen Felder: daß sie form-gebende Ganzheiten sin"[457].

Sheldrake geht aber noch einen Schritt weiter. Er nimmt an, daß diese Felder nicht nur Umschreibungen für die Interaktion zwischen den Teilen eines Organismus sind, sondern tatsächlich existente Felder mit einer bestimmten Form, die von der Wissenschaft bisher noch nicht in Betracht gezogen wurden. Für die verschiedenen Arten von Tieren und Pflanzen nimmt er verschiedene Felder an, die dem sich entwickelnden Organismus seine spezifische Gestalt verleihen und die aus einer Art Zusammenfassung aller früheren tatsächlichen Formen ihre Struktur erhalten.

"Dieses morphogenetische Feld stellt dann so etwas wie das Gedächtnis der Art dar, ein kollektives oder zusammengefaßtes Gedächtnis. Jedes Mitglied einer Spezies wird durch deren spezifisches morphogenetisches Feld geformt, das Feld der Spezies. Umgekehrt beeinflußt aber die Form, die der Organismus schließlich entwickelt, wiederum das morphogenetische Feld zurück und formt dadurch

---

[455]   vgl. Ruppert 1985, S.123.
[456]   Rupert Sheldrake, Die Theorie der morphogenetischen Felder. In: Schaeffer/Bachmann 1988, S.262.
[457]   ebd. S.265.

zukünftige Mitglieder derselben Art"[458].

An Lernversuchen mit Ratten[459] will Sheldrake zeigen, daß un-
trainierte Individuen dieser Spezies an einem Ende der Welt etwas können, was
trainierte Ratten am anderen Ende der Welt gelernt haben. Dies sei nur auf der
Basis einer "morphischen Resonanz" erklärbar, die über Raum und Zeit hinweg für
eine Gattung verhaltensändernd wirken kann.

Was aber Sheldrake für die Stützung seiner Theorie einbringt,
scheint sich in Fachkreisen nicht großer Akzeptanz zu erfreuen.

Anzumerken ist noch, daß sich in Sheldrakes Ansatz östliches und
abendländisches Denken zusammenfinden. Er schreibt, daß seine Hypothese der
formbildenden Verursachung dem aristotelischen Gedanken der Form als
ursächliches Element der Entwicklung sehr verwandt sei[460]. Wo aber Plato
und Aristoteles einen eindimensionalen Prozeß annehmen, gibt es bei ihm eine
Wechselwirkung zwischen der Welt der ausgeprägten Formen und der formbildenden Prozesse. Ein Gedanke, der in der westlichen Denktradition nicht
anzutreffen ist. "Er erinnert eher beispielsweise an das östliche Prinzip des Karma
oder an einige Schulen des Mahayana-Buddhismus, die so etwas wie ein kosmisches
Gedächtnis des gesamten Universums vertreten. Alles, was im Universum
geschieht, hat danach eine Art kosmisches Karma"[461].

Mit David Bohm und Rupert Sheldrake sollten zwei Naturwissenschaftler des New Age exemplarisch vorgestellt werden, ohne daß dabei auch
nur der geringste Anspruch erhoben werden könnte, diesen Bereich des New Age
umfassend skizziert zu haben. Es gäbe viele Wissenschafter, die noch erwähnt
werden müßten, um die bunte Palette der Meinungen, Hypothesen und Theorien,
die im New Age zur Zeit hohen Kurswert haben, zu skizzieren.

Ilya Prigogine mit seiner Theorie der "dissipativen Strukturen"
müßte genauso erwähnt werden wie die "holographische Theorie" des Neuro-
psychologen Karl H. Pribram; Peter Russels Theorie vom "globalen Gehirn" ebenso
wie Gregory Batesons "Systemtheorie" und das Paradigma der "Selbstorganisation
von Systemen" von Erich Jantsch.

Aber aufgrund der Hinweise auf den Denkansatz Bohms und auf
Capras 'Systembild des Lebens' unter 1.2.3. mag deutlich geworden sein, daß sich
mit der Systemtheorie eine Wende im Denken des 20.Jahrhunderts abzeichnet.
Ruppert schreibt dazu: "Die Systemtheorie übernimmt damit für die moderne

[458]   ebd. S.267.
[459]   vgl. ebd. S.273ff.
[460]   vgl. ebd. S.125.
[461]   Rupert Sheldrake, Das schöpferische Universum. In: Ruppert 1985, S.126.

Wissenschaft die Rolle, die aristotelische Logik für die traditionelle Wissenschaft hatte"[462].

Schlagwortartig läßt sich das Systemdenken so zusammenfassen:

1. Kein System kann sich selbst definieren; erst der Kontext mit anderen Systemen schafft die Bedeutung.

2. Jedes System ist mit anderen über rekursive Schleifen verbunden.

3. Energie läßt sich aus Systemen gewinnen.

4. Es gibt keine Statik, nur Dynamik.

5. Die Phänomene unserer Wahrnehmung sind niemals die Phänomene selbst[463].

Grundannahmen der Physik scheinen durch neue Denkansätze ins Wanken geraten zu sein. Der Theologe Karl Heim hat von einer "Götzendämmerung" in den Naturwissenschaften gesprochen, einem "Zusammenbruch der Absoluta 'Raum', 'Zeit', 'Materie' und 'Determination"[464].

Die Philosophie des Wassermann-Zeitalters nimmt die Evolution als durchgängiges Prinzip der Wirklichkeitserklärung an: ausgehend von der Abstammungslehre der Biologie über die Hominisation des Menschen, die Zyklentheorie der Erdentwicklung bis hin zur Evolution des Bewußtseins (gerade der letzte Bereich wird, unabhängig vom New Age, immer mehr zum Gegenstand interdisziplinärer Forschung)[465].

Die alte Gnosis dachte statisch: das Paradies ist von Ewigkeit her da, der Mensch braucht nur zu ihm aufzusteigen. Das neognostische Denken im Zeichen des Wassermanns erwartet die Evolution eines integralen Bewußtseins, das als Synthese aller vorangegangenen Bewußtseinstufen[466] alle Einseitigkeiten überwindet, und eine aperspektivische Sicht der Wirklichkeit, nämlich zeitfrei, durchsichtig und ganzheitlich ermöglicht[467]. In Anlehnung an einen der Lieblingsautoren des New Age, Teilhard de Chardin, gelangt eine Dimension des Evolutionismus voll zum Tragen. "Zuerst geschah die Evolution der

---

[462]   Ruppert 1985, S.121.
[463]   vgl. Gruber/Fassberg 1986, S.134.
[464]   zit. in: Ruppert 1985. S.121.
[465]   denkt man etwa an die Arbeiten von Rupert Riedl, Biologie der Erkenntnis. Die stammesgeschichtlichen Grundlagen der Vernunft. München 1979; Eccles/Robinson, Das Wunder des Menschseins. Gehirn und Geist. München 1985; Popper/Eccles, Das Ich und sein Gehirn. München 1982; Eccles/Zeier, Gehirn und Geist. Biologische Erkenntnisse über Vorgeschichte, Wesen und Zukunft des Menschen. München 1980; Ken Wilber, Wege zum Selbst. Östliche und westliche Ansätze zum persönlichen Wachstum. München 1984; ders., Halbzeit der Evolution. Der Mensch auf dem Weg vom animalischen zum kosmischen Bewußtsein. Bern 1988; Lumsden/Wilson, Das Feuer des Prometheus. Wie das menschliche Denken entstand. München 1984.
[466]   Jean Gebser spricht von einem archaischen, magischen, mythischen und mentalen Bewußtsein als Vorläufer des integralen; mehr dazu unter 2.3.2.; vgl. auch: Jean Gebser, Ursprung und Gegenwart 3 Bde. München 1988[3].
[467]   vgl. dazu auch 2.3.2. "Aperspektivisches Denken und neues Bewußtsein bei Lassalle".

Materie, dann die Evolution des Lebens und jetzt die Evolution des Bewußtseins"[468].

Mit dem Evolutionsgedanken macht sich im New Age, bei allem Wissen
um die krisengeschüttelte Gegenwart, ein optimistischer Zug bemerkbar. Denn die
Natur- und Kulturphilosophie des Evolutionismus basiert allemal noch auf dem
Gedanken des Aufstiegs vom Niedrigen zum Höheren. Wenn es uns also gelingt, auf
den Zug der Evolution aufzuspringen, dann gehen wir der Zukunft in einem neuen
Bewußtsein entgegen. Wenn nicht, wird unsere Zivilisation unter die Räder geraten
und das Leben auf diesem Planeten untergehen. Evolution wird als jene Dynamik
gesehen, mit der wir noch eine Chance haben. "Wir können nur dann die
komplizierten evolutionären Prozesse, die einzelnen Gesellschaften gemeinsam
durchmachen, wirklich begreifen, wenn wir die Weltgesellschaft als Ganzes im Blick
haben [...] Die tiefgreifende Evolution, die wir selbst vorantreiben müssen, damit
die Menschheit endlich den nötigen Kurswechsel vollzieht, liegt im Bereich unserer
Möglichkeiten, vorausgesetzt, wir erkennen, daß es eine breitangelegte kulturelle
Evolution sein muß, die nicht nur irgendwelche Eliten betrifft, sondern alle
Menschen in allen Teilen der Welt"[469] schreibt Aurelio Peccei. Er dokumentiert damit nicht nur sein systemisches Denken im Blick auf global-gesellschaft-
liche Entwicklungen, sondern gibt insgesamt ein Beispiel für die umfassende
Bedeutung des aus der Biologie stammenden Evolutionsbegriffes.

Im Sog eines neuen naturwissenschaftlichen Paradigmas ergeben sich
auch Ansätze für technische Neukonzeptionen. Doch dabei ist im New Age zunächst
eine eigenartige Diskrepanz zu beschreiben. Setzt sich der transformierte Mensch
im Zeichen des Wassermanns mit der Technik auf der einen Seite kritisch auseinander[470], liegt dem New Age andererseits eine grenzenlose Technologiegläubigkeit zugrunde.

Ferguson schreibt: "Niemand ahnte, wie schnell der technologische Fortschritt
zum Nutzen des Individuums eingesetzt würde, wie schnell uns Kommunikation und
Verständigung möglich sein würden"[471].

Durch die modernen Kommunikationssysteme arbeitet die Technik
einem spirituellen Ziel entgegen: der Erfahrung der Einheit, des Eins-Seins mit
allen Menschen. "Unsere Welt ist in der Tat ein globales Dorf", schreibt Ferguson,
"Globale Kommunikationsmittel haben unsere Welt eingekreist [...] Unser gesamter
Planet wimmelt nur so von unmittelbaren Kontakten [...] Eine neue Welt bedeutet –

---

[468]   Russel, zit. in: Ruppert 1985, S.62.
[469]   Peccei in: Berichte an den Club of Rome 1983, S.35 u. 16.
[470]   vgl. Günther Harnisch, Einfach leben - besser leben. Lebensstil im New Age. Freiburg 1988, bes. S.66ff.
[471]   Ferguson 1982, S.41.

so wie es die Mystiker immer gesagt haben - einen neuen Geist"[472]; und
weiter: "Dadurch, daß die Kommunikationsmittel einer Gesellschaft sowohl die
Unruhe als auch die gebotenen Möglichkeiten verstärken, verhalten sie sich
genauso wie ein kollektives Nervensystem. In diesem Sinn ist die Technologie [...]
ein machtvolles Mittel, um Verbundenheit unter den Menschen zu
schaffen"[473].

T.Ronald Ide beschreibt am Beispiel der Kleinstadt Elies in den USA,
daß ein voll vernetztes Kommunikationssystem durchaus nicht zu einer neuen
Entfremdung oder einer kafkaesken Umwelt führen muß. Die Mehrzahl der Häuser
in Elies haben Kabelanschlüsse, mit denen ihre Bewohner Computer-Lern-
programme abrufen, im Supermarkt via Teleschirm einkaufen, jederzeit zu 5000
Seiten Information Zugang haben und praktisch alle Fernsehprogramme empfangen
können. "Sie sprechen miteinander über ein geräuschloses Telefonsystem,
schreiben und speichern eigene Geschichten, die Post wird elektronisch
übermittelt. Diese Menschen haben alles andere als das Gefühl, entfremdet zu
leben. Im Gegenteil: Obwohl sie im entlegenen Manitoba leben, sind sie ein
integrierter Teil der Welt und fühlen sich als solcher"[474].

Ide weist aber auch auf die Gefahren dieser rasant fortschreitenden
Informations- und Kommunikationstechnologie hin. Neben vielen Möglichkeiten des
Mißbrauchs geht er besonders auf folgende negative Aspekte ein:
Gefahr des Entstehens einer "Information für die Reichen und einer Information
für die Armen";
Gefahr, daß im Namen der Informationsfreiheit immer mehr ins Privatleben
eingegriffen wird;
Gefahr, daß eine Art Mystik entsteht, zu der nur wenige Eingeweihte, die eine
religiöse Aura um sich aufbauen, Zugang haben;
damit die Gefahr, daß wieder eine ungeheure Machtfülle in den Händen einer
kleinen Minderheit zusammenkommt[475].

Gleichzeitig müßte man an dieser Stelle anfragen, ob sich das positive
Beispiel der Kleinstadt Elies so einfach verallgemeinern läßt. Denn tatsächlich
steht der Entwicklung der Kommunikationstechnologie ein Rückgang der
unmittelbaren Kommunikation unter den Menschen gegenüber.
Im selben Bericht an den Club of Rome heißt es in einem Beitrag von Elmandjra:
"Man kann hinsehen, wo man will: Telefon, Radio, Fernsehen und Computer, sie alle

---

[472]   Ferguson 1982, S.40f.
[473]   ebd. S.149.
[474]   T. Ronald Ide, Die Auswirkungen neuer Informationssysteme auf das Leben des Individuums. In: Berichte an den Club
         of Rome 1983, S.219.
[475]   vgl. ebd. S.220.

haben dazu geführt, daß zwischenmenschliche Kommunikation verarmte"[476]. Die Möglichkeit der globalen, technisch vermittelten Kommunikation wird offensichtlich um den Preis direkter Begegnung und direkter menschlicher Kontakte erkauft, und der elektronisch gesteuerte Austausch in der Großgruppe geht auf Kosten personaler Beziehungen in der Primärgruppe.

1.3.10. Allianz gegen Unterdrückung und Ausbeutung – Ökologie und Feminismus in New Age

Aurelio Peccei liefert in seinem Bericht an den Club of Rome eine Schilderung von der beklagenswerten ökologischen Situation der Erde: Versteppung, Bodenerosion, Abholzung der tropischen Regenwälder, Überfischen, Überweiden, Artenschwund, saurer Regen, Giftstoffemission in die Atmosphäre, Abbau der Ozonschicht etc. machen das Leben auf diesem Planeten durch das unüberlegte und rücksichtslose Eingreifen des Menschen immer bedrohter und weniger lebenswert. "Die Technosphäre, die wir in dieser Ecke des Universums aufgebaut haben, liegt unmittelbar auf Kollisionskurs mit der Biosphäre der Erde"[477].

Aber trotz der Eigendynamik, die die Ausbeutung der natürlichen Ressourcen entwickelt hat (im Konflikt mit Arbeitsplatzsicherung und wirtschaftlicher Rentabilität bleibt der Umweltschutz immer noch auf der Strecke), sieht das New Age einen Ausweg aus der Krise. Der wassermanntransformierte Mensch wird "global denken" und im Sinne umweltverträglicher, sanfter Technologien "lokal handeln". Damit findet er einen gangbaren Weg zwischen einer dämonisierten Technik und einem irrationalen Umweltmythos. "Ziel ist", heißt es bei Ferguson, "kooperativ mit der Natur zu leben und nicht gegen sie"[478].

Im Kampf gegen Unterdrückung und Ausbeutung findet die ökologische Bewegung im Feminismus einen natürlichen Verbündeten, und ökologische Spiritualität zeigt in ihren Grundzügen eine weitgehende Kongruenz mit der feministischen. In der Polarisierung von Yin, dem weiblichen, und Yang, dem männlichen Prinzip, werden Erde und Mond dem Yin und Himmel und Sonne dem Yang zugeordnet[479]. In patriarchalen Gesellschaftsstrukturen wird diese Polarisierung als Herrschaftsmodell gedeutet: Wie Himmel und Sonne über

[476]   Elmandjra, ebd. S.156.
[477]   Peccei, Berichte an den Club of Rome 1983, S.41f.
[478]   Ferguson 1982, S.168.
[479]   vgl. Capra 1985, S.33.

Erde und Mond bestimmend stehen, so ist auch die Beziehung zwischen den Ge-
schlechtern von der Dominanz des Mannes bestimmt.

Nach Capra beruht dagegen feministische Spiritualität "auf dem Bewußtsein des Einsseins aller lebenden Formen und ihres zyklischen Rhythmus von
Geburt und Tod, woraus sich ein Verhalten gegenüber dem Leben ergibt, das
zutiefst ökologisch ist"[480].

Auch Bede Griffiths sieht Ökologie und feministisches Anliegen in
einem: "Es gibt auch einen anderen Weg, durch den er [der Mensch] in eine neue
harmonische Beziehung zur Natur treten kann, wenn sich die Vernunft entwickelt
und wissenschaftliche Erkenntnis dem Menschen die Fähigkeit gegeben hat, die
Kräfte der Natur zu kontrollieren. Es ist der Weg der engen Verbindung von ratio-
nalem und intuitivem Bewußtsein, der Weg der 'Vermählung' von Mensch und
Natur. Das Männliche hört auf, das Weibliche zu beherrschen oder von ihm
verführt zu werden, und es vermählen sich Gleichwertige. Sowohl der Mann als
auch die Frau werden durch diese Vermählung ganz"[481].

Feminismus und Ökologie zählen nach Sudbrack[482] neben
Spiritualität und Frieden zu den großen Anliegen des New Age. Beide sind keine
Erfindungen des Wassermann-Zeitalters und haben eine bald hundertjährige
Tradition. Bereits in der Romantik zeichnet sich in einem neuen Naturgefühl ein
geistiger Hintergrund ab, der mit den Gefahren und Herausforderungen der
technisch-industriellen Welt immer mehr an Bedeutung gewann. Vegetarierbewe-
gungen nach dem Ersten Weltkrieg bemühten sich um eine neue Lebensweise in
Einheit mit der Natur; die Jugendbewegung kann auch durch die Wertschätzung
unmittelbarer Naturbegegnung charakterisiert werden. Frauenrechtlerisch-
emanzipatorische Strömungen kämpften um die Jahrhundertwende zunächst um
eine rechtliche, dann um eine gesellschaftliche Gleichstellung – ein Kampf, der
heute noch immer nicht durchgefochten ist.

Im Feminismus weitet sich dann die emanzipatorische Initiative zu einer Gesamt-
kulturkritik aus und wird ein bestimmendes Merkmal des New Age.

Insofern feministische Kritik auch vor kirchlichen Institutionen und
dogmatischen Fixierungen nicht haltmacht, wird Feminismus von konservativ-
restaurativen Kreisen beider Konfessionen argwöhnisch beobachtet.

Bei der Leiterin der evangelischen Marienschwesternschaft Eberstadt, M. Basilea
Schlink, heißt es: "Daß die um sich greifende Bewegung des Feminismus starke
Verknüpfungen mit der New-Age-Spiritualität hat, ist offensichtlich [...] letztlich

---

[480]   ebd. S.469.
[481]   Griffiths 1983, S.133.
[482]   vgl. Sudbrack 1988a, S.16f.

wird eine Vorherrschaft des Weiblichen angestrebt [...] Während feministische
Theologie den leiblichen Gott in eine mann-weibliche oder sogar rein weibliche
Gottheit umzudeuten versucht, fordern die radikalen Vordenkerinnen der New-
Age-Frauenbewegung bereits, den christlichen Glauben zu ersetzen durch den
Mythos von Gaia, der 'Mutter Erde', deren Kult neu belebt und praktiziert
wird"[483].

In der Verzahnung von Ökologie und Feminismus drückt sich das
Anliegen des New Age aus, Ausbeutung und Unterdrückung sowohl im Bereich der
Natur als auch in der Gesellschaft aufzuzeigen und systemtheoretisch orientierte
Konzepte zu deren Beseitigung zu entwickeln. Dies findet seinen Ausdruck in
einem neuen Ernstnehmen des Bewußtseins, daß wir Teil der Natur sind und in der
Herausforderung des männlichen Machtmonopols bis hin zur Entthronung des
patriarchalen Gottesbildes der jüdisch-christlichen Überlieferung. In beiden
Bereichen wird das Christentum nicht umhinkönnen, auf kritisch gestellte Fragen
und massiv erhobene Vorwürfe einzugehen.

Der katholische Theologe und Priester Eugen Drewermann gibt seinem
Buch "Der tödliche Fortschritt" den Untertitel "Von der Zerstörung der Erde und
des Menschen im Erbe des Christentums"[484]. Er weist nach, daß das Kippen
des Gleichgewichts der Natur infolge des zivilisatorischen Fortschritts in der Geisteshaltung Europas, das das säkularisierte Erbe des Christentums verwaltet,
seine wesentlichen Antriebsmotive hat. Er fühlt sich gerade als Mann der Kirche
berufen, hier einen Beitrag zum Umdenken zu leisten: "Daß überhaupt ein
Theologe einen solchen Beitrag schreibt, liegt daran, daß Theologen das
bestehende Problem, wenngleich in einer schicksalhaften Verkehrung ihrer
Absichten, wesentlich mitverursacht haben"[485].

Er geht dem Ausbeutungsdenken der Natur gegenüber bis zu den
antiken römischen und alttestamentlichen Wurzeln nach. Bereits der Schöpfungsbericht zeigt ein ambivalentes Naturverständnis, je nachdem, ob die jahwistische
Schöpfungserzählung oder der priesterschriftliche Schöpfungshymnus herangezogen wird.

Nach der Schilderung des *Jahwisten[486]* setzte Gott den Men-

---

[483]   Schlink 1988, S.17.
[484]   Eugen Drewermann, Der tödliche Fortschritt. Von der Zerstörung der Erde und des Menschen im Erbe des Christentums.
        Regensburg 1986[4].
[485]   ebd. S.8.
[486]   Gen 2,4b-25.

schen, den er aus einem Teil der vorhandenen Natur, "aus Erde vom
Ackerboden"[487], gemacht hatte, "in den Garten von Eden, damit er ihn
bebaue und hüte"[488] Der Mensch ist Gärtner und Hüter der ihn
umgebenden Natur; Tiere sind seine ersten Gefährten.

Gott wollte dem Menschen in seinem Alleinsein eine Hilfe geben, und so "formte er
aus Ackerboden[489] alle Tiere des Feldes und alle Vögel des Himmels und
führte sie dem Menschen zu, um zu sehen, wie er sie benennen würde"[490].
Der Mensch wird in einer harmonischen Einheit und Verwobenheit mit seiner
Umwelt geschildert: Gärtner, Hüter, Namensgeber – aber auch Wesensverwandter
der Natur.

Ganz anders beschreibt die *Priesterschrift[491]* die Erschaffung
der Welt und die Beziehung Mensch – Natur. Da heißt es: "Gott schuf also den
Menschen als sein Abbild. Als Mann und Frau schuf er sie. Gott segnete sie und
sprach zu ihnen: Seid fruchtbar und vermehrt euch, bevölkert die Erde,
unterwerft sie euch, und herrscht über die Fische des Meeres, über die Vögel des
Himmels und über alle Tiere, die sich auf dem Land regen [...] Gott sah alles an,
was er gemacht hatte: Es war sehr gut"[492].

Aus dem Gärtner und Hüter des Jahwisten ist ein Herrscher geworden, dessen
Auftrag es ist, sich die Natur zu unterwerfen. Die neue Einheitsübersetzung der
Heiligen Schrift, die sich dem Urtext verpflichtet weiß, übersetzt hier mit 'unter-
werfen' und 'herrschen' die ganze Radikalität des Auftrages an den Menschen. Wie
Gott über den ganzen Kosmos herrscht, so soll der Mensch über die ihn umgebende
Natur herrschen ('Gott schuf den Menschen als sein Abbild').

Drewermann weist darauf hin, daß das hebräische Wort "herrschen" (rdh)
eigentlich, "niedertreten" bedeutet[493]. Wenn die Vulgata, die auch heute
noch offizielle, lateinische Übersetzung der Schrift, an dieser Stelle die Begriffe
'subicite' und 'dominamini' verwendet[494], dann ist das die Sprechweise, mit
der die Römer den Umgang mit besiegten Völkern beschrieben haben.

Harmonisierende, neue deutsche Bibelübersetzungen[495] fangen das für
unsere heutige Zeit nicht mehr akzeptierbare Bild von Gen 1,28 vom Verhältnis
Mensch – Natur auf und übersetzen verhalten: "Vermehret euch! Breitet euch über
die Erde aus und nehmt sie in Besitz! Ich setze euch über die Fische, die Vögel

[487]   Gen 2,7.
[488]   Gen 2,15.
[489]   aus demselben Ackerboden, aus dem er den Menschen gemacht hatte!
[490]   Gen 2,19.
[491]   Gen 1-2,4a.
[492]   Gen 1,27-28.31.
[493]   Drewermann 1986, S.72.
[494]   vgl. Biblia Sacra iuxta Vulgatam Clementinam. Nova editio Matriti MCMLXV, S.3.
[495]   etwa: Die Gute Nachricht, Die Bibel im heutigen Deutsch. Stuttgart 1982.

und alle anderen Tiere und vertraue sie eurer Fürsorge an"[496].

Für die spätere Wirkungsgeschichte dieser ambivalenten Schöpfungs-
darstellung der Schrift war die Priesterschrift von stärkerer Bedeutung, zumal
der darin angesprochene Anthropozentrismus innerbiblisch an vielen Stellen
weiter abgestützt wurde[497] und im Zusammentreffen mit der Einstellung des
antiken Rom zur Natur eine weitere Festigung erhielt[498].

Drewermann zeigt auf, wie diese Verbindung von alttestamentlicher
und antiker Haltung eine Geistesart entstehen ließ, die Natur zum Rohstofflager
für menschliche Zwecksetzungen erklärt: "Insofern trägt das Christentum sehr
wohl die Schuld an der Herabwürdigung der Natur zum bloßen Ausbeutungsgegen-
stand"[499].

Carl Amery schlägt in dieselbe Kerbe. Er sieht im eschatologischen
Optimismus des Christentums eine Ursache für die Diffamierung der Natur: "Das
Christentum und seine Erben waren[...]außerordentlich erfolgreich in der
Weckung von Energien, die sich um den ältesten Auftrag der jüdisch-christlichen
Tradition bemühen: um den totalen Herrschaftsauftrag über den Rest der
Schöpfung. Es war erfolgreich in der Übermittlung selbstverständlichen
Vertrauens in die Garantien der Genesis: qualitative Einzigartigkeit des Menschen,
totale Profanität der Natur, ihre Verfügbarkeit als Ausbeutungsobjekt und in ihr
unerschütterliches ökologisches Gleichgewicht [...] Das Christentum hat ferner
seinen historischen Erben eine - möglicherweise tödliche - Überzeugung
vermitteln können: die Überzeugung von einer glanzvoll angeordneten Zukunft,
von dem Neuen Jerusalem, das uns auf jeden Fall erwartet; sei es im Gang der
Heilsgeschichte, sei es im ehernen Pendelschlag der historisch-materialistischen
Uhr"[500].

Auch im Bereich der Frauenfrage wird sich das Christentum herbe
Kritik gefallen lassen und zu einer Neujustierung seiner Grundeinstellung bereit
sein müssen. Die feministische Kritik setzt ebenfalls bereits beim Schöpfungsbe-

[496]   ebd. S.3.
[497]   etwa: Ps 8,5-9: "Was ist der Mensch, daß du an ihn denkst, des Menschen Kind, daß du dich seiner annimmst? Du hast
        ihn nur wenig geringer gemacht als Gott, hast ihn mit Herrlichkeit und Ehre gekrönt. Du hast ihn als Herrscher
        eingesetzt über das Werk deiner Hände, hast ihm alles zu Füßen gelegt: All die Schafe, Ziegen und Rinder und auch
        die wilden Tiere, die Vögel des Himmels und die Fische im Meer, alles, was auf den Pfaden der Meere dahinzieht."
[498]   Cicero schreibt in De natura deorum 2/LXII, daß die Welt mit all ihren Einrichtungen nur zum Nutzen der Menschen
        ersonnen und ausgeführt wurde und das Schwein nur deshalb eine Seele habe, damit sein Fleisch nicht faule - das
        Tier als "lebendige Konserve", zit. in: Drewermann 1986, S.68f.
[499]   ebd. S.80.
[500]   Carl Amery, Das Ende der Vorsehung. Die gnadenlosen Folgen des Christentums. Reinbek bei Hamburg 1974, S.122.

richt an. Zwar heißt es in der Priesterschrift: "Gott schuf also den Menschen als sein Abbild; als Bild Gottes schuf er ihn. Als Mann und Frau schuf er sie"[501], doch bereits für den Jahwisten ist der erstgeschaffene Mensch ein Mann; und als der Mann unter den Tieren nicht seinesgleichen fand, schuf Gott die Frau, dem Mann zur Hilfe, aus dessen Rippe zusammengebaut, sodaß er sagen konnte: "Das endlich ist Bein von meinem Bein, und Fleisch von meinem Fleisch. Frau soll sie heißen; denn vom Mann ist sie genomme"[502].

In der patriarchalen Umwelt des alttestamentlichen Judentums war die Stellung der Frau geprägt von ihrer biblisch begründeten Hinordnung auf "den Menschen", nämlich den Mann.

Im Mischna Brachot, das von der Freude am Schönen spricht, heißt es: "Drei sind ein Vorgeschmack der kommenden Welt; das sind Schabbat, Sonne und Beischlaf. Drei ermuntern eines Menschen Sinn; das sind: Stimme, Aussehen und Geruch. Drei erheitern eines Menschen Sinn; das sind: eine schöne Wohnung, eine schöne Frau und schöne Gerät"[503].
Frauen werden in ihrer Wertigkeit und Würde im alten Judentum von ihren Männern oder Söhnen definiert. Mischna Brachot 17a: "Wodurch werden Frauen dessen [der großen Verheißung] würdig? Dadurch, daß sie ihre Söhne im Gemeindehaus Bibel lesen lassen und dadurch, daß sie ihre Männer im Lehrhaus Mischna lehren lassen und auf ihre Männer warten, bis sie vom Lehrhaus kommen"[504].

Paulus steht als Jude in dieser Denktradition: "Die Frau aber ist der Abglanz des Mannes. Denn der Mann stammt nicht von der Frau, sondern die Frau vom Manne. Der Mann wurde auch nicht für die Frau geschaffen, sondern die Frau für den Mann"[505]. - "Wie es in allen Gemeinden der Heiligen üblich ist, sollen die Frauen in der Versammlung schweigen. Es ist ihnen nicht gestattet zu reden. Sie sollen sich unterordnen, wie auch das Gesetz es fordert"[506].

Beim Konzil von Macon im Jahre 585, einem fränkischen Nationalkonzil, hat ein Bischof die Frage geäußert, ob das Wort "homo" auch auf die Frau angewendet werden könne. Ein katholisches Lexikon für religiöse und weltanschauliche Fragen meint dazu beschwichtigend: "Es handelt sich hierbei lediglich um eine sprachliche Erörterung. Das Wort homo (Mensch) hatte in der französischen Sprache allmählich die Bedeutung 'Mann' bekommen; so konnte der Zweifel

---

[501]   Gen 1.27.
[502]   Gen 2,23.
[503]   Brachot 57b. In: Der babylonische Talmud. München 1963, S.491.
[504]   ebd. S.490.
[505]   1Kor 11,7b-9.
[506]   1Kor 14, 33b-34.

wach werden, ob dieses Wort zur Bezeichnung der Frau noch geeignet
sei"[507].

Der Autor stellt sich aber nicht der Frage, wieso es zu dieser Entwicklung kommen
konnte, daß der Begriff "Mensch" offensichtlich nur mehr für den Mann
anwendbar schien.

In beiden Problembereichen muß das Christentum, müssen die Kirchen
eigene Positionen überdenken und neue Perspektiven für die Zukunft zu gewinnen
suchen, sollen nicht heute wesentliche Entscheidungsbereiche und breite
Adressatengruppen an eine außer- oder gegenchristliche Bewegung verloren
gehen. Zwei Bereiche, die ein deutliches kirchliches Defizit ansprechen, und die,
diese Vermutung sei hier aufgestellt, eine Herausforderung an die kirchliche Verkündigung im allgemeinen und die kirchliche Erwachsenenbildung im besonderen
in der nächsten Zeit sein werden.

Capra kanalisiert das neue Denken im Zeichen des Aquarius auf eine
"tiefe Ökologie" hin, wobei dieser Begriff weit genug ist, daß das feministische
Anliegen durch ihn voll miterfaßt wird. Zumal für Capra eine natürliche Verwandtschaft zwischen Feminismus und Ökologie besteht[508], und die Geschichte
der Umwelt als "Mutter Natur" mit der Geschichte der Frau wesentlich verknüpft
ist.

"Das neue Denken [...] kann auch als ökologisches Denken bezeichnet
werden, wenn das Wort 'ökologisch' im Sinne der sogenannten 'tiefen' Ökologie
gebraucht wird. Die Unterscheidung zwischen 'tiefer' und 'seichter' Ökologie
wurde von dem norwegischen Philosophen Arne Naess in den frühen siebziger
Jahren eingeführt und hat sich seither als sehr nützlich erwiesen, um einen
wesentlichen Gegensatz im heutigen Umweltdenken aufzuzeigen. Seichte Ökologie
ist anthropozentrisch. Sie sieht den Menschen als über oder außerhalb der Natur
stehend und als den Ursprung aller Werte. Der Natur wird nur Nutzwert
zugeschrieben. Im Gegensatz dazu trennt die tiefe Ökologie den Menschen nicht
von der natürlichen Umwelt, wie sie überhaupt nichts von der Umwelt trennt. Die
tiefe Ökologie sieht die Welt nicht als eine Ansammlung von getrennten Objekten,
sondern vielmehr als ein Netzwerk von Phänomenen, die wesentlich verknüpft und
voneinander abhängig sind. Die tiefe Ökologie erkennt den inneren Wert jedes
Lebewesens und sieht den Menschen lediglich als eine bestimmte Faser in dem
reichhaltigen Gewebe der lebenden Natur. Letztlich ist tief ökologisches

---

[507]   Rudolf Fischer-Wollpert, Wissen Sie Bescheid? Lexikon religiöser und weltanschaulicher Fragen. Regensburg 198[12],
         S.170.
[508]   vgl. Capra 1985, S.38.

Bewußtsein spirituelles oder religiöses Bewußtsein"[509].

Mit dem tiefenökologischen Bewußtsein geht ein Wandel der Wertsy-
steme Hand in Hand, der als eine "Verlagerung der Schwerpunkte von der
Selbstbehauptung zur Integration verstanden werden"[510] kann. Erhaltung
ersetzt Expansion, Qualität die Quantität, Kooperation den Wettbewerb, und
Beherrschung wird durch Gewaltfreiheit abgelöst. Diese neuen Werte sind für verschiedene, aus dem "ersten" New Age der sechziger und siebziger Jahre entstandene Bewegungen bestimmend geworden, und diese bilden für Capra den harten
Kern des "Newest Age": Als die wichtigsten dieser Bewegungen zählt Capra neben
der Ökologie-Bewegung die Frauenbewegung, die Friedensbewegung, verschiedene spirituelle Bewegungen, Bürgerinitiativen und die Freiheitsbewegungen auf.

In der Tiefenökologie des "Newest Age" scheint das New Age die
eigene Transformation zu erleben: die Gärungsrückstände eines okkult-spiritisti-
schen New Age bleiben im Bottich einer von den Vordenkern bereits als überholt
geltenden Bewegung. Eine Denkart wird ausgefiltert, die nun aus dem Elfen-
beinturm der Esoterik ausgestiegen ist und ein neues politisches Bewußtsein gewonnen hat. Dieses transformierte New Age, getragen von einem tiefenökologischen
und gesellschaftspolitischen Bewußtsein, nennt Capra auch "aufsteigende Kultur"[511]; sie ist einer neuen Ethik verpflichtet, die nicht mehr
anthropozentrisch, wohl aber humanistisch genannt werden kann[512].

Beim ehemaligen katholischen Theologen Hubertus Mynarek wächst
sich der ökologische Ansatz des New Age zu einer ökologischen Religion[513]
aus. In ihr sieht er die Religion der Zukunft, die ohne dogmatisch-inhaltliche
Fixierungen auskommt und die eine von den Kirchen abgekoppelte Mystik in eine
ökologisch-evolutionäre Religion einbindet. Religion hat im Zeitalter des
Wassermanns bei Mynarek einen neuen Gestaltwandel durchzumachen: Nach Feuer-
bachs anthropologischer, nach Marx' sozioökonomischer und nach Freuds
psychoanalytischer, ist dies nun die "ökologische Phase der Religio"[514].
Sudbrack erspürt hinter den Argumentationsfiguren Mynareks eine Affinität zum
Mythos des Nationalsozialismus, insofern die Zeugnisse des 1983 erschienenen
Buches Mynareks "Religiös ohne Gott?" "zu einem überraschend großen Teil von
Anhängern der Blut- und Boden-Ideologie aus dem deutsch-nationalen Kreis der

[509]   Capra in: Bürkle 1988, S.12.
[510]   ebd. S.13.
[511]   ebd. S.14.
[512]   vgl. dazu auch 1.2.1.
[513]   Hubertus Mynarek, Ökologische Religion. Ein neues Verständnis der Natur. München 1986; und ders., Religiös ohne
        Gott? Neue Religiosität der Gegenwart in Selbstzeugnissen München 1983.
[514]   Mynarek 1983, S.239

Ludendorff-Bewegung"[515] stammen.

Der Garten ist bereits für den Jahwisten der Bibel die Metapher für ein harmonisches Zusammenleben von Mensch und Natur[516], für das verantwortungsvolle und pflegerische Umgehen des Menschen mit Pflanzen, Tieren, Erde, Wasser und Luft. Das europäische New Age hat genaugenommen als "Garten-Bewegung" begonnen und somit von Anfang an das ökologische Moment, das nach inneren Mutationsvorgängen als tiefenökologisches Denken hervortritt, zu ihrem zentralen Anliegen gemacht.

Im Jahr 1962 gründeten Peter und Eileen Caddy, unterstützt von Dorothy McLean, die Findhorn-Community – "eine Art Vatikan der New-Age-Bewegung"[517]. Was mit einem Caravan-Park und einem umliegenden Garten begann, in dem eine kleine Gruppe von 30 bis 50 Menschen das neue Denken im Zeichen des Aquarius in eine sinnlich wahrnehmbare Wirklichkeit umsetzen wollten, hat sich inzwischen zu einem New Age-Zentrum mit etwa 200 ständig in Findhorn lebenden Mitgliedern und eigenen Kompetenzbereichen für Verlag, Druckerei, Garten, Instandhaltung, Finanzen und Küche ausgeweitet. In einem Vier-Sterne-Hotel können Besucher des Gartens untergebracht werden; Workshops, Seminare zu esoterischen Themen (Astrologie, Tarot, organischer Landbau, etc.) locken Besucher aus den verschiedensten Ländern ebenso an wie Selbsterfahrungs-, Spiel- und Tanzkurse.

Was ist nun so bemerkenswert an dieser New Age-Kommunität, von der Günther Schiwy schreibt: "Ein Realsymbol für das Zusammenwirken von Mikro- und Makrokosmos im New Age sind der Garten und die Gemeinschaft von Findhorn im Norden Schottlands"[518]?

Entscheidende Impulse erhielt die Kommunität, als 1970 der amerikanische New Age-Vordenker David Spangler zur Gruppe stieß, der, stark von der theosophisch-buddhistischen Richtung Alice Baileys beeinflußt, Findhorn ein verstärktes ideologisches Konzept bescherte.

Inzwischen war aber der Garten bereits, widrigen Klima- und Bodenverhältnissen zum Trotz, zu unglaublicher Üppigkeit gediehen: "Ich habe in meinem ganzen Leben noch nie so etwas gesehen. Das ist ein Reichtum von Farben und Arten, wohin man auch sieht. Jede Pflanze scheint ihre Vollkommenheit erreicht zu haben [...] Er [der Garten] spottet rationaler Analyse; bisher war noch

[515]   Sudbrack 1988a, S.43.
[516]   vgl. Gen 2.15.
[517]   Cumbey, S.54.
[518]   Schiwy in: Bürkle S.96.

keine wissenschaftliche Autorität in der Lage, das Phänomen Findhorn zu erklären"[519], berichtet Paul Hawken, der für ein Jahr in Findhorn gelebt hat.

Das Geheimnis des Gartens liegt nach Hawken darin, daß die "Hüter" und "Bebauer" den "Faktor X"[520] ernstnehmen. Dieser Faktor steht zunächst für Gott, der sich im Sinne von Lk 11,9–13 um alle Bedürfnisse seiner Kinder kümmert; dann aber für die Helfer Gottes in der Natur, die Naturgeister oder Devas, mit denen Dorothy McLean regelmäßig Kontakt pflegt. Sie geben ihr detaillierte Anweisungen, wie der Garten optimal zu bebauen sei.

So sagte etwa die Buschbohnen-Deva: "Die erste Saat war zu tief gelegt, und zu einer Zeit, als die Kräfte des Gartens noch nicht stark genug waren. Sie werden nicht kräftig herauskommen", oder die Tomaten-Deva: "Es ist noch zu kühl, aber wir werden versuchen, die Pflänzchen zu beschützen. Ihr könnt ihnen jetzt flüssigen Dünger geben. Laßt den Windschutz jetzt noch stehen, bis sich die Früchte einigermaßen gebildet haben", und der Landschafts-Engel tröstet: "Glaubt nicht, ein verregneter Tag wie heute sei nicht gut. Wir können ihn nutzen, um bestimmte Kräfte in den Regentropfen hinabzuschicken"[521].

Was immer von den Devas[522] zu halten sein mag: Offensichtlich ist in Findhorn eine harmonische Symbiose von Mensch und Natur geglückt, bei der die "Gärtner erfuhren, daß das Allerwichtigste, das sie tun konnten, sei, den Pflanzen von innen heraus ein Gefühl von Liebe und Achtung entgegenzubringen"[523]. So gibt es selbst dann noch ein Gedeihen, wenn der Boden wenig fruchtbar scheint. "Wo auch immer ich meine Hand in den Boden steckte, stieß ich unter 5–8 cm Komposterde auf Sand – es war tatsächlich wie Gärtnern im Sand"[524].

Günther Harnisch erklärt das Phänomen Findhorn so: "Manche Experten[525] meinen, daß in Findhorn, wie an anderen Punkten der Erde, eine besonders große Zahl von magnetischen Kraftlinien zusammenlaufen. Mit radiästhetischen Meßgeräten lassen sich solche Erdstrahlen nachweisen. Überall auf der Welt gibt es solche Kraftzentren. In alter Zeit befanden sich dort meistens Kultstätten, in Westeuropa beispielsweise auf der schottischen Insel Iona, im englischen Glastonbury und in Stonehenge. Findhorn selbst versteht sich als Ort der Kraft, als ein Versuchslabor für das neue Zeitalter. In Findhorn ist viel von

[519]   Paul Hawken, Der Zauber von Findhorn. Ein Bericht. München 1980, S.35f.
[520]   ebd. S.108.
[521]   ebd. S.120f.
[522]   Deva - Geistwesen in den vedischen Religionen Indiens.
[523]   Hawkens 1980, S.120.
[524]   ebd. S.35.
[525]   Leider gibt Harnisch keine nähere Auskunft darüber, um welche Experten es sich handelt.

Energie die Rede"[526]. Spiritualität hat in Findhorn einen hohen Stellenwert: "Mit der Einstimmung auf die kosmische Energie beginnt in dem dortigen New-Age-Zentrum die tägliche Meditation und jede gemeinsame Arbeit. Jede Tätigkeit ist dabei von Liebe getragen: Liebe zur Umwelt, zum Nächsten, zur Natur"[527].

Wenn in manchen Beschreibungen von überreichen Ernten mit ungewöhnlich großen Früchten die Rede ist[528], dann weitet sich bei Findhorn die Erinnerung an den Garten Eden zur Vision des Gelobten Landes[529] aus, in dem Milch und Honig fließen. Die Rückerinnerung an den Garten, in den Gott den Menschen gesetzt hatte, damit er ihn bebaue und hüte[530], wird zum eschatologischen Ausblick auf das Neue Jerusalem. In ihm wohnt Gott unter den Menschen[531]. Es ist von einem Garten umgeben, denn "zwischen der Straße der Stadt und dem Strom, hüben und drüben, stehen Bäume des Lebens. Zwölfmal tragen sie Früchte, jeden Monat einmal; und die Blätter der Bäume dienen zur Heilung der Völker"[532].

Eine mythologisch anmutende Verbindung gehen Ökologie, Systemdenken und Feminismus in der von der Mikrobiologin Lynn Margulis und vom Chemiker James Lovelock formulierten "Gaia-Hypothese" ein.

Gewöhnlich werden größere Systeme, wie gesellschaftliche Systeme, Ökosystem usw. nicht als individuelle Organismen angesehen wie die Systeme Pflanze, Tier oder Mensch. Aber Betrachtungen über die Art und Weise, wie die Biosphäre die verschiedenen Teilbereiche, von der Oberflächentemperatur der Erde bis zur chemischen Zusammensetzung der Lufthülle, regelt, haben Margulis und Lovelock veranlaßt, den Planeten als einen lebenden Organismus zu beschreiben.

In der *"Gaia-Hypothese"*, so genannt nach der griechischen Göttin der Erde und Gattin des Uranos, bekommt die Erde ihre weibliche Würde als Mutter Erde zurück; und dies nicht im metaphorischen Sinn, daß die Erde ein Organismus zu sein scheint, sondern daß Gaia tatsächlich ein lebendes planetarischen Wesen sei. "Das gesamte Gaia-System hat viel Ähnlichkeit mit der Physiologie [des Menschen]: Die Atmosphäre fungiert als globale Lunge, und das Wasser auf der

[526]   Harnisch 1988. S.49.
[527]   ebd.
[528]   Tibusek schreibt von 42 kg schweren Kohlköpfen, vgl. Tibusek 1988, S.34.
[529]   vgl. Ex 3.8; Num 13,23.
[530]   vgl. Gen 2.15.
[531]   vgl. Offb 21,3.
[532]   Offb 22,2.

Erde ist mit dem Blutkreislaufsystem zu vergleichen"[533] schreibt Lovelock.
Er zeichnet Gaia als hart, so hart, daß sie manchmal sogar ihre Kinder verschlingt,
um am Leben zu bleiben; Arten sterben aus, aber Gaia überlebt. "Für heutige
Umweltschützer könnte das eine Lehre sein [...] trotz der bei ihnen anzutreffen-
den Endzeitängste ist es so unwahrscheinlich, ja im Grunde genommen unmöglich,
daß Menschen Gaia zerstören könnten. Das System ist dafür viel zu robust [...] Es
kann gut sein, daß Formen der Umweltverschmutzung – die für Gaia nicht mehr
als ein kleiner Störfaktor wären – das Ende unserer Zivilisation bedeuteten. Wir,
zusammen mit allen Lebewesen auf der Erde, sind unzertrennbare Teile eines
Ganzen, aber wir, die Menschen, sind vielleicht ein ziemlich unwichtiger Teil von
Gaia"[534].

Bei anderen Autoren ist der Mensch für Gaia nicht so nebensächlich
wie bei Lovelock.
Peter Russel, Psychologe und Naturwissenschaftler, ist in Anlehnung an Lovelock
der Überzeugung, daß der Menschheit gewaltige Veränderungen bevorstünden:
"Den Anzeichen nach steht die Menschheit unmittelbar vor einem Evolutionssprung, wie er nur alle paar Milliarden Jahre vorkommt [...] Bleiben die bisherigen
Muster wirksam, kann dieser Sprung die Integration der Menschheit zu einem
einzigen Ganzen bringen, einem sozialen Superorganismus. Dieser Superorganismus wird eine Form von Globalhirn sein"[535].

Der Planet Erde ist nach Russel ein Körper, die auf ihm lebenden
Menschen sind sein Gehirn. Er vergleicht die Entwicklung des Globalhirns mit der
individuellen Gehirnentwicklung des Menschen. Gaia hat die zwölfte Woche der
Entwicklung des Gehirns erreicht, in der die Zellpopulation im Gehirn enorm
anwächst. Dies entspricht der Bevölkerungsexplosion, die sich nach seiner
Meinung bei 10 bis 12 Milliarden Menschen einpendeln wird.
Darauf folgt verstärkt eine Phase der Vernetzung, die in der gegenwärtigen post-
industriellen Gesellschaft schon voll einsetzt: Wir leben bereits im Zeitalter der
Telekommunikation, Rundfunkverbindungen, Satellitenübertragungen, Computer-
netzwerke. Erleben wir zur Zeit den Beginn der Vernetzung der "globalen
Nervenzelle Mensch", so soll um das Jahr 2000 das planetare Kommunikations-
Netzwerk dem menschlichen an Komplexität ebenbürtig sein. Ein globales Bewußt-
sein ist im Entstehen: "das Erwachen Gaias, der Mutter Erde, zu ihrem Bewußtsein

---

[533]   J.E. Lovelock, Gaia - die Erde als Organismus. In: Geist und Natur, Das Magazin für Zukunftsfragen, 1/89 München,
          S.37.
[534]   ebd.
[535]   Peter Russell, Die erwachende Erde. Unser nächster Evolutionssprung. München 1984, S.8

durch die Evolution 'ihres' Gehirns – die Menschheit"[536]. Technologie und
Ökologie gehen mit dieser New Age-Hypothese eine glückliche Verbindung ein, und
das hermetische Analogiedenken schlägt voll zu Buche.

Nach Roswitha Hentschel hat die Gaia-Hypothese auch Auswirkungen auf die
Sicht der Darwinschen Evolutionstheorie durch natürliche Selektion. Sie meint:
"Am Anfang des Lebens, an den Wurzeln der Evolution, herrscht das Prinzip der
Kooperation und Symbiose – nicht nur das der Konkurrenz und Selektion [...] Aus
verschiedenen Bereichen der Wissenschaft liegen Ergebnisse vor, die darauf
hindeuten, daß die Mutations-Selektionstheorie zur Erklärung des Phänomens
Leben und der Entstehung der Artenvielfalt nicht ausreicht. Damit ist die Selektion zwar nicht außer Kraft gesetzt –doch wie so oft in der Wissenschaftsge-
schichte, kann die umfassende Theorie von gestern zum Spezialfall von morgen
werden"[537].
Sie erkennt in den zahllosen Symbiosenetzen und Wechselwirkungen, die Welt
durchziehen, ein altruistisches Geben und Nehmen, das mächtiger und wirkungs-
voller ist als der gnadenlose Kampf ums Dasein. In den "Gaia-Mechanismen", die
nach und nach im Detail entschlüsselt werden, erahnt sie "ein raffiniert ersonne-
nes und bewußt gelenktes Management"[538], das die Frage der Teleologie in
der biologischen Forschung erneut zu stellen gestattet: "Nun ist es uns auch
erlaubt, die Frage nach dem Sinn zu stellen, wir müssen uns dessen nicht mehr
schämen"[539], schreibt sie in Anspielung an die darwinsche Eliminierung der
Teleologie aus dem Naturprozeß.
     Mit der Gaia-Hypothese sind wir als Kinder Gaias zur Selbstbesinnung
aufgerufen, den Wunsch nach Altruismus, Symbiose und Zusammenarbeit in uns
neu wahrzunehmen und zu leben. "Wenn nun für uns – die Bewohner Gaias – eine
mehr ökologische Ethik heraufzieht, eine Ethik der Ehrfurcht vor dem Leben, wie
Albert Schweitzer sie nannte, so kann dies sich nur zum Wohle aller Menschen aus-
wirken"[540].
     Im Zusammenhang mit Gen 1,27 – "Als Mann und Frau schuf er sie" –
weisen christliche Feministinnen darauf hin, daß es der feministischen Bewegung
um andere Ziele geht als der früheren Frauen-Emanzipationsbewegung, denn "es
hebt sich der Feminismus der Gegenwart stark von dem der Vergangenheit ab, da

---

[536]   Gruber 1987, S.131.
[537]   Roswitha Hentschel, Darwin im Lichte Gaias. Eintritt in das Post-darwinische Zeitalter. In: Geist und Natur 1/89,
        S.32.
[538]   ebd.
[539]   ebd. S.33.
[540]   ebd.

er nicht nur um die Gleichberechtigung der Frau kämpft, sondern eine radikale Veränderung des Bewußtseins überhaupt erzielt, indem er die patriarchalischen Grundlagen unserer Kultur [...] überwinden will"[541].

Zunächst setzt die feministische Spiritualität bei der Überwindung des überkommenen jüdisch-christlichen Gottesbildes an und "sucht [...] nach einem anderen, einheitlich-umfassenden Modell des Göttlichen, das vor allem durch das *Bild der Androgyne* symbolisiert wird"[542]. Aber dieses androgyne Denken im Blick auf das Gottesbild ist nur eine vorübergehende Phase, die durch eine noch höhere Stufe des größeren Einheitsdenkens überwunden werden soll; Ursula King greift dabei den von Carol Ochs geprägten Begriff des "theistischen Monismus"[543] auf.

Mit einem geänderten Gottesbild gerät auch das Selbstbild des Menschen in Bewegung; Gottes- und Menschenbild stehen in einer inneren Verklammerung und gegenseitigen Beeinflussung sowohl von Gott in Richtung Mensch[544] als auch vom Menschen in Richtung Gottesbild[545].

Der transformierte New Age-Mensch ist also durch Androgynität gekennzeichnet: Der Mann entdeckt die weibliche Seite in sich, läßt sie zu; die Frau beginnt ihre männliche Seite zu leben, ohne ihre Weiblichkeit zu verlieren. Animus und Anima finden via feministischer Spiritualität im New Age in einer (zunächst weitgehend noch theoretischen) Neuordnung des Verhältnisses von Mann und Frau zur Einheit.

In Anlehnung an C.G. Jung schreibt Erich Neumann: "In der Endphase der Individuation kommt das Weibliche, nachdem es die Stadien des Patriarchats [...] durchlebt hat, zu einer Überwindung des Patriarchats und des patriarchalen Bewußtseins. Es kommt zur Wiederherstellung der Urbeziehung zur Großen Mutter auf einer neuen Ebene, damit aber auch zu einer verstärkten Belebung des matriarchalen Bewußtseins [...] Aber sogar für das Männliche, dessen andersartige Entwicklung zu einer viel stärkeren Distanzierung vom Unbewußten und von der Großen Mutter drängt, ist das matriarchale Bewußtsein kein zu überwindender archaischer Rest [...] Erst [die] Wiederverbindung des Männlichen mit der seeli-

---

[541]   Ursula King, Der Beitrag der feministischen Bewegung zur Veränderung des religiösen Bewußtseins. In: Walf 1983, S.41.
[542]   ebd. S.56.
[543]   ebd. S.57.
[544]   vgl. Gen. 1,27.
[545]   Bei Xenophanes heißt es: "Stumpfnasig, schwarz: so seh'n Äthiopiens Menschen die Götter. Blauäugig aber und blond: so seh'n ihre Götter die Thraker. Aber die Rinder und Rosse und Löwen, hätten sie Hände, Hände wie Menschen, zum Zeichnen, zum Malen, ein Bildwerk zu schaffen, dann würden Rosse die Götter gleich Rossen, die Rinder gleich Rindern malen, und deren Gestalten, die Formen der göttlichen Körper, nach ihrem eigenen Bilde erschaffen: ein jedes nach seinem."
         Übertragung von Karl Popper, zit. in: Kreuzer/Popper, Offene Gesellschaft - offenes Universum. Wien 1983[3], S.107.

schen Animawelt ebenso wie die des Weiblichen mit der geistigen Animuswelt führt
zur Synthese, der Neuerkenntnis, die man im Gegensatz zum einseitigen Be-
wußtseinswissen als Erleuchtung bezeichnet [...] Für das Männliche ebenso wie für
das Weibliche ist die Ganzheit erst dann erreichbar, wenn in einer Verbindung der
Gegensätze Tag und Nacht, Oberes und Unteres, patriarchales und matriarchales
Bewußtsein zu der ihnen eigentümlichen Produktivität gelangen und sich
gegenseitig ergänzen und befruchten"[546].

1.3.11. Auf dem Weg zur "holistischen Gesellschaft" – politische Perspektiven im New Age

Daß das Ganze mehr als die Summe seiner Teile darstellt, ist eine im
New Age oft zitierte Einsicht. Das Ganze ergibt deshalb mehr, weil es "die Summe
seiner Teile und die Interaktion zwischen den Teilen ist"[547]. In der
Systemtheorie wird dieser Grundgedanke des Holismus aufgegriffen, um komplexe
Interaktionen zwischen Organismen oder verschieden Subsystemen zu
beschreiben.

In der Mystik des New Age wird der Holismus zu einer Möglichkeit,
Entfremdung zu überwinden."Den letzten Grund für diese tödliche Entfremdung
des Menschen von sich selbst und von der Natur sieht die New Age-Bewegung
darin, daß wir das Bewußtsein von der mystischen Einheit der Natur, den
Menschen eingeschlossen, verloren haben"[548] schreibt Günther Schiwy,
und er meint weiter im Blick auf eine Realisierung des holistischen Denkens: "Das
ist ein [...] Merkmal der New Age-Bewegung: Sie dringt darauf, daß der neue Geist
auch Fleisch wird, daß aus der Erkenntnis und möglichst auch Erfahrung der
mystischen Einheit der Welt eine neue Lebenspraxis wird, und zwar angefangen
beim einzelnen und in überschaubaren kleinen Gruppen [...] Die New Age-Bewegung [...] obwohl zunächst eine spirituelle und im individuellen ansetzende
Bewegung, [ist] letztlich doch eine fundamental politische Kraft, in dem Sinne, daß
auf eine entsprechende Änderung der wissenschaftlichen, technischen, wirtschaftlichen, gesellschaftlichen und politischen Verhältnisse hingearbeitet
wird"[549]. Ferguson beschreibt die Notwendigkeit der Transformation der
politischen Systeme, denn Reformen allein würden zu kurz greifen; sie argu-

[546]   Erich Neumann, Die Große Mutter, Olten 1983[6], S.100.
[547]   Gruber 1988, S.85.
[548]   Schiwy in: Bürkle 1988, S.93.
[549]   ebd. S.95ff.

mentiert dabei vor dem Hintergrund eines holistischen Weltbildes: "Es ist unmöglich, ein Element in einer Kultur zu ändern, ohne alle Elemente zu ändern"[550].

Mit dem Leitgedanken "Global denken, lokal handeln" entstehen verschiedenste New Age-Aktivitäten, die versuchen, nach einem holistischen Paradigma politisch wirksam zu werden; ob es sich um den Lucis Trust, die Planetary Citizens, die Kosmosophische Gesellschaft oder ähnliche Vereinigungen im Umfeld des New Age handelt. Ruppert berichtet von der "Planetarischen Initiative", in der über 300 Gruppen zusammengefaßt sind, und die ein weitverzweigtes auch politisch immer bedeutsameres Netzwerk zu werden beginnt. Er schreibt: "Die vielfältigen Kontakte der [...] 'Netzwerke' untereinander können tatsächlich den Verdacht erregen, daß es bereits so etwas wie ein globales Netzwerk gibt, das sich bis hinein in die UNO-Bürokratie erstreckt. Die Verflechtung der UNO in die New-Age-Szene zeigt insbesondere eine [...] in diesem Zusammenhang zu nennende Organisation: das Unity-in-Diversity Council"[551].

Diese Organisation zählt den Elsässer Robert Muller, den stellvertretenden Generalsekretär der UNO zu ihren Beratern, der mit dem Buch "Die Neuerschaffung der Welt. Auf dem Weg zu einer globalen Spiritualität"[552] die von Ruppert angesprochene Verbindung von New Age-orientiertem Denken mit höchsten politischen Kreisen der UNO belegt. Spiritualität und holistisches Denken sind für ihn zu signifikanten Merkmalen geworden; er schreibt: "Gebet, Meditation und Spiritualität bei den Vereinten Nationen sind ein faszinierender Gegenstand [...] Es gibt bei den Vereinten Nationen auch viele, für die Zusammenarbeit aller Nationen zur Verwirklichung gemeinsamer Ziele und Werte eine Art neuer Religion bedeutet, einen Weg, der zur höchsten Erfüllung unserer Bestimmung wird [...] Ein großartiges Ereignis, der Beginn einer profunden, weltweiten Transformation und Transzendierung der menschlichen Gesellschaft, der Anfang eines neuen Zeitalters"[553].

Die UNO als oberste politische Weltorganisation wird zum Schmelztiegel einer neuen Einheitsreligion mit synkretistischen Elementen und holistischen Zielen. "Ich habe in meinem Büro einen Christus. Im Zimmer meines Nachbarn steht eine Statue von Schiwa. U Thant hatte einen Buddha. Jeder von uns, komme er nun aus dem Norden, dem Süden, dem Osten oder Westen, bringt seinen Glauben an die Menschheit und ihre Bestimmung auf eine für ihn angemessene Weise zum

---

[550]   Ferguson 1982, S.222.
[551]   Ruppert 1985, S.52.
[552]   Robert Muller, Die Neuerschaffung der Welt. Auf dem Weg zu einer globalen Spiritualität. München 1985.
[553]   ebd. S.81ff.

Ausdruck [...] Ganz allmählich entsteht auf diese Weise ein planetarisches Gebet-
buch, verfaßt von einer Menschheit, die sich zunehmend ihrer Verbundenheit
bewußt wird und nach Einheit, Glück, Erkenntnis, Frieden, Gerechtigkeit und
Teilnahme am unaufhörlichen Schöpfungsprozeß und am Wunder des Lebens
strebt"[554].

Damit nähert sich Muller in Sprechweise und Inhalt dem New Age
weitgehend an[555]. Die neognostische Sehnsucht nach Erkenntnis kommt bei
ihm genauso zu Wort wie holistische Einheitshoffnung und Spiritualität. Politik,
eschatologisch-religiöse Hoffnung, Fortschrittsglauben und Netzwerkdenken
verbinden sich bei ihm zur Vision einer weltumspannenden Organisation: "Zum
ersten Mal gibt es auf diesem Planeten eine universale Organisation und ein globales, alle Menschen miteinander verbindendes Denken. Das hat es in der ganzen
politischen Geschichte dieser Erde noch nicht gegeben. Es ist jedoch genau das,
was die großen Propheten vorausgesagt haben. Sie haben die Welt und die
Menschheit von jeher als ein zusammenhängendes Ganzes gesehen. Heute sind die
Teilnehmer an den Konferenzen der Vereinten Nationen gezwungen, unseren Planeten und die menschliche Familie in ihrer Gesamtheit zu sehen. Das ist eine neue
große Grundvorstellung und ein gewaltiger Fortschritt in der Menschheits-
geschichte, dessen ganze Bedeutung die meisten Menschen noch nicht erfaßt
haben. Nur künftige Historiker werden im Rückblick auf die letzten Jahrzehnte
unseres Jahrhunderts in der Lage sein zu verstehen, was auf dem Planeten Erde
wirklich geschehen ist"[556].

Man wird an die Gaia-Hypothese Lovelocks erinnert, wenn Muller die
UNO als Metaorganismus einer neuen Menschheit beschreibt. Er möchte voraus-
sagen, "daß die UN [...] stufenweise zum globalen Hirn, Nervensystem, Herz und
Seele einer menschlichen Spezies werden, die sich zu einer völlig neuen globalen
Zivilisationsperiode hinentwickeln wird"[557].

Hinter der von Muller optimistisch gezeigten politischen Vision des
weltumspannenden Einheitsbewußtseins und der vernetzten Spiritualität verbirgt
sich nach Ansicht vieler Autoren eine unverkennbar faschistische Gefahr. Gruber
sieht sie dann gegeben, wenn Menschen auf der Suche nach transpersonalen
Erfahrungen und der Vorahnung künftiger Seinssteigerung ermuntert werden,
sich einem Guru anzuschließen und sich mit einem spirituellen Führer zu identifi-

---

[554]   ebd. S.85ff.
[555]   Nicht von ungefähr ist sein Buch "Die Neuerschaffung der Welt" auch in der Reihe "New Age. Modelle für Morgen" des
        Goldmann-Verlages erschienen.
[556]   ebd. S.182f.
[557]   Muller zit. in: Ruppert 1985, S.53.

zieren. Denn auch die nationalsozialistische Ideologie hatte Charisma über Vernunft und leidenschaftliche Erfahrung über Zivilisation gestellt. Er zitiert einen profilierten Vertreter der holistischen New Age-Philosophie, Morris Berman, der die Gefahr des Kippens der holistischen Vision klar ausspricht: "Es liegt durchaus drin, daß der ganze Holismus direkt nach Auschwitz zurückführt"[558].

Besonders Constance Cumbey nimmt das New Age unter dem Aspekt der faschistischen Gefahr ins Visier[559]. Ansatzpunkt ihrer kritischen Analyse ist der auf Alice Bailey zurückgehende Strang innerhalb des New Age, den sie offenbar für die New Age-Bewegung schlechthin hält. Das ist insofern eine Vereinseitigung, als damit die schillernde und heterogene Vielfalt weggekürzt wird[560], andererseits aber deshalb verständlich, weil das New Age sich selbst als loses Netzwerk versteht; dabei gibt es breitere und dünnere Querverbindungen, eng- und weitmaschige Gewebestrukturen, und es ist kaum möglich, an einem Faden zu ziehen, ohne irgendwann das ganze Geflecht zu bewegen.

Cumbey stellt eine "erstaunliche Ähnlichkeit"[561] des New Age mit der nationalsozialistischen Bewegung fest. Sie stützt sich bei ihren Untersuchungen auf Arbeiten amerikanischer Militärhistoriker, die bei der Katalogisierung von Hitlers Privatbibliothek viele Bände mit okkultem Inhalt und zahlreichen handschriftlichen Randbemerkungen vorfanden, unter anderem auch die "Geheimlehre" Blavatskys, in die Hitler von Dietrich Eckart[562], einem führenden Mitglied der okkulten "Thule-Gesellschaft", eingeführt worden sein soll[563]. Diese "Thule-Gesellschaft", die bereits 1919 das Hakenkreuz im Wappen führte, läßt sich über Rudolf von Sebottendorf, Theosoph, Mitbegründer der Rosenkreuzer und zentrale Figur in der Thule-Gesellschaft, auf Helena Petrowna Blavatsky zurückführen[564].

Mitglieder dieser Gesellschaft, neben Hitler selbst auch Eckart,

---

[558]   Gruber 1987, S.151.
[559]   Cumbey 1987, bes. S.113ff. Die New-Age-Bewegung - das 'Vierte Reich'?
[560]   Namen wie Capra, Bohm, Grof u.a., die für New Age wichtige Impulse beigesteuert haben und noch immer beisteuern, bleiben bei ihr unerwähnt; Alice Bailey dagegen wird nahezu auf jeder Seite erwähnt, gefolgt von Ferguson und Blavatsky; Cumbey hat offenbar ausschließlich die amerikanische New Age-Szene und über die personelle Verbindung mit David Spangler die Findhorn-Bewegung im Blick.
[561]   ebd. S.113.
[562]   Hitler schließt "Mein Kampf" mit einem Gedenken an diesen Mann: "Unter sie [die Anhänger und Verfechter der nationalsozialistischen Idee] will ich auch jenen Mann rechnen, der als der Besten einer sein Leben dem Erwachen seines, unseres Volkes gewidmet hat im Dichten und im Denken und am Ende in der Tat: Dietrich Eckart", Adolf Hitler, Mein Kampf. München 1933[21] S.781.
[563]   Cumbey 1987, S.140, Fußnote 3.
[564]   vgl. ebd. S.284f.

Rosenberg, Feder, Hess, Himmler und Göring, hatten zentrale Positionen in der nationalsozialistischen Bewegung inne; der Verlag der Thule-Gesellschaft, der "Eher-Verlag" wurde Parteiverlag der NSDAP (er brachte auch Hitlers "Mein Kampf" heraus), und das Hakenkreuz wurde zunächst ins NSDAP-Banner und später in die Reichsflagge übernommen[565].

In der Mythologie des Nationalsozialismus spielte Atlantis eine ebenso bedeutende Rolle, wie es heute in manchen New Age-Kreisen wieder an Interesse gewinnt[566]; die Suche nach dem "Heiligen Gral" war okkulter Kern der nationalsozialistischen Bewegung und ist auch im Zeitalter des Wassermanns wieder attraktiv geworden[567].

Cumbey registriert für das gegenwärtige Amerika eine ähnliche Situation wie für das Deutschland der Zeit nach dem Ersten Weltkrieg: Enttäuschung über den verlorenen Vietnamkrieg, angeschlagene Wirtschaft, Hinwendung zu "Wandervogel-ähnlichen Bewegungen"[568], zu Mystik und Drogen. Esoterikern der nationalsozialistischen Bewegung war die "Makrokosmos-Mikrokosmos-Theorie" der Hermetik ebenso geläufig, wie sie für das New Age von Bedeutung ist; und der Nationalsozialismus hat sich als Baumeister einer "neuen Weltordnung" verstanden, ein Begriff, der auch im New Age einen hohen Stellenwert hat[569]. Auf acht Buchseiten bietet Cumbey eine Synopse nationalsozialistischer und New Age-geprägter Ideen[570] mit weiteren, oft verblüffenden Übereinstimmungen an.

Günther Schiwy, christlich orientierter New Age-Autor, geht ebenfalls auf die faschistische Gefahr ein und versucht eine Abgrenzung. Er beschreibt einen Mißbrauch des ganzheitlichen Weltbildes im Nationalsozialismus: "An die Stelle der gemeinen Mystik trat damals der Mythos des 20. Jahrhunderts, an die Stelle einer pluralistischen Weltgemeinschaft der rassistische Einheitsstaat, und statt Eigenverantwortlichkeit gab es den Führerkult[571]．

Morris Berman, der New Age-Denker und Autor der "Wiederver-zauberung der Welt", kritisiert amerikanische Sekten und New Age-Gruppen, die ihre Anhänger dazu ermuntern, nur ihrem Gefühl und ihrem Instinkt zu folgen; dies wäre auch im Nationalsozialismus der Fall gewesen. Er sagt: "Die Kombination

---

[565]   vgl. ebd. S.286f.
[566]   vgl. Willigis, Der Alte aus Atlantis. Grafing 1988[3].
[567]   vgl. John Matthews (Hg.), Der Gralsweg. Basel 1989.
[568]   Cumbey, S.125.
[569]   Robert Muller stellt unter dem Übertitel "Meine persönliche globale Transzendenz" die Frage: "Kann aus den Vereinten Nationen ein funktionales System der Weltordnung werden?", Muller 1985, S. 237 u. 240.
[570]   Cumbey, S.132ff.
[571]   Schiwy in: Bürkle 1988, S.100.

dieser Faktoren [Mythos, Einheitsdenken, Führerkult, Instinkt- und Gefühlsdomi-
nanz] ermöglicht es einem charismatischen Führer, seine Anhänger so zu
programmieren, daß sie genau das tun, was er ihnen sagt"[572].

Schiwy weist darauf hin, daß ein Holismus nur dann wirklich
ganzheitlich ist, wenn der Verstand miteinbezogen wird und in einer ausgewoge-
nen Balance mit Intuition und Gefühl wahrnehmungs-und handlungsrelevant wird.
Berman, selbst jüdischer Abstammung, meint zu den politischen Implikationen des
Holismus: "Holismus könnte somit zur wirkenden Kraft der Tyrannei werden, im
Namen des Geistes, von Lernen III[573], oder (davor bewahre uns Gott) im
Namen Gottes. Aus gutem Grund bemerkte Orwell einmal, daß der Faschismus, wenn
er einmal in den Westen kommt, das im Namen der Freiheit tun wird"[574].

Bei aller möglichen Sympathie für ein neues Denken, für Spiritualität
und Ganzheitlichkeit ist im Blick auf die angesprochenen Gefahren der New Age-
Bewegung gegenüber in allen ihren Verästelungen und Querverbindungen
Wachsamkeit angebracht.
Aufklärung ist all jenen gegenüber ein Gebot der Stunde, die ihren spirituellen
Hunger vorschnell mit esoterisch-okkulten Fertiggerichten stillen wollen. Es wäre
eine wesentliche Aufgabe kirchlicher Bildungsangebote, auch – aber nicht nur –
im Rahmen der Erwachsenenbildung, umfassende Aufklärungsarbeit auch über
mögliche politische Implikationen des Wassermannzeitalters zu leisten. Der Weg
zwischen der Skylla pauschaler Ablehnung und der Charybdis kritikloser
Identifikation ist dabei sicher nicht leicht zu finden.

1.3.12. Eine Wende zur sanften Ökonomie? –
Wirtschaft und New Age

Die Beziehung zwischen Wirtschaft und New Age läßt sich unter einem
doppelten Aspekt beschreiben. Zum einen ist die Wirtschaft ein wesentlicher
Bereich, der vom New Age im Zuge einer gesamtkulturellen Transformation erfaßt
werden soll; zum anderen greift eine durchaus untransformierte Wirtschaft nach
dem New Age, hat in dessen Umfeld einige Lücken entdeckt und baut sich einen

---

[572]   zit. bei Schiwy in: ebd.
[573]   Berman bezieht sich dabei auf Gregory Bateson, der drei Möglichkeiten menschlichen Lernens unterschied: Lernen I -
         einfache Problemlösung; Lernen II - progressive Steigerung von Lernen I mit Verständnis des Problemkontextes und
         Erkennen eines dahinterstehenden Paradigmas; Lernen III - Erfahrung der Willkürlichkeit des eigenen Paradigmas mit
         dem Resultat einer Persönlichkeitsreorganisation im Sinn einer Transformation. Vgl. dazu Gregory Bateson, Geist und
         Natur. Eine notwendige Einheit. In: Schaeffer/Bachmann 1988, S.109ff und Gruber/Fassberg 1988, S.75f.
[574]   Morris Berman, Wiederverzauberung der Welt. Am Ende des Newtonschen Zeitalters, Reinbek bei Hamburg 1985, S.325.

Wachstum versprechenden Markt aus.

Erich Fromm[575] charakterisiert in seinem Buch "Haben oder Sein" den Eintritt in das postindustrielle Zeitalter unter der Überschrift 'Das Ende einer Illusion' so: "Die große Verheißung unbegrenzten Fortschritts – die Aussicht auf Unterwerfung der Natur und auf materiellen Überfluß, auf das größtmögliche Glück der größtmöglichen Zahl und auf uneingeschränkte persönliche Freiheit – das war es, was die Hoffnung und den Glauben von Generationen seit Beginn des Industriezeitalters aufrechterhielt [...] Diese Trias von unbegrenzter Produktion, absoluter Freiheit und uneingeschränktem Glück bildete den Kern der neuen Fortschrittsreligion, und eine neue irdische Stadt des Fortschritts ersetzte die 'Stadt Gottes' [...] Man muß sich die Tragweite dieser großen Verheißung und die phantastischen materiellen und geistigen Leistungen des Industriezeitalters vor Augen halten, um das Trauma zu verstehen, das die beginnende Einsicht in das Ausbleiben ihrer Erfüllung heute auslöst"[576].

Die herkömmliche Wirtschaftstheorie hat sich nach Ansicht des New Age in einer Sackgasse verrannt, weil sie nicht wahrnimmt, daß Wirtschaft nur als ein Aspekt des umfassenden ökologisch-gesellschaftlichen Systems verstanden werden muß. Fällt diese Sicht aus, muß die Verheißung der 'irdischen Stadt des Fortschritts' in die Leere gehen. Eine Wirtschaft, die nach der Philosophie des steten Wachstums konzipiert ist, muß bei begrenzten Ressourcen an ihre Grenzen kommen.

Unter Beachtung der Parameter Industrialisierung, Bevölkerungszunahme, Unterernährung, Rohstoffverknappung und Umweltzerstörung kommt der Bericht des Club of Rome zur Lage der Menschheit 1972 zu einem eindeutigen Fazit: "Unser Bevölkerungs- und Produktionswachstum ist ein Wachstum zu Tode"[577]. Fortschrittsglaube und Leistungswillen, gekoppelt an Zuwachsraten des Bruttosozialproduktes führen zu jenem "teuflischen Regelkreis"[578], der den Zustand eines stabilisierten Gleichgewichtes verunmöglicht. Aber auch für diesen Problembereich hat das New Age optimistische Perspektiven. Für Ferguson heißt der Schlüssel einmal mehr Transformation. Wenn sich unser Bewußtsein ändert, wird auch unser Verhalten sich ändern und in

---

[575] Über seine Verbindung mit der Humanistischen Psychologie könnte Fromm im Vorfeld des New Age-Denkens gesehen werden. Ferguson zählt Fromm zu den Autoren, "deren Denken die Verschwörung im Zeichen des Wassermanns beeinflußte". Ferguson 1982, S.63.

[576] Erich Fromm, Haben oder Sein. Die Grundlagen einer neuen Gesellschaft. Stuttgart 1960[5], S.13f.

[577] Dennis u. Donella Meadows, Erich Zahn, Peter Milling, Die Grenzen des Wachstums. Bericht des Club of Rome zur Lage der Menschheit, Reinbek bei Hamburg 1973, S.2.

[578] ebd.

dessen Folge die Wirtschaft in Bewegung kommen müssen: "Wenn diese Bedürfnisse [Kaufen, Verkaufen, Besitzen, Sparen, Behalten, Investieren, ...] sich ändern, wie dies bei der persönlichen Transformation geschieht, verändern sich auch die ökonomischen Muster"[579].

Die "Ideenkrise", in der Capra die Wirtschaftswissenschaft weiß[580], kann überwunden werden, wenn sie sich vom Einfluß des cartesianisch-newtonschen Denkens befreit und zu einem neuen ökonomischen Paradigma findet. Ferguson präsentiert die Leitsätze des neuen Wirtschafts-Paradigmas[581] und schildert eine "Transformation der Geschäftswelt" mit einer "neuen Business-Philosophie"[582]. Eine neue Geschäftsmoral ist im Entstehen, die durch "Selbstbestimmung, Interesse an Lebensqualität, sanfte Technologie, Unternehmergeist, Dezentralisation, ökologische Moral und Spiritualität gekennzeichnet ist"[583]. Beruf, so zur Berufung geworden, stellt keinen Job mehr dar. "Nach dem neuen Paradigma ist Arbeit ein Vehikel für Transformation"[584].

Howard V. Perlmutter, Professor für Sozialwissenschaften an der University of Pennsylvania, sieht in symbiotischen, partnerschaftlichen Beziehungen im politischen, wirtschaftlichen und sozialen Bereich eine Chance, "wenn wir der atomaren Katastrophe entgehen wollen[585]. Er stellt drei Wirtschaftsparadigmen einander gegenüber:

Paradigma A geht vom Primat der Produktivität, Effektivität, Profitmaximierung, Wachstumsideologie und des Konkurrenzdenkens aus;

das Paradigma B als Gegenbewegung wendet sich als "grüne" Bewegung gegen Großproduktion und Zentralisation und setzt sich als Gegenstück zu Modell A für Erhaltung der Umwelt, Kooperation und kleine, überschaubare Einheiten ein ("small is beautiful");

das Paradigma C endlich orientiert sich am Konzept einer symbiotischen Wirtschaft, das einen Ausgleich zwischen Autonomie und Abhängigkeit, Zusammenarbeit und Wettbewerb sucht. Es orientiert sich an der biologischen Bedeutung des Begriffs Symbiose. Dort kennzeichnet er "die Wechselbeziehungen von Organismen verwandter und unterschiedlicher Arten, die in enger Nachbarschaft leben. Ihre

---

[579]   Ferguson 1982, S.375.
[580]   vgl. Capra 1985, S.208.
[581]   siehe Anhang, Dokumentation 4.
[582]   Ferguson, S.393.
[583]   ebd. S.395.
[584]   ebd. S.396.
[585]   Howard V. Perlmutter, Der Aufbau einer symbiotischen Weltwirtschaft - Ein sozioökonomisches Konzept für die
         Zukunft. In: Berichte an den Club of Rome 1983, S.139.

Beziehungen untereinander bringen jedem Vorteile und sind Voraussetzung ihres
Überlebens"[586].

Capra vermutet den Ausweg aus der ökonomischen Krise im Ernstnehmen der "Systemweisheit"[587]. "Die nichtlineare innere Verbundenheit
aller lebenden Systeme legt uns sofort zwei bedeutsame Regeln für das
Management sozialer und ökonomischer Systeme nahe. Erstens: Es gibt für jede
Struktur, Organisation und Institution eine optimale Größe [...] zweitens: Je mehr
eine Volkswirtschaft auf der Wiederverwendung ihrer Rohstoffe beruht, desto
mehr befindet sie sich in Harmonie mit der sie umgebenden Umwelt"[588].
Global denken und lokal handeln ist die Maxime auch für ökonomische
Entscheidungen, die ja, immer in ein Gesamtsystem eingenetzt, Auswirkungen auf
alle übrigen Lebensbereiche haben.

Nahezu hymnisch beschreibt Landolt die neue Ökonomie: "Letztlich
wird eine reformierte Wirtschaft Chancen eröffnen, im Einklang mit kosmischen
Gesetzen zu wirken. Verantwortung einzelner Menschen wird in dem Maße
wachsen, als gemeinsame Erkenntnis Lernprozesse auslöst. Wissen schafft
Verantwortung. Verantwortung steht am Beginn mutiger Initiativen und Taten. Wer
über Wissen zu richtigem, gesundem Handeln verfügt und es nicht in Taten
umsetzt, macht sich schuldig. Gerechte Rahmenbedingungen können helfen, auch
diese Wahrheit bewußt zu machen"[589].

Die zweite Beziehungsrichtung New Age – Wirtschaft geht von der
Wirtschaft aus und zeigt mehrere Facetten. Da versuchen zunächst Verleger, ihre
Marktanteile an New Age-Literatur zu sichern; Geschäftsgeist macht dabei auch
vor traditionell katholischen Verlagen nicht halt. Verwunderlich ist, daß hier
offenbar trojanische Pferde nicht wahrgenommen werden.

Im oben zitierten Buch von Landolt, "Verbraucher im New Age",
erschienen im Herder-Verlag, Freiburg, ist zu lesen: "Was bis vor kurzem kaum
denkbar war, Hunderttausende, vielleicht bald Millionen von Menschen überall auf
der Erde lassen zu bestimmten Zeiten wie am 16./17. August 1987, am 31. De-
zember 1987 und in Zukunft noch vermehrt Schwingungen des Lichtes und Kräfte
der Liebe in Friedens-Meditationen rund um unseren Planeten wirksam werden.

[586]   ebd. S.135.
[587]   Capra 1985, S.440.
[588]   ebd.
[589]   Johannes Georg Landolt, Verbraucher im New Age. Steht die Wirtschaft vor einer Wende? Freiburg 1988, S.134.

Hier Verkörperte [sic] vereinigen sich in kleineren und größeren Gruppen zur Heilung der Erde, zur Einstimmung auf Schwingungen hoher Geistwesen. Getreu dem Worte des Christus, 'wo zwei oder drei in meinem Namen sich versammeln, bin ich mitten unter ihnen', finden sich auch ständig mehr Menschen zum gemeinsamen Gebet"[590].

Es dürfte dem Lektor des Verlages entgangen sein, daß nach der Behauptung vieler New Ager gerade der 16./17. August 1987 mit dem Beginn des neuen Zeitalters zusammenfällt[591]. Ebenso, daß in den Alice Bailey nahestehenden Teilgruppen des New Age ein "Maitreya Christus" erwartet wird, der mit dem Christus der Bibel und des Christentums nur mehr über mehrere synkretistische Umschmelzungen und mythologische Transformationen verwandt ist[592]. Er ist ident mit dem im Mahayana-Buddhismus erwarteten fünften und letzten Buddha auf Erden[593].

Dieses eine Beispiel mag genügen, um nachzufragen, ob die bloße Marktpräsenz mit aktuellen Titeln zum Thema New Age eine derart unkritische und auch verwirrende Publikation rechtfertigt.

Elmar Gruber, ein ebenfalls bei Herder verlegter New Age-Autor, meint, daß besonders in der Übergangsperiode zu einer neuen Zeit gerade im Bereich der Wirtschaft ideologische Brüche und Erschütterungen zu beobachten seien. "Die holistische Bewegung des New Age wird zum Erhalt der Machtstellungen und der finanziellen Position mißbraucht. Im Vordergrund steht nach wie vor Produktivität im Sinne von Umsatzzahlen"[594].

Im Zeichen des Aquarius hat sich weiters eine Art "Bewußtseinsindustrie" etabliert: Spiritualität, Meditation, Yoga, Zen sind bei Wochenendseminaren zu selbstbewußten Preisen wohlfeil[595]; Manager und Werbestrategen erhalten in Workshops Einführungen in positives Denken[596], und ein eigener Zweig innerhalb der New Age-Literatur beschäftigt sich mit dem "spirituellen und mentalen Training für Führungskräfte"[597]. Hier sind Titel zu finden wie "Die Silva Mind-Control

---

[590]   ebd. S.140.
[591]   vgl. Tibusek 1988, S.32 und Anmerkung 92 S.67.
[592]   vgl. Cumbey 1987, S.10.
[593]   vgl. Nevill Drury, Lexikon esoterischen Wissens. München 1988, S.383.
[594]   Gruber 1987, S.135.
[595]   vgl. auch 1.1.2.
[596]   Tibusek weiß zu berichten, daß die Bayerische Hypotheken-Bank tausend Exemplare von Freitags "Kraftzentrale
          Unterbewußtsein - Der Weg zum positiven Denken" zur Fortbildung ihrer Mitarbeiter gekauft hat, Tibusek 1988 S.48f.
[597]   PE-Journal 2/88, S.15.

Methode für Führungskräfte" von José Silva oder "Managergeheimnisse. Wie
Führungskräfte ihre ungenutztes geistiges Potential erschließen" von
Klempe/Mehler uvm.

Der deutsche Unternehmensberater Gerd Gerken stellt fest, daß der
heutige, transformierte Mensch kein warengeleiteter Konsument nach dem Motto
"Mehr Glück durch mehr Besitz" mehr sei, sondern ein "innengeleiteter Ver-
brauchertypus", dem "Sein wichtiger als Haben"[598] ist. Ausschlaggebend
ist offensichtlich, daß der Mensch Verbraucher bleibt. Reizt ihn nicht die
"Hardware" konkreter Produktpaletten, dann eben die "Software" esoterischer
Angebote. Die neue Zeit entpuppte sich im transformierten Wirtschaftsparadigma
Gerkens als neuer Markt für neu geweckte Bedürfnisse.

Norbert A. Eichler nennt Gerken einen "peinlichen Zeitgenossen"[599], der
das neue Bewußtsein "den Inhabern der alten Wirtschaft und Verursachern der
planetarischen Probleme"[600] in durchaus kapitalistischer Manier
schmackhaft macht. In kritischer Apostrophierung meint Pestalozzi: "Die
Wirtschaft hat das ökologische Bewußtsein doch schon längst vereinnahmt. Das
andere Bewußtsein eines großen Teils der Bevölkerung ist wieder zum gigantischen Geschäft geworden, so wie auch New Age bereits ein beträchtliches
kommerzielles Volumen angenommen haben dürfte[601].

Im Bereich des von der Wirtschaft vereinnahmten New Age geht es
nicht mehr um ein tatsächlich neues Bewußtsein, sondern um eine neue Methode
der Produktivitätssteigerung. "Letztlich denken doch alle diese New Age-Experten
genau in den alten traditionellen Managementstrukturen"[602] meint Pestalozzi.

Am Beispiel der Wirtschaft moniert er die fehlende Frage nach der Macht im New
Age: "New Age verdrängt die Machtfrage. Sie ist für New Age einfach nicht
existent [...] Solange man sich mit Metaphysik, Kosmos, Bewußtseinserweiterungen,
falschem Denken irgendwelcher früheren Wissenschaftler usw. befaßt, mag man
sich um die Machtfrage herummogeln. Sobald man sich mit dem Problem Wirtschaft
befaßt, geht's nicht mehr"[603]. "Den Herren, die über die Wirtschaft
verfügen, geht es einzig und allein um ihre Macht und ihren Profit"[604],
wenn's nicht anders geht, dann eben mit vermarktetem New Age.

[598]   Gerd Gerken, Stichwort: New Age, Management-Wissen 1984, zit. bei Gruber 1987 S.135.
[599]   A. Eichler in: Pestalozzi 1988, Vorwort S.13.
[600]   ebd.
[601]   ebd. S.28
[602]   ebd. S.29.
[603]   ebd. S.51.
[604]   ebd. S.41.

Es gilt: auch im Wirtschaftsbereich sind Spiritualität und Paradig-
menwechsel die Hauptelemente des Manager-Weltbildes geworden. Gerken schreibt:
"Man hat bei den progressiven Unternehmen bereits erkannt, daß evolutionäres
Management auch die Evolution der eigenen Persönlichkeit voraussetzt: Selbst-
transzendenz als wichtige Voraussetzung für ein neues, effizienteres systemisches
Management"[605].

1.3.13. Auf der Suche nach dem neuen Menschen –
Anthropologie des New Age

Ernst Bloch weist darauf hin, daß es kein Zeitalter gab, in dem es
nicht den Traum vom erfüllten Leben und vom neuen Menschen gegeben hätte.
Hoffnung als Prinzip ist die Triebfeder für die Zukunftsorientierung des
Menschen: "Glück, Freiheit, Nicht-Entfremdung, Goldenes Zeitalter, Land, wo Milch
und Honig fließt, das Ewig-Weibliche, Trompetensignal im Fidelio und das
Christförmige des Auferstehungstages danach; es sind so viele und verschieden-
wertige Bilder, doch alle um das aufgestellt, was für sich selber spricht, indem es
noch schweigt"[606].

In der europäischen Geistesgeschichte ist die Ausschau nach dem
Leben in Fülle nicht nur als Rückblick in ein "Goldenes Zeitalter", sondern vor
allem als Zukunftshoffnung durchgängiges Motiv. Elmar Gruber schreibt, daß die
im New Age präsente Verheißung sagenhafter Früchte, wie sie von Findhorn
berichtet wird, bereits Bestandteil antiker Utopien war: im Romanfragment des
Eumeros oder im Traum von der besseren Welt auf einer "Sonneninsel" des
Jambulos[607].

Augustinus stellt der 'civitas terrena' einen spirituell-utopischen
Gottesstaat gegenüber, mit vom Geist Gottes getragenen Menschen – "Geistwesen,
die demütig die Ehre Gottes, nicht ihre, suchen und ihm mit Frömmigkeit
folgen"[608], die in einer von Gott gegebenen, idealen Ordnung leben, "durch
die Welt und der Mensch zum Frieden findet und zur Sabbatruhe Gottes"[609].

Bei Joachim von Fiore, dem Geschichtsmetaphysiker des 12.Jahrhun-

---

[605]   Gerd Gerken, Der neue Manager, Freiburg 1986, S.47; zit. in: Tibusek 1988 S.50.
[606]   Ernst Bloch, Das Prinzip Hoffnung, Frankfurt/M. 1985, S.133.
[607]   vgl. Elmar Gruber, Neues Zeitalter? - Wie 'new' ist eigentlich 'New Age'?. In: Bio. Zeitschrift für Mensch und
        Natur. 2/89, S.88f.
[608]   Augustinus, Der Gottesstaat. In: Kurt Flasch (Hg.), Geschichte der Philosophie in Text und Darstellung Bd.2.
        Mittelalter. Stuttgart 1982, S.98.
[609]   Johannes Hirschberger, Geschichte der Philosophie Bd.1, Altertum und Mittelalter, Freiburg 1976[12], S.374.

derts, vollzieht sich die Heilszeit in Weltperioden: Jede dieser Zeiten wird von
einer der drei göttlichen Personen bestimmt. Das Reich des Vaters begann als
erstes Reich mit der Schöpfung; es wurde abgelöst vom zweiten Reich, dem Reich
des Sohnes, das mit der Erlösung durch Christus ansetzte; und als drittes Reich
erwartete Joachim ein Reich des Geistes, das er zu seiner Zeit bereits anbrechen
sah. Er stellte es sich als globales Pfingstereignis vor, durch das jeder Mensch
ohne Vermittlung einer institutionellen Kirche mit dem Geist Gottes unmittelbar in
Kontakt treten und sich mit anderen Menschen in Bruderschaften des Geistes
zusammenfinden könne[610]. Eine Zukunftshoffnung, die auch für das New
Age bestimmend ist.

In der Philosophie der Romantik taucht die menschliche Sehnsucht
nach größerer Bewußtheit und Heimkehr zum göttlichen Geist der Ganzheit wieder
auf (Schelling, Fichte). Hier entstand nach Gruber die Gleichsetzung von Gott,
Natur und eigenem Selbst, "ohne die das moderne New Age-Bewußtsein nicht
denkbar ist [...] im Grunde genommen läßt sich die New Age-Bewegung als
neoromantische Reaktion gegen die technisierte Verstandeswelt des Westens
begreife"[611].

Die Suche nach einem neuen Menschenbild, nach neuen Zukunfts-
perspektiven ist im ausgehenden Industriezeitalter zu einer aus mehreren Wurzeln
genährten drängenden Frage geworden. In seiner bereits 1950 erschienenen
Schrift "Das Ende der Neuzeit" stellt Romano Guardini einen Zusammenhang her
zwischen der Säkularisierung und Entchristlichung des Menschen und seinem
defizitär gewordenen personalen Selbstverständnis: "Die Personalität ist dem
Menschen wesentlich; sie wird aber dem Blick erst deutlich und dem sittlichen
Willen bejahbar, wenn sich durch die Offenbarung in Gotteskindschaft und Vorsehung das Verhältnis zum lebendig-personalen Gott erschließt. Geschieht das
nicht, dann gibt es wohl ein Bewußtsein vom wohlgeratenen, vornehmen, schöpferischen Individuum, nicht aber von der eigentlichen Person, die eine absolute
Bestimmung jedes Menschen jenseits aller psychologischen oder kulturellen
Qualitäten ist. So bleibt das Wissen um die Person mit dem christlichen Glauben
verbunden. Ihre Bejahung und ihre Pflege überdauern wohl eine Weile das
Erlöschen dieses Glaubens, gehen aber dann allmählich verloren. Entsprechendes
gilt von den Werten, in denen sich das Personbewußtsein entfaltet"[612].
Guardini stellt mit hoher Sensibilität für geistesgeschichtliche
Entwicklungen die Frage: "[...] von welcher Art die Religiosität der kommenden

[610]   Joachim von Fiore, Das Zeitalter des Heiligen Geistes. (Hg. von Alfons Rosenberg). Bieligheim 1977. S.82ff.
[611]   ebd.
[612]   Romano Guardini, Das Ende der Neuzeit. Ein Versuch zur Orientierung. Würzburg 1965[9], S.105f

Zeit sein werde? Nicht ihr offenbarter Inhalt, der ist ewig; aber seine geschicht-
liche Verwirklichungsform, seine menschliche Struktur? Wichtig wird vor allem
sein...: das scharfe Hervortreten der nicht-christlichen Existenz"[613].

Tatsächlich scheint der von einer christlichen Anthropologie
getragene Personenbegriff im New Age verlorenzugehen. Im "New-Age-Wörterbuch" mit seinen "300 Schlüsselbegriffen" für das Wassermann-Zeitalter kommt
'Person' ebensowenig vor[614] wie im ebenfalls im katholischen Herder-Verlag
erschienenen "Wörterbuch der Esoterik"[615]. Dafür aber ist dem "Selbst",
dem "Bewußtsein" und dem "Ich" breiter Raum gewidmet. Religiosität wird
depersonalisiert, zur Erfahrung "des Göttlichen" im Selbst, zum Bewußtsein des
"Gottes in mir" - und damit aufgelöst in einem holistisch-pantheistischen
Einheitswissen.

Damit aber verliert der Mensch wesentlich Du-Fähigkeit und die
Bedingung zur Möglichkeit der Liebe[616]; was bleibt, ist ein kosmisches
Bewußtsein der All-Einheit ohne personale Begegnung.

Es ist zu vermuten, daß in dieser Entwicklung weg von der Person,
die Guardini mit der beginnenden Neuzeit ansetzt, die Ursache für die innere
Vereinsamung und Leere des heutigen Menschen liegt. Der Mensch, ein auf ein Du
hin angelegtes soziales Wesen, ist, bei aller Wohlstandsübersättigung, am inneren
Verhungern.

Richard Gewinner meint dazu: "Die geistig-seelische Substanz des
Normalbürgers ist heute in einem erschreckenden Maße ausgezehrt und damit
anfällig für alle möglichen Ideologien und Ersatzbefriedigungen"[617]. Es ist
zu fürchten, daß der heutige Mensch, der im New Age Nahrung für seinen Hunger
zu erhalten glaubt, irgendwann im Spiegelkabinett seines Selbst in sein eigenes
Antlitz schaut und sich einer noch größeren Einsamkeit bewußt wird. Ein Gedanke,
der unter 2.4.2. noch zu behandeln sein wird.

Ein weiteres Motiv für den heutigen Menschen, sich auf die Suche
nach einem neuen Selbstverständnis zu machen, liegt in den sozioökonomischen

---

[613]   ebd. S.108.
[614]   Gruber/Fassberg, Freiburg 1988.
[615]   Gerhard Wehr, Wörterbuch der Esoterik. Zugänge zum spirituellen Wissen von A-Z. Freiburg 1989; dies wäre auch ein
         weiteres Beispiel zu den unter 1.4.9. beschriebenen trojanischen New Age-Pferden in katholischen Verlagen. Der
         Personbegriff fehlt auch in dem sehr umfangreichen 'Lexikon des esoterischen Wissens' von Nevill Drury, München
         1988.
[616]   Es ist konsequent, daß auch diese beiden Begriffe bei Gruber/Fassberg 1988 und bei Wehr 1989 nicht vorkommen.
[617]   Richard Gewinner, Ganzheit und schöpferische Vielfalt. Aspekte zu New Age. In: Lebendige Seelsorge 1988, S.366.

Entwicklungen des ausgehenden Industriezeitalters. Durch den unaufhaltsamen Vormarsch der Technologie im Bereich der Mikroelektronik werden nicht nur weitreichende soziale Umstrukturierungen notwendig werden. Peccei schreibt dazu: "Eine strukturelle Arbeitslosigkeit großen Ausmaßes kommt unvermeidlich auf uns zu; ihre sozialen und politischen Auswirkungen werden sehr einschneidend sein"[618].

Auch das Selbstverständnis des Menschen, sein Selbstwertgefühl und seine Zeiteinteilung werden immer weniger von der Arbeit her definiert werden können; die Arbeitszeit wird in der Zukunft – technologische Weiterentwicklung wie bisher vorausgesetzt – immer mehr zusammenschrumpfen. "Wir werden bald über so viel Freizeit verfügen, daß daraus entweder ernste Probleme für unsere Lebensgestaltung erwachsen oder aber ungeheure Chancen für die Entfaltung unserer Persönlichkeit und unserer Lebensqualität"[619].

Die Frage stellt sich, ob der Mensch der Zukunft, dessen Grundbedürfnisse gestillt sind, sich tatsächlich auf der Pyramide seiner Bedürfnisse nach dem Maslowschen Modell[620] in Richtung Selbstverwirklichung nach oben bewegt; und wenn, mit welchen Werten er dieses "Selbst" füllt, nach welchen Modellen er sein "Ich" formt.

Vor der Hintergrundfolie utopischer Zukunftshoffnungen, aktueller Orientierungslosigkeit und desorganisierten Identitätsbewußtseins bietet das New Age Modelle und Perspektiven für die Zeit nach der Wende an.

Zunächst wird das neue Menschenbild des New Age durch die Fähigkeit zu einem neuen Denken geprägt, das sich vom alten, mechanistischen Paradigma abhebt. Die cartesianische Zersplitterung ist im Zeichen des Aquarius aufgehoben. "Im neuen Paradigma sind Geist und Körper nicht mehr getrennt, sondern werden als komplementäre Aspekte des Lebens angesehen"[621]. Der transformierte Mensch 'hat' keinen Körper mehr, er 'ist' sein Körper. Diese neue Einheit von Körper und Geist findet in jenen Selbsterfahrungs-Therapien ihren Ausdruck, die meist eine Mischung von Psychotherapie und Körperarbeit darstellen.

Die leib-seelische Einheitserfahrung ist aber nur das Modell für das Bewußtsein einer noch größeren Einheit. "Um unsere volle Menschlichkeit wieder-zuerlangen, müssen wir also die Erfahrung unserer Verbundenheit mit dem Kosmos, mit der ganzen lebenden Welt wiedererlangen. Diese religio, dieses

---

[618]   Peccei in: Berichte an den Club of Rome 1983, S.12.
[619]   ebd. S.13f.
[620]   vgl. Abraham H. Maslow, Motivation und Persönlichkeit. Reinbek bei Hamburg 1981, S.127ff.
[621]   Capra in: Bürkle 1988, S.23.

Wiederverbinden, ist das tiefste Anliegen des neuen ganzheitlich-ökologischen Denkens"[622]. Ein erstes Kennzeichen des neuen Menschen im New Age: Erfahrung der integralen Einheit von Körper und Seele und der Einheit mit dem Kosmos.

Ferguson setzt die Transformation des Menschen mit der Bewußtseinstransformation an[623]. Diese versucht sie zunächst gehirnphysiologisch in den Griff zu bekommen – ebenfalls unter dem Aspekt der Einheit. Sie geht von der Tatsache aus, daß die beiden Gehirnhälften wie zwei voneinander unabhängige Zentren des Bewußtseins arbeiten[624] und daß in der trainierten Verbindung beider (Meditation etwa wäre ein Weg dazu) etwas Neues entsteht. "Das Wissen des gesamten Gehirns umfaßt weit mehr als die Summe seiner Teile und ist von beiden verschieden"[625]. Die Flucht aus dem "Gefängnis der beiden Geisteshälften"[626] in Richtung Zusammenarbeit des logischen und intuitiven Denkens ist für sie das Ziel der Transformation. Ein Ziel, das dem Menschen unerreichbare Aufgabe bleibt, denn "Transformation ist eine Reise ohne Endziel"[627]; der Mensch bleibt unter der Berufung einer steten evolutionären Höherentwicklung – "Die Wege selbst sind das Ziel"[628] schreibt Ferguson.

Ebenfalls evolutionär unterwegs sieht Ken Wilber den Menschen in seinem Buch mit dem programmatischen Titel "Halbzeit der Evolution"[629]: Er beschreibt die Entwicklung des menschlichen Bewußtseins im Rahmen einer allgemeinen kosmischen Evolution und argumentiert mehrdimensional durch Zusammenschau von Wissenschaft, Religion, Weisheit des Ostens und spirituellen Traditionen.

Zentraler Ansatz ist die auf allen individuellen Entwicklungsebenen anzutreffende Suche nach der Ureinheit als Dynamik der Evolution, von ihm als "Atman-Projekt" bezeichnet. "Diese immerwährende Ganzheit, die sich in jedem Menschen manifestiert, nennen wir Atman [...] Da Atman ein integrales Ganzes ist, außerhalb dessen nichts existiert, umfaßt es allen Raum und alle Zeit und ist damit selbst raumlos, zeitlos, unendlich und ewig [...] Atman ist nicht nur das grundlegende Wesen aller Seelen, sondern jeder Mensch weiß oder erfaßt intuitiv, daß

---

[622]   ebd. S.24.
[623]   Unter 1.2.3.2. wurde bereit auf diesen Ansatz bei Ferguson verwiesen.
[624]   vgl. Ferguson 1982, S.87.
[625]   ebd. S.92.
[626]   ebd. S.93.
[627]   abd. S.99.
[628]   ebd. S.116.
[629]   Ken Wilber, Halbzeit der Evolution. Der Mensch auf dem Weg vom animalischen zum kosmischen Bewußtsein. Eine interdisziplinäre Darstellung der Entwicklung des menschlichen Geistes. Bern 1988.

dies so ist [...] Ungeachtet dessen, daß mein wahres Wesen schon immer Gott ist,
zu wollen, daß mein Ego Gott sein möge – und damit unsterblich, kosmozentrisch,
todesverneinend und allmächtig –, das ist das Atman-Projekt. Das Atman-Projekt
ist also sowohl eine Kompensation für das scheinbare (also letzthin illusorische)
Fehlen von Atman, als auch das Bemühen, Atman wiederzuerlangen, das heißt,
seiner gewahrzuwerden [...] Ich will versuchen aufzuzeigen, daß es letzten Endes
das Atman-Projekt ist, das die Geschichte, die Evolution und die individuelle
Psyche in Gang hält"[630].

Ziel des Menschen ist es, das Überbewußtsein, die Höchste Einheit,
das Absolute zu erreichen. Aber das ist erst möglich, wenn er die "Große Kette des
Seins", die sich in acht Stufen einteilen läßt, durchlaufen hat. Diese sind:

1. Natur (physische Natur und niedere Lebensformen);
2. Körper (höchste körperliche Lebensformen, magische Stufe);
3. Früher Geist (verbale, mythische Gruppenzugehörigkeit; paläologisch; Übergang
vom unbewußt-präpersonalen Sein der Stufe 1 u. 2 zur selbstbewußt personalen
Stufe);
4. Entwickelter Geist (rationale, mental-ichhafte, selbstreflexible Stufe);
5. Psychische Stufe (schamanische Stufe, Nirmanakaya – intuitives Erfassen des
Atman-Bewußtseins);
6. Subtile Stufe (Stufe der Heiligen, Sambhogakaya);
7. Kausale Stufe (Stufe der vollkommenen Erleuchteten, Dharmakaya);
8. Höchste Einheit (das Absolute, Svabhavikakaya)[631].
Stufe 5 und 6 stellen den Übergang vom selbstbewußt-personalen zum überbe-
wußt-transpersonalen Sein dar.

Bisher hat das durchschnittliche menschliche Bewußtsein die Stufe
4 erreicht ("Halbzeit der Evolution"). Über die weitere Entwicklung schreibt
Wilber: "Die weiteren Ebenen verbleiben als das gegenwärtige und höhere
Potential jedes Menschen, der sich darum bemüht, sich über das mental-ichhafte
Stadium hinaus zu entwickeln und zu transformieren. Ich behaupte, daß die
Tiefenstrukturen aller höheren Ebenen im unbewußten Urgrund vorhanden sind,
wo sie darauf warten, sich in jedem Individuum zu entfalten [...] Diese Umwandlung zu höheren und überbewußten Ebenen erfolgt auf dieselbe Weise, wie
es bei allen vergangenen Transformationen geschah: Das Ich muß den Tod seiner
gegenwärtigen Ebene akzeptieren, muß sich von dieser Ebene differenzieren und
sich dadurch zur nächsthöheren Stufe transzendieren [...] Das ist kurz gesagt
genau das, was Meditation bewirken soll: den mental-ichhaften Veränderungen

---

[630]   ebd. S.27ff.
[631]   vgl. ebd. S.24.

Einhalt gebieten, damit die Transformation zu den überbewußten Bereichen beginnen kann"[632].

Eine "erfolgreiche und vollständige Meditation"[633] mündet letztlich in die Stufe 8, den "allerhöchsten Bereich der vollkommenen Auflösung des separaten Ichempfindens in jeder Form"[634].

Mit Erreichen der letzten Stufe ist das Atman-Projekt des Menschen aufgegangen – er hat den raumlosen Urgrund allen Seins erreicht, er ist Gott geworden; denn Atman – "dies ist ewig und zeitlos [...] Buddha-Wesen [...] Tao [...] Geist [...] Bewußtsein [...] oder aber Gott"[635].

Charakteristisch für den theologisch-anthropologischen Ansatz bei Wilber ist, daß Atman nicht im Personen-, sondern im Sachregister geführt wird. Gott ist ein apersonales Es, der kosmische Urgrund, aus dem sich der Mensch herausentwickelt, um sich wieder in ihm aufzulösen. Ken Wilber, amerikanischer Biochemiker, Psychologe und Philosoph, der "heute unter New Agern als philosophischer Wegweiser, als Integrierer und Exeget der 'Ewigen Weisheit' im 'neuen' Verständnis"[636] gilt und der sich selbst als "transpersonalen Denker"[637] versteht, gibt damit eine Grundmatrix des New Age – Menschen- und Gottesbildes:

Im Atman trifft der Mensch auf sein wirkliches, unsterbliches Selbst, das mit einem apersonalen Gott, "dem Göttlichen", ident ist.

Jean Gebser, Kulturphilosoph, setzt seine Betrachtungen über den Menschen ebenfalls bei der Beschreibung der Strukturentwicklung des menschlichen Bewußtseins an. Er bleibt aber in der Darstellung im wesentlichen auf dem Boden der europäischen Kultur und argumentiert weniger hypothetisch als Ken Wilber.

In seinen Ausblicken auf eine aperspektivische Welt bezieht er sich auf konkrete Erfahrungs- und Wirkbereiche des Menschen (Natur-, Geistes-, Sozialwissenschaften, Künste) und ist dabei offener für eine differenzierte religiöse Interpretation als Wilber. Lassalle, Jesuit, Zen-Meister und von New Agern oft zitierter (aber von ihnen in seinem Grundansatz über weite Strecken mißverstandener) kirchlicher Gewährsmann, baut seine Sicht vom neuen Menschen auf dem theoretischen Fundament Jean Gebsers auf[638].

---

[632]   ebd. S.365f.
[633]   ebd.
[634]   ebd.
[635]   ebd. S.27.
[636]   Gruber 1987, S.32.
[637]   ebd.
[638]   vgl. auch Kapitel 2.3.2.

Jean Gebser beschreibt in seinem Hauptwerk "Ursprung und Gegenwart"[639] eine Bewußtseinsentwicklung des Menschen von einer archaischen Stufe über eine magische und mentale. Ziel ist das Erreichen einer integralen Stufe, die alle vorigen einschließt und zu einer aperspektivischen Wirklichkeitserfahrung befähigt. Hauptkriterien dieser neuen Wirklichkeitserfahrung sind: Zeitfreiheit, Durchsichtigkeit und Ganzheitlichkeit.

Aperspektivität will sagen, daß im integralen Bewußtsein des Menschen die Kategorien Raum und Zeit relativiert und in einer "vierten Dimension" aufgehoben werden. "Nur die Zeit als Uhrenzeit oder geometrisierte Größe ist im eigentlichen Sinn des Wortes eine Dimension, ein Ausmessen; die echte vierte Dimension im Sinne der Zeitfreiheit als akategorialem Element ist eine Amension. Wenn der Ausdruck Dimension trotzdem beibehalten wird, so läßt sich das damit rechtfertigen, daß die vierte Dimension eine Auflösung und Integrierung der drei Raumdimensionen bewirkt: sie löst die Meßbarkeiten und sie 'mißt' gewissermaßen 'hindurch'"[640].

Mit dem *archaischen* Bewußtsein ist jene Frühform menschlichen Bewußtseins gemeint, das den Übergang vom Tier zum Menschen darstellt. Das zum Mensch werdende Tier wird einer ersten inneren Freiheit gewahr, lebt aber noch in einer "Gegenüberlosigkeit", "denn erst eine Welt des Gegenüber, erst die der Identität verlustig gegangene Welt enthält die Möglichkeit des austauschenden Verkehrs"[641]. Es ist die Stufe des problemlosen Einklangs, der Identität von innen und außen, der mikro- und makrokosmischen Harmonie.

Auch auf der folgenden, der *magischen* Bewußtseinsstufe ist der Mensch noch ichlos. "Zu dieser magischen Struktur wird der Mensch aus dem 'Einklang', der Identität mit dem Ganzen, herausgelöst. Damit setzt ein erstes Bewußtwerden ein, das noch durchaus schlafhaft ist: der Mensch ist zum ersten Male nicht mehr nur in der Welt, sondern es beginnt ein erstes, noch schemenhaftes Gegenübersein"[642].

Auf der darauffolgenden *mythischen* Stufe bricht das Bewußtsein zum Gegenüber durch, der Mensch beginnt sein Ich zu erkennen und aus der magischen Naturverflochtenheit herauszutreten. "War die archaische Struktur der Ausdruck der nulldimensionalen Identität und der ursprünglichen Ganzheit, war die magische der Ausdruck der eindimensionalen Unität und naturverwobenen Einheit – so ist die mythische Struktur Ausdruck der zweidimensionalen Polarität

[639]   Jean Gebser, Ursprung und Gegenwart. 1.Teil: Die Fundamente der aperspektivischen Welt. 2.Teil: Die Manifestationen
        der aperspektivischen Welt. München 1988[3].
[640]   ebd. S.457.
[641]   ebd. S.85.
[642]   ebd. S.87f.

[...] Die mythische Struktur [...] führt zu einer Bewußtwerdung der Seele, also der
Innenwelt [...] Mythos: das ist ein Schließen von Mund und Augen; und da es ein
schweigendes Nach-Innen-Sehen (und ein Nach-Innen-Hören) ist, ist es ein
Ansichtigwerden der Seele"[643]. Im Mythos wird innen Erschautes nach
außen künstlerisch dargestellt und ist "Spiegel der Seele"[644].

Mit der Ausbildung des begrifflichen Denkens ist die vierte, die
mentale Bewußtseinsstufe erreicht. "Verglichen mit der zeithaft-seelisch betonten
mythischen Struktur, mutet der Übergang in die mentale an wie ein Fall aus der
Zeit in den Raum. Aus der Geborgenheit des zweidimensionalen Kreises und aus
dessen Einschließung tritt der Mensch hinaus in den dreidimensionalen Raum: da
ist kein In-Sein polarer Ergänztheit mehr; da ist das fremde Gegenüber, der
Dualismus, der durch die denkerische Synthese, diese mentale Form der Trinität,
überbrückt werden soll; denn von Einheit, Entsprechung, Ergänzung, geschweige
denn von Ganzheit ist nun nicht mehr die Rede"[645].

Gebser meint, daß damit die Phase einer "perspektivischen Welt" erreicht sei und
sich die Weise der Wirlichkeitswahrnehmung in Kunst, Politik und Technik
widerspiegelt. "Es ist kein Zufall, daß in den Jahren, da die Perspektive den Raum
als solchen erschließt, die soeben angeführten Einbrüche in die verschiedenen
Raumwelten erfolgen, welche die Welt endgültig in eine räumliche, aber damit auch
sektorhafte umgestalten. Und im gleichen Augenblick zerbirst die bis dahin noch
bewahrte Einheit, und es wird nicht nur die Welt geteilt, es beginnt nicht nur das
Zeitalter der Kolonien, es beginnt auch das der anderen Teilungen: das Zeitalter
der Schismen und Kirchenspaltungen, das gleichzeitig eines der Eroberungen und
der Machtpolitik, der entfesselten Technik und der Emanzipationen aller Art
ist"[646].

Mit dem *integralen* Bewußtsein ist die oben bereits erwähnte
vierdimensionale Wirklichkeit und die Ebene der aperspektivischen Welt erreicht:
Raum und Zeit werden zwar nicht abgeschafft, aber überwunden; in der Kunst der
Moderne (etwa in der figuralen und räumlichen Darstellungsweise Picassos wird
dies erkennbar; Erfahrungen werden durch Begriffe und Worte hindurch auf ihr
Wesen hin durchsichtig (das Diaphane, Transparente)[647]; der extreme
Dualismus der mentalen Bewußtseinsstufe wird durch die Wahrnehmung des
Ganzen aufgehoben.

Lassalle wird hier anknüpfend sagen[648], daß damit auch die

---

[643]   ebd. S.113f.
[644]   ebd.
[645]   ebd. S.132.
[646]   ebd. S.57.
[647]   vgl. ebd. S.32.
[648]   vgl. 2.3.2.

religiöse Dimension umschlossen sei und daß sich der Mensch im Bemühen um das Erreichen der aperspektivischen Wirklichkeitserfahrung auf der Stufe des integralen Bewußtseins dem personalen Gott so weit von sich aus nähert, als es ihm möglich ist; die Begegnung mit diesem persönlichen Gott ist dann das Ziel des Menschen – als Gnade von Gott her und als Tun vom Menschen aus.

Hans Endres zeichnet ein spirituelles Menschenbild in Vollendung, das über meditatives Bemühen erreichbar sei[649]. Kennzeichen dieses neuen, vollendeten Menschen in seiner irdischen Verkörperung sind: ausgewogene Harmonie bei höchster Aktivität, ausgeprägte Individualität ohne Streben nach äußeren Rangabzeichen, vollbewußte Gefühlskontrolle, vollständige Trieb-beherrschung ohne Triebabtötung, innere Führung durch überbewußte Intuition, ehrliche Selbsterkenntnis, Wahrhaftigkeit ohne Kränkung, Egoismusfreiheit, motivierend statt suggerierend, Gelassenheit, Geduld, In-der-Welt-sein statt Von-der-Welt-sein, Friedfertigkeit, Seinsorientierung (an Stelle von Haben oder Handeln), Leben in Bewußtsein der Allgegenwart des Göttlichen, Bescheidenheit, Selbstsicherheit, Schweigsamkeit, innere Freiheit, Zuverlässigkeit, Identität von Eigenwillen und "generellem Gotteswillen", Bewußtsein des Eins-Seins, Toleranz, Liebe, Glückseligkeit und Dankbarkeit[650].

In der Meditation wächst der Mensch in einem Dreischritt über sich hinaus: "Wann immer wir über die Begrenztheit unserer irdischen Erscheinungs-form hinausgelangen, geschieht dies in einer dreifachen Steigerung: in die umgebende Natur, in die Weite des Kosmos, in die Ewigkeit des Göttlich-Ganzen. Wir wachsen so gewissermaßen in immer größer werdenden konzentrischen Ringen über die Enge unseres egozentrischen Persönlichkeitsbewußtseins hinaus in die Unendlichkeit des unserem Seelenwesen innewohnenden Höchsten Bewußtseins hinein"[651].

Auch bei Endres taucht das schon bei Wilber angesprochene Modell des Menschen auf: Das "Höchste Bewußtsein" als Chiffre für "das Göttliche" ist Urgrund der Seele des Menschen. Von dort kommt er, dorthin ist er unterwegs; seine Aufgabe ist es, "dieses Göttliche" zu verwirklichen.

Bei Endres ist die christlich-esoterisch-gnostische Vermischung des Menschen- und Gottesbildes besonders klar erkennbar: als "Kontemplationsbei-spiel" führt er ein Gebet des Franz von Assisi an, in dem dieser Gott mit "O Herr" anspricht und aus dem hervorgeht, daß der Poverello diesen Herrn als personales Gegenüber erfährt (was auch nach den sonstigen Lebenszeugnissen des Franz

---

[649]   Hans Endres, Das spirituelle Menschenbild und seine Verwirklichung im täglichen Leben. München 1988.
[650]   vgl. ebd. S.85ff.
[651]   ebd. S.243.

eindeutig zu belegen ist)[652]; der Kontext der übrigen "Kontemplationsbei-
spiele" bleibt aber seiner apersonalen Gottessicht treu.
Christliche Feste werden esoterisch interpretiert. Ostern wird so gedeutet: "Die
'Grablegung' des Samens in der Erde und der Seele in der Inkarnation – die
'Auferstehung' des Lebenskeimes in der Sonne und des Gotteskindes im
Licht"[653]. Die eigentliche Bedeutung des Weihnachtsfestes liegt im "Sieg
des Lichtes über die Dunkelheit als Symbol für den Sieg der Erkenntnis über die
Unwissenheit im Menschen"[654].

     Hier wird wieder die Parallelisierung Neognosis-Esoterik-New Age
einsichtig: Nicht Pistis und Gnosis als Grundvollzüge personaler Begegnung sind
für den neuen Menschen nach Endres das konstituierende Merkmal, die Gnosis des
Göttlichen genügt.

     Zuletzt soll noch das Bild des "Neuen Menschen", wie Carl Rogers es
zeichnet und wie es für das New Age neben den Überlegungen Wilbers, Gebsers
bzw. Lassalles und Endres' kennzeichnend ist, mit wenigen Strichen skizziert
werden. Als Vorbemerkung ist dabei die Frage nach der Legitimität, mit der Rogers
in die Reihe der New Ager gestellt wird, zu klären.
     Sicher lassen sich beim Rogers der "klientenzentrierten Gesprächs-
psychotherapie" der 40er-Jahre noch keine New Age-Ansätze finden. Aber von der
"Klientenzentrierung" zur "Personenzentrierung" ging nicht nur der Entwicklungsweg einer Therapieform, sondern auch der innere Wandel einer Persönlichkeit.
     Rogers, der Mitbegründer der Humanistischen Psychologie, Mitarbei-
ter in Esalen und Mitträger der Human Potential-Bewegung, beschreibt seine
persönliche Entwicklung in den letzten zwanzig Lebensjahren so: "In diesen
letzten Jahren bin ich, glaube ich, aufgeschlossener für neue Ideen geworden. Am
bedeutungsvollsten für mich waren Ideen, die das Innenleben des Menschen
betreffen – die Sphäre der psychischen Kräfte und der übersinnlichen Fähigkeiten des Menschen. Für mich stellt dieser Bereich die 'new frontier' des Wissens
dar, das Neuland der Forschung. Vor zehn Jahren hätte ich eine solche Behauptung nicht gewagt [...] Ich bin auch für noch mysteriösere Phänomene aufge-
schlossen, wie Paragnosie (Vorahnungen), Gedankenübertragung, Hellsehen,
menschliche Auren, Kirliansche Photographie und selbst außerkörperliche
Erfahrungen. Diese Phänomene mögen nicht mit den uns bekannten naturwissenschaftlichen Gesetzen in Einklang zu bringen sein, aber vielleicht sind wir im

---

[652]   ebd. S.229.
[653]   ebd. S.166.
[654]   ebd. S.163.

Begriff, neue Gesetzmäßigkeiten zu entdecken. Ich habe das Gefühl, in einem neuen Bereich viel zu lernen, und ich finde meine diesbezüglichen Erfahrungen aufregend und erfreulich"[655].

Unter dem Titel "Blick in die Zukunft" beschreibt er im "Neuen Menschen", einem seiner letzten Bücher[656], die Welt und den Menschen von morgen. Darin begegnet man Wendungen, die in jede gehobene New Age-Publikation aufgenommen werden könnten: "Meditation... Intuition... veränderte Bewußtseinszustände... spirituelle und transzendentale Kräfte... geistiges Potential... Konvergenz zwischen theoretischer Physik und Mystik... kosmischer Tanz... bewußtseinserweiternde Aktivitäten... Interesse an der uralten Weisheit... Schwingungsenergie... Paradigmenwechsel... ein völlig neues Denkmodell..."[657].

Fritjof Capra dankt Rogers in seiner Wendezeit für "seine Eingebungen, seine allgemeine Hilfe und Großzügigkeit"[658]. Marilyn Ferguson beruft sich auf seine Beschreibung des "entstehenden Menschen"[659], und das 'New-Age-Wörterbuch' von Gruber/Fassberg bezieht sich unter dem Stichwort 'Neuer Mensch' ausdrücklich auf Carl Rogers[660].

Das mag an Legitimierung genügen, um Rogers' Beschreibung des Neuen Menschen als für das New Age gültige Vision des transformierten Menschen vorzustellen.

Die "Qualitäten des neuen Menschen"[661] bestehen in: Offenheit (für neue Erfahrungen im Bereich der inneren und äußeren Welt); Verlangen nach Authentizität; Skepsis in bezug auf Wissenschaft und Technologie; Verlangen nach Ganzheit (in Gedanken, Gefühlen, körperlicher und psychischer Energie); Wunsch nach Nähe; Prozeßbewußtsein; Anteilnahme (die aber den 'professionellen Helfern' mißtraut); ökologischer Einstellung zur Natur; Ablehnung der Institutionen; Vertrauen in die eigene innere Autorität; Bewußtsein der Unwichtigkeit materieller Dinge; Sehnsucht nach dem Spirituellen. "Dies sind einige Merkmale 'die ich an der Person von morgen wahrnehme'"[662], schreibt Rogers. Dieser neue Mensch wird in der Lage sein, in der heraufkommenden neuen Welt zu leben. Abschließend meint er: "Falls wir uns nicht in die Luft sprengen, wird diese neue Welt zwangsläufig kommen und unsere Gesellschaft verändern"[663].

---

[655] Carl Rogers, Der neue Mensch. Stuttgart 1981, S.49.
[656] und insofern kann es als eine Art Resümee seines späten Denkens gelten; nach dem 'Neuen Menschen' erschien noch C.Rogers, Freiheit und Engagement. Personenzentriertes Lehren und Lernen. München 1982.
[657] Rogers 1981, S.177ff.
[658] Capra 1985, S.487.
[659] Ferguson 1982, S.65.
[660] Gruber/Fassberg 1988, S.91ff.
[661] Rogers 1981, S.183ff.
[662] ebd. S.185.
[663] ebd. S.186.

Doch so optimistisch und positiv im Grunde die Skizzen des New Age zum neuen Menschen im ersten Ansehen auch scheinen mögen: die Vision eines transformierten Menschen, der über den gegenwärtigen hinausragt, bleibt durch den Begriff des Übermenschen bei Nietzsche belastet. Achtsamkeit scheint geboten, wo alte Geister in neuer Garderobe wieder auferstehen könnten.

Wenn es bei Gerken für die transformierten Unternehmer-Menschen heißt, daß sie eine Elite seien, die in der Lage ist, ihr inneres Wollen "zu einem Dauerbild über einen längeren Zeitraum zu verfestigen... [wodurch sie] über das Prinzip der 'morphogenetischen Resonanz' alle Mitarbeiter auf den Ebenen darunter so beeinflussen [kann], daß sie in ihrem Rahmen zur Verwirklichung dieser Vision [ihres inneren Wollens] fähig werden"[664], dann drängt sich die Frage auf: was geschieht, wenn dieses neue Managerideal der Wirtschaft auch in der Politik Geltung bekommt?

Es stellt sich auch die Frage nach der normativen Bindung des transformierten Menschen. Ist er der total Freie, der allein aufgrund seiner Selbstverwirklichung sein Leben in Verantwortung zu gestalten weiß?

Wegen der Verkoppelung des neuen Menschenbildes mit dem holistischen und pantheistischen Grundzug des New Age ist anzufragen, ob im Grunde so etwas wie Verantwortung eine logische Berechtigung hat: Denn wenn ich das kosmische Selbst als das Absolute in mir trage, dann reduziert sich Verantwortung auf Selbstreflexion, und es genügt mir eine "Verpflichtung" auf meine "innere Autorität"[665]. Es gibt für mich kein Du, das mich in irgendeiner Weise zur Rechenschaft ziehen könnte; ich bin zum Übermenschen geworden, der sich selbst Gesetz ist, und die Anthropozentrik der Neuzeit hätte in dieser Gestalt eine letzte Aufgipfelung erfahren.

John White schreibt in der Einleitung zum "International Cooperation Council Directory" (heute "Unity-in-Diversity Council") im Jahr 1979: "Was sich heutzutage vollzieht [...], ist weder ein Generations- noch ein Kommunikationskonflikt [...] Es ist ein Konflikt der Arten. Eine neue Spezies breitet sich auf diesem Planeten aus und macht ihr Recht auf Leben geltend. Das bringt sie unausweichlich in Konflikt zur herrschenden Spezies. Aber die jetzt herrschende Spezies stirbt aus [...] Eine neue und höhere Form menschlicher Wesen übernimmt die Herrschaft über den Planeten [...] Äußerlich ähneln diese durch Mutation veränderten Menschen den früheren Formen. Der Unterschied liegt im Innern, in ihrer veränderten Mentalität, in ihrem Bewußtsein [...] Dieser sich neu entwickelnden Gattung von Menschen gebe ich den Namen homo noëticus"[666]. Auch so

[664]   Gerken, zit. in: Gruber 1987, S.152.
[665]   Rogers 1981, S.184.
[666]   White zit. in: Cumbey S.129.

kann das transformierte Menschenbild des New Age umschrieben werden. Eine Synopse mit dem Menschenbild des Nationalsozialismus drängt sich auf.

Bleibt zu hoffen, daß Ferguson recht hat, wenn sie schreibt: "Eine neue Welt bedeutet – so wie es die Mystiker immer gesagt haben – einen neuen Geist"[667]. Es wird davon abhängen, welcher Geist hier letztlich gemeint ist.

[667]   Ferguson 1982, S.41.

1.4. EIN KLEINSTER GEMEINSAMER NENNER

Unter 1.1. bis 1.4. wurde versucht, von verschiedenen Blickwinkeln aus einen Zugang zum bunten Weltanschauungs-Kaleidoskop mit dem Etikett 'New Age' zu gewinnen. Umwege, Überschneidungen und Wiederholungen waren nicht zu vermeiden, sollte das Schillernde, Widersprüchliche und zum Teil Beeindruckende des New Age auch nur einigermaßen angedeutet werden.

Nun soll kurz zusammenfassend aufgewiesen werden, worin das Gemeinsame all dieser Gruppierungen, die sich, ausgesprochen oder unausgesprochen, dem New Age verpflichtet wissen, liegt.

1.4.1. Gemeinsame Merkmale von New Age-Gruppierungen

Tibusek macht in folgenden vier Punkten das Gemeinsame aller dem Wassermann und seinem neuen Zeitalter verpflichteten Gruppen aus[668]:

1. Die sichtbare, materielle Welt wird nicht als die einzige Wirklichkeit verstanden, das Eigentliche liegt dahinter.

2. Die Welt wird als holistisches System verstanden, in das der Mensch integriert ist und in dem sich "Göttliches" realisiert, das als Universum der "Leib Gottes" wird. Der Mensch ist somit zumindest in seinem Inneren mit Gott ident (Pantheismus, Monismus).

3. Im Menschen ruht ein verschüttetes Kräftepotential, das durch Psychotechnik, Meditation, "Transformation" freigelegt werden muß.

4. Mit dem Kommen eines neuen Zeitalters, das alle Lebensbereiche transformiert (umfassender Paradigmenwechsel), wird fest gerechnet; in ihm werden die im Menschen schlummernden Kräfte voll zur Entfaltung kommen.

Die Welt also als Illusion, Gott als Es, der Mensch als Teil des Göttlichen. Damit ist für das New Age generell auch eine Frage nach den Bösen im Sinn moralischer Verantwortung und personaler Entscheidung hinfällig: Nichterkennen oder Nichterleuchtetsein tritt an dessen Stelle. Neognostische Grundausrichtung kann als gemeinsame Signatur aller New Age-Bewegungen gelten.

Hanefeld faßt das Kennzeichnende des transformierten Wassermann-Bewußtseins in fünf Punkten zusammen[669], und er ergänzt damit die von Tibusek geschilderten Merkmale:

[668]   vgl. Tibusek 1988, S.12.
[669]   vgl. Hanefeld, New Age - was ist das eigentlich? In: Esotera 1980, S.141ff.

Synthese (das New Age-Bewußtsein hat analytisches Vorgehen durch synthetisches ersetzt und kann verschiedene Ansichten in einen Zusammenhang bringen);

Gruppenbewußtsein (als neue Form des Gemeinschaftsbewußtseins durch Erreichen einer höheren Ich-Bewußtheit und individuellen Persönlichkeit, die sich auf einer höheren Ebene mit anderen kosmisch verbunden weiß);

Taoistisches Führungsprinzip (jeder ist aufgerufen durch Ausrichtung nach kosmischen Gesetzen, den "Guru in sich" und seine eigene Spiritualität zu suchen);

erweitertes spirituelles Bewußtsein (die Transzendenz wird als Erfahrungsmöglichkeit begriffen, ein klares inneres Wissen in neuen geistigen Dimensionen wird erreicht);

Bewußtsein der menschlichen Krise (die apokalyptischen Reiter werden im New Age in Atomkraftwerken, Rüstungsbetrieben, harten Technologien usw. diagnostiziert).

1.4.2. Ein kleines "Wassermann-Glossar"

Hier sei eine Liste der wichtigsten Vokabel angeführt, über die man als New Ager verfügen muß, oder an denen man New Ager erkennen kann[670]:

Alternativ, analoges Wissen, Androgynität, Archetypus, Astralreisen, Atman, Aura, außerkörperliche Erfahrungen, Bewußtsein, Bewußtseinserweiterung, Bewußtseinsevolution, Bioenergetik, Buddhismus, Chakra, Channeling, dissipative Struktur, Encounter, Energie, Entropie, Erleuchtung, Esoterik, Evolution, Fließgleichgewicht, Fluktuation, Gaia-Hypothese, Ganzheitlichkeit, Gipfelerfahrung, globales Dorf, Gnosis, Grenzerfahrung, Guru, Holismus, Holobewegung, Ich, Individuation, Initiation, Intuition, Karma, Kommunikation, Körpertechnik, Kundalini, Magie, Mandala, Mantra, matriarchales Bewußtsein, Maya, Meditation, morphogenetisches Feld, Mystik, Mythos, Netzwerk, Ökologie, Paradigma-Paradigmenwechsel, Parapsychologie, Positives Denken, Prana, psychedelische Erfahrungen, Psychotechniken, Quantenphysik, Rebirthing, Reinkarnation, Religion, "Sanft", Schamane, Selbst, Selbstverwirklichung, Solarzeitalter, Spiritualität, Synthese, Systemdenken, Tao, Transformation, Transpersonal, Transzendenz, Wassermann-Zeitalter, Wiedergeburt.

Die Liste erhebt keinerlei Anspruch auf Vollständigkeit, aber ein

---

[670]   vgl. auch Gruber/Fassberg 1988.

gehäuftes Auftreten dieser Begriffe in den unterschiedlichsten Kombinationen[671] würde auf eine Nähe zum New Age-Denken hinweisen.

---

[671]   vgl. Ralf Bülow, Nachhilfe - Sprechen New Age. In: Psychologie heute 9/85, S.9.

1.5. TRANSPERSONALE PÄDAGOGIK –
DIE IMPLIZITE BILDUNGSTHEORIE DES NEW AGE

Wenn es Aufgabe einer Bildungstheorie ist zu zeigen, "wie der Mensch über das Wissen zum Handeln zu finden vermag"[672], dann gilt das im besonderen Maße als Anliegen des New Age: Der Neue Mensch des Neuen Zeitalters soll in einem neuen Bezugsrahmen zum Handeln aufgrund eines neuen, esoterisch-transpersonalen Wissens fähig werden. Die Transpersonale Psychologie bemüht sich, den Menschen auf dem Weg ins Wassermannzeitalter zu neuem, den normalen Erfahrungsbereich der Person übersteigendem Erleben zu verhelfen; analog ist es die Absicht einer "Transpersonalen Pädagogik" bzw. " – Erziehung", die Lernenden dazu zu ermutigen, "wachsam und autonom zu sein, Fragen zu stellen, alle Ecken und Enden der bewußten Erfahrung zu erforschen, nach einem Sinn zu suchen, äußere Begrenzungen auf die Probe zu stellen und die Grenzen und die Tiefen des Selbst zu überprüfen [...] Sie hat zum Ziel, Transzendenz zu fördern und keine bloß miteinander wetteifernden Fähigkeiten zu bieten"[673].

Tatsächlich ist die Pädagogik in Bewegung geraten: Sich rasch ändernde Produktionsverhältnisse, neue Technologien, der rasante Fortschritt der Wissenschaften, die immer länger werdende Freizeit, die Entwicklung neuer Lehrmedien und -methoden, eine neue Sicht des Menschen, eine immer komplexer werdende Gesellschaft und vieles mehr fordern die Bildungstheoretiker heraus, ihren erziehungswissenschaftlichen Denkrahmen zu überprüfen.

Dazu kommt, daß das öffentliche Schulsystem in den letzten Jahren trotz mehr oder minder heftiger Schulreformversuche immer mehr unter kritischen Druck gerät. Hans A. Pestalozzi weist darauf hin, daß jedes Kind zunächst gern und freiwillig lernt und kreativ ist "bis es in die Schule kommt"[674]. Nach einem Jahr Schule hätte das Kind 50 %, nach 10 Jahren 90 % seiner ursprünglichen kreativen Gestaltungs- und Ausdrucksfähigkeit verloren[675].

Wie seriös die von Pestalozzi angeführten Ziffern auch sind oder nicht sind – Tatsache ist, daß das öffentliche Regelschulwesen stark an Kredit eingebüßt hat; der Zuzug zu (meist katholischen) Privatschulen oder sonstigen Alternativschulen (hier allen voran zu den Steinerschen Waldorfschulen) stellt nicht nur einen Beleg für diesen Kreditverlust dar, sondern gibt auch einen Hinweis auf das, was an der öffentlichen Schule kritisiert wird: Suchen die einen nach einer

---

[672]   H.Mühlmeyer, "Bildung". In: Das neue Lexikon der Pädagogik. Bd 1, Freiburg 1970, S.180.
[673]   Ferguson 1982, S.332f.
[674]   ebd. S.42.
[675]   vgl. ebd.

Erziehung in einem klar definierten, christlichen Weltanschauungs-
rahmen[676], so wollen die anderen ihren Kindern Leistungsdruck und
Selektionszwang ersparen, ihre Kreativität fördern und sie in ihrer
Ganzheitlichkeit ernstnehmen[677].

Weiters ist anzumerken, daß eine Bildung, die auf eine schulische
Vermittlung im Kindes- und Jugendalter reduziert wird, in der Gesellschaft von
heute überholt ist. Die anstehenden sozialen, ökonomischen, ökologischen und
existentiellen Probleme der Menschen sind viel zu komplex geworden, als daß eine
Sicht des Lernens aus der Zeit unserer Väter und Großväter noch genügen könnte
(nach altem Sprachgebrauch hatte man nach Abschluß seiner Lehrzeit "ausge-
lernt"!). Adam Schaff schreibt im Bericht an den Club of Rome: "Die Lösung, die
wir vorschlagen, lautet: Einleitung eines permanenten Lernprozesses"[678].

Bereits Alice Bailey hat sich in ihrer 1954 erschienenen Schrift
"Erziehung im Neuen Zeitalter" Gedanken über eine Pädagogik im Zeichen des
Wassermanns gemacht. Sie entwickelt die Idee der "Antahkarana", der Regenbo-
genbrücke[679]. Sie meint damit, daß in der Erziehung eine Brücke zwischen
dem niederen, analytisches Wissen ansammelnden Denken und dem höheren Denk-
vermögen, das ein Aspekt im göttlichen Selbst des Menschen ist, hergestellt
werden müsse. "Das ist ein wissenschaftlicher Vorgang, der studiert und als
Meditationstechnik ausgeübt werden kann. Das Erbauen der Antahkarana, wörtlich
'der Brücke zwischen den subjektiven und objektiven Welten', schafft einen Kanal
für die Übermittlung geistiger Energien: Licht, Liebe und Kraft. Diese Energien
verwandeln das tägliche Leben, durchstrahlen die Persönlichkeit und durchdringen das Denken mit schöpferischen Gedanken, die mit den Erfordernissen des
im heraufdämmernden Neuen Zeitalter erkennbar werdenden Planes sichtbar
werden"[680].

Rudolf Steiner wurde unter 1.3.3. bereits als einer der Vorläufer des
New Age vorgestellt. Über die gemeinsame Wurzel der Theosophie steht er mit
seiner Pädagogik in einem inneren Naheverhältnis zu Alice Bailey.

Emil Molt, Inhaber der Zigarettenfabrik Waldorf-Astoria in Stuttgart
und langjähriges Mitglied der Theosophischen – und späteren Anthroposophischen

---

[676]   vgl. Kongregation für das katholische Bildungswesen, Die katholische.Schule (deutsche Ausgabe). Rom 1977 S.12f.
[677]   vgl. dazu Badewein 1988, S.160.
[678]   Adam Schaff in: Berichte an den Club of Rome 1983, S.171.
[679]   Eines der Symbole des New Age neben dem Dreieck und Lichtstrahlen, der Goldmann Verlag bringt seine New Age-Reihe
         unter dem Zeichen der Regenbogenbrücke auf den Markt, und rororo setzt den Schriftzug "transformation" zur
         Kennzeichnung seiner New Age-Reihe in einen stilisierten Regenbogen.
[680]   Bailey zit. in Ruppert 1985, S.32.

Gesellschaft, bat Steiner nach dem Ersten Weltkrieg, auf der Grundlage anthroposophischer Gesinnung eine eigene Schule für die Kinder seiner Arbeiter und Angestellten zu errichten. Mit der Eröffnung der "Freien Waldorf Schule Stuttgart" am 7. September 1919 verstärkte Steiner die Arbeiten an seiner Erziehungskunde.

Die anthroposophische Erziehung versucht, Ansprüche von seiten des Staates oder der Wirtschaft vom Kind möglichst fernzuhalten. "Maßgeblich für die Erziehung ist einzig die durch die anthroposophische Menschenkunde und Menschenerkenntnis vertiefte Einsicht in das Wesen des Menschen und das Bedürfnis des Kindes"[681].

Die Steinersche Pädagogik richtet sich nach angenommenen Siebenjahresperioden der menschlichen Entwicklung: Lernt das Kind im ersten Lebensjahrsiebent noch ganz durch Nachahmung, ist es im zweiten bereit, sich mit vielen Tatsachen aus der Umwelt, Kultur und Geschichte auseinanderzusetzen. Mit dem Eintritt ins dritte Lebensjahrsiebent, der Geschlechtsreife, beginnt es langsam wie die Erwachsenen zu lernen, "das Aufgenommene mit Gedanken zu durchdringen, zu vergleichen und darüber zu urteilen"[682].

Notenzeugnisse sind in Waldorfschulen durch eine verbale Charakterisierung des Kindes ersetzt; Schlüsselfächer wie Rechnen, Sprache, Geographie, etc. werden im Epochenunterricht dargeboten, musische und praktisch-handwerkliche Fächer sind hoch geschätzt.

Innerhalb der musischen Erziehung nimmt die Eurythmie einen besonderen Platz ein – je nachdem, ob Sprachliches, Musikalisches oder Therapeutisches im Mittelpunkt steht – als Laut- oder Heileurythmie. "Die Eurythmie drückt nicht 'etwas aus', sie stellt weder allegorisch noch symbolisch 'etwas dar', sie spricht, ohne den rationalen Gedanken zu benötigen, ursprünglich und direkt zum Menschen. Eurythmie ist augenfällige Offenbarung eines objektiven ätherischen und seelischen Geschehens"[683]. Sie ist in der Pädagogik Steiners damit mehr als nur Gymnastik: "Eurythmie ist für den Anthroposophen der 'Schlüssel' zum 'Wiederaufstieg' in 'die oberen Himmel'"[684].

Die Waldorfschulen legen nach außen hin auf ein weltanschaulich tolerantes Image wert, in der Innenausrichtung wird auf eine strenge Orientierung an der Anthroposophie geachtet.

---

[681]   Baumann 1986, S.196.
[682]   ebd. S.197.
[683]   ebd. S.81.
[684]   Traugott Kögler, Anthroposophie und Waldorfpädagogik, Ansätze einer kritischen Analyse, Stuttgart 1983, zit. in:
        Klaus Berger, New Age - Ausweg oder Irrweg. Asslar 1987[2], S.126.

Ein nicht für die Öffentlichkeit gedachter "Lehrerrundbrief" des Bundes der Freien Waldorfschulen warnt vor der "Unterwanderung durch fremde Interessen, die heute von seiten derer kommen können, die nur eine Alternative suche"[685].

Ziel der Steiner-Pädagogik bleibt, und hier findet die für die Waldorfschulen so gerühmte Eltern-Mitbestimmung auch ihre Grenze, dem Kind, das im Lauf seiner Entwicklung immer mehr in seine Leibeshüllen hineinwächst, Inkarnationshilfen zu geben.

Ein Waldorf-Lehrer berichtet über eine Bergwanderung: "Man sieht es den Schülern an, wie mit jedem Tag ihr Fuß sicherer wird, wie ihr Ich den Leib ergreift und durchdringt. Gibt es aber für den Pädagogen etwas Schöneres, als dem jungen Menschen bei seiner Inkarnation zu helfen?"[686].

Auch wenn Anthroposophie kein "Lehrfach" ist, ist sie in den Waldorfschulen das Grundwasser, das als Unterrichtsprinzip alles durchzieht. Stockmeyer schreibt von einer Forderung Steiners: "Man muß sich bemühen, ohne daß man theoretisch Anthroposophie lehrt, sie so [in den Unterricht] hineinzubringen, daß sie darinnen steckt"[687].

Klaus Berger bemerkt unter diesem Aspekt: "Die Waldorfschulpädagogik mit ihrem deutlichen okkulten Geistbezug, ihrem starken meditativen Element im Unterricht und ihrer Ablehnung des Rationalen (der Kopf ist der 'Todespol' des Leibes) steht ganz im Zeichen einer New-Age-Pädagogik. Sie kann gleichsam als deren Vorläufer und als deren Institutionalisierung gesehen werden"[688].

Ferguson gibt in ihrem "New Age-Grundlagenwerk"[689] die unter dem Titel "Fliegen und Erkennen: neue Wege des Lernens"[690] auch Auskunft darüber, wie sich im Zuge des allgemeinen Paradigmenwechsels die Pädagogik wird transformieren müssen[691]. Allerdings zeigt sich bei ihr, daß die geforderten Neuansätze gar nicht so neu sind: Vieles ist Neuaufguß reformpädagogischer Anliegen und da und dort bereits Realität geworden (was auch für die Waldorf-Pädagogik gilt).

Ferguson beruft sich zunächst auf "alle vorausschauenden Menschen", die betont hätten, "daß man nur dann eine neue Gesellschaft verwirk-

[685]   Lehrerrundbrief 26/1983,1, S.79, zit. in: Bademein 1988 S.141.
[686]   Mitteilungen der Waldorfschule Überlingen, 15/1979, zit. in ebd. S.145.
[687]   Stockmeyer, Rudolf Steiners Lehrplan, zit. in ebd. S.146.
[688]   Berger 1987, S.125.
[689]   so die Verlagsdarstellung, Ferguson 1982, S.1.
[690]   ebd. S.323ff.
[691]   Unter 1.2.3.2. wurde darauf schon kurz Bezug genommen.

lichen kann, falls man die Erziehung der jüngeren Generation verändert"[692]. Da aber das Erziehungswesen "eine der am wenigsten dynamischen Institutionen"[693] ist, setzt ihre Kritik auch beim Schulwesen an[694]. Lernstörungen werden als Folgen "allopathischer Lehrmethoden" (Äquivalent zur medizinischen Allopathie und zur iatrogenen Krankheit) und als vom Lehrer verursachte Leiden, als "pädagogene Krankheit"[695], angesehen. Eine neue Schule im Sinne Fergusons müßte zuerst darangehen, Selbstsicherheit, Initiative, Spontaneität, Einfallsreichtum, Courage, Kreativität, Verantwortlichkeit und Freude[696] zu fördern, um dann nach und nach das Ziel der Transpersonalen Erziehung anzugehen. Diese beinhaltet den Prozeß, "Menschen dem Geheimnisvollen ihres eigenen Inneren auszusetzen"[697].

Transpersonale Erziehung hebt sich von den pädagogischen Reformen der Vergangenheit in der Sicht Fergusons deshalb markant ab, weil sie diese in "fundierte wissenschaftliche Kenntnisse eingebettet" weiß: "in System-Theorie, im Verständnis für die Integration von Geist und Körper, im Wissen um die beiden hauptsächlichen Formen von Bewußtsein und deren Interaktion, im Wissen um das Potential für veränderte und erweiterte Bewußtseinszustände. Sie [die transpersonale Erziehung] betont eher das Kontinuum des Wissens als die einzelnen 'Fächer' sowie die gemeinsame Grundlage menschlicher Erfahrung, ethnische oder nationale Unterschiede transzendierend. Sie unterstützt die Suche des Lernenden nach Bedeutungen, fördert die Notwendigkeit, Formen und Muster zu erkennen, das Verlangen nach Harmonie zu befriedigen [...] Die transpersonale Erziehung begünstigt freundliche Environments für schwierige Aufgaben. Sie feiert sowohl den einzelnen als auch die Gesellschaft, Freiheit wie Verantwortlichkeit, Einzigartigkeit und gegenseitige Abhängigkeit, Geheimnis und Offensichtliches, Tradition wie Innovation. Sie ist komplementär, voller Paradoxien und dynamisch"[698].

Ferguson verschweigt in ihrer hymnischen Darstellung allerdings, wie sie sich in der Praxis das "Feiern" von "Innovation" vorstellt. Aber wie auch immer: "Das erweiterte Paradigma betrachtet eher die Natur des Lernens denn die Methode der Unterweisung. Lernen wird letztlich nicht durch Schulen, Lehrer, Buchwissen, Mathematik, Abschlüsse oder Erfolge repräsentiert. Es ist die Entwicklung, der Prozeß, durch den wir jeden Schritt unseres Weges unter-

---

[692]   ebd. S.324.
[693]   ebd. S.325.
[694]   vgl. "Leitsätze des alten Paradigmas in der Erziehung", Anhang/Dokumentation 3.
[695]   ebd. S.327.
[696]   vgl. ebd. S.331.
[697]   ebd. S.333.
[698]   ebd. S.334.

nehmen, vom ersten Atemzug an; es ist die Transformation, die sich bei jeder Integration von neuen Informationen durch das Gehirn, bei jeder Beherrschung neuer Fähigkeiten einstellt"[699].

Unter dem Aspekt der transformierten Erziehung wandelt sich auch die Bedeutung des Lehrers: "Wie ein guter Therapeut stellt der geistig offene Lehrer eine durch Harmonie, Einklang, Zuneigung und Rückkoppelung gekenn- zeichnete Beziehung her, er spürt unausgesprochene Bedürfnisse auf, Konflikte, Hoffnungen und Ängste. Mit vollstem Respekt gegenüber der Autonomie des Lernenden verbringt der Lehrer mehr Zeit damit, bei der Artikulation von dringlichen *Fragen* behilflich zu sein, als damit, die richtigen Antworten zu fordern"[700].

Wenn Ferguson den transformierten Lehrer als "Förderer, Katalysator, Steuer- mann oder Hebamme"[701], beschreibt, dann zeigt das, daß auch in der Pädagogik Altes im Handumdrehen wieder modern sein kann.

Im "Neuen Lehrplan" spielen für Ferguson alle aus der Trans- personalen Psychologie bekannten Psychotechniken eine große Rolle. Veränderte Bewußtseinszustände werden ernstgenommen und die Schüler ermuntert, sich durch Meditation, Entspannungstechniken, Yoga, Biofeedback etc. auf den Weg der Intuition und des ganzheitlichen Lernens zu machen[702].

Ferguson bezieht aber die transpersonale Erziehung nicht nur auf die Schule des Kindes- und Jugendalters. Sie nimmt Erwachsenenbildung ernst und schreibt dazu: "Ein Teil der transformativen Entwicklung besteht darin, wieder Schüler zu werden, egal, wie alt man ist. Als wir Kinder waren, blieb uns kaum eine Wahl, was und wie wir lernen sollten. In diesem Sinne blieben die meisten von uns für den Rest ihres Lebens passive Kinder, die nicht wissen, daß sie wählen können, daß Lernen – Transformation – stattfindet. Wir werden nur erwachsen, wenn wir – ganz gleich, welchen Alters wir sind – die Initiative ergreifen und anfangen, bewußt zu lernen und dies nicht mehr dem Zufall überlassen"[703].

Gerade was Lernen und Bildung anbelangt, darf bei einer Darstellung der bildungstheoretischen Ansätze im New Age Carl Rogers nicht fehlen. Seine Beziehung zum New Age wurde unter 1.4.10. bereits skizziert.

Zur Legitimierung der Einreihung des "späten" Rogers unter die New

[699]　ebd.
[700]　ebd. S.338f.
[701]　ebd. S.338.
[702]　vgl. ebd. S.367.
[703]　ebd. S.371.

Age-nahen Denker sei noch ein Beleg aus seinem letzten, nach dem "Neuen Menschen" geschriebenen Buch "Freiheit und Engagement, Personenzentriertes Lehren und Lernen"[704] angeführt: Nach einem Rückbezug auf Capras Aussagen im "Tao der Physik", daß sich das Universum als dynamisches und unteilbares Ganzes, das immer auch seinen Beobachter mit einbezieht, darstellt[705], und dem Hinweis, daß durch die relative Autonomie selbstorganisierender Systeme ein neues Licht auf die uralte Frage nach dem freien Willen fiele, schreibt er: "Mir kommt in den Sinn [...] daß nämlich, 'der freie Mensch freiwillig, frei und in eigener Verantwortung sich daranmacht, seine Rolle in einer Welt zu spielen, deren vorherbestimmte Ereignisse durch ihn, seine spontanen Entscheidungen und seinen Willen bewegt werden!' Angesichts der Aussage Capras erhalten diese Worte für mich eine zusätzliche Bedeutung und eine neue Dimension. Es ist eine schöne Bestätigung festzustellen, daß Ansichten, die vorwiegend auf psychotherapeutischen Erfahrungen beruhen, ihre Entsprechung in den Gedanken theoretischer Physiker finden, die auf dem Experiment und der Mathematik beruhen. Das Paradoxe an unserer Freiheit bleibt bestehen, doch es ist ein Paradoxon, dessen Wurzeln im Wesen des Universums gründen"[706].

Rogers fühlt sich in seinem späten Werk dem analogen Denken – 'wie oben so unten' hieß es in der Hermetik – verpflichtet, das die Wirklichkeit holistisch interpretiert. In der Hochschätzung der Erfahrungen östlicher Mystiker[707] hat Rogers wesentliche Merkmale des New Age-Denkens in sein Argumentieren aufgenommen[708]. Bereits im "Neuen Menschen" ist ein neues Erziehungsparadigma im Denken Carl Rogers' bemerkbar geworden; nur, daß er nicht von 'transformierter Erziehung', sondern von einer 'personenzentrierten Pädagogik'[709] spricht.

Als Therapeut sind ihm therapeutische Erfahrungen auch Ausgangspunkt für pädagogische Überlegungen. In der Praxis seiner Einzelberatungen fand er heraus, daß er seinen Klienten zutrauen konnte, selbst zu einem größeren Verständnis ihrer Situation und zu konstruktiven Lösungen für ihre Probleme zu kommen. Vorausgesetzt, es gelang ihm, eine fördernde Umgebung zu schaffen, in der er als Therapeut einfühlsam, zugewandt und echt war. Er stellt die Frage: "Wenn ich den Klienten vertrauen konnte, warum sollte ich dann nicht dasselbe günstige Klima auch für Studenten schaffen können und so einen selbstgelenkten

---

[704]   Carl Rogers 1984.
[705]   ebd. S.230.
[706]   ebd. S.231.
[707]   vgl. ebd. S.230.
[708]   vgl. an Rogers 1981, S.81.
[709]   vgl. ebd. S.139.

Lernprozeß fördern?"[710].

Rogers geht von einem radikalen Optimismus, der in seinen Ansätzen an Rousseau erinnert, aus: Der ganze personenzentrierte Ansatz lebt vom grundlegenden Vertrauen in den Organismus und in dessen Tendenz, sogar dann noch eine Entfaltung zu versuchen, wenn die Möglichkeiten dazu nahezu Null sind. Er nennt das "aktualisierende Tendenz" und schreibt: "Man kann sagen, daß es in jedem Organismus, auf welcher Ebene auch immer, eine zugrundeliegende Ausrichtung auf eine konstruktive Erfüllung seiner innewohnenden Möglichkeiten gibt. Auch im Menschen gibt es eine natürliche Tendenz, die auf eine komplexere und vollständigere Entwicklung ausgerichtet ist"[711].

Damit ist das pädagogische Credo von Carl Rogers umrissen, das seinem therapeutischen entwachsen ist. Manchmal fällt es bei der Lektüre des späten Rogers schwer zu unterscheiden, wo für ihn die Grenzen zwischen Lehrer und Therapeut verlaufen. Festlegbar sind sie dort, wo es um definierbare Inhalte geht – allgemeine Sachinhalte oder Selbsterfahrung, psychische Beratung, Heilung; er schreibt auch, daß "[...] je stärker personenzentriert das psychologische [sic!] Klima im Klassenzimmer ist, desto mehr vitales und kreatives Lernen möglich"[712] wird.

Seine Grundsätze für die Beziehung Klient-Therapeut (Empathie, Akzeptanz und Kongruenz) gelten für die Beziehung Lehrer-Schüler ebenso[713].

Noch klarer wird das New Age-Anliegen bei Rogers dort gefaßt, wo er unter der Überschrift "Der Prozeß der Erziehung und seine Zukunft" auf die Frage eingeht, wie die intuitiven und psychischen Kräfte im Menschen gestützt und genutzt werden könnten. Unter dem Zwischentitel "Erforschung des inneren Raumes?" heißt es: "Es handelt sich um jenen Bereich des Intuitiven, des Übersinnlichen, um die weiten inneren Räume, die sich vor uns ausbreiten. Ich hoffe, daß eine Erziehung, wie ich sie beschrieben habe, unsere Kenntnisse auch in diesem nicht kognitiv erfaßbaren, vielen noch als unlogisch und irrational erscheinenden Raum voranbringt. Es gibt eine wachsende Zahl von schwerlich zu ignorierenden Zeugnissen dafür, daß die menschliche Psyche Fähigkeiten und Potentiale besitzt, die fast unbegrenzt zu sein scheinen, die aber außerhalb der empirischen Wissenschaft liegen, wie wir sie heute kennen"[714].

Zuletzt fragt Rogers noch, welche Implikationen für ein Bildungswesen der Zukunft auszumachen seien, wenn die Grundlinien seines pädagogischen

---

[710]   ebd. S.141.
[711]   Carl Rogers, Die Grundlagen des personenzentrierten Ansatzes. In: Persönlichkeitsentwicklung durch Begegnung. Das personenzentrierte Konzept in Psychotherapie, Erziehung und Wissenschaft. Wien 1984, S.12.
[712]   Rogers 1981, S.148.
[713]   vgl. ebd. S.145.
[714]   ebd. S.150.

Ansatzes in die nachindustrielle Ära hinein ausgezogen werden; vor allem dann,
wenn mit einem allmählichen Zusammenbruch unserer Institutionen aufgrund ihres
Eigengewichtes und ihrer Komplexität gerechnet werden muß. Drei Punkte hebt
er hervor[715]:

1. Das Bildungswesen der Zukunft sollte erkennen, daß die Grundlagen für
Wertentscheidungen im eigenen Inneren der Menschen und nicht draußen in der
materiellen Welt zu finden sind.

2. Entgegen der heute häufig zu beobachtenden Tendenz zur Abhängigkeit
(Antworten   und   Rezepte   von   Gurus)   ist   auch   ein   "Impuls   zur
Mitbestimmung"[716] zu beobachten; den gilt es zu verstärken – er könnte
mit Punkt 1 zum zweiten Überlebensschlüssel werden.

3. Die Entwicklung einer größeren Kooperationsbereitschaft, das Gemeinschaftsge-
fühl und die Fähigkeit, "zum Wohle des Ganzen zusammenzuarbeiten, und nicht
bloß zur Erhöhung des eigenen Selbst"[717] sind zu fördern.

Was Carl Rogers in seinem Buch "Lernen in Freiheit"[718]
erstmals vorgelegt und im "Neuen Menschen" auch anthropologisch begründet hat,
faßt er in "Freiheit und Engagement" zusammen: Es kommt nicht darauf an, daß
der Lehrer dem Schüler Wissen vermittelt, sondern darauf, daß er ihm hilft, selbst
aktiv zu werden und das zu lernen, wozu er ein Bedürfnis hat. In einem Klima des
Einfühlens, der Annahme und der Echtheit sollte dies möglich sein. "Es zahlt sich
aus, im Unterricht menschlich zu sein"[719], zitiert Rogers David Aspy. Es ist
nicht schwer, die geistige Patenschaft Rogers' bei den Anmerkungen zur New Age-
Pädagogik bei Ferguson auszunehmen (zumal, wie bereits erwähnt, Rogers zu den
ebenfalls recht häufig zitierten Autoren bei Ferguson gehört)[720].

[715]   vgl. ebd. S.168.
[716]   ebd. S.168.
[717]   ebd. S.169.
[718]   Carl Rogers, Lernen in Freiheit. Zur Bildungsreform in Schule und Universität. München 1979[3], bes. S.131ff und
         250ff.
[719]   Rogers 1984, S.10.
[720]   vgl. Ferguson, S.516.

1.6. IN MARGINE – KRITISCHE ANFRAGEN AN DAS NEW AGE

Der erste Abschnitt dieser Arbeit sollte einer Darstellung dessen vorbehalten sein, was heute landläufig unter New Age verstanden wird. Bei der Beschreibung des Phänomens allein ist es nicht geblieben. Da und dort, wo es notwendig und brisant schien, ist bereits ein kritischer Aspekt mit einbezogen worden. So mag es hier genügen, ohne systematische Ordnung und Anspruch auf Vollständigkeit, stichwortartig zusätzliche kritische Anfragen und Anmerkungen zum New Age zusammenzufassen.

Begrifflichkeit:

Manche Argumentationslinien von New Age-Autoren sind deshalb schwer nachzuvollziehen, weil Begriffe bei ein und demselben Autor schillernd und mehrdeutig gebraucht werden. Dies vor allem dann, wenn die Ausführungen in eine hymnische Bewegtheit umschlagen wie dies bei Ferguson und Roszak etwa häufig der Fall ist. Es wäre eine eigene Aufgabe, der Begriffsbedeutung von Energie, Transformation, Selbst, Ich, Gott, Transzendenz, kosmisch, Bewußtsein, Religion, Spiritualität, Erleuchtung, Grenzerfahrung usw. bei den verschiedenen Autoren und bei den einzelnen Autoren in den verschiedenen Zusammenhängen nachzugehen.

Vermarktung:

Verlockend wäre es auch, die Frage näher zu untersuchen, ob sich die Wirtschaft des New Age angenommen hat, um eine profitable Marktlücke zu schließen, oder ob New Age selbst zu einem Wirtschaftszweig geworden ist, in dem ein neues, spirituell-transzendent gewordenes Denken der kapitalistischen Versuchung einfach nicht widerstehen kann.
'Auri sacer fames' heißt es bei Vergil, und offensichtlich ist trotz gegenteiliger antimaterialistischer Selbstansprüche im New Age dieser 'verfluchte Hunger nach Geld' nicht erloschen. Oder wovon sollte man sprechen, wenn für einige Kassetten und Bücher des bep-Kurses DM 2000,- zu bezahlen sind?[721]

Faschistische Gefahr:

Diese wurde unter 1.4.8. schon eingehend angesprochen. Daß diese nicht nur eine theoretische Gefahr ist, auf die ohnehin auch innerhalb der New

---

[721]   vgl. -bep-, Bewußtseins-Erweiterungs-Programm. Information 1/87, Wien 1987, S.4.

Age-Bewegung verwiesen wird[722], sondern in Ansätzen durchaus in beäng-
stigende Realität umschlagen kann, zeigt die Kollektiv-Selbstmord-Katastrophe
von Guayana unter Jim Jones[723].
Der Glaube an einen Guru oder Führer, der bis in den Tod führt, hat Geschichte.
Charisma in Verbindung mit Leidenschaft, Machtanspruch und Irrationalität sind
jene Fasern, aus denen "Führer" geflochten wurden und werden.

Das falsche Bewußtsein:
       Zunächst klingt es plausibel, befreiend und entlastend: Das falsche
Bewußtsein ist an allem schuld. Descartes und Newton sind die heimlichen
Dunkelmänner, die uns eine Welt beschert haben, von der wir, von einer Minute
auf die andere, nicht wissen, ob sie für den Menschen Lebensraum bleibt oder
nicht. Descartes und Newton haben den Grundriß zu dem Pulverfaß gezeichnet,
auf dem wir sitzen. Keine Spur von einer Verantwortung, die uns träfe. Schuldig
werden wir nur dann, wenn wir unseren Denkrahmen nicht wechseln, uns nicht
auf unsere Transformation einlassen - aber nicht, wenn wir Umwelt zerstören,
soziale Ungerechtigkeit nicht wahrnehmen, den Nächsten nicht sehen. Falsches
oder richtiges - sprich transformiertes - Bewußtsein wird zum Beurteilungskrite-
rium für ethisches Handeln; aber kann ich wirklich dafür verantwortlich gemacht
werden, wenn ich aufgrund durchlaufener Lernprozesse und Prägungen den
Ausgang aus dem alten Paradigma nicht finde? Kann jemand von mir moralisches
Verhalten und sittliches Entscheiden verlangen, wenn ich im letzten nur mir selbst
verantwortlich bin und nur meiner inneren Autorität zu gehorchen brauche?
Woher bezieht diese innere Autorität des autonomen Menschen sein Wert-Norm-
Konzept, das ihn moralisch entscheiden läßt?

Der Gott in mir!?
       Auch dieser Gedanke fasziniert zunächst und scheint das Menschsein
in seiner kosmischen Wertigkeit zu steigern. Aber es wurde weiter oben schon
ausgeführt, daß in der pantheistisch-monistischen Grundausrichtung des New Age
wesentliche Momente des Menschseins verlorengehen. Wenn ich in meinem tiefsten
Selbst mit dem kosmischen Selbst Gottes ident bin, dann ist Gott für mich kein Du
mehr, dem ich begegnen kann, sondern nur mehr eine Chiffre für meine innere
Identitätserfahrung.
       Aus Begegnung wird Selbsterfahrung, aus Liebe Selbstreflexion, das
Du wird im erweiterten Bewußtsein des eigenen Selbst aufgelöst. Gott ist zu einem

---

[722]   vgl. etwa Berman 1985
[723]   Nach Cumbey war Jones dem New Age zuzurechnen. Vgl. Cumbey 1987, S.138f.

Es geworden, apersonal und kein menschlich ansprechbares Gegenüber mehr, auch wenn noch so hymnisch klingende Umschreibungen gefunden werden. Verantwortung als Antwort auf einen verbindlichen Anruf ist in sich sinnlos geworden. Ich sehe nur mehr mich, ich bin mir wichtig, mein Narzißmus ist ein Stehen-zu-mir, denn ich bin letztlich die Wirklichkeit. Mein Dasein wird 'egoisch' und 'monologisch'[724].

Damit ist auch das "Glaubensbekenntnis der Ich-Generation", wie Fritz Perls es formuliert, konsequent: "Ich kümmere mich um meinen Kram und du dich um deinen. Ich bin nicht in dieser Welt, um nach deinen Erwartungen zu leben. Du bist nicht in dieser Welt, um nach meinen Erwartungen zu leben. Du bist du, und ich bin ich"[725]. Sheldon B. Kopp spitzt diese Sicht zu; er schreibt: "Jeder von uns ist letztlich allein"[726].

Die Analogiefreudigkeit des New Age

Mit Faszination referieren New Age-Autoren die Unschärfe-Relation Heisenbergs und die statistische Relativierung der Kausalität im subatomaren Bereich, beschreiben mit bewegter Anteilnahme das Einstein-Rosen-Podolsky-Paradox, die Theorie der dissipativen Strukturen von Prigogine, natürlich auch die Relativitätstheorie Einsteins und viele Erkenntnisse der modernen Physik. Es entspricht dem hermetischen Grundgesetz des Wie-oben-so-unten und der holistischen Grundkonzeption des New Age, daß die zum Teil erregenden Neueinsichten der modernen Physik in allen anderen Lebensbereichen Bedeutung haben müssen.

Aber gibt es für den Arbeiter und Angestellten nicht auch in einer "transformierten Gesellschaft" so etwas wie eine klar kalkulierbare "ökonomische Kausalität"? Daß der Spin weitentfernter Teilchen sich parallel verhält, auch wenn er nur bei einem Teilchen geändert wird, hat für die Frau in älteren Jahren keine Bedeutung, deren Mann gestorben, deren einziges Kind nach Australien ausgewandert ist und die an Einsamkeit zugrunde geht.

New Ager finden flüssig zu Analogiebeziehungen zwischen der Physik und der sozialen Wirklichkeit. Diese stützen sich aber nur dann auf eine innere Logik, wenn eben ich meine einzige Wirklichkeit bin und mich nur als eine vorübergehende, zu Identität gekommene Woge im Ozean des großen Selbst verstehe. Dann sind soziale Bedürfnisse und Beziehungen nur Scheinbedürfnisse, Maya, die von der Erfahrung der kosmischen Einheit eingeholt und aufgelöst werden. New Ager wären kritisch zu befragen, ob Analogieschlüsse in der von ihnen praktizierten,

---

[724]   Fuchs in: Lebendige Seelsorge 1988, S.270.
[725]   zit. in: Lawhead/Tibusek 1988, S.29.
[726]   Sheldon B. Kopp, Triffst du Buddha unterwegs..., Psychotherapie und Selbsterfahrung. Düsseldorf 1982[6], S.194.

plakativen Form tatsächlich die Wirklichkeit treffen oder nur Ausgangspunkte für neue Mythologiebildungen sind.

Die Wiederholung des Kritisierten im New Age:

Im New Age gibt es einen breiten Argumentationsstrang gegen Undurchschaubarkeit und Spezialisierung der etablierten Wissenschaften im allgemeinen und gegen deren mechanistisches Grundparadigma im besonderen. Wer sich aber mit esoterischer Literatur auseinandersetzt[727], wird sich mit Durchschaubarkeit im Sinne von Verstehbarkeit ebenso schwertun wie bei der Lektüre der von New Age kritisierten wissenschaftlichen Literatur; Esoterik ist dem Begriffe nach eben eine "Wissenschaft für Eingeweihte".

Weiters stellt sich die Frage, ob die Kritik am Mechanismus des cartesianisch-newtonschen Weltbildes im New Age tatsächlich zu einem neuen Paradigma führt: Wurde die Welt früher als Uhrwerk gesehen, wird sie jetzt im Bild eines komplexen Computer-Netzwerkes interpretiert. Die Technik ist verfeinert, die Weltuhr hat ein digitales Zifferblatt mit Mikrospeicher, aber das Band, das sie hält, der Arm, der sie trägt, ist derselbe. Kommt damit der kritisierte Descartes nicht doch noch durch die Hintertür?

Die hypostasierte Erfahrung

Rechte Hirnhälfte, analoges Denken, Intuition, Emotionalität... das sind die Wirklichkeiten, die dem New Age wichtig sind. Zusammenfassend und überspitzt könnte man sagen: Erfahrung ist alles, Reflexion ist nichts. Das New Age müßte sich fragen lassen, ob es damit die menschlichen Möglichkeiten, mit Wirklichkeit umzugehen, nicht amputiert. Es wird im neuen Denken offenbar übersehen, daß Erfahrung auf Wahrnehmung beruht und Wahrnehmung auch durch Rationalität gerastert wird.

Gefragt müßte das New Age auch werden, ob es durch seine Hypostasierung der Erfahrung nicht zu einer neuen Irrationalität gelangt, die angesichts der globalen Probleme katastrophale Folgen haben kann, und ob die New Age-Kritik der Hyperrationalität des Denkens im alten Paradigma nicht eigentlich eine Kritik der Irrationalität dieses Denkens sein müßte. Oder lassen sich Einzelmomente der gegenwärtigen globalen Krise wie Hochrüstung, Hunger, soziale Ungerechtigkeit etc. "rational" erklären? Die alte "Rationalität" müßte als Irrationalität entlarvt und eine neue, "humane" Rationalität gefordert werden. Wolfgang Schneider meint, die richtige Einsicht, "daß die theoretische Vernunft noch nicht eine humane Welt garantiert, läßt nicht den Umkehrschluß zu, daß

---

[727]   von Blavatsky über Bailey und Steiner bis zu den heutigen Autoren.

Humanität ohne vernünftige Argumentation zu erreichen sei"[728].

New Age, die Ideologie des Mittelstandes

Wenn man nach der Bedürfnispyramide Maslows argumentiert, dann ist die Selbstverwirklichung, ein Hauptanliegen des New Age, nur dann möglich, wenn die unteren Bedürfnisse der Existenzsicherung gestillt sind. New Age wird so zur Ideologie eines saturierten Mittelstandes, der sich an seine soziale Verantwortung erinnern lassen müßte.

Die spirituelle Machbarkeit

Der Machbarkeitsglaube des industriellen Zeitalters, im New Age abgeschworen, zeigt Resistenz. Spiritualität, Meditation etc. werden zu Techniken, die einen Zugang in die eigene Tiefe, zum wahren Selbst, zum Du-losen Gott in mir ermöglichen.

Eine Du-los gewordene Spiritualität lebt nicht mehr von der personalen Begegnung zweier in Freiheit sich zuwendenden Individuen. Der Gang in meine Tiefe und die Begegnung mit "dem Göttlichen" hängen davon ab, wie ich die entsprechende Technik beherrsche: okkulte Praktiken, Magie, Zauberei, Astrologie, Tarot, etc. – alles Versuche, technisch fest im Griff zu haben, was nur in einer unverfügbaren personalen Zuwendung geschenkt werden kann.

---

[728]   Wolfgang Schneider, New Age und Esoterik: Ausdruck des Unbehagens am 'Nur Rationalen'. In: Lebendige Seelsorge 1988, S.337.

2. DIE AUSEINANDERSETZUNG

2.1. ZUR AUSEINANDERSETZUNG HERAUSGEFORDERT –
GEMEINSAM EIN STÜCK WEGES GEHEN

Im ersten Teil dieser Erörterung wurde das Phänomen des New Age umrissen, und erste kritische Anmerkungen versuchten eine Positionsbestimmung dieser Bewegung im Verhältnis zum Christentum. Im zweiten Teil soll näher auf eine Auseinandersetzung New Age – Christentum eingegangen werden. Dies im Blick auf den dritten Teil: Wie kirchliche Erwachsenenbildung in einer doppelten Verantwortung auf die Thematik 'New Age' und die im New Age angerissenen Probleme eingehen könnte: Doppelte Verantwortung verstanden im Sinne der Treue zur eigenen christlichen Botschaft, aber auch im Sinn der Treue zum konkreten Menschen der heutigen Zeit, der im New Age ehrlich nach Antworten auf seine existentiellen Fragen sucht.

Die Auseinandersetzung mit New Age ist Aufgabe des Christentums. Es ist eine auffallende Tatsache, daß das Wassermann-Zeitalter vor allem in traditionell christlichen Ländern eine bereitwillige Aufnahme findet (USA, Europa), nichtchristliche Kulturkreise aber eine offensichtliche Resistenz gegen das New Age zeigen. Hinduistische Gurus, chinesische Tai-Chi Lehrer usw., die im Umfeld des New Age Karriere machen wollen, müssen entweder ihren Kulturkreis verlassen und einen Umweg (am besten über die USA) antreten, oder sich zumindest um westliche Schüler aus den Vereinigten Staaten oder Europa bemühen.

Wie die Auseinandersetzung des frühen Christentums mit der Gnosis als innerchristliche "Selbsterfahrung" und theologische Konsolidierung verstanden werden kann, scheint die Konfrontation mit dem New Age heute eine Möglichkeit für das Christentum zu sein, sich mit dem eigenen Schatten auseinanderzusetzen.

Tatsächlich fallen viele Parallelen auf, die eine innere Verwandtschaft New Age-Christentum belegen. Da steht das Bemühen hüben und drüben, Veränderung oder "Transformation" zunächst nicht als kollektives Anliegen, sondern als individuelle Umkehr zu sehen. Auf einem neuen kirchlichen Gebetszettel ist zu lesen:

"Herr, erwecke deine Kirche und fange bei mir an. Herr, baue deine Gemeinde und fange bei mir an. Herr, laß Frieden überall auf Erden

kommen und fange bei mir an. Herr bringe deine Liebe und Wahrheit
zu allen Menschen und fange bei mir an"[1].

Ferguson schreibt zum Problem der gesellschaftlichen Transformation: "Ich muß
der Tatsache ins Auge sehen, daß man die Welt nicht mit Gewaltlosigkeit und Liebe
erfüllen kann, wenn man diese Eigenschaften nicht bei sich selbst verwirklicht
hat"[2]; und weiter: "Wir müssen nicht auf eine Führung warten. Wir können
damit beginnen, an irgendeinem beliebigen Punkt innerhalb eines komplexen
Systems eine Veränderung herbeizuführen: in einem menschlichen Leben, einer
Familie, einer Nation. Eine einzige Person kann durch Vertrauen und Freundschaft
eine transformationsfördernde Umgebung schaffen"[3].

Was da in eine Bitte an den "Herrn" gefaßt ist, ist dort ein Aufruf zur eigenen Tat
– aber beide Male steht im Kern: Anfangen muß ich bei mir.

Sowohl für den transformierten als auch für den erlösten Menschen
gelten neue Verhaltensmuster materiellen Dingen, Wünschen und Selbstsiche-
rungsbestrebungen gegenüber. Beide sind zu Gelassenheit aufgerufen im
Bewußtsein, daß diese Welt eine zu überwindende ist. Wir können sie nicht
unverlierbar unser eigen nennen: "Auf einer gewissen Ebene wissen wir, daß wir
schon morgen mit leeren Händen dastehen können, und dennoch klammern wir uns
immer wieder verzweifelt an Dinge, die wir letztlich nicht festzuhalten vermögen.
Ungebundenheit ist die realistischste aller Einstellungen. Sie bedeutet Freiheit
von einem Wunschdenken; Freiheit davon, sich immer zu wünschen, daß Dinge
anders wären"[4].

Da wird man nicht nur an das taoistische "wu-wei", den Weg des "Nicht-Handelns"
erinnert, der sich dem Energiestrom des Universums im Wechsel von Yin und Yang
überläßt[5], sondern auch an Paulus, der die Korinther darauf hinweist, daß sie
ihr neues Leben, ihren Glauben verlierbar, "wie einen Schatz in zerbrechlichen
Gefäßen"[6] tragen und sie ermahnt, sich nicht an Dinge der Welt zu hängen:
"Denn ich sage euch, Brüder: Die Zeit ist kurz. Daher soll, wer eine Frau hat, sich
in Zukunft so verhalten, als habe er keine, wer weint, als weine er nicht, wer sich
freut, als freue er sich nicht, wer kauft, als würde er nicht Eigentümer, wer sich
die Welt zunutze macht, als nutze er sie nicht; denn die Gestalt dieser Welt
vergeht"[7].

---

[1]   Informationszentrum Berufe der Kirche (Hg.), Reihe: Gebete für junge Christen. Freiburg o.J.
[2]   Ferguson 1982, S.241.
[3]   ebd. S.475.
[4]   ebd. S.120.
[5]   vgl. Drury 1988, S.646.
[6]   2Kor 4,7.
[7]   1Kor 7,29-31.

Ferguson beschreibt das Nachlassen der Sehnsucht für den transformierten Menschen als Eintritt in eine "geistige Mittelklasse". Sie meint: "Allein durch das Unerreichbare erlangt der Mensch eine Hoffnung, für die es sich zu leben und zu sterben lohnt - und so erreicht er sich selbst"[8]. Hier klingt Augustinus' Gebet von der inneren Unruhe an: "Du hast uns für dich geschaffen, o Gott, und unruhig ist unser Herz, bis es ruht in dir"[9]. Verlangen nach dem Ganzen, letztlich Unerreichbaren und In-Bewegung-Sein ist kennzeichnend für New Ager und für Christen, die beide Ausschau halten nach einer eschatologischen Befriedigung ihrer Sehnsucht: "Die Verschwörung des Wassermanns arbeitet auch daran, eine andere Form des Hungers zu lindern - Hunger nach Sinn, Verbundenheit und Vollendung"[10], heißt es bei Ferguson. In Bildern der Apokalypse schreibt sie vom "Ende des Winters", der "Bewässerung der Wüste", dem "Licht nach der Dunkelheit" und dem "Heilen der Wunden"[11].

Auch da wird ein biblisch-christlicher Bezug deutlich, wo Ferguson zwei ihrer wichtigsten Termini erklärt - Verschwörung und Transformation: "Verschwören bedeutet buchstäblich 'zusammen atmen'. Damit ist eine innige Verbundenheit gemeint"[12]. Sie wird nicht von einem politischen, religiösen oder philosophischen System getragen. "Es handelt sich um einen neuen Geist"[13] schreibt sie, der letztlich die Transformation der Verschwörer bewirkt. Diese Transformation ist "eine große, vielleicht unmögliche Veränderung. Heute jedoch scheinen wir zu wissen, daß unsere Gesellschaft nicht nur verbessert, sondern erneuert werden muß"[14]. Wieder ließen sich zahlreiche biblische Belegstellen beibringen, die vom neuen Geist, neuer Gemeinschaft, Neuwerdung sprechen[15].

In der Feststellung, daß eine der grundlegenden Überzeugungen des New Age die ist, daß die Menschheit nur durch ein "radikales Umdenken und ein entsprechend neues Handeln"[16] die Überlebenskrise bestehen kann, wird der Bußruf des Neuen Testamentes: "Kehrt um, tut Buße" aufgegriffen. Vielleicht ist im Aufruf zur 'metanoia', zur 'epistrophé'[17], zum Umdenken, zur Geistes-

---

[8]   Ferguson 1982, S.136.
[9]   Augustinus, zit. in: Hirschberger I/1976, S.370.
[10]   Ferguson 1982, S.480.
[11]   ebd. S.481; vgl. Offb 21,3ff.
[12]   ebd. S.22.
[13]   ebd. S.25.
[14]   ebd. S.23.
[15]   vgl. Apg 2,17f; 1Kor 12,4.11; Jes 65,17; Ez 11,19; Röm 6,4; 2Kor 5,17; Gal 6,15; Eph 4,24; Off 21,1.5.
[16]   Schiwy in: Bürkle 1988, S.92.
[17]   Mk 1,15; Apg 3,19.

änderung, zur Geist-"wende" die Parallelität zwischen New Age und Christentum am deutlichsten zum Ausdruck gebracht.

Aber es wäre voreilig, bei aller äußerlichen Ähnlichkeit vorschnell eine innere Identität zu vermuten. Die Gabe der Unterscheidung der Geister[18] wird hier ebenso gefordert sein wie die Bereitschaft zur Auseinandersetzung[19].

Die Beurteilung des New Age von christlicher Seite zeigt eine erstaunliche Bandbreite, die darauf schließen läßt, daß im Umgang mit diesem Phänomen Unsicherheit und Ratlosigkeit groß sind.
Wolfgang Simson erkennt im New Age den "Affen Gottes"[20], den "Diabolos", den "Satan"; denn es ist für ihn unübersehbar, daß "das New Age bis in das Ziel und die Methoden hinein nicht nur der phantasievolle Entwurf einiger Intellektueller, sondern ein erstaunliches Plagiat, ein Ideendiebstahl des Christentums ist"[21].
Auf der anderen Seite kommt der Katholik Günther Schiwy zu dem in dieser Arbeit schon öfters zitierten Schluß: "Der Geist des Neuen Zeitalters ist der Geist Gottes"[22]. Er sieht in der New Age-Bewegung eine Herausforderung an die Christen, "sich über ihren eigenen Glauben zu verständigen und sich ihres eigenen Glaubenspluralismus wieder bewußt zu werden"[23].
Zeichen der Ratlosigkeit mag sein, daß in demselben Buch, in dem Günther Schiwy meint, daß der Geist des New Age der Geist Gottes sei[24], Horst Bürkle schreibt: "Wenn die Zeichen der Zeit, auf die wir ja als Christen zu achten aufgefordert sind, nicht täuschen, dann kommt mit dieser Bewegung die große, neue Herausforderung unseres Glaubens auf uns zu [...] Sie bedient sich der Sprache und der Symbole christlichen Glaubens. Aber dadurch sollten wir uns nicht täuschen lassen. Sie verweist uns an den Menschen, nicht an Gott"[25].

Hinter der Notwendigkeit, sich mit dem New Age auseinanderzusetzen, steht für das Christentum auch die Forderung, seine Positionen den nichtchristlichen Religionen gegenüber im Sinne des II. Vaticanums neu zu überdenken. Im synkretistischen Sammelbecken des Neuen Zeitalters wird es mit

---

[18]　1Kor 12,10.
[19]　vgl. 1Thess 5,21.
[20]　Wolfgang Simson, Glauben an die neue Zeit? New Age - die andere Religion. Basel 1988, S.123.
[21]　ebd. S.122.
[22]　Schiwy 1987, S.109.
[23]　Schiwy in: Bürkle 1988, S.86.
[24]　Schiwy in: ebd. S.104.
[25]　Bürkle in: Bürkle 1988, S.126.

den Hochreligionen des Ostens genauso konfrontiert wie etwa mit der Religion der Indianer.

In der "Erklärung über das Verhältnis der Kirche zu den nicht-christlichen Religionen" des II. Vaticanums heißt es dazu: "So sind auch die übrigen [nach Nennung des Hinduismus und des Buddhismus] in der ganzen Welt verbreiteten Religionen bemüht, der Unruhe des menschlichen Herzens auf verschiedene Weise zu begegnen, indem sie Wege weisen: Lehren und Lebensregeln sowie auch heilige Riten. Die katholische Kirche lehnt nichts von alledem ab, was in diesen Religionen wahr und heilig ist [...] Deshalb mahnt sie ihre Söhne, daß sie mit Klugheit und Liebe, durch Gespräch und Zusammenarbeit mit den Bekennern anderer Religionen sowie durch ihr Zeugnis des christlichen Glaubens und Lebens jene geistlichen und sittlichen Güter und auch die sozial-kulturellen Werte, die sich bei ihnen finden, anerkennen, wahren und fördern"[26].

Die Frage, ob die im Geist des Dialoges begonnene Öffnung beibehalten oder gar weitergeführt werden kann, ist in einer Zeit der fundamentalistischen Versuchung der Kirche mit einiger Skepsis zu beantworten. Doch besteht Hoffnung, daß auch nach einer "winterlichen Zeit" (Rahner) für die Kirche wieder Tauwetter einsetzt.

Der Kongreß "Aufkeimendes Bewußtsein für eine neue Menschheit", der vom 3.–8. Jänner 1985 in Madras stattfand, mag diese Zuversicht rechtfertigen. Johannes Paul II. hat über sein Staatssekretariat diesem Kongreß, auf dem neben dem Dalai Lama auch in New Age-Kreisen bekannte und geschätzte Männer wie Bede Griffiths und Raimondo Panikkar zu Wort kamen, eine Grußbotschaft zukommen lassen. In der heißt es: "Als Antwort auf die Herausforderungen, denen sich Religion in der gegenwärtigen Welt gegenübergestellt sieht, ist es wichtig, ehrlichen Dialog und Zusammenarbeit auf allen Ebenen zu fördern"[27].

Im Einführungsvortrag des Vorsitzenden des Kongresses, Michael von Brück, dessen thematische und auch sprachliche Verwandtschaft mit dem New Age nicht übersehen werden kann[28], wurde gesagt: "Diese allmählich sich entwickelnde Bewußtheit [der allumfassenden Krise] transzendiert ein mechanisti-sches Verständnis des Lebens und des Menschen und damit auch Einstellungen der aus falschem Denken entspringenden Unreife, die in Fehlhaltungen wie

[26]   II. Vaticanum, Erklärung über das Verhältnis der Kirche zu den nichtchristlichen Religionen "Nostra aetate", Art.2.
        In: Karl Rahner/Herbert Vorgrimler, Kleines Konzilskompendium, Freiburg 1966⁷, S.356.
[27]   Botschaft von Papst Johannes Paul II. In: Michael von Brück (Hg.), Dialog der Religionen. Bewußtseinswandel der
        Menschheit. München 1987, S.17.
[28]   Capra und Ferguson werden ohne Zitat hörbar: "...neues kulturelles Paradigma...die gegenwärtige Krise ist allum-
        fassend und mehrdimensional...als sich global ausbreitendes Geflecht ...'Netzwerk des Herzens',...Dieses Netzwerk
        hat keine institutionelle Struktur..." etc. Vgl. Michael Brück, Aufkeimendes Bewußtsein für eine neue Menschheit.
        In: Brück 1987, S.65ff.

Kastendenken und eifersüchtigem Konfessionalismus innerhalb und zwischen den Religionen resultiert"[29]. Brück entwickelt die Vision der "einen Familie Gottes"[30], die Einheit in der Vielzahl der Religionen leben kann: "An dem Rhythmus des Einen Anteil zu haben, um in Gott eingestimmt zu sein, bedeutet somit, die Harmonie auf allen Ebenen der Wirklichkeit wiederherzustellen. Das ist wirkliches Glück. Lassen Sie uns dieser umfassenden Dimension gewahr werden. Auf diese Weise kann ein Gespür für kosmische Solidarität erzeugt werden, 'damit sie alle eins seien', wie Jesus Christus gebetet hat (Joh 17,21)"[31].

Vielleicht läßt sich hoffen, daß die Begegnung des heutigen Christentums mit seinem Schatten im New Age dieselbe Wirkung hat, wie es die Konfrontationen des jungen Christentums mit der Gnosis hatte: die Provokation einer neuen Theologie, die nicht nur das Unverlierbare des Christlichen nach innen abstützt, sondern auch den Mut und die Dynamik entwickelt, dieses Unverlierbare in der Sprache und in den Denkmustern der Zeit neu auszudrücken. Beim ersten Pfingsten in Jerusalem hieß es durch das Wirken des Geistes: "Wir hören sie in unseren Sprachen Gottes große Taten verkünden"[32]; der "neue Geist" wird heute im New Age genauso beschworen wie im Christentum.

In der Tat sieht der Tübinger Theologe und ehemalige Konzilsberater Hans Küng in der von Thomas S. Kuhn initiierten Paradigmenanalyse, die sich im New Age zu einem strapazierten Schlagwort entwickelt hat, eine Chance, die gegenwärtige Krise der Theologie und auch der Kirche in einem größeren geschichtlichen Zusammenhang zu sehen und zu verstehen. Er meint, daß wir heute innerkirchlich nicht nur den Streit divergierender Theologien, sondern divergierender Paradigmen erleben. "Dieser Konflikt ist Resultat der geschichtlichen Ungleichzeitigkeit jener großen Verstehensmodelle, mit denen Theologen oder Kirchenvertreter jeweils arbeiten"[33]. Er setzt in der Argumentationsrichtung der modernen Physik (etwa Heisenbergs) und in deren Gefolge des New Age (etwa Capras) an, wenn er meint, daß gerade durch Relativitätstheorie und Quantenphysik darauf aufmerksam gemacht wurde, daß Erkenntnisse der Naturwissenschaft nicht an sich, sondern nur unter ganz bestimmten Bedingungen gelten, daß im physikalischen Experiment die Methode den Gegenstand verändert und immer nur einen Aspekt der

[29]   ebd. S.65f.
[30]   ebd. S.69.
[31]   ebd. S.76.
[32]   Apg. 2,11.
[33]   Hans Küng, Theologie im Aufbruch. Eine ökumenische Grundlegung. München 1987, S.156; siehe dazu auch Anhang/Dokumentation 9: "Paradigmenwechsel in der Geschichte von Theologie und Kirche".

Wirklichkeit hergibt: "Der zunächst ungewohnte Vergleich gerade mit den Naturwissenschaften – und besonders mit derem harten Kern Physik und Chemie – kann uns helfen, auch für die Frage nach dem Neuen in der Theologie, ein geschärftes Problembewußtsein zu entwickeln"[34].

Er meint weiter, bezogen auf die anhaltende hermeneutische Diskussion in der evangelischen und katholischen Theologie, "daß wir mitten in einem theologischen Umbruch stehen und daß hier weitere Reflexion bitter nottut"[35].

Eine Wendezeit also nicht nur für die Natur- und Geisteswissenschaften, sondern auch für die Theologie. Unter der Überschrift "Theologie auf dem Weg zu einem neuen Paradigma" zeigt er Konturen einer Theologie auf, die sich mit der Welt, ihren Nöten und Hoffnungen in all ihrer Ambivalenz und Veränderlichkeit im Vertrauen auf die Gegenwart Jesu im Geist einläßt.

Er beschreibt Ethos und Stil einer kritisch-ökumenischen Theologie, die er fordert, so: Diese Theologie müßte gleichzeitig *"katholisch"* (um die universale Kirche bemüht) und *"evangelisch"* (streng auf die Schrift bezogen), *"traditionell"* (vor der Geschichte verantwortet) und *"zeitgenössisch"* (von den Fragen der Gegenwart betroffen), *"christozentrisch"* (auf Christus hingeordnet) und *"ökumenisch"* (auf alle Kirchen, Religionen und Regionen ausgerichtet), *"theoretisch-wissenschaftlich"* (mit Lehre und Forschung befaßt) und *"praktisch-pastoral"* (um Leben und Erneuerung bemüht) sein[36].

Besonderes Anliegen ist Küng für eine Theologie der Zukunft die ökumenische Öffnung. Unter diesem Titel fordert er "eine Theologie, die in der je anderen Theologie nicht mehr den Gegner, sondern den Partner sieht und die statt der Trennung auf Verständigung aus ist, und dies nach zwei Richtungen: ad intra, für den Bereich der zwischenkirchlichen, innerchristlichen Ökumene, und ad extra, für den Bereich der außerkirchlichen, außerchristlichen Weltökumene mit ihren verschiedenen Regionen, Religionen, Ideologien und Wissenschaften. Diese Art von Ökumenizität entspricht den transkulturellen oder universalistischen Aspekten der Paradigmenanalyse in Theologie und in anderen Disziplinen"[37].

Nach Küng geht es demnach nicht nur um eine Auseinandersetzung der Theologie mit einem neuen Denkrahmen in apologetisch-missionarischer Absicht, sondern um eine neue Standortbestimmung der Theologie selbst im Horizont eines neuen Paradigmas. In dieser Standortbestimmung wird die Theologie, werden die Kirchen, die diese Theologien entwickeln, nicht um eine Auseinandersetzung mit dem New Age herumkommen.

[34]   ebd. S.160.
[35]   ebd. S.165.
[36]   vgl. ebd. S.248.
[37]   ebd. S.246.

In einer ersten Zusammenfassung kann die Frage gestellt werden, in welchen Bereichen Christen und New Ager dieselben Zielabsichten haben, wo sie einander ergänzen und voneinander lernen könnten.

Christen und New Ager treffen einander zuerst in der Kritik einer materialistisch gedeuteten Welt, die daran ist, sich in technokratischer Hybris den Lebensraum zu zerstören, was das physische und psychische Überleben anbelangt. Hier könnten sich die Stimmen der transformierten und der erlösten Bewohner dieses Planeten in einem Ruf zur Umkehr, Neubesinnung und Buße addieren, um eine Wende herbeizuführen. Im Kontext dieser Zeitwende müßte auch von Christen eine "Glaubenswende" – im Ernstnehmen der Schwestern– und Bruderliebe (Feminismus, 3.Welt-Solidarität) und der Verantwortung der Natur gegenüber (Ökologie) – vollzogen werden.

Was für Christen immer schon Grundanliegen war, wenn auch in der jüngsten Vergangenheit oft durch Ratio und Actio überdeckt, nämlich Innerlichkeit und Versenkung, findet in der spirituellen Dimension des New Age eine Entsprechung. Bereits Augustinus gibt dem Suchenden den Rat: "Suche nicht draußen! Kehre in dich selbst zurück. Im Innersten des Menschen wohnt die Wahrheit. Und solltest du finden, daß auch deine eigene Natur noch veränderlich ist, dann transzendiere dich selbst"[38].
Hier könnte ein aktivistisch gewordenes westliches Christentum über New Age und östliche Mystik an die eigene, breite spirituelle Tradition erinnert werden und eine neue Balance zwischen actio und contemplatio gewinnen. Im Austausch mit New Age könnte es spirituelle Anregung erhalten und umgekehrt korrigierend New Age-Suchern einen Ausweg zeigen, wenn diese in der Kontemplation des Selbst zu vereinsamen drohen. Letztlich wird dieses Stück gemeinsamen Weges für Christen und New Ager einmünden in die Frage nach dem eigenen Gottesbild, dem Selbstbild und dem Verhältnis von Gott und Mensch (Problemkreis Erlösung). Dabei wird dann auch das eigentlich Unterscheidende zwischen beiden sichtbar werden, klare begriffliche Positionen vorausgesetzt.

---

[38]   Augustinus, De vera ret. cap. 39 u. 73, zit. in: Hirschberger I/1976, S.350.

2.2. VERGESSENE TRADITIONEN DER KIRCHE – NEUE AUFBRÜCHE

Im Laufe ihrer zweitausendjährigen Geschichte hat die Kirche eine bemerkenswerte Vitalität, Flexibilität und Selbsterneuerungsfähigkeit entwickelt: gravierende innere Mängel haben alsbald innerkirchliche Erneuerungsbewegungen hervorgerufen. Die Geschichte der Orden und Kongregationen ließe sich durchaus vor dem Horizont kirchlicher Mängel und institutionellen Versagens als innerkirchliche Gegenreaktion darauf darstellen.

Franz von Assisi und seine Minderbrüder waren in ihrer Liebe zur "Frau Armut" eine fleischgewordene Kritik an einer reichen und mächtigen Feudalkirche.

Johannes B. de La Salle und seine Schulbrüder erinnerten die Kirche daran, daß Schulbildung nicht das Privileg der Reichen sein dürfe.

Johannes von Gott und seine Barmherzigen Brüder widmeten sich der Krankenpflege, als die Klostertradition der Sorge um die Kranken im 16.Jahrhundert niederging. Die Reihe der Beispiele ließe sich fortsetzen.

Wo aber die innerkirchliche Dynamik zu schwach zur Erneuerung war, haben Bewegungen von außen Änderungen herbeigeführt: Reformation, Säkularisierung usw.[39].

Bleibt die Frage bestehen, ob die Kirche die Auseinandersetzung mit dem New Age als Herausforderung annimmt, die eigenen Defizite zu bedenken. Christof Schorsch merkt an: "Nicht zuletzt sind Entstehung und Ausbreitung der New-Age-Bewegung auch auf das Versagen der Kirchen zurückzuführen, zu lebendiger Spiritualität anzuleiten"[40]. Medard Kehl erlebt die Auseinandersetzung der Kirche mit den Intentionen des New Age als eine "heilsame Gewissenserforschung"[41].

2.2.1. New Age und die kirchlichen Defizite

Eine erste Frage an die christliche Verkündigung der vergangenen Jahre müßte lauten: "*Welches Bild von Gott* wurde vermittelt?". Zieht man den

---

[39]   Was mit dem Reichsdeputationshauptschluß 1803 – der Aufhebung der geistlichen Fürstentümer und der Säkularisierung des Kirchengutes – zunächst als eine Katastrophe für die Kirche erschien, war für sie gleichzeitig eine Chance. August Franzen schreibt dazu: "Die entmachtete und verarmte Kirche trat in ein neues Verhältnis zum Volk. Bischöfe, Priester und Gläubige fühlten sich viel enger verbunden. Die 'Gnade des Nullpunktes' bot die Chance zu einem gesunden Neuaufbau. Franzen 1965, S.334.

[40]   Schorsch in: Lebendige Seelsorge 1988, S.260.

[41]   vgl. Kehl 1988, S.65.

Römischen Katechismus zu Rate[42], wird man mit einem spekulativen
Gottesbild konfrontiert[43].

Vom tridentinischen Konzil zunächst für die Hand der Pfarrer gedacht, hat dieser
Catechismus Romanus die Religionsbücher bis in die jüngste Vergangenheit
geprägt. Der 1960 erschienene "Katechismus der katholischen Religion" zählt in
der für dieses Lehrbuch-Genre typischen Frage-Antwort-Manier auf, daß Gott
unendlich vollkommen[44], ewig, allgegenwärtig, allwissend, allmächtig, heilig,
gerecht, gütig, barmherzig, wahrhaftig und treu ist[45]. Wert wird gelegt auf
die (möglichst fehlerfreie) Formelbeherrschung. Ob und wie dieser in seiner
unendlichen Vollkommenheit auch höchst statische Gott erfahren werden kann,
bleibt außerhalb jeder Überlegung. Die kognitiv-rationale, meist auch nur
mechanisch-reproduzierbare Glaubensformel ist wichtig.

Dazu kommt, daß das Bild vom barmherzigen Gott von der betonten
Darstellung des streng strafenden Richtergottes übermalt wurde[46].

Doch in der jüngsten Vergangenheit wurde Gott für den konkreten
Lebensvollzug immer mehr eine zu vernachlässigende Größe. In Ziffern ausgedrückt sieht der stille Glaubensschwund am Beispiel Hollands so aus: Haben 1966
die Frage, ob sie an einen persönlichen Gott glaubten, noch 48 % der Bevölkerung
bejaht, so waren es 1979 nur mehr 34 %[47]. Holland liegt dabei in etwa im
Mittelfeld (in der Republik Irland bejahten diese Frage 73 %, in Schweden
19 %)[48].

Aber selbst da, wo es der nachkonziliaren Katechese gelungen ist, aus
dem Katechismus-Ghetto eines abstrakt-statischen Gottesbildes herauszukommen
und vom "liebenden Vater" zu sprechen, hat sie, bei aller menschlichen Nähe
dieser Metapher, das Bild von Gott offensichtlich zu sehr in der Alltäglichkeit
menschlicher Erfahrung ausgedrückt und die Sehnsucht des Menschen nach dem
Numinosen, Transzendent-Geheimnisvollen zu wenig angesprochen. Es scheint

---

[42] Catechismus Romanus. Der römische Katechismus. Kirchen 1970.
[43] Folgende Inhalte werden behandelt: "Wie sehr sich christliche Wissenschaft von Gott von der philosophischen
      Erkenntnis der göttlichen Dinge unterscheidet [...] Man muß bekennen, daß ein Gott [ist], nicht mehrere Götter sind
      [...] Gott wird in einem weiteren Sinne Vater aller Menschen, im engeren aber Vater der Christen genannt [...] Wel-
      che Geheimnisse aus diesem Worte Vater zu entnehmen sind, und von dem Unterschiede der Personen in der Gottheit
      [...] Der Name 'Allmacht' wird hier dem Vater nicht so beigelegt, daß er nicht auch vom Sohne und Heiligen Geist
      gälte [...] Wie und warum Gott Himmel und Erde erschaffen hat." ebd. S18ff.
[44] Was ist Gott? - Gott ist ein Geist, der unendlich vollkommen ist. Katechismus der katholischen Religion. Wien 1960,
      S.12.
[45] vgl. ebd. S.12-16.
[46] Das "Katholische Religionsbüchlein" etwa bringt im Anschluß an die Aussage "Gott will allen Menschen verzeihen. Wir
      sagen deshalb: Gott ist höchst barmherzig" das Reuegebet "O Gott, du hassest die Sünde, du strafest sie strenge -
      und ich habe so viel gesündigt..." Pichler 1966, S.18f.
[47] vgl. Walf 1983, S.150.
[48] vgl. Friedli in: Lebendige Seelsorge 1988, S.353.

daher nicht verwunderlich, daß das New Age, das vom Geheimnis Gottes in einer
neuen Weise spricht (Gott als "Selbstorganisationsdynamik" des Universums, als
"inneren Gott"; vlg. auch unter 1.4.2.), in eine Leere stößt.

Aufgabe der Verkündigung nicht nur in der schulischen Katechese,
sondern auch im Rahmen der Erwachsenenbildung müßte es sein, die Frage nach
Gott neu zu stellen und dabei sowohl vom persönlich nahen, als auch geheimnisvollen und fernen Gott zu sprechen. Das immer unter dem Hinweis, daß alles
Sprechen von Gott nur ein Stammeln bleibt, weil über "Unbegreifliches" – besser
über den "Unbegreiflichen" – in eingrenzenden Begriffen gesprochen wird.
"Alles, was je über Gott gesagt wurde und noch gesagt werden wird, ist nur
Hypothese [...] Wer bei diesen Hypothesen stehenbleibt und sie für die Wahrheit
hält, für den allmächtigen Gott selbst: Der hält einen Götzen in der Hand, aber
nicht Gott. Über die Hypothesen müssen wir weiterschreiten, immer und immer
weiter. In jeder Hypothese müssen wir erkennen: Das alles ist viel zu klein, viel
zu gering für Gott. Und so führt uns dieser Weg dorthin, wo Gott wirklich ist: ins
Schweigen. Wo Sehen und Erkennen aufhört, dort beginnt Gottes Gegenwart"[49], schreibt um 500 n.Chr. der Autor des Corpus Dionysiacum, einer der
einflußreichsten mystischen theologischen Schriften der frühen Kirche[50];
er könnte damit eine Einleitung zu einer Zen-Meditations-Einführung für Christen
von heute bestreiten. Mit seinem Ausspruch, "je näher eine Theologie Gott kommt,
desto stiller wird sie"[51], gibt er der Verkündigung einen wichtigen Impuls.

Das Paschamysterium steht im Zentrum christlichen Glaubens und
Hoffens. In *Tod und Auferstehung* Jesu sieht der Christ den Tod prinzipiell
überwunden und eine unüberbietbare Perspektive für seine eigene Existenz: Ihm
gleichwerden – die Taufe ist im Geheimnis von Tod und Auferstehung begründet,
und von alters her ist die Osternacht die Taufnacht – bedeutet nicht nur mit ihm
zu sterben, sondern auch, mit ihm das Leben zu gewinnen[52].

Damit ist auf die eigentliche Bestimmung des Menschen hingewiesen:
Am Ende steht nicht die Auflösung seiner Geist-Seele-Leib-Einheit, sondern
Umwandlung und Neubeginn[53]. "Die Auferstehung Jesu ist ein Zeichen dieser
Umwandlung. Sein Leib war nicht mehr im Grab. Nach seinem Tod erschien er
seinen Jüngern, so wie er war und hat damit die Kontinuität seines menschlichen
Bewußtseins offenbart [...] In Jesus offenbart sich, was allen Menschen bestimmt

---

[49]   Dionysius Areopagita, Ich schaute Gotte im Schweigen. Mystische Texte der Gotteserfahrung. Freiburg 1985, S.55.
[50]   vgl. H.C. Graeff in: LThK 3/403.
[51]   Dionysius 1985, S.63.
[52]   vgl. Röm 6,8f.
[53]   vgl. 1Kor 15,51f.

ist [...] [Die Auferstehung] ist Zeichen dafür, daß nicht nur die Seele, das psychische Sein, sondern auch der Leib, die physische Schöpfung, von ihrer gegenwärtigen Bande befreit sind und zur 'neuen Schöpfung' wurden"[54].

Zusammenfassend läßt sich die biblische Botschaft von Tod und Auferstehung so umreißen: Jesus ist von den Toten auferweckt und lebt in Herrlichkeit (Phil 2,5–11); im Heiligen Geist bleibt er als der Logos gegenwärtig (Eph 3,14–21); in ihm ist unser Tod überwunden (Kol 3,1–4).

Nicht nur zu Ostern stellt sich der Christ auf das Ostermysterium ein. Bei jeder Eucharistiefeier spricht er: "Deinen Tod, o Herr, verkünden wir und deine Auferstehung preisen wir...". Trotzdem steht die Frage im Raum, wie weit es der kirchlichen Verkündigung gelungen ist, in den Menschen ein Osterbewußtsein grundzulegen und zu fördern, von dem her Christen sich als Erlöste, als Neugeworene verstehen und vor allem erleben können. Dieses Bewußtsein scheint fixiert in katechetischen Formeln, die in trockener theologischer Ausdrucksweise wenig von dem zulassen, was man sich unter Osterfreude vorstellen kann[55].

Im Testfall des Glaubens und Hoffens – in der Konfrontation mit dem eigenen Tod, im Gespräch über "die Letzten Dinge"[56] – müßte die Verkündigung vom Ostergeschehen her die Frohbotschaft glaubwürdig und existentiell erfahrbar weitergeben.

Die Darstellung der "Letzten Dinge" aber zeigt, wie aus der Frohbotschaft eine Drohbotschaft wurde. Besonders am Beispiel des "Fegefeuers"[57] ist dieser Prozeß nachvollziehbar. Was von Ostern, Auferstehung und Erlösung her als befreiende Möglichkeit gesehen werden könnte – du hast immer noch eine Chance, du kannst nachholen – wird zu einem bedrückenden Moment: Als "arme Seele" bin ich zur Sühne in Schmerz und Entsagung verpflichtet. In merkbarer Zurückhaltung hat kirchliche Verkündigung in den letzten Jahrzehnten dieses

---

[54] Griffiths 1983,S.189 u. 192ff.

[55] Im Katechismus der katholischen Religion, Wien 1961, 35. Lehrstück, S.86 heißt es: "Was geschieht bei unserem Tod? - Bei unserem Tod trennt sich die Seele vom Leib. Die Seele kommt sogleich vor das Besondere Gericht Gottes, der Leib zerfällt zu Staub. Wohin kommt die Seele nach dem Besonderen Gerichte? - Die Seele kommt nach dem Besonderen Gerichte entweder in den Himmel oder in das Fegefeuer oder in die Hölle. Was geschieht beim Jüngsten Gericht? - Jesus Christus wird wiederkommen, um die Toten zum Leben zu erwecken, alle Menschen zu richten und sein Reich zu vollenden.".

[56] diese Kurzbezeichnung für Tod, Gericht, Himmel, Hölle, Fegefeuer und (die 'Eschata') –vgl. etwa Hans Schachter, Bibel, Glaube, Kirche. Ein Lexikon für junge Katholiken. Würzburg 1966, S.211 - ist verräterisch und zeigt, wie sehr die Frohbotschaft von der existentiell umfassenden Begegnung mit Gott im eigenen Tod "verdinglicht" wurde; "letztes Ding" ist somit im Grunde genommen Gott selbst: Er wird als Gewonnener Himmel, als Abgelehnter Hölle, als Läuternder Fegefeuer!

[57] Eine wenig glückliche Übersetzung für das lateinische "purgatorium", vor allem, wenn man die barocken Darstellungen, die für die Illustration von Religionsbüchern bis in die jüngste Vergangenheit prägend waren (vgl. Pichler, Katholisches Religionsbüchlein, Wien 1966[33], S.145), bedenkt.

Thema nur gestreift, weil die damit starr verkoppelten Bilder nicht mehr deutbar erschienen, hat aber damit ein existentielles Vakuum für die Suchenden entstehen lassen. Es kann daher nicht verwundern, daß andere Deutungsmodelle aufgegriffen werden: "Falls die Statistiken nicht fehlgehen, glaubt heute bereits jeder fünfte Europäer an die Seelenwanderung, Reinkarnation oder Metempsychose. Diese Hoffnungsvorstellung ist heute sogar in den christlichen Kirchen, insbesondere in der katholischen Kirche, heimisch geworden"[58].

In der kirchlichen Verkündigung scheint in den letzten Jahren das Thema Sterben – Tod – Auferstehung – Leben nach dem Tod doch zu wenig aufgegriffen worden zu sein[59].

Außerchristliche Deutungsmodelle des New Age für Sterben und Tod, die ein Weiterleben in einer neuen Farbigkeit schildern, werden bereitwillig angenommen. Im Umfeld des New Age beheimatete Erfahrungsberichte über die Reanimation klinisch Toter lassen neuen Hoffnungen entstehen.

Der Spiegel brachte im Jahre 1977 einen Titelbericht "Das schöne Sterben – Erlebnisse im Grenzbereich des Todes"[60], in dem das "Hinübergehen" in eine andere Wirklichkeit als Erlebnis "ohne Emotionen, ganz ruhig, in einem himmlischen, glücklichen Zustand"[61] beschrieben wird. Besondere Arbeit haben auf diesem Gebiet die beiden Sterbeforscher Elisabeth Kübler-Ross und Raymond Moody[62] geleistet. Die von ihnen gesammelten Berichte zeigen eine starke Parallelität der Erfahrungen im Grenzbereich des Todes: Bewegung durch einen "Tunnel", Austrittserlebnis, Begegnung mit einem liebevollen Lichtwesen, Betrachtung des "Lebensfilmes", Sträuben gegen die Rückkehr in den stofflichen Leib[63]. Allgemein wird berichtet, daß Menschen mit diesen Grenzerfahrungen ihre Furcht vor dem Tod abgelegt haben.

---

[58]   Kurt Koch, Reinkarnation und Fegefeuerglaube. In: Lebendige Seelsorge 1988, S.355. Zur Reinkarnationslehre vgl. auch unter 4.1.3.

[59]   Anhand von Beispielen aus dem Bereich des schulischen Religionsunterrichtes läßt sich dies belegen. Das Religionsbuch "Unterwegs" etwa behandelt im Zusammenhang mit Ostern zwar die Auferstehung, thematisiert aber den Problembereich Sterben –Tod – Auferstehung – Leben nach dem Tod nicht weiter. Dieses Religionsbuch ist für Polytechnische Lehrgänge approbiert und damit für Schüler verfaßt, die das letzte Jahr an einem Pflichtschul-Unterricht teilnehmen. Vgl. Baur/Kögel, Unterwegs. Religionsbuch für den katholischen Religionsunterricht an Polytechnischen Lehrgängen. Wien 1979[7], S.5-8. Ebensowenig wird der angesprochene Problembereich in anderen Religionsbüchern ausreichend thematisiert, dies ist insofern von Bedeutung, als viele Getaufte nur im Rahmen des schulischen Religionsunterrichtes von der kirchlichen Verkündigung gezielt erreicht werden können. Vgl. Stefan Blaskovic, Unterwegs zur Freiheit. Religionsbuch für Jugendliche. Wien 1974, S.1-3; ders. Unterwegs zur Vollendung. Wien 1978, S.2-9; Johannes Parizek, Glaube gefragt. Wien 1978, S.3; Dedl u.a., Tore zum Glück. Wien 1982, S.2; Norbert Hofer, Christus gefragt. Wien 1978, S.2-5.

[60]   Der Spiegel, 20. Juni 1977, S.84ff.

[61]   ebd. S.85.

[62]   Elisabeth Kübler-Ross, Interviews mit Sterbenden. Stuttgart 1977(a)[10]; diess., Was können wir noch tun? Antwort auf Fragen nach Sterben und Tod. Stuttgart 1977(b)[3]; diess. (Hg.), Reif werden zum Tode. Stuttgart 1977(c)[3]; Raymond Moody, Leben nach dem Tod. Die Erforschung einer unerklärten Erfahrung. Reinbek bei Hamburg 1977.

[63]   vgl. Kübler-Ross 1977c, Moody 1977.

Nicht zuletzt durch die Arbeiten von Stanislav Grof[64] hat die Sterbeforschung im New Age breites Interesse gefunden. Eine ihrer wichtigsten Vertreterinnen, Kübler-Ross, steht selbst auf dem Boden des New Age und hat das für New Ager wichtige Datum, den 16./17. August 1987, als Tag der "Harmonischen Konvergenz" auf ihre Art mitgefeiert[65].

Eine Pastoral, die den Menschen in seiner Gesamtexistenz ernst nimmt und Leben und Tod als die aufeinander bezogenen Pole dieser Existenz versteht, müßte die Anleitung zum rechten Leben auch als Anleitung zum rechten Sterben, und umgekehrt die Anleitung zum rechten Sterben als Anleitung zum rechten Leben verstehen. Tatsächlich aber ist dieser Themenbereich aus der Verkündigung, vor allem aus den Bildungsangeboten für Erwachsene, weitgehend verschwunden. In den Bildungsanzeigern der katholischen Bildungshäuser Österreichs der letzten Jahre finden sich dazu so gut wie keine Angebote. Dagegen berichtet Kübler-Ross, daß sie in einem Jahr etwa 400.000 km zurückgelegt hat, um in den Vereinigten Staaten, in Kanada und Europa Tod-und-Sterben-Seminare zu halten[66]. Zwar gibt es im Bereich christlich orientierter Literatur etliche Neuansätze[67], doch scheint die konkrete kirchliche Bildungsarbeit diese Thematik noch zu wenig aufzugreifen.

Ähnlich verhalten-farblos spricht die Verkündigung vom Leben in der kommenden Welt, das den Menschen in der Auferstehung Jesu erschlossen wurde. Es wird das "Dein Reich komme" zwar gebetet, aber was dieses "Reich" für den Menschen bereithält, was "Himmel" sein kann und sein wird, wird nur dezent skizziert. Den Christen wird zu Recht oft vorgeworfen, "ihre Vorstellung von dem kommenden Reich Gottes sei diffus und völlig unkonkret"[68].

---

[64]   Grof 1985, bes. S.106ff: 'Die Begegnung mit Geburt und Tod: Die Dynamik perinataler Matrizen'.
[65]   vgl. David Luzyn, Der Anfang der Trennung von Spreu und Weizen. In: 2000 - Magazin für Neues Bewußtsein Nr.79/Dez 88/Jan 89, S.24.
        Am 16./17. August 1987 sollte nach der Mythologie der Atzteken und Mayas ein neues Zeitalter beginnen. Dieser Tag wurde von New Agern als Tag der "Harmonic Convergence" ausgerufen und gefeiert. Weltweit trafen sich an alten Kultstätten Menschen, um das neue Zeitalter zu begrüßen. Vgl. Tibusek 1988, S.32 und 67.
[66]   vgl. Kübler-Ross, Erfahrungen und Erkenntnisse. In: Kübler-Ross, 1977(c), S.27.
[67]   etwa: Johann Christoph Hampe, Sterben ist doch ganz anders. Erfahrungen mit dem eigenen Tod. Stuttgart 1977[6];Gisbert Greshake, Stärker als der Tod. Mainz 1976; Josef Finkenzeller, Was kommt nach dem Tod? Eine Orientierungshilfe für Unterricht, Verkündigung und Glaubensgespräch. München 1976; Johannes B. Lotz, Tod als Vollendung. Von der Kunst und Gnade des Sterbens. München 1976; Eugen Walter, Die Botschaft von den kommenden Dingen. Eschatologische Themen reflektiert, meditiert, verkündigt. Stuttgart 1979; Albert Mauder, Die Kunst des Sterbens. Eine Anleitung. Regensburg 1974[2]; Albert Keller, Zeit - Tod - Ewigkeit. Der Tod als Lebensaufgabe. Innsbruck 1981; Gerhard Lohfink, Der Tod ist nicht das letzte Wort. Meditationen. Freiburg 1976[2].
[68]   Ruppert, S.84. Der Katechismus der katholischen Religion, S.44 und 92 schreibt dazu: "Was hat Jesus Christus in der Botschaft vom Reiche Gottes gelehrt? - Jesus hat gelehrt: 1. Die Menschen sind in die Knechtschaft des Teufels gefallen; 2. Er will sie davon befreien und das Reich Gottes aufrichten; 3. In diesem Reich ist Gott unser Vater und Christus unser Bruder. - Was ist der Himmel? - Der Himmel ist das vollendete Gottesreich, wo die Engel und Heiligen in Gott unendlich selig sind." Der Katholische Kurzkatechismus, Königstein/T. 1980[12], S.54, hält fest: "Was ist die größte Freude des Himmels? - Die Seligen im Himmel schauen Gott von Angesicht zu Angesicht und sind mit ihm in ewiger Liebe und Freude vereint".

Dabei scheut sich Jesus nicht, das kommende Leben bei Gott in bunten Metaphern zu schildern: Er spricht vom Gastmahl, vom Hochzeitsmahl. Daher ist es legitim, das Leben bei Gott nicht nur in katechetischen Formeln zu umreißen, sondern in Bildern irdischer Wirklichkeit, die Freude, Gemeinschaft, Harmonie und Geborgenheit ausdrücken, zu beschreiben. Wenn die Findhorn-Bewegung die Neue Zeit im Bild eines überfruchtbaren Gartens konkret spürbar werden sieht, dann ist das ein farbigeres Bild für eine umfassende Zukunft als jede Katechismus-Formel. Vielleicht kann kirchliche Verkündigung in der Auseinandersetzung mit New Age zu einem neuen Sprechen über Himmel und Reich Gottes ermuntert werden.

Der Bereich der Buß- und Beichtpraxis, der theologisch gesehen unter dem Zeichen des Ostermysteriums steht, zeigt besonders gravierend, wie ein innerkirchliches Defizit im New Age auf neue Weise aufgefüllt wird. Im Ruf zum radikalen Umdenken, zur Umkehr, zur "Buße" treffen einander Christentum und New Age: Aber der christliche Bußruf hat in seiner institutionellen Verwaltung offensichtlich an Resonanz verloren. Buße (metanoia, epistrophé), die innerkirchlich häufig auf 'Beichte' reduziert wurde und wird, hatte über lange Zeit nichts mit dem Gewinnen neuer Perspektiven für ein glückendes Leben zu tun, sondern mit Rückschau auf eigenes Versagen und Sünde[69]. Was dabei im Institut der Ohrenbeichte als individuelle Hilfe tatsächlich möglich wäre – nämlich das Eingehen auf die Erfahrung der Schuld, das Umgehen mit Schuldge- fühlen usw. – wird in der Praxis auf einen unpersönlichen und formalen Kurzzuspruch reduziert.

Kehl stellt dazu die Frage: "Tragen wir Christen nicht auch ein gerütteltes Maß an Mitschuld daran, daß das Evangelium Jesu von der Gnade des Heils seine Anziehungskraft so sehr verloren hat? Hat sich die Kirche der Neuzeit nicht zu gern als moralische Lehr- und Zuchtmeisterin der 'schwachen' Menschen gebärdet, denen sie als Weg zum Heil lieber eine Menge von Geboten und Verboten vortrug, als ihnen das Beispiel einer christlichen 'Gelassenheit des Beschenkten' vorzule- ben?"[70].

Zahlen sprechen davon, daß das kirchliche Heilsangebot zum Umgang mit Schuld und zum Gewinnen neuer Lebenschancen im Sakrament der Buße immer weniger angenommen wird: Bei einer Umfrage unter Theologiestudenten (!) gaben

---

[69]   Der "Katechismus der Katholischen Religion" etwa behandelt das Thema Buße nur unter dem sakramentalen Aspekt der Beichte (Lehrstück 52: Im Sakrament der Buße erlangen wir die verlorene Gnade wieder, 53: Gott nimmt den reumütigen Sünder auf; 54: Wir empfangen das Sakrament der Buße). Vgl. Katechismus der Katholischen Religion. Wien 1961, S.130-139.

[70]   Kehl 1988, S.85.

54 % der holländischen Befragten an, nie (!) zur Beichte zu gehen[71]. Es ist
dem Menschen von heute offenbar nicht mehr genug, ohne personale Auseinandersetzung und mitmenschlicher Begegnung über Versagen, Umgang mit Schuld,
Neuanfang und Heilwerden zu sprechen. Kein Wunder also, daß
psychotherapeutische Angebote in einer defizitären kirchlichen Bußkultur einen
optimalen Zulieferer gefunden haben.

Karl Gastgeber stellt fest: "Die Mängel und Einseitigkeiten kirchlicher
Bußpraxis mögen am starken Rückgang der Beichte (bei gleichzeitiger Zunahme
der Psychotherapie) mit vielen anderen Ursachen schuld sein"[72]. Es ist
müßig, hier erneut des langen und breiten auf New Age-Ersatzangebote im Bereich
der Psychotherapieszene hinzuweisen. Hier ist kirchliche Praxis auf allen Ebenen
der Verkündigung von der schulischen Katechese bis zur Erwachsenenbildung
herausgefordert, sich an die eigentliche Bedeutung der Buße im umfassenden Sinn
zu erinnern und neue Formen zu entwickeln, die sakramentale Buße auch zu einer
existentiell stützenden Erfahrung machen.

Gastgeber schreibt: "Die Humanwissenschaften dürfen nicht als Hilfswissen-
schaften der Pastoraltheologie, sondern müssen als konvergierende Optionen für
einen ganzheitlichen Heilsdienst am Menschen angesehen werden [...] für die
Ausbildung von Seelsorgern in diesen Fragen eignen sich psychoanalytische, humanistische und verhaltenstherapeutische Methoden"[73]. Der Verfasser dieser
Erörterung schließt sich den Ausführungen Gastgebers an und meint, daß die
kirchliche Pastoral über die Humanistische Psychologie praktikable Anregungen
aus der New Age-Psychotherapiekultur übernehmen könnte.

Mit dem II. Vaticanum hat sich das Selbstverständnis der Kirche
verlagert. Das Bild von der "kämpfenden, leidenden und triumphierenden
Kirche"[74] wurde abgelöst vom Bild des *pilgernden Gottesvolkes*. Mit einem
Rückbezug auf Augustinus[75] heißt es in Lumen gentinum: "Die Kirche
'schreitet zwischen den Verfolgungen der Welt und den Tröstungen Gottes auf
ihrem Pilgerweg dahin' und verkündet das Kreuz und den Tod des Herrn, bis er

[71]   Knut Walf, Der Exodus aus der Kirche - eine Folge der Veränderung des religiösen Bewußtseins? In: Walf 1983,
        S.159f. Im Detail: Befragt wurden bei dieser aus dem Jahr 1982 stammenden Untersuchung deutsche und holländische
        Theologiestudenten, Durchschnittsalter 22 Jahre, 80 % Frauen. Die Angaben auf die Frage 'wann waren Sie das letzte
        Mal bei der Beichte?' fielen so aus (BRD/NL): vor 1 Jahr 8/0 %; vor 5 Jahren 32/15 %; vor 10 Jahren 20/0 %; länger
        32/31 %; nie 0/54 %.
[72]   Karl Gastgeber, Psychotherapie und Seelsorge. In: Erharter/Schwarzenberger (Hg.), Versöhnte Christen. Versöhnung in
        der Welt. Bußpastoral und Bußpraxis heute. Wien 1986, S.121.
[73]   ebd.
[74]   vgl. Katechismus 1961, S.81f.
[75]   Civ. Dei, XVIII,51,2.

wiederkommt"[76]. Ein Bildwechsel, der konservativen kirchlichen Gruppen Unbehagen bereitet; Kirche wird von vielen nach wie vor als triumphierende erhofft und mit Reich Gottes gleichgesetzt[77].

Aber das offizielle Selbstverständnis der Kirche ist in Bewegung geraten: Kirche als Gemeinschaft unterwegs, Kirche als Prozeß, Kirche als vorläufige Institution, die zum Reich Gottes unterwegs ist. Ursache für ihr Unterwegs-Sein ist der Aufbruch, der in der "Wendezeit" mit dem Kommen Christi seinen Anfang genommen hat. "Als die Zeit erfüllt war, sandte Gott seinen Sohn"[78], heißt es bei Paulus.

Im Normalbewußtsein der in der Kirche mitpilgernden Christen scheint die Dynamik der Zeitenwende, des Aufbruchs, des Fortschreitens verlorengegangen oder entschlafen zu sein. Eine Kirche, die (wieder verstärkt) auf Tradition setzt, wird kaum das Exodushafte ihres Status vorleben und vermitteln können.

Der als hinduistischer Sannyasi lebende und als New Age-nahe geltende Benediktinermönch Bede Griffiths beschreibt in seiner Sprache und vor seinem Lebenshintergrund die Konturen einer pilgernden Kirche, die sich ihrer - eigenen Vorläufigkeit bewußt ist und sich vom Zeichen zur Wirklichkeit unterwegs weiß: "So sieht die Berufung des Sannyasi[79] aus, über alle Religionen, jede menschliche Institution hinauszugehen - über jede Schrift und jeden Glauben, bis er zu dem gelangt, was jede Religion, jede Schrift, jedes Ritual andeuten, aber nie benennen kann. In jeder Religion, ob christlich, hinduistisch, buddhistisch oder muslimisch, weiß man, daß die letzte Wirklichkeit nicht benannt werden kann, und es ist Berufung des Sannyasi, über alle Religionen hinauszugehen, um diese letzte Wirklichkeit zu suchen [...] Über das Zeichen hinauszugehen heißt nicht, das Zeichen selbst abzulehnen, sondern es heißt, das anzustreben, auf das es hinweist. In der Sprache des heiligen Thomas von Aquin heißt das, vom Sacramentum zur Res zu kommen. Solange wir in dieser Welt sind, brauchen wir diese Zeichen, und die heutige Welt kann nicht überleben, wenn sie nicht diese 'Zeichen' des Glaubens, den 'Mythos', das 'Symbol' wiederentdeckt, die uns zur Erkenntnis der Wirklichkeit führen können. Aber gleichermaßen fatal ist, bei dem Zeichen stehen zu bleiben und das Zeichen für die letzte Wirklichkeit zu halten"[80].

---

[76]   II. Vaticanum: Dogmatische Konstitution über die Kirche "Lumen gentium", Art.8. In: Rahner/Vorgrimler 1966, S.131.
[77]   vgl. Katholischer Kurzkatechismus 1980, S.55: "Triumph und Vollendung der Kirche - Der Herr wird sein Reich zum ewigen Sieg führen. Bis dahin muß die Kirche sich in vielen Prüfungen und Verfolgungen bewähren..."
[78]   Gal 4,4.
[79]   Im Hinduismus Bezeichnung für Menschen, die sich auf dem Weg zu spiritueller Befreiung befinden und ein Leben in Enthaltsamkeit führen, ähnlich dem abendländischen Mönchsideal.
[80]   Griffiths 1983, S.44.

So könnte eine Auseinandersetzung mit dem New Age für die Kirche gerade in einer Zeit fundamentalistischer Selbstgefährdung Signal für eine Rückbesinnung auf das im II. Vaticanum aufgebrochene Selbstverständnis sein und eine Herausforderung dafür, im Bewußtsein der eigenen Vorläufigkeit und Zeichenhaftigkeit der triumphalistischen Versuchung zu widerstehen. Matthäus beschreibt die Funktion der Kirche für das kommende Reich Gottes mit der Metapher des Netzes: "Weiter ist es mit dem Himmelreich wie mit einem Netz, das man ins Meer warf, um Fische aller Art zu fangen"[81] – vielleicht lernt sich Kirche in der Begegnung mit New Age als geschwisterliches "Netzwerk" neu begreifen!

Im Zusammenhang mit dem vorhin Angeführten taucht ein weiteres Defizit gegenwärtiger kirchlicher Spiritualität auf: der Verlust oder zumindest die Verdünnung des *Mythos*, der *Mystik*, des Geheimnisses, des Emotionalen, der *konkreten Erfahrung*.

Sudbrack stellt in den beiden letztgenannten Bereichen "in unseren Kirchen ein weites Ödland"[82] fest. Er schreibt: "Ich würde mir wünschen, daß die Theologie sich weniger um philologische und historische Einzelheiten und auch weniger um die politische Kraft des christlichen Glaubens, aber dafür mehr um seine Erfahrungskraft und die Mystik kümmert [...] Exegese und Dogmatik werden dann zur Frucht und nicht zur Bedingung der Glaubenserfahrung"[83].

In der Begegnung mit östlicher Spiritualität sieht Griffiths eine Chance der Ergänzung einer einseitig gesehenen, faktisch-historischen Perspektive des Wirkens Gottes. Im Vergleich hinduistischen und christlichen Offenbarungsverständnisses schreibt er: "Die Gefahr für den Hinduismus liegt darin, daß er Zeit und Geschichte als vergängliche Phänomene betrachtet, die letztlich keine Bedeutung haben, und das Christentum ist in Gefahr, den zeitlichen Ereignissen zu viel Gewicht beizumessen und den Sinn für die zeitlose Wirklichkeit zu verlieren [...] Sicherlich muß der Hindu den wahren Wert von Zeit und Geschichte entdecken [...] Aber auch der Christ muß lernen, daß das Reich Gottes nicht in dieser Welt gefunden werden kann, wie wichtig auch immer Arbeit und Dienst in der Welt und am Menschen sein mag"[84].

In den letzten Jahrzehnten ist kirchlich orientierte Spiritualität stark von Aktivismus ("Katholische Aktion") im sozialen und politischen Bereich geprägt gewesen. Sicher war dabei die zweite Seite neben der actio, die contemplatio, nicht

---

[81]   Mt 13,47.
[82]   Sudbrack 1987, S.51.
[83]   Sudbrack 1988a, S.101.
[84]   Griffiths 1983, S.186f.

vergessen, aber im Bewußtsein einer breiten Masse der "Pilger" zu wenig präsent
und in der Begegnung mit einer immer stärker rationalisierten und wortorien-
tierten Liturgie als erfüllt angesehen. Die Begegnung mit dem spirituellen
Aufbruch im New Age kann der Kirche Anstoß sein, die "via activa" und die "via
contemplativa"[85] des Thomas von Aquin als "via integrativa" zu begreifen.
Meditation und Reflexion, Kontemplation und Aktion leben aus dem je anderen
heraus und sollen zu einer ganzheitlichen religiösen Erfahrung werden. Wenn sich
jede Religion nach Griffiths bemühen muß, "das verborgene Mysterium
wiederzuentdecken, für das es Zeugnis ablegen soll"[86], dann ist auch ein
Überdenken notwendig, wie dieses Mysterium dargestellt, gefeiert und
veranschaulicht werden kann. Denn das Mysterium, dessen letztes Ziel die unio
mystica ist, bleibt in der Mitteilung auf stammelndes Reden, Zeichen, Bilder und
Gesten verwiesen.

Der Mensch ist auf Transzendenz hin angelegt und offen für das
Mysterium[87]. Für Erich Fromm lautet die Frage nicht, ob Religion oder keine,
sondern "welche Art von Religion"[88]. Rahner schildert den Menschen vor
dem Hintergrund eines unendlichen Horizontes. Er schreibt: "Indem er seine
Endlichkeit radikal erfährt, greift er über diese Endlichkeit hinaus, erfährt er
sich als Wesen der Transzendenz, als Geist. Der unendliche Horizont menschlichen
Fragens wird als ein Horizont erfahren, der immer weiter zurückweicht, je mehr
Antworten der Mensch sich zu geben vermag [...] Er bleibt grundsätzlich immer
unterwegs"[89].

In dieser Offenheit auf Transzendenz hin liegt auch das Bedürfnis
des Menschen nach Bildern, Zeichen, Symbolen und Kultur begründet, die alle
einen Versuch darstellen, das Unsagbare auszudrücken.

Sollten diese Bedürfnisse im Menschen durch die institutionalisierten
Kirchen und Religionen nicht gestillt werden, dann entwickelt der Mensch
individuelle Liturgien oder Liturgie-Surrogate, die für ihn sinnstiftend sind und
auf ein "Mehr-als-alles" verweisen.

In einem Tarot-Gebrauchsanleitungsbuch heißt es: "Das Ziehen von Karten sollte
stets durch einige kleine Rituale vorbereitet werden. Es ist gut, die Karten in
einem besonderen Kästchen oder in einem schönen einfarbigen Tuch
aufzubewahren. Wendet man sich ans Tarot als weisen Ratgeber in bedeutsamen
Lebensfragen, so sollte man dem Augenblick etwas Schönes und Meditatives geben.

---

[85]   vgl. Josef Pieper, Hinführung zu Thomas von Aquin. München 1958, S.86.
[86]   Griffiths 1987, S.111.
[87]   vgl. auch 1.4.2.
[88]   Erich Fromm, Psychoanalyse und Religion. Zürich 1966, S.31.
[89]   Rahner 1976, S.42f.

Die Karten werden in Ruhe sorgfältig gemischt und in einem Fächer mit den Bildern nach unten auf dem ausgebreiteten Tuch ausgelegt. Eine angezündete Kerze, ein Blumenstrauß, das Bild eines geliebten Menschen oder sonst irgendein persönlicher Gegenstand können die Szene in etwas Besonderes und Feierliches verwandeln"[90].

New Age könnte Anstoß sein zur Rückbesinnung auf eigene kirchliche Traditionen und zum Ernstnehmen der Sehnsucht nach Erfahrung des Mystischen.

Auf noch einen Defizitbereich muß hingewiesen werden, in dem das Christentum vom New Age herausgefordert wird: der Bereich der *Angelologie*.

Der Katechismus Romanus von 1761 geht sehr ausführlich auf die Engellehre ein und dessen deutsche Neuauflage bringt zum Stichwort Engel 14 Texthinweise. Auch in der Verkündigung und in der Frömmigkeit des Volkes nahmen die Engel einen breiten Raum ein. Das "Katholische Religionsbüchlein" behandelte sofort nach dem Kapitel von der Schöpfung die Engel und da vor allem den Schutzengel, der mit einem für Generationen prägenden Bild dargestellt wird: Mit weit ausladenden Schwingen begleitet er ein Kind über einen geländerlosen Bachsteg[91]. Der "Katechismus der katholischen Religion" faßte die Engellehre in folgenden Merksätzen zusammen: "Gott hat die Engel erschaffen, daß sie ihn erkennen und lieben, ihn verherrlichen und ihm dienen. – Gott hat die stolzen Engel auf ewig in die Hölle verstoßen. – Gott hat die treugebliebenen Engel mit der ewigen Seligkeit belohnt. – Gott hat uns einen Schutzengel gegeben, damit er uns in Versuchungen und in Gefahren beisteht und uns zu Gott führt"[92].

Im Zuge der Entmythologisierung und Rationalisierung im 20. Jahrhundert wurde eine breit ausufernde Engelfrömmigkeit zurückgedrängt und relativiert. Das "Urkundenbuch" der Lehrverkündigung[93] widmet den "Engeln" gar kein eigenes Stichwort mehr, sondern verweist auf "Schöpfung"[94]. Das "Kleine theologische Wörterbuch" merkt zurückhaltend an: "Die Erwähnung von Engeln dient der Erhellung umfassenderer, religiös bedeutsamer Wahrheiten: Herrschaft Gottes über alles, Gefährdetheit der menschlichen Situation. An Einzelvorstellungen (Namen, Zahl, Rangordnung der Engel usw.) ist die Offenbarung nicht interessiert"[95].

---

[90]   Gerd Ziegler, Tarot - Spiegel der Seele. Handbuch zum Crowley-Tarot. Neuhausen 1988[12] (von 1984[1] bis 1988[12]
        im 80.Tausend!), S.15.
[91]   Pichler 1966, S.10f.
[92]   Katechismus der katholischen Religion 1961, S.21.
[93]   Neuner-Roos, Der Glaube der Kirche in den Urkunden der Lehrverkündigung. Neubearbeitet von Rahner und Weger.
        Regensburg 1971[9].
[94]   ebd. S.572.
[95]   Karl Rahner/Herbert Vorgrimler, Kleines Theologisches Wörterbuch. Freiburg 1961, S.88f.

Endgültig schien die Verabschiedung der Engel bei Herbert Haag gelungen. Er schreibt: "Dieser Raum [zwischen dem fernen, jenseitigen Gott und den Menschen] wurde nun mit Zwischenwesen aufgefüllt, die nicht Gott und nicht Menschen waren: mit Geistern. In den früheren Schriften des Alten Testaments redet Gott selbst mit den Menschen [...] In den späten Schriften schickt er einen Engel, wenn er einem Menschen etwas zu sagen hat. Auch im Neuen Testament sind es Engel, die den Ratschluß Gottes verkünden [...] Auf den ersten Blick scheint dies eine Bereicherung und Erhöhung des Gottesbildes zu sein. Denn das ist gewiß ein imponierender Gott, der wie ein Feldherr über eine ganze himmlische Heerschar, über Millionen und Milliarden von Engeln gebietet. In Wirklichkeit aber haben wir es mit einer Verarmung des Gottesbildes zu tun. Aus dem Gott, der überall auf Erden unmittelbar gegenwärtig und den Menschen stets persönlich und liebevoll nahe ist, ist ein Gott geworden, der so auf seine Hoheit bedacht ist, daß er nur noch durch Boten mit den Menschen verkehrt"[96].

Der 1980 erschienene "Grundriß des Glaubens" versucht verhalten, durch einen Verweis auf Aussagen der Bibel die Realität der Engel anzusprechen und mit dem Hinweis auf ein Gedicht Bonhoeffers mit der konkreten Erfahrung des nahen Gottes existentiell abzustützen[97].

Es hat etliche Versuche gegeben, der Auflösung der Engel in Chiffren des handelnden Gottes entgegenzuwirken; mehr oder weniger glückliche[98]. Die Grundunsicherheit in der Verkündigung – 'wie', wenn überhaupt, 'über Engel reden?' ist geblieben. Ein Vakuum ist entstanden, in das neue Vorstellungen von Geistwesen, Engeln, Dämonen oder Vorstellungen aus anderen Religionen, miteinander verbunden und vermischt, einströmen[99]. "Dem Christentum mangelt weithin – so scheint uns – ein verantwortlicher, positiver Umgang mit den 'Gewalten und Mächten' in der Schöpfungswirklichkeit, die ebenso wie der Mensch nur 'Geschaffenes' sind, aber dennoch seinem technischen Denken und Wollen entzogen bleiben"[100].

---

[96]   ebd. S.39.
[97]   "Von guten Mächten wunderbar geborgen / erwarten wir getrost, was kommen mag. / Gott ist mit uns am Abend und am Morgen / und ganz gewiß an jedem neuen Tag."; vgl. Grundriß des Glaubens 1980, S.68f.
[98]   etwa: Hans Theodor Brik, Gibt es noch Engel und Teufel? Erkenntnis, Geisterwelt und Exegeten. Aschaffenburg 1975, vor allem als katholische Antwort auf den katholischen Herbert Haag gedacht; Billy Graham, Engel - Gottes Geheimagenten. Neuhausen 1975.
[99]   Auch innerkirchlich hat sich eine fast okkult zu bezeichnende Bewegung im "Engelswerk" - "Opus Angelorum", Hauptsitz am Petersberg bei Silz in Tirol, der Engel angenommen; nach Berichten der 'Kirche intern' 1/1989 S.12 ("Das Engelwerk: Geheimbund mit Aberglauben") handelt es sich dabei um eine Bewegung, die im konservativen bis reaktionären Bereich der Kirche anzusiedeln ist.
[100]   Sudbrack 1987, S.179f.

Sehr leicht im "positiven Umgang" mit diesen Mächten tut sich offensichtlich das New Age. Am Beispiel Findhorn war unter 1.4.7. bereits von den "Landschaftsengeln", den "Erbsen-, Karotten-, Gurkendevas" und den Naturgeistern die Rede, die mit den Hütern des Gartens in direktem und ungezwungenem Kontakt stehen.

Die Verfasserin des Buches 'Kontakte mit Deinem Schutzgeist', Penny McLean[101], hielt unter diesem Titel im März 1989 in Wien ein 3-stündiges Workshop (Eintritt S 300,-) ab, das so angekündigt wurde: "Penny McLean unterweist Sie in der hohen Kunst der Kommunikation mit den Schutzengeln und zeigt in diesem Workshop praktische Wege, wie Sie Kontakt mit Ihrem eigenen Schutzgeist aufnehmen können"[102].

Vielleicht kann die Auseinandersetzung mit dem New Age die Verkündigung aus dem zurückhaltenden Schweigen oder dem rationalisierten Sprechen über die Engel herausführen.

Der Priestermönch und Sannyasi Bede Griffiths könnte dabei einmal mehr wegweisend sein: "Überall sind Engel - reine Intelligenzen, die der Bewegung der Sterne gebieten und das Wachstum auf Erden regeln. Auch im Leben des Menschen sind Engel gegenwärtig, die über das Schicksal von Nationen und Einzelnen wachen [...] keiner von uns kann sich dem Einfluß dieser engelhaften und dämonischen Kräfte, die im Unbewußten wirken, entziehen"[103].

Das 1986 im katholischen Herder-Verlag erschienene Buch 'Unsichtbar durch unsere Stadt - den Engeln auf der Spur' mag ein Anzeichen für einen Prozeß der Neubesinnung sein. Dem Buch ist ein Gedicht der jüdischen Lyrikerin Nelly Sachs als Motto vorangestellt: "Ihr Ungeübten, die in den Nächten / nichts lernen. / Viele Engel sind euch gegeben / Aber ihr seht sie nicht"[104].

Wenn Sudbrack das New Age mit dem Suchen nach neuer religiöser Geborgenheit in der Zeit moderner Ungeborgenheit in Zusammenhang bringt[105], dann kann in einem wiederaufgenommenen und neu durchdachten Sprechen über die Engel eine Facette des Bergungsversuches des heutigen Menschen gesehen werden.

Über die christlich-kirchlichen Defizitbereiche *Ökologie* und *Feminismus* und die Herausforderung durch das New Age wurde unter 1.4.7. schon gesprochen; so sei hier nur ergänzend darauf zurückverwiesen.

---

[101]   Penny McLean, Kontakte mit Deinem Schutzgeist. München 1988.
[102]   Prospekt Penny Mclean, Eine mediale Begabung. Institut für Suggestionstechnik und Grenzpsychologie, Wien 1989.
[103]   Griffiths 1987, S.52f.
[104]   Hubert Gaisbauer (Hg.), Unsichtbar durch die Stadt - Den Engeln auf der Spur. Wien 1986, S.6.
[105]   vgl. Sudbrack 1988a, S.15.

Anschließend seien noch zwei Begriffe angesprochen, die im New Age einen hohen Stellenwert haben und die auch für das Christentum von grundlegender Bedeutung sind, will es den Menschen nicht isoliert, sondern als integralen Teil der Schöpfung verstehen: *Kosmos* und *Einheit.*

Bürkle merkt dazu an: "Wenn eine auf anthropologische und gesellschaftliche Interessen verkürzte, vermeintlich progressive Theologie diese kosmischen Weiten und Zusammenhänge für das Christentum nicht mehr thematisiert, dann mag sie sich durch New Age daran erinnern lassen, daß das zu ihrem Thema gehört"[106].

Paulus gibt im Brief an die Kolosser ein Beispiel für die heutige Auseinandersetzung des Christentums mit dem New Age. Zu Kolossä waren gnostische Lehrer, Urahnen der heutigen New Ager, aufgetreten und haben zur Ausbildung einer judaistisch-gnostisch-christlichen Mischtheologie beigetragen. "Paulus antwortet auf die gefährlichen Sonderlehren in Kolossä nicht in der Weise, daß er in ihnen nur Irrlehre und bösen Willen fände, sondern indem er dort echte Fragen, richtige Sehnsüchte und gültiges Verlangen nach Wahrheit entdeckt. Er nimmt darum die Schlagworte der neuen Lehre auf, um zu zeigen, daß alles Fragen in Christus seine Antwort und Erfüllung findet"[107].

Paulus schreibt in einem Loblied auf Christus: "Dankt dem Vater mit Freude [...] Er hat uns der Macht der Finsternis entrissen und aufgenommen in das Reich seines geliebten Sohnes [...] Er ist das Ebenbild des unsichtbaren Gottes, der Erstgeborene aller Schöpfung. Denn in ihm wurde alles erschaffen im Himmel und auf Erden, das Sichtbare und das Unsichtbare, Throne und Herrschaften, Mächte und Gewalten; alles ist durch ihn und auf ihn hin geschaffen. Er ist vor aller Schöpfung, in ihm hat alles Bestand [...] Denn Gott wollte mit seiner ganzen Fülle in ihm wohnen, um durch ihn alles zu versöhnen"[108].

2.2.2. Christliche Mystik und christliche "Kronzeugen" des New Age

"Mystik war immer schon das Herz des Glaubens der Kirche"[109], schreibt Josef Sudbrack. Dies selbst dann, wenn sich Kirche der aus ihren eigenen Reihen kommenden Mystik gegenüber zunächst ablehnend oder reserviert verhielt, wie dies etwa bei den im New Age häufig aufgerufenen Zeugen

---

[106]   Bürkle in: Bürkle 1988, S.135.
[107]   Karl Hermann Schelkle, Das Neue Testament. Eine Einführung. Kevelaer 1966[3], S.173f.
[108]   Kol 1,12 - 13.15 - 17.19-20.
[109]   Sudbrack 1988a, S.102.

Eckhart und Teilhard der Fall war. Die Kirche hat immer dann sehr sensibel reagiert, wenn das Herz der christlichen Botschaft, Gott in Jesus Christus als Du begegnen zu können, angesprochen war. Bisweilen kann dabei die Reaktion der Kirche auch als überängstlich und eng charakterisiert werden wie eben auch bei Eckhart[110] und Teilhard[111].

"Die Gefahr der Mystik, worauf Kirche reagieren muß, besteht im Vergessen dieses 'Du' zu Gott, das die Mitte der Botschaft Jesu ausmacht"[112], schreibt Sudbrack.

Der Autor dieser Arbeit schließt sich dabei Sudbrack an und sieht im "Du" Gott gegenüber das Kriterium der christlichen Mystik (auch wenn die "Personalität" Gottes unseren Begriff der Person bei weitem übersteigt – vgl. auch unter 2.3.3.). Wenn Gott in Jesus Mensch geworden ist, um ihm auf personaler Ebene begegnen zu können (Phil 2,6–8), dann ist damit das Unterscheidende einer außerchristlichen Mystik gegenüber, die Gott als unpersönliche Dynamik versteht, aufgewiesen.

Innerhalb dieser Sicherheitsabgrenzung aber hat sich eine breite Tradition mystischer Erfahrungen vom frühen Christentum bis in unsere Tage herauf entfaltet; nicht immer sofort erkannt und angenommen, oft nur als Grundwasser vorhanden, aber nie wirklich abgebrochen. Das wäre auch nach dem sakramentalen Selbstverständnis der Kirche, das aus dem Geheimnis von Tod, Auferstehung und bleibender Gegenwart Jesu lebt, nicht möglich. Die Rückbindung kirchlicher Mystik an dieses Mysterium bleibt deren Motivation und Korrektiv zugleich. In der Auseinandersetzung mit der im New Age aufgebrochenen neuen Religiosität und dem Vorwurf, "die meisten Kirchen haben den realen spirituellen Teil der Religion verloren"[113], hat die Kirche durchaus die Möglichkeit, mit Selbstbewußtsein und Vertrauen in die eigene spirituelle Kompetenz und mystische Tradition in das Gespräch einzusteigen.

In diesem Sinne sollen im Rahmen dieser Arbeit einige christliche Mystiker exemplarisch vorgestellt werden. Am Beispiel Eckharts und Teilhards wird dann gezeigt, in welchen Punkten sich christliche Mystik von der Mystik des New Age unterscheidet und wie diese beiden Mystiker in der Rezeption durch das New Age verkürzt und zum Teil auch mißdeutet werden.

---

[110]   Eckhart mußte sich knapp vor Ende seines Lebens vor allem auf Grund seines Predigtwerkes Irrtum und Häresie vorwerfen lassen und vor einer Kommission in Avignon rechtfertigen; siebzehn Sätze wurden nach seinem Tod als häretisch gekennzeichnet. Vgl. Meister Eckhart, Einheit im Sein und Wirken (Hg. Dietmar Mieth). München 1986, S.19f.

[111]   Teilhard war von 1924 bis zu seinem Tod im Jahr 1955 mit einem kirchlichen Veröffentlichungsverbot belegt und wurde erst auf dem II. Vatikanum rehabilitiert. Vgl. auch, Pierre Teilhard de Chardin, Das Tor in die Zukunft. Ausgewählte Texte zu Fragen der Zeit, (Hg. Günther Schiwy). München 1984, S.11f.

[112]   Sudbrack 1988a, S.103.

[113]   Ferguson 1982, S.425.

Der unter dem Pseudonym *Dionysius Areopagita* um das Jahr 500 schreibende, sonst nicht näher identifizierte Autor[114] ist für das theologische und mystische Denken des Mittelalters von überragender Bedeutung geworden[115]. Sudbrack meint: "Sein Werk ist bis heute mit den Schriften der beiden Spanier, Teresa und Johannes, der Klassiker christlicher kirchlicher Mystik"[116].

Angelpunkt seines umfangreichen Werkes bildet sein Buch "Die mystische Theologie"[117]. Zentrum seiner Aussage ist: Gott bleibt ein Geheimnis; sein Wesen bleibt im Dunkel und kann durch kein Wissen und keine Erfahrung eingeholt werden. Wer sich auf Gott einlassen will, der soll Wahrnehmungen und geistige Kräfte hinter sich lassen. "Denn durch eine von dir selbst und allen anderen völlig losgelöste Ekstase", sagt der Areopagite seinem Freund Timotheus, "wirst du zu dem das Sein übersteigenden Lichtstrahl der göttlichen Finsternis emporgehoben werden, wenn du alles aus deinen Gedanken wegnimmst und dich von allem löst"[118].

Keil schreibt in einer Meditation zu diesem Text: "Die einzige Sprache, die keine Grenzen hat, in der das Unendliche noch einen Platz hat: Das Schweigen"[119].

Dionysius skizziert eine negative Theologie und auch eine negative Spiritualität. Alles, was von Gott ausgesagt wird verdeckt mehr als es mitteilt; "Je mehr wir uns nach oben wenden, umso mehr werden sich die Worte versagen"[120], merkt Dionysius an. Schweigen und Dunkel bleiben die möglichen Erfahrungsräume für den über alles erhabenen Gott.

In einer nicht enden wollenden Liste zählt Dionysius auf, was Gott alles nicht ist: nicht Seele, nicht Geist, nicht Begriff, nicht Denken, nicht Sein, nicht Zeit, nicht Ewigkeit, nicht Finsternis, nicht Licht... "Wir machen weder positive noch negative Aussagen über ihn, da wir uns Positionen oder Negationen nur von dem machen können, was nach ihm kommt. Denn er ist über jede Position erhaben, weil er die vollkommene und einzige Ursache von allem ist. Und er ist über jede Negation erhaben, weil er ganz und gar jenseits von alledem und über allem und jedem ist"[121].

---

[114] Volkmar Keil vermutet in ihm einen syrischen Mönch. Vgl. Dionysius 1985, S.15.
[115] vgl. H.C.Graef in LThK 3, Sp.402f.
[116] Josef Sudbrack, Mystik. Selbsterfahrung - Kosmische Erfahrung - Gotteserfahrung. Mainz 1988b, S.33.
[117] veröffentlicht in der Herderbücherei in der Reihe "Texte zum Nachdenken" Bd.1221 unter dem Titel "Ich schaute Gott in Schweigen", Freiburg 1985.
[118] ebd. S.46.
[119] ebd. S.47.
[120] Dionysius 1985, S.64.
[121] ebd. S.70f.

In der Hinwendung des New Age zur östlichen Mystik allgemein und vor allem zur Mystik in der Form des Za-Zen bei Lassalle werden solche Ansätze wieder zur Sprache kommen. "Zen-Meditation – das ist Schweigen" schreibt Günter Stachel[122], und Lassalle nennt sein Meditations-Zentrum Akikawa – Schinmeikutsu – "Höhle des göttlichen Dunkels"[123].

Das Gebet des *Augustinus* "Du warst mir innerlicher als mein Innerstes und höher noch als mein Höchstes"[124] ist Leitmotiv für die christliche Mystik geworden. Gott kommt dem Suchenden entgegen in der Wendung nach innen, in die eigene Tiefe, und in der Wendung nach oben, nach außen. Actio und contemplatio finden sich bei Augustinus zu einer intellektuellen Einheit: Sein Denken mündet ein ins Gebet, sein Gebet ist Nachsinnen über die eigene Tiefe: "Du hast uns geschaffen hin zu Dir, und unruhig ist unser Herz, bis es ruht in Dir"[125].

Aber auch bei Augustinus ist Theologie nur als negative Theologie möglich, Mystik wird, je mehr sie an Gott herankommt, negative Mystik: "Über Gott reden wir – was Wunder, wenn du nicht begreifst? Wenn du nämlich begreifst, ist es nicht Gott"[126] – "Was immer der Mensch sonst denke, – nichts, was geschaffen ist, ist Ihm ähnlich, der schuf [...] Gott ist unaussprechbar; leichter sagen wir, was Er nicht ist, als was Er ist"[127] – "Und wenn du hinzuzutreten beginnst als Ähnlicher und anhebst, Gott durch-zu-spüren, – im Maße in dir die Liebe wächst, spürest du etwas, was du sagtest und nicht sagtest [...] Ehe du nämlich spürtest, meintest du Gott zu sagen; du beginnst zu spüren, und hier spürst du, wie nicht gesagt werden kann, was du spürst"[128].

Was mit dem Beginn der Neuzeit auseinanderfällt, ist bei Augustinus noch integrale Einheit: "Die Theologie ist für Augustinus ein liebevolles und bittendes Sichbesinnen des gläubigen Menschen auf Gott und das durch ihn geschenkte Heil. Sie ist Gnade Gottes, Mystik des Herzens und angestrengtes menschliches Denken zugleich"[129]. Diese integrale Schau, die in der Theologie der Neuzeit in einzelne Disziplinen aufgesplittert wurde, stellt einen Grundzug des neuen Denkens im New Age[130] dar und wird als

[122]   Günther Stachel in: Hugo M. Enomiya Lassalle, Kraft aus dem Schweigen. Einübung in die Zen-Meditation. Freiburg 1988, S.7 (Vorwort).
[123]   ebd. S.8.
[124]   Augustinus, Bekenntnisse III 6,11; zit. bei Fuchs in: Lebendige Seelsorge 1988, S.343.
[125]   Confessiones I, 1; 1 in: Erich Przywara, Augustinus. Die Gestalt als Gefüge. Leipzig 1934, S.194.
[126]   Sermones 117,3; 5; in: ebd. S.199.
[127]   Enarrationes in Psalmos 85; 12; in: ebd.
[128]   E. i. Psalmos 99,5; in: ebd. S.201.
[129]   E. Hendrikx in LThK 1, Sp.1097.
[130]   vgl. Capra 1988, S.7.

Herausforderung wieder an die Theologie herangetragen.

In der *"Wolke des Nichtwissens"*, der Meditationsanleitung eines unbekannten englischen Autors des 14. Jahrhunderts, tritt uns ein Mystiker entgegen, der in der Tradition des Augustinus und Dionysius eine athematische, übergegenständliche Weise der Meditation lehrt. Es geht ihm nicht um ein Eindringen in Inhalte, sondern um das Einlassen in den innersten Grund unter Ausblendung der Wahrnehmung und Überschreitung aller Denkvorgänge und Willensimpulse. "Willst du vorankommen, mußt du eine ganz tiefe Sehnsucht nach Gott in dir nähren. Diese Sehnsucht ist zwar letztlich sein Geschenk an dich, doch an dir liegt es, sie zu vertiefen [...] Schließe die Türen und Fenster deiner Sinne, daß nichts Schädliches und Störendes eindringen kann. Erbitte dir dazu seine Kraft, dann wird er dich selber vor ihnen schützen [...] Für einen Anfänger ist es normal, nichts wahrzunehmen als ein gewisses Dunkel, das dein Bewußtsein umgibt, wie eine Wolke, in der man nichts erkennt"[131].

Die "Wolke" rät dem Suchenden, sich auf die innere, läuternde Leere, das "Nichts" einzulassen, das ein Raum der Begegnung mit Gott werden kann, die läuternd und beglückend zugleich erfahren wird: "In dem Augenblick, da der Mensch dieses 'Nichts' erblickt, steigen alle Sünden seines ganzen Lebens vor ihm auf [...] Wohin er sich auch wendet, sie stehen ihm immer vor Augen, bis er mit viel Mühe, tiefer Reue und bitterer Tränen sie zum großen Teil abgewaschen hat. Manchmal erscheint dieser Blick auf die Sünde wie ein kurzer Blick in die Hölle [...] Manchmal kommt ihm dieses 'Nichts' vor wie ein himmlisches Paradies – wegen der wunderbaren Stärkung und dem unaussprechlichen Gefühl der Freude und des Gutseins, das er empfindet. Mitunter erlebt er dieses Dunkel als einen solchen Frieden und eine solche Ruhe, daß er glaubt, Gott selbst zu erfahren. Gleich wie er dieses 'Nichts' erfährt, bis zuletzt wird eine Wolke des Nichtwissens zwischen ihm und Gott bleiben"[132].

Willi Massa stellt im Vorwort zur deutschen Ausgabe die Ähnlichkeit der Methode der "Wolke" mit dem japanischen Zen fest. Nicht von ungefähr hat gerade Enomiya Lassalle das Geleitwort zu dieser Ausgabe verfaßt, in dem es heißt: "Die 'Wolke des Nichtwissens' ist wie eine Brücke zwischen östlicher, und westlicher Mystik"[133].

---

[131]   Willi Massa (Hg.), Kontemplative Meditation - Die Wolke des Nichtwissens. Einführung und Text. Mainz 1976[3], S.30ff.

[132]   ebd. S.112f.

[133]   ebd. S.5.

Die "Wolke" ist ein Beleg dafür, daß das wort- und gegenstandslose Nach-innen-gehen, das in der Praxis östlicher buddhistischer Spiritualität von den Menschen des Westens gesucht wird, auch im Westen selbst ein breites, wenn auch ein mit dem Beginn der Neuzeit überdecktes Fundament besitzt.

Aber bereits in der "Wolke" wird auch der Unterschied zwischen dem wortlosen Meditieren im New Age und in der christlichen Tradition deutlich. Im New Age wird die Meditation zu einer "transformativen Technologie"[134], die der Mensch trainieren, in den Griff bekommen kann. Es spielen zwar "Suche nach dem Sinn" und "ein rastloses Verlangen nach 'etwas mehr'"[135] eine Rolle, aber 'Glauben' als das Annehmen einer personalen Zuwendung in Liebe wird ersetzt durch "Wissen"[136]. Mit diesem Wissen, dem "know how" der "transformativen Technologie", kann ich auf "spirituelle Abenteuer"[137] ausziehen, mich immer tiefer in mein Innerstes begeben, um zuletzt auf den "Gott in uns"[138] zu stoßen.

Auch die "Wolke" spricht von einer "tiefen Sehnsucht" nach Gott und daß es am Menschen liegt, sie zu vertiefen. Aber sie ist ein Geschenk, eine durch keine Technologie einforderbare, freie Gabe Gottes. In der innersten Tiefe der Begegnung mit Gott steht die "Wolke des Nichtwissens". Bei aller Erfahrung der Nähe ist sie das Zeichen der unüberwindbaren Kluft zwischen Gott und dem Menschen. Eine Überlegung, die auch für die Abgrenzung des Zen-Weges nach Lassalle von der apersonal-monistischen Mystik des New Age gilt. Dies müßte auch den christlichen Kritikern Lassalles zur Relativierung ihrer Kritik klarer vor Augen stehen[139].

Anders als in der Mystik des New Age, in der "Gipfelerfahrungen" in das gleichförmige monistische "Bewußtsein der All-Einheit"[140] führen, zeigt sich in der christlichen Mystik des Mittelalters eine bunte und lebendige Vielfalt. Jeder Mensch, der sich in seiner individuell-personalen Ausprägung dem unendlichen Gott nähert, findet Raum in ihm und eine Vertiefung seiner Individualität. "Deshalb ist auch die Mystik des wahren Gottes so vielfältig, wie die Menschen verschieden sind"[141].

---

[134]   Ferguson 1982, S.417.
[135]   ebd. S.419.
[136]   vgl. ebd. S.428.
[137]   ebd. S.434.
[138]   ebd. S.441.
[139]   Wie etwa auch dem im Bereich der Mystik kompetenten und überaus sensibel und differenziert argumentierenden Josef Sudbrack, vgl. Sudbrack 1987, S.61f. Hier wirft Sudbrack Lassalle eine naive Erkenntnismystik und die Auflösung personaler Begegnung in einem "Schauen" vor - letztlich, daß Lassalle der gnostischen Versuchung erlegen sei.
[140]   vgl. Wilber 1987, S.97.
[141]   Sudbrack 1988b, S.37.

Das Verbindende christlicher Mystik ist nicht, daß sie von einer bestimmten Form der Erfahrung – ekstatisch, transpersonal, usw. – geprägt wird, sondern von einer Erfahrung, die als personale Begegnung mit dem persönlichen Gott verstanden wird. Daher auch die Vielfalt der mystischen Zeugnisse des Mittelalters: Hildegard von Bingen, Eckhart, Franz v. Assisi, Bernhard von Clairvaux, Nikolaus von der Flüe, Mechthild von Magdeburg und viele mehr – sie alle haben mit einer unverwechselbaren individuellen Handschrift ihren Beitrag zur Geschichte der christlichen Mystik geschrieben.

Mit dem Übergang zur Neuzeit kommt es auf allen Ebenen der Kultur zu einer Entwicklung vom Allgemeinen hin zum Individuellen, Persönlichen. War die mystische Tradition des Mittelalters bereits durch ihre je individuelle Ausprägung charakterisiert, erhält sie mit dem Beginn der Neuzeit noch eine weitere Vertiefung Richtung Individualisierung, indem sie ihren Ansatz reflektiert und mitteilt. "In der Spiritualität und in der Mystik lernen die Menschen, ihr persönliches Innenleben zu beobachten und zu beschreiben"[142].
An dieser Wende stehen Teresa von Avila und Johannes vom Kreuz, die mit ihrer psychologischen Beschreibung des Weges ins eigene Innere und der Darstellung des Geheimnisses zwischen Gott und Mensch für die christliche Mystik maßgebend wurden.

In *Teresa von Avila* begegnet uns ein Gegenpol zur wort- und bildlosen Mystik der "Wolke" (und auch Eckharts, wie noch zu zeigen sein wird).
In ihrem letzten großen Werk, der "Seelenburg", beschreibt sie den Weg der Versenkung. Sechs Wohnungen müssen durchschritten werden[143], bis in der "7. Wohnung der mystischen Vermählung" die Seele Vereinigung mit Gott bzw. mit Christus erfährt: "Nun will unser guter Gott ihr [der Seele] die Schuppen von den Augen nehmen, auf daß sie sehe und etwas von der Gnade begreife, die er ihr erweist – freilich auf eine ungewohnte Weise. Nachdem sie durch eine Verstandesschau in jene Wohnung geführt worden ist, zeigt sich ihr, gleichsam als Darstellung der Wahrheit – die Heilige Trinität, in allen drei Gestalten, mit einer Entflammung, die zuerst wie eine Wolke höchster Klarheit vor ihren Geist kommt. Und durch eine wundersame Wahrnehmung, die der Seele zuteil wird, begreift sie, daß alle die drei Gestalten gewißlich und wahrhaftig ein Wesen sind und eine Macht und ein Wissen und ein einziger Gott. Was wir im Glauben festhalten, erkennt die Seele dort – so können wir sagen – im Schauen, obwohl dies kein

---

[142]   ebd. S.37.
[143]   1. Wohnung der Selbsterkenntnis, 2. – der Einkehr in sich selbst, 3. – der Losschälung, 4. – der gehobenen Gebetsformen, 5. – der einfachen Vereinigung, 6. – der geistigen Verlobung.

Schauen mit den Augen des Körpers oder der Seele ist, da es sich um keine bild-
hafte Vision handelt [...] Führt der Herr die Seele in diese seine Wohnung, welche
die Mitte der Seele selber ist, so scheint es, als seien die Regungen in der Seele,
die für gewöhnlich in der Phantasie und den Fähigkeiten zu fühlen sind, plötzlich
nicht mehr vorhanden [...] So stören sie die Seele nicht und rauben ihr nicht den
Frieden [...] Hier ist nur noch Geist. Und viel weniger noch hat Körperliches mit
der geistlichen Vermählung zu tun; denn diese geheime Vermählung vollzieht sich
in der allerinnersten Mitte der Seele, also an dem Ort, wo Gott selber
weilt"[144].

Wenn Teresa die Begegnung mit Gott in der "allerinnersten Mitte der
Seele" im Bild der "Vermählung" beschreibt, dann deutet sie das Verhältnis Gott-
Mensch in dieser Tiefe als personales Bezogensein aufeinander bei Wahrung der
Individualität.

Die Erfahrung des dreifaltigen Gottes in dieser Tiefe deutet Trinität selbst als
Beziehung. "Gottes Dreifaltigkeit darf niemals als Addition von Dreien verstanden
werden; sondern der Vater, der Sohn und der Geist stehen in einem einzigartigen
dynamischen Verhältnis zueinander und verwirklichen Personalität in völlig
verschiedener (analoger) Weise. Selbst Thomas von Aquin denkt gleichartig
(univok) vom Dreifaltigen Gott. Teresa aber durfte erfahren, daß Gott und
Gotteserfahrung nicht eindimensional zu begreifen sind. Weder ist der eine Gott
eine 'Überperson' [als wäre "Gott" der Überbegriff zu Vater, Sohn und Geist]
jenseits der drei Personen, noch ist die dreifaltige Dynamik eine Absage an
personale Einheit"[145].

Für die Diskussion mit der Mystik des New Age ist hier das
unterscheidend Christliche zu finden: Im Innersten ist Mystik das In-Beziehung-
treten mit einem Gott, der selbst in der im Bild der Vermählung beschriebenen
Begegnung nur durch eine "Wolke höchster Klarheit" als der immer noch ganz
Andere erfahren wird. In der christlichen Mystik ist Gott nicht ein umfassendes
"Es" oder die Gesamtheit der "Selbstorganisations-Dynamik"[146], sondern
in sich personale Beziehung und Geheimnis als "dreifaltiger Gott".

Bei *Johannes vom Kreuz*, dem Zeitgenossen und geistlichen Freund
Teresas, beginnt die eigentliche Mystik wieder in der Nacht des Geistes.

Wer sich auf Gott einläßt, erlebt ein mystisches Paradox: die
"Dunkelheit", von der Johannes spricht, ist hell und bergend zugleich, "dunkles
Licht – helleuchtende Dunkelheit"[147].

---

[144]   Teresa von Avila, Die innere Burg. Zürich 1979, S.191ff.
[145]   Sudbrack 1988b, S.61.
[146]   Erich Jantsch in: Schaeffer/Bachmann, S.244.
[147]   Sudbrack 1988b, S.67.

Johannes sagt dazu: "Je heller und einsichtiger die Göttlichen Dinge in sich selber
sind, umso dunkler und verborgener sind sie naturgemäß der Seele; es ist wie mit
dem Licht: Je heller es ist, desto mehr verdunkelt es das Auge der Nacht-
eule"[148].

In dieser Dunkelheit ereignet sich die Begegnung mit Gott, in der die
Seele des Menschen "überformt", vergöttlicht wird. Dies aber nicht im Sinne einer
naturhaften Wesensgleichheit – das wäre der mystische Ansatz einer
Gottesbegegnung im New Age –, sondern als Gnadengeschenk dieses begegnenden
Gottes.

Johannes schreibt im "Geistlichen Gesang", einem seiner Hauptwerke: "Bei der
Überformung der Seele ereignet sich sehr häufig ein solches Liebeshauchen von
Gott zur Seele und von der Seele zu Gott, mit erhabenster Liebesentzündung in
der Seele. Dies ist es, was sich in den Seligen des anderen Lebens und bei den
Vollkommenen im Diesseits vollzieht"[149].

In der Neuzeit verliert die Mystik mit zunehmender Betonung der
Innenerfahrung ihre Verbindung mit dem Objektiven dieser Erfahrungen. Die
Mystik löst sich immer mehr vom Mysterium. Mit der zunehmenden Subjektivierung
mystischer Erfahrungen wurde das "Wie" wichtiger als das "Was", das erfahren
wurde. Jetzt entsteht die 'Mystik' als eigenes Wissensgebiet und wird "als Bereich
des Geheimnisvollen [...] von der Theologie abgesondert, und die theologische
Wahrheit bekommt konsequenterweise, ein kühles rationales Gesicht"[150].

Der Begriff 'mystisch' erhält das Flair des "Außergewöhnlichen",
Theologie wird rational, von Erfahrung abgekoppelt. Im Quietismus auf
katholischer und im Pietismus auf evangelischer Seite setzen Gegenbewegungen
ein, die aber die alte integrale Einheit von actio und contemplatio innerhalb der
christlichen Theologie bis heute, sieht man von Ausnahmen wie etwa Teilhard de
Chardin ab, nicht wieder herstellen konnten. Der Drang des New Age nach
"integralem Bewußtsein" mag auch in diesem Bereich für christliche Theologie
Herausforderung für eine Rück- und Neubesinnung sein.

In der Auseinandersetzung mit dem New Age müssen zwei christliche
Mystiker besonders genannt werden: Meister Eckhart und Teilhard de Chardin.

Ferguson reiht *Eckhart* unter die "kühnen Stimmen [...], die
die Themen der Transformation entwickelten"[151]. Er hätte geraten, sich

---

[148]   zit. in: ebd. S.67.
[149]   Geistlicher Gesang 39,4 zit. in: ebd. S.68.
[150]   ebd. S.39.
[151]   Ferguson 1982, S.52.

selbst kennenzulernen, in seine eigene Tiefe zu gehen, weil alles, was Gott tun
könne, dort vereinigt sei[152] und gemeint, daß "die Saat Gottes in
uns"[153] sei.

Bei Wilber wird Eckhart zum Zeugen für die Erfahrung der All-Einheit
und für die Gleichsetzung dieser All-Einheit mit Gott, mit dem wir uns in Gipfelerl-
ebnissen eins wissen[154].

Ansatzpunkt für die bereitwillige, aber auch reduzierende Eckhart-
Rezeption im New Age ist dessen Bild vom "Seelenfünklein" und dessen Lehre vom
unerschaffenen Göttlichen im Seelengrund. Zum Seelenfünklein sagt Eckhart:
"Wenn sich der Mensch von sich selbst abkehrt und von allen geschaffenen
Dingen – soviel du das kannst, so sehr wirst du gereinigt und selig gemacht im
Seelenfünklein, das weder Zeit noch Raum je berührte. Dieser Funke widersagt
allen Geschöpfen und will nichts als Gott unverhüllt, wie er in sich selber
ist"[155].

Vom Seelengrund schreibt er: "Es ist etwas in der Seele, das unerschaffen und
unerschaffbar ist; wenn die ganze Seele solcherart wäre, so wäre sie unerschaffen
und unerschaffbar"[156].

Durch diesen Satz, der auch von der Kirche verurteilt wurde, könnte
der Eindruck entstehen – und der besteht offensichtlich bei einigen New Age-
Autoren – Eckhart nähme im Grunde der Seele eine Wesensgleichheit mit Gott an.
In diesem Sinn zitiert Ferguson auch den Satz Eckharts: "Geh in die Tiefen der
Seele [...] denn alles, was Gott tun kann, ist dort vereinigt"[157] unter der
Überschrift "Gott in uns"[158].

Hätte Eckhart nichts gesagt als diese Sätze, dann würde er vielleicht
mit Recht als Vor-New Ager vereinnahmt. Aber Sudbrack weist nach[159], daß,
im Kontext der Gesamtaussage, Eckhart nicht von einer Wesensgleichheit Gottes
mit dem Menschen ausgeht. Zwar setzt Eckhart zunächst durchaus neuplatonisch
an, wenn er das Bild vom Auge, das das Kanzelholz erblickt, auf die Beziehung
Gott-Mensch überträgt: "Wird mein Auge aufgeschlagen, so ist es ein Auge [...]
Durch das Sehen geht dem Holz weder etwas ab noch etwas zu [...] Geschieht es
aber, daß mein Auge an sich selbst eins und einfältig ist und nun aufgeschlagen
und auf das Holz mit einem Blick geworfen wird, dann bleibt ein jedes, was es ist,

[152]   ebd. S.442.
[153]   ebd. S.444.
[154]   vgl. Wilber 1987, S.86.
[155]   Eckhart 1986, S.141.
[156]   zit. in: Sudbrack 1988b, S.52.
[157]   Ferguson 1982, S.442.
[158]   ebd. S.441.
[159]   vgl. Sudbrack 1988b, S.52f.

und dennoch werden beide im Vollzug des Ansehens wie eines, so daß man wohl sprechen kann: Auge im Holz, und Holz ist mein Auge. Wäre aber das Holz unstofflich und ganz geistig wie der Blick meiner Augen, so könnte man wahrlich sagen, daß im Vollzug meines Blickes das Holz und mein Auge in einem Sein bestünden [...] Gelegentlich habe ich von einem Lichte in der Seele gesprochen, das ungeschaffen und unerschaffbar ist [...] Und das gleiche Licht ergreift Gott unvermittelt, nackt und bloß, wie er in sich selbst ist, und das ist im Vollzug der Eingebärung zu verstehen [...] Da kann ich wahrheitsgemäß sagen, dieses Licht habe mit Gott mehr Übereinstimmung als mit irgendeiner Kraft, mit der es doch dem Sein nach eins ist"[160].

Was hier den Anschein einer Wesensidentität hat, lebt in Wirklichkeit vom Vollzug, vom Wahrnehmen und Erkennen. In diesem Erkenntnisvorgang hat das Sein zwei Ebenen der Realisierung: In Gott besteht das Sein aus sich heraus, ist mit ihm ident, die Schöpfung dagegen empfängt es ständig neu. Der Mensch ist so in seinem Seelengrund ein ständig von Gott erkannter und deshalb im Sein, wie es bei Paulus bereits heißt: "Ihr, da ihr Gott erkannt habt, vielmehr von Gott erkannt worden seid..."[161].

Eckhart argumentiert nicht, und hier liegt der Ansatzpunkt für die Verkürzung im New Age und wahrscheinlich für das kirchliche Mißverständnis, auf der Ebene der verschiedenen Seinsarten, sondern auf der Ebene der Wesensverhältnisse innerhalb des einen Seins. In Gott existiert dieses eine Sein als Grund und ewiger Besitz, im Menschen und in den Geschöpfen aber als ständiges Herkommen von Gott. Damit ist der Mensch göttlich, aber nicht auf Grund seiner Natur, sondern auf Grund seines "Erkanntwerdens" durch Gott, auf Grund der Gnade. Eckhart spricht damit eine theologische Grundthese an, die im New Age übersehen wird: Je mehr ich mich mit Gott eins weiß, umso mehr weiß ich mich als von ihm angesprochen und erkannt und damit von ihm radikal abhängig. Eckhart spitzt das zum einem Paradoxon zu: Je absoluter ich mich in meinem Seelengrund erfahre, desto mehr wird mir mein relatives Sein bewußt. So heißt es in diesem Sinn bei ihm: "Soll dieses Werk vollkommen sein, dann muß es Gott allein wirken, und du sollst es nur erleiden. Wo du wahrhaft aus deinem Willen und deinem Wissen herausgehst, da geht Gott mit seinem Wissen und Willen wahrhaft hinein und leuchtet dort voll Klarheit"[162].

Noch häufiger als Eckhart wird *Teilhard de Chardin* in den Zeugenstand des neuen Denkens gerufen. Fritjof Capra meint, daß Teilhard unter

[160]   Eckhart 1986, S.144.
[161]   Gal 4.9.
[162]   Eckhart 1986, S.172.

den abendländischen Mystikern[163] derjenige sei, "dessen Gedanken denen
der neuen Systembiologie am nächsten kommen"[164]. Marilyn Ferguson
zitiert keinen Autor so oft wie Teilhard. Sie holt sich die Anregung für ihren
Buchtitel von Teilhard, der von einer "Verschwörung der Liebe"[165]
gesprochen hat. Er ist für sie einer der "Träumer"[166], die die enorme
Reichweite der bevorstehenden Transformation erkannt haben, der die Vision
eines sich entwickelnden menschlichen Bewußtseins[167] in sich trug und der
in der Liebe die Kraft zu einer universalen Synthese sah[168].

Teilhards Schlüssel für das Verständnis des Universums und des
Menschen ist der Gedanke der Evolution. Durch sie bewegt sich das kosmische
Geschehen auf immer größere Komplexität und zunehmendes Bewußtsein zu.

In seinem Wesen ist der "Weltstoff" zweiseitig angelegt: er zeigt eine
Außenseite – "Stoff" – und eine Innenseite – "Psyche" –, und zur Zeit ist er im
Menschen zu höchster Komplexität und zu Selbstbewußtsein gelangt.

Zielpunkt und Schlußstein der Evolution liegt im Punkt Omega. "In
Omega addiert und vereinigt sich, entsprechend unserer Begriffsbestimmung, die
Menge des auf der Erde durch die Noogenese nach und nach freigewordenen
Bewußtseins in voller Frische und Unversehrtheit [...] Damit mein Ich sich
mitteilen kann, muß es in der Hingabe seines Selbst dennoch bestehen bleiben:
Sonst verflüchtigt sich seine Schenkung – daher der unausweichliche Schluß, daß
die Konzentration eines bewußten Universums sinnlos wäre, wenn sie nicht zugleich mit allem Bewußten alle bewußten Wesen in sich versammelte: dabei bleibt
jedes von ihnen am Ende des Vorganges seiner selbst bewußt – ja, jedes wird
sogar (dies muß man richtig verstehen) umso mehr es selbst und daher von den
anderen verschieden, je mehr es sich in Omega den anderen nähert. Nicht nur Erhaltung, sondern Höchstform der Elemente durch Konvergenz! [...] Die Vereinigung
differenziert auf jedem beliebigen Gebiet, ob es sich um Zellen des Körpers handelt
oder um Glieder einer Gesellschaft oder um Elemente einer geistigen
Synthese"[169].

[163]   Der Theologe und Anthropologe Teilhard ist insofern auch als Mystiker anzusprechen, als er mit seiner Sicht von
        Evolution weit über die positivistische Evolutionstheorie hinausgeht und eine Kosmologie entwirft, die Natur und
        Kultur, Biosphäre und Noosphäre mit einbezieht und mit der Beschreibung des "Punktes Omega" in die Christologie
        einmündet. Damit übersteigt Teilhard die verstandesmäßige Erkenntnis und eröffnet die Perspektive zur Erfahrung der
        Welt als göttliche Realität. Übersteigen verstandesmäßiger Erkenntnis und unmittelbare Erfahrung göttlicher
        Realität aber gelten als Kriterien der Mystik. Vgl. Th. Ohm in: LThK 7, Sp.732.
[164]   Capra 1985, S.338.
[165]   Ferguson 1982, S.22.
[166]   ebd. S.64.
[167]   vgl. ebd. S.65.
[168]   vgl. ebd. S.285.
[169]   Pierre Teilhard de Chardin, Der Mensch im Kosmos - Le phénomène humain. München 1965, S.268f.

Dies gilt es in der kritischen Auseinandersetzung mit der Teilhard-Rezeption im New Age festzuhalten: Vereinigung differenziert und bringt Bewußtheit auf seine Höchstform, je mehr es sich dem Punkt Omega annähert.

Bei Ken Wilber heißt es: "Auf christlicher Seite nenne ich Teilhard de Chardin, [...] der nicht nur an die Evolution glaubte, sondern sie als ein Fortschreiten der Lebensformen vom Niedersten zum Höchsten ansah, womit sie zwangsläufig in dem kulminieren muß, was er den Omega-Punkt nannte, in dem alle Seelen zum Gottesbewußtsein wiedererwachen"[170].

Abgesehen davon, daß Teilhard als Christ und Katholik mit der Formulierung "glaubte an die Evolution" äußerst unglücklich gewesen wäre, geht es bei Wilber, wenn er von "Gottesbewußtsein" spricht, um das Erreichen des Zielpunktes des Atman-Projektes in der höchsten Einheit mit dem als Es gedachten Absoluten, der Gottheit. Das "separate Ich"[171] wird aufgelöst in Atman. "Erst wenn das Atman-Projekt sein Ende gefunden hat, wird das wahre Atman hervortreten. Das ist dann das Ende der Geschichte, das Ende der Entfremdung und die Auferstehung des überbewußten Alls/Universums"[172].

Die Überwindung der Entfremdung bei Teilhard durch differenzierende Vereinigung und Steigerung des Ichs, der Persönlichkeit und des Bewußtseins zu seiner Höchstform, wird bei Ken Wilber zu einem Aufgehen im Überbewußtsein Atmans, bei dem das Ich seine Bedeutung verloren hat.

Teilhard indessen geht noch einen Schritt weiter: Je mehr die einzelnen "Bewußtseinseinheiten"[173] sich in Richtung Omega bewegen, desto mehr betonen sie die Tiefe und Einzigartigkeit ihres Ego. "Aus der Struktur des Ganzen ergibt sich, daß Omega in seinem tiefsten Prinzip nur ein besonderes, im Herzen eines Systems von Zentren strahlendes Zentrum sein kann. Eine Gruppierung, in der unter dem Einfluß eines völlig autonomen Zentrums der Vereinigung die Personalisation des Alls und die Personalisation der Elemente ohne Vermischung ihren höchsten Grad erreichen [...] Das wahre Ego wächst in umgekehrter Proportion zum "Egotismus" [Individualisierung, Trennung, Absinken in die Vielheit]. Nur wenn es universell wird, gewinnt es das Element der Persönlichkeit, nach dem Vorbild und dank der Anziehungskraft von Omega"[174].

Das ist das zweite Element der mystischen Kosmologie Teilhards, das von New Age-Rezeptoren übersehen wird: Einigung personalisiert. Damit weiß das

[170]   Wilber 1988, S.357.
[171]   ebd. S.29.
[172]   ebd. S.29.
[173]   Teilhard 1959, S.269.
[174]   ebd. S.270.

New Age aber wenig anzufangen; das Wort "Person" kommt im Sachregister bei "Wilbers Halbzeit der Evolution"[175] ebensowenig vor wie in Fergusons "Sanfter Verschwörung"[176]. Zwar greift Ferguson, wie oben angeführt, Teilhards Aussage über die Liebe, "die zu einer universalen Synthese führt"[177] auf, den weiteren Kontext läßt sie aber unberücksichtigt. Da heißt es nämlich bei Teilhard: "Nur die Liebe vermag durch Vereinigung die Wesen als solche zu vollenden – das ist eine Tatsache der täglichen Erfahrung; nur sie erfaßt und vereint ja die Wesen im Tiefsten ihrer selbst. Erreichen zwei Liebende je einen vollkommeneren Besitz von sich selbst, als in dem Augenblick in dem – wie sie sagen – einer sich im anderen verliert? Verwirklicht die Liebe nicht rings um uns, in jedem Augenblick [...] die angeblich widerspruchsvolle Tat der 'Persönlichkeitsbildung' durch Totalisierung? Warum sollte sie nicht eines Tages in Erddimensionen wiederholen, was sie täglich in verkleinertem Maßstab aus- führt?"[178].

In dieser zu erwartenden Synthese findet also nicht nur Totali- sierung, Verschmelzung, Einswerdung statt, sondern auch die neue Zentrierung eines Ichs in einem liebenden Du und umgekehrt. Damit entsteht auch das Paradox der letztmöglichen Ausdifferenzierung der Personalität – nimmt man Teilhard ganz und nicht nur amputiert.

Weiters bezieht Teilhard in seine Vision der kosmischen Entwicklung das Christentum mit ein und identifiziert als Schlußstein die Parusie mit dem Punkt Omega. Christus kommt dadurch eine zentrale Funktion im Kosmos zu: Er "umkleidet sich organisch mit der ganzen Majestät seiner Schöpfung"[179].

Teilhard tritt für die "bedingungslose Bejahung eines persönlichen Gottes"[180] ein. Im Christentum sieht er die Religion der Evolution und die "Religion der Zukunft" schlechthin: "Kein Fortschritt ist auf der Erde zu erhoffen, so habe ich zu zeigen versucht, ohne den Vorrang und den Triumph des Per- sönlichen auf der Höhe des Geistes [...] Das Christentum allein, ganz allein auf der modernen Erde zeigt sich fähig, in einem einzigen, aus dem Leben entspringenden Akt das All und die Person zur Synthese zu bringen"[181]; auch das gehört zu Teilhard de Chardin! Tatsächlich hat er der herkömmlichen Theologie mit seiner Öffnung der Christologie auf evolutionär-kosmische Dimensionen hin einiges Kopf- zerbrechen bereitet. Das kirchliche Lehramt wußte sich zunächst nicht anders zu

---

[175]   vgl. Wilber 1988, S.412.
[176]   vgl. Ferguson 1982, S.521.
[177]   ebd. S.285.
[178]   Teilhard 1959, S.273.
[179]   ebd. S.308.
[180]   ebd. S.304.
[181]   ebd. S.309.

helfen, als ein Veröffentlichungsverbot zu verhängen, ehe er zehn Jahre nach
seinem Tod durch das II. Vaticanum rehabilitiert wurde.

Vielleicht liegen für die Diskussion Christentum-New Age gerade in der
Auseinandersetzung mit und um den Jesuiten und Anthropologen Teilhard große
Chancen. Sudbrack meint: "Teilhard de Chardin könnte eine der wichtigsten
Autoritäten im Gespräch mit der 'Neuen Religiosität' werden – allerdings nur, wenn
er unverkürzt zur Sprache kommt und dann natürlich auch selbst kritisch befragt
wird"[182].

2.2.3. Innerkirchliche Erneuerung – ein "christliches New Age"?

Genau besehen kann das New Age in der Auseinandersetzung mit dem
Christentum keine wirklichen "News" bieten – vorausgesetzt das Christentum
nimmt seine eigene Tradition ernst und aktiviert sie für den suchenden Menschen
von heute. Das New Age zwingt Christentum und Kirchen zur Selbstreflexion, zur
Wiederentdeckung der eigenen Innerlichkeit. Es fordert zum Mut heraus, den alten
Wein in neue Schläuche zu füllen, das Unverlierbare und Unverzichtbare der
Frohen Botschaft in der Sprache und im "Paradigma" des "Neuen Denkens"
auszudrücken.

Der Paulus des Kolosserbriefes gibt dazu die Legitimation[183]. Wenn die
Kirche tatsächlich auf die Führung durch den Geist vertraut, dann sind
Selbstvertrauen, Mut und Zuversicht gerechtfertigt, dann kann sich das
Christentum als das "New Age" schlechthin verstehen.

Denn im Verständnis der Christen ist mit Tod und Auferstehung Jesu
und mit der Geistsendung prinzipiell und radikal Neues aufgebrochen, das in der
erwarteten Wiederkunft Christi seine Vollendung finden wird. Christen sollten in
einem steten Bewußtsein einer "Wende-Zeit-Wende"[184] leben: Christsein
heißt eigentlich, in einer permanenten Umbruchserwartung und -bereitschaft zu
stehen, denn der, der alles neu machen wird[185], hat sein baldiges Kommen
angekündigt[186]. Ein zweitausendjähriges Warten ist dann, wenn sich die
Christen des radikal Neuen, das mit der Auferstehung hereingebrochen ist,
bewußt sind, kein Grund, die Mahnung des Paulus zu vergessen, die Welt so zu

---

[182]   Sudbrack 1987, S.74.
[183]   Siehe dazu auch unter 2.2.1., letzter Absatz.
[184]   So der Titel der bei Herder verlegten New Age-Buchreihe.
[185]   vgl. Offb 21,5.
[186]   vgl. Offb 22,7.12.20.

nutzen, als nutze man sie nicht, "denn die Gestalt dieser Welt vergeht"[187].
Es ist Wendezeit!

In der Bergpredigt[188] ist ein Paradigmenwechsel provoziert,
der das Denken, das Handeln und das zwischenmenschliche Begegnen auf eine
Weise verändern könnte wie keine Quantentheorie die Newtonsche Mechanik. Es
wäre tatsächlich ein "Neues Bewußtsein", das die Menschen zu einer neuen
Solidarität und Ganzheit führen könnte und in dem der im New Age wogende
Zukunftsoptimismus eine reale Grundlage fände.

Franz Alt meint: "Die Bergpredigt ist die geistige Energiereserve für
die Menschheit [...] die Magna Charta eines ganzheitlichen Friedens für alle
Menschen aller Zeiten [...] Wer sich auf die Bergpredigt einläßt, beginnt zu ahnen,
daß hier das Ende der Angst und der Anfang der Freiheit auf ihn
warten"[189].

Die im New Age beschworene Bewußtseinserweiterung ist im
Christentum dann überholt, wenn die Menschen beginnen, sich auf den Heiligen
Geist einzulassen, der damals in Jerusalem bereits einige Unruhe gestiftet und die
Menschen in Bewegung versetzt hat: Wer sich auf ihn einläßt, wird in fremden
Sprachen reden[190], außer sich geraten und von der Liebe getragen sein,
die alle Erkenntnis übersteigt[191].

In der Solidarität, im geschwisterlichen Umgang untereinander, in
der gemeinsamen Feier der Mysterien von Tod und Auferstehung bilden Christen
ein tatsächlich weltumspannendes Netzwerk. Wenn im New Age der 16./17. August
1987 als Tag der "harmonischen Konvergenz"[192] gefeiert wurde und in
Erinnerung blieb, dann wird in der täglichen weltumspannenden Feier der
Eucharistie eine "harmonische Konvergenz" in kosmischen Dimensionen
Wirklichkeit.

Die in der ganzen Welt gesprochene und meditierte "Große Invokation"[193] ist in ihrem Anliegen im "Vater unser" aufgehoben.

In der Taufe ist für den Christen eine radikale Transformation
geschehen[194], die ihn zu einem tatsächlich planetaren Bewußtsein führt:
"Ihr habt den alten Menschen mit seinen Taten abgelegt und seid zu einem neuen

[187]   1Kor 7,31.
[188]   vgl. Mt 5-7.
[189]   Franz Alt, Frieden ist möglich. Die Politik der Bergpredigt. München 1984[19], S.104f.
[190]   vgl. Apg, 2,4f.
[191]   vgl. Eph 3,19.
[192]   vgl. Luzyn, Der Anfang der Trennung von Spreu und Weizen. In: 2000 - Magazin für Neues Bewußtsein 12/88/1/89, S.24;
         und Tibusek 1988, S.32 u. 67 und Fußnote 65.
[193]   vgl. Cumbey 1987, S.233f.
[194]   vgl. Eph 4,24.

Menschen geworden, der nach dem Bild seines Schöpfers erneuert wird, um ihn zu erkennen. Wo das geschieht, gibt es nicht mehr Griechen oder Juden, Beschnittene oder Unbeschnittene, Fremde, Skythen, Sklaven oder Freie, sondern Christus ist alles und in allen"[195]. Hier ist ein "Holismus" erreicht, der die Würde und Selbständigkeit des einzelnen respektiert und von einer personalen Mitte aus getragen wird. In Weiterführung von Kol 3,11 ließe sich auch im Christentum, trotz vieler entgegenstehender Tendenzen, ein legitimer Raum für das Anliegen des Feminismus und ein androgynes Menschenbild finden: Es gibt auch nicht Herren und Damen, Frauen und Männer, "Machos" und "Lollos", sondern ihr seid zu einem neuen Menschen geworden, und Christus ist alles und in allen.

Das New Age kann den Christen nichts wirklich Neues bieten. Was das New Age aber kann, ist, die Christen herauszufordern, ihre Defizite wahrzunehmen, ihr Zurückbleiben hinter dem eigenen Anspruch einzugestehen und Buße zu tun – New Ager würden sagen "radikal umzudenken". Insofern kann die Auseinandersetzung mit dem New Age eine "Bußübung" für Christen sein, durch die sie in der Tat zu "Verschwörern" werden, zu Menschen, die "conspirieren", aus einem neuem Geist, dem Geist der Liebe, handeln. Vielleicht gelingt dann auch eine Transformation der "Sanften Verschwörung" zu einer "Verschwörung der Liebe"[196], von der Teilhard gesprochen hat.

Wie schon weiter oben erwähnt, hat die Kirche im Laufe ihrer Geschichte eine beachtliche Fähigkeit zur Selbstkorrektur entwickelt. Immer wieder sind bei Fehlentwicklungen und Verkürzungen nicht nur kritische Stimmen von außen, sondern Erneuerungsrufe von innen laut geworden. Viele Ordensgründungen gehen auf solche Erneuerungsbewegungen zurück, die häufig – wie etwa bei den Franziskanern und Dominikanern – neben dem Ersten und Zweiten Orden, dem männlichen und dem weiblichen Zweig, auch einen Dritten Orden für verheiratete Frauen und Männer, vereinfacht gesagt für "Laien", kannten. Allen Ständen sollte es möglich sein in Gemeinschaften aus einer bestimmten Spiritualität heraus zu leben, und oft haben gerade die Laiengemeinschaften positive Rückwirkungen auf die Ersten und Zweiten Orden ausgeübt.

Valentin/Schmitt stellen ein neues Interesse an Dritten Orden heute fest[197], und sie führen in ihrem Sammelband "Lebendige Kirche" neunzehn geistliche Bewegungen an, die sich bewußt um eine innerkirchliche Erneuerung

[195]   Kol 3,9-11.
[196]   Ferguson 1982, S.22.
[197]   vgl. Friederike Valentin/Albert Schmitt (Hg.), Lebendige Kirche. Neue geistliche Bewegungen. Mainz 1988, S.7.

bemühen[198].

Basis ihres grundsätzlichen Selbstverständnisses ist ein Leben aus einer bestimmten Spiritualität heraus, getragen vom Bewußtsein, daß es bei aller Verschiedenheit der Dienste nur eine Sendung in der Kirche geben kann, wie das II. Vaticanum im Dekret über das Apostolat der Laien betont hat: "Denn das Apostolat der Laien, das in deren christlicher Berufung selbst seinen Ursprung hat, kann in der Kirche niemals fehlen [...] Ein Hinweis auf diese vielfältige und dringende Notwendigkeit des Laienapostolates liegt auch in dem unverkennbaren Wirken des Heiligen Geistes, der den Laien heute mehr und mehr das Bewußtsein der ihnen eigentümlichen Verantwortung schenkt und sie allenthalben zum Dienst für Christus und seine Kirche aufruft"[199]. Mit der betont "mystischen Komponente"[200] dieser Erneuerungsgruppen wird ein Satz Karl Rahners in Erinnerung gerufen: "Der Christ von morgen wird ein Mystiker sein – oder er wird kein Christ sein"[201].

Bei genauerem Besehen der Selbstdefinition und der Programme der einzelnen Gruppen, könnten viele von ihnen als innerkirchliche Antwort auf die New Age-Kritik von außen gesehen werden. Viele von ihnen versuchen das, was New Age an "Neuem" zu bieten hat, in der eigenen Tradition wiederzuentdecken und zu aktivieren. Was im New Age auch immer unter Spiritualität und Mystik verstanden wird, in diesen Gruppen wird es in einer christlichen Orientierung verbindlich gelebt.

Wenn der Begriff "New Age" häufig auch als Synonym für den "Psychotherapieboom" verwendet wird[202], so ist die "Heilung der Seele", verstanden als Buße, als radikale Hinwendung zu Gott, zentrales Anliegen der Erneuerungsgruppen[203]. Es scheint, daß über diese Bewegungen eine neue Kultur der sakramentalen Buße zu wachsen beginnt: Das Beichtgespräche als personale Begegnung hat hier die "Schnellbeichte" abgelöst.

Das Eingebundensein in überschaubare Gemeinschaften und das Wissen um die spirituelle Verbindung mit anderen, mehr oder weniger ähnlich ausgerichteten Gruppierungen gibt nicht nur die Erfahrung eines umfassenden

---

[198]   action 365 - ökumenische Basisgruppen; Die Arche; Bewegung für eine bessere Welt; Charismatische Erneuerung;
         Comunione e Liberazione; Cursillobewegung; Dominikanische Laiengemeinschaft; Ehegruppen - Equipes Notre Dame;
         Fokolar-Bewegung; Franziskanische Gemeinschaft; Gemeinschaft Charles de Foucauld; Gemeinschaft christlichen Lebens;
         Jerusalem-Gemeinschaft; Jesuit European Volunteers; KIM - Kreis junger Missionare; Legio Mariae; Marriage
         Encounter; Neokatechumenale Gemeinschaft; Schönstatt-Bewegung.
[199]   II. Vaticanum, Dekret über das Laienapostolat "Apostolicam actuositatem" Art.1. In:: Rahner/Vorgrimler 1966,
         S.389f.
[200]   Valentin/Schmitt 1988, S.8.
[201]   ebd. S.9.
[202]   vgl. Psychoboom. Überblick - Faszination - Gefahren. Dokumentation 1/87, Wien 1987.
[203]   vgl. Valentin/Schmitt 1988, S.73.

Vernetztseins, sondern schafft auch emotionale Geborgenheit und sozialen "Hautkontakt", der in der Großkirche, wenn nicht schon verschwunden, so doch zu einem Ensemble aus formalisierten Gesten zusammengeschrumpft ist; "Encounter" wird in diesen Gruppen ernstgenommen[204].

Es wäre zu hoffen, daß die Anfangsbegeisterung und emotionelle Aufbruchstimmung all derer, die zu Erneuerungsbewegungen stoßen, nicht nur ein Kurzfeuerwerk bleibt, sondern über ein entsprechend sensibles Bildungsangebot rational abgestützt und abgesichert wird. Valentin/Schmitt sehen hier auf der Seite der Gruppenmitglieder eine große Bereitschaft: "[...] groß ist innerhalb der 'Neubekehrten' der Bedarf nach geistlicher Leitung und theologischer Vertiefung. Sie nehmen die Möglichkeiten theologischer Vertiefung an, um die geschenkten Erfahrungen (theologisch) richtig einordnen zu können"[205].

[204]   vgl. ebd. S.162.
[205]   ebd. S.9.

2.3. DIE ANTWORT DER KIRCHEN ZWISCHEN APOLOGIE
   UND INTEGRATION

Im Umgang der Christen mit New Age zeigen sich zwei Grundreak-
tionsweisen mit verschiedenen Zwischenschattierungen. In den
Extremausformungen sind beide Reaktionsweisen gefährlich. Die eine ist das mehr
oder minder unbefragte Übernehmen der New Age-Angebote, von deren religiös-
spirituellem Akzent sich Christen schnell beeindruckt zeigen. Vor allem, wenn sie
Religion zunehmend als Privatangelegenheit verstehen, kirchliche Bindungen mehr
und mehr aufgeben und daran sind, ihre religiöse Identität zu verlieren.

Die andere Reaktionsweise verschanzt sich hinter der eigenen
Tradition, bezieht Stellung mit fundamentalistischen[206] Argumenten und
singt "Ein' feste Burg ist unser Gott."

Synkretismus[207] und Fundamentalismus sind die Kürzeln, mit
denen diese beiden Extremreaktionsweisen markiert werden können.
Vorwegnehmend und verallgemeinernd läßt sich dabei die Tendenz feststellen, daß
der Gefahr des Synkretismus in der Auseinandersetzung mit dem New Age eher
katholische Christen unterliegen, der des Fundamentalismus eher evangelische
Christen und Angehörige evangelikaler freikirchlicher Gemeinden.

Auf der Seite fundamentalistischer Apologie geraten die Argumente
oft zu kurz oder gar zu Tiefschlägen für die angesprochenen 'Dialogpartner'.
Jürgen Tibusek, der im Schlußwort zu seinem Buch "Die neue religiöse Kultur"
schreibt, daß er in der Bibel Antwort auf seine Fragen findet und auf Jesus über
den Tod hinaus seine Hoffnung setzt[208], spricht unterschwellig jenen das
Christsein ab, die sich mit dem New Age differenzierter und weniger funda-
mentalistisch auseinandersetzen als er. "Bei Autoren, die sich als Christen
bezeichnen, fällt die Beurteilung dieser Entwicklung [Ausbreitung des New Age-

---

[206]   Der *Fundamentalismus* gegen Ende des 19. Jahrhunderts war eine Abwehrbewegung innerhalb des Protestantismus gegen
den theologischen Liberalismus und Modernismus. Die Bibel wurde als verbalinspiriert und in allen ihren Aussagen
als irrtumslos angesehen. Der Fundamentalismus zeigte sich unfähig, die Ergebnisse der modernen Wissenschaften
theologisch aufzuarbeiten und die heilsgeschichtliche Offenbarung der Bibel von ihren zeitgeschichtlich bedingten
Elementen abzuheben. Vgl. J.P.Michael in: LThK 4, Sp.451f.
Im Rahmen dieser Arbeit wird unter Fundamentalismus jene aktuelle Tendenz in der Theologie verstanden, die sich
allein von der Bibel (evangelisch) und dem Lehramt (katholisch) her legitimiert, ohne auf die Fragen und Zeichen
der Zeit im Sinne des II.Vaticanums (vgl. "Gaudium et spes" 3, in: Rahner/Vorgrimler 1966, S.450) dialogisch
einzugehen.

[207]   *Synkretismus:* Versuch der Vereinigung von Denkansätzen verschiedener Herkunft zu einem Ganzen, ohne daß Einheit
oder Widerspruchslosigkeit erreicht würden. Als Bezeichnung besonders für die innere Struktur spätantiker Reli-
gionsamalgamierungen verwendet. Das New Age zeigt im angeführten Sinn typisch synkretistische Züge.
Synthese dagegen versucht die Vereinigung einer zunächst gegensätzlichen Vielheit zur Einheit, bei der aber Gegensätze und Widersprüche ausgeglichen bzw. aufgehoben werden.

[208]   vgl. Tibusek 1988, S.62.

Bewußtseins] unterschiedlich aus"[209]. Dabei nennt er den Jesuiten und Zen-Meister Lassalle sowie den katholischen Autor Schiwy und fährt in Anlehnung an Reinhard König fort: "Hinter dem entsprechenden äußeren Erscheinungsbild des New Age-Gedankenguts verbirgt sich [...] nichts anderes als eine neuheidnische Religion"[210]. Er faßt seine Kritik am New Age mit dem Satz des Paulus aus dem Römerbrief zusammen: "Gottes heiliger Zorn trifft alle Menschen, die sich gegen ihn auflehnen"[211].

In der Schriftenreihe der Katholischen Akademie in Bayern/München hat Horst Bürkle einen Band mit Beiträgen verschiedener kritischer und sympathisierender Autoren zum Thema New Age herausgegeben. In seinem selbstverfaßten Artikel "Zur Unterscheidung der Geister: Selbstrettung des Menschen oder Erlösung durch Gott"[212] hat er ebenfalls eine kurzatmige Art zu argumentieren an den Tag gelegt: das Credo der von Ferguson angezettelten Verschwörung lehnt er deshalb ab, weil es "allzu deutlich die Züge der Weisheit der Upanishaden"[213] trägt; läßt aber aus dem Kontext dieser Feststellung nicht ersehen, warum diese Weisheit verwerflich oder schädlich sein könnte.

Man ist versucht, dem Autor jene Aussage des II. Vaticanums in Erinnerung zu rufen, in der es unter anderem mit ausdrücklichem Bezug auf den Hinduismus heißt: "Die katholische Kirche lehnt nichts von alledem ab, was in diesen Religionen wahr und heilig ist. Deshalb mahnt sie ihre Söhne, daß sie mit Klugheit und Liebe [...] jene geistlichen und sittlichen Güter, die sich bei ihnen finden, anerkennen, wahren und fördern"[214].

Weiter schreibt Bürkle: "Die Vordenker des New Age wollen ihre Heilsbotschaft auf eine objektive, allgemeingültige Basis stellen. Dazu greifen sie zu den Sternen. In den Sternen soll es geschrieben sein, daß es so und nicht anders für uns kommen muß"[215].

Auch hier ist die Vereinfachung peinlich. Zunächst stimmt es nicht, daß die "Vordenker des New Age" (im Sinn von alle) sich astrologisch orientieren. Die von Bürkle häufig zu Recht kritisch apostrophierte Autorin der "Sanften Verschwörung" hat zwar im Untertitel den astrologieverdächtigen Begriff "[...] im Zeitalter des Wassermanns" stehen, schreibt aber in der Einleitung zu diesem Buch: "Obwohl ich der Astrologie unkundig bin, hat mich der Symbolgehalt dieses

---

[209]   ebd. S.10.
[210]   ebd. S.11.
[211]   vgl. ebd. S.58; Röm 1,18.
[212]   Bürkle in: Bürkle 1988, S.105f.
[213]   ebd. S.121.
[214]   II.Vat., Nostra aetate 2. In: Rahner/Vorgrimler 1966, S.356f.
[215]   Bürkle in: Bürkle 1988, S.128.

unsere Kultur durchdringenden Traumes in seinen Bann gezogen [...] in den Worten des bekannten Liedes 'The Age of Aquarius'"[216].

Weiters sollte Bürkle auch bedenken, daß es zu einfach ist, Astrologie auf die Trivialastrologie morgendlicher Astrotips oder die Horoskop-Spalte von Boulevardzeitungen zu reduzieren. Ohne damit ein Urteil über den Wert der Astrologie abzugeben (und es liegt dem Verfasser dieser Arbeit fern, Astrologie so oder so als Deutungshilfe bei Existenzfragen zu rechtfertigen), müßte er der Fairneß wegen auch berücksichtigen, daß es neben einer vulgär-prognostischen Astrologie (der "Leute-Astrologie") eine Astrologie gibt, der es nicht um Prognosen geht, sondern um die Ergründung von Zeitqualitäten aufgrund angenommener kosmischer Analogien im Sinne des hermetischen Prinzips 'wie oben so unten'[217].

Auch die Feststellung und Warnung, daß sich das New Age zwar der Symbole und der Sprache des christlichen Glaubens bediene, sich Christen aber nicht täuschen lassen sollten, denn das New Age "verweist uns an den Menschen, nicht an Gott"[218], wäre noch kritisch zu befragen, ob nicht der, der ehrlich nach dem Menschen fragt auch auf die Frage nach Gott (und umgekehrt) verwiesen ist; ob Anthropologie nicht legitimer Ansatz einer Theologie sein kann und umgekehrt; schließlich auch, ob nicht insgesamt in dieser Sicht im New Age die Frage nach Gott doch auf eine sehr unbedingte Weise gestellt wird – egal wie die Antwort bei den verschiedenen New Agern dann auch ausfallen mag.

Diesen in ihrer argumentativen Konsistenz oft dünnflüssigen New Age-Polemiken steht häufig eine nicht weniger fragwürdige unkritische Bereitschaft zur Übernahme von New Age-Ansätzen gegenüber. Für den im katholischen Kösel-Verlag publizierenden Günther Schiwy steht, wie schon des öfteren zitiert, fest: "Der Geist des Neuen Zeitalters ist der Geist Gottes"[219]. Er zieht aber die Enzyklika "Dominum et vivificantem" Johannes Paul II.[220] als Beleg dafür heran, da auch die Kirche ein neues Zeitalter erwartet, "das Zeitalter des Geistes, in dem in besonderer Weise diese intensive Einheit Gottes mit der Natur das Bewußtsein der Menschen ergreift zur Rettung beider"[221]. Damit ist für ihn die kosmische Bedeutung der Menschwerdung und die Frage nach

---

[216]   Ferguson 1982, S.22.
[217]   vgl. David Harvey (Hg.), Handbuch Esoterik. A-Z der alternativen Ideen, Lebensweisen und Heilkünste. München 1987, S.31f; Drury 1988, S.53f; Wehr 1989, S.21f; Gruber/Fassberg 1988, S.15f.
[218]   Bürkle in: Bürkle 1988, S.126.
[219]   Schiwy 1987, S.109.
[220]   Johannes Paul II., Enzyklika "Dominum et vivificantem - Über den Heiligen Geist im Leben der Kirche und Welt". vom 18. Mai 1986.
[221]   Schiwy 1987, S.43.

der "Göttlichkeit der Natur" angesprochen.

Schiwy, der ansonsten mit einer erfrischenden Offenheit und Exaktheit argumentiert und ein sympathisch-kritisches Wohlwollen für manche New Age-Ansätze zeigt, müßte sich hier fragen lassen, ob er in einem solchen Verständnis der vergeistigten-vergöttlichten Natur nicht daran ist, das christliche Naturverständnis in Richtung pantheistischer Konzepte zu überstrapazieren. Denn bei aller Ehrfurcht und Verantwortung der Natur gegenüber wissen Christen auch, daß in den Worten des Paulus die Schöpfung verloren und versklavt ist, seufzt, in Geburtswehen liegt und auf Erlösung wartet[222].

Schiwy ermuntert: "Wenn wir uns im Geiste Teilhards auf die New Age-Bewegung einlassen, sollte es gelingen, im Geist des neuen Zeitalters immer mehr den Geist Gottes auszumachen, der alle Menschen guten Willens dazu drängt, die bedrohte Schöpfung einschließlich der Menschheit zu retten – in seiner Kraft, der in Christus das Weltall erfüllt"[223].

Hier besteht die Gefahr, daß sich Schiwy in die Linie der reduktionistischen Teilhard-Rezeption durch das New Age stellen könnte, was verwunderlich wäre, da Schiwy als Autor einer zweibändigen Teilhard-Biographie[224], Herausgeber der "Kosmischen Gebete"[225] und eines Teilhard-Lesebuches[226] um den Gesamtumfang der mystischen Kosmoskozeption Teilhards Bescheid wissen müßte. Zwar schreibt Schiwy in den Erläuterungen zu Teilhard vom Punkt Omega und von der Liebe[227], er weist aber nicht auf die für Teilhard wichtige differenzierende und personalisierende Funktion der Liebe hin und nimmt die entsprechenden Textstellen aus "Der Mensch im Kosmos" nicht in das Teilhard-Lesebuch auf, obwohl viele andere daraus Platz gefunden haben.

Hier eben die Frage an Schiwy, ob nicht auch er, obwohl Teilhard-Kenner, diesen durch eine New Age-Brille verkürzt zu sehen in Gefahr ist. Trotzdem bleibt bei Schiwy die Offenheit und Fairneß sympathisch, mit der er den "Holismus" des New Age doch auch im "Kat-holi-zis-mus"[228] beheimaten möchte.

In dieser Offenheit und grundsätzlichen Dialogbereitschaft steht Schiwy in der Blickrichtung Bede Griffiths', der zum Gespräch der Religionen

[222]   vgl. Röm 8,21-22.
[223]   Günther Schiwy, New Age-Spiritualität und Christentum. In: Bürkle 1988, S.104.
[224]   Günther Schiwy, Teilhard de Chardin. Sein Leben und seine Zeit, 2. Bd. München 1984.
[225]   Pierre Teilhard de Chardin, Kosmische Gebete des Teilhard de Chardin (herausgegeben von Günther Schiwy). Hildesheim 1986.
[226]   Pierre Teilhard de Chardin, Das Tor in die Zukunft. Ausgewählte Texte zu Fragen der Zeit. Herausgegeben und erläutert von Günther Schiwy. München 1984.
[227]   vgl. in: Teilhard 1984, S.122.
[228]   vgl. auch den Wortgebrauch bei Fuchs in: Lebendige Seelsorge 1988, S.264.

(hier sei es gestattet, New Age mit einzubeziehen) untereinander schreibt: "Es ist heute für eine Religion nicht länger möglich, sich weiterhin von anderen Religionen zu isolieren. In nahezu jedem Land begegnen sich Leute unterschiedlicher Religionsangehörigkeit, ja sogar ohne Religion, die gezwungen werden, ihren Unterschieden ins Auge zu sehen [...] So beginnen wir zu begreifen, daß es zwar nur eine Wahrheit gibt, diese Wahrheit aber viele Gesichter hat, und daß jede Religion gewissermaßen ein Gesicht dieser einen Wahrheit ist, die sich unter verschiedenen Zeichen und Symbolen in den unterschiedlichen historischen Traditionen manifestiert"[229].

---

[229]   Griffiths 1983, S.25.

2.3.1. New Age – das Reich Luzifers?

Wolfgang Nastainczyk sieht neben einer grundsätzlichen Bereitschaft zum Dialog drei unüberwindliche und unaufgebbare Abgrenzungen zum New Age in dessen gnostischer Selbsterlösungslehre, dessen pantheistischer Grundausrichtung und in den rücksichtslosen Scharlatanerien okkultistischer Geschäftemacher[230].

Gottfried Küenzelen reduziert die Auseinandersetzung mit dem New Age auf eine apologetische Abgrenzung vom Wassermann–Zeitalter. "New Age-Denken zeigt eine christlich nicht einholbare Auffassung von Welt, Mensch und Gott. Gott, das unpersönliche Universum oder gedacht als kosmisches Bewußtsein; der Mensch als Akzidenz des kosmischen Bewußtseins; Welt und Wirklichkeit nur bloßer Schein – das sind, verkürzt – entscheidende Merkmale, die das New Age-Bewußtsein durch seine vielfältigen Erscheinungsformen hindurch kennzeichnen"[231].

Der Verfasser dieser Erörterungen sieht in den von Küenzelen und Nastainczyk angeführten Kriterien ebenfalls Abgrenzungsmomente des Christentums dem New Age gegenüber, meint aber, daß diese Grenzen weniger undurchlässig sind, als sie nach Nastainczyk und Küenzelen scheinen. Unter 2.3.2. und 2.3.3. wird am Beispiel Lassalles und Griffiths aufgezeigt, wie etwa in der Zen-Meditation im Bereich der Erlösungslehre nicht nur die Initiative Gottes ernstgenommen wird, sondern auch die Freiheit des Menschen, der das Erlösungsangebot Gottes ablehnen oder sich für es bereitmachen kann ("Im Zen kommt die Seele Gott bis an die Grenzen ihrer Möglichkeiten entgegen", sagt Lassalle); oder es wird hingewiesen, wie im Bereich der Frage nach der Personalität Gottes bei Wahrung der christlichen Position auch der Gedanke der "Apersonalität" (im Sinn von "überpersonal") das Gottesbild im Sinne der Bibel ausweiten und vertiefen kann.

Zur Entlarvung eines total-dämonisierten New Age tritt Constance Cumbey, Rechtsanwältin, ehemalige Sieben-Tage-Adventistin und nunmehriges Mitglied der "Highland Park Baptist Church" in Detroit mit ihrem Buch "Die sanfte Verführung – Hintergrund und Gefahren der New Age-Bewegung" an. Für sie verheißt das "Zeitalter des Wassermanns" nichts Gutes, und sie will Juden und Christen mit ihrem Buch aus der Gleichgültigkeit reißen. Diese "muß gebrochen werden, sonst wird ihr bald die von den Anhängern der New-Age-Bewegung

---

[230]   vgl. Wolfgang Nastaniczyk, New Age und Esoterik: Religionspädagogische Herausforderungen. In: Lebendige Seelsorge 1988, S.305.
[231]   Gottfried Küenzelen, New Age und Neuer Mensch. In: Dokumentation 3-4/87, S.37.

herbeigesehnte 'neue Weltordnung' folgen"[232].

Für sie ist New Age in verschiedene Organisationen wie "Lucis Trust", "Weltumfassender Guter Wille", "Planetary Citizens", "Planetarische Initiative" und ähnliche segmentiert, die sich über Alice Bailey auf H.P. Blavatsky zurückverfolgen lassen. Sie geht davon aus, daß sich eine mächtige dämonische, Organisation hinter der Maske eines sich human und fortschrittlich gebenden New Age verbirgt, die darangeht, als Reich des Satans die Weltherrschaft zu übernehmen.

Dieses dämonische New Age will das Kommen des "Maitreya", des "neuen Christus" vorbereiten, hinter dem sich für Cumbey der Antichrist verbirgt[233]. Die Bibel ist für sie der Kompaß in der Auseinandersetzung mit dem New Age, und sie bezieht das Jesuswort Mt 24,5 "Denn viele werden unter meinem Namen auftreten und sagen: Ich bin Christus, und sie werden viele irreführen" auf diesen Maitreya. Der Kontext von Mt 24,5 beschreibt die endzeitliche Not (Mt 24,3-14), und so ist auch für Cumbey die Auseinandersetzung mit New Age aus einer endzeitlich-apokalyptischen Perspektive zu sehen. Sie fordert auf, die in der Bibel angesprochenen Warnsignale für die Endzeit im New Age wahr- und ernstzunehmen. Diese sind: Abfall vom Glauben an den wahren Christus[234] und Götzendienst, weil "viele der Autoren [...] behaupteten, daß wir Gott als Buddha, Tao, Shiva und unter einer Vielzahl von anderen heidnischen Gottesnamen anrufen und anbeten könnten"[235]. Identifiziert kann diese antichristlich-satanische Strömung bereits an einem bestimmten Sprachcode werden: "'holistisch', 'Raumschiff Erde', 'globales Dorf', 'Transformation'..."[236] - das ganze New Age-Sondervokabular wird angeführt.

Politisches Ziel der New Age-Bewegung, die Cumbey in den verschiedenen kreuz- und querlaufenden Verzweigungen darzustellen versucht, ist die Weltherrschaft. "Obwohl niemand je zuvor dieses Ziel erreicht hat, glauben die Anhänger, die Zeit dafür sei reif - und sie könnten damit sehr gut recht haben"[237], denn globale Kommunikationsmittel schaffen für ein solches Ziel auch noch nie dagewesene Voraussetzungen. Eine zusammenfassende Konfrontation des Neuen Zeitalters mit Hinweisen aus der Bibel weist das New Age für Cumbey als charakteristische Endzeitbewegung aus[238].

Unter der Kapitelüberschrift "Die New-Age-Bewegung - das 'Vierte

---

[232]   Cumbey 1987, S.12.
[233]   vgl. ebd. S.17.
[234]   vgl. ebd. S.27.
[235]   ebd.
[236]   ebd. S.26.
[237]   ebd. S.67.
[238]   vgl. ebd. S.86ff; siehe auch Anhang/Dokumentation 10.

Reich'?"[239] geht Cumbey auf Parallelen des New Age zum Nationalsozialismus ein (hier bereits unter 1.4.8. behandelt) und zeigt in einem Anhangkapitel über die "Okkulte[n] Wurzeln der nationalsozialistischen Bewegung"[240], wie der Irrationalismus in beiden Bewegungen den tragenden Hauptfaden des ideologischen Netzwerkes abgibt.

Mit dem New Age ist ein neues Zeitalter des "Satanskults" angebrochen, denn "viele Mitglieder der New-Age-Bewegung geben zu, daß sie Sanat Kumara, Pan, Venus, Shiva, Buddha und andere heidnische Gottheiten anbeten"[241]. Feststeht, daß Luzifer "der Leitstern der New-Age-Bewegung"[242] ist. Der Antichrist dringt mit seinen New Age-Lehren in die Gemeinden Jesu ein; es ist "erstaunlich, aber nur allzu wahr, daß dieses heimtückisch gegen das Christentum gerichtete Gedankengut, das Kernstück des New-Age-Denkens[243], innerhalb der christlichen Kirchen immer mehr Zustimmung findet"[244].

Unter Anspielung auf die Bemühung des New Age, Gott in sich selbst zu finden, schreibt sie: "Die Behauptung, daß Jesus nicht der Christus sei, ist ein biblisches Kennzeichen des Antichristen. Die Vorstellung, der Mensch könne selbst wie Gott sein, war eine der altbekannten Lügen der Schlange im Garten"[245].

Cumbey stellt mit Bedauern fest, daß selbst viele Geistliche und Gemeindeverantwortliche mit solchen und ähnlichen Gedanken sympathisierten und die ihnen anvertrauten Menschen damit gefährdeten. Sie meint: "Viele unserer Leiter, die ihre Arbeit mit den besten Absichten begonnen haben, sind zu Opfern geworden - manche wissentlich, aber viele auch unwissentlich. Das kann nicht überraschen. Satan greift zuerst und am liebsten unsere Gemeinden an. Ob der bereits angerichtete Schaden wieder gutgemacht werden kann, liegt in Gottes Hand. Wenn nach seiner Uhr die letzten Geschehnisse der Endzeit bevorstehen, können die Zeiger vielleicht nicht mehr zurückgestellt werden. Aber auch unsere geistlichen Leiter haben Anspruch darauf, im Geiste christlichr Liebe gewarnt zu werden. Einige haben im Weinberg des Herrn hart gearbeitet, einige sind gestrauchelt. Nur die Gnade Gottes kann jeden einzelnen von uns davor bewahren"[246].

---

[239] ebd. S.113.
[240] ebd. S.284.
[241] ebd. S.161.
[242] ebd. S.169.
[243] Sie spielt damit auf das im New Age oft zitierte "Christusbewußtsein" an, das sie als Ableugnung der Fleischwerdung in Jesus versteht, weil dadurch "Christus ein Bewußtsein und nicht ein Mensch gewesen" sei - ebd. S.175.
[244] ebd. S.175.
[245] ebd. S.199.
[246] ebd. S.213.

Ähnlich wie Cumbey erkennt M.Basilea Schlink im New Age eine "großangelegte endzeitliche Verführung"[247]. "Die Antriebskraft der New-Age-Bewegung ist letzten Endes nichts anderes als Luzifers Wunsch, selbst angebetet zu werden"[248]. Im "Lucis Trust" sieht Schlink das okkulte Planungszentrum des New Age[249], mit dem ein eschatologischer Kampf einsetzt: "Das Reich Luzifers und das Reich Jesu Christi – Satan und Christus. stehen einander gegenüber. Ein Kampf ist entbrannt [...] Die Hölle hat sich aktiviert wie noch nie und alle ihre Vasallen zusammengeholt, setzt alles auf eine Karte"[250]. Letztlich stehen wir vor einer umfassenden Entscheidung: "Entweder sondern wir uns ab von allem, was mit der New-Age-Bewegung in Beziehung steht – oder wir tun es nicht und stellen uns damit auf die Seite Luzifers, d.h. Satans; Verderben und Grauen wird die Folge sein"[251].

Reinhard König kommt in seinem Buch "Geheime Gehirnwäsche" zu einem ähnlichen Ergebnis, ist aber in seiner Darstellung des New Age weniger auf die Blavatsky-Bailey-Lucis Trust-Linie des New Age beschränkt, argumentiert differenzierter und weniger biblisch fixiert als Cumbey und Schlink.

Aber auch er faßt zusammen: "Man sollte sich daher immer wieder vor Augen halten, daß es der offen dargelegte Anspruch dieses esoterischen New Age-Gedankenguts ist, eine einheitliche Weltreligion zu etablieren, einen Christus oder Weltenlehrer anzukündigen und eine politische neue Weltordnung aufzustellen. Zusammen mit den enormen Möglichkeiten einer weltumspannenden, allgegenwärtigen Kommunikationstechnik könnten sich erschreckende Perspektiven für die Zukunft bieten. Andererseits ist es auch durchaus möglich, daß sich die New Age-Bewegung als kurzlebiger und vergänglicher erweist, als man heute aufgrund der schon vorliegenden Erscheinungen annehmen kann [...] Und die Christen? Machen wir uns nichts vor: Auch die Christen stehen in der ·Gefahr, durch die in ansprechender Verpackung angebotenen Gedanken geblendet zu werden. Es ist daher heute so wichtig wie nie zuvor, 'alles zu prüfen' und das eigene Verhalten danach auszurichten"[252].

Es ist schwer, auf eine Auseinandersetzung mit den Argumenten Cumbeys und Schlinks einzusteigen.

---

[247]   Schlink 1988, S.6.
[248]   ebd. S.7.
[249]   vgl. ebd. S.16.
[250]   ebd. S.22f.
[251]   ebd. S.26.
[252]   Reinhard König, New Age – Geheime Gehirnwäsche. Wie man uns heute für morgen programmiert. Neuhausen 1988[5], S.100.

Die erste Frage müßte darauf abzielen, ob die Schrift nicht auch apokalyptisch verkürzt werden kann, wenn aus ihr überwiegend Aufmarschpläne für endzeitliche Auseinandersetzungen zwischen dem Reich des Lichtes und dem Reich der Finsternis[253] herausgelesen werden.

Cumbey müßte gefragt werden, ob Buddha wirklich unter Götzen und Dämonen eingereiht werden kann[254] und ob es nicht doch auch für den evangelischen und freikirchlichen Bereich eine großräumige Ökumene, nämlich die der Religionen, gibt, wie sie engagiert und vorbildhaft der an der Universität Tübingen lehrende evangelische Theologe Michael von Brück vorantreibt[255]!?

Wenn weiter oben die Argumentationsweise von Cumbey und Schlink als "biblisch fixiert" bezeichnet wurde, dann soll das keine Abwertung der Bibel sein und nicht den Respekt vor den Menschen schmälern, die ihr Leben total nach der Schrift orientieren und am "Wort Gottes allein", so wie es steht, ohne weitere Beachtung historischer oder kultureller Kontexte, festhalten. Nur – sachlich argumentieren läßt sich dann nicht mehr. Aber das ist auch nicht die Absicht von Cumbey und Schlink: sie wollen in Angst vor möglichen zukünftigen Entwicklungen warnen, aufrütteln, retten.

---

[253]   vgl. Schlink 1988, S.27.
[254]   vgl. Cumbey 1987, S.27.
[255]   vgl. Brück 1987, S.11ff und 65ff.

2.3.2. Aperspektivisches Denken und neues Bewußtsein
bei Hugo M. Enomiya-Lassalle

Mit Hugo M. Enomiya Lassalle, Jesuit und Zen-Meister, tritt ein Mann auf, der sich als profilierter Christ so weit als möglich in das New Age hineingewagt hat, für manche sogar voll im New Age steht. Schiwy rechnet Lassalle zu denen, "die sich als prominente Christen gegenwärtig zur New-Age-Bewegung bekennen"[256], neben David Steindl-Rast, Bede Griffiths, William Johnston und Michael von Brück[257]. Diese fühlten sich herausgefordert, "die Vereinbarkeit von christlicher und New Age-Spiritualität"[258] in ihrem Leben zu überprüfen.

Der Sammelband "Neues Bewußtsein - neues Leben. Bausteine für eine menschliche Welt", herausgegeben von Schaeffer/Bachmann, bringt neben für das New Age wichtigen Autoren und ausgesprochenen New Age-Autoren[259] auch einen Beitrag von Lassalle mit dem Titel "Integration des neuen Bewußtseins".

Theologisch charakterisiert Schiwy Lassalle nach 1Kor 9,22, wo Paulus den Korinthern von sich selbst mitteilt, er wäre allen alles geworden: "Enomiya Lassalle, auch den New-Age-Anhängern ein New-Age-Anhänger geworden, ist davon überzeugt: New-Age-Bewußtsein und neues christliches Bewußtsein sind keine Gegensätze, sondern entstammen der gleichen Quelle, der Unruhe des Geistes Gottes, der den Erdkreis erfüllt und 'weht, wo er will'[260]"[261].

Eher zurückhaltend bis kritisch-ablehnend steht Lassalle dagegen sein Ordens-Mitbruder und Mystik-Spezialist Josef Sudbrack gegenüber[262]. Er wird von ihm kritisch befragt, ob nicht die liebende Du-Begegnung an Stelle der gegenstandslosen Leere Inhalt einer christlichen Spiritualität sein sollte[263]. Sudbrack vermutet bei Lassalle ökumenischen Übereifer und religiöse Gleichmacherei[264], sieht in seinem Sprechen vom aperspektivischen Bewußtsein "gedankliche Eskalationen"[265] und unwirkli-

---

[256]   Schiwy 1987, S.101.
[257]   vgl. Schiwy in: Bürkle 1988, S.83.
[258]   ebd.
[259]   Der Band enthält Beiträge von Teilhard, Heisenberg, Jung, Suzuki, Watts, Fromm, Huxley, Bateson, Kuhn, Bohm, Prigogine, Dürr, Jantsch, Varela, Sheldrake, Capra, Ferguson, Schumacher, Henderson, Illich, Jungk, Richter, Weizsäcker, Spretnak, Wilber, Houston, Grof, Kübler-Ross, Laing, Roszak, Krishnamurti und Lassalle.
[260]   Joh 3,8.
[261]   Schiwy 1987, S.102.
[262]   vgl. auch 2.2.2.
[263]   vgl. Sudbrack 1987, S.62.
[264]   vgl. ebd. S.64.
[265]   ebd. S.141.

che Visionen[266], wirft ihm eine Umdeutung der 'Gemeinschaft der Liebe' bei Teilhard zu einer 'Gemeinschaft der Bewußtseinserweiterung' vor[267], und er spitzt diese Kritik in seinem letzterschienenen Buch "Mystik" zu, wenn er Lassalle unter jene einreiht, denen er "Verfälschung der christlichen Tradition"[268] vorwirft. Damit wird an der kritischen Beurteilung der Person Lassalles wieder die ganze Bandbreite möglicher Einschätzung sichtbar, wie sie auch bei der Bewertung des New Age schon angetroffen wurde. Diese Divergenz und Spannung müßte bei der folgenden Darstellung der Grundgedanken Lassalles mitgesehen und mitgedacht werden.

Der Verfasser dieser Arbeit schätzt im Sinne Schiwys Lassalle als verantwortungsvollen "Grenzgänger" zwischen Christentum und New Age. Dies deshalb, weil Lassalle auf der einen Seite den Boden des Christentums nicht verläßt (entgegen den Vermutungen Sudbracks), aber auf der anderen Seite in großer Offenheit Denkansätze, die auch für das New Age von grundlegender Bedeutung sind, aufnimmt.

Lassalle hält an der Personalität Gottes, die als Du ansprechbar ist, ebenso fest, wie er auch die Initiative der Erlösung Gott zuschreibt[269]. Andererseits setzt auch er in seiner Kritik der Gegenwart in der Diktion und Argumentationsrichtung des New Age an[270].

In seinem Buch "Wohin geht der Mensch?"[271] fragt Lassalle nach der Zukunft des Menschen in einer immer bedrohlicher werdenden Umwelt. Er lehnt sich bei der Suche nach Deutungen für die gegenwärtige Entwicklung an die Arbeiten des Kulturphilosophen Jean Gebser an.

Lassalle beschreibt ein neues Menschenbild, das im Entstehen ist, und schildert den Vorgang in der Puppe-Schmetterling-Metapher: Der Mensch entwickelt sich nicht in eine von ihm selbst gewählte, "sondern in die von der Natur vorherbestimmte Form. Mit anderen Worten: Es geht um einen Schritt, und zwar einen sehr bedeutungsvollen Schritt vorwärts in der Entwicklung der Menschheit"[272]. Erscheinungen der gegenwärtigen Zeit, die Besorgnis und Angst

---

[266]   vgl. ebd. S.182.
[267]   vgl. ebd. S.184.
[268]   vgl. Sudbrack 1988b, S.104.
[269]   vgl. Lassalle 1976, S.101f. - Ausgangspunkt der Erreichung des letzten Zieles des Menschen, der beseligenden Anschauung Gottes, ist die Gnade.
[270]   vgl. Lassalle 1981, S.10-33; Lassalle 1986, S.20-21, 35-36, 44-50, 88-89; Lassalle in Griffiths 1987, S.7f.
[271]   Hugo M. Enomiya Lassalle, "Wohin geht der Mensch?", Zürich 1981.
[272]   Lassalle 1981, S.22f.

entstehen lassen, nimmt er als "Geburtswehen des neuen Menschen"[273] und setzt auf Mut und Vertrauen in die Zukunft. "Tiefer sehende Menschen [...] wissen, daß es kein Zurück zum Alten gibt und daß es daher sinnlos ist zu versuchen, das Rad der Entwicklung zurückzudrehen. Sie wissen, daß es nun einzig und allein darauf ankommt, daß dieser neue Mensch gesund und lebenskräftig zur Welt kommt"[274].

Der bevorstehende oder bereits im Gang befindliche evolutionäre Schub hat auch im Religiösen seine Auswirkungen: Traditioneller Glaube wird schwächer, verliert immer mehr an Strahlkraft, und theo-logische Argumente kommen, sie mögen noch so logisch sein, nicht mehr an. "Der Mensch verlangt nach der eigenen Glaubenserfahrung und kommt in vielen Fällen nur dadurch zur Ruhe"[275].

Zwei Defizite macht Lassalle im heutigen Menschen aus, durch die zwischenmenschliche Beziehungen gefährdet werden: "Es gibt kaum Menschen, die vorurteilslos denken können. Das zweite [...], daß es kaum Menschen gibt, die wirklich aufrichtig sind und, wir müssen hinzufügen: die überhaupt imstande sind, aufrichtig zu sein, obwohl sie es sein möchten und vielleicht auch meinen, daß sie es sind"[276].

Das aber ist es, was ein neues Denken erst ermöglicht: Vorur-teilslosigkeit und Aufrichtigkeit. Der neue Mensch wird für Lassalle nicht nur in diesen beiden Momenten eine neue innere Freiheit gefunden haben, sondern auch zu einem "mystischen Denken" fähig werden, "das gewissermaßen existentiell richtig ist und im Handeln unmittelbar das Rechte findet"[277]. Auch die Religionen müssen das neue Menschenbild wahrnehmen, verstehen und bejahen, wollen sie noch Zukunft haben. Denn "wenn ihnen das gelingt, werden viele Menschen zu ihnen zurückfinden"[278].

In einem nächsten Gedankengang beschreibt Lassalle nach dem Modell Gebsers die Strukturen des Bewußtseins.

Im *archaischen* Bewußtsein, das uns am wenigsten bekannt ist, wird sich das Tier, "oder das Wesen, das Mensch werden sollte"[279] einer gewissen inneren Freiheit durch eine geringere Instinktgebundenheit bewußt.

---

[273]   ebd. S.25.
[274]   ebd.
[275]   ebd. S.26.
[276]   ebd. S.28.
[277]   ebd. S.32.
[278]   ebd. S.33.
[279]   ebd. S.35.

Auf der Stufe des *magischen* Bewußtseins, das nach wie vor durch Ich-losigkeit gekennzeichnet ist, erfährt sich der Mensch nicht mehr nur in der Welt. "Es beginnt ein erstes, schemenhaftes Gegenüber und damit auch allmählich die Notwendigkeit, die Welt haben zu müssen"[280]. Der Mensch beginnt sich gegen Naturkräfte zu schützen. Auf der magischen Stufe hatte er noch Fähigkeiten, die nach Lassalle durch eine lange, überbetonte Rationalität und Begrifflichkeit verlorengegangen sind: Er war in hohem Maße telepathisch und konnte Geschehnisse, auch wenn sie sich in weiter Ferne abspielten, unmittelbar wahrnehmen[281]. Ausdrucksformen des Religiösen in der magischen Struktur waren Götzen, Idole und Rituale – Elemente, die in der späteren magischen Entartung zur Zauberei degenerierten.

Mit dem Eintritt in den Bereich des *mythischen* Bewußtseins erwacht das Ich-Bewußtsein des Menschen. "War das Charakteristikum der magischen Struktur die Bewußtwerdung der Natur – so kann man es kurz ausdrücken–, so ist das Charakteristikum der mythischen Struktur die Bewußtwerdung der Seele [...] War die archaische Struktur der Ausdruck der nulldimensionalen Identität und ursprünglichen Ganzheit und die magische der Ausdruck der eindimensionalen Einheit, so ist die mythische Struktur Ausdruck der zweidimensionalen Polarität"[282]. In den Mythen erkennt Lassalle wie C.G. Jung die "Kollektivträume der Völker"[283], die aus einer Zeit ohne Geschichtsschreibung Einblicke in das Denken und Fühlen der damaligen Menschen ermöglichen.

Mit dem nächsten Bereich, in dem sich der heutige Mensch befindet, ist die Ebene des *mentalen* Bewußtseins erreicht. "Allerdings sind wir", schreibt Lassalle, "wie es scheint, ihrem Ende nahe"[284]. Mit der mentalen Struktur wurde dem Menschen ein Feld unbegrenzter Möglichkeiten erschlossen. In der geometrischen Metapher der Wirklichkeitsdimensionen ausgedrückt (das Bild stammt von Jean Gebser), zerreißt der Ring. Der Mensch tritt aus der Fläche in den Raum, den er mit seinem Denken zu bewältigen versucht. Die Welt wird zu einer Welt des Menschen, er selbst zum Maß aller Dinge und zum Gegenüber einer materiellen Welt. Abstrakte Begriffe lösen die Mythen ab und werden mitunter zu den neuen Götzen[285].

"War die Ausdrucksweise der mythischen Struktur der Mythos, so ist die der

---

[280]   ebd. S.37.
[281]   vgl. ebd. S.38.
[282]   ebd. S.42.
[283]   ebd.
[284]   ebd. S.44f.
[285]   ebd. S.46.

mentalen Struktur besonders die Philosophie"[286]. Auf dieser Ebene wird das Matriarchat vom Patriarchat endgültig abgelöst (wobei hier Lassalle den Nachweis eines Urmatriarchats schuldig bleibt); die Emotionalität der magischen und die Imaginationskraft der mythischen Struktur werden durch Abstraktion ersetzt. Lassalle stellt fest: "Die mentale Struktur verwirklichte sich offenbar in Griechenland am frühesten und klarsten"[287].

Das nahe Ende der mentalen Bewußtseinsstufe bringt er nicht zuletzt auch mit dem Niedergang dessen in Zusammenhang, was in Griechenland seinen Anfang nahm. Er meint, daß "die Philosophie, wie wir sie gewöhnlich verstehen, allem Anschein nach am Ende ist"[288]; eine Meinung, mit der Lassalle in der Postmoderne durchaus nicht einsam dasteht.

Auch Odo Marquard spricht der heutigen Philosophie nur mehr Residualkompetenzen zu. In einem salopp geschriebenen Artikel (der in demselben Jahr erschienen ist wie Lassalles Überlegungen zum neuen Menschen, nämlich 1981) meint Marquard unter dem Titel "Inkompetenzkompensationskompetenz?": "Die Philosophie: sie ist zu Ende, wir betreiben Philosophie nach dem Ende der Philosophie"[289].

Das mit dem mentalen Bewußtsein verbundene rationale Denken machte auch vor den Religionen nicht halt. Die archaisch-magisch-mythische Komponente, die in jeder Religion anzutreffen und durch kein abstraktes Denken zu ersetzen ist – "damit wäre Religion nicht mehr Religion"[290] – wird in der mentalen Bewußtseinsstruktur des westlichen Menschen unterwandert und in den Gegensatz von Glauben und Wissen aufgespalten. Darin sieht Lassalle auch das heutige Dilemma. Denn "die tiefsten Erfahrungen in den Religionen, sei es im Westen oder im Osten, können rational allein nicht erklärt werden. Sie müssen erfahren werden"[291]. Dazu kommt noch die Entfremdung des Menschen durch den Vormarsch der Technik, die Bedrohung durch Umweltzerstörung und die Gefahr eines atomaren Holocaust, die Lassalle nach einer Möglichkeit Ausschau halten lassen, dem drohenden Unheil zu entfliehen. "Es gibt deshalb nur eine Lösung: eine weitere Bewußtseinsstruktur. Nur so kann das Übel an der Wurzel geheilt werden"[292].

Konnten die bisherigen Reminiszenzen an Jean Gebser noch als New Age-frei verstanden werden, so steht Lassalle jetzt in einer Linie mit Ferguson

---

[286]   ebd. S.47f.
[287]   ebd. S.46.
[288]   ebd. S.49.
[289]   Odo Marquard, Abschied von Prinzipiellen. Philosophische Studien. Stuttgart 1981, S.27.
[290]   Lassalle 1981, S.50.
[291]   ebd. S.52.
[292]   ebd. S.53.

und Capra. Die Lösung aller bedrängenden Probleme der Gegenwart muß ansetzen bei einer "Umkehr", bei einem neuen Bewußtsein, da es sich bei der Grundkrise des heutigen Menschen "um eine Krise der Wahrnehmung handelt"[293]. Dieser Satz Capras könnte auch bei Lassalle zu finden sein.

Im Erreichen einer *integralen* Bewußtseinsstufe erhofft Lassalle eine Mutation, "die uns retten kann"[294]. Dieses neue Bewußtsein könnte entsprechend den vorangegangenen Stufen vierdimensional genannt werden. Nur "darf man das nicht so verstehen, daß das neue Bewußtsein nur diese eine vierte Dimension hat. Das wäre ganz falsch. Wenn das so wäre, könnten wir überhaupt nichts mehr tun, wir könnten nämlich nichts darstellen. Vielmehr bleiben alle früheren Dimensionen da, aber im rechten Maß und nicht im Übermaß. Es ist auch nicht so, daß das neue Bewußtsein eine Synthese von allen vieren ist, denn das wäre im wesentlichen nichts Neues. Eine Synthese ist hier überhaupt nicht möglich. Es ist vielmehr so, daß die vierte Dimension integrierend ist und so die bisherigen Dimensionen auf ein höheres Niveau erhebt. Doch ist die vierte Dimension selbst nicht darstellbar"[295]. Wäre die integrale Struktur begrifflich darstellbar, dann wäre das ja ein Beleg dafür, daß es keine wirklich neue Bewußtseinsstufe ist "Es wäre dasselbe, wie wenn der mythische Mensch erklären könnte, worin das schlußfolgernde Denken bestünde"[296].

Die mentale Struktur bezeichnet Lassalle als perspektivisch und dreidimensional, die integrale Struktur als aperspektivisch und vierdimensional. Integration versteht er in diesem Zusammenhang als "Gänzlichung": dem Menschen des neuen Bewußtseins sollen die bisherigen Strukturen, die ihn konstituieren, bewußt werden. Er soll sie in der neuen Struktur als Ganzheit erfahren.

Hier grenzt sich Lassalle begrifflich von Capra und Ferguson ab: "Beim Vollzug der Integration kann es sich niemals um eine Bewußtseins- erweiterung, von der die heutige Tiefenpsychologie spricht, handeln, sondern um Bewußtseinsintensivierung"[297]. Nicht durch die transformative Erweiterung des jetzigen Bewußtseins wird eine neue Stufe erreicht, sondern durch das Zurückgehen auf frühere Bewußtseinsstufen, ihr Ernstnehmen und Integrieren in den richtigen Proportionen entsteht Neues. Dann gilt, daß das Ganze mehr als die Summe seiner Teile ist.

Mit dem Erreichen einer aperspektivischen Wahrnehmung im neuen

[293]   Capra 1985, S.VIII.
[294]   ebd. S.54.
[295]   Hugo M. Enomiya Lassalle, Leben im neuen Bewußtsein. Ausgewählte Texte zu Fragen der Zeit. Herausgegeben und erläutert von Roland Ropers. München 1986, S.20.
[296]   Lassalle 1981, S.54.
[297]   ebd. S.55.

Bewußtsein haben sich Raum und Zeit verändert. War der magische Mensch "zeit-" und "raumlos"[298], so wird dem mental strukturierten Menschen die Zeit bewußt, unter dem Einfluß des rationalen Denkens allerdings auf die begriffliche Zeit reduziert. "Die Tatsache, daß diese Art von Zeit uns zum Problem geworden ist, bedeutet schon in sich eine prominente Manifestation des neuen Bewußtseins"[299]. Mit der Formulierung des vierdimensionalen Raum–Zeit-Kontinuums durch Einstein wird dem heutigen Menschen ein neuer Zugang zum Phänomen Zeit erstmals zugänglich. Als Hauptkriterien dieser aperspektivischen Wahrnehmung nennt Lassalle Zeitfreiheit, Durchsichtigkeit und ganzheitliches Wahrnehmen.

Zeitfreiheit heißt für ihn aber nicht Abschaffung der Zeit, sondern deren Überwindung im oben angedeuteten Sinn.

Mit *Durchsichtigkeit* meint er ein Vordringen zum Wesen der Dinge nicht aufgrund rationaler Schlußfolgerungen, sondern durch Begriffe und Wörter hindurch. Arationalität und Diaphanität sind "Voraussetzung für die Wahrnehmung des Geistigen"[300].

Mit dem dritten Kriterium der *aperspektivischen Wahrnehmung* wird der extreme Dualismus überwunden. "Die Wahrnehmung des Ganzen hängt ohne Zweifel eng mit der Durchsichtigkeit zusammen. Man kann sich diese Fähigkeit freilich weder durch Willensanstrengung noch durch Imagination aneignen. Um sie sich anzueignen, muß man darauf bedacht sein, auf vorgefaßte Meinungen, vorausträumende Wünsche und blind waltende Forderungen zu verzichten. Nur wo Egoismus überwunden ist, kann allmählich das Gleichgewicht aller in uns veranlagten Komponenten und Bewußtseinsstrukturen erreicht und der Mensch zur Durchsichtigkeit und zum ganzheitlichen Wahrnehmen befähigt werden"[301].

Damit zeigt Lassalle einen Zugang zum neuen Bewußtsein, der sich von der sonst im New Age üblichen psychotechnischen Methode abhebt. Das neue Bewußtsein ist nicht ganz einfach machbar, sondern ist auch abhängig davon, wie weit der Mensch seinen Egoismus überwindet. Das impliziert mehr als ein Bemühen um Erweiterung des Bewußtseins – nämlich eine innere Abkehr vom Selbst und eine Hinwendung auf ein anderes hin, auf ein Du, das im Mitmenschen und in Gott gefunden werden kann. Das aber bleibt immer noch abhängig von der freien Entscheidung dieses Du, ob es sich gibt und einläßt. So beschreibt Lassalle auch

---

[298]   ebd. S.59.
[299]   ebd. S.64.
[300]   ebd. S.139.
[301]   ebd. S.69.

den zu seinem wahren Selbst kommenden Menschen nicht so, daß er sich in der innersten Tiefe seiner Wesensgleichheit mit Gott bewußt würde oder daß er dort Gott begegnete, sondern: "Er nimmt das Religiöse, soweit es echt ist, ohne Mühe auf in die Harmonie seines Seelengrundes und wird bereichert"[302]. Nicht der Mensch läßt von sich aus religiöse Erfahrung entstehen - er entleert sich, bereitet sich vor, nimmt sich in Zucht, um "das Religiöse", das "von außen", von einem Gegenüber auf ihn zukommt, aufzunehmen.

Hier liegt ein wesentlicher Unterschied zu einer bloß monistischen Deutung religiöser Erfahrung im New Age. Überwindung des Dualismus heißt bei Lassalle, daß im aperspektivischen Bewußtsein alle vorangehenden Stufen von der archaischen bis zur mentalen in ihren je eigenen Erfahrungsweisen integriert sind, und nicht einfach Aufhebung des Dualismus. Wenn Lassalle bezogen auf die Zeitfreiheit meint, "wir müssen wohl unterscheiden zwischen Abschaffen und Überwinden"[303], so gilt das auch für das Kriterium der ganzheitlichen Wahrnehmung in dem Sinn, daß ein als von mir unterschiedenes Du als Gegenüber wahrgenommen werden kann.

Lassalle geht dann der Frage nach, in welchen Lebensbereichen sich die Aperspektivität heute bereits manifestiert. Offenbar räumt auch er dabei der Mathematik und der Physik eine Leitfunktion für das neue Denken ein. Denn auch er setzt zuerst bei diesen Wissenschaften an und zählt dieselben Gewährsmänner für einen neuen Denkrahmen auf wie andere New Age-Autoren zum Belegen des Paradigmenwechsels in der Physik: Einstein, Planck, Heisenberg, Weizsäcker. Dabei wird klar, daß sich Lassalles aperspektivische Wirklichkeitswahrnehmung über weite Strecken mit dem deckt, was im New Age mit einem geänderten Paradigma gemeint ist.

Gruber/Fassberg schreiben unter dem Begriff "Paradigmenwechsel": "Die moderne Bewußtseinsforschung hat gezeigt, daß die klassische Trennung von res extensa (Materie) und res cogitans (Bewußtsein) nicht wirklich existiert, sondern daß ein enger und komplex vernetzter Zusammenhang zwischen diesen Erscheinungsformen der Wirklichkeit besteht, die nur in einer ganzheitlichen Betrachtung angemessen erfaßt werden können. Darüber hinaus läßt sich das Bewußtsein nicht mit Hilfe der Kategorien von Raum, Zeit und Objektivität vollständig und zufriedenstellend erklären"[304].

Wenn die Relativierung bei Gruber/Fassberg so verstanden werden kann, daß hinter dem "objektiv" Wahrnehmbaren im Sinne des Quantifizierbaren

[302]   ebd. S.33.
[303]   Lassalle 1986, S.21.
[304]   Gruber/Fassberg 1988, S.102.

und Systematisierbaren eine dem Rationalen nicht mehr zugängliche
Tiefendimension existiert, dann ist damit neben der Überwindung von Raum und
Zeit im aperspektivischen Bewußtsein bei Lassalle auch das Kriterium der
Diaphanität angesprochen. Im Bereich der Tiefenpsychologie kommt das Zeitthema
insofern zur Sprache, als das Unterbewußte weder räumlich faßbar ist, noch das
Phänomen Zeit im begriffsüblichen Sinn angewendet werden kann. Im Traum ist
der Ablauf des Geschehens intensiver und schneller als im Wachzustand.

Die Philosophie im herkömmlichen Sinn sieht Lassalle, es wurde schon
angesprochen, mit Erreichen des integralen-aperspektivischen Bewußtsein an
ihrem Ende. "Jedenfalls ist die 'philosophia perennis' [...], die scholastische
Philosophie, vom neuen Bewußtsein her gesehen nicht mehr richtig, obwohl sie
innerhalb des mentalen Bewußtseins durchaus richtig war. Das klingt anmaßend,
doch war es nicht weniger anmaßend, daß der Mensch einst glaubte, mit der Integrierung der mentalen Bewußtseinsstruktur seine höchste Stufe erreicht zu
haben, und sich zum Maß aller Dinge machte. Heute sollten wir uns öffnen für die
höhere Bewußtseinsstufe, auf der das Denken ein offenes Denken sein wird, nicht
mehr ein geschlossenes, das auf den einen Punkt der Perspektive festgelegt
ist"[305].
Besonders in den Künsten erkennt Lassalle einen Seismographen: "Die Kunst ist
oft Voraussage für ein neues Bewußtsein"[306] – ob es sich um die Musik
handelt, die Architektur, die Malerei oder die Dichtung. Vieles, was in den
modernen Künsten zunächst, von einer mentalen Betrachtung aus, nicht
verstehbar ist, wird von einer aperspektivischen Ebene her in seiner Diaphanität
erfahrbar[307].

In einer letzten Überlegung geht Lassalle in seinem Buch "Wohin geht
der Mensch?" der Integration des neuen Bewußtseins nach und stellt fest, daß das
rationale Denken nicht mehr alleingültig sei[308]. Er meint, daß sich die
vierte Dimension im Denken deshalb auszuwirken beginnt, weil auf vielen Gebieten
die Philosophie des Entweder-Oder, des "Tertium non datur", überwunden ist.
"Wenn das auch nur auf einem Gebiet geschehen wäre," schreibt er, "so würde das
schon genügen. Denn es gehört zum Wesen dieses Prinzips, daß es keine Ausnahme
duldet. Die gesamte ehemalige Philosophie gerät damit ins Wanken"[309].

---

[305]   Lassalle 1981, S.89.
[306]   ebd. S.91.
[307]   vgl. ebd. S.95.
[308]   vgl. ebd. S.127.
[309]   ebd. S.127.

Jedenfalls ist sich Lassalle der Tragweite seiner Aussagen über das rationale Denken ebenso bewußt wie auch der innerkirchlichen Reaktionen: "Was wird aus der christlichen Theologie, die so eng mit der scholastischen Philosophie zusammenhängt? Gewiß sind diese Zusammenhänge heute schon weitgehend gelockerter als vor einigen Jahrzehnten. Trotzdem ist die christliche Theologie, sei es die katholische oder die evangelische, noch weit davon entfernt, das Gesetz des Widerspruchs [das scholastische "principium contradictionis"] praktisch aufzugeben. Denn das bedeutet, daß es nicht mehr nur eine Wahrheit gibt"[310].

Weiter schreibt Lassalle, daß noch "niemand voraussagen kann, wie die Theologie nach Integrierung der vierten Dimension in das Bewußtsein aussehen wird"[311]. Aber ganz im Sinne des New Age und der Vordenker in dessen Umfeld meint er, daß angesichts der anstehenden globalen Probleme der Mensch, will er nicht dem Untergang geweiht sein, einen Schritt in Richtung neues Bewußtsein tun muß[312]. Er zitiert Paulus, der den Römern die Ermahnung zukommen ließ: "Wandelt euch durch ein neues Denken"[313]. Zuletzt stellt er die Frage, wie die Empfänglichkeit für das Kommende gefördert werden kann und sieht die Möglichkeit zur Überwindung des Rationalen in einer möglichst nicht-gegenständlichen Meditation. Eines ist für ihn dabei sicher: "Sie alle [die diese Art von Meditation üben] arbeiten für das neue Bewußtsein und damit für die Menschheit als ganze, ob sie es wissen oder nicht"[314].

Damit ist ein weiterer Bereich, der für die neue Religiosität im New Age bedeutsam geworden ist, in den Blick gerückt: die Zen-Meditation. Die innerkirchliche Beurteilung steht dem Zen, auch in seiner christlichen Adaptierung durch Lassalle und seine Schule, skeptisch bis ablehnend gegenüber. Vladimir Satura schreibt in seinen "Gedanken zu einer neuen Spiritualität und heutigen Mystik", daß es in der christlichen Mystik nicht nur um "spirituelle Erfahrung", sondern um "spirituelles Sein" des Menschen ginge. Zwar prägen Erfahrungen rückwirkend den Kern der Person; aber Erfahrungen allein reichen nicht aus, einen innerlich spirituellen Menschen entstehen zu lassen. Dazu bedarf es auch der Aszese und des systematischen Übens[315]. "In direktem Widerspruch zu diesem Verständnis steht der sogenannte 'Christliche Zen', der die

---

[310]   ebd. S.129.
[311]   ebd.
[312]   vgl. ebd. S.131.
[313]   Röm 12,2; ebd. S.133.
[314]   ebd. S.136.
[315]   vgl. Vladimir Satura, Gedanken zu einer neuen Spiritualität und heutigen Mystik. In: Lebendige Seelsorge 1988, S.297.

Meinung vertritt, daß auch ein Christ (wie jeder andere Mensch) durch bloße 'ungegenständliche' Meditation zur echten mystischen Erfahrung Gottes kommen könne [...] So billig und oberflächlich geht es sicher nicht. Dazu braucht es mehr als 'ungegenständliche Meditation', eben die persönliche Durchformung durch jenen Geist Gottes, der in den Schriften der Bibel geoffenbart wurde"[316].

Die folgenden Überlegungen werden zu fragen haben, ob Satura wirklich kennt, was er kritisiert.

Andererseits schreibt im selben Heft der "Lebendigen Seelsorge" Thomas Schreijäck über die Zen-Meditation: "Ziel diese Weges ist also das völlige Leerwerden unseres Bewußtseins, unserer Leibgestalt und unseres Herzens, um erst so offen werden zu können für das Ankommen und Einsinken des Geistes Gottes, seines Lichts in unsere Existenz"[317].

Auch hier ist die für die Beurteilung des New Age oder New Age-naher Bewegungen typische Bandbreite von Ablehnung bis Befürwortung festzustellen. Ein Grund, exakter nachzufragen, mit welchem Anspruch und Angebot die Zen-Meditation an den heutigen Menschen, vor allem wenn er sich christlich versteht, herantreten kann.

"Schweigen" und "Dunkel" sind zwei für den Zen wesentliche Begriffe und Erfahrungen[318]. Lassalle nennt sein Zen-Zentrum, wie schon erwähnt, "Höhle des göttlichen Dunkels". Günther Stachel schreibt: "Zen-Meditation – das ist Schweigen"[319].

Daher die erste Frage, welchen existentiellen Stellenwert Dunkel, Schweigen, Nichts, Leere...für den heutigen Menschen, der sein Leben christlich gestalten will (oder auch nicht), haben kann.

Ansatzweise wurde unter 2.2.2. über die Bedeutung des Schweigens, der Leere und des Dunkels für die religiöse Erfahrung bei Dionysius Areopagita, beim Verfasser der 'Wolke des Nichtwissens', Teresa von Avila und Johannes vom Kreuz gesprochen. Aber um nicht nur Zeugen aus dem frühen Mittelalter, dem Mittelalter und dem Beginn der Neuzeit anzubieten, werden im folgenden zwei – in sich sehr unterschiedliche – Beiträge zu dieser Thematik aus jüngerer Vergangenheit (Theresia von Lisieux) und aus der Gegenwart (Bernhard Welte)

---

[316] ebd. S.297.
[317] Thomas Schreijäck, Meditieren lernen und lehren. Christliche Meditation auf den Hintergrund neuer religiöser Suchbewegungen. In: Lebendige Seelsorge 1988, S.313.
[318] vgl. auch 2.2.2.
[319] Stachel in: Lassalle 1988, S.7.

behandelt[320].

Theresia von Lisieux (oder mit dem eigentlichen Ordensnamen Theresia vom Kinde Jesu) gilt als die Heilige der "vollkommenen Liebeshingabe"[321], die mit ihrem "Kleinen Weg der geistlichen Kindheit"[322] das Herzstück der Frohen Botschaft und den Kern christlicher Mystik gelebt hat. Tatsächlich aber war für diese Frau das Glauben ein Ringen mit Gott, das die Erfahrung des Dunkels und die Erfahrung des Nichts kannte. Ihre Tagebücher geben davon Zeugnis.

Aus dem Jahr 1897, ihrem Todesjahr, stammen die folgenden Eintragungen. "Wenn ich meinem Herzen Ruhe gönnen will, weil es wegen der Finsternis, die es einschließt, ermüdet ist, dann versuche ich, es durch Gedanken an ein zukünftiges und ewiges Leben zu stärken. Aber dann verdoppelt sich meine Qual. Es ist mir, als ob die Finsternis die Stimme der Gottlosen annehme, meiner spotte und mir sage: 'Du träumst vom Licht[...]du glaubst, du könntest den Nebeln, in denen du schmachtest, eines Tages entfliehen! Schreite weiter! Schreite weiter! Freu dich auf den Tod, der dir nicht geben wird, was du erhoffst, sondern eine noch viel tiefere Nacht: die Nacht des Nichts!'[...] Sie werden wohl glauben, [...] ich übertreibe die Nacht meiner Seele etwas[...] es ist bereits eine Mauer, die sich bis zum Himmel erhebt und den Sternenhimmel verdeckt[...] Der Teufel ist um mich herum[...]Er steigert mein Leiden, um mich zur Verzweiflung zu bringen[...] Und ich kann nicht beten"[323].

Aber sie sieht diese für sie leidvollen Erfahrungen der Finsternis, der Nacht und des Nichts nicht nur als Gottferne, sondern auch als eine neue Chance der Gotteserfahrung. "Trotz dieser Prüfung, die mir jedes Gefühl des Genusses raubt, kann ich noch ausrufen: 'Du, o Herr, erfüllst mich mit Freude durch all dein Tun.'[324]"[325]. "Ich gestehe, daß hie und da ein ganz kleiner Sonnenstrahl die Finsternis meiner Seelennacht erleuchtet [...] Ach, niemals empfand ich so tief, wie sanft und barmherzig der Herr ist"[326].

Nacht – Nichts – Finsternis sind auch für Theresia von Lisieux im letzten immer Räume der Gotteserfahrung, und damit steht sie in der langen

---

[320]   Diese beiden Zeugen werden deshalb angeführt, weil sie von einem je unterschiedlichen existentiellen Ansatz aus
         Dunkel und Schweigen als religiöse Erfahrungsräume beschreiben. Therese Martin, Karmelitin und Mystikerin,
         schildert ihre persönlichen Erfahrungen; Bernhard Welte, Priester und Religionsphilosoph, reflektiert die
         Möglichkeit neuer Religiosität vor dem Hintergrund der Erfahrung des.Dunkels, des Schweigens und des Nichts.
[321]   A. Combes, Theresia vom Kinde Jesu. In: Peter Manns (Hg.). Die Heiligen. Mainz 1975, S.570.
[322]   ebd.
[323]   Theresia Martin, Geschichte einer Seele. Theresia Martin erzählt ihr Leben. Trier 1967, S.170f u. 238.
[324]   Ps 91,4.
[325]   Martin 1967, S.171.
[326]   ebd. S.172.

Tradition christlicher Mystik.

Bernhard Welte geht in seiner Schrift "Das Licht des Nichts" der
Klage nach, daß in der Gegenwart keine religiösen Erfahrungen mehr gemacht
würden. "Die Welt ist nachdrücklich weltlich geworden und in dieser ihrer
Weltlichkeit autonom. In diesem Ausfall der religiösen Dimension in unserem
modernen Erfahrungskontext besteht die vielbesprochene Säkularität der
Moderne"[327].
        Aber gleichzeitig mit dem Defizitbefund weist Welte darauf hin, daß
auch der Ausfall der religiösen Erfahrung eine, wenn auch negative und häufig
unbemerkte, Erfahrung ist. Die Welt von heute steht angesichts der globalen Probleme vor der Frage nach den verantwortbaren Möglichkeiten einer Konfliktbewäl-
tigung. Die Frage nach dem Sinn bricht vor diesem Hintergrund mit neuer Vehe-
menz auf. "Es stellen sich also in unserer Welt, in der – und dies gewiß nicht
zufällig – die religiösen Erfahrungen ausfallen, an deren Stelle Fragen ein, die den
Sinn des ganzen Daseins betreffen und die insofern auch Erfahrungen sind, aber
sie scheinen ohne Antwort zu bleiben"[328].

        Im modernen Nihilismus ist die Erfahrung des Nichts System
geworden. Welte verweist auf Pascal, der in seinen Pensées die heutigen
Erfahrungen (für sich im Bereich eines mathematischen Modells) bereits
vorweggenommen hat. Pascal sagte von sich, er erzittere vor den beiden
Abgründen des Unendlichen und des Nichts[329].
Welte merkt dazu an: "Das 'Unendliche' dieses pascalschen Satzes muß als die
Verneinung oder das Nichts des Endlichen verstanden werden. Und in dieser Welt
kann nur das Endliche begriffen werden, nämlich gerade in seinem Ende, in seinem
Umriß, in seiner Definition. Und in dieser Perspektive ist das Unendliche
überhaupt nichts und darum für die Erfahrung nicht verschieden von dem
anderen Nichts [...] Nichts also in jeder Richtung, Abgründe, vor denen das Herz
erzittert"[330].

        Nun meint Welte, daß gerade hinter der Erfahrung dieses Nichts eine
Wende zu neuer religiöser Erfahrung steht. Er erinnert an Karl Jaspers, der nach-
drücklich die Erfahrung der Transzendenz, also Gottes, beschwor, die nie
Gegenstand begrifflichen Wissens werden kann und in diesem Sinn also wie Nichts

---

[327]   Bernhard Welte, Das Licht des Nichts. Von der Möglichkeit neuer religiöser Erfahrung. Düsseldorf 1985[2], S.20.
[328]   ebd. S.33.
[329]   vgl. Pensées, Fragment 72.
[330]   Welte 1985, S.38.

ist. Zeugnis für diesen Ansatz ist Welte auch ein Gedicht des Philosophen Wilhelm Weischedl:

> "Im dunklen Bechergrund
> Erscheint das Nichts des Lichts.
> Der Gottheit dunkler Schein
> Ist so: Das Licht des Nichts"[331].

Das Ertragen des Dunkels und Schweigens Gottes, das wie Nichts aussieht, ist schwer angesichts eines fragwürdigen Lebens in einer verstrickten Welt. Aber offensichtlich ist die Erfahrung des Nichts auch eine Voraussetzung für die Erfahrung des Lichts. Abschließend meint Welte: "Die Not des Mangels an religiöser Erfahrung und der damit zusammenhängende Nihilismus haben vielleicht diesen Sinn: die religiöse Erfahrung so zu verändern, daß neue Perspektiven einer wachsenden Universalität entstehen"[332].

Damit ist der Raum ausgedeutet, in dem die Zen-Meditation dem Menschen von heute entgegenkommt. Vielleicht ist der aus dem Buddhismus stammende Zen für die heutige Zeit auch deshalb so attraktiv, weil in ihm die Frage nach dem Subjekt, nach dem konkreten Menschen ernstgenommen wird. Izutsu schreibt über den Zen-Buddhismus: "Es kann behauptet werden, daß der Buddhismus von Anfang an mit dem Problem des Menschen, und mit diesem ausschließlich, beschäftigt war. Den Ausgangspunkt von Buddhas Suche nach der Wahrheit bildeten die beunruhigenden Nöte des menschlichen Daseins [...] Diese anthropozentrische Tendenz des Buddhismus wurde verstärkt durch die Entstehung und Entwicklung der Zen-Sekte"[333].

Zen ist eine radikale Wendung des Menschen zu sich, er schaltet in Stille alles um ihn herum aus, verschließt seine Sinne und versucht, in seine eigene Tiefe zu steigen. "Zen ist seinem Wesen nach die Kunst, in die Natur seines Seins zu blicken"[334], schreibt Fromm und spricht damit den ersten Schritt des christlich verstandenen Zen Lassalles an: Über Körperhaltung, Atmung und innere Haltung versucht der Übende das "munenmuso", das "ohne Begriff und ohne Gedanken", das "Denke das Nichtdenken"[335].

Bei der inneren Haltung des Zen- oder "Zazen" - Sitzendes Zen –soll jede ichgelenkte Tätigkeit eingestellt und das Ich passiv-rezeptiv werden. Es öffnet sich, obwohl es sich nach außen abschließt. "Man muß in tiefere Bewußtseinsschichten

[331] zit. in: ebd. S.54.
[332] ebd. S.70.
[333] Toshihiko Izutsu, Philosophie des Zen-Buddhismus. Reinbek bei Hamburg 1983, S.11.
[334] Fromm in: Suzuki/Fromm 1971, S.147.
[335] Lassalle 1988, S.28.

eindringen. Das kann man nun aber doch wieder nicht erzwingen, sondern muß es geschehen lassen"[336].

In der Beschäftigung mit einem Koan, einem paradoxen Sinnspruch, kann dem Denken geholfen werden, sich auszulaufen und zur Ruhe zu kommen. Höchstes Ziel des Zen ist Satori, das Erlebnis der Erleuchtung. In einer Beschreibung Suzukis wird Satori so erfahren: "Alle deine geistigen Kräfte wirken in einem neuen Grundton, beglückender, friedvoller, freudiger als je zuvor. Die Tonart des Lebens ist geändert. Es liegt etwas Verjüngendes im Besitz des Zen..."[337].

Lassalle sieht für Christen, die in derselben verstrickten, "gottlos" erfahrenen, dunklen, auf sich konzentrierten Welt leben wie alle anderen Menschen auch, eine Chance, diesen Zustand in einem ersten Schritt zuzulassen und ernst zu nehmen. Mehr noch: sich auf das Dunkel und Schweigen einzulassen bis zum Ausschalten des eigenen Denkens, um gerade durch das Überschreiten der begrifflichen und sinnlichen Erfahrungsebene leer, frei zu werden für neue Erfahrungen.

Wesentlich scheint der Satz Lassalles, mit dem er sich gegen eine triviale New Age-Vereinnahmung ebenso abschirmt wie gegen die theologische Verdächtigung, er ließe durch die Hintertür buddhistischen Monismus ins Christentum ein: "Die Evidenz liegt in der Bereitschaft, sich ergreifen zu lassen, nicht im Greifen oder Be-greifen Gottes"[338]. An anderer Stelle sagt er: "Im Zen kommt die Seele Gott bis an die Grenze ihrer Möglichkeiten entgegen"[339].

Damit schließt sich der Argumentationskreis bei Lassalle: Integrales Bewußtsein ist nicht erweitertes, sondern intensiviertes Bewußtsein; ein Weg zur Vorbereitung dieses Bewußtseins ist die Meditation; besonders für Menschen heute nach der Methode des Zen. Im Einlassen auf Dunkelheit, Leere und Stille nimmt der Mensch seine existentielle Situation ernst und geht einer möglichen Gotteserfahrung, soweit es Menschen eben möglich ist, entgegen. Ziel ist das Leben in einem neuen Bewußtsein, die Erleuchtung, die Erfahrung Gottes. Aber nicht so, daß Gott auf dem Grund der eigenen Existenz gefunden würde im Sinne einer Identitätserfahrung – ich bin Gott. Das wäre holistische New Age-Spiritualität. Gott bleibt das sich frei gebende Gegenüber-DU, dem sich der Mensch nähern kann, der aber dieses Nähern auch bereits stützt.

[336]　ebd. S.29.
[337]　Suzuki in: Fromm/Suzuki 1971, S.147f.
[338]　Lassalle 1988, S.139.
[339]　zit. in: Schiwy 1987, S.101.

Lassalle zitiert in seinem Buch "Zen-Weg zur Erleuchtung" eine Stelle aus dem "Aufstieg zum Karmel" von Johannes vom Kreuz: "Ich sage, es verhält sich in Wirklichkeit so, daß Gott die Seele in diesen übernatürlichen Zustand versetzen muß, aber auch, daß die Seele, soweit es an ihr liegt, sich dazu vorbereiten muß – und das kann auf natürlichem Wege geschehen, vor allem mit der Hilfe, die Gott der Seele zuteil werden läßt"[340].

Theologische Kritiker können in dieser Sicht nicht nur die Wahrung der Personalität Gottes, sondern auch die christliche Gnadenlehre wiederfinden.

2.3.3. Die Hochzeit von Ost und West – neue Religiosität bei Bede Griffiths

Ähnlich wie Lassalle genießt auch Bede Griffiths, Benediktiner und "hinduistischer Sannyasi", in New Age-Kreisen hohes Ansehen[341]. Die gegenseitige Wertschätzung dieser beiden Männer ist einsichtig – immerhin hat Lassalle das Vorwort zu Griffiths' letztem Buch geschrieben. Aber während Lassalle bei der subjektiven Erfahrung des einzelnen, seinem Einstieg in die eigene Tiefe ansetzt, um dann zu einem neuen Verständnis von Religion zu kommen, ist für Griffiths der Ansatz umgekehrt: das großökumenische Anliegen steht im Vordergrund, von dem aus er einen Weg zur individuellen Erfahrung des Mysteriums findet.

Für die Behandlung der Gedanken Bede Griffiths im Rahmen der Auseinandersetzung Christentum – New Age spricht, daß er sich wie Lassalle in Denkweise und Begrifflichkeit dem New Age weitgehend angenähert hat, ohne das Unverzichtbare eines christlichen Fundamentes aufzugeben[342].

Griffiths' Meditationen – der Begriff paßt bei ihm besser als Überlegungen – setzen an bei der Berufung des Mönchs, des "Sannyasi": Er muß bereit sein, alles aufzugeben vom Besitz über menschliche Bindungen bis zum Ego, zum eigenen Selbst, und so wird er in der Lösung von der Welt nicht nur erkennen, daß alles aus der Hand Gottes kommt, sondern er wird sagen können: "Alles ist ein Symbol Gottes"[343].

In den evangelischen Räten – Armut, Keuschheit, Gehorsam – erkennt er die

---

[340]   Johannes vom Kreuz, Aufstieg zum Karmel, Buch II, Kap. 2. Zit. in: H.M.Enomiya Lassalle, Zen-Weg zur Erleuchtung. Hilfe zum Verständnis. Einführung in die Meditation, Freiburg 1976[5], S.105.
[341]   vgl. Schimy in: Bürkle 1988, S.83.
[342]   Siehe auch die Bemerkung zu Lassalle unter 2.3.2. Seite 210.
[343]   Bede Griffiths, Rückkehr zur Mitte. Das Gemeinsame östlicher und westlicher Spiritualität. München 1987, S.14.

Möglichkeit zum Aufgeben des Selbst, das keine statische, in sich vollkommene Einheit ist, sondern "es ist die Fähigkeit, sich selbst zu transzendieren"[344]. Wer sich so hingibt, lebt von einem universellen Gesetz der Vernunft, dem Brahman.

In der Entdeckung des Selbst stellt er die große Tat des indischen Denkens fest. "Das Selbst, 'Atman', ist der Grund des persönlichen Seins; es ist wiederum eins mit Brahman, dem Grund des kosmischen Seins"[345]. Es ist durch Denken nicht erreichbar, nur erahnbar, wenn das Denken transzendiert wird.

Erlösung klingt bei ihm zunächst ganz hinduistisch eingefärbt: In der Befreiung vom Sinnenhaften und von der materiellen Welt findet der Mensch auf seinen eigenen Grund, auf dem er die Quelle seines Selbst entdecken kann, in der das Wort Gottes lebt. Abfall des Menschen von seinem innersten Grund ist der Sündenfall; von ihm kann sich der Mensch nur erheben, wenn er sich der Transzendenz öffnet. Die Menschheit ist in ihrem Überleben bedroht und braucht, will sie noch eine Zukunft haben, "eine völlige Veränderung in den Herzen"[346].

Die Wissenschaft, meint Griffiths, muß sich der Weisheit unterordnen, und "die diskursive Vernunft, die den Menschen zu beherrschen sucht und ihn in der engen Welt des bewußten Verstandes gefangen hält, muß entthront werden, und der Mensch muß die Abhängigkeit von dem transzendenten Mysterium, welches jenseits des rationalen Bewußtseins liegt, wieder anerkennen"[347].

Bei allem Gleichklang mit New Age-Aussagen werden doch bereits hier die unterschiedlichen Konturen bei Griffiths erahnbar: Der Mensch ist vom transzendenten Mysterium abhängig und nicht umgekehrt, daß der Mensch in sich die Transzendenz so trüge, als würde in ihm Gott zu Bewußtsein kommen. In nahezu allen Religionen, als re-ligio verstanden, bildet eine Rückbindung an diese Transzendenz im Sinne des eigenen Abhängigseins die Mitte.

In der letzten Konsequenz gilt bei Griffiths für alle Religionen die hinduistische Einsicht, daß alles sinnlich Erfahrbare nur Maya, Illusion ist und, abgesehen von Brahman, der absoluten Wirklichkeit, die Welt überhaupt keine Wirklichkeit besitzt.

Griffiths zitiert Kohelet 1,2 "Windhauch, Windhauch, das alles ist

---

[344]   ebd. S.16.
[345]   ebd. S.17.
[346]   ebd. S.20.
[347]   ebd. S.20.

Windhauch"[348], um dies für den jüdisch-christlichen Raum zu belegen. Er verweist auch auf Dionysius Areopagita, in dessen Dunkel und Schweigen jede Existenz überschritten und relativiert wird. In diesem Dunkel und Schweigen kann Einheit erfahren werden: "Jenseits des Denkens gibt es einen Punkt, von dem aus man es erkennen kann, nicht als Gegenstand, nicht einmal als Subjekt, soweit es vom Objekt unterschieden ist, sondern als Identität von Subjekt und Objekt, von Sein und Erkennen. Das ist die Erfahrung des Selbst, das Atman, das über jedes Sein hinausgeht, insofern Sein ein Gegenstand des Denkens ist, über das Denken hinaus, insofern es eine Reflexion, ein Begriff der Seins ist"[349].

Für Griffiths verliert sich alles Denken und Leben in einem Dunkel und Nichts und findet nur Halt in der Verankerung im Transzendenten. Diese Verankerung aber selbst bedeutet wiederum ein Wagnis, denn die Mitte der Transzendenz bleibt ebenso dunkel: "Er oder Es bleibt das unergründliche Mysterium"[350] schreibt Griffiths auch für den Gott der Christen. Er nimmt damit ernst, was immer auch Bestandteil des jüdisch-christlichen Sprechens von Gott war, das in der personalistischen Sicht Gottes in der Verkündigung heute zu kurz kommt, was aber eine gemeinsame Basis für ein großökumenisches Gespräch über Gott sein könnte: Gott ist nicht nur das liebevolle Du, das sich dem konkreten Menschen in Raum und Zeit zuwendet, in der Geschichte anwesend ist, wie ein Vater angesprochen und in Jesus Christus angegriffen werden kann; er ist auch der ganz Andere, der jenseits von Raum und Zeit Stehende, der Geheimnisvolle, das unergründliche Mysterium, das alle Aussagen mehr verdecken als sichtbar machen.

Hier, das wird noch zu zeigen sein, kann das christliche Gottesbild sich in der Begegnung mit dem Osten wieder auf seine eigene Tiefe besinnen. "Wenn man von diesem Mysterium spricht, hat man es schon verraten. Es wird in der Stille der Welt und des Selbst erkannt"[351], schreibt Griffiths. Doch auch hier hebt sich Griffiths von der gängigen New Age-Anthropologie/Theologie ab: Das Mysterium, Gott, wird nicht nur im Selbst gefunden – so würde es das New Age sehen: Im Einlassen auf meinen innersten Grund, auf mein Selbst, werde ich mir meiner Göttlichkeit, meines Gottseins, bewußt. Griffiths anerkennt die unübersteigbare Grenze – ich bin nicht Gott, er ist der ganz Andere, aber wenn ich mich auf ihn, das Mysterium, einlasse, dann habe ich eine Möglichkeit, zu mir zu finden. Es heißt bei ihm nämlich auch: "Dieses Selbst wird in Gott gefun-

---

[348]   zit. ebd. S.22.
[349]   ebd. S.25.
[350]   ebd. S.27.
[351]   ebd. S.27.

den"[352]. Dieser Satz könnte in diesem Zusammenhang von vielen New Agern
nicht mehr nachgesprochen werden. Griffiths faßt diese eindeutig definierte
Abhängigkeit von Gott, bei aller Nähe des eigenen Selbst zum Göttlichen, noch
klarer, wenn er die Frage stellt: "Aber dennoch – wer bin ich? [...] bin ich denn
Gott?", und er antwortet: "Nein, ich bin ein Gedanke Gottes, ein Wort Gottes"[353].

Unter der Überschrift der "Eine und das Viele"[354] beschreibt
auch er die Überwindung eines zersplitternden Bewußtseins – ein prominentes
Anliegen des New Age. Aber während sich "der New Ager" als eine Welle im Ozean
des Seins weiß, all-eins mit ihm, wieder aufgelöst als Form in diesem umfassenden
Meer, bleibt für Griffiths die Vielfalt der Schöpfung in der Überwindung dualistischer Zersplitterung erhalten. Er weist auf die Kurzatmigkeit menschlichen
Denkvermögens hin, mit dem Einheit-Vielheit-Dilemma fertigzuwerden: "Wenn wir
an Einheit denken, verlieren wir die Vielfaltigkeit aus dem Blick. Wenn wir an
Vielfalt denken, entschwindet uns die Einheit. Aber in der Ewigkeit ist das
Einzelne in dem Einen enthalten, ohne dabei seine Individualität zu
verlieren"[355].

Dieser Ansatz, der nicht neu ist und dem bereits auch Guardini in
einer eigenen Abhandlung nachgegangen ist[356], ist sowohl dem New Age als
auch einer fundamentalistischen Theologie fremd. Gegensätze werden in ihrer
polaren Spannung nicht als Zeichen konkreter Lebendigkeit angesehen und
akzeptiert, sondern in griffige Formeln eingeebnet und harmonisiert. Aus dem
Gegensatz Einheit-Vielheit wird im New Age ein monistisches All-Einheits-
Bewußtsein. Unterschiedliche und gegensätzliche Gotteserfahrungen werden
(heute wieder) in das Prokrustesbett einer systematischen Theologie gezwängt in
der Angst, die eigene Identität zu verlieren.

Griffiths nimmt diese polare Spannung an und integriert sie in seine
kosmische Schau von Einheit und Vielheit. "Die Schöpfung verliert ihre Bedeutung", meint er in diesem Zusammenhang, "wenn es in jenem letzten Zustand [der
Einheit] keine Unterscheidungen gibt, wenn alles und jeder in Gott 'verloren'

---

[352]   ebd. S.29.
[353]   ebd. S.36.
[354]   ebd. S.39.
[355]   ebd. S.41.
[356]   Bei Guardini heißt es: Das Leben trägt die Gegensätze; die Gegensätze verwirklichen sich am Leben; sie sind die
         Weise, wie das Leben lebendig ist... Alles menschliche Leben... Gesamtes wie Einzelheit, mag seinem näheren
         qualitativen Inhalt und seiner besonderen Funktion nach sein, was es will; damit daß es lebendig ist, ist es gegen-
         sätzlich gebaut. Die Gegensätzlichkeit gehört zu den Grundzügen menschlichen Lebens". Romano Guardini, Der
         Gegensatz. Versuche zu einer Philosophie des Lebendig-Konkreten. Mainz 1985[3], S.145 u. 151.

ist"[357].

Noch klarer wird die Abgrenzung gegenüber einer monistischen New Age-"Theologie", wenn er den Menschen als von Gott, in der unaussprechlichen Breite der Bedeutung des Wortes, abhängig weiß: "Wir haben nicht nur nichts, sondern wir sind auch aus uns selbst nichts [...] Sünde ist eine Liebesverweigerung; wir versagen uns der Gnadenbewegung, die uns aus uns selbst in das göttliche Leben zieht"[358].

Hier ist fester Boden christlicher Gnadenlehre - ausgedrückt in einer Sprache, die der Ökumene Brücken schlagen will. "Wenn wir nicht antworten und unsere Nichtigkeit nicht anerkennen, dann verschließen wir uns in uns selbst, werden von Gott und dem ewigen Leben getrennt und erleben uns als isoliertes Selbst, in unsere eigene Existenz eingeschlossen und im Konflikt mit anderen stehend, unserem wahren Selbst entfremdet und in einer Welt der Illusion lebend"[359].

In der Betrachtung über "das Geheimnis der Liebe"[360] zeigt sich Griffiths der evolutionären Sicht Teilhard de Chardins verpflichtet. Jenseits von Protonen, Elektronen, Zellen, Genen und Chromosomen sieht er eine Lebenskraft am Werk, die von Liebe getragen wird. "Daß das Mysterium des Seins, die letzte Wahrheit Liebe ist, macht die Struktur der Wirklichkeit aus"[361], und darum ist auch alle Liebe heilig "von der Liebe der Atome oder der Insekten angefangen bis zur Liebe des Menschen. Sie ist immer ein Spiegel der Liebe Gottes"[362].

Von hier aus gelangt Griffiths auch zu einer offenen und befreienden Sicht von Sexualität im Rahmen menschlicher Liebe, wenn sie als Zeichen auf das Göttliche hin offen bleibt.

Mit der Beschreibung des einen Geistes in allen Religionen kommt der benediktinische Sannyasi zum Zentrum seines Anliegens. Er erkennt in jeder religiösen Überlieferung ein hinter Symbolen verborgenes Auftauchen der einen göttlichen Wirklichkeit und ewigen Wahrheit[363]. Religion ist dabei etwas Lebendiges, das wächst, sich erweitert, zugewinnt: "Jede Religion entwickelt sich, solange sie lebt"[364], schreibt er und schließt dabei das Christentum nicht aus.

---

[357] Griffiths 1987, S.41.
[358] ebd. S.44.
[359] ebd. S.45.
[360] ebd. S.55.
[361] ebd. S.58.
[362] ebd. S.59.
[363] vgl. ebd. S.68.
[364] ebd. S.68.

Religionen stammen allesamt aus mystischen Erfahrungen und transzendierendem Denken. Sie stehen in ihren konkreten kulturellen und historischen Ausprägungen in der Spannung von Mythos[365] und Geschichte. Überall dort, wo Ereignisse auf ihre letzte Bedeutung hin interpretiert werden sollen, wird diese Spannung spürbar. Steht auf der einen Seite das konkrete, historisch fixierbare Ereignis als "Geschichte", bedarf es auf der anderen Seite eines Rahmens, der diese Geschichte in ihrer Tiefendimension deutet und in einen existentiellen Gesamtkontext einordnet. In der Verbindung von Mythos und Geschichte, von Bedeutung und Ereignis, beschreibt Griffiths die Möglichkeit zur Enthüllung eines letzten Lebenssinnes[366].

Umgelegt auf einen religionsgeschichtlichen Vergleich stellt er fest, daß die Gefahr für den Hinduismus darin liegt, "daß er Zeit und Geschichte als vergängliche Phänomene betrachtet, die letztlich keine Bedeutung haben", und das Christentum sieht er in der Gefahr, "den zeitlichen Ereignissen zu viel Gewicht beizumessen und den Sinn für die zeitlose Wirklichkeit zu verlieren"[367]. Hier können östliche und westliche Religiosität voneinander lernen und Korrektiv für je eigene, verkürzte Dimensionen religiöser Bedeutungen werden.

Einer unreflektierten Rezeption östlicher Religiosität im New Age müßte die kritische Anfrage mitgegeben werden, ob es sich bei dieser Rezeption nicht nur um eine Flucht aus einem zu eng verstandenen geschichtsdominierten Religionsghetto in den, sich letztlich auflösenden Mythos östlicher Spiritualität handelt.

Griffiths hält die Spannung von Mythos und Geschichte durch und stellt in die Mitte dieses Spannungsfeldes den Mann aus Nazareth. "In Jesus treffen sich Mythos und Geschichte"[368]. Ohne Mythos würden Bedeutung und Sinn dieses Jesus für die Menschen, für kosmische Zusammenhänge unerfahrbar bleiben; aber sie bliebe ohne Bedeutung, hätte sie nicht ein historisches Fundament: "Im fünfzehnten Jahr der Regierung des Kaisers Tiberius; Pontius Pilatus war Statthalter von Judäa, Herodes Tetrach von Galiläa [...] Da erging in

[365] Mythos (griech. mythos - "Wort" im Sinn einer letztgültigen Aussage). Der Mythos ist autoritatives Überlieferungswort, damit im Gegensatz zum Logos, dem durch verstandesmäßige Beweise in seiner Wahrheit erwiesenen Wort. "Während die logische Erkenntnis Begriffe abstrahiert, konkretisiert der Mythos. Er bildet keine Urteile, sondern stellt Realitäten dar. Er sucht keine Beweise zu erbringen und verfährt niemals apologetisch. Seine Sprache ist affirmativ" (G.Lanczkowski in: LThK 7, Sp.746).
Bei Griffiths ist die im Mythos dargestellte Realität Deutungshilfe der Wirklichkeit. In diesem Sinn wird in dieser Arbeit der Begriff Mythos verwendet.
[366] vgl. ebd. S.76.
[367] Griffiths 1983, S.186.
[368] Griffiths 1987, S.74.

der Wüste das Wort Gottes an Johannes"[369]. "Im Neuen Testament ist dieser
Prozeß [der Integration von Geschichte und Mythos] vollendet.

Der Mythos des Gottes, der stirbt, in die Unterwelt absteigt und
wieder aufersteht, wird als Geschichte enthüllt. Sie findet an einem bestimmten
Punkt in Raum und Zeit statt [...] und birgt dennoch das ganze Geheimnis der
vorangegangenen Mythen in sich"[370].

In der Abwendung des New Age von der "historischen Religion" findet
es zwar Sinndeutung im Mythos, aber ohne konkret-historische Verankerung. In
der Abschirmung östlicher Religiosität und Mythologie durch ängstliche christliche Kreise wird zwar die eigene historische Faktizität unterstrichen, aber
kosmische Sinndeutungen und Gesamtzusammenhänge bleiben abgeschnitten. Eine
Auseinandersetzung mit Bede Griffiths könnte für beide Korrektiv und gleichzeitig
Plattform für ein gemeinsames Gespräch sein.

In einer mit "Der Buddha, Krishna und Christus" überschriebenen
Gegenüberstellung spitzt Griffiths seinen großökumenischen Ansatz zu. In allen
dreien findet er, aus verschiedenen Kulturwelten stammend, ein Symbol für Gott.

Während *Krishna* noch legendenhaft ist und ganz in die Welt des
Mythos gehört, tritt *Buddha* als historische Person auf; er hat als Erleuchteter die
Wahrheit erkannt und enthüllt, aber er ist nicht Gott, auch wenn von ihm gesagt
wird, daß er allwissend sei und für das letzte Prinzip des Seins stehe. Er hat
einen "Nirmanakaya" – einen "Körper der Menschwerdung", der ihn eng an
Christus heranführt, aber die letzte Wirklichkeit für Buddha ist "Sunya" – Nichts.
Buddhas Mitleid mit den Menschen stammt aus dieser Einsicht, daß alle Menschen
Getäuschte sind, die die rettende Wahrheit des Nirwana nicht kennen, und wenn
sie diese Wahrheit erkannt haben, dann schwindet auch das Mitleid, weil es kein
Ziel mehr hat. "Darum ist das Mitleid des Buddhisten trotz seiner einzigartigen
Tiefe nicht das gleiche wie christliche Liebe"[371].

Jesus dagegen gehört zwar auch einer mythischen Welt an, der Welt
der archetypischen Symbole von jungfräulicher Geburt, Tod, Auferstehung
Himmelfahrt und Verherrlichung. Aber bei ihm ist der Mythos Geschichte
geworden. Während Krishna[372] zur kosmischen Offenbarung gehört, "ist
Jesus historische Offenbarung, Offenbarung Gottes in der Geschichte eines

---

[369]   Lk 3,1-2.
[370]   Griffiths 1987, S.74.
[371]   ebd. S.80.
[372]   dem der Dichter der Bhagavadgita Worte in den Mund legt, die im Johannes-Evangelium stehen könnten wie etwa: "Doch
         die liebend mich verehren, die sind in mir, in ihnen ich" - Bhagavadgita/Aschtavakragita. Indiens heilige Gesänge.
         Düsseldorf 1978, IX, 29, S.64 - vgl. Jo 6,57.

besonderen Volkes"[373]. Damit tritt eine zyklisch verlaufende Mythologie in ein historisch fixierbares Datum ein. Im Hinduismus ist das Herabsteigen Gottes, das "Avatara", ein immer wiederkehrendes Ereignis, während es im Christentum zu einem "Eschaton" wurde, zu einem Erfüllen der konkreten Geschichte. Griffiths öffnet mit dieser Sicht nicht nur für den Hinduismus ein Tor zur Geschichte, sondern für das Christentum ein Tor zum Mythos.

Aber Griffiths geht in der großökumenischen Annäherung noch einen Schritt weiter. In Richtung Mysterium Gottes fordert er Christen auf, ihr Gottesbild zu vertiefen. New Ager fragt er, ob nicht ihre Sehnsucht nach dem Göttlichen in der christlichen Offenbarung Raum finden könnte. Er schreibt: "Wenn man von Gott als Person spricht, leugnet man nicht notwendigerweise, daß er auch unpersönlich ist. Die Werte des persönlichen Seins, insbesondere die Werte von Erkennen und Liebe, also auch einer moralischen Verantwortung, existieren in Gott, aber in einer Weise, die jenseits unseres Begreifens liegt, für die unsere Vorstellungen nicht ausreichen. Deshalb kann man auch sagen, daß Gott unpersönlich ist. Die Gottheit – oder welchen Namen auch immer wir dem letzten Mysterium des Seins geben – ist so weit entfernt von jedem Begriff, den wir uns von 'Person' bilden, daß es besser ist, das Wort nicht zu gebrauchen. Und in der Tat wird Gott oft im Christentum in einer Weise personifiziert, daß es einer Korrektur durch die unpersönlichen Vorstellungen des Buddhismus bedarf [...] jede Offenbarung ergänzt die andere, und in jeder Religion wird zunächst eine Seite der Gottheit betont, und dann sucht man wieder ein Gleichgewicht herzustellen, in welchem die letzte Wahrheit gefunden wird"[374]. Damit ermöglicht Griffiths eine theologische Öffnung, die von Christen einiges an Bereitschaft zum Nachdenken und Neudenken erfordert und die die Möglichkeit des Entgegenkommens in Richtung östliche Spiritualität und Religiosität des New Age bis an die Grenze des Möglichen treibt. Trotzdem scheint es, daß Griffiths damit nicht nur die Gesprächsplattform für ein Gespräch Christentum–New Age und östliche Religionen ausgebaut hat, sondern noch immer den eigenen Standpunkt auf dem Boden der biblischen Offenbarung abgesichert weiß, denn auch die Schrift schildert Gott nicht nur als den Nahen, Gütigen, dem Menschen menschlich Begegnenden: Er ist auch der ganz Andere, der die Begriffe – auch den der Person – sprengt: "Ich bin Gott und nicht Mensch"[375] – "Gott ist nicht wie ein Mensch"[376] – "Gott ist größer als der

---

[373]   Griffiths 1987, S.81.
[374]   ebd. S.82.
[375]   Hos 11.9.
[376]   Num 23,19.

Mensch"[377] - "Gott wohnt im unzugänglichen Licht"[378].

"Das ist auch die Herausforderung an die Kirche von heute. Die Strukturen, die sie geerbt hat, reichen längst nicht mehr hin, das göttliche Geheimnis auszudrücken, so wie es in Israel zur Zeit Christi war"[379]. So gesehen können in einer Auseinandersetzung New Age - Christentum - östliche Religionen alle Beteiligten nur gewinnen. Bleibt zu hoffen, daß eine kirchliche Theologie wieder den Mut findet, sich einzulassen[380], unvoreingenommen zu prüfen[381], dem Geist Gottes eigene Wege zuzutrauen[382], ihre eigenen Grenzen zu akzeptieren[383] und sich auf die Sprache der Zeit einzulassen[384]. Von New Agern wäre zu wünschen, daß sie die Sehnsucht nach dem Ganzen in sich wachhalten und bereit sind, sich an vielleicht weniger schmackhafte, dafür aber nahrhaftere Kost zu halten. Daß sie weniger vordergründigem Spiritualitätsjahrmarkt die Ware abnehmen, als sich vielmehr auf das Mysterium einlassen, auch wenn der Weg beschwerlicher ist.

Bede Griffiths' "Meditationen" können dabei eine Orientierungshilfe sein und ein Ausblick auf "eine Spiritualität, die sowohl von der Transzendenz als auch von der Immanenz Gottes lebt"[385].

[377]   Ijob 33,12.
[378]   1Tim 6,16.
[379]   ebd. S.103.
[380]   1Kor 9,22.
[381]   Thess 5,21.
[382]   Jo 3,8.
[383]   1Kor 2,9.
[384]   Apg. 2,11.
[385]   Griffiths in: Brück 1987, S.154.

2.4. KERNPUNKTE DER AUSEINANDERSETZUNG

Im ersten Teil dieser Erörterung wurde das New Age als facettenreiche kulturelle Strömung im ausgehenden 20.Jahrhundert beschrieben. Der zweite Teil hat von verschiedenen Ansätzen aus eine Auseinandersetzung Christentum – New Age skizziert. Dieser zweite Teil soll nun mit der Überlegung abgeschlossen werden, auf welche Kernfragen das Gespräch Christen – New Age reduziert werden kann, um eine sinnvolle Voraussetzung für einen fruchtbaren Dialog zu schaffen, der die eigene Position ernst nimmt und die des Gesprächspartners respektiert.

Sudbrack merkt zur Auseinandersetzung der frühen Christen mit der spätantiken Gnosis an: "Immer dann, wenn das Christentum stark war, wagte es sich in den Dialog mit solchen Tendenzen und gewann dabei viel für das eigene Leben"[386]. Verweigern oder Scheuen des Dialoges wäre ein Eingeständnis der eigenen Schwäche und Unsicherheit.

Dialog aber bedeutet anderes als Mission im alten Sinn. Daß in der Tradition der Kirche so viele Schätze bereitliegen, zieht als Argument heute weder für eine Mission nach innen noch für eine Mission nach außen, wie auch Kurt Dantzer meint, "denn es zielt von vornherein auf Abgrenzung und damit auf Vermeidung von Dialog, statt auf Unterscheidung im Dialog"[387]. In dieser Auseinandersetzung sollte mit Mut auch die "Pathologie des Christlichen und Kirchlichen"[388] ins Visier genommen werden, egal von welcher Warte aus der Partner argumentiert. Diese Auseinandersetzung sollte auch nicht auf New Age-Mitläufer und -Konsumenten oder auf New Age-Fehlhaltungen konzentriert sein. Das wäre zu einfach und würde Chancen vergeben. Denn "ein ernsthaftes Gespräch beginnt erst dort, wo man sich mit den seriösesten Gesprächspartnern und deren Positionen auseinandersetzt, mag deren Denkstil und Kernaussage [...] auch noch so synkretistisch und (auf hohem Niveau) popularisierend anmuten"[389].
"Prüft alles, was gut ist, behaltet"[390] wurde in dieser Arbeit schon wiederholt zitiert.

Der Versuch, den Dialog Christentum – New Age auf seine Kernproblematik zu reduzieren, stößt auf vier Fragenkomplexe: monistische oder

---

[386]   Sudbrack 1987, S.131.
[387]   Kurt Dantzer, Der Loccumer Arbeitskreis für Meditation (LAM). In: Lebendige Seelsorge 1988, S.302.
[388]   Fuchs in: Lebendige Seelsorge 1988, S.264.
[389]   ebd.
[390]   1Thess 5,21.

dialogische Mystik?; Gotteserfahrung als apersonale Verschmelzung oder als
personale Begegnung?; Gott als Es oder Gott als Du?; Erlösung – Werk des
Menschen oder Geschenk Gottes?
Im folgenden soll auf diese vier Fragenkomplexe zusammenfassend eingegangen
werden.

2.4.1. Monistische oder dialogische Mystik

         Jede große Religion lebt von der Sehnsucht nach Einheit mit "dem
Göttlichen", will diese Einheit in Ritualen vorwegnehmen und dem Menschen einen
Weg zeigen, wie er einen Zugang zu einer alles erfüllenden Liebe oder dem
Aufgehen in einem umfassenden Ganzen finden kann. Die Grundfrage, die sich
dabei stellt, lautet: Wird eine "Einheit durch Auflösung" oder eine "Einheit durch
Beziehung"[391] gesucht, wird der Weg einer monistischen oder dialogischen
Mystik gegangen? Dialogisch als Gegensatz zu monistisch soll hier bereits eine
Tendenz andeuten: daß nämlich im Dialogischen eine Einheit in der Vielfalt
ausgesagt wird und nicht eine Vielfalt in dualistischer Trennung.

         Dem Denken des New Age bereitet es offensichtlich Schwierigkeiten,
die Spannungen polarer Gegensätze des Lebens auszuhalten und stehen-
zulassen[392]. Wenn Erich Jantsch Gott als Gesamtheit der evolutionären
Selbstorganisations-Dynamik anspricht[393], dann ebnet er eine Mystik, die
zu diesem Gott in Beziehung treten wollte, monistisch ein: Beziehung zur Selbstorganisations-Dynamik wird zur Selbstreflexion und verkapselt den Menschen in
sich. Deshalb kann Jantsch auch schreiben: "Die Menschheit wird nicht von einem
Gott erlöst, sondern aus sich selbst heraus"[394].
         Ins Komisch-Groteske – aber konsequent – zieht Ferguson diese
monistische Mystik aus, wenn sie zum Thema "Gott in uns" aus einer Kurz-
geschichte von J.D. Salinger zitiert, in der ein "Teddy" sich einer spirituellen Erfahrung erinnert, die ihm zuteil wurde, als er seine Schwester beim Milchtrinken
beobachtete: "Plötzlich sah ich, daß sie Gott war und daß die Milch Gott war, ich
will damit sagen: Alles, was sie tat, war Gott in Gott zu schütten"[395].

---

[391]   vgl. Sudbrack 1988a, S.85.
[392]   etwa im Sinne Guardinis "Der Gegensatz", siehe Kap.2, Fußnote 355.
[393]   vgl. Jantsch in: Schaeffer/Bachmann 1988, S.244.
[394]   Jantsch in: Ruppert 1985, S.128.
[395]   Ferguson 1982, S.441.

Bei der Behandlung der Mystik Teilhard de Chardins unter 2.2.2. wurde bereits auf seine Sicht der Funktion der Liebe hingewiesen: Liebe differenziert und personalisiert[396]. Es mag als Kühnheit des Christentums angesehen werden[397], daß es die Mystik, verstanden als vorweggenommene Beziehung mit "dem Göttlichen", mit dem Begriff "Liebe" beschreibt. Sudbrack dazu: "Das Christentum wagt es, Liebeseinheit als den Urmaßstab aller Einheit anzunehmen"[398].

Damit ist aber ausgesagt, daß, wenn Liebe differenziert und personalisiert, bei aller Einheitserfahrung, christlich verstandene Mystik jenseits aller Monismus-Dualismus-Problematik eine dialogisch strukturierte ist, in der einem ansprechbaren Gegenüber begegnet wird: Aus Verschmelzung wird Beziehung; aus Einheit des Ganzen Einheit mit dem Ganzen. Beziehung wird zum umfassenden Medium mystischer Begegnung. Wo Beziehung sich ereignet, beginnt immer auch schon Transzendenz[399].

Martin Buber drückt das so aus: "Die Beziehung zum Menschen ist das eigentliche Gleichnis der Beziehung zu Gott: darin wahrhafter Ansprache wahrhafte Antwort zuteil wird. Nur daß in Gottes Antwort sich alles, sich das All als Sprache offenbart"[400], und an anderer Stelle sagt er: "Die verlängerten Linien der Beziehungen schneiden sich im ewigen Du. Jedes geeinzelte Du ist ein Durchblick zu ihm. Durch jedes geeinzelte Du spricht das Grundwort das Ewige an"[401].

Somit ist das, was in der Mystik Einheit genannt wird, aufgehoben in der Dynamik der Beziehung. Damit ist auch auf die unter Punkt 2.4.3. zu behandelnde Frage nach der innergöttlichen Einheit in Beziehung, die das Christentum mit der sehr arithmetisch klingenden Chiffre "Trinität" umschreibt, hingewiesen. Bei Griffiths unter 2.3.3. hat es geheißen: "Daß das Mysterium des Seins, die letzte Wahrheit Liebe ist, macht die Struktur der Wirklichkeit aus"[402] – aber Liebe ohne Gegenüber fällt in sich zusammen wie Elektrizität beim Wegfall polarer Spannung. Vor diesem Horizont müßte das New Age alle seine Aussagen über Liebe auf ihre Tragfähigkeiten hin neu überprüfen.

An dieser Stelle scheint es auch angebracht, das Verhältnis Gebet-Meditation in der Auseinandersetzung Christentum-New Age näher zu bedenken.

---

[396]   vgl. Teilhard 1959, S.271ff.
[397]   Als Kühnheit deshalb, weil das Verhältnis des endlichen Menschen zum unauslobaren Gott als Liebesverhältnis
        beschrieben wird, als Verhältnis, das die Möglichkeit personaler Begegnung voraussetzt; ermuntert wird das
        Christentum zu dieser Sicht durch das Beispiel Jesu.
[398]   Sudbrack 1988a, S.87.
[399]   vgl. Mt 25,40: "Was ihr für einen meiner geringsten Brüder getan habt, das habt ihr mir getan."
[400]   Martin Buber, Das Dialogische Prinzip. Heidelberg 1984[5], S.104f.
[401]   ebd. S.76.
[402]   Griffiths 1987, S.58.

Bei Marilyn Ferguson hat Meditation einen hohen Stellenwert[403]. Keine Verwendung hat sie dagegen für den Begriff "Gebet"[404].

Meditation wird von ihr als Technik beschrieben, "deren höchstes Ergebnis reine Harmonie darstellt, eine gleichzeitige und gleichberechtigte Zusammenarbeit des logischen und intuitiven Denkens"[405]. Meditation ist eine vielseitig anwendbare Technik; durch sie kann das Bewußtsein erweitert und damit etwa die "Matrix der Krankheit"[406] verändert werden, denn "der Schlüssel zur Gesundheit ist nicht eine einfache physische Veränderung, sondern eher der Geisteszustand"[407].

Auch in Fritjof Capras "Wendezeit" findet sich im Sachregister kein Hinweis auf Gebet, wohl aber viermal auf Meditation[408].

Meditation ist für ihn ebenfalls eine Technik, "außergewöhnliche Modalitäten des Gewahrseins"[409] zu erreichen. Die mystische Fähigkeit des Bewußtseins kann durch Meditation aufgebaut werden[410]. Krankheiten sind durch gezielte (unter Umständen

vom Arzt verordnete) Meditationen auflösbar. Capra ist der Meinung, daß "meditative" Techniken in Zukunft wahrscheinlich klinisch stärker angewendet werden dürfen[411].

Mit diesen beiden Belegstellen wird das bestätigt, was Vorgrimler über Meditation schreibt: "Meditation gewinnt im Unterschied zur spezifischen christlichen Betrachtung und Beschauung heute die Bedeutung einer an sich vorreligiösen und zunächst weltanschaulich neutralen Übung der seelischen Entspannung [...]. Die "Technik" solcher Meditation kann letztlich nur in der Ausschaltung des Störenden und in der Disponierung des Subjekts bestehen"[412].
Damit wird aber einer solchen "naturalen Meditation" nicht der Wert abgesprochen. Sie kann von Bedeutung werden für das persönliche Gebet und kann bei diesem "einer bloß rationalistischen Begrifflichkeit oder

---

[403]   Im Sachregister der "Sanften Verschwörung" scheint der Begriff "Meditation" fünfmal auf mit dem Querverweis "siehe auch spirituelle Disziplin"; vgl. Ferguson 1982, S.521.
[404]   vgl. ebd. S.520.
[405]   ebd. S.93
[406]   ebd. S.293.
[407]   ebd. S.294.
[408]   vgl. Capra 1985, S.517-519.
[409]   ebd. S.330.
[410]   vgl. ebd.
[411]   vgl. ebd. S.393.
[412]   Vorgrimler in: LThK 7, Sp.234.

voluntaristischen Verzweckung begegnen"[413].

Einer christlich verstandenen dialogischen Mystik ist aber das, was bei Ferguson und Capra als Meditation beschrieben wird, zu wenig und deckt nur das Vorfeld dessen ab, worauf es ankommt: die personale Begegnung mit Gott (siehe auch unter 2.4.2.).

Das Gebet bringt das innerste Leben jeder Religion zum Ausdruck[414]; gehört zum wesentlichen Daseinsvollzug der Kirche[415] und ist artikulierter, "antwortender Glaube"[416].

Geht man der Etymologie des Wertes Gebet nach, stößt man auch hier auf die innere Verbindung von Gebet und Glaube: "Beten" – ahd.: "beton" (bitten) ist unverwandt mit dem griechischen "peitho" (bereden, erbitten). Dies wiederum ist verwandt mit dem lateinischen "fido" (glauben, vertrauen)[417].

Gebet, Glaube und Liebe stehen in einer sprachlichen und thematischen inneren Verwandtschaft. Im Gebet werden Glaube und Liebe realisiert, kommt der Christ mit dem persönlichen Gott ins Gespräch. "In seinem Wesen ist das Gebet die ausdrückliche und positive Realisierung unserer natürlich-übernatürlichen Bezogenheit auf den persönlichen Gott des Heiles; es verwirklicht also das Wesen des religiösen Aktes schlechthin"[418].

Ist christliches Beten die personale Begegnung mit Gott im Gespräch, dann ist dieses Beten auch immer gekennzeichnet vom unverkennbar Einmaligen der Person, die, von Gott angerufen[419], Antwort gibt und in einen Dialog mit ihm eintritt. So wird christliches Beten facettenreich und trägt den je individuellen Charakter des Betenden.

Ist das Gebet für Gert Otto ein verbindliches Nachsinnen vor Gott[420], so übernimmt der Mensch für Dorothee Sölle im Gebet die Verantwortung für das Kommen des Reiches Gottes[421]; Heinrich Ott beschreibt Gebet als personale Begegnung[422], Otto Hermann Pesch als

---

[413]   ebd.
[414]   vgl. B.Thum in: LThK 4, Sp.537.
[415]   vgl. K.Rahner in: LThK 4, Sp.542.
[416]   Otto Hermann Pesch, Das Gebet. Mainz 1980, S.16.
[417]   vgl. Ernst Wasserzieher, Woher? Ableitendes Wörterbuch der deutschen Sprache. Bonn 1966, S.135; Wilhelm Gemoll, Griechisch-deutsches Schul- und Handwörterbuch. Wien 1965, S.587; Der kleine Stowasser, Lateinisch-deutsches Schulwörterbuch. Wien 1960, S.216.
[418]   K.Rahner in: LThK 4, Sp.543.
[419]   "Ich habe dich bei deinem Namen gerufen, du bist mein" Jesaja 43,1.
[420]   vgl. Zitat in: Josef Sudbrack, Beten ist menschlich. Aus der Erfahrung unseres Lebens mit Gott sprechen. Freiburg 1981.
[421]   vgl. Dorothee Sölle, Das Recht ein anderer zu werden. München 1981, S.137.
[422]   "Wer Gott sagt, meint ein Du... Gott hört und erhört" Ott, zit. in: Sudbrack 1981, S.127.

sprechender Glaube[423], Rahner als Ausdrücklichmachen der Transzendenzerfahrung[424], und Corona Bamberg erkennt im Gebet die "Ur-Tat menschlicher Freiheit"[425].

Rahner merkt an, daß das Gebet zwar im Zentrum des christlichen und kirchlichen Lebensvollzuges stehe und in diesem Vollzug auch eine umfassende "Gebetslehre" impliziere, diese aber lehramtlich nur wenig definiert sei[426]. Je stärker das Gebet als personale Begegnung verstanden wird, desto mehr scheint es sich einer systematischen Fixierung zu entziehen[427].

Auf ein letztes Wesensmerkmal christlichen Betens ist in Abhebung von der Meditationspraxis des New Age hinzuweisen. Im New Age scheinen Glaube und Gebet in der Meditation – als "spirituelle Disziplin" verstanden – aufgehoben zu sein. Ferguson schreibt, daß der Glaube stark mit spirituellen Disziplinen korreliere[428].

Nicht nur, daß christliches Beten sich an ein personales Du wendet und dialogisch strukturiert ist, ist in ihm der Mensch der von Gott zuerst Angesprochene. Gott ist es, der den Menschen zuerst angesprochen hat: zunächst in der Schöpfung, dann in den Propheten und zuletzt und unüberbietbar in Jesus Christus. Wann immer der Mensch zu beten beginnt, ist er Antwortender, weil er der schon immer von Gott Angesprochene war[429]. Christliches Beten kann als "responsorischer Dialog" verstanden werden; die Initiative liegt bei Gott, der sich auf den Menschen einläßt, ihn anspricht, ihn zum Dialog ermuntert.

Die "spirituelle Disziplin" des New Age dagegen ist eigeninitiativ. Der Mensch beginnt mit der Anwendung einer bestimmten meditativen Technik in die eigene Tiefe zu steigen, in der Hoffnung, umso eher auf den "Gott in sich" zu treffen, je besser er diese Technik beherrscht. Gespräch, Dialog, Begegnung sind in Selbsterfahrung aufgehoben.

Christliches Meditieren ist dann "christlich", wenn es in die eigene Tiefe steigt, seelische Entspannung sucht und störende Außeneinflüsse auszuschalten sich bemüht, dann aber aus dem Zustand des meditativen Entspanntseins heraus bereit ist, Gottes Anruf anzunehmen und zu antworten (So versteht auch Lassalle christliches Zen!)[430].

---

[423]   vgl. Sudbrack 1981, S.129f.
[424]   vgl. ebd. S.133f.
[425]   Corona Bamberg, Gebet - "Ersatzhandlung" oder Lebenstat?, in: Geist und Leben 43/1970, S.245.
[426]   vgl. K.Rahner in: LThK 4, Sp.542.
[427]   Zu den wenigen lehramtlichen Äußerungen zum Gebet vgl. Neuner-Roos 1971, S.573.
[428]   vgl. Ferguson 1982, S.443.
[429]   vgl. Ps 139,13; Jes 43,1; Joh 1,3; Ps 33,9; u.a.
[430]   vgl. Lassalle 1988, S.145ff.

2.4.2. Gotteserfahrung – apersonale Verschmelzung
oder personale Begegnung

Bei dieser Gegenüberstellung "apersonal – personal" wird ein zentraler Punkt der Auseinandersetzung New Age-Christentum berührt. Das New Age spricht zwar vom Selbst, als "die in ihren Grundzügen als unveränderlich vorgestellte Eigenart einer Person in der Gesamtheit ihrer Empfindungen, Tätigkeiten und Zielsetzungen"[431], aber mit dem Begriff Person selbst weiß sich das New Age entweder nichts anzufangen, oder er wird ungefragt vorausgesetzt. In keinem der gängigen New Age- oder Esoterik-Lexika findet sich das Stichwort Person[432], noch taucht es im Register bei Ferguson auf, und Capra weist unter dem Stichwort 'Persönlichkeit' nur auf Freuds Es-Ich-Über-Ich-Theorie hin.

Da aber von christlicher Seite immer wieder auf die Personalität Gottes in Abgrenzung von New Age-Aussagen zur Transzendenz hingewiesen wird, ist eine Rückfrage, was denn im Christentum Person sei, unerläßlich.

Ursprünglich bezeichnet das lateinische "Persona", vom griechischen "prósopon – Antlitz" herkommend, die Maske des Schauspielers, durch die hindurch er sich in Handlungseinheit mit seiner Rolle mitteilt. Die antike Metaphysik kannte den Personbegriff nicht. Er taucht erstmals in der frühchristlichen Trinitäts- und Inkarnationstheologie auf, muß sich in der Folge gegen den vor allem im Osten gebräuchlicheren "hypostasis"-Begriff erst nach und nach behaupten.

Die erste formale Definition gibt Boëthius in "De duabus naturis III": "Persona est naturae rationalis individua substantia"[433] – Person als unteil-barer Selbststand einer Geistnatur. Mit "Person" ist dabei prinzipiell ein Zwei-faches ausgesagt: universell gemeinsame Geistigkeit und singulär unvertretbarer Vollzug dieser selbst[434].

D. Kamper beschreibt den Person-Begriff als eine Paradoxie von Substanz und Relation; denn entweder ist der Mensch von seiner Person-Rolle unterschieden und ein einmaliges substantielles Subjekt als Persönlichkeit, oder er wird erst in der vorbehaltlosen Identifikation mit dieser Rolle – man könnte auch sagen in der sozialen Interaktion – zu einer einmalig substantiell

---

[431]   Gruber/Fassberg 1988, S.125.
[432]   vgl. Gruber/Fassberg 1988, New-Age-Wörterbuch; David Harvey 1987, Handbuch Esoterik; Gerhard Wehr 1989, Wörterbuch der Esoterik, Nevill Drury 1988, Lexikon esoterischen Wissens.
[433]   zit. bei A. Halder, Person-Philosophisch, in: LThK 8, Sp.288.
[434]   vgl. ebd.

konstituierten Person[435]. Kamper löst diese Paradoxie so auf: "Daß der Mensch Person ist, kann letztlich nicht als Tatsache angesehen, sondern muß als 'religiöses Postulat' im Horizont einer tätigen Beziehung immer aufs neue unterstellt werden"[436]. Person ist in dieser Bezogenheit Zentrum und Einheit der auf andere Personen intentional gerichteten Akte. "So wie zu jedem Subjekt ein Objekt gehört, so gehört zu jeder Person eine – grammatisch gesprochen – 'zweite Person': Zu jedem Ich gehört ein Du"[437].

Romano Guardini widmet der Frage der Person eine eigene Schrift[438]. Für ihn ist der Mensch, die Person, keine in sich geschlossene Wirklichkeit, keine sich aus sich selbst herausentwickelnde Gestalt, sondern existiert zum Entgegenkommen den hin[439].

Die Person besteht aus mehreren Schichten und wird zunächst durch *Gestalt* ("ein Geformtes unter Geformtheiten"[440]), *Individualität* ("das Lebendige, sofern es eine geschlossene Einheit des Aufbaues und er Funktion darstellt"[441]) und *Persönlichkeit* ("Gestalt der lebendigen Individualität, sofern sie vom Geiste her bestimmt ist"[442]) definiert.

Indessen ist für ihn mit Gestalt, Individualität und Persönlichkeit noch nicht Person im eigentlichen Sinn ausgesagt. Er meint, daß sich "Person" im Vollsinn jedem Eigentumsverhältnis entzieht, von keinem anderen gebraucht werden kann, Selbstzweck und einzig ist. "'Person' bedeutet, daß ich in meinem Selbstsein von keiner anderen Instanz besessen werden kann, sondern mir selbst gehöre"[443].

Ähnlich wie bei Buber aktuiert sich auch bei Guardini die Person in der Ich-Du-Beziehung, Guardini aber grenzt sich gegen den aktualistischen Personalismus, der das Ich im Akt des Sympathievollzuges entstehen läßt (Buber: "Der Mensch wird am Du zum Ich"[444]) ab. Für Guardini ist Person Dynamis und Akt, aber auch Sein und Gestalt. Person hängt zwar davon ab, daß auch andere Personen sind, aktuiert sich in der Begegnung mit einem Du, entsteht aber nicht in dieser Begegnung.

Dabei bleibt auch für ihn die ontologische Tatsache bestehen, daß es die Person

[435]   vgl. D. Kamper, Person, Personalismus, in: Das neue Lexikon der Pädagogik, Bd. III, Freiburg 1971, S.280.
[436]   ebd.
[437]   Schischkoff 1982, S.521.
[438]   Romano Guardini, Welt und Person. Versuche zur christlichen Lehre vom Menschen. Würzburg 1955[4].
[439]   vgl. ebd. S.9.
[440]   ebd. S.111.
[441]   ebd.
[442]   ebd. S.115.
[443]   ebd. S.122.
[444]   Buber 1984, S.32.

in der Einzigheit nicht gibt. Dies kommt auch dadurch zum Ausdruck, daß der Mensch wesentlich im Dialog steht, "daß sich geistiges Leben wesentlich in der Sprache vollzieht"[445].

Die absolute Dignität aber, die Guardini der Person zuspricht, kann nicht aus ihrem endlichen Sein kommen, sondern nur aus einem Absoluten. Sie stammt daher, "daß Gott sie als Person gesetzt hat"[446]. Er schafft die Person durch einen Akt, der ihre Würde vorwegnimmt: *durch Anruf*. Dinge entstehen auf Gottes Befehl hin – Person aus seinem Anruf. Das heißt aber weiter, daß Gott sich selbst dem Menschen zum Du bestimmt: Gott ist das Du des Menschen schlechthin. In diese Ich–Du–Beziehung ist auch die Welt hineingenommen, die ja nach dem biblischen Verständnis von Gott auf den Menschen hin gesprochen ist.

Der Verfasser dieser Arbeit schließt sich dem von Guardini entwickelten Personenbegriff an, weil er in ihm die biblische Sicht des Menschen umfassend und differenziert dargestellt sieht: insofern der Mensch Gestalt und Individualität besitzt, ist er Geschöpf unter Geschöpfen und erhebt sich in der Geistbegabung zur Personalität. Im Angerufensein durch Gott aber erhält er eine unüberbietbare Würde, indem Gott sich dem Menschen als Du anbietet[447].

Damit wird einsichtig, warum das New Age mit dem Begriff 'Person' nicht zurechtkommt: Zwar kann es im Sinne Guardinis Gestalt, Individualität und auch noch Persönlichkeit gelten lassen, aber dem Schritt zur "Person im eigentlichen Sinn" verwehrt es sich.

Maslow gibt einem seiner Bücher den Titel "Motivation and personality" – "Motivation und Persönlichkeit"; darin beschreibt er die zu Bewußtsein gekommene Gestalt lebendiger Individualität, klassifiziert deren Bedürfnisse[448], beschreibt deren Umwelt[449] und verwendet viel Raum, um deren Selbstverwirklichung zu erläutern[450]. "Person" aber als das, was hinter Persönlichkeit nach Guardini stehen müßte, kommt nicht zu Wort[451].

Dort, wo sich der Mensch radikal von einem Gegenüber her abhängig sieht, wo Gott zu einem Gegenüber wird und die Beziehung zu ihm dialogische Struktur erhält, kann das New Age nur mehr die Flucht nach vorne, in die

---

[445]   ebd. S.138.
[446]   ebd. S.145.
[447]   vgl. dazu auch 2.4.1. letzter Absatz; Meditation – Gebet.
[448]   Abraham Maslow, Motivation und Persönlichkeit. Reinbek bei Hamburg 1981, S.98.
[449]   ebd. S.316.
[450]   ebd. S.128.
[451]   vgl. auch ebd. S.388, Stichwortverzeichnis.

"Transpersonalität" antreten (dieser Begriff findet sich sowohl bei Gruber/Fassberg als auch bei Drury, Wehr und Ferguson). Es versteht darunter das Erlebnis von Sensationen, in denen "der Erlebende das Gefühl hat, daß sein Bewußtsein die Grenzen des Ich überschreitet und das Raum-Zeit-Kontinuum transzendiert"[452]. Meditation, Transzendenz und Ekstase[453] sind wichtige Momente der Transpersonalen Psychologie. Das Auf-seinen-Grund-Gehen der Meditation und das Außer-sich-Sein ekstatischer Erfahrungen werden zu den Fluchtwegen einer Spiritualität, die die Spannung einer personal verstandenen und verantworteten Beziehung nicht zu integrieren vermag.

Wenn das New Age in den östlichen Spiritualitäten Modelle und Zeugen für apersonale Verschmelzung sucht, dann findet sie diese auch nur um den Preis der Verkürzung.

Griffiths schreibt zum Thema "Die Lehre von der Nicht-Zweiheit" im Hinduismus: "Eine Person ist nicht ein geschlossenes, sondern ein offenes Zentrum des Bewußtseins. Person ist Beziehung. Jede Person wächst, indem sie sich der Totalität personalen Seins öffnet, die in der allerhöchsten Person, dem Puru-Shottaman [Höchstes Wesen, Urprinzip] gefunden wird"[454]. In der Svetasvatara-Upanishad wird die letzte Wirklichkeit, Brahman, als ein persönliches Sein beschrieben und zum Gegenüber der Anbetung und Verehrung: "Den Höchsten der Herrscher, den großen Herrscher, die höchste Gottheit unter den Göttern, den Höchsten Herrn der Herren jenseits, den wollen wir finden, den über die Welten gebietenden, verehrungswürdigen Gott [...] Er schafft alles, kennt alles, stammt aus seinem eigenen Schoß [...] Ich nehme Erlösung suchend meine Zuflucht zu dem Gott, der zuerst Gott Brahman schafft [...] zu ihm, der ohne Teile, ohne Handeln voll innerer Ruhe, ohne Tadel, ohne Flecken ist [...] Wer die innigste Liebe zu Gott und wie zu Gott zu seinem Lehrer hegt, dem Hochgesinnten leuchten hell die Lehren, die hier verkündet sind"[455].

Durch die Schwierigkeiten des New Age mit dem Begriff Person ist seine Gottesvorstellung in ein "kosmisches Bewußtsein" ("Selbstorganisations-Dynamik" - "transzendentes Es") aufgelöst. Wo profilierte Zeugen aus dem christlichen Raum aufgerufen sind, werden ihre personalen Gottesvorstellungen apersonal eingeebnet.

Am Beispiel der Teilhard-Rezeption bei Capra wird dies deutlich. Bei

---

[452]   Gruber/Fassberg 1988, S.143.
[453]   vgl. ebd. S.144.
[454]   Griffiths 1983, S.95.
[455]   Upanishaden. Die Geheimlehre der Inder. Düsseldorf 1977, S.176ff, Shvetasvatara-Upanishad.

ihm heißt es. "Pierre Teilhard de Chardin [...] versuchte, seine naturwissenschaftlichen Einsichten, mystischen Erfahrungen und theologischen
Doktrinen zu einer zusammenhängenden Weltanschauung zu integrieren, die von
einem Denken in Prozessen dominiert war [...] Danach verläuft Evolution in
Richtung zunehmender Komplexität [...] Sieht man Gott als universale Dynamik der
Selbstorganisation, dann könnte Teilhards Gottesvorstellung, wenn man sie von
ihren patriarchalischen Begriffsinhalten befreit, unter den vielen Bildern, mit
denen Mystiker das Göttliche beschrieben haben, den Vorstellungen der modernen
Naturwissenschaft am nächsten kommen"[456].

Die Personalität Gottes und das Dialogische in der Beziehung Gott-
Mensch, in dem Sinn, daß der Mensch der von Gott zuerst Angesprochene und
Antwortende ist, ist unverzichtbares und zentrales Anliegen des Christlichen.
Aber dies nicht in dem Sinn, daß mit der Behauptung des Personseins Gottes
dieser in seinem Wesen total ausgesagt wäre. Gott bleibt, wie unter 2.3.3. erwähnt,
der ganz Andere, Undurchschaubare, der in diesem Anderssein auch den
Personbegriff   letztlich   sprengt,   sodaß   von   ihm   genausogut
"Apersonalität"[457] ausgesagt werden kann. Aber wenn das Christentum die
Botschaft vom liebenden Gott mit sich trägt, dann ist die begegnende, dialogische,
personale Dimension des alles übersteigenden Mysteriums Gottes angesprochen.
In Jesus, dem fleischgewordenen Logos, wird diese Dimension in einer letzten
Konsequenz ausgesagt: In ihm ist die Güte und Menschenfreundlichkeit Gottes
erschienen[458].
Bei aller Unverzichtbarkeit der Personalität Gottes in der
Auseinandersetzung mit dem New Age ist diese doch kein Dialoghindernis, weil Gott
eben nicht nur und immer auch mehr als Person ist.

Für das Gespräch des Christentums mit dem New Age ist auch noch
die Frage der personalen Kontinuität des Menschen ein Problem. Wenn ich als
"Selbst" in meinem inneren Wesensgrund mit dem kosmischen Selbst ident bin,
dann ist das, was in meiner "Persönlichkeit" an Selbstbewußtsein da ist, eine Woge
des Ozeans, die wieder aufgeht, sich im Ganzen verliert, auch wenn es bei
Ferguson heißt: "Mystische Erfahrungen führen beinahe immer zu der
Überzeugung, daß ein Aspekt des Bewußtseins unvergänglich ist"[459].
Aber weder Bewußtsein und noch viel weniger ein Aspekt des

---

[456]   Capra 1985, S.338.
[457]   vgl. Griffiths 1987, S.82.
[458]   vgl. Tit 3.4.
[459]   Ferguson 1982, S.442.

Bewußtseins deckt das ab, was christlich unter Person im umfassenden Sinn verstanden wird. Auch hier zeigt die östliche Spiritualität, auf deren Teilaspekte das New Age aufbaut, eine größere Spannkraft zum Aushalten von Gegensätzen als das New Age: Zwar geht die "Seele" ein in das Ganze, aber ohne in ihm aufzugehen. Griffiths schreibt dazu. "Ramanja sagt, daß die Seele in 'Moksha', in ihrem letzten Stadium der Befreiung, mit dem Herrn vereint wird, ohne aufzuhören, von ihm verschieden zu sein. Shaiva Siddhanta kommt wahrscheinlich einer christlichen Auffassung am nächsten, wenn er sagt, daß die Seele durch Gnade an der wahren Natur von Shiva, dem höchsten Gott, teilhat und mit ihm in Liebe eins wird, ohne ihre Individualität zu verlieren"[460].

Wie in der Textkritik die schwierigere Leseart mit großer Wahrschein-lichkeit die ist, die dem Originaltext am nächsten kommt, könnte hier das in seiner Gegensätzlichkeit schwieriger zu Denkende als das der Wirklichkeit am nächsten Kommende gelten.

Diese Gegensätzlichkeit und Denkaporie gilt auch für die Frage nach der Immanenz und der Transzendenz Gottes. Denn auf der einen Seite ist Gott in allen Dingen an-wesend, gleichzeitig übersteigt er als der ganz Andere alles Geschaffene. Das New Age hat den leichteren Weg gewählt und sich für den ersten Aspekt der Immanenz entschieden: Gott ist in allen Dingen anwesend, alles ist Gott, Begegnung wird Selbstreflexion und Selbsterfahrung, und die in der Beziehung vorhandene Dynamik geht verloren. Auch da heißt es, soll nicht verkürzt werden, mit Spannungen und Gegensätzen zu leben.

Gotthard Fuchs schreibt dazu. "Die Logik christlichen Glaubens und Handelns besteht gerade darauf, daß Gott, dieser Gott, ganz in der Welt ist und also in allen Dingen zu finden und zu suchen bleibt, um schließlich am Ende alles in allem für alle zu sein, aber diese Art pneumatologischer Panentheismus lebt von der strengen Unterscheidung (nicht Trennung!) von Welt und Gott. Nichts Weltliches als solches ist Gott, nichts Menschliches als solches ist göttlich, und Gott ist gerade in seiner Schöpfungsimmanenz und Erlösungsinsistenz doch völlig jenseitig und wohltuend anders"[461].

Noch einem Gedanken muß bei der Frage "apersonale Verschmelzung oder personale Begegnung" nachgegangen werden. Für das New Age ist der Gedanke der Evolution eine tragende Mauer im Denkgebäude. Teilhard hätte im New Age kaum zu Ehren kommen können, hätte er nicht versucht, den Gedanken der Evolution in naturwissenschaftlicher und christlicher Verantwortlichkeit kon

---

[460]   Griffiths 1987, S.122.
[461]   Fuchs in: Lebendige Seelsorge 1988, S.266.

sequent durchzudenken. Teilhard bezieht dabei auch die differenzierende und personalisierende Liebe in den evolutiven Prozeß mit ein. Wenn aber Teilhard Liebe umfassend versteht, dann ist in ihrer personalen Bezogenheit auch das Element der Entscheidung wesentlich. Wo ich zu einer Beziehung gezwungen werde, wird Liebe abgewürgt – Liebe wächst aus der freien Entscheidung personaler Zuwendung[462].

Dort, wo das bei Teilhard aus einem christlichen Grundansatz heraus zu vermuten und anzunehmen ist, verwirklicht sich im New Age das Göttliche im Menschen evolutionistisch ohne freie Entscheidung. Zwar kann der Mensch das Heraufkommen eines neuen transformierten Menschen, in dem das Göttliche sich manifestiert, beschleunigen, aber nur in dem Sinn, daß er (in der Meditation etwa) Hindernisse wegräumt, die ein evolutives Wachstum bremsen (so, als stellte man eine Topfpflanze aus dem dunklen Zimmer ins Licht).

Hier geschieht keine personale Entscheidung auf ein Du hin, sondern Selbstzuwendung und in sich einschließende Versenkung. Es ist daher nur konsequent, daß die Begriffe 'Liebe', 'Freiheit' und 'Entscheidung' in den oben bereits zitierten Wörterbüchern des New Age und der Esoterik nicht aufscheinen.

Umgekehrt müßte das Christentum die Suche des New Age nach der Erfahrung der Einheit mit "dem Göttlichen" als Grundanliegen und Herausforderung insofern ernst nehmen, als dem Suchenden mit katechetischen Formeln zu Personalität, Freiheit und Liebe wenig geholfen ist. Seit dem "Ehebruch von Theologie und Mystik"[463] hat sich die Verkündigung von einer rationalistischen Theologie dominieren lassen und den Menschen die aufbauende Kost mystischer Erfahrung vorenthalten. Was Wunder, wenn im New Age, ausgehungert, diese Erfahrungen auf einfachstem Weg gesucht werden!?

---

[462]   Hier wäre auch Teilhard kritisch zu befragen, ob er den Aspekt der Entscheidung in seinem Verständnis von Liebe mit berücksichtigt: Ansätze dazu finden sich bei Teilhard etwa in den "Kosmischen Gebeten - Die Liebe zum 'Anderen'" - vgl. Teilhard de Chardin 1986, S.54f.
[463]   Fr. Vandenbrouke, zit. bei Sudbrack in: Bürkle 1988, S.80.

2.4.3. Gott als Es oder Gott als Du – Gott als Beziehung;
der trinitarische Gott

Die Frage, ob Gott als personales Du oder als apersonales Es
angesprochen werden soll, könnte mit einem Satz Wittgensteins beantwortet
werden: "Wovon man nicht sprechen kann, darüber muß man schweigen"[464].
Ein Satz, der in diesem Zusammenhang auch vom Areopagiten oder einem anderen
christlichen Mystiker stammen könnte.
Aber das Thema steht an und will behandelt sein.
Es ist ein Merkmal aller Rede über Gott, es sei denn sie stammt von einer
selbstbewußten systematischen Dogmatik, daß sie, je näher sie dem Geheimnis
kommt, umso stammelnder und unzureichender wird. Dies läßt sich mit allen
Mystikerinnen und Mystikern belegen, die über ihre Gotteserfahrungen sprechen.
Schiwy ist beizupflichten, wenn er auch für das New Age das Recht fordert, auf
dem Weg zu sein, in stammelnder Rede von seiner Sehnsucht und seinen Erfahrungen zu sprechen und auch zu irren[465] (ein Recht, das auch jeder
Theologie einzuräumen ist). Jedenfalls ist mit diesem Thema das Zentrum
christlicher Mystik erreicht.

In den vorangegangenen Punkten wurde schon vom personalen,
immanenten, transzendenten, nahen und ganz anderen Gott gesprochen. In der
christlichen Trinitätslehre erfährt das Mysterium Gottes eine letzte Aufgipfelung:
Gott ist Person; aber in der Lehre von der Dreifaltigkeit wird dieser Begriff überschritten, sodaß er, von einer menschlichen Analogie aus, in seiner Gültigkeit
überholt ist.
Im Glaubensbekenntnis der XI. Kirchenversammlung zu Toledo (675)
heißt es: "Wir bekennen und glauben, daß die heilige und unaussprechliche
Dreifaltigkeit, der Vater, der Sohn und der Heilige Geist, der eine Gott, von Natur
aus ein Wesen, eine Natur, eine Herrlichkeit und eine Kraft besitzt. Wir bekennen,
daß der Vater nicht gezeugt, nicht geschaffen, sondern ungezeugt ist [...] Wir
bekennen auch den Sohn, der aus dem Wesen des Vaters ohne Anfang vor der Zeit
geboren und doch nicht geschaffen wurde [...] Wir glauben auch, daß der Heilige
Geist, die dritte Person in der Dreifaltigkeit, ein und derselbe Gott mit Gott dem
Vater und dem Sohn ist: eines Wesens und auch einer Natur"[466].
Drei Personen bilden eine Einheit ohne Selbigkeit. ("Die Dreifaltigkeit
also erkennen wir in dem Unterschied der Personen. Die Einheit aber bekennen

[464]   Ludwig Wittgenstein, Tractatus logico-philosophicus. Logisch-philosophische Abhandlung. Frankfurt 1963, S.115.
[465]   vgl. Schiwy 1987, S.32f.
[466]   in: Neuner-Roos 1971, S.168-169.

wir wegen der Natur oder Wesenheit. Diese Drei also sind eins, nämlich in der Natur, nicht in der Person"[467].)

Die Verschiedenheit der Personen aber ist keine Trennbarkeit. ("Trotzdem aber darf man nicht meinen, daß man diese drei Personen voneinander trennen dürfte, denn nach unserem Glauben ist keine jemals gewesen noch hat sie etwas gewirkt vor der anderen, keine nach der anderen, keine ohne die andere. Denn untrennbar sind sie in ihrem Sein und in ihrem Wirken"[468].)

Die Allgemeine IV. Kirchenversammlung im Lateran (1215) formulierte: "Wir glauben fest und bekennen mit aufrichtigem Herzen, daß es nur einen wahren, ewigen, unermeßlichen und unveränderlichen, unfaßbaren, allmächtigen und unaussprechlichen Gott gibt: den Vater, den Sohn und den Heiligen Geist: drei Personen, aber eine Wesenheit, Substanz und ganz einfache Natur: der Vater ist von keinem, der Sohn vom Vater alleine und der Heilige Geist von beiden zugleich: ohne Anfang, immerwährend und ohne Ende zeugt der Vater, wird der Sohn gezeugt, geht der Heilige Geist hervor: gleichen Wesens und gleicher Vollkommenheit, gleich allmächtig und gleich ewig. Ein Ursprung aller Dinge"[469].

Die Allgemeine Kirchenversammlung zu Florenz (1438–1445) merkte zu den drei göttlichen Personen an: "Diese drei Personen sind ein Gott, nicht drei Götter. Denn diese drei besitzen eine Substanz, eine Wesenheit, eine Natur, eine Gottheit, eine Unermeßlichkeit, eine Ewigkeit, und alles ist in ihnen eins, außer wo die Beziehungen in Gegenrichtung zueinander stehen"[470].

Das konstituierend Christliche ist zunächst und ursprünglich zwar das Bekenntnis zu Jesus Christus als dem Heilbringer. Aber zentrales Mysterium des Christentums, insofern es die Lehre ist, die das Letzte von Gott in sich selbst auszusagen versucht, ist die Lehre von der Dreifaltigkeit.

Gott ist als Wesen unteilbare Einheit, aber er übersteigt unsere Vorstellungen von Einheit, da in ihm eben Beziehung und Dynamik herrschen. Das Denken in Gegensätzen ist hier bis an die Grenze des Möglichen herausgefordert und findet gleichzeitig seine Überhöhung im Glauben. Aber nicht in dem Sinn, daß Denken und Wissen ihren Wert verloren hätten, sondern daß sie im Bereich des Mysteriums zu überholten Kategorien werden. Sie sind nun tatsächlich das Floß, das zurückgelassen wird, wenn das Festland erreicht wird.

Im Bereich der Mystik, und da vor allem in der Frage nach Gott,

---

[467]   ebd. S.172.
[468]   ebd.
[469]   in: Neuner-Roos 1971, S.174.
[470]   ebd. S.177.

gehen Christentum und New Age in entgegengesetzte Richtungen. Bei Ferguson heißt es: " [...] Wissen ersetzt den Glauben"[471], wenn sie von mystischer Gottesbegegnung spricht. Im Christentum heißt es in diesem Raum der mystischen Begegnung: Glauben überholt das Wissen. Der schon in der gnostischen Auseinandersetzung aufgebrochene Gegensatz von Gnosis und Pistis tritt im New Age wieder auf.

Im christlichen Verständnis heißt Glauben nicht "Nichtwissen" als Gegensatz zu "Wissen", sondern, wie die Etymologie des Wortes zeigt, Lieben[472]. So sind Glauben und Wissen wie Trägerrakete und Raumschiff auf ein Ziel gerichtet, eines ist auf das andere bezogen, eines lebt aus dem anderen, jedes hat in seinem Bereich unverzichtbare Bedeutung.

Aber auch da ist das New Age konsequent: Wenn Personalität aufgehoben ist, dann wird Beziehung ebenso hinfällig. Liebe wird auf ein kosmisches Gefühl reduziert und geht im Wissen um eine Sache auf. Dort aber, wo Begegnung und Beziehung sich ereignen, wird das Wissen um den anderen überstiegen in der personalen Entscheidung für ihn.

Damit ist im Umkreisen des Geheimnisses der Trinität auf die Abgrenzung der christlichen Mystik von einer monistischen New Age-Mystik zurückverwiesen: Christlich ist eine Mystik dann, wenn sie offen bleibt für Personalität und Beziehung. Die Gretchenfrage, wie weit ein New Ager sich als Christ bezeichnen kann, lautet damit: "Wie hältst du's mit dem Glauben an das Mysterium des dreifaltigen Gottes?"

Sudbrack schreibt zur christlichen Gotteserfahrung: "Welch gewaltiges Gottesbild liegt doch in der Erfahrung der Mystiker! Gott, der alles durchdringt und alles bewegt – und zugleich in ewiger Absolutheit darübersteht. Gott, der die innerste Energie von allem ist, das weiterstrebt und sich sammelt – und zugleich ruhig in sich all die Vollkommenheit schon umschließt, die für uns Menschen Zukunft, 'absolute Utopie' bedeutet. Es ist eine Erfahrung, die jeden wahren Monotheismus durchwaltet, die aber in der christlichen Spiritualität die Gestalt des einen, dreifaltigen Gottes hat: Gottes alles umschließendes, transzendentes Geheimnis – der Vater; Gottes alles durchwirkende Kraft – der Geist; Gottes personales Sprechen zu uns – der Sohn"[473].

In der undurchschaubaren Paradoxie wird die Trinitätsaussage zu einem "Koan"[474] für den Christen, der sein Denken zum Stillstand bringt

---

[471]   Ferguson 1982, S.428.
[472]   vgl. Ernst Wasserzieher, Woher?. Ableitendes Wörterbuch der deutschen Sprache. Bonn 1966, S.212: glauben, mhd.
        gelouban - sich etwas vertraut und lieb machen.
[473]   Sudbrack 1988a, S.116.
[474]   Koan: paradoxer Sinnspruch im Zen, der die gewohnte Denkstruktur aufbrechen soll.

und ihn zur Liebe herausfordert. Dichterisch ausgedrückt heißt es bei Rilke im Stundenbuch:

> "Ich kreise um Gott, um den uralten Turm,
> und ich kreise jahrtausendelang;
> und ich weiß noch nicht: bin ich ein Falke,
> ein Sturm, oder ein großer Gesang"[475].

Rilke spricht damit auch aus, daß der Mensch im Umkreisen des uralten Geheimnisses sich seiner nach und nach bewußt wird, nicht, wie es im New Age gesehen wird, daß "Gott im Menschen zu Bewußtsein"[476] kommt.

Ein Blick in die Statistik zeigt, daß bei der Frage des Gottesbildes ein breites Aufgabenfeld für die kirchliche Erwachsenenbildung auf Bearbeitung wartet. Nach einer Untersuchung Richard Friedlis[477] glauben in West-Europa zwar 75 % der Menschen an Gott, aber nur 32 % sehen in ihm ein personales Gegenüber[478].

Hier drücken Zahlen das aus, was Sudbrack in Erinnerung an Rahner so formuliert: "New Age macht uns auf dieses – vielleicht schlimmste – Defizit unseres heutigen Glaubens aufmerksam [das Defizit einer Mystik-losen Verkündigung]. Das Rahner-Wort vom Frommen der Zukunft, der ein Mystiker sein muß, oder er wird nicht mehr sein, hat trotz der allzu häufigen Zitation seine prophetische Bedeutung"[479].

Im Geheimnis der Dreifaltigkeit ist die Mystik auf unüberholbare Weise herausgefordert.

---

[475]   Rainer Maria Rilke, Werke in drei Bänden, Bd.I., Frankfurt 1966, S.9.
[476]   Gruber 1987, S.19.
[477]   Friedli in: Lebendige Seelsorge 1988, S.362, vgl. auch Anhang/Dokumentation 7.
[478]   vgl. ebd.
[479]   Sudbrack in: Bürkle 1988, S.80.

2.4.4. Erlösung – Werk des Menschen
oder Geschenk Gottes

Wo die Personalität verlorengeht, läuft Verantwortung in Erfahrung aus. Gibt es für mich kein Gegenüber – weder ein aktuelles noch ein endgültiges – , dann brauche ich über mein Tun niemandem Rede und Antwort zu stehen, dann werden Schuld, Versagen, Sünde zu relativen Begriffen[480].

Wenn personale Beziehung als soziale Interaktion ohne Verantwortung verstanden wird, dann ist mir mein Nächster nur mehr Raum für mögliche Erfahrungen; wenn er auch zu seinen Erfahrungen kommt, ist es gut, wenn nicht – auch.

Daraus entsteht die von Fritz Perls formulierte Ethik. "Ich kümmere mich um meinen Kram und du dich um deinen. Ich bin nicht in dieser Welt, um nach deinen Erwartungen zu leben. Du bist nicht in dieser Welt, um nach meinen Erwartungen zu leben. Du bist du, und ich bin ich"[481].

In diesem Zusammenhang zeigt sich, daß im New Age für das Leid wenig Erklärungszielraum zur Verfügung steht. "Leid, Schuld und Versagen sind nicht vorgesehen. Wer krank wird, hat das falsche oder eben noch nicht entwickelte Bewußtsein oder ein schlechtes Karma. Verpflichtung für andere ist nicht vorgesehen. Liebe ist kosmisch, aber nicht personal"[482].

New Age-Denken läuft Gefahr, in der Ich-Verkapselung den anderen zu verlieren und zu vereinsamen. Dies beginnt dort, wo Schuld im Sinn personaler Verantwortung abgelehnt wird. Ferguson meint dazu: "Solange der Sünder seine Schuld anerkennt, so lange gibt es eine Chance, daß er sich bessern und bereuen mag [bei Ferguson negativ als Abkehr von autonom gefaßten Entschlüssen gemeint]. Der Schlüssel zu dieser Generation liegt jedoch gerade in ihrer Freiheit von Schuld"[483]. Damit macht sich der Mensch zum Maß. Für ihn zählt die eigene Erfahrung jenseits allen Sollens. Die Verantwortung einem endgültigem Du gegenüber ist im "Gott in uns"[484] aufgehoben.

Was zunächst als Befreiung des Menschen aussieht, ist es gerade nicht: Denn Freiheit ist für den Menschen nur erfahrbar, wenn ich um eine Grenze der Freiheit weiß. Auch hier muß im Gegensatz gedacht werden – was dem New Age schwerfällt. "Wo der Mensch glaubt, alles zu sein, steht er nur scheinbar in der absoluten Freiheit. Denn er hat im Ganzen kein wirkliches Gegenüber. Wo ich

---

[480]   Auch diese Begriffe finden sich in keinem der bereits oben zitierten New Age- und Esoterik-Lexika!.
[481]   Perls, zit. in: Lawhead/Tibusek, S.29.
[482]   Künzelen in: Lebendige Seelsorge 1988, S.293.
[483]   Ferguson 1982, S.461.
[484]   ebd. S.441.

glaube, alles zu sein, das Ganze, bin ich auch von allem bestimmt, werde ich zu seinem Spielball, und es bleibt keine wirkliche Freiheit. Nur wo ich von etwas oder jemandem bestimmt werde, bleibt mir Raum und Zeit zur Selbstbestimmung. So ist es kein Wunder, daß in New Age und Esoterik Schicksalsglaube und Determinismus eine verblüffende Renaissance erleben"[485].

Aber die Erfahrung von Leid, Ungerechtigkeit und Versagen bleiben auch dem New Ager nicht erspart. So sucht er nach Deutungsmodellen, die ihm einen Rückgriff auf personale Verantwortung ersparen, und er findet sie in einer Verkoppelung von Evolutionismus und Reinkarnationslehre: Mein Ziel ist, den Gott in mir zum Bewußtsein zu bringen; wenn sich dieses Bewußtsein in mir entwickelt, dann ist alles, was diese Entwicklung hindert, negativ und wird ein neues Paradigma für Sünde. Sünde ist gehemmte Evolution. Mit dieser Sicht berufen sich New Ager dann zu Recht auf Teilhard, sofern sie seine Sicht der Liebe aus seiner kosmischen Schau von Evolution ausklammern[486]. Wer im New Age-Verständnis "sündig" geworden ist und damit die Entwicklung des Göttlichen in sich hemmt, baut Karma auf, das er in einem nächsten Leben abzubauen hat, bis das Göttliche in ihm vollends durchbricht. Es ist also Leistung und Anstrengung des Menschen selbst, die zur Erlösung führt, und Erich Jantsch kann behaupten: "Die Menschheit wird nicht von einem Gott erlöst, sondern aus sich selbst heraus"[487].

Bürkle sieht in der Grundannahme der Selbsterlösung im New Age die unüberwindliche Grenzmarkierung zwischen New Age und Christentum[488] und findet darin eine Wiederholung der Ursünde[489] – "Ihr braucht euren Gott nicht"[490].

Griffiths faßt bündig zusammen, was nach christlichem Verständnis "Sünde" bedeutet. "Sünde ist eine Liebesverweigerung; wir versagen uns einer Gnadenbewegung, die uns aus uns selbst in das göttliche Leben zieht"[491].

Ein Mehrfaches ist vor dem Hintergrund der bisherigen Überlegungen damit ausgesagt: Sünde ist ein Sich-Verweigern dem Angebot personaler Begegnung, das von Gott auf den Menschen zugesprochen ist. Das führt zur Ab-

---

[485]   Schneider in: Lebendige Seelsorge 1988, S.339.
[486]   Tatsächlich ist das auch einer der kirchlichen Einwände gegen Teilhard gewesen, und er schrieb einen Anhang zum "Der Mensch im Kosmos" mit dem Titel "Einige Bemerkungen über den Rang und die Rolle des Bösen in einer evolutionären Welt", vgl. Teilhard 1959, S.323ff.
[487]   Jantsch in: Ruppert 1985, S.128.
[488]   vgl. Bürkle in Bürkle 1988, S.106.
[489]   vgl. Gen 3,5.
[490]   Bürkle in: Bürkle 1988, S.106.
[491]   Griffiths 1987, S.44.

dichtung des Menschen zunächst dem endgültigen Du gegenüber, dem er Antwort schuldig bleibt. Aber ohne Rückbindung – ohne "Religion" – an dieses transzendente Du sind auch die Koordinaten für die Du–Begegnungen des Alltags verlorengegangen, Liebe wird "verantwortungslos", nicht als Antwort auf den Grundanruf verstanden. Sünde ist damit auch Absonderung des Menschen von seinen Mitmenschen (die Populäretymologie des Wortes Sünde will das zum Ausdruck bringen, wenn sie "sündigen" mit "sich absondern" in Verbindung bringt).

Wo Person, Liebe, Verantwortung nicht in der ganzen Dichte ihrer Bedeutung gesehen werden, gerät Bewältigung erfahrener Schuld und offensichtlichen Versagens in die apersonale Mechanik einer evolutionären Reinkarnationslehre. Damit wird dem, der sich "defizitär" erlebt, die ganze Last der Bewältigung auf die Schultern gelegt. Er kann sich auch nichts abnehmen lassen, weil er sich in sich verschlossen hat; christlich ausgedrückt: Er nimmt Gnade nicht an. Nach christlichem Verständnis dagegen bedeutet Erlösung: Du brauchst nicht alles selbst zu leisten; du brauchst dich nicht zu verkrampfen in deinem Bemühen, Karma abzutragen; du brauchst dein ganzes Interesse nicht auf die Frage konzentrieren, wie du dir das Erreichen der nächsten Entwicklungsstufe sichern kannst. Du bist frei, wenn du dir Last abnehmen läßt, wenn du das Geschenk der personalen Zuwendung Gottes annimmst.

Mit den "Kernpunkten der Auseinandersetzung" (2.4.1. bis 2.4.4.) ist nach Ansicht des Verfassers der thematische Zentralbereich skizziert, von dem aus kirchliche Erwachsenenbildung das Gespräch mit dem New Age aufnehmen sollte. Denn in welcher konkreten Ausformung auch immer das New Age auftritt, jede Auseinandersetzung mit dieser Strömung, die sich als "spirituelles Abenteuer"[492] versteht und auf der Suche nach dem Sinn und dem "Etwas-mehr"[493] ist, wird in die Frage nach Gott und der Beziehung des Menschen zu ihm einmünden. Die Frage nach dem Sinn und dem "Etwas-mehr" ist für Christen aber die Frage nach dem letzten Sinn und dem Ganzen, die Frage nach Gott.

---

[492]   Ferguson 1982, S.417.
[493]   vgl. ebd. S.419.

3. DER DIALOG

KIRCHLICHE ERWACHSENENBILDUNG (kath.) ALS FORUM DES DIALOGS
CHRISTENTUM – NEW AGE

Bisher wurde versucht, von verschiedenen Zugängen aus das
Phänomen New Age darzustellen (erster Teil) und Grundlinien einer
Auseinandersetzung mit dem Christentum (zweiter Teil) zu skizzieren. Im dritten
Teil geht es um einen Grundriß des Dialoges Christentum New Age im Bereich der
katholischen kirchlichen Erwachsenenbildung.

New Age stellt eine Herausforderung für die gesamte kirchliche
Pastoral dar: Diese wird überlegen müssen, wie sie etwa im Bereich der Buß- und
Beichtpastoral die über New Age vermittelte kritische Anfrage an die eigene
bisherige Praxis aufgreifen kann; ebenso wird die Verkündigung herausgefordert
sein, das Zentrale der Frohen Botschaft in der Sprache der heutigen Zeit vor dem
Hintergrund geänderter Paradigmata neu auszusagen.

Karl R. Popper hat die heutige Pädagogik beim Altenberger Gespräch
1983 mit einem Schlagwort so umrissen: "Ungefragte Antworten und
unbeantwortete Fragen"[1]. Diese salopp formulierte und plakative Kurzcha-
rakteristik gilt – cum grano salis – nicht nur für die Pädagogik im allgemeinen,
sondern auch für die Religionspädagogik und die kirchliche Verkündigung im
besonderen.

Die Kirche müßte sich als "hörende Kirche" unter einem doppelten
Aspekt dialogisch verpflichtet fühlen: Zum einen ist sie "hörende Kirche" im Hören
auf das Wort Gottes[2], zum anderen "hörende Kirche" im Hören auf die Sorgen
und Anliegen der Menschen[3].

Im New Age werden Sorgen, Anliegen, Ängste, Zukunftshoffnungen
und -utopien gebündelt sichtbar und fordern zum Anhören und dialogischen

---

[1]   Karl R. Popper/Konrad Lorenz, Die Zukunft ist offen. Das Altenberger Gespräch. Mit Texten des Wiener Popper
      Symposions. München 1985, S.52.
[2]   vgl. II. Vaticanum, Dogmatische Konstitution über die göttliche Offenbarung "Dei Verbum", I. In: Rahner/Vorgrimler
      1966, S.367.
[3]   vgl. II. Vaticanum, Pastoralkonstitution über die Kirche in der Welt von heute "Gaudium et spes", I/3. In: ebd.
      S.450.

Auseinandersetzen heraus. Das II.Vaticanum sagt: "Als Zeuge und Künder des Glaubens des gesamten in Christus geeinten Volkes Gottes kann daher das Konzil dessen Verbundenheit, Achtung und Liebe gegenüber der ganzen Menschheitsfamilie, der dieses ja selbst eingefügt ist, nicht beredter bekunden als dadurch, daß es mit ihr in einen Dialog eintritt [...] Zur Erfüllung dieses ihres Auftrages obliegt der Kirche allzeit die Pflicht, nach Zeichen der Zeit zu forschen und sie im Licht des Evangeliums zu deuten. So kann sie dann in einer jeweils einer Generation angemessenen Weise auf die bleibenden Fragen der Menschen nach dem Sinn des gegenwärtigen und des zukünftigen Lebens und nach dem Verhältnis beider zueinander Antwort geben. Es gilt also, die Welt, in der wir leben, ihre Erwartungen, Bestrebungen und ihren oft dramatischen Charakter zu erfassen und zu verstehen"[4].

New Age will als "Zeichen der Zeit" erfaßt und verstanden werden, und kirchliche Erwachsenenbildung als Sektor der kirchlichen Verkündigung ist aufgerufen, im Rahmen ihrer Möglichkeiten auch mit dem neuen Denken im Zeichen des Wassermanns den Dialog aufzunehmen.

Diese Erörterungen fragen daher zunächst nach dem Selbstverständnis der kirchlichen Erwachsenenbildung[5], um dann zu untersuchen, in welchen ihrer Angebote das New Age bewußt oder unbewußt bereits thematisiert wurde und wird[6]. In einem weiteren Abschnitt wird die Gabe der Unterscheidung als Voraussetzung für den Dialog angesprochen[7] und überlegt, welche Konsequenzen sich für die kirchliche Erwachsenenbildung aus dem Dialog mit dem New Age ergeben[8].

---

[4]   II. Vaticanum, "Gaudium et spes" I/3-4. Ebd. S.450f.
[5]   vgl. 3.1.
[6]   vgl. 3.2.
[7]   vgl. 3.3.
[8]   vgl. 3.4.

3.1. ZUM SELBSTVERSTÄNDNIS KIRCHLICHER ERWACHSENENBILDUNG

3.1.1. Verkündigung, Erwachsenenkatechese, Erwachsenenbildung – Versuch einer Begriffsabgrenzung

Mit dem Begriff "kirchliche Erwachsenenbildung" bewegt man sich im Überlappungsbereich zweier wissenschaftlicher Disziplinen: der Erziehungswissenschaft und der Theologie (hier im besonderen der Pastoral-theologie). Jede dieser beiden Wissenschaften hat, nach Herauslösung aus einer gemeinsamen Wurzel, eine eigene Begriffstradition entwickelt. Von jeder der beiden gibt es einen legitimen begrifflichen Zugang zum Problembereich der kirchlichen Erwachsenenbildung.

W. Schulenberg versteht vom erziehungswissenschaftlichen Ansatz her Erwachsenenbildung als "solche Weiterbildung von Erwachsenen, die – hinausgehend über den Zuwachs an Wissen und Können im alltäglichen Leben – veranstaltet wird, sofern es sich nicht um ins frühe Erwachsenenalter verlängerte Schul- und Berufsausbildung handelt"[9]. Pöggeler definiert Erwachsenenbildung als "die in organisiert-institutionellen Formen unternommenen Bemühungen um Aktivierung menschlicher Mündigkeit, Freiheit und Verantwortung mittels einer vom Erwachsenen selbst initiierten und verantworteten Bildung"[10]. Alfons Otto Schorb begreift Erwachsenenbildung als "Sammelbezeichnung für alle Aktivitäten, durch die der erwachsene Mensch befähigt wird, sich, seine Welt und seine Stellung in ihr zu verstehen und zu meistern"[11].

Drei Definitionen der Erwachsenenbildung, die für die Erörterungen im Rahmen dieser Arbeit wesentliche Momente enthalten: Erwachsenenbildung geht über Schul- und Berufsausbildung hinaus, ist in Eigenverantwortung der Erwachsenen begründet, will zu Mündigkeit, Freiheit und einem Leben in einer Welt führen, die der Mensch versteht und in der er sich zurechtfinden kann. Kirchliche Erwachsenenbildung wäre dann jene, die in kirchlicher Trägerschaft organisiert und institutionalisiert ist.

Das mag zu einer ersten, erziehungswissenschaftlich orientierten Abgrenzung der

---

[9]   W. Schulenberg, Stichwort Erwachsenenbildung. In: Groothoff/Stallmann (Hg.), Pädagogisches Lexikon. Stuttgart 1968[4], Spalte 227.

[10]   Franz Pöggeler, Stichwort Erwachsenenbildung. In: Lexikon der Pädagogik Bd.I (Herder). Freiburg 1970, S.385.

[11]   Alfons Otto Schorb, zit. in: Franz Pöggeler, Handbuch der Erwachsenenbildung Bd.I. Erwachsenenbildung-Einführung in die Andragogik. Stuttgart 1974, S.21.

kirchlichen Erwachsenenbildung genügen, obwohl eine Behandlung der Begriffe
Weiter-, Fort-, Arbeiter-, Volksbildung, Recurrent- und Permanent Education
dieses Themenfeld noch exakter abstecken könnte.

Geht man das angesprochene Themenfeld von der Theologie her ab,
stößt man auf die Begriffe Verkündigung, Katechese, Erwachsenenkatechese,
Gemeindekatechese, Erwachsenenbildung, die aber nicht klar voneinander
abgegrenzt und zum Teil synonym verwendet werden.

Das "Praktische Wörterbuch der Religionspädagogik und Katechetik"[12] verweist unter Erwachsenenbildung auf Erwachsenenkatechese, die
"ein Teil der kirchlichen Glaubensverkündigung im eigentlichen Sinn"[13] ist.
Es versteht Verkündigung als "Fachausdruck der Weitergabe der Frohen
Botschaft vom Reich Gottes"[14], der sich im liturgischen, katechetischen und
erwachsenenbildnerischen Bereich durchgesetzt hat[15].
V. Schurr beschreibt Verkündigung als "autoritative Proklamation, Lobpreisung
und Bezeugung der geoffenbarten Heilstaten Gottes"[16].
Verkündigung ist somit ein theologischer Überbegriff für die Weitergabe der
Frohen Botschaft, der in der Kerygmatik als theologischer Teildisziplin eine
systematische Behandlung erfährt.

Im Neuen Testament werden für die Weitergabe des Glaubens verschiedene Begriffe verwendet[17], aber offenbar war für das kirchliche
Selbstverständnis der Begriff κατηχεῖν am treffendsten: Eine "von oben
herabgetönte" Wahrheit wird mitgeteilt: Katechese ist die Unterweisung in
geoffenbarten Glaubensinhalten.

Fischer-Wollpert sieht in einer sehr eingeengten Sehweise Erwachsenenbildung auch als Verlängerung des schulischen Religionsunterrichtes an und
setzt Erwachsenenbildung mit Erwachsenenkatechese gleich: "Die Notwendigkeit
der Erwachsenenbildung zeigt sich auch im kirchlichen Bereich. Der Katechismus-
unterricht der Schule kann nicht so auf die einzelnen Lebensfragen eingehen, daß
der Mensch alle Antworten für sein späteres Leben erhielte. Deshalb verpflichtet
das kirchliche Rechtsbuch[18] die Pfarrer, an Sonn- und kirchlich gebotenen

---

[12]   Korherr/Hierzenberger (Hg.), Praktisches Wörterbuch der Religionspädagogik und Katechetik, Wien 1973.
[13]   ebd. Spalte 222.
[14]   ebd. Spalte 991.
[15]   ebd.
[16]   V. Schurr, Stichwort Verkündigung. In: LThK, Bd.10, Spalte 712.
[17]   didaskein - lehren, unterrichten (95mal); keryssein - verkünden (61mal); euangelizesthai -die Frohe Botschaft
        verkünden (54mal); katechein - unterweisen, "herabtönen" (17mal); martyresthai - bezeugen (5mal).
[18]   vgl. CIC (1917) Can.1332.

Feiertagen den Erwachsenen den Katechismus zu erklären; dieser Pflicht genügt der Pfarrer nicht durch die Sonntagspredigt. Es bedarf einer eigenen Erwachsenenkatechese"[19]. Von eigenverantwortlichem Lernen des Erwachsenen ist in diesem 1980 erstmals erschienenen Lexikon nichts zu bemerken.

Das "Praktische Wörterbuch"[20] verweist zwar unter Erwachsenenbildung auf Erwachsenenkatechese, bemerkt aber auch: "Von der Erwachsenenkatechese wird zumindest theoretisch heute die theologische Erwachsenenbildung unterschieden, wenn auch die Übergänge fließend sind. Erwachsenenkatechese im engeren Sinn ist Funktion der Kirche und Verkündigung des Kerygmas an Erwachsene. Demgegenüber ist theologische Erwachsenenbildung mehr an der wissenschaftlichen Reflexion *über* das Kerygma orientiert. Sie beschränkt sich nicht allein auf die Vermittlung eines Glaubensverständnisses oder auf theologische Information, sondern will durch Konfrontation von anthropologischen und theologischen (d.i. nicht bloß religiösen oder "gläubigen") Fragestellungen 'zur Freiheit befreien'(E.Feifel). Nach Feifel hat theologische Erwachsenenbildung die Aufgabe, die Kirche in eine Lerngemeinschaft zu verwandeln, in der Meinungs- und Willensbildung im Glauben geschieht"[21].

So wird man wegen der fließenden Übergänge und wegen der inhaltlichen Überschneidungen immer, wenn von Erwachsenenkatechese oder (kirchlicher) Erwachsenenbildung die Rede ist, das jeweils andere mitbedenken müssen. Im Rahmen dieser Erörterung wird in Anlehnung an Korherr/Hierzenberger folgende Abgrenzung innerhalb des Begriffsfeldes, 'Verkündigung' vorgeschlagen[22]:

Verkündigung als Weitergabe der Frohen Botschaft und Befähigung zur Deutung und Gestaltung des Lebens aus dem Glauben wird wahrgenommen in der *Liturgie* (Lesungen, Predigt, Feier), in einer *christlichen Lebenskultur* (Brauchtum, christliche Wohnkultur, etc.), in der *Kinder- und Jugendkatechese* (Religionsunterricht und Gemeindekatechese) und in der *Erwachsenenkatechese im weiteren Sinn.*

Diese umfaßt *"theologische Erwachsenenbildung"* als Erwachsenenkatechese im engeren Sinn und *"kirchliche Erwachsenenbildung".* Setzt "theologische Erwachsenenbildung" bei theologischen Fragestellungen an, um in den Aussagen

[19] Fischer-Wollpert 1981, S.143.
[20] Korherr/Hierzenberger (Hg.) 1973.
[21] Korherr/Hierzenberger (Hg.) 1973, Spalte 223.
[22] siehe auch Graphik Seite 300.

der Offenbarung die eigene Lebenssituation wiederzufinden, geht die "kirchliche Erwachsenenbildung" von der konkreten Lebenserfahrung aus, um in ihr die jeweilige religiöse Tiefendimension, die nach einer Antwort aus dem Glauben verlangt, herauszuarbeiten.

Mit dieser Abgrenzung könnte das mit ausgesagt werden, was Johannes Paul II in seinem Rundschreiben 'Catechesi tradendae'[23] als doppelte Treue beschreibt: "Es hat keinen Sinn, die Orthopraxie gegen die Orthodoxie auszuspielen: das Christentum besteht untrennbar aus beidem [...] Die echte Katechese ist immer eine geordnete und systematische Einführung in die Offenbarung [...] Diese Offenbarung ist aber nicht vom Leben losgelöst und auch nicht nur künstlich an seine Seite gestellt"[24].

In der Korrelationsdidaktik wird dieses Anliegen der doppelten Treue – Treue zur Offenbarung Gottes und Treue zum Menschen in seinen konkreten Erfahrungen – aufgegriffen und ernstgenommen. Es könnte in der vorgeschlagenen Begriffsabgrenzung als didaktisches Grundmuster für eine kirchliche Erwachsenenbildung angenommen werden: "Korrelation als offener Dialog zwischen überliefertem Glauben und gegenwärtigem Leben ist das Grundanliegen heutiger Theologie besonders dort, wo sie praktisch wird"[25]. In der kirchlichen Erwachsenenbildung wird Theologie mit der konkreten Lebenspraxis konfrontiert.

---

[23]   Johannes Paul II, Apostolisches Schreiben Catechesi tradendae. In: Wiener Diözesanblatt, Sondernummer 2, November 1979.
[24]   ebd. Abschn. 22, S.10f.
[25]   Georg Baudler, Korrelationsdidaktik: Leben durch Glauben erschließen. Paderborn 1984, Klappentext; vgl. auch S.59ff.

Liturgie Lesungen Predigt Feier		**Christliche Kultur** Brauchtum christl. Wohnkultur, etc.

VERKÜNDIGUNG

Weitergabe der frohen
Botschaft
Befähigung zur Deutung
und Gestaltung des Lebens
aus dem Glauben

Kinder-,
Jugendkatechese
 	
Religions-
unterricht
Gemeinde-
katechese
		Erwachsenen-
		katechese im
		weiteren Sinn
		
		* im engeren
		  Sinn
		* Erwachsenen-
		  bildung

Theologische Erwachsenen- bildung (Erwachsenen- katechese im engeren Sinn)	**ERWACHSENENKATECHESE** im weiteren Sinn	Kirchliche Erwachsenen- bildung

ZIEL:
Deutung der
Lebenswirklichkeit im
Horizont der christlichen
Botschaft (siehe dazu auch
3.1.4.)

3.1.2. Zur Begründung kirchlicher Erwachsenenbildung:
biblisch, lehramtlich, kirchenrechtlich

Zentraler Begriff des Neuen Testamentes ist die "Metánoia".
Mk 1,15: μετανοεῖτε καὶ πιστεύετε ἐν τῷ εὐαγγελίῳ – "Kehrt um und glaubt an das Evangelium" kann für viele Parallelstellen angeführt werden. Der Bußruf (μετάνοια oder ἐπιστροφή – als neue Hinwendung zu Gott, der uns in Jesus mit menschlichem Antlitz entgegenkommt) ist ein Grundanliegen der neutestamentlichen Verkündigung[26]. Diese Sinnesänderung und Neuausrichtung soll Konsequenzen für das alltägliche Verhalten haben – Orthodoxie und Orthopraxie werden im Neuen Testament von Anfang an als innere Einheit gesehen[27].

Anders ausgedrückt: aufgrund der Erfahrung, daß in Jesus die Menschenfreundlichkeit Gottes erfahren wurde[28], soll der Mensch zu einer Verhaltensänderung ermuntert werden.
Wenn man das heute gängige Kürzel – Lernen ist Verhaltensänderung durch Erfahrung[29] – in Anschlag bringt, dann könnte man den Bußruf Mk 1,15 als Aufforderung verstehen, sich auf einen radikalen Lernprozeß einzulassen: Ändert euer Verhalten aufgrund religiöser Erfahrung!

Jesus wendet sich in seiner Verkündigung an Erwachsene, auch dann, wenn Kinder zu ihm gebracht werden[30]. Das Verhältnis Jesu zu den Aposteln wird als Lehrer-Schüler-Verhältnis beschrieben: Die Jünger werden als μαθητής[31] bezeichnet, und Jesus wird als "Rabbi"[32] angesprochen. Unzählig sind die Schriftstellen, die sich nach der Wortkonkordanz zu lehren, Lehrer, lernen angeben ließen. "Nehmt mein Joch auf euch und lernt von mir...-"[33] mag als ein Beispiel für viele stehen.

Vor dem Hintergrund dieser Überlegungen ließe sich eine didaktische Grundstruktur der christlichen Verkündigung so zusammenfassen:

---

[26] Es ist tragisch, wenn man bedenkt, was aus dem "Umdenken" (Metanoia) oder dem erneuten "Hinwenden" (Epistrophé) im Zuge der Übersetzung des Hieronymus in der Vulgata geworden ist. Im römisch-rechtlichen Denken erzogen, übersetzt er "metanoeite" mit "poeniteemini" (vgl. Biblia Vulgata MCMLXV, S.992), und ruft damit eigentlich zur "Übernahme eines Strafwerkes" auf.

[27] vgl. Jak 2,17.
[28] vgl. Tit 3,4.
[29] vgl. Herbert Zdarzil, Pädagogische Anthropologie. Graz 1978[2], S.136.
[30] vgl. Mk 10,13f.
[31] das eigentlich mit "Schüler" übersetzt werden müßte.
[32] Ehrentitel für Lehrer im Judentum.
[33] Mt 11,29.

"Ziel" ist das Leben in Fülle, in Gemeinschaft mit Gott und seinem Volk;

"Inhalt" ist die Frohe Botschaft;

"Methode" ist Jesus selbst – ein Leben in seiner Nachfolge führt zum Ziel; er sagt "Ich bin der Weg..."[34].

"Medium" ist die Kirche, die sich als Sakrament des Heiles[35] und der Einheit[36] versteht. Damit wird bereits auf eine lehramtliche Begründung kirchlicher Erwachsenenbildung verwiesen.

Unabsehbar ist die Fülle dogmatischer Äußerungen zum Thema "Verkündigung"; letztlich haben alle dogmatischen Urkunden Verkündigungs- und Bildungscharakter[37]. Ihnen allen geht es um die Weitergabe des Glaubens. In den Aussagen vor dem II.Vaticanum wurde diese Weitergabe nur in geringer Verbindung zum Alltag und zur Lebenserfahrung gesehen – die Orthodoxie hatte deutlichen Vorrang vor der Orthopraxie. Das II.Vaticanum hat eine Änderung im Verständnis von Verkündigung bewirkt. Es ging ihm nicht so sehr darum, nur die Weitergabe oder 'Reinerhaltung' des Glaubensgutes abzusichern, sondern darum, die Frohe Botschaft auf die Welt und ihre Dynamik hin neu zu interpretieren.

In der Pastoralkonstitution über die Kirche in der Welt von heute, "Gaudium et spes", heißt es: "Zur Erfüllung dieses ihres Auftrages obliegt der Kirche die Pflicht, nach den Zeichen der Zeit zu forschen und sie im Licht des Evangeliums zu deuten. So kann sie dann in einer jeweils einer Generation angemessenen Weise auf die bleibenden Fragen nach dem Sinn des gegenwärtigen und zukünftigen Lebens und nach dem Verhältnis beider zueinander Antwort geben. Es gilt also, die Welt, in der wir leben, ihre Erwartungen, Bestrebungen und ihren oft dramatischen Charakter zu erfassen und zu verstehen"[38].

Im Dekret über die Ausbildung der Priester heißt es, die auszubildenden Geistlichen sollen lernen, "die Lösung der menschlichen Probleme im Lichte der Offenbarung zu suchen, ihre ewige Wahrheit auf die wandelbare Welt menschlicher Dinge anzuwenden und sie in angepaßter Weise den Menschen unserer Zeit mitzuteilen"[39].

Diese beiden Zitate mögen als Beispiele für das kirchliche Bemühen stehen, Verkündigung im allgemeinen (und die kirchliche Erwachsenenbildung im besonderen) als Lebensdeutung im Horizont religiös-christlicher Erfahrung neu

[34] Jo 14,6 – he hodós – Methode – Weg.
[35] vgl. II. Vaticanum, Ad gentes 5, in: Rahner/Vorgrimler 1966, S.611.
[36] vgl. II. Vaticanum, Sacrosanctum Concilium 26, ebd. S.61.
[37] vgl. auch Neuner/Roos, Der Glaube der Kirche in den Urkunden der Lehrverkündigung. Regensburg 1971[9].
[38] II. Vaticanum, Gaudium et spes 4, in: Rahner/Vorgrimler 1966, S.451.
[39] II. Vaticanum, Optatam totius 16, ebd. S.306.

zu begreifen.

Im schon erwähnten Rundschreiben 'Catechesi tradendae' weist Johannes Paul II. der Erwachsenenbildung bzw. der Erwachsenenkatechese einen besonderen Platz zu: "Dies ist die hauptsächliche Form der Katechese, denn sie richtet sich an Personen, welche die größte Verantwortung und Fähigkeit besitzen, die christliche Botschaft in ihrer voll entwickelten Form zu leben"[40].

Insgesamt gilt damit, daß Erwachsenenkatechese und Erwachsenenbildung als wesentliche Elemente der Pastoral anerkannt und vor allem seit dem II.Vaticanum als 'Mit-der-Welt-ins-Gespräch-Kommen' gedeutet werden.

Die kirchenrechtliche Behandlung der Erwachsenenkatechese nach dem neuen Codex Iuris Canonici[41] bringt zwar eine umfassende rechtliche Abstützung dieses pastoralen Bereiches, zeigt aber weniger Öffnung auf Welt hin, als es nach den Aussagen des II.Vaticanums zu erhoffen gewesen wäre. Das Dialogische in der Erwachsenenkatechese fällt weg und wird auf ein Belehrtwerden reduziert: "Eine besonders den Seelsorgern eigene und schwere Pflicht ist die Sorge für die Katechese des christlichen Volkes, damit der Glaube der Gläubigen durch Unterweisung in der Lehre und durch Erfahrung christlichen Lebens lebendig wird, sich entfaltet und zu Taten führt"[42].

Aber immerhin versucht der Codex eine didaktische und methodische Öffnung zu ermöglichen: "Die katechetische Unterweisung ist unter Verwendung all jener Hilfsmittel, didaktischen Hilfen und sozialen Kommunikationsmittel zu erteilen, die als besonders wirksam anzusehen sind, damit die Gläubigen, entsprechend ihren Anlagen und Fähigkeiten, ihrem Alter und ihren Lebensbedingungen, die katholische Lehre voller zu erlernen und besser in die Praxis umzusetzen vermögen"[43].

Weiter heißt es: "Die christliche Lehre ist in einer den Zuhörern und den Erfordernissen der Zeit angepaßten Weise vorzutragen"[44].

Die Sicht der Erwachsenenbildung nach dem Codex verlagert sich einseitig auf "Katechese" im ursprünglichen Wortsinn: "herabtönen". Erwachsenenbildung wird auf theologische Bildung im Sinn von Unterweisung verkürzt, ohne Eigenverantwortung oder -organisation von Seiten der "Laien". "Der Pfarrer hat kraft seines Amtes für die katechetische Bildung der

[40]   Johannes Paul II, Catechesi tradendae, Abschn.43. In: Wiener Diözesanblatt, Sondernummer 2, Nov 1979, S.18.
[41]   promulgiert im Jänner 1983, in Kraft seit 1. Adventsonntag 1983.
[42]   Codex Iuris Canonici - Codex des kanonischen Rechtes, lateinisch-deutsche Ausgabe, Kevelaer 1983, can.773, S.353.
[43]   CIC, can.779, ebd. S.355.
[44]   CIC, can.769, ebd. S.351.

Erwachsenen, der Jugendlichen und der Kinder zu sorgen"[45].
Auf eine weitere Bedeutung der Erwachsenenkatechese im oben angedeuteten Sinn
einer kirchlichen Erwachsenenbildung läßt sich der Codex nicht ein.

3.1.3. Kirchliche Erwachsenenbildung
im historischen Durchblick

Beim Versuch einer Periodisierung der kirchlichen Erwachsenenbildung lassen sich zwei große Abschnitte voneinander abheben. Als "Vorform"
der kirchlichen Erwachsenenbildung kann die Zeit vom christlichen Altertum bis
zur Aufklärung angesehen werden (Zeit der Katechese).
Diese Periode ist von einer geschlossenen Weltsicht in gesellschaftlicher,
religiöser und kultureller Hinsicht gekennzeichnet. Was auch immer im Bereich der
Bildung und Erziehung geschah – es war ein Moment religiöser Erziehung mit
eingeschlossen.

Ein spätes, aber charakteristisches Beispiel dafür ist der 'Orbis
pictus' von Comenius[46]. Nach der Invitation[47] wird mit Gott, der aus
sich selber von Ewigkeit zu Ewigkeit ist, begonnen[48], um mit dem Jüngsten
Gericht zu schließen[49]. Dazwischen wird alles behandelt, was im Alltag in den
unterschiedlichsten Situationen begegnen kann.

Seit der Aufklärung kann von einer kirchlichen Erwachsenenbildung
gesprochen werden. Das geschlossene christliche Weltbild ist zerbrochen, Glaube
und Wissen treten auseinander. Die "Katechese" muß sich bemühen, den "alten
Glauben" wie früher unversehrt zu vermitteln, ihn aber gleichzeitig gegen außen
apologetisch abzustützen: Naturwissenschaften, Liberalismus und Sozialismus
treten mit kritischen Anfragen an das kirchliche Lehramt heran und bieten
konkurrierende oder gegenkirchliche Deutungsmodelle für Welt und Gesellschaft
an. Die Verkündigung muß sich bemühen, Glauben und Leben, Religion und Welt
wieder in Verbindung zu bringen. Die "monopolare Katechese" der ersten Periode
wird nun, parallel zur im Profanbereich einsetzenden Erwachsenenbildung, zur

---

[45]   CIC, can.776, ebd. S.353.
[46]   Johann Amos Comenius, Orbis sensuatium pictus. Reihe: Die bibliophilen Taschenbücher, Dortmund 1979[2].
[47]   "Veni Puer! disce Sapere." Ebd. S.2.
[48]   "Deus est ex seipso, ab aeterno in aeternum", ebd. S.6.
[49]   "Judicium Extremum...Nam adveniet Dies novissima", ebd. S.306f.

"bipolaren Erwachsenenbildung"[50].

Gekennzeichnet wird die kirchliche Erwachsenenbildung seit der Aufklärung zunächst durch ihren *apologetischen Charakter*, vor allem getragen durch die Schrifttumsbewegung, durch ihren *sozialen Charakter*, verbunden mit den Namen Ketteler und Kolping, und durch einen *integrativen Charakter*, initiiert durch das II.Vaticanum, das zum Dialog Kirche und Welt ermuntert hat.

Die Katechese vom christlichen Altertum bis zur Aufklärung läßt sich nach Jungmann in drei Phasen einteilen[51]: die Zeit der Taufkatechese – Katechese im christlichen Altertum; die Katechese im Mittelalter; die Katechese nach der Tridentinischen Reform.

Im *christlichen Altertum* gibt es keine Schul- oder Kinderkatechese. Die Verkündigung richtet sich an Erwachsene, und die Erwachsenenkatechese deckt sich weitgehend mit der Missionspredigt. Ende des 2. Jahrhunderts tritt an die Stelle einer bisher üblichen Einzelunterweisung der gemeinsame Glaubensunterricht mit gemeinsamer Taufe. Eigens geschulte Katecheten, die in einer der großen Katechetenschulen (Antiochien, Alexandrien, Edessa) ausgebildet werden, tragen diese religiöse Unterweisung. Bis ins 4./5. Jahrhundert dauert das Taufkatechumenat als Zeit der Belehrung und Bewährung 3 Jahre.

Ab dem 6. Jahrhundert verfällt dieses Katechumenat; mit den Massenbekehrungen bei den Germanen und Slawen gibt es nur mehr eine mehrwöchige Vorbereitungszeit für die Führenden und dann die Taufe des ganzen Stammes. Ein gewisses Maß an Weiterbildung wird durch den Besuch des Gottesdienstes, durch das Hören der Lesungen und der Predigt gewährleistet. Katechese und Liturgie stehen in einer inneren Verschränkung. In der frühen Zeit der Katechese herrscht eine strenge Arkandisziplin: Vaterunser und Glaubensbekenntnis werden dem Taufwerber erst in der letzten Katechese vor der Taufe mitgeteilt (traditio symboli) und dürfen nur mündlich weitergegeben werden.

Im *frühen Mittelalter* ist das Taufkatechumenat verschwunden, die religiös bildende Funktion der Liturgie weitgehend durch die wachsende Fremdheit des Zeremoniells und der Sprache gehemmt. Wenn es trotzdem blühendes religiöses Leben gibt, so sieht das Jungmann darin begründet, daß die Weitergabe des Glaubens im Bereich der Familie durch Eltern und Paten funktioniert[52].

---

[50]　　vgl. Begriffsabgrenzung unter 3.1.1. und Graphik auf S. 261.
[51]　　vgl. Josef Andreas Jungmann, Katechetik. Freiburg 1965, S.5ff.
[52]　　vgl. Jungmann 1965, S.12f.

Die Karolingerzeit bringt eine Reihe von staatlichen Verordnungen zur religiösen Unterweisung: Priester sollen das Volk jeden Sonntag, wenigstens aber jeden zweiten in der Volkssprache über Glaubens- und Sittenfragen belehren, das Vaterunser und das Glaubensbekenntnis dem Volk einprägen und es von Zeit zu Zeit auch aufsagen lassen. Später kommen noch das Ave, der Dekalog, die Hauptsünden und die Werke der Barmherzigkeit dazu[53].

Eine besondere Gelegenheit im Mittelalter, sich um die Unterweisung der Gläubigen einigermaßen zu kümmern, ist die Beichte. Die jährliche Beichte ist kirchlich geboten und in der Regel mit einer Prüfung des Glaubens verbunden: Der Pönitent muß dem Beichtpriester Vaterunser, Ave, Glaubensbekenntnis usw. aufsagen. Gegen Ende des Mittelalters entwickeln sich aus dieser Frage-Antwort-Praxis die 'Beichtbüchlein', die auf die Beichtprüfung vorbereiten sollen und einen ausführlichen Beichtspiegel enthalten. Die spätere Form des Frage-Antwort-Katechismus hat hier ihre Wurzeln.

Mit der Erfindung des Buchdrucks finden diese Beichtbüchlein im Volk eine weite Verbreitung[54], Buch und Schrift werden verstärkt in den Dienst religiöser Unterweisung gestellt – allerdings nur für die höheren Stände, die des Lesens mächtig sind. Öffentliche Anschläge, Wandplakate und Wandgemälde – Jungmann spricht von einer "katechetischen Bildkunst"[55] – sollen der Belehrung des niederen Volkes dienen.

Ein entscheidender Faktor der religiösen Bildung im späten Mittelalter ist das Gemeinschaftsleben, das stark von religiösem Brauchtum aller Art durchtränkt ist: Kirchliche Feste, feierliche Liturgien, Mysterienspiele, Krippen-, Oster-, Fronleichnamsspiele führen die Menschen im Jahresverlauf an die religiöse Tiefendimension ihres Daseins heran. Der ganze Alltag ist religiös gefärbt: Zünfte haben bestimmte Heilige als Schutzpatrone mit bestimmten Festen und Traditionen; die Apotheken haben Heiligennamen, und meist sind die Spitäler dem Heiligen Geist geweiht.

Mit der *Katechese nach der tridentinischen Reform* setzt ein verstärktes Bemühen um religiöse Bildung ein, die zunächst stark apologetisch im Dienst der Gegenreformation steht. Hauptform der Unterweisung ist die für die Erwachsenen gedachte Kirchenkatechese oder Christenlehre, in der Regel am Sonntagnachmittag angesetzt. In manchen Ländern wird sogar eine Christenlehr-pflicht verfügt, die staatlich urgiert werden kann, und an der entweder alle

---

[53]   vgl. ebd. S.14.
[54]   vgl. ebd. S.15.
[55]   ebd. S.17.

Erwachsenen oder zumindest die Dienstboten – sie können meist nicht lesen und sollen ein Mindestmaß an religiöser Bildung erhalten – teilnehmen müssen. In manchen Gebieten wie im Rheinland oder in der Schweiz erhält sich die Christenlehrpflicht für schulentlassene Jugendliche bis weit ins 20. Jahrhundert herein[56].

Von besonderer Bedeutung werden nach dem Tridentinum[57] die neuentstehenden Katechismen. Sie bieten – meist in Frage–Antwort-Form – eine knappe und klare Zusammenfassung der christlichen Lehre. "Das Buch tritt nun die Herrschaft an und beginnt, die religiöse Gemeinschaft als formende Kraft in den Hintergrund zu drängen"[58].

In Deutschland werden neben dem "Catechismus romanus", der nahezu eine kanonische Verehrung genießt, vor allem die Katechismen des Petrus Canisius von Bedeutung[59].

Um die Mitte des 16. Jahrhunderts entstehen in Italien eigene 'Christenlehr-Bruderschaften', deren Mitglieder sich nicht nur verpflichten, selbst die Christenlehren eifrig zu besuchen, sondern diese auch daheim den Angehörigen und Untergebenen weiterzugeben. Das kommt besonders der religiösen Unterweisung der Kinder zugute. Seit der Mitte des 17. Jahrhunderts beginnen sich diese Bruderschaften auch in Deutschland auszubreiten. Die gegen Ende des 18. Jahrhunderts aufkommenden Abend- und Sonntagsschulen stehen zunächst noch in der Tradition der Christenlehre. Zwar werden Lesen und Schreiben mit dem Ziel vermittelt, zum Bibellesen zu befähigen, trotzdem erfolgt damit auch eine Hinwendung zur "profanen" Welt. Das geschlossene christliche Weltbild des Mittelalters beginnt, in ein Sacrum und in ein Profanum auseinanderzubrechen. Damit ist die 2. Periode die Zeit der kirchlichen Erwachsenenbildung von der Aufklärung bis heute erreicht.

Nach Wilhelm Niggemann[60] geht die katholische Erwachsenenbildung, von der man mit dem beginnenden 19.Jahrhundert sprechen kann, auf

---

[56]   vgl. ebd. S.23.
[57]   1545-1563.
[58]   ebd. S.20.
[59]   "Summa doctrinae christianae" oder "Großer Katechismus", Wien 1555 mit 213 z. Teil ausführlich behandelten Fragen; eher ein "theologisches Kompendium" (vgl. Alfred Läpple, Kleine Geschichte der Katechese. München 1981, S.107); "Catechismus minimus" oder "Kleiner Katechismus", Köln 1556, gedacht als Hilfe für die religiöse Unterweisung der Kinder mit 59 Fragen –ursprünglich einer lateinischen Grammatik als Anhang beigebunden (vgl. ebd.); "Parvus Catechismus catholicorum" oder "Mittlerer Katechismus", konzipiert für die religiöse Unterweisung der Gymnasiasten (vgl. ebd.).
[60]   vgl. Wilhelm Niggemann, Das Selbstverständnis katholischer Erwachsenenbildung bis 1933. Osnabrück 1967.

zwei Wurzeln zurück[61]: auf das Bemühen, den Übergriffen des Staates und eines aggressiven Liberalismus standzuhalten; und auf das Bemühen, den Anforderungen der beginnenden Industriezeit aus dem Glauben heraus, besonders was die soziale Frage betrifft, gerecht zu werden. Die gemeinsame Wurzel beider liegt für Niggemann in der Aufklärung[62].

Mit der Säkularisierung nach dem Reichsdeputationshauptschluß 1803 wird die äußere Entmachtung der Kirche dokumentiert. Die scholastische Theologie und die aufstrebenden modernen Wissenschaften treten in ein Spannungsverhältnis. Mit der Restauration nach dem Wiener Kongreß ergibt sich für die Kirche ein politischer und religiöser Neuanfang. Die Erkämpfung des Korporationsrechtes 1848 bringt auch für ein kirchliches Vereinswesen neue Chancen. Erste Formen der organisierten Erwachsenenbildung entstehen zum Teil bereits vor 1848: gesellige Vereinigungen, Museums- und Harmoniegesellschaften, Lesekabinette, Turnvereine, Handwerkerbildungsvereine usw.

Mit dem Regensburger Bischof und Universitätsprofessor für Ethik und Pastoral, *Johann Michael Sailer[63]*, setzt eine eigene Theorie der katholischen Erwachsenenbildung ein[64]. Er unterscheidet Erziehung von Bildung. Endet die erstere beim 15-16jährigen Jugendlichen, so setzt die zweite danach ein: Der Erwachsene muß sein Menschsein in der 'Lebensschule' bewähren, muß täglich aus seiner eigenen Einsicht heraus lernen, bedarf dabei aber eines "Mentors", der die "Mängel der Selbstführung"[65] berichtigt und den richtigen Weg weist. Kolping wird unter dem Einfluß Sailers später seine Gesellenvereine aufbauen.

Der Zeitgenosse Sailers, *Iganz Heinrich Wessenberg*, Kanonikus in Augsburg und Konstanz, übernimmt von Pestalozzi die Idee einer Berufs- und Standesbildung[66]. Er knüpft bei den "nähesten Verhältnissen" der Gläubigen an und läßt durch den Klerus in dörflichen Bildungszirkeln Vorträge über Viehfütterung, Haushaltsführung usw. halten. Er fordert eine eigene Erwachsenenbildung mit "Belehrungsstunden für Erwachsene"[67], für Dienstboten, Hausväter, -mütter und Lesebücher für die Geistes- und Herzensbildung. Als Generalvikar der Diözese Konstanz führt er sein Bildungskonzept konsequent durch, allerdings ohne bleibenden Erfolg.

---

[61]   vgl. ebd. S.14.
[62]   vgl. ebd.
[63]   1751-1832.
[64]   vgl. ebd. S.18f.
[65]   vgl. ebd. S.19.
[66]   vgl. ebd. S.21.
[67]   vgl. ebd. S.22.

Eine Grundsäule der beginnenden katholischen Erwachsenenbildung um die Mitte des vorigen Jahrhunderts ist die Schrifttumsbewegung. Bücher und Zeitschriften mit populärwissenschaftlichem Inhalt setzen sich mit Zeitirrtümern auseinander. Eigene Vereine sorgen für die Verbreitung katholischen Schrifttums[68].

Mit den Problemen des beginnenden Industriezeitalters verlagert sich die christliche Daseinsfrage in den Bereich der Welt. Alte Formen der Pastoral wie Liturgie und Predigt allein greifen nicht mehr, neue Formen werden gesucht. Nach 1848 bekommen mit der Vereins-, Rede- und Versammlungsfreiheit auch Katholiken die Möglichkeit, sich außerhalb des Kirchenraumes zu formieren. Waren frühere Bruderschaften und Kongregationen fast ausschließlich auf die Pflege religiösen Brauchtums und des sakramentalen Lebens ausgerichtet, ist die Aufgabe der entstehenden katholischen Vereine nun eine "weltbezogene"[69].

Die Katholiken treten in die Öffentlichkeit und werden mitentscheidend bei der Neuordnung der sozialen, politischen und kulturellen Verhältnisse. In der Auseinandersetzung mit der "Welt" ringt der "katholische Verein" um ein eigenes Bildungsverständnis: Dem Rationalismus gegenüber sollen die Vereine "für die katholische Bildung eine Macht werden, die einen starken Damm bilden gegen jene unchristliche Wissenschaft, die der christlichen Wissenschaft und Bildung gegenübergetreten ist, denn der Mensch ist nur gebildet, wenn er gebildet ist in Gott, und menschliche Bildung wird erst menschlich, wenn sie christlich wird [...] Katholische Bildung schließt notwendig die Bildung der Religion [...], des Glaubens [...], der Gotteserkenntnis ein [...] Die Vereine sollen die moderne Welt zurückführen zu den Quellen der wahren Bildung"[70].

Im wesentlichen sind dabei für die katholischen Vereine vier Zielebenen von Bedeutung: Berufstüchtigkeit, Lebenshilfe für Arbeiter, Religions- und Kirchentreue und Anschluß an die Kultur[71]. Insgesamt läßt sich der apologetische Grundcharakter dieser im Vereinswesen verankerten kirchlichen Erwachsenenbildung nicht übersehen.

Wesentliches leistet die katholische Erwachsenenbildung des vorigen Jahrhunderts im Bereich der sozialen Frage, untrennbar verbunden mit den Namen Kolping und Ketteler.

---

[68] so der "Literarische Verein zur Aufrechterhaltung, Verteidigung und Auslegung der röm. kath. Religion" 1814; der "Verein zur Verbreitung guter katholischer Bücher" 1830; der "Borromäusverein" 1844 - nach Niggemann die erste wirklich festgefügte Institution katholischer Erwachsenenbildung, vgl. ebd. S.22ff.
[69] vgl. ebd. S.27.
[70] Katholikentag Trier 1865, zit. in: ebd. S.32.
[71] vgl. ebd. S.34.

Adolf Kolping[72], der vor seiner Berufung zum Priester das Schuhmacherhandwerk erlernt hat, ist der "Bahnbrecher des sozialen katholischen Vereinswesens"[73]. Er gründet unter dem Einfluß Sailers Gesellenvereine, die das nach Auflösung der Zünfte entstandene Handwerkerproletariat neu beheimaten sollen.

Die Familie ist dabei oberster Leitgedanke Kolpings. Er versteht seine Gesellenvereine als Familie ("Kolpingfamilie"), denn die Erziehung zur Familie kann nur in der Familie erfolgen. Diese Ausrichtung hat bei Kolping eine spezielle Perspektive: Durch die Vereinsfamilie will er zur natürlichen Familie und zur Gesellschaft hinführen.

In seinem Bildungskonzept geht Kolping nicht von einem Idealbild, sondern vom konkreten, geschichtlichen Menschen aus, der an dem Ort, wo er steht, die Welt gestalten soll.

Kolpings Bildungsziele sind von einer dreifachen Tüchtigkeit bestimmt: persönliche Tüchtigkeit (tüchtiger Bürger), religiöse Tugend (tüchtiger Christ) und bürgerliche Tugend (tüchtiger Geschäftsmann)[74].

Nach Niggemann besteht der grundlegende Beitrag Kolpings zur katholischen Erwachsenenbildung "einmal darin, den Verein als bildende Lebensordnung geschaffen, den Beruf als Grundlage menschlicher Selbstverwirklichung erklärt und Religion und sittlich gutes Handeln zu Kriterien echter Bildung erhoben zu haben"[75].

Wilhelm Emmanuel Ketteler[76], Bischof von Mainz, hat mit seinen sozialen Reformplänen nicht nur die innerkirchliche Diskussion entscheidend beeinflußt (Leo XIII., der Papst der Sozialenzyklika "Rerum novarum", nennt ihn seinen "großen Vorläufer"[77]), sondern auch die staatliche Sozialgesetzgebung. Das 1891 im deutschen Reichstag angenommene Arbeiterschutzgesetz ist dem Geist Kettelers entwachsen.

Kettelers Sozialprogramm setzt an drei Stellen an: Er verlangt den solidarischen Zusammenschluß der Arbeiter, Eigentumsbildung in Arbeiterhand und eine staatliche Sozialpolitik[78].

Mit seinem Buch 'Arbeiterfrage und Christentum'[79] bringt er im Zusammenhang mit der sozialen Frage den Begriff der Bildung ins Spiel. Für

---

[72]   1813-1865.
[73]   B. Ridder in: LThK 6, Spalte 401.
[74]   vgl. Niggemann 1967, S.39f.
[75]   ebd. S.42.
[76]   1811-1877.
[77]   vgl. L.Lenhart in: LThK 6, Sp.129.
[78]   vgl. Niggemann 1967, S.45.
[79]   1860.

Ketteler können nur Wahrheiten und Tugenden bildend wirken[80]. Wahrheiten sind der Glaube an Christus, das Vertrauen in die Vorsehung Gottes und das Leben mit der Kirche. Diese Wahrheiten gelten zwar grundsätzlich für alle Menschen, aber, da Christus Arbeiter war, im besonderen Maße für den Teil der Menschheit, der von den irdischen Gütern weitgehend ausgeschlossen ist. Er wendet sich gegen die Wissenshypertrophie in den Volksbildungsbestrebungen des 1º. Jahrhunderts und stellt den Bezug zwischen sittlichem Wissen und sittlichem Handeln heraus: "Nicht der Mensch ist wahrhaft vernünftig, der vernünftig denkt, aber tierisch handelt, sondern vielmehr nur der, welcher nach Vernunft und Glauben sein Denken und sein ganzes Leben einrichtet"[81]. Eine Wurzel für die üble Situation der Arbeiter erkennt Ketteler in ihrer Vereinzelung. "Der Arbeiter wurde isoliert, die Geldmacht zentralisiert"[82]. Er fordert daher eine sozial angelegte Bildung der Arbeiter und gründet nach dem Vorbild Kolpings "Arbeitervereine", die aber weniger zentralisiert sind und in loserer Verbindung zur Kirche stehen als die Kolpingfamilien. Ziele dieser Arbeitervereine sind: Gründung von Vereinskassen für kranke und invalide Arbeiter; Vermittlung von Arbeitsplätzen, Konfliktschlichtung im Arbeits- verhältnis; Aufbau von Vereinsbüchereien; Veranstaltung von Vortragsabenden und Familienfesten[83].

Für die katholische Erwachsenenbildung des beginnenden 20. Jahrhunderts und der Zwischenkriegszeit bleiben das Büchereiwesen, die Arbeitervereine und die katholischen Gesellenvereine weiter von Bedeutung. Daneben aber muß sich die katholische Erwachsenenbildung mit neuen Ideen und Strömungen auseinandersetzen; mit der "Neuen Richtung" in der Volksbildung, dem Verhältnis zur Volkshochschule, zur Jugendbewegung und zu den neu aufkommenden Medien Film und Funk.

Die "Neue Richtung" in der Volksbildung will nicht aufklären, sondern retten und helfen. Sie knüpft bei "notwendigen Dingen"[84] an, will auf Probleme des Alltags Antwort geben, den Verfall nach dem Ersten Weltkrieg auf politischem, geistigem und kulturellem Gebiet abfangen. Ziel ist die Schaffung einer einheitlichen Volkskultur, in der Oberschicht und "niederes Volk" zu einer organischen Einheit verbunden werden. Volkbildung durch Volksbildung ist das Anliegen dieser Zeit[85].

---

[80]   vgl. ebd. S.56.
[81]   Ketteler, zit. in: ebd. S.58.
[82]   ebd. S.60.
[83]   vgl. ebd. S.61.
[84]   Eugen Rosenstock, zit. in: Niggemann 1967, S.115.
[85]   vgl. ebd. S.124 und 266ff.

Methodischer Schwerpunkt in dieser Phase der Erwachsenenbildung ist die Arbeitsgemeinschaft, von der Rosenstock[86] schreibt, "daß ihrem innersten Wesen nach verschiedene Menschen sich um des Friedens und der Vereinigung willen zusammen an einen Tisch setzen. Das Volk, das geistige Volk, ist Zielsetzung der Arbeitsgemeinschaft, eine Volkwerdung im kleinsten Rahmen"[87].

Die 'Neue Richtung' setzt auf "Intensivbildung" und wendet sich gegen die "Extensivbildung" früherer Konzeptionen.

In den Heimvolkshochschulen nach dänischem Vorbild (Grundtvig), den Vorläufern unserer heutigen Bildungshäuser, sehen die katholischen Volksbildner ein erstrebenswertes Vorbild, "weil in ihnen Gefühl und Willen mehr entwickelt wird als Gedächtnis und Verstand"[88].

Die Intentionen der katholischen Erwachsenenbildung liegen im Trend der "Neuen Richtung", wenngleich die Kirche den Selbstanspruch der weltanschaulichen Neutralität, der mit der Arbeitsgemeinschaft als Methode verbunden ist, nicht mitmachen kann. Durch Bildung soll das Volk zu sich selbst kommen; die in Volkstum, Kultur, Geschichte, Kunst und Wissenschaft vorhandenen Eigenwerte sollen erkannt und gepflegt werden. Weiters ist ein idealistischer Zug in der katholischen Erwachsenenbildung dieser Zeit zu erkennen: nicht im Sinne Kants oder Hegels, sondern im Sinn einer idealistischen Charakterbildung des Menschen, der nicht auf zufällige Anstöße hin oder nach Begierden handelt, sondern nach Ideen, die das Wahre, Gute und Schöne anerkennen und verwirklichen wollen. Außerdem versteht sich die katholische Erwachsenenbildung der Zwischenkriegszeit als Lebenshilfe: "Volksbildung soll vom Leben ausgehen und den Menschen in seiner konkreten Lebenssituation aufsuchen"[89].

3.1.4. Selbstverständnis kirchlicher Erwachsenenbildung nach dem II.Vaticanum

Das kirchliche Selbstverständnis und der theologische Aufbruch in Richtung Dialog nach dem II.Vaticanum wirken auch auf das Selbstverständnis der

---

[86]   einer der geistigen Führer der 'neuen Richtung' neben Hofmann, Picht, von Erdberg, Weitsch, Flitner u.a.
[87]   zit. ebd. S.124.
[88]   Pöggeler zit. in ebd. S.221.
[89]   vgl. ebd. S.341.

katholischen Erwachsenenbildung zurück[90]. Alle Lebenserfahrungen sollen
auf ihre religiöse Tiefendimension hin abgegangen und im Horizont christlicher
Grundentscheidung gedeutet werden. Kirche wird in ihrer Beziehung zur Welt und
Welt in ihrer Beziehung zur Kirche neu gesehen. Der Mensch als Adressat der
christlichen Botschaft wird wieder deutlicher wahrgenommen.

Felix Messerschmid schreibt dazu: "Christlich verstandener Bildung
ist die Sorge um den Menschen das eigentliche Thema, dieses Thema ist in die
Einzelprogramme zu transponieren"[91], aber auch: "Kirchliche, christliche
Erwachsenenbildung kann nicht übersehen, daß die Vollendung des Menschen und
der Menschheit nicht aus einem wie immer gearteten Bildungsvorgang zu erwarten
ist, sondern aus dem Ärgernis des wirkenden Gottes auf einem Weg, auf dem das
Kreuz steht"[92].

Nach Messerschmid weiß sich kirchliche Erwachsenenbildung frei von
irgendwelchen proselytischen Absichten; "indem sie sich grundsätzlich an die
Gesamtgesellschaft wendet, muß sie sich der Dauerreflexion über diese
Gesellschaft wie sich selbst stellen, welche Folge dieser Öffnung ist"[93].
Er nennt drei Funktionsbereiche der kirchlichen Erwachsenenbildung: Dienst an
der Gesamtgesellschaft; innerkirchliche Weiterbildung (für alle Fragenden und
Interessierten, die authentische Auskunft wollen); spezifische innerkirchliche
Weiterbildung (Schulung der Mitarbeiter in Verkündigung, Katechese, Caritas,
Verwaltung usw.)[94].

Nach Erich Feifel ist die Erwachsenenbildung eine Dimension
kirchlichen Handelns, die es schon immer gab, die bisher "problemlos"
mitvollzogen wurde und erst im Zuge des Wandels hin zur Bildungsgesellschaft zu
einem Problem wurde[95]. Kirche ist mit Weiterbildung in doppelter Weise
konfrontiert: Einerseits will sie ihren Beitrag in ein System öffentlicher Weiterbildung einbringen, zum anderen macht sie spezifische Angebote für ihre
Mitglieder, "um das im kirchlichen Bereich weitverbreitete Stagnieren der
Lernfähigkeit der Erwachsenen zu überwinden. Letztlich geht es darum, den
originären Beitrag des Glaubens in den Prozeß eines lebenslangen Lernens
einzubringen"[96].

---

[90]   Konzilstexte siehe unter 3., 3.1.1., 3.1.2.!
[91]   Felix Messerschmid, Weiterbildung in kirchlicher Trägerschaft. In: Feifel/Leuenberger/Stachel/Wegenast (Hg.),
        Handbuch der Religionspädagogik Bd. 3 - Religionspädagogische Handlungsfelder in kirchlicher Verantwortung. Zürich
        1975, S.342.
[92]   ebd.
[93]   ebd. S.340.
[94]   vgl. ebd. S. 345.
[95]   vgl. Erich Feifel, Konzeptionen kirchlicher Erwachsenenbildung. In: ebd. S.347.
[96]   ebd. S.348.

Aber gerade in dieser doppelten Zielsetzung beginnt für Feifel das "Dilemma einer Theoriebildung"[97]. Denn wenn theologische Erwachsenenbildung Kirche als sozial-didaktische Lerngemeinschaft und sich selbst als Dienst der Kirche in der Welt begreift, dann kann sie immer noch nicht auf eine "Theologie der Welt"[98] zurückgreifen. Damit hinkt in diesem Bereich die theologische Reflexion der Praxis der kirchlichen Erwachsenenbildung nach. In diesem Zusammenhang ist auch die Streitfrage zu sehen, "ob Erwachsenenbildung als ein eigenständiges kirchliches Aktionsfeld zu begreifen oder wegen ihrer pastoralen Bedeutung möglichst mit Seelsorge gleichzusetzen sei"[99].

Die nachkonziliare Reflexionsphase bietet eine neue Herausforderung und Chance, denn sie verlangt verstärkt nach einer theologischen Reflexion der kirchlichen Erwachsenenbildung. "Die jüngste Phase [...] ist nur zu begreifen im Horizont der Auseinandersetzung einer sich erneuernden Kirche mit dem Prozeß der Säkularisierung aller Lebensbereiche und Wissensgebiete, ein Prozeß, der in der Konfrontation mit kritischer Rationalität und Religiosität auch eine neue Dynamik des Glaubens wachruft. Soll das vielschichtige Unterfangen kirchlicher Erwachsenenbildung aus der Zufälligkeit und Beliebigkeit [...] in die Zielstrebigkeit eines Aufbauprozesses der Kirche von morgen überführt werden, dann ist eine gründliche Reflexion ihres theologischen Ansatzes unerläßlich"[100].

Bei der Frage nach vorhandenen konzeptionellen Ansätzen der kirchlichen Erwachsenenbildung und ihren theologischen Grundlagen macht Feifel im wesentlichen auf drei Entwürfe aufmerksam:

1. Das Konzept einer *Erwachsenenbildung im Horizont einer dogmatisch argumentierenden Theologie*[101]; dieses sieht Erwachsenenbildung als Seelsorge, wendet sich an Insider und ist im wesentlichen ein vorkonziliares Konzept; eine Autonomie der irdischen Wirklichkeit wird nicht gesehen, eine positive und schöpferische Vermittlung zwischen Glauben, modernem Denken und Gesellschaft nicht angestrebt.

2. Das Konzept einer konfliktorientierten *Erwachsenenbildung im Horizont einer gesellschaftskritisch-funktionalen Theologie*[102]; dieses orientiert sich am Globalziel der Emanzipation, will herrschaftsfreie Diskussion einüben und gesellschaftliche Unterdrückung auf allen Ebenen thematisieren. Es ist deutlich an der "Pädagogik der Unterdrückten" Paolo Freires orientiert und sieht in der "Theologie der Befreiung" ihr theologisches Korrelat.

---

[97]   ebd.
[98]   ebd.
[99]   ebd.
[100]   ebd. S.349.
[101]   vgl. ebd. S.350.
[102]   vgl. ebd. S.352.

In der letzten Konsequenz wird Theologie nach diesem Konzept und damit auch die kirchliche Erwachsenenbildung zum "Bestandteil einer Gesellschaftstheorie"[103] und übersieht den für eine christliche Theologie kennzeichnenden "eschatologischen Vorbehalt"[104]. Eine Theologie, die sich in eine "empirische Kirche" im Horizont gesellschaftlicher Wirklichkeit hinein verrechnen läßt, "hört auf, Theologie zu sein. Sie ordnet sich statt dessen in innerweltliche Heilsideologien ein"[105]. Rahner meint dazu: "Das Christentum ist das Verdikt eines jeden Humanismus, der sich absolut setzt und so dem Menschen [...] die Offenheit auf eine weitere Zukunft Gottes hin versperren will"[106].

Von hier aus zeigen sich Sinn und Grenzen einer konfliktverarbeitenden kirchlichen Erwachsenenbildung! Glaube ist nur in und durch gesellschaftlich relevante Praxis in der Lage, die Lebenswirklichkeit zu erreichen – Konfliktorientierung ist daher ein unentbehrlicher Aspekt kirchlicher Erwachsenenbildung. Dennoch trifft für eine biblisch orientierte christliche Lebenserfahrung nicht zu, daß die Gesellschaft den vordringlichen Gesichtskreis menschlicher Wirklichkeitserfahrung darstellt. "So ist in der konkret vorfindlichen Situation des Christentums konfliktorientierte Erwachsenenbildung gewiß ein notwendiges Element eines theologisch vertretbaren Konzepts, kirchliche Erwachsenenbildung kann und darf sich aber nicht darin erschöpfen"[107].

Es ließe sich dieses Problem auf die Kurzformel bringen: Gesellschaftstheorie ist ein Aspekt der Theologie, aber nicht die Theologie ein Aspekt der Gesellschaftstheorie.

3. Das Konzept einer *"Lerngemeinschaft zur Meinungs- und Willensbildung im Glauben im Horizont anthropologisch ausgerichteter Theologie"*[108]. Ziel dieses Konzeptes ist die Ermöglichung einer Wiederbegegnung von Kirche und Welt im Sinn des II.Vaticanums[109]. Kirchliche Erwachsenenbildung wird zum Anwalt des fragenden, suchenden und zweifelnden Menschen von heute, ermöglicht eine Kommunikation der Gläubigen als Kirche und ermuntert zu Engagement und Verantwortung der Welt und dem Glauben gegenüber. Der Gedanke der doppelten Treue ist hier aufgegriffen. Das theologisch–didaktische Prinzip der Korrelation taucht auf, das den Zusammenhang zwischen den Fragen nach dem Sinn des Lebens, die auch in einer

[103]   ebd. S.353.
[104]   ebd.
[105]   vgl. ebd.
[106]   zit. ebd.
[107]   ebd. S.354.
[108]   ebd.
[109]   vgl. ebd.

säkular gewordenen Welt nicht verstummen, und den Antworten aus dem Glauben aufdecken. "Als Korrelation zwischen der Frage, die der Mensch ist, und der Antwort, die Gott ist, stellt sie ein theologisches Axiom dar und als Strategie der Erfahrungskommunikation zwischen menschlicher Erfahrung und christlichem Glauben ein didaktisches Prinzip mit spiritueller Dynamik"[110].

Nach diesem Modell Feifels wird Kirche zu einer Lerngemeinschaft im Glauben, in der Menschen gemeinsam unterwegs sind, und kirchliche Erwachsenenbildung wird zu einer konkreten Realisierung der pilgernden Kirche.

Im Bereich der Aktionsfelder kirchlicher Erwachsenenbildung zeigt sich eine Breite und Vielfalt des Angebots sowohl hinsichtlich des Inhalts als auch der Adressatengruppen; ein Phänomen, das negative und positive Aspekte aufweist.

Gerhard Iber schreibt: "Der Erwachsenenbildung der Kirchen mangelt also die in einer Institution greifbare Geschlossenheit. Auch von einem funktional gegliederten einheitlichen System kann keine Rede sein. Eher erscheint sie als ein da und dort durchaus Züge des Zufälligen tragendes Aggregat von unterschiedlichen Aktivitäten, wie man denn hier gelegentlich auch 'Wildwuchs' oder 'gewachsenes Chaos' konstatiert hat. Auf der anderen Seite hat die Pluralität der Träger und Veranstalter in der Erwachsenenbildung durchaus einen positiven Aspekt. Sie erlaubt nämlich, die Bildungsarbeit von den Problemen und Bedürfnissen der jeweiligen Teilnehmer her zu konzipieren und ermöglicht so ein mehr an Konkretion und Kommunikation"[111].

Gerade der Behandlung eines Themenbereiches wie New Age kommt die flexible äußere Struktur kirchlicher Erwachsenenbildungsorganisationen entgegen. So kann differenziert auf den jeweiligen Lebenszusammenhang, in dem diesem Problemfeld begegnet wird, eingegangen werden.

Am Beispiel der Wiener Diözesansynode von 1969–1971 läßt sich mitverfolgen, wie die Dokumente des Konzils auf die Situation der jeweiligen Ortskirche hin interpretiert wurden – auch was das Themenfeld 'Erwachsenenbildung' anbelangt.

Sie wird von der Synode in ihrer Bedeutung für Kirche und Gesellschaft als umfassende und dauernde Bildung ("éducation totale et permanente") anerkannt, und die Synode "mißt der Weiterbildung der Erwachsenen (Erwachsenenbildung) die gleiche Wichtigkeit bei wie der schulischen, vor- und außerschulischen Bildung der jungen Menschen"[112].

---

[110]   ebd. S.355.
[111]   Gerhard Iber, Aktionsfelder kirchlicher Erwachsenenbildung. In: Handbuch der Religionspädagogik Bd.III., S.379.
[112]   Leben und Wirken der Kirche von Wien; Handbuch der Synode 1969-1971, Wien 1972, S.139, Art.381.

Durch die katholische Erwachsenenbildung sollen nach Vorstellung der Synode urteilsfähige und verantwortungsbewußte Menschen gebildet werden, die sowohl im Bereich der Kirche als auch in der Gesellschaft aktiv am Leben teilnehmen[113]. Durch Erwachsenenbildung soll den Menschen Daseinserhellung und Hilfe zur Lebensbewältigung angeboten werden[114]. Auch die Synode hebt von der kirchlichen Erwachsenenbildung eine theologische Erwachsenenbildung ab und sieht in dieser eine voll entfaltete Form der Verkündigung[115]; sie soll auf die Glaubens- und Lebenssituation der Erwachsenen Rücksicht nehmen[116] und offen sein für Auseinandersetzung[117].

Im Bereich der Erzdiözese Wien gibt es eine Reihe von Institutionen, die sich der Sache nach mit spezifischer Erwachsenenbildung beschäftigen: Die einzelnen Gliederungen wie Frauen-oder Männerbewegung haben zum Teil eigene Bildungsreferate, Bildungsangebote und Referenten. Daneben lassen sich sechs Institutionen nennen, deren Hauptaufgabe auf dem Gebiet der kirchlichen Erwachsenenbildung liegt: das Katholische Bildungswerk, die theologischen Kurse für Laien, die Katholische Akademie, die Bildungshäuser, das Bibelwerk, die katholischen Büchereien.

Nach einer Untersuchung des Themenangebotes des Bildungswerkes und der Bildungshäuser aus dem Jahr 1984[118] anhand der Bildungsanzeiger und Veranstaltungsprogramme zeigen sich folgende Themenschwerpunkte:

1. Religiöse Bildung: 33 % (Theologie 28,3 %/Themen wie: Einführung ins Neue Testament, Der Schöpfungsbericht, Benedikt – Menschenführer und Gottsucher, Ortskirche – Weltkirche, etc. – Religionspädagogik 4,7 %/Themen wie: Mit Kindern über Gott reden, Wenn Kinder nach dem Tod fragen, Gebetserziehung in der Familie, etc.).

2. Gesellschaft, Politik, öffentliches Leben: 8,01 % (Themen wie: Einführung in die katholische Soziallehre, Gemeinde im Grenzland, Selbsthilfe und Arbeitslosigkeit, Ortsbildpflege und landschaftsgerechtes Bauen, etc.)

3. Eltern, Familie, Ehe: 16,03 % (Themen wie: Hausfrau – ein Beruf?, Eheseminar, Partnertraining, Familienkonferenz, Muß eine Krise zur Scheidung führen?, Was Eltern über die Pubertät wissen sollen, etc.).

4. Freizeit, Hobby, Sport, Kreatives: 14,62 % (Themen wie: Krippenbasteln,

---

[113]   vgl. ebd., Art.382.
[114]   vgl. ebd. S.140, Art.384.
[115]   ebd. S. 137, Art.364.
[116]   ebd. Art.366.
[117]   ebd. Art.368.
[118]   K.Finger, Ziele und Inhalte der Erwachsenenbildung - konfess. EB. Unveröffentlichte Seminararbeit 1984.

Flötenkurs, Zitherkurs, Ikebana, Batik, Volkstanzen, etc.).

5. Kulturelles: 8,96 % (Film-, Theaterabende, Ausstellungen, Licht-
   bildervorträge, etc.).

6. Randgruppen: 1,88 % (Themen für Senioren, Alleinerzieher, etc.).

7. Lebenshilfe: 16,03 % (Themen wie: Selbsthilfe für Arbeitslose,
   Gesprächstraining, Yoga, Einführung in die Gruppendynamik,
   Selbsterfahrung im Psychodrama, Rhetorik, Selbstbewußtsein kann ich
   lernen, Körper – Ausdruck meines Ich, etc.).

8. Medizin: 1,4 % (Themen wie: Homöopathie, Den Streß bewältigen, Der
   Kräuterpfarrer kommt, etc.).

Damit sei der Bereich der kirchlichen Erwachsenenbildung in seiner
begrifflichen Abgrenzung, biblisch-lehramtlich-rechtlichen Begründung,
historischen und nachkonziliaren Entwicklung und konkreten Ausformung am
Beispiel der Erzdiözese Wien skizziert. Bleibt noch die letzte Frage zu klären, wie
weit bereits angesprochenen Zielsetzungen der kirchlichen Erwachsenenbildung
in eine allgemeine Zielformel der Erwachsenenbildung eingebunden werden
können.

3.1.5. Ziele der kirchlichen Erwachsenenbildung
im Horizont einer allgemeinen Zielformulierung

Herbert Zdarzil entwickelt in seiner "Pädagogischen Anthropo-
logie"[119] eine dreifache Zielformel für Erziehung: Erziehung zur
Mündigkeit, Erziehung zur Lebenswelt, Erziehung als Hilfe zur
Identitätsbildung[120].

Das Prinzip der *Mündigkeit* ist die Zielbestimmung, die sich aus dem Wesen
des Menschen selbst ergibt. Insofern der Mensch nämlich ein Wesen der
Reflexivität, der Selbstbestimmung, der Selbstgestaltung ist[121], insofern
er vernunftbegabt ist, findet er weder in sich noch außer sich unbedingt
verpflichtende Verhaltensimperative vor. Er ist unbestimmt und frei – wobei
mündige Freiheit immer auch die Freiheit des anderen ernst nimmt – und kann sich
Normen nur in Selbstverpflichtung setzen. "Unbedingte Verpflichtung des Willens

[119]   Herbert Zdarzil, Pädagogische Anthropologie. Graz 1978[2].
[120]   vgl. ebd. S.215-255.
[121]   vgl. ebd. S.38ff.

ist daher Resultat einer Selbstverpflichtung des Willens"[122].

Dieser Akt der vernünftigen Selbstverpflichtung steht unter einem doppelten Aspekt: Mündigkeit als einsichtige Selbstbestimmung *unter* vorgegebene Normen, Werte und Ziele, und *über* diese Normen, Werte und Ziele[123]. So ist ein erstes anzustrebendes Ziel der Erziehung, "[...] den heranwachsenden Menschen zur doppelten Mündigkeit zu erziehen, ihn zur Selbstverpflichtung auf ein Gesetz und zur Selbstbestimmung unter diesem Gesetz hinzuführen [...]"[124].

Die Formel von der Mündigkeit bliebe von der Wirklichkeit abgehoben und nur eine sehr allgemeine Handlungsorientierung, würde nicht berücksichtigt, daß sich die Selbstbestimmung des Menschen immer nur in bestimmten Lebenssituationen und Lebensbezügen vollzieht. In der *"Erziehung zur Lebenswelt"* sieht Zdarzil daher die Aufgabe, "die Menschen mit jenem Wissen und jenen Fähigkeiten auszustatten, die sie in Ansehung ihrer gegenwärtigen und zukünftigen Aufgaben benötigen"[125]; dies aber in deutlicher Abgrenzung von sozialer Anpassung oder bloßer beruflich-technischer Ertüchtigung. Die einzelnen Zielformeln stehen in einem inneren Zusammenhang, und so bedeutet "Erziehung zur Lebenswelt" auch "Erziehung zur Mündigkeit", insofern sie zu einsichtigen Urteilen und Entscheidungen über berufliche, politische oder kirchliche Strukturen befähigt[126].

Die Zielformel Mündigkeit und Lebenswelt sind für Zdarzil immer noch zu abstrakt; daher führt er noch eine dritte Formel ein, die das pädagogische Ziel von der Identitätstheorie her faßt, ohne so weit einzuengen, daß sie ihren Anspruch, eine allgemeingültige Zielformel der Erziehung zu sein, einbüßte. Diese Dimension der Zielformel – *Erziehung zur Lebenswelt* – setzt bei der Erfahrung an, daß der Mensch Individuum (numerische Identität) ist und Individualität (qualitative Identität) besitzt und um sein individuelles Selbst und seine Individualität weiß[127].

Über weite Strecken ist das Identitätsbewußtsein des Menschen ein gesellschaftlich vermitteltes; es "wird maßgeblich mitbestimmt von dem, was andere von ihm erwarten und als was sie ihn annehmen und

[122]   ebd. S.239.
[123]   vgl. Herbert Zdarzil, Anthropologie des Erwachsenen. In: Franz Pöggeler (Hg.), Handbuch der Erwachsenenbildung. Bd. 3: Anthropologie und Psychologie des Erwachsenen. Stuttgart 1976, S.100f.
[124]   Zdarzil 1978, S.244f.
[125]   Zdarzil 1976, S.103.
[126]   vgl. Zdarzil 1978, S.250.
[127]   vgl. Zdarzil 1976, S.105f.

anerkennen"[128].

Das Identitätsbewußtsein, das auch die abgelehnten Momente der Persönlichkeit im Sinn einer "negativen Identität"[129] umfaßt, wird im Laufe des Lebens schrittweise aufgebaut. Erste "Identitätsfragmente"[130] bilden sich bereits in der frühen Kindheit. Mit der Adoleszenz[131] beginnt die Ausformung der endgültigen Identität des Menschen – ein Prozeß, der nie als endgültig abgeschlossen angesehen werden kann: Noch in den späteren Lebensjahren ist der Mensch nicht nur prinzipiell zum Identitätswechsel fähig, sondern wird oft durch äußere Bedingungen oder innere Entwicklungen zu einer Neustrukturierung seiner Identität gezwungen.

Von der Einsicht, "daß an der Ausbildung der Identität eines Menschen die auf ihn einwirkende soziale Umwelt und seine Selbststeuerung beteiligt sind"[132], wird die Hilfe zur Identitätsfindung ein elementares Ziel erzieherischen Handelns.

Zusammenfassend zur Zielproblematik schreibt Zdarzil: "Erziehung und Bildung können so als Hilfe zur Identitätsbildung, Identitätserfüllung und Identitätsänderung wirksam werden und in dieser dreifachen Zielstellung eine Aufgabe finden, welche die Aufgaben einer Erziehung zur Lebenswelt wie auch die einer Erziehung zur Mündigkeit in sich begreift"[133].

Diese allgemeine Zielbestimmung gilt auch für die Erwachsenenbildung. Auch sie "ist dem Prinzip der Mündigkeit verpflichtet, auch sie sieht sich mit der Aufgabe konfrontiert, ihren Adressaten zu einer bewußten Gestaltung seiner Lebensbezüge und zur Bewältigung der ihm aus diesen Bindungen und Verpflichtungen erwachsenen Aufgaben zu befähigen, auch sie hat – dem jungen Menschen – Hilfe bei der Identitätsfindung und – dem älteren Menschen – Hilfe beim Identitätswechsel zu bieten"[134].

Zu fragen wäre im Zusammenhang dieser Erörterungen, ob diese Zielformel auch für die kirchliche Erwachsenenbildung als allgemeiner Rahmen dienen kann, bzw. in welche Richtung eine Konkretisierung hier gehen müßte.

Beim Begriff der Mündigkeit zeigt sich eine theologische Reserviertheit. Ist nach Zdarzil Mündigkeit in der vernünftigen

---

[128]   ebd. S.106.
[129]   vgl. ebd.
[130]   Erikson, zit. in: ebd. S.107.
[131]   vgl. ebd. S.108.
[132]   Zdarzil 1978, S.254.
[133]   ebd. S.255.
[134]   Zdarzil 1976, S.108.

Selbstbestimmung[135] gegeben, so sieht R. Egenter "christliche Mündigkeit" gekennzeichnet durch die Selbständigkeit, die sich ihrer gnadenhaften Freiheit bewußt ist[136] und durch das Sichtbarwerden dieser Selbständigkeit in der Sozialität. "Der Mündige erweist sich als einer, der eine Munt, (Voll-) Macht besitzt und den Mund auftun kann"[137].

Das sehr ausführliche und nach wie vor aktuelle "Lexikon der christlichen Moral"[138] hat für den Begriff Mündigkeit kein eigenes Stichwort und verweist im Sachregister auf den Artikel "Gehorsam", beschreibt dort aber Mündigkeit nur als den Endpunkt des Erziehungsgehorsams: "Ist Mündigkeit erreicht, hört in diesem Bereich [des Führungs- und Erziehungsgehorsams] die Gehorsamspflicht auf"[139]. Eine nähere positive Bestimmung, was Mündigkeit sei, findet sich bei Hörmann nicht.

Das "Lexikon religiöser und weltanschaulicher Fragen"[140] bringt das Stichwort "Mündigkeit" nicht, ebenso nicht das "Lexikon für junge Katholiken"[141]. Offensichtlich ist für eine engverstandene kirchliche Ethik der Begriff Mündigkeit nach wie vor zu stark aufklärerisch eingefärbt[142].

Wenn Zdarzil Mündigkeit als "die Fähigkeit zur einsichtigen Selbstbestimmung *unter* vorgegebene Normen [...] und als die Fähigkeit zur einsichtigen Selbstbestimmung *über* diese Normen"[143] beschreibt, dann wird eine kirchliche Ethik bei der Fähigkeit zur Selbstbestimmung *über* diese Normen das den Christen in seinem Gewissen verpflichtende Lehramt, das das gesamte Depositum fidei verwaltet und authentisch interpretiert, in die Diskussion einbringen.

Mündigkeit im Sinn einer christlichen Vorentscheidung würde dann bedeuten: Annahme der auf Christus zurückgebundenen Lebensnormen in Demut und Gehorsam aufgrund einer vernünftig getroffenen Selbstbestimmung in Freiheit unter diesen Normen. Christlich verstanden liegt der Sinn der "Mündigkeit" darin, daß der Mensch seine von Gott gegebene Bestimmung, Gott und die Menschen zu lieben, in freier Entscheidung als Lebensmaxime akzeptiert und verwirklicht; und Liebe kann nur in Freiheit realisiert werden (vgl. dazu auch Gal 5.13f). Gewissensfreiheit ist dabei nicht mit Mündigkeit verrechenbar: Zwar ist der Mensch nach

---

[135]   vgl. ebd. S.100.
[136]   vgl. LThK 7, Spalte 680.
[137]   ebd.
[138]   Karl Hörmann (Hg.), Lexikon der christlichen Moral. Innsbruck 1976.
[139]   ebd. Spalte 570.
[140]   Rudolf Fischer-Wollpert, Wissen Sie Bescheid? Lexikon religiöser und weltanschaulicher Fragen. Regensburg 1981[1].
[141]   Hans Schachter, Bibel-Glaube-Kirche. Lexikon für junge Katholiken. Würzburg 1966.
[142]   wie auch Pöggeler in seinem Artikel 'Mündigkeit', in: "Das neue Lexikon der Pädagogik" (Herder) 1971, Bd.3, S.177 andeutet.
[143]   Zdarzil 1976, S.100f.

der christlichen Ethik zum Gehorsam auch gegenüber seinem irrenden Gewissen verpflichtet, aber auch dazu, sein Gewissen zu bilden. "Die Gewissensbildung muß nicht nur auf Werteempfänglichkeit, sondern auch auf die Richtigkeit der Werterkenntnis hinzielen. Nur durch ein richtig sprechendes Gewissen kann der Mensch zur Erfüllung seines Lebens gemäß seinem tatsächlichen Sollen gelangen"[144].

Im Bereich der materialen Gewissensbildung setzt die Bindung an das Lehramt in Gehorsam und Demut an. Kirchliche Erwachsenenbildung wird daher auch dann, wenn sie Mündigkeit als Zielformel akzeptiert und vor allem als christliche Mündigkeit versteht, immer von der Option einer christlich-kirchlichen Grundentscheidung aus argumentieren und Mündigkeit bezogen auf die transzendentale Offenheit des Menschen hin interpretieren: Zur Mündigkeit kommt der Mensch dann, wenn er den Willen Gottes, vermittelt in der Lehre der Kirche, als Lebensnorm akzeptiert.

Die Hinführung zur Lebenswelt – als Parallele zur zweiten Zielformel bei Zdarzil – ist auch Ziel einer kirchlichen Erwachsenenbildung; doch auch hier unter Betonung eins bestimmten Aspektes: Verbunden mit einer "christlichen Mündigkeit" wird eine "Ausrichtung auf die gegenwärtigen und künftigen Lebensbezüge des lernenden Menschen"[145] versuchen, die jeweilige transzendente Tiefendimension dieser Lebenswelt mit ins Gespräch zu bringen. Vor allem dann, wenn sie nach dem korrelativen Didaktikmodell den Anspruch der Offenbarung im konkreten Leben und das konkrete Leben mit seinen Ansprüchen in der Offenbarung aufweisen will.

Wenn christlich verstandener Bildung "die Sorge um den Menschen das eigentliche Thema"[146] ist, dann ist der Mensch in seiner verklammerten Situation gemeint: Er lebt voll und ganz in dieser irdischen Wirklichkeit, "streckt sich aber nach dem aus, was vor ihm liegt"[147]. Erziehung zur Lebenswelt heißt dann für die kirchliche Erwachsenenbildung: Erziehung zu einer Welt, die als Transparent für das Zukünftige gedeutet und erfahren werden kann.

Damit ist auch die dritte Dimension der Zielformel Zdarzils erreicht. Christliche Anthropologie sieht Identität dann verwirklicht, "wenn die endliche Person in der Du-Relation auf den sich in Christus offenbarenden Gott steht. Ihr Wesen besteht darin, von ihm gerufen, das heißt geliebt zu sein; ihre Verwirk-

[144]   Hörmann in: Hörmann (Hg.) 1976, Spalte 719.
[145]   Zdarzil 1976, S.104.
[146]   Messerschmid in: Handbuch der Religionspädagogik 1975, Bd.3, S.343.
[147]   vgl. Phil 3,13.

lichung, diesen Ruf zu vollziehen, das heißt ihn zu lieben"[148]. Was Guardini
damit für eine christliche Haltung aussagt, wird von der Zielformel "Hilfe zur
Identitätsbildung" mit umschlossen, von ihm aber auf das christliche Telos des
Menschen hin konkretisiert: im Du Gottes letzte Geborgenheit und Heimat zu
finden.

Bei diesem Punkt angekommen, zeigt die Formel Erziehung zur
Mündigkeit-Lebenswelt-Identitätsbildung auch im Bereich der kirchlichen
Erwachsenen-bildung ihre formale Gültigkeit, wenngleich sie, um dem Anspruch
christlicher Bildung gerecht zu werden, einen ersten Schritt der Konkretion in
Richtung christlicher Grundentscheidung gehen muß.

Das heißt aber nicht, daß kirchliche Erwachsenenbildung von daher
die Legitimierung für eine dogmatisch argumentierende theologische
Bildung[149] beziehen könnte. Sie bleibt "Werkzeug einer Wiederbegegnung
von Kirche und Welt"[150]; dies mit allen Unsicherheiten und Risken einer
solchen Begegnung und aller Notwendigkeit zu Offenheit und Bereitschaft zu
hören, aber auf der Grundlage einer definierten und deklarierten Option.

Damit kann kirchliche Erwachsenenbildung als mögliches Forum des
Dialoges Christentum-New Age angesprochen werden; dies besonders deshalb vor
dem Hintergrund der dreifachen Zielformel, weil gerade im New Age Fragen
aufbrechen, die vom Horizont Mündigkeit-Lebenswelt-Identität umfaßt werden. In
der Transpersonalen Psychologie wird die Frage der Identität im Zusammenhang
mit Erfahrungen, die die Person überschreiten, radikalisiert; in einer monistischen
Weltdeutung und dem Ruf "global zu denken und lokal zu handeln" werden
Lebenswelt und Mündigkeit zu einem unbedingt zu behandelnden Thema.

Erwachsenekatechese und kirchliche Erwachsenenbildung haben (wie
unter 3.1.3. dargestellt) immer versucht, auf aktuelle Anforderungen und Fragen
der Zeit Antwort zu geben. Das New Age steht als gebündelte Anfrage vor der
kirchlichen Erwachsenenbildung und verlangt nach Klärung und Antwort.

---

[148]   Romano Guardini, Welt und Person. Versuche zur christlichen Lehre vom Menschen. Würzburg 1955[4], S.166.
[149]   vgl. Feifel in: Handbuch der Religionspädagogik 1975, Bd.3., S.350.
[150]   ebd. S.354.

3.2. DAS TROJANISCHE PFERD –
zur bisherigen Praxis der kirchlichen Erwachsenenbildung, mit Themen des New Age umzugehen

Als die Trojaner um das von den Griechen zurückgelassene Pferd standen und berieten, ob sie es in die Stadt schaffen sollten oder nicht, wurden sie von Laokoon gewarnt: "Traut diesem Ding nicht" – aber er wurde von Schlangen erdrückt; die Trojaner sahen darin ein Strafe der Götter und rissen einen Teil ihrer Stadtmauern nieder, um das Pferd in die Stadt ziehen zu können, in dem der Sohn des Achilles mit Menelaos, Diomedes, Odysseus und vielen anderen verborgen war. Und es kam, wie Kassandra es vorausgesagt hatte...

3.2.1. Von der "Sanften Verschwörung" zur "sanften Infiltration" – New Age im kirchlichen Erwachsenenbildungsangebot

Bei einer Untersuchung der Themenangebote von sieben katholischen Bildungshäusern Österreichs[151] stellte sich heraus, daß für die Jahre 1977 und 1978 im Durchschnitt 9,01 Prozent des gesamten Themenangebotes entweder ausgesprochene New Age-Themen waren oder Themen, die eine deutliche Nähe zum New Age hatten, ohne dies zu deklarieren.

Kriterien bei der Beurteilung der Kursangebote waren: thematischer Bezug zum New Age bzw. zu New Age-dominierten Problembereichen [1-17]; sprachliche Orientierung an der Ausdrucksweise des New Age [6,7,17; vgl. auch unter 1.5.2.]; erkennbare Afinität zur "Philosphie" des New Age [6.7.9.17][152].

Dabei kamen große Unterschiede bei den einzelnen Bildungshäusern zum Vorschein:
Spitzenreiter ist das Bildungshaus Batschuns in Vorarlberg mit 16,35 % New Age-Themen, gefolgt von St. Hippolyt, Niederösterreich mit 11,19 % und Neuwaldegg, Wien mit 10,78 %; am niedrigsten ist der Anteil im Bildungshaus Mariatrost in Graz mit 2,56 %.

Innerhalb der Untersuchung der Themenangebote war auch

---

[151]   vgl. Anhang, Dokumentation 12; die Bildungsanzeiger folgender Bildungshäuser wurden herangezogen: Batschuns, Vlbg.; St.Virgil, Szbg.; Mariatrost, Stmk.; St.Bernhard, NÖ; St.Hippolyt, NÖ; Tainach, Ktn.; Neuwaldegg, Wien.

[152]   Soweit es dem Verfasser zu recherchieren möglich war, läßt sich sagen, daß die unter b_1 und b_2 angeführten Veranstaltungen auch im Sinne ihrer Ausschreibung durchgeführt wurden.

nachzufragen, welche Bildungshäuser die entsprechenden Themen tatsächlich als New Age-Themen ausweisen und damit eine kritische Auseinandersetzung erwarten lassen. Denn häufig werden New Age-Themen undeklariert (von den Veranstaltern her unkritisch und unreflektiert) angeboten und so zu "trojanischen Pferden". Am Verhältnis der deklarierten zu den undeklarierten Veranstaltungen läßt sich ablesen, wie kritisch oder unkritisch ein Bildungshaus dem New Age gegenübersteht.

Im Angebot des Bildungshauses Batschuns sind 22,85 % der als New Age-nahe zu klassifizierenden Themen deklariert, 77,15 % nicht; am wenigsten differenziert ist das Angebot des Bildungshauses St. Bernhard: 95,46 % undeklarierten New Age-Themen stehen nur 4,54 % deklarierte gegenüber. Am kritischsten und zurückhaltendsten zeigt sich unter den sieben untersuchten Bildungshäusern Mariatrost: 53,84 % der New Age-Themen sind klar deklariert (als kritische Auseinandersetzung mit dem New Age) und nur 46,16 % nicht. Ein verhältnismäßig hohes kritisches Niveau zeigt auch das Bildungshaus St.Virgil in Salzburg, das 36,98 % als New Age-Themen in kritischer Distanzierung ausweist. Aber selbst dort, wo die kritische Distanzierung relativ hoch ist (Mariatrost mit 53,84 % zu 46,16 %), bleibt noch ein genügend hoher Anteil an unkritisch angebotenen Themen, die es gerechtfertigt erscheinen lassen, entweder von trojanischen Pferden zu reden, oder aber den Vorwurf zu erheben, daß wesentliche Gehalte der angebotenen Themen zugunsten einer Bildungsmarktgerechtheit vernachlässigt werden.

Bei den angeführten Intentionen zu den einzelnen New Age-nahen Themen lassen sich grob zwei Gruppen unterscheiden:

a)   In einer ersten Gruppe wird das New Age angesprochen und die kritische Absicht der Veranstaltung klargelegt.

b)   In einer zweiten Gruppe wird die Nähe des Themas zum New Age nicht deklariert. Hier wird

   b_1)   diffus im New Age-Vokabular gesprochen, ohne eine kritische, ablehnende oder zustimmende Absicht kundzutun, oder es ist

   b_2)   hinter dem Angebot die New Age-Nähe zunächst nicht zu vermuten und dürfte auch dem Veranstalter kaum bewußt gewesen sein.

Einige Beispiele aus den diversen Bildungsanzeigern sollen als Beleg dienen:

ad a) – *klar deklarierte kritische Absicht*

Mariatrost/Graz

<1> Wochenendveranstaltung – 28./29. November 1987: "*Kritisch beleuchtet: New*

Age. 'New Age' ist ein verzweigtes System von Gedanken, Wahrnehmungsmustern und Bestrebungen, die jedoch wie Seitenarme und Nebenflüsse auf einen großen Strom zulaufen und in diesen münden. 'Die Anhänger von New Age verbinden alternative und esoterische Anliegen miteinander und pflegen mit verschiedenen Schwerpunkten Ideale und Praktiken der Human-Potential-Bewegung, der ökologischen Bewegung, des spiritistischen Jenseitskontakts, östlicher Meditationsschulen, der Theosophien, mythisch-magischer Indianer- und Schamanenspiritualität, christlicher Mystik und humanistischer Ethik. Gemeinsam ist ihnen die Zuversicht, daß die Menschheit jetzt eine Chance hat, in ein neues Zeitalter (New Age) einzutreten, in dem breite Kreise eine 'Transformation' des Bewußtseins zu mehr Erleuchtung, Intuition und Harmonie erfahren, der auch ein gesellschaftlicher Wandel folgen werde. Diese Wende deutet man astrologisch als Übergang vom Fische-Zeitalter zum Wassermann-Zeitalter' (Bernhard Grom)"[153].

St.Virgil/Salzburg

<2> Abendveranstaltung – 19. Mai 1987: *"Okkultismus und christlicher Glaube.* In Vortrag und anschließender Diskussion sollen zu folgenden Themenbereichen Informationen geboten und christliche Orientierungsmarken herausgearbeitet werden. Was ist von Rutengehen und Pendeln zu halten? Wissen 'Wahrsager' wirklich die Zukunft? Kann man beim Tischerlrücken mit Verstorbenen in Kontakt treten? Was ist es um die modernen Hexen und Satanspriester? Gibt es dämonische Besessenheit?"[154].

<3> Sommertagung v. 2. bis 9. August 1987: *"Zeitgeist* [...] Was auch immer das heißen mag [...] Vagheit und Beliebigkeit sind Grundmuster unserer Zeit. Postmoderne, Grün-Alternatives, Esoterik, New Age [...] kurzfristige Modetrends oder Signale eines kulturellen Strukturwandels? Der Geist der Unterscheidung meldet sich mit der Forderung nach Klärung, Sichtung und Orientierung"[155].

<4> Zweitagesveranstaltung – 27./28. Oktober 1988: *"Christlicher Glaube und Neues Denken.* New Age und esoterische Bewegungen fordern die Christen heraus. Diese Tagung versteht sich als eine Anregung, sich mit diesen Bewegungen intensiv auseinanderzusetzen. Wir möchten eine komprimierte Information und somit eine

---

[153]   Mariatrost im Gespräch. Programmzeitschrift des Bildungshauses. 5/87, S.5.
[154]   St.Virgil aktuell. Termine, Themen, Reflexionen. Mai/Juni/Juli/August 1987, S.4.
[155]   ebd. S.6.

differenzierte Grundlage zu Genese und zum Verständnis verschiedener
Strömungen und Ausformungen dieser religiösen Bewegungen der 'Wendezeit'
anbieten. Die Tagung versucht zur persönlichen Meinungsbildung im Sinne einer
Solidarität mit Menschen, die suchen, und der nötigen Unterscheidung aus dem
Glauben beizutragen. Vor allem sollen konkrete Ansatzpunkte für die pastorale
Arbeit aufgezeigt und erarbeitet werden"[156].

Batschuns/Vorarlberg

<5> Wochenendveranstaltung – 9./10. Jänner 1988: *"Der Geist des Neuen Zeitalters.
New-Age-Spiritualität und Christentum.* 'Wir nähern uns trotz aller Fehlschläge
und aller Unwahrscheinlichkeiten einem neuen Zeitalter, in dem die Welt ihre
Ketten abwerfen wird, um sich endlich den Kräften ihrer Affinitäten zu
überlassen' (Teilhard de Chardin). Was Teilhard de Chardin geahnt hat, dringt
jetzt unter dem Namen 'New-Age' als Bewegung, von Amerika ausgehend, nach
Europa. Was sich hinter diesem Schlagwort verbirgt, wird bei dieser Tagung
dargelegt werden. In den christlichen Kirchen begegnet man der New-Age-
Bewegung mit Unbehagen. Das Mißtrauen ist allerdings wechselseitig. Schiwy wird
als bekannt scharfsinniger Analytiker Differenzen und Gemeinsamkeiten aufzeigen,
die es auch Christen ermöglichen, von dieser Strömung zu lernen"[157].

Bereits die Wahl des Referenten[158] in Batschuns läßt auf eine höhere New
Age-Rezeptionsbereitschaft schließen, als etwa in St.Virgil, das mit Bernhard
Grom, Gottfried Küenzelen, Josef Sudbrack auch solche Referenten aufbietet, die
in ihren Publikationen New Age-kritisch hervorgetreten sind.

ad b₁)   – *diffus markierte New Age-Angebote*

Batschuns/Vorarlberg

<6> Wochenendveranstaltung – 6./7. Februar 1988: *"Jenseits des Ich. Veränderte
Bewußtseinszustände [!] und die Geburt einer Neuen Weltschau [!].* Eine neue
Schau des Menschen ist im Entstehen: das transpersonale Weltbild [!]. Diese
Wissensorientierung [sic] bezieht sich nicht einseitig auf westliche Wissenschaft,
sie greift auch Anregungen anderer Kulturen – aus Asien und Stammeskulturen –
auf, denn sie möchte den ganzen planetaren [!] Menschen berücksichtigen. Das
Stichwort, welches dabei im Mittelpunkt steht, heißt 'Bewußtsein' [!]. Wir werden

---

[156]   St.Virgil aktuell, Juni bis September 1988, S.7.
[157]   Bildungshaus Batschuns 1987/88 (Programmheft), S.57.
[158]   Günther Schiwy, "Der Geist des Neuen Zeitalters ist der Geist Gottes", in: Schiwy 1987, S.109.

uns beschäftigen mit: Trancetechniken, Meditation, Gipfelerfahrungen [!], außer-
körperlichen Erfahrungen, Sterbe- und Nah-Todeserlebnissen, Erleuchtung [!].
Darüber hinaus werden wir auch Heilweisen von Urheilern, Medizinleuten und
Schamanen besprechen: Praktischer Teil. Imaginationsreise, 'Sterbeübung',
holophonische [!] Musik, Lichtbilder über Urheiler"[159].

Schicken sich die Trojaner an, das Pferd in die Stadt zu ziehen? Der
Eindruck entsteht, wenn man zusätzlich anmerken muß, daß diese
Veranstaltungsankündigung zwischen einem Kurs mit dem Thema "Die menschliche
Seite der Gelübde; ihre Bedeutung für unsere Spiritualität. Bildungstage für
Menschen in der Nachfolge Jesu"[160] und der Ankündigung von "Exerzitien
für Priester und Laien – 'Bleibet in meiner Liebe' (Joh 15,9)"[161] mit
Weihbischof Krätzl, Wien steht.

<7> Wochenendveranstaltung – 27./29. Mai 1988: *"Begegnung mit dem Schatten.
Ganzheitliche Gesundheit.* Bei dieser Tagung geht es um die behutsame Erkundung
nicht gelebter Potentiale [!], um das Kennenlernen und Annehmen gestauter
Triebkräfte, aggressiver und vitaler Energie, nicht gelebter Liebe und Kreativität.
Solange diese Kräfte für unser Bewußtsein auf der Schattenseite liegen, und wir
sie ignorieren, äußern sie sich oft destruktiv. Wenn sie jedoch erkannt,
angenommen und in das Leben integriert werden, enthalten sie ein wichtiges
Reifungspotential [!]. Themen und Übungen: Die Projektion von Schattenseiten auf
die Umwelt. Die Botschaft der Störungen erkunden. Erkennen und Lösen von
Blockierungen. Kreativer Ausdruck des inneren Potentials"[162].

Kennern der Szene fällt das Anliegen der Humanistischen Psychologie
auf, das ungehobene Kräftepotential im Menschen zu heben[163]; ebenso
klingt die Ethik des New Age an, die nicht mehr von Schuld und Sünde, Vergebung
und Verzeihung redet, sondern von der "Wiederherstellung menschlicher Ganzheit
durch die Integration des 'Bösen' und die Vereinigung der Gegensätze"[164]
und Schuld und Sünde eben als "Schatten" bezeichnet[165].
Aus der Ankündigung geht jedenfalls nicht hervor, ob hier in einer kritischen
Auseinandersetzung die Differenz zum Christlichen angesprochen wird (zu
vermuten ist nach dem Wortlaut, daß dies nicht geschieht).

---

[159]   ebd. S.62.
[160]   ebd. S.60.
[161]   ebd. S.63.
[162]   ebd. S.91.
[163]   "Selbstverwirklichung" - vgl. Walsh/Vaughan (Hg.), Psychologie in der Wende. Reinbek 1987, S.19.
[164]   Wolfgang Hussong, Der ganzheitliche Mensch - Der gespaltene Mensch. Auf dem Weg zu einer Ethik des Wassermann-
         zeitalters. In: Esotera 1984, S.247.
[165]   vgl. ebd. S.128.

Neuwaldegg/Wien

<8> Ankündigung einer Veranstaltungsreihe mit dem Titel: *"Ich bin auf dem Weg -
Hinführung zur Meditation"* beginnend mit 15. September 1988. Vorangestellte
Mottos: "Hört man nur immer auf den Führer im eigenen Herzen, dann ist alles
gewonnen, dann ist alles gut - keine Angst mehr, keine Gefahr mehr...(Hermann
Hesse)" und "Der liebe Gott wohnt in meinem Bauch und er sagt mir, was ich tun
soll (Veronika, 3 Jahre alt)"[166].

Als Intention der Veranstaltungsreihe wird angeführt: "In diesem Seminar wollen
wir auf die eigene innere Stimme, auf den INNEREN FÜHRER [!] hören lernen. Denn
jeder Mensch hat alles, was er zum Leben braucht, in seinem tiefsten Inneren, der
Quelle von Führung, Kraft, Demut und Liebe. Habe ich Kontakt zu meinen inneren
Kraftquellen? Kann und will ich den Zugang suchen? Wo finde ich wieder
Vertrauen und Dankbarkeit?..."[167].

Einer vorangehenden Seminarreihe zum selben Thema war das Motto vorangestellt:
"Man kann einen Menschen nichts lehren, man kann ihm nur helfen, ES
[Hervorhebung so in Ankündigung] in sich selbst zu entdecken
(Galilei)"[168].

Ein weiteres Teilseminar zu dieser Reihe ist mit der Intention "Ich bin auf dem Weg
zu mir, zu meiner Mitte, in meine Tiefe, zum Urquell meines Lebens - zu
Gott"[169] angekündigt.

Hier läßt sich, je nach Vorinformation über New Age und seine
gnostische Grundtendenz, einiges herauslesen: Gott ist in meiner Tiefe zu finden,
"wohnt in meinem Bauch". Wird da noch eine Grenze gesehen zur Identität mit
Gott?, "dem Göttlichen"?; denn "ES" kann ich ja in mir selbst entdecken, ist
vielleicht sogar eins mit mir? Genügt es, meinem "INNEREN FÜHRER" zu folgen um
"ES" zu erreichen?

Ferguson beschreibt die persönliche Transformation so: "Auf der
dritten Stufe, jener der Integration, leben wir mitten in dem Geheimnis. Obwohl
es bevorzugte Lehrer oder Methoden geben mag, vertraut der Mensch einem
inneren 'Guru'"[170]. Für sie ist das Heil in uns zu finden, denn "der Heiler
in unserem Inneren ist das weiseste, komplexeste und integrierteste Wesen im Universum"[171], und "der Mensch allein kann eine Heilung von innen heraus
bewirken"[172]. Der Schritt vom "inneren Führer" und "Guru" zur "Idee

---

[166]   Neuwaldegger Bildungskalender, Sept./Okt. 1988, S.6.
[167]   Neuwaldegger Bildungskalender, Sept./Okt. 1988, S.6.
[168]   Neuwaldegger Bildungskalender, Jan./Feb. 1987, S.4.
[169]   Neuwaldegger Bildungskalender, Mai bis Sept. 1987, S.3.
[170]   Ferguson 1982, S.104.
[171]   ebd. S.291.
[172]   ebd. S.320.

eines inneren Gottes"[173] ist bei Ferguson nicht weit, und Religiosität löst
sich bei ihr auf in eine apersonale, "direkte Verbindung mit *dem
Spirituellen*"[174].
Wenn in der obigen Seminarankündigung vom "ES", "INNEREN FÜHRER" (in der
Ankündigung jeweils hervorgehoben) die Rede ist und vom "im Bauch wohnenden
lieben Gott", dann fällt es dem, der sich mit Ferguson auseinandergesetzt hat,
nicht schwer, undeklarierte New Age-Grundmuster zu identifizieren (zumal
angeführt wird, daß die Kursleiterin ausgebildete Gesprächstherapeutin ist und
dadurch sicher ein Naheverhältnis zur Humanistischen Psychologie besitzt). Damit
sei nicht gesagt, daß im Rahmen einer kirchlichen Erwachsenenbildung nicht vom
"inneren Führer" oder von Aspekten Gottes die Rede sein kann, die unser
personales Begreifen übersteigen. Aber durch den Gesamtkontext der
Ankündigung entsteht der Eindruck einer diffus markierten New Age-Veranstal-
tung.

St.Virgil/Salzburg

<9> Wochenendveranstaltung – 25. bis 27. November 1988: *"Wenn ich mich auf ein
gutes Ergebnis einlasse. Übungen zum positiven Denken.* Jeder weiß, wie die
richtige Einstellung das Ergebnis ganz entscheidend mitbestimmt. Wenn jemand
lernt, die Gegebenheiten anzunehmen und das zu beachten, was ihm gemäß ist, läßt
er sich ein auf den Strom des Lebendigen, und das Leben erscheint in einem
neuen Licht. In jedem von uns schlummern ungeahnte Fähigkeiten für positives
Denken. Diese versuchen wir an diesem Wochenende zu entdecken und zu
fördern."[175]

Erhard F. Freitag, ein Schüler des "Erfinders" des Positiven
Denkens, Josepf Murphy, schreibt: "Frei werden von scheinbar unausweichlichen
Zwängen, Abstand halten von fanatischen Fesseln und die innere Harmonie Ihres
Wesens in jedem Augenblick Ihres Lebens aufrechtzuerhalten, das ermöglicht
Ihnen das Positive Denken [...] Sie tragen die Kraft zur Selbstbefreiung und
Selbstverwirklichung seit Ihrer Geburt in sich [...] Wer seine Lebensvorstellungen
wandelt und positiv einstellt, meistert sein Schicksal. Er hat seine
Höherentwicklung selbst in die Hand genommen"[176].

Damit ist die gnostisch orientierte Grundphilosophie, die hinter dem
Etikett "Positives Denken" steckt, angedeutet: Ich trage die Fähigkeit zur

---

[173]   ebd. s.427.
[174]   ebd. S.420.
[175]   St.Virgil aktuell. Okt. bis Dez. 1988, S.31.
[176]   Erhard F. Freitag, Kraftzentrale Unterbewußtsein. Der Weg zum positiven Denken. München 1986[8], S.33.

"Selbstbefreiung" – Selbsterlösung ist da nicht weit entfernt – in mir. Von meiner Einstellung, meiner Art zu denken, die ich steuern kann, hängt es ab, ob ich mit meiner "Höherentwicklung" vorankomme. Ich brauche nur mein Bewußtsein zu ändern, und "Positives Denken wirkt Wunder. Richtig angewandt kann es nachhaltige Veränderungen im Leben eines jeden bewirken"[177].

Es ist unbestreitbar, daß der Christ allen Grund zu einer positiven Lebenseinstellung hat: Nimmt er seinen Glauben ernst, dann weiß er sich in der Begegnung mit Jesus auf eine umfassende Weise befreit; in ihm hat er realen Grund zu Optimismus und Gelassenheit über alle Bedrängnisse des Alltags hinweg. Doch hier wird undeklariert und unkritisch[178] im Rahmen einer kirchlichen Bildungsveranstaltung vom "positiven Denken" gesprochen, ohne Hinweis darauf, auf welche Philosophie sich dieses Etikett bezieht und was vom "positiven Denken" für einen Christen annehmbar ist und was nicht.

Das mag an Beispielen für Punkt b – "diffus markierte New Age-Angebote" – genügen; sie ließen sich beliebig fortsetzen.

ad b₁)   – undeklariert-naive New Age-Nähe

Am Beispiel Yoga:

<10> In der Ankündigung eines Wochenendseminars im Bildungshaus St.Hippolyt, Niederösterreich heißt es: *"Yoga mit blinden Christen.* Wir laden herzlich zum Seminar ein, um ruhig zu werden, um Möglichkeiten der Entspannung und Konzentration zu üben. Diese gemeinsamen Tage sollen auch die Begegnung zwischen Sehbehinderten und Sehenden fördern"[179].

<11> Das Bildungshaus St.Bernhard/Niederösterreich bietet *Yoga-Trainingsstunden* unter der Stichwort-Intention "Abbau von Streß, Steigerung der Vitalität und Erhöhung des geistigen und körperlichen Wohlbefindes durch richtige Atmung – richtige Entspannung – körperliche Übungen"[180].

<12> Das Bildungshaus Batschuns lädt so zu einem Wochenendseminar ein: *"Joga mit Heilwirkungen.* Ausdauer ist ein Tochter der Kraft, Hartnäckigkeit eine Tochter der Schwäche (M.v.Ebner-Eschenbach). Hatha-Joga kann mit Erfolg von jedem

---

[177].   Jens Dittmar (Hg.), S.12.
[178]   "[...] richtige Einstellung [...] läßt er sich ein auf den Strom des Lebendigen [...] das Leben erscheint in einem neuen Licht. In jedem von uns schlummern ungeahnte Fähigkeiten des positiven Denkens [...]".
[179]   Bildungshaus St.Hippolyt. Bildung aktuell, 4.Jg.Nr.5. Nov./Dez. 1988, S.4.
[180]   Bildungsanzeiger des Bildungshauses St.Bernhard, Wr. Neustadt. März bis April 1989, S.3.

praktiziert werden, sei er gläubig oder ungläubig. Man könnte ihn als eine 'psychosomatische Disziplin' bezeichnen, einzigartig in seiner Konzeption, von einer entspannenden und heilenden Wirksamkeit, nicht mehr und nicht weniger [!]"[181].

Es ist durchaus richtig, daß sich als Nebenprodukt eines kontinuierlichen Yoga-Trainings Entspannung, Konzentration, Abbau von Streß, körperliches Wohlbefinden – insgesamt "psychosomatische" Phänomene mit heilenden Wirkungen – einstellen; aber Yoga ist "*mehr* und nicht weniger" als das.

Ernest Wood, einer der besten Yoga-Kenner und -Praktiker des angelsächsischen Raumes, schreibt zum Thema "Ziel des Yoga": "Ziemlich viele Menschen im Westen haben schon vom Nirwana gehört oder gelesen. Es ist im Englischen tatsächlich ein gültiger Begriff geworden, der in den Wörterbüchern auf verschiedene Weise erklärt wird: als das Aufhören des Verlangens und Sehens, als Auslöschung der Persönlichkeit, als das Überschreiten aller Körper- und Geisteszustände und als ein Zustand vollkommeneren Verstehens und der Glückseligkeit. Da das Sanskritwort nir-va 'ausblasen' bedeutet (z.B. eine Kerze), wird manchmal das Hauptgewicht auf die Auslöschung gelegt, wobei man übersieht, daß die Lebensphilosophie, in der Nirwana ein technischer Begriff ist, speziell dahin zielt, Unwissenheit und Begehren zu beseitigen. In der alten indischen Literatur trifft man das Wort Nirwana meist in buddhistischen Büchern...

In das Nirwana. Eines mit dem Leben,

Auch wenn er nicht mehr lebt – erlöst vom Sein.

Om mani padme hum! Der Tautropfen

gleitet in die leuchtende See!

...Das so dargestellte Nirwana kann man ebenso auch als das Ziel des Yoga ansehen. Das Wort 'Yoga' bedeutet 'Einheit', wie es in dem Ausspruch angedeutet ist 'Das All wird zum Ich'"[182].

Die Bhagavadgita sagt vom Yogin: "Sein Selbst beständig rüstend so, andächtig, mit bezähmtem Geist, / Geht er zu meinem Frieden ein, des höchstes Ziel Nirwana ist"[183]. "Wer in sich selbst beglückt, selig, von innerem Licht erleuchtet ist, / Der Fromme wird zum Brahman selbst und wird in Brahman ganz verwehn"[184].

Das ist das Hauptziel des Yoga: Bereitwerden für das Eingehen in das Nirwana und das Einswerden mit Brahman.

---

[181]   Bildungshaus Batschuns 1987/88 (Programmheft), S.102.
[182]   Ernest Wood, Grundriß der Yogalehre. Die Praxis und die Gedankenwelt. Stuttgart 1961, S.21ff.
[183]   Bhagavadgita, 6. Gesang, Vers 15, in: Bhagavadgita/Aschtavakagita. Indiens heilige Gesänge. Düsseldorf 1978,S.52.
[184]   Bhagavadgita, 5. Gesang, Vers 24, ebd. S.49.

Weiter schreibt Wood dazu: "Man kann die untergeordneten Ziele der Yogapraxis leicht aufzählen: Friede des Denkens und des Herzens / Macht des Willens, der Liebe und des Verstandes / Direkte Einwirkung des Denkens auf den Körper und auf die Welt außerhalb des Körpers / Psychische Fähigkeiten verschiedener Art / Beherrschung des Denkens und der Konzentrationsfähigkeit / Beherrschung der Empfindungen / Beseitigung von Kummer, Stolz, Zorn, Furcht, Lust und Gier / Körperliche Gesundheit, Geschmeidigkeit, Schönheit und langes Leben / Vollständige Verhinderung und Beseitigung psychosomatischer Gefahren und Störungen"[185].

Was für Wood untergeordnete Yoga-Ziele sind, wird bei den erwähnten Bildungshausangeboten zum Hauptziel; das Wesen des Yoga wird auf seine positiven Nebenerscheinungen reduziert.

Entweder es begnügen sich kirchliche Bildungshäuser mit solchen westlich-adaptierten und reduzierten Yoga-Surrogaten – dann betreiben sie mit der Ausschreibung eines "Yoga-Kurses" Etikettenschwindel. Oder sie bieten tatsächlich einen Kurs an, der von der Idee des Yoga getragen ist und keine hinduistisch eingefärbte Gesundheitsgymnastik darstellt. Dann müßte deklariert werden, welche Philosophie und Theologie dahintersteht, was davon dem Christen für seine Glaubenspraxis hilfreich sein kann, wo Abgrenzungen notwendig sein werden.

Mircea Eliade schreibt über die Bedeutung des Yoga im Brahmanismus: "Die totale Reintegration, das heißt Rückkehr zur Einheit, bildet für den indischen Geist das höchste Ziel jeder verantwortlichen Existenz"[186]. Verglichen mit dieser Aussage wirkt die Feststellung im Batschunser Bildungsanzeiger, "man könnte ihn [Yoga] als eine 'psychosomatische Disziplin' bezeichnen, einzigartig in seiner Konzeption, von einer entspannenden und heilenden Wirksamkeit, nicht mehr und nicht weniger"[187], zumindest peinlich.

Am Beispiel Ikebana:

<13> Ankündigung eines Wochenendseminars im Bildungshaus Mariatrost: "*Ikebana.* Einführung in die japanische Blumenkunst für Anfänger und Fortgeschrittene. Ikebana ist eine japanische Kunst, die auch von Europäern zu erlernen ist. Die Beschäftigung führt zu einer neuen Sicht und zu einem für uns neuen Begreifen der Natur. Es ist zugleich ein ständiges Üben im Umgang mit

---

[185] Wood 1961, S.35.
[186] Eliade 1988, S.132.
[187] Bildungshaus Batschuns 1987/88 (Programmheft), S.102.

Formen und Farben und ein Bemühen, Harmonie zu schaffen"[188].

<14> Ebenfalls eine Wochenendveranstaltung kündigt das Bildungshaus Tainach
so an: "*Ikebanaseminar. Meditation mit Blumen – Kraft des Frühsommers.* Die
japanischen Künste verstanden sich alle als 'Weg', als 'Pfad der Erleuchtung',
keineswegs als Methode zur rationalen Durchdringung der Welt. Dieser Weg–Charakter der japanischen Künste offenbart sich jedoch nur dem, der sie fortwährend
übt, der sich dem Lernprozeß aussetzt, der bereit ist, in kleinen Schritten
vorwärts zu schreiten. Dem Theoretiker verschließt sich der 'Pfad' [...] Wer
jahrelang, vielleicht sogar ein Leben lang, bezaubernde Blumen zu einem harmonischen Ganzen ordnet, der wird sich in seinem Wesen verändern, es wird sich ihm
ein unerschöpfliches Repertoire an Zeichen erschließen, die ihm helfen, mit seiner
Umwelt auf ruhige, klare Weise in Kontakt zu treten [...] Es ist auch für den Europäer möglich, etwas von dem zu erfassen, was in Japan 'Wa' heißt, und was man mit
'Harmonie', 'ruhige Übereinstimmung' übersetzt [...]"[189].

Hier wäre zunächst zu fragen, als "Weg wohin" Ikebana angepriesen wird
und was hier unter einer angekündigten möglichen Erleuchtung verstanden wird.
Darüber hinaus wäre darüber Auskunft zu verlangen, worin die Wesensveränderung dessen besteht, der sich mit Ikebana beschäftigt, und was an Ikebana
dies auslöst. Denn wenn es bloß das Blumenordnen ist, dann müßten Verkäufer/-
innen in Blumengeschäften, Gärtner/-innen und Blumenliebhaber aller Art auf dem
Weg der Erleuchtung sein, vor allem dann, wenn sie sich (wie im Fall der
Blumenhändler) den ganzen Tag, jahraus-jahrein damit beschäftigen.

<15> In der Ikebana-Seminarankündigung des Bildungshauses Schloß Puchberg,
das die Intention zu diesem Seminar von Tainach im Wortlaut übernommen hat,
wird der Absatz über die "Wesensveränderung" auch weggelassen, obwohl das
Layout hier noch genug Raum zur Verfügung gehabt hätte. Offensichtlich hat der
Redakteur gefühlt, daß hier entweder zu viel versprochen oder etwas nicht ausgesprochen wird[190].

<16> Die Ankündigung des Bildungshauses St.Virgil gibt hier einen klareren
Ansatz, um den Hintergrund dieser fernöstlichen Blumensteckkunst mit sehen zu
können. Ebenfalls als Wochenendseminar geplant lautet hier die Intention:
"*Ikebana. Für Anfänger und Fortgeschrittene.* 'Der Pflaumenblütenzweig gibt

[188] Mariatrost im Gespräch. Programmzeitschrift des Bildungshauses 3/85, Mai-August, S.9.
[189] Dialog. Katholisches Bildungsheim Sodalitas, Tainach/Tinje, VI/26, Mai-August 1987, Kurs 93.
[190] vgl. Bildungshaus Schloß Puchberg, Termine/Themen/Seminare. Sommerprogramm Juni bis September 1988, S.4.

seinen Duft dem, der ihn brach', Ikebana-Ka-do, der 'Blumenweg', ist einer der 'Wege' im japanischen Buddhismus. Auch der Europäer kann zu diesem Bemühen um Harmonie einen Zugang finden. Das eigentliche Lernen beginnt mit dem Tun. Es führt zu einem für uns neuen Betrachten und Begreifen der Natur"[191].

Hier wird auf den philosophisch-religiösen Hintergrund des Ikebana-Kado hingewiesen, ohne anzudeuten, ob der für einen europäischen Christen so unbefragt zu übernehmen ist oder nicht, bzw. wie eng dieser Hintergrund mit Ikebana verknüpft ist.

Ernst Stürmer schreibt im Buch "Zen – Zauber oder Zucht" über Ikebana-Kado als Vorschule des Zen: "In besinnlicher Gelassenheit prüft die Blumenmeisterin ablastend Zweige, Äste, Blumen, Gräser, Schilf, Blätter, Stengel, Blüten oder Hülsen nach ihrer Verwendbarkeit. Die Künstlerin beginnt mit dem Stecken der drei Hauptzweige; einem hohen (= Himmel), mittleren (= Mensch) und niederen (= Erde) und fügt in verästelnder Ausschmückung die Nebenlinien hinzu. Die harmonische Blumenschöpfung, die aus einer Wurzel herauszuwachsen scheint, versinnbildlicht den Erleuchtungszustand des Zen (Himmel, Mensch und Erde sind eins). Die japanische Blumenkunst wurzelt in der kultischen Sitte buddhistischer Tempel, die Altäre mit einem Blumenarrangement zu schmücken, das den hl. Berg Shumisen, das Symbol für das All, darstellt. Wenn es noch nicht jede *religiöse Bindung* [Hervorhebung durch den Verf.] eingebüßt hat, ist das Blumenstecken beseelt vom Zen. Es ist ein *Weg der Selbstbefreiung* [Hervorhebung durch den Verf.], indem der Blumenkünstler eins wird mit dem, was er tut"[192].

In keiner der Bildungshausanzeiger wird auf die tatsächliche "religiöse" Dimension des Ikebana als "Weg der Selbstbefreiung" hingewiesen. Vielleicht deshalb mit Recht, weil es sich bei dem Angebotenen gar nicht um Ikebana handelt, sondern um ein exotisch aufgeputztes Blumenstecken. Dann wird Ikebana reduziert auf ein ästhetisches Anordnen von Blumen und verliert damit seine innere Struktur. Oder aber es ist tatsächlich vom Geist des Zen im Sinn Stürmers erfüllt, dann wird den Teilnehmern eine Information über den philosophisch-religiösen Hintergrund und seine mögliche Wirkung oder Wirkungsrichtung vorenthalten.

Wenn dagegen im Bildungshaus Großrußbach schlicht und einfach ein "Blumen-steckkurs"[193] angeboten wird, wirkt das in seiner Nüchternheit erfrischend.

---

[191] St.Virgil aktuell, Okt. bis Dez. 1986, S.22.
[192] Ernst Stürmer, Zen-Zauber oder Zucht? Wien 1973, S.24. Vgl. auch Gabriele Vocke, Ikebana. Wiesbaden 1973, S.11-16.
[193] vgl. Bildungsanzeiger Schloß Großrußbach, März 1989.

Am Beispiel Yoga und Ikebana sollte aufgezeigt werden, wie undeklariert-
naiv mit New Age-nahen Themen in der kirchlichen Erwachsenenbildung im Bereich
Bildungshäuser umgegangen werden kann.

Daß dies nicht nur bei Yoga- und Ikebanakursen so ist, soll ein letztes Beispiel
belegen, das wieder für viele andere stehen könnte:

<17> Das Bildungshaus Neuwaldegg schrieb für Oktober 1987 eine 5teilige
Abendveranstaltung unter dem Titel *"Transzendenz, Weg der Evolution"* mit Prof.
Erich Huber aus. Die Intention dazu im Wortlaut: "Transzendenz [...] Der Weg der
Evolution? Immer müssen wir eine Dimension verlassen, wenn wir die nächst-
höhere verstehen und erobern wollen. So hat sich die Materie verhalten, so auch
das Leben, bis das Bewußtsein erschien, das auch erst zum Ich-Bewußtsein
durchdringen mußte. Stehen wir an der Schwelle einer spirituellen Bewußtseins-
Dimension? Kommt es endlich zu einer "ETHISCHEN EVOLUTION"? Es soll und müßte
wohl dazu kommen, wenn wir überleben wollen!

Für viele ist das Wort 'Transzendenz' ein eher geheimnisvolles Wort, das zur
'Mystik' oder zum 'Jenseits' gehört. Aber es bedeutet sich erheben [lt.
Stowasser[194]: transcendere - hinübersteigen, überschreiten]. Es stellt sich
die Frage, ob der Entwicklungsweg der Natur aus blinden Zufalls-Erscheinungen
besteht, oder ob vielleicht doch ein Sinnbezug sichtbar wird, der die Natur sich
zum 'Geist' erheben läßt - letztlich zum GEIST GOTTES"[195].

Diese Ankündigung liest sich als Melange aus Teilhard im Stil der New Age-
Rezeption, Ferguson, Roszak und kryptischer Sprechweise im Stile Blavatskys
("...oder ob vielleicht doch ein Sinnbezug sichtbar wird, der die Natur sich zum
'Geist' erheben läßt - "...). Dazu müßte gefragt werden, wie eine "ETHISCHE
EVOLUTION" für den aussieht, der die Bergpredigt ernstnimmt.

Zusammenfassend zu 3.2. kann der Wunsch stehen, daß kirchliche
Erwachsenenbildung offen sein soll für Themen des New Age, aber in klarer
Unterscheidung zur eigenen Position. Weiters, daß sie sich um eine Sprache
bemüht, in der sich auch der New Ager wiederfindet, ohne daß sie damit das
eigentlich Christliche verliert. Außerdem wäre wünschenswert, daß sich die für
das Bildungsangebot Verantwortlichen besser über New Age, seine Ziele, Inhalte,
Denkrichtung und Sprechweise informierten, um zu durchschauen, welche
Angebote im Rahmen einer kirchlichen Erwachsenenbildung sinnvoll und
verantwortbar sind und welche nicht.

---

[194] Der kleine Stowasser. Lateinisch-deutsches Schulwörterbuch. Wien 1960.
[195] Neuwaldegger Bildungskalender, Sept./Okt. 1987, S.7.

3.2.2. Laokoon und Kassandra; oder – "möglich, daß mehr dahintersteckt"

Die oben (3.2.) skizzierte Episode aus dem trojanischen Krieg scheint eine brauchbare Metapher, will man die Ahnungs- oder Ratlosigkeit beschreiben, mit der New Age-Themen von der kirchlichen Erwachsenenbildung aufgegriffen werden. Offensichtlich unter dem Marktdruck der Nachfrage werden jene Themen angeboten, von denen man eine gewisse Werbewirksamkeit erhofft, die im Trend der Zeit liegen. Erwachsenenbildung lebt entscheidend von der Adressatenorientierung[196] und steht dabei in der Gefahr, über der "Marktgerechtheit" ihres Angebotes das zu vergessen, was die geisteswissenschaftliche Pädagogik mit Bildungsinhalt, Bildungsgut, Bildungswert umschrieben hat[197].

Im Bereich der katholischen Erwachsenenbildung werden zum einen Bildungsgehalte entweder nicht wahr- oder ernstgenommen; damit kann es aber geschehen, daß diese Bildungsgehalte eigendynamisch zur Wirkung kommen und mit den ursprünglichen Zielen der Angebote nicht mehr übereinstimmen.

Zum anderen können, wenn die Bildungsgehalte wahr- und ernstgenommen werden, diese so reduziert und amputiert werden, daß sie nur mehr als Etikett für anderes stehen.

Das geschieht, wenn etwa ein Yoga-Kurs angeboten wird, um mit Rückenschmerzen fertigzuwerden; Yoga ist mehr als nur Gesundheitsgymnastik, wenn auch nicht zu leugnen ist, daß ein Nebenphänomen des Yoga so verstanden werden kann. Kommt es auf diesen an, wäre es sachgerechter, einen Heilgymnastikkurs anzubieten. Hingegen wäre im ersteren Fall klarzustellen, daß Yoga im Zentrum indischer Geistigkeit beheimatet ist und untrennbar mit den Fundamentalbegriffen karma, mâyâ und nirvana in Verbindung steht[198].

Zum dritten geht von einem unreflektierten Angebot noch eine psychologische Wirkung aus. Menschen, die auf der Suche nach Orientierung sind und keine Möglichkeit kritischer Beurteilung haben, finden die Beschäftigung mit verschiedenen Themen sanktioniert, wenn diese "sogar" von kirchlichen Institutionen der Erwachsenenbildung angeboten werden.

Zusammenfassend zur kritischen Sichtung der unter 3.2.1. angeführten Kursangebote meint daher der Verfasser: Im Hinblick auf Themenbereiche des New Age (aber nicht nur auf diese) sollte kirchliche Erwachsenenbildung Adressatenorientierung verkoppeln mit thematischer Sachgerechtheit und bildungstheoretischer Kritik der Inhalte. Zusätzlich sollte in den Ausschreibungen

---

[196] vgl. Kurt Finger, Bildungshäuser - Bildungsheime in Österreich. Geschichte und Selbstverständnis österreichischer Bildungshäuser. Diplomarbeit. Wien 1986, S.181.
[197] vgl. etwa K.-H. Schäfer, Bildungsgut, Bildungswert. In: Das neue Lexikon der Pädagogik (Herder) 1970, Bd.1, S.184.
[198] vgl. Mircea Eliade, Yoga. Unsterblichkeit und Freiheit. Zürich 1988, S.11.

der Kurse klar informiert werden, welche Intentionen hinter dem Angebot stehen, unter welchen Aspekten ein Thema behandelt wird, welche Ziele dabei angestrebt werden.

Sollte die geforderte kritische inhaltliche Klarheit der Kursangebote nicht bewußter und umfassender realisiert werden, besteht die Gefahr, daß kirchliche Erwachsenenbildung schrittweise von unreflektierten New Age-Themen unterwandert wird.

Oder aber es werden, bei mangelnder Bereitschaft zur Auseinandersetzung, auch für Christen wichtige Themenfelder nur deshalb ausgeklammert, weil sie im Verdacht der New Age-Nähe stehen.

Unter dem Titel "Psychoboom" beschreiben Bach/Molter die Situation der Erwachsenenbildung im Umgang mit New Age-nahen Themen so: "Die humanistische Psychologie hat auf einer breiten Basis Wurzeln gefaßt. Kirchen, Universitäten und Gemeinden bieten in sehr preisgünstigen Programmen einem weitgestreuten Publikum Möglichkeiten, 'Esalen' in die eigenen vier Wände zu holen. Auch in Deutschland gewinnen die humanistische Psychologie und ihre Verfahrensweisen [...] über Volkshochschulen, Kirchen und Verbände der freien Wohlfahrt Einfluß und Ausbreitungsmöglichkeiten. Besonders die Kirchen sehen darin offenbar eine Chance, in Jugendarbeit, Ehe- und Familienberatung und -therapie verlorenen Boden wieder zurückzugewinnen [...] Wer heute Probleme hat, die er allein nicht mehr bewältigen kann, geht nicht mehr zum Pfarrer, sondern zum Psychologen oder in eine der vielen Formen von Selbsterfahrungsgruppen [...]"[199]. Zur Charakterisierung der Nachfolgerin der Humanistischen Psychologie schreiben Bach/Molter: "Der transpersonalen Psychologie geht es um das transpersonale Selbst, oder einfacher: die Seele. Die transpersonalen Therapeuten umarmen die Theologie und Esoterik"[200].

Karl Dienst stellt eine New Age-Infiltration im Bereich der Religionspädagogik fest: "Was geschieht, wenn eine solche Religion [die profil- und orientierungslos geworden ist] auf die New-Age-Bewegung mit ihren gnostischen, platonischen, neuplatonischen, kabbalistischen, alchimistischen, manichäischen, orphischen, pythagoräischen, brahmanischen, buddhistischen, schamanischen, naturmystischen, animistischen, theosophischen und anthroposophischen Ingredienzien auftrifft? Es ist zu vermuten, daß nicht wenige Elemente der New-Age-Bewegung sich bereits im Raum religionspädagogischer Theorie und Praxis

[199] Bach/Molter, zit. in: Ruppert 1985, S.159.
[200] ebd. S.160.

befinden! Themen z.B. ökologisch orientierter Gruppen und solcher, die z.B. die Verbesserung der Gesundheit, des physiologischen Wohlbefindens und der seelischen Gesundheit sowie die Entwicklung paranormaler Fähigkeiten, der Ganzheitserziehung, des Feminismus usw. anstreben, tauchen doch schon längst im Bereich religionspädagogischer Reflexion und in der Praxis des Religionsunterrichts auf"[201].

Bei dieser Darstellung besteht die Gefahr, daß überängstlich alles als New Age-verdächtig abgelehnt wird, was nicht in ein gewohntes religionspädagogisches Konzept paßt. Es ist richtig, daß die Themenbereiche Ökologie, Feminismus, Ganzheitlichkeit, usw. im New Age einen besonderen Stellenwert haben. Aber es wäre wünschenswert, wenn sich die Religionspädagogik verstärkt mit jenen Themen, die vom New Age aufgegriffen werden, auseinandersetzt. Denn gerade durch sie werden jene Defizite angesprochen, die der kirchlichen Verkündigung das Image der Lebensferne und Inkompetenz eingebracht haben.

Engagement bei der Behandlung von New Age-Themen und kritische Distanz gegenüber diesen Themen scheint jene Doppelforderung zu sein, die an eine verantwortete kirchliche Erwachsenenbildung zu adressieren ist.

[201] Karl Dienst, New Age und Religionsunterricht. In: Lebendige Seelsorge 1988, S.373.

3.3. DIE GABE DER UNTERSCHEIDUNG UND DIE BEREITSCHAFT ZUM DIALOG

Martin Buber schreibt: "Im echten Gespräch geschieht die Hinwendung zum Partner in aller Wahrheit, als Hinwendung des Wesens also [...] Der Sprecher nimmt aber den ihm so Gegenwärtigen nicht bloß wahr, er nimmt ihn zu seinem Partner an, und das heißt: er bestätigt, soweit Bestätigen an ihm ist, dieses andere Sein. Die wahrhafte Hinwendung seines Wesens zum andern schließt diese Bestätigung, diese Akzeptation ein. Selbstverständlich bedeutet solch eine Bestätigung keineswegs schon eine Billigung; aber worin immer ich wider den andern bin, ich habe damit, daß ich ihn als Partner echten Gesprächs annehme, zu ihm als Person Ja gesagt. Des weiteren muß, wenn ein echtes Gespräch entstehen soll, jeder der daran teilnimmt, sich selber einbringen [...]"[202].

Nach Ansicht des Verfassers steckt Buber damit auch den Anforderungsrahmen für einen Dialog Christentum-New Age ab:
Das erste ist ein gegenseitiges Ernstnehmen der Partner. New Ager sind in diesem Dialog nicht von vornherein kulturmüde "Aussteiger", sondern Menschen auf der Suche, die von Hoffnung, Angst, Sehnsucht getrieben werden und in den überkommenen Institutionen keine Antworten mehr für ihre Fragen finden. Christen sind für New Ager keine hoffnungslosen "spirituellen Reaktionäre", sondern Menschen, die im Christentum eine geistig-seelisches Koordinatensystem gefunden haben, das ihnen Orientierung gibt und sie leben läßt.
Aber niemand hat alles, keiner hat nichts: beide können voneinander lernen. Vielleicht, daß für Christen ein Aufbrechen nicht registrierter Erstarrungen oder ein Auffüllen offener Defizite ein Gebot der Stunde ist. Mag sein, daß der New Ager auf seiner Suche nach Sinn, Transzendenz und Erfüllung Markierungen braucht, die ihn davor bewahren, sich im Spiegelkabinett seines Selbst zu verfangen, statt zu erfüllender Begegnung zu gelangen. Hinweise auf inhaltliche Punkte gegenseitigen Lernens sind im Laufe der bisherigen Erörterungen zur Genüge gegeben worden.
Weiters heißt Dialog nach Buber nicht, divergierende Meinungen zu harmonisieren. Wenn ich mich selber einbringe, dann stehe ich hinter dem Gesagten mit meiner Existenz und meiner Überzeugung und bin bereit zu argumentieren und zu verteidigen, aber auch, den andern in seiner Position wahr- und ernstzunehmen, seine Argumente zu hören, abzuwägen, zu vergleichen und zu urteilen.

[202] Martin Buber, Das Dialogische Prinzip. Heidelberg 1984[5], S.293.

Mit dieser hier in Anlehnung an Buber vertretenen Sicht des Dialogs wird nicht nur das christliche Menschenbild, das die Würde auch des Gegners respektiert, gewahrt, sondern daneben der sachliche Diskurs in seiner ganzen Ernsthaftigkeit ermöglicht.

Der Dialog Christentum–New Age scheint dabei von einer doppelten Gefahr bedroht zu sein: von der *synkretistischen Versuchung*, die alles gelten läßt, ohne kritisch zu prüfen, und von der *apologetischen Verkapselung*, die alles, was nach New Age aussieht, unkritisch und ungeprüft als achristlich, dämonisch oder satanisch ablehnt. "Gerade weil in dieser neuen Religiosität, wie schon bei der alten Gnosis, eine verwirrende Vielfalt und ein alles einbeziehender Synkretismus bestehen, dazu die Behauptung, man sei selbst gewissermaßen das Supersystem allen konkreten Religionen gegenüber, ist die 'Unterscheidung der Geister' aufs äußerste herausgefordert"[203].

Schiwy ist rechtzugeben, wenn er meint, daß der Christ immer dann aufgerufen ist, die Geister kritisch zu prüfen, wenn neue Propheten auftreten, aber daß es falsch wäre, "aus Ängstlichkeit alles Neue abzulehnen mit der Begründung, für den Christen erübrige sich eine wie immer geartete Weiterentwicklung seines Bewußtseins"[204].

Aufmerksam wird der Christ dort werden und auf die Unterscheidung der Geister achten, wo ein Pantheismus die Personalität Gottes auflöst, wo dem Menschen die Last der Selbsterlösung auferlegt wird und wo das New Age in Geschäftemacherei und Scharlatanerie absinkt. Der Christ wird lernen müssen, aus dem "Stimmengewirr des modernen Religionsmarktes"[205] das herauszuhören, was ihm in dieser Vielfalt nicht nur zur Gefahr wird, "sondern auch zu einem heilsamen Zugang und einer Chance, den eigenen Glauben klarer und tiefer zu erfassen"[206].

Gruber meint, daß im gegenwärtigen "'Karneval' der spirituellen Suche"[207] mit seiner Überfülle an Erleuchtungskursen, therapeutischen Seligkeitsverheißungen und Pop-Mystizismen zunächst die Schattenformen der neuen Religiosität wahrzunehmen sind. Er greift dabei auf ein Bild von William Irwin Thompson zurück: "Steigt die Sonne über den Bergen auf, dann fällt zunächst ihr Schatten auf das Tal [...] Ist die Sonne aufgegangen, kann man die wahre Natur des Lichts verstehen"[208].

---

[203] Hans Gasper, New Age – Herausforderung und Antwort. In: Dokumentation 3-4/87, S.54.
[204] Schiwy 1987, S.107.
[205] Joachim Müller, Pastorale Erfahrungen mit New Age. In: Lebendige Seelsorge 1988, S.381.
[206] ebd.
[207] Gruber 1987, S.138.
[208] ebd. S.137.

Es wäre fair, New Age eben nicht nur von seiner gefährlich-dämonischen Schattenseite zu sehen und allein von den offenkundigen Auswüchsen her zu beurteilen. Vielleicht sollte auch New Age eine Zeit der Gärung zugestanden bekommen, in der es seine inneren Positionen klärt und übersichtliche Konturen entwickeln kann. Erste Anzeichen für einen solchen Prozeß könnten in den Bestrebungen zu sehen sein, vom schon abgegriffenen Etikett New Age wegzukommen und das, was in dieser Bewegung als Grundanliegen im Zentrum war, in Begriffen wie "Tiefenökologie" oder "aufsteigende Kultur" neu zu beheimaten[209].

3.3.1. Die Kenntnis des eigenen Standpunktes und die Gabe der Unterscheidung

Hier angelangt muß noch gefragt werden, wie heute ein christlicher Dialog mit nichtchristlichen Religionen aussehen kann (im Rahmen dieser Erörterung sei die 'neue Religiosität' des New Age unter die nichtchristlichen Religionen subsumiert): ob nicht entweder das großökumenische[210] Anliegen oder die eigene Identität auf der Strecke bleiben muß? Wo hört Ökumene auf und fängt der Synkretismus an? (Siehe dazu auch Teil 2./Fußnote ?, Abgrenzung Synkretismus-Synthese)

Es scheint, daß der christliche Dialog herausgefordert ist, die innere Spannung eines echten Dialoges durchzutragen: Respekt vor der Position des anderen, aber auch Ernstnehmen der eigenen. Hans Küng schreibt dazu: "Was also ist heute an christlicher Grundhaltung gegenüber den Weltreligionen verlangt? [die Auseinandersetzung mit dem New Age ist für das Christentum auch Plattform für eine neue Begegnung mit den Religionen des Ostens] [...] statt eines Synkretismus, wo alles mögliche und unmögliche 'zusammengemischt', verschmolzen wird: mehr Wille zur *Synthese* gegenüber allen konfessionellen und religiösen Antagonismen, die noch täglich Blut und Tränen kosten, damit zwischen den Religionen statt Krieg, Haß und Streit *Friede* herrsche. Angesichts aller religiös motivierten Unduldsamkeit kann man nicht genug Duldsamkeit, religiöse Freiheit fordern. Jedenfalls kein Verrat der Freiheit um der Wahrheit willen. Aber

---

[209] vgl. Capra, Die neue Sicht der Dinge. In: Bürkle, S.12 u. 14.
[210] ökumenische Bewegung - Einigungsbewegung der christlichen Kirchen; großökumenische Bewegung -Bemühen um den Dialog und das Bewußtmachen des Gemeinsamen zwischen den verschiedenen Religionen.

gleichzeitig auch: kein Verrat der Wahrheit um der Freiheit willen. Die *Wahrheits-frage* darf nicht bagatellisiert und der Utopie einer künftigen Welteinheit und Welteinheitsreligion geopfert werden [...] Als Christen sind wir herausgefordert, im Geist einer christlich begründeten *Freiheit* neu über die Frage der *Wahrheit* nachzudenken. Denn anders als Willkür ist Freiheit nicht einfach Freiheit *von* allen Bindungen und Verpflichtungen, rein negativ, sondern ist zugleich Freiheit *zu* neuer *Verantwortung*: gegenüber Mitmenschen [die auf der Suche nach Orientierung sind und diese in den Heilsangeboten des New Age gefunden zu haben glauben], sich selbst, dem Absoluten: wahre Freiheit also eine Freiheit für die Wahrheit"[211].

Der Dialog mit dem New Age kann in dieser Beziehung zum Prüfstein für eine echte Katholizität werden, insofern er mithilft, das spirituelle Defizit und die Sinnkrise der Postmoderne zu bewältigen.

"Wirkliche Katholizität im Sinne Jesu"[212] ist getragen von einer umfassenden Sorge um den Menschen. Küng stellt im Bezug auf das Wahre und Gute in den Religionen die Frage: "Sollte es nicht möglich sein, mit der Berufung auf die gemeinsame Menschlichkeit aller ein allgemein-ethisches Grundkriterium zu formulieren, das auf dem Humanum, dem wahrhaft Menschlichen, konkret auf der Menschenwürde und dem ihr zugeordneten Grundwerten, beruht?"[213].

Von dem Ansatz aus hätte das Christentum einiges in den Dialog einzubringen, insofern es den Menschen prinzipiell in seiner "schicksalhaften" Ganzheit wahrnimmt – dies im Unterschied zum New Age, das sich mit dem Scheitern und der Erfolglosigkeit des Menschen schwertut; denn der Mensch ohne letztes personales Gegenüber bleibt im Scheitern auf sich selbst zurückgeworfen. Der Mensch hat im Christentum personale, unverlierbare Würde auch im Leid und im Mißerfolg. "Glaube ist durchlittener Glaube, Praxis der Meditation ist immer auch das Scheitern des Ich. Mystiker sprechen von der 'dunklen Nacht', durch die derjenige zu gehen hat, der nicht auf halbem Wege stehenbleiben will. Wer in den Spiegel der Selbsterkenntnis schaut, kommt nicht umhin, auch Tränen und Leid zu erfahren. Alles andere ist religiöser Kitsch"[214].

Soll der Dialog Christentum-New Age sinnvoll sein und gelingen, ist vorher auch eine klare Abgrenzung der Begriffe notwendig. Sprechen die Dialogpartner

---

[211] Hans Küng, Theologie im Aufbruch, München 1987, S.285.
[212] Gotthard Fuchs, Holistisch oder katholisch. Christliche Kritik am New Age in solidarischer Zeitgenossenschaft. In: Lebendige Seelsorge 1988, S.271.
[213] Küng 1987, ebd. S.292.
[214] Michael von Brück, New Age und christliches Erlösungsverständnis. In: Lebendige Seelsorge 1988, S.278.

unterschiedliche Sprachen oder verwenden sie zwar dieselben Wörter, aber mit einem stark divergierenden Bedeutungsinhalt, geht der Dialog ins Leere. Dazu ist nicht nur notwendig, auf den anderen zu hören, sondern auch den eigenen Standpunkt zu kennen. Bei der oft unreflektierten Verwendung von New Age-besetzten Begriffen bei Veranstaltungsankündigungen im Rahmen kirchlicher Erwachsenenbildung (vgl. 3.2.) und in den Veranstaltungen selbst scheint dies häufig nicht genügend der Fall zu sein.

Dazu einige Beispiele: Der bei Ferguson häufig verwendete Begriff 'Transformation' bezeichnet den "Wandel auf allen Ebenen durch die anbrechende neue Zeit [...] Der Begriff Transformation soll zeigen, daß es sich beim Wandel zu einer neuen Weltsicht, einer neuen grundlegenden Einstellung nicht um eine kontinuierliche Fortentwicklung alter Gesichtspunkte handelt, sondern um einen Wahrnehmungs- und Bewußtseinsprozeß von fundamentalem, qualitativem Unterschied. Ähnlich Vexierbildern sieht man in ein und derselben Realität plötzlich einen 'anderen Aspekt'"[215].

Setzt man an die Stelle von "Transformation" den Begriff "Bekehrung"[216], so könnte zunächst die Definition im großen und ganzen so stehenbleiben, wie Gruber/Fassberg sie bieten; tatsächlich findet sich das Wort Bekehrung bei Gruber/Fassberg nicht – es ist eben keine New Age-Vokabel, und an einer kritischen Gegenüberstellung sind offenbar weder Gruber/Fassberg noch der katholische Herder-Verlag interessiert (der dieses 'New-Age-Wörterbuch' verlegt hat).

Simson parallelisiert beide Begriffe[217], ohne auf wesentliche Unterschiede hinzuweisen.

Bei Ferguson heißt es über den Beginn der Transformation, er sei "geradezu absurd einfach. Wir müssen nur unsere Aufmerksamkeit auf den Fluß der Aufmerksamkeit selbst lenken. Sofort eröffnet sich uns eine neue Perspektive"[218].

Keine Rede von einer Anstrengung des Umdenkens, der Mühe, alte Verhaltensweisen abzulegen, und der Strapaze personaler Entscheidung – wie sie für den christlichen Begriff von "Bekehrung" mitausgesagt werden müßten. Freilich: Wenn die Bekehrung in diesem Sinn erfolgte und die Mühe der Metanoia durchschritten wurde, dann "sieht man in ein und derselben Realität plötzlich einen 'anderen Aspekt'"[219].

---

[215] Gruber/Fassberg 1988, S.142f.
[216] Umkehr, Metánoia.
[217] Wolfgang Simson, Glauben an die Neue Zeit? New Age - die andere Religion. Basel 1988, S.122.
[218] Ferguson 1982, S.77.
[219] Gruber/Fassberg 1988, S.143.

Simson parallelisiert auch (wieder ohne weitere Auseinandersetzung) die Begriffe "Erleuchtung" und "Erlösung"[220]. Gruber/Fassberg verwenden beide Begriffe: "Religionsgeschichtlich ist die *Erleuchtung* [Hervorhebung durch den Verf.] im Buddhismus etwa der Zustand, in dem Buddha ("Der Erleuchtete") die Erkenntnis des Heils und die *Erlösung* [Hervorhebung durch den Verf.] gewann. Erleuchtung meint die Realisierung einer mit dem Verstand nicht erfahrbaren höchsten Bewußtseinsstufe"[221]. Gruber/Fassberg kommen ohne weitere Erklärung des Begriffes Erlösung aus – offensichtlich ist er in ihrer Definition von "Erleuchtung" genügend eingebracht. Aber was, müßte man fragen, kann "Erlösung" für jene bedeuten, die (aufgrund welcher Umstände auch immer) von einer "Erleuchtung" ausgeschlossen sind? Wenn ich Erleuchtung auf ein Tun des Menschen zurückführe, der durch Meditation oder eine sonstige Praxis "das Göttliche" seines innersten Selbst erreicht hat, dann ist der Blick frei auf die Selbsterlösungslehre des New Age[222].

Dagegen heißt es bei Rahner/Vorgrimler: "Die Idee einer Selbst-Erlösung verfehlt [...] von vornherein das wahre Wesen oder die absolute Tiefe unserer Erlösungsbedürftigkeit; andererseits ist die Erlösung durch Gott dennoch keine 'Fremd-Erlösung', weil Gott kein 'Fremder', sondern der in sich selbst bleibende Grund unseres Eigensten ist und weil er gerade durch seine erlösende Gnade uns die Freiheit der Annahme seiner eigenen, vergebend-erlösenden Selbstmitteilung schenkt. Sowohl Inhalt als auch Aneignungsweise der Erlösung sind Gottes freie Gabe; somit ist die Erlösung von Seiten Gottes dem Menschen ungeschuldet"[223].

Das also müßte in der Diskussion geklärt sein: Erleuchtung ist "Selbstfindung bei Aufgehen des 'inneren Lichts'"[224], Erlösung ist geschenkte Selbstmitteilung des verzeihenden Gottes.

Diese zwei Beispiele mögen genügen, um auf die Notwendigkeit einer klaren begrifflichen Abgrenzung hinzuweisen. Festzuhalten bleibt, daß eine ganze Reihe von Parallelbegriffen abgeklärt werden müßten[225], bevor der Dialog

---

[220] Simson 1988, S.123.
[221] ebd. S.38.
[222] Zur Begriffserklärung:
Erlösung – Befreiung von Schuld und Sünde sowie Vollendung im ewigen Leben werden dem Menschen, der sie annimmt, von Gott geschenkt (Christentum, Judentum, Islam).
Selbsterlösung – Befreiung und Vollendung sind Folge eigener Anstrengung und Leistung (Buddhismus).
Erleuchtung – Das Erkennen des religiösen Befreiungs- und Heilsweges weitet sich in der Erleuchtung in die mystische Schau (des Kosmos, des Göttlichen, Gottes) und Selbstfindung.
[223] Rahner/Vorgrimler, Kleines theologisches Wörterbuch, Freiburg 1961, S.97.
[224] Drury 1988, S.174.
[225] Wiedergeburt – Initiation; Gebetserhörung – Manifestation; Prophetie – Medialität; Jesus Christus – der Christus; Sünde – Trennung, Schatten, Karma; Sünder – alter Mensch, Stand der Nichterleuchtung. vgl. auch Simson 1988, S.122f.

Christentum – New Age sinnvoll beginnen kann. Ist das nicht der Fall, dann fällt er in sich zusammen, noch ehe er begonnen hat. Soll eine Brücke gespannt werden, bedarf es auf beiden Seiten des Ufers zunächst solider Fundamente; nicht, um damit die Gegenseite zu überhöhen, sondern um zueinanderzukommen. "Es gilt, inmitten der gegenwärtigen Diffusion des religiösen und weltanschaulichen, von Synkretismus und Eklektizismus geprägten Marktes der religiösen Möglichkeiten, als Kirche die eigene Kontur zu bewahren, um überhaupt noch identifizierbar zu bleiben"[226].

Zusammenfassend zu 3.3.1. kann gesagt werden, die Herausforderung durch das New Age besteht für die kirchliche Erwachsenenbildung nicht nur darin, sich mit dem neuen Denken kritisch auseinanderzusetzen, sondern auch in der Notwendigkeit, den eigenen christlichen Standpunkt vertieft in entsprechenden Kursangeboten zu reflektieren. Hans Gasper ist beizupflichten, der meint: "Das viel Dringlichere als der Gestus der Abwehr ist die Stärkung der Identität im Glauben. Dazu gehört aber auch integral ein Wissen über den Glauben, das dem eigenen Stand der Bildung und der Rolle, die man in der Kirche, etwa in kirchlichen Einrichtungen wahrnimmt, entspricht"[227].

Indessen scheinen bereits einige Institutionen der kirchlichen Erwachsenenbildung dieses Moment der Herausforderung aufzugreifen.

So bietet das *Bildungshaus St.Bernhard/Wiener Neustadt* eine "theologische Volkshochschule" über 4 Semester mit je 6 Abenden, einem Abschlußtreffen und Intensivwochenenden an – "Ein Angebot für Personen, die feststellen, daß ihnen Glaubenswissen fehlt und daß sie mehr über den Glauben erfahren möchten. Für Personen, die von der Kirche begeistert sind und in der Pfarre mitarbeiten [...] Ziel des Glaubenskurses: Bildung eines verantworteten Glaubens und die Fähigkeit, diesen weitergeben zu können. So ist die Vermittlung von theologischem Wissen, ausgehend von der existentiellen Erfahrung, daß Gott unter uns lebt und wirkt, Grundlage dieses Bildungsangebotes"[228].

Das *Bildungshaus Tainach* greift das neu aufgebrochene Transzendenzbedürfnis mit einer Mystik–Reihe, die im Veranstaltungsprogramm mit einem eigenen Signet gekennzeichnet ist, auf: "Mystik – von der christlichen Frühzeit bis ins 20. Jahrhundert. 12 Abendveranstaltungen in den Wintermonaten 1987/88

[226] Gottfried Küenzelen, Wendezeit - oder "Die Sanfte Verschwörung". Eine neue Erlösungshoffnung. In: Ruppert 1985, S.189f.
[227] Gasper in: Dokumentation 3-4, 87, S.55.
[228] Bildungsanzeiger des Bildungshauses St.Bernhard, Wr.Neustadt, Sept./Okt. 1987, S.10.

und 1988/89"[229].

Ähnlich nimmt sich das *Bildungshaus Schloß Puchberg* der Mystik mit einer 14-tägig stattfindenden Seminarreihe an: "Das Interesse für die Pflege der Innerlichkeit nimmt gegenwärtig zu und mit ihm auch der Ruf nach erweiterten Orientierungshilfen. Es ist sicher recht und billig, diese in der 'Klassik' der christlichen Spiritualität zu suchen, vor allem in ihrem Höhepunkt, in der Mystik. In den Schriften der Meister fand die religiöse Erfahrung und die Auseinandersetzung mit ihr ihren Niederschlag"[230].

Ebenso greift das *Bildungshaus Mariatrost* mit der Seminarreihe "Auf den Spuren christlicher Mystik" dieses Anliegen auf; denn "Mystik ist wieder im Gespräch. Auf der Suche nach Selbstfindung und transzendentaler Erfahrung richteten sich in den vergangenen Jahrzehnten in verstärktem Maße die Blicke auf die religiösen und spirituellen Praktiken des Ostens. Die im Christentum seit Jahrhunderten vorhandene reiche kontemplative Tradition schien in Vergessenheit geraten zu sein. An Beispielen und Zeugnissen einiger bedeutender Mystiker (Theresa von Avila, Johannes vom Kreuz, Meister Eckhart, Thomas Merton) wollen wir neue Zugänge erschließen. So können die Schätze der christlichen Mystik als Quelle für heutiges geistliches Leben wiederentdeckt werden"[231].

Weitere Beispiele ließen sich anführen, wie kirchliche Erwachsenenbildung zunehmend versucht, von der Aktivierung des eigenen christlichen Potentials aus auf das New Age zu reagieren und für einen Dialog mit ihm bereit zu sein.

3.3.2. Die Bereitschaft zu hören und zu lernen

Soll kirchliche Erwachsenenbildung Forum des Dialogs Christentum–New Age sein, so ist es notwendig zu wissen, was New Age ist und was der eigene Standpunkt ist. Ohne feste Fundamente auf beiden Ufern wird ein Brückenschlag fragwürdig – dieses Bild wurde weiter oben schon angesprochen.

Im Rahmen dieser Erörterungen wurde das Phänomen New Age im ersten Teil skizziert, im zweiten einer kritischen Auseinandersetzung unterzogen. Im dritten Teil wurde nach dem Selbstverständnis kirchlicher Erwachsenenbildung gefragt und zuletzt auf die Notwendigkeit verwiesen, neben dem Standpunkt des anderen auch den eigenen Standpunkt besser kennenzulernen und sich um eine klare

---

[229] Dialog, VI/28, Nov./Dez. 1987, S.3.
[230] Bildungshaus Schloß Puchberg, Termin/Themen/Seminare, Sept./Okt. 1988, S.5.
[231] Mariatrost im Gespräch, Sept./Okt. 1988, S.3.

Begrifflichkeit zu bemühen, damit ein Gespräch und ein Näherkommen gelingen kann. "Die Kirche benötigt existentiell beides", schreibt Joachim Müller, "den Dialog mit der Zeit wie die Bereitschaft zur Abgrenzung nach außen"[232]. Es könnte nun nach den Perspektiven gefragt werden, die sich aus einem Dialog mit dem New Age für das Christentum ergeben, wenn die Fundamente des Dialoges fest sind, die Brücke gebaut und ein Aufeinanderzugehen möglich geworden ist.

Zunächst kann Kirche wieder lernen, daß das II.Vaticanum das Dialogische als einen ihrer Grundcharaktere beschrieben hat: "Die Kirche wird kraft ihrer Sendung [...] zum Zeichen jener Brüderlichkeit, die einen aufrichtigen Dialog ermöglicht und gedeihen läßt. Das verlangt von uns, daß wir vor allem in der Kirche selbst, bei Anerkennung aller rechtmäßigen Verschiedenheit, gegenseitige Hochachtung, Ehrfurcht und Eintracht pflegen [...] Es gelte im Notwendigen Einheit, im Zweifel Freiheit, in allem die Liebe. Im Geist umarmen wir auch die Brüder, die noch nicht in voller Einheit mit uns leben, und ihre Gemeinschaften, mit denen wir aber im Bekenntnis des Vaters und Sohnes und des heiligen Geistes und durch das Band der Liebe verbunden sind [...] Wir wenden uns dann auch allen zu, die Gott anerkennen und in ihren Traditionen wertvolle Elemente der Religion und Humanität bewahren, und wünschen, daß ein offener Dialog uns alle dazu bringt, die Anregungen des Geistes treulich aufzunehmen und mit Eifer zu erfüllen. Der Wunsch nach einem solchen Dialog, geführt einzig aus Liebe zur Wahrheit und unter Wahrung angemessener Diskretion, schließt unsererseits niemanden aus, weder jene, die hohe Güter der Humanität pflegen, deren Urheber aber noch nicht anerkennen, noch jene, die Gegner der Kirche sind und sie auf verschiedene Weise verfolgen. Da Gott der Vater Ursprung und Ziel aller ist, sind wir alle dazu berufen, Brüder zu sein"[233].

Wäre noch zu wünschen, daß das Konzil auch die Schwestern angesprochen hätte - aber prinzipiell ist der Weg frei für einen offenen Dialog, ein Aufeinanderzugehen und ein Voneinander-lernen.

Wenn Kirche zum Gespräch mit den nichtchristlichen Religionen in entfernten Regionen ermuntert[234], dann muß das umso mehr für die 'neue Religiosität' im Rahmen des New Age gelten, die vor der kirchlichen Haustür steht: Es wurde im Rahmen dieser Arbeit schon darauf hingewiesen, daß New Age der christlichen Unterströmung bedarf und sich nur dort entfalten kann, wo das

---

[232] Müller in: Lebendige Seelsorge 1988, S.380.
[233] II.Vaticanum, Pastoralkonstitution über die Kirche in der Welt von heute "Gaudium et spes" 92. In: Rahner/Vorgrimler 1966, S.550f.
[234] vgl. II.Vaticanum, Erklärung über das Verhältnis zu den nichtchristlichen Religionen 'Nostra aetate' 2. In: Rahner/Vorgrimler 1966, S.356

Christentum beheimatet ist. Sudbrack meint daher auch zu Recht, daß im Rahmen einer neuen Missionstheologie das Christentum nicht nur in fremden Erdteilen, sondern auch in unserer Christentums-fernen modernen Kultur "inkulturiert" werden müsse; für ihn ist das offene Gespräch mit der "neuen Religiosität" der wichtigste Ort dieser "Inkulturation"[235].

In der Auseinandersetzung mit dem New Age kann auch christliche Theologie lernen – und das wäre eine weitere Perspektive, die sich für das Christentum aus dem Dialog ergibt –, daß auch das eigene Nachdenken über Gott und Welt an bestimmte Denkrahmen gebunden ist, die dem Wandel unterliegen.
Erste Ansätze in diese Richtung zeichnen sich bereits ab. Hans Küng beschreibt eine "Theologie im Aufbruch", die ebenso Paradigmenwechseln unterliegt und immer wieder als eine "Dialektik von Herausforderung und Antwort"[236] verstanden werden muß. Ein Lernprozeß, der in einer Zeit dogmatistischer Gefährdung und fundamentalistischer Verhärtung für Kirche und Theologie den Horizont wieder erweitern könnte.
In diesem Dialog könnte sich Kirche auch wieder neu als "Mittel zum Zweck" begreifen lernen. Wenn das II.Vaticanum Kirche als Sakrament beschreibt[237], dann ist sie als jenes Medium beschrieben, das die Menschen im Geiste begleitet, aber, sind sie am Ziel, keine Eigenbedeutung mehr hat. Von da her ist Kirche immer wieder – und durch das New Age besonders – zu fragen herausgefordert, wie weit sie den Geist fördert oder behindert.
Bede Griffiths meint, daß Kirchen durch Institutionalisierung immer wieder den Geist unterdrücken[238], dem sie eigentlich dienen sollten und weist darauf hin, daß es in der himmlischen Stadt der Offenbarung des Johannes keinen Tempel, als Zeichen für Strukturen und Organisation gibt. "So wird das neue Jerusalem zum Symbol einer neuen Schöpfung [...] Jede Form von Priestertum und Opfer, von Ritual und Sakrament gehört der Welt der 'Zeichen' an, die vergehen wird. Heute mehr denn je werden wir aufgerufen, die Grenzen jeder Form von Religion zu erkennen. Jede Religion, ob christlich, hinduistisch, buddhistisch oder islamisch, ist durch Zeit, Raum und Umstände bedingt. Alle ihre äußeren Formen sind vergänglich [...] Götzendienst besteht darin, bei den Zeichen stehenzubleiben; wahre Religion geht durch das Zeichen hindurch zur Wirklichkeit"[239].

---

[235] vgl. Sudbrack 1987, S.64.
[236] Hans Küng, Theologie im Aufbruch. Eine ökumenische Grundlegung. München 1987, S.168.
[237] vgl. II.Vaticanum "Lumen gentinum" 1,9,48,59; "Gaudium et spes" 42,45.
[238] vgl. Bede Griffiths 1983, S.148.
[239] ebd. S.153.

Hier zeichnet sich die Tragweite der Herausforderung in scharfen Konturen ab: Kirche und theologisches Denken ist aufgerufen, sich in der eigenen Vorläufigkeit zu durchschauen und durch "Zeichen" zur Wirklichkeit hindurchzugehen. Kirche wird dann aus provinzieller Enge herausgeholt und auf das Bild einer "universalen Kirche" verwiesen. "Wo immer ein Mensch", heißt es bei Griffiths weiter, "sich seiner selbst bewußt wird und sich in seinem intuitiven Bewußtsein als offen für das transzendente Geheimnis des Seins erfährt, ist die Wirkung der Kraft des Geistes in ihm, die ihn zum ewigen Leben führen will. In diesem Sinn kann man also sagen, daß Gottes Geist in allen Religionen der Menschheit gegenwärtig ist. Ritual und Opfer, Lehre und Sakrament, Gebet und Gottesdienst sind Antwort des Menschen auf das Wort Gottes, das die Menschheit mit Gott vereinen möchte, es sind Zeichen der Gegenwart des Geistes, der den Menschen zu Gott führen will. Oder mit anderen Worten: Es ist die Gegenwart der Kirche. So müssen wir das Wort von der universalen Kirche verstehen [...] Nicht nur die ganze Menschheit ist Leib der Kirche, sondern sogar die ganze Schöpfung"[240].

In der Person Bede Griffiths', dem katholischen Priester und hinduistischen Sanyassin, scheint der christliche Dialog mit den östlichen Religionen und dem New Age am weitesten vorangetrieben zu sein. Offensichtlich ist er daran, das zu verwirklichen, was John S. Dunne vom "Heiligen unserer Zeit" schreibt, daß er "im sympathetischen Verständnis sich von seiner eigenen Religion in die anderen Religionen hineinbegibt und mit neuer Einsicht zu seiner eigenen zurückkehrt"[241]. Er sieht darin "das spirituelle Wagnis unserer Zeit"[242].

Es wäre Aufgabe auch der kirchlichen Erwachsenenbildung, ihre Teilnehmer zu ermuntern, die mit einem ernsthaften Dialog verbundene Spannung anzunehmen – die Spannung im Oszillieren zwischen Festigung im eigenen Glauben und Eingehen auf nichtchristliche Religionen und Deutungsmodelle der Existenz, zwischen Verankerung in der eigenen Kirche und Ausschauhalten nach der universalen Kirche.

New Age ist für das Christentum die Herausforderung, sich auf dieses Wagnis einzulassen. Günther Schiwy hat den politischen Slogan des New Age – "Denke global, handle regional" – abgewandelt zu "Glaube global, bekenne regional"[243].

[240] ebd. S.199.
[241] zit. bei Michael von Brück. In: Lebendige Seelsorge 1988, S.277.
[242] ebd.
[243] Günther Schiwy, New Age-Spiritualität und Christentum. In: Bürkle 1988, S.101.

3.4. KONSEQUENZEN FÜR DIE KIRCHLICHE ERWACHSENENBILDUNG

Im New Age treten Grundforderungen der heutigen Zeit gebündelt an die
kirchliche Erwachsenenbildung heran. Es ist nun noch zu fragen, welche formalen
und materialen Konsequenzen sich für die kirchliche Erwachsenenbildung bei der
Auseinandersetzung mit dem New Age ergeben.

Eine *erste formale Konsequenz* liegt in der doppelten Notwendigkeit der
verstärkten Auseinandersetzung: mit dem eigenen Glauben im Sinne einer klaren
Definition des eigenen Standpunktes; und mit dem Denken des New Age, seinen
Begriffen und Anliegen. Damit verbunden wäre das Ziel, das statistische Mißver-
hältnis der als New Age-Veranstaltungen ausgewiesenen und der verdeckten New
Age-Angebote (22,55 % zu 77,45 %, vgl. Anhang, Dokumentation 12) in den
Ankündigungen der katholischen Bildungshäuser in Richtung Klarlegen der
Inhalte, Ziele und Grundanliegen schrittweise zu verändern.

Die *zweite formale Konsequenz* setzt bei der Beobachtung an, daß im Bereich
der neuen Religiosität in erster Linie die Erfahrung zählt und nicht die rationale
Strukturierung des Glaubensinhaltes. Die katechetische Tradition der letzten
Jahrhunderte ging vom Glaubensinhalt aus und wollte ihn auf das Leben hin
deduktiv aufbereiten, was aber – am Beispiel der Katechismusentwicklung läßt sich
das belegen – über weite Strecken nicht gelang; die rational-dogmatische Ebene
des Glaubens dominierte in der Verkündigung gegenüber der Glaubenserfahrung
und gegenüber dem Glaubensvollzug.

Kirchliche Erwachsenenbildung wird die Forderung nach Erfahrung im New
Age insofern berücksichtigen, als sie auch von konkreten Lebenserfahrungen
ausgeht, um zu Aussagen der Offenbarung induktiv vorzudringen. Von Nutzen
wird dabei der Ansatz einer korrelativen Religionsdidaktik sein: Aufweisen, daß
in der Erfahrung des Alltags Gott immer bereits gegenwärtig ist und den
Menschen anspricht; und umgekehrt, daß in den Inhalten der Offenbarung immer
der Mensch in seiner konkreten Lebenssituation von Gott her gemeint ist. Auch
hier geht es, wie zumindest theoretisch schon immer in der Theologie, um die
Synthese von Erfahrung und Glaubensinhalt, nur daß der Mensch der
Postmoderne eher bei der Erfahrung, seiner subjektiven Betroffenheit, ansetzt[244].

Im Zusammenhang damit wird kirchliche Erwachsenenbildung im Bereich der
Bibelarbeit auch die religionspädagogischen Neuansätze der Symboldidaktik

---

[244] vgl. dazu auch Sudbrack 1988a, S.98.

berücksichtigen und die Einsichten einer tiefenpsychologischen Exegese ernst nehmen[245]. Denn so wichtig eine historisch-kritische Methode für das Verstehen biblischer Texte auch sein mag, so fixiert sie gerade als Methode den Abstand zwischen damals und heute und trägt ihren Teil zu einer "Subjekt-Objekt-Spaltung" in der Bibelarbeit bei[246], wenn es der Verkündigung nicht gelingt, das Kerygma so zu vermitteln, daß der Hörer existentiell betroffen ist und es ihm Hilfe zur Deutung seines Lebens wird. Nach einer Zeit der "Entmythologisierung" fordert Kurt Hübner eher eine "Entlogisierung" der Bibel, "handelt es sich beim Mythos doch nicht um eine Kette phantasievoller Märchen, naiver Naturerklärungen oder irrationaler Wirklichkeitsvorstellungen, sondern um ein System der Erfahrung" (vgl. dazu auch Teil 2./Fußnote 258, "Mythos"). Er kann sich für die Zukunft nur eine Kulturform vorstellen, "in der Wissenschaft und Mythos weder einander unterdrücken noch unverbunden nebeneinander bestehen, sondern in eine durch das Leben und das Denken vermittelte Beziehung zueinander eintreten"[247].

Material lassen sich eine Reihe von Feldern nennen, in denen kirchliche Erwachsenenbildung nicht nur auf das New Age eingeht, sondern, bei aller vom Konzil geforderten "Diskretion", mit ihm zusammenarbeiten könnte.
Der ganze zweite Teil dieser Arbeit (2. Die Auseinandersetzung) stellt einen materialen Grundriß dieser Themenfelder dar.

Dazu nennt Wolfgang Nastainczyk im Sinne "fälliger Entgrenzungen"[248] drei große Themenbereiche der Zusammenarbeit: Ernstnehmen der "Zeitwende" im Sinne eines kulturellen Umbruchs und im Zusammenhang damit Vorbereitung auf eine *"Glaubenswende"*; Begegnung der neuzeitlichen Verkopfung auch in der Theologie und Bereitschaft zu *ganzheitlicher Begegnung mit der Welt;* *kritische Distanz gegenüber einer Wohlstandsgesellschaft,* die an "Leistung" und materiellem Konsum orientiert ist.

Weitere materiale Konsequenzen für die kirchliche Erwachsenenbildung in der Auseinandersetzung mit dem Wassermann-Zeitalter sieht Sudbrack in der Notwendigkeit, *Person, Freiheit* und *Entscheidungsfähigkeit* als menschliche Grundwerte verstärkt anzusprechen, weil sie im New Age zu Worten werden, "die nur vorläufige oder Schein-Wirklichkeiten innerhalb der Raum-Zeit-Dimension, innerhalb des 'analytischen' Weltbildes repräsentieren"[249].

[245] z.B. Eugen Drewermann, Tiefenpsychologie und Exegese, Olten 1984.
[246] vgl. Karl Dienst, New Age und Religionsunterricht. In: Lebendige Seelsorge 1988, S.372.
[247] zit. bei Dienst, ebd.
[248] vgl. Wolfgang Nastainczyk, New Age und Esoterik. Religionspädagogische Herausforderungen. In: Lebendige Seelsorge 1988, S.304.
[249] Sudbrack 1988a, S.52.

Notwendig wird auch sein, nach der Zeit der "Gott-ist-tot-Theologie" eine
"Gott-lebt-Theologie" aufzugreifen und auch im Bereich der kirchlichen
Erwachsenenbildung eine *Trinitarische Theologie* zu fundieren und vom Gott der
Beziehung zu sprechen, der dem Menschen dreifaltig begegnet: als Schöpfer,
Erlöser und Vollender. Damit ist auch der materiale Hinweis ausgesprochen, daß
die mystische Dimension eines entfalteten Glaubens stärker aufgegriffen werden
muß.

Erwachsenenbildung sollte dabei zu der Bereitschaft befähigen, "*mit der
religiösen Vielfalt* und *in der religiösen Vielfalt zu leben*"[250]. Die
Vielgestaltigkeit des Religiösen ist eine Tatsache. Als Christen sollten wir durch
entsprechende Bildungsangebote lernen, "Andersglaubende zu respektieren, ohne
unsere eigene Glaubensidentität preiszugeben, das bedeutet: wir müssen lernen,
unseren eigenen Glauben in einer multireligiösen Umgebung bewußt zu
leben"[251].

Im Sinne Bede Griffiths' sollten wir akzeptieren, daß wir das Wahrheitsmonopol
nicht für uns beanspruchen können. "Wir alle sind Pilger", schreibt er, "und auf
der Suche nach Wahrheit, Wirklichkeit und letzter Vollendung, und wir müssen
davon ausgehen, daß diese Wahrheit immer über unser Verstehen geht"[252].

Da das New Age mit dem Anspruch auftritt, nicht nur die "Transformation"
des Einzelindividuums, sondern der ganzen Gesellschaft in ihren Einstellungen,
Lebensbedingungen und Werten voranzutreiben, gibt es keinen Bereich, in den
hinein sich das New Age nicht vernetzen würde.

Insofern wird das New Age ein "didaktisches Prinzip" (und damit eine formale
Konsequenz) der kirchlichen Erwachsenenbildung, will sie "die Welt, in der wir
leben, ihre Erwartungen, Bestrebungen und ihren oft dramatischen Charakter [...]
erfassen und [...] verstehen"[253].

Dennoch sei hier auf zwei materiale Konsequenzen besonders hingewiesen,
denen sich kirchliche Erwachsenenbildung in der Begegnung mit dem New Age
verstärkt wird stellen müssen: Kirche wird sich fragen müssen, schreibt Harald
Baer, "wie lange sie noch die Frauen von der Teilnahme an Leistungsfunktionen
ausschließen will, wenn sie nicht auf Dauer alle selbstbewußten Frauen verlieren
will. In der Frage der Ökologie wird es zumindest eine partielle Interessens-

---

[250] Müller, Pastorale Erfahrungen mit New Age. In: Lebendige Seelsorge 1988, S.380.
[251] ebd. S.380f.
[252] Griffiths 1983, S.208.
[253] II.Vaticanum, "Gaudium et spes" 4. In: Rahner/Vorgrimler 1966, S.461.

gemeinschaft [mit dem New Age] geben [...]"[254].

Feminismus und *Ökologie* als wesentliche Momente in der Auseinandersetzung und Begegnung New Age und Christentum wurden im Laufe dieser Erörterungen schon wiederholt angesprochen[255]. Wenn man die Bemerkungen Capras über "Tiefenökologie"[256] ernst nimmt und diese Bezeichnung als neue Chiffre für das Bleibende des "alten" New Age und die in der "Wendezeit" beschriebene "natürliche Verwandtschaft zwischen Feminismus und Ökologie"[257] mit berücksichtigt, dann werden diese beiden Bereiche wichtige Momente eines Dialoges New Age-Christentum auch im Rahmen der kirchlichen Erwachsenenbildung sein.

Religionen stammen allesamt aus mystischen Erfahrungen und transzendierendem Denken. Sie stehen in ihren konkreten kulturellen und historischen Ausprägungen in der Spannung von Mythos[258] und Geschichte. Überall dort, wo Ereignisse auf ihre letzte Bedeutung hin interpretiert werden sollen, wird diese Spannung spürbar.

---

[254] Harald Baer, Rezension des Buches von Günther Schiwy "Der Geist des Neuen Zeitalters". In: Lebendige Seelsorge 1988, S.397.

[255] vgl. dazu 1.4.7.

[256] vgl. Capra in: Bürkle 1988, S.12.

[257] Capra 1985, S.38.

[258] Mythos (μύθος - "Wort" im Sinn einer letztgültigen Aussage). Der Mythos ist autoritatives Überlieferungswort, damit im Gegensatz zum Logos, dem durch verstandesmäßige Beweise in seiner Wahrheit erwiesenen Wort. "Während die logische Erkenntnis Begriffe abstrahiert, konkretisiert der Mythos. Er bildet keine Urteile, sondern stellt Realitäten dar. Er sucht keine Beweise zu erbringen und verfährt niemals apologetisch. Seine Sprache ist affirmativ" (G.Lanczkowski in: LThK 7, Sp.746).
Bei Griffiths ist die im Mythos dargestellte Realität Deutungshilfe der Wirklichkeit. In diesem Sinn wird in dieser Arbeit der Begriff Mythos verwendet.

4. ANHANG

4.1. MODELLPROJEKTE - VERSUCHE EINER KONKRETISIERUNG

Im Anschluß an die allgemeinen Erörterungen (Das Phänomen, die Auseinandersetzung, kirchliche Erwachsenenbildung als Forum des Dialogs) werden im Anhang einige Modellprojekte zusammengestellt, die, didaktisch-methodisch auf unterschiedliche Zielgruppen hin strukturiert, auf das New Age oder New Age-nahe Themen eingehen.

Die vorgestellten Modelle wollen neben dem Versuch, verschiedene Themenfacetten des New Age anzusprechen, auch verschiedene mögliche Organisationsformen von Erwachsenenbildungsveranstaltungen darstellen.

4.1.1. "New Age - was ist das?" ist als Nachmittagsveranstaltung in einem Bildungshaus gedacht;

4.1.2. "Typisch männlich - typisch weiblich. Als Frau, als Mann Christ sein" als Studientag im Rahmen der Bildungsarbeit der Katholischen Aktion (Frauenbewegung, Männerbewegung);

4.1.3. "Gibt's den Himmel wirklich? - Wenn Kinder nach Tod, Auferstehung, Himmel, Hölle, Fegefeuer fragen" als Elternabend (in der Pfarre oder in der Schule) im Rahmen des schulischen Religionsunterrichtes.

Die hier vorgestellten Projekte sind zum Teil aus der Praxis entstanden und verstehen sich als Anregung für die weitere Verwirklichung auf eine konkrete Zielgruppe hin. Methodische Anregungen und inhaltliche Hinweise sind insofern von relativer Bedeutung[1].

Die vorgestellten Projekte gehen entweder direkt auf das New Age ein (4.1.1.) oder auf einen Themenbereich, der im Zentrum des New Age-Denkens steht (4.1.2.). Außerdem wird ein Projekt angeführt, das sich zwar scheinbar im Vorfeld der New Age-Thematik bewegt, tatsächlich aber ein Kernproblem aus dem Umkreis des New Age anspricht: die Frage nach den "Letzten Dingen" (4.1.3.). Dieses Projekt ist als "Elternabend" mit einer religionspädagogischen Fragestellung gedacht. Der Grund dafür ist, daß vor allem in den städtischen Bereichen kirchliche Erwachsenen-

---

[1]   Besonders die Referatskizzen verstehen sich nur als Impulse, die den Referenten Anregung für die eigene Vorbereitung sein sollen.

bildungsangebote vor allem von "Insidern" angenommen werden. Fernstehende sind zur Teilnahme an einer kirchlichen EB-Veranstaltung schwer motivierbar. Andererseits zeigt sich, daß Eltern selbst dann, wenn sie als "fernstehend" einzuordnen wären, jene Angebote akzeptieren, die ein religiöses Thema unter dem Aspekt "Wie sag ich's meinem Kind" behandeln. Oft verlassen die Teilnehmer bald die Ebene der religionspädagogischen Fragestellung und bringen, zwar noch immer als Fragen der Kinder deklariert, eigene religiöse Probleme zur Sprache. Nach Erfahrung des Verfassers helfen religionspädagogische Themenformulierungen[2], die Schwellenangst Fernstehender religiösen Themen gegenüber zu senken, ohne zu manipulieren oder eines Etikettenschwindels schuldig zu werden. Das religionspädagogische Thema bleibt im Mittelpunkt, wird aber eingefaßt in die je eigenen Zugänge zu diesem Thema und in größere Gesamtzusammenhänge.

---

[2]   "Gibt's den Himmel wirklich? Wenn Kinder nach Tod, Auferstehung, Himmel, Hölle, Fegefeuer fragen" statt "Die christliche Botschaft von den 'Letzten Dingen' und ihre Bedeutung für die persönliche Lebensgestaltung" u.ä.

4.1.1. "New Age – was ist das"
(Projekt 1)

Thema: New Age – was ist das?
Ziele: *   Erste kritische Begegnung mit dem New Age.
        *   Die wichtigsten Grundaussagen und Grundbegriffe des New Age
             wiedergeben und deuten.
        *   Grundaussagen des New Age von einer christlichen Grundposition
             aus in Frage stellen.
        *   Möglichkeiten einer sinnvollen und verantwortbaren Begegnung
             Christentum–New Age aufzeigen.
Zielgruppe: Engagierte Pfarrmitglieder (Pfarrgemeinderäte, Dekanatsvertreter,
             Multiplikatoren der verschiedenen Gliederungen).
Zeit: Nachmittagsveranstaltung (Bildungshaus), reine Arbeitszeit:
             3 Stunden 15 Minuten.

Strukturgitter:

LERN-SCHRITT	ZIELE	INHALT	METHODE	ZEIT Min.	ROLLEN/MEDIEN	ORGANIS.
1. Begrü-ßung	Kontaktnahme; Vertrautwerden mit dem Thema; Vorstellen des Referenten	Überblick, wo man heute dem NA über-all begegnen kann; Ersthinweis auf Be-deutung des Themas für den Christen	Statement	10	Moderator	Plenum
2. Prob-lemstel-lung	Bisheriges Wissen über und bisherige Einstellung zum NA kritisch reflektieren	Fragen: Wo bin ich mit dem NA in Be-rührung gekommen? Was habe ich über das NA gehört? Was finde ich am NA positiv, was nega-tiv?	"Graffiti"	10	Moderator; alle; Vor-bereitete Plakate, Filzstifte	Einzelne
3. Infor-mation 1	Mit dem NA von einer kritischen Position aus vertraut werden	Erscheinungsbild des NA; Grund-begriffe; kleinster gemeinsamer Nenner der NA-Gruppie-rungen; Erschei-nungsfelder des NA; NA als Heraus-forderung an die Christen	Referat	45	Referent; wichtigste Begriffe an die Tafel (Flip card)	Plenum
4. Infor-mation 2	Wichtigste Literatur zum Thema NA ken-nenlernen	Markanteste Lite-ratur aus NA-Szene vorstellen und kritisch beur-teilen; Bekannt-machen mit der wichtigsten kriti-schen Literatur zum NA	Statement	10	Moderator - Referent; Büchertisch	Plenum
5. Pause						
6. Inter-aktion	Über die NA-Problematik sprechen; sich offener Fragen bewußtwerden; eigene Pfarr-situation bedenken	Offene Fragen zum Thema NA sammeln; eigene Pfarr-situation auf Defi-zite hin überdenken	Gespräch in Klein-gruppen	40	Moderator/ Kleingruppen	6er- Gruppen

7. Vertie- fung 1	Offene Fragen von einer christlichen Grundposition aus klären; der Bedeutung des Themas für die eigene Pfarrsituation bewußt werden	Referent beantwortet offene Fragen aus Kleingruppen; gibt Hinweise auf Möglichkeiten einer pfarrlichen Aufarbeitung der NA-Problematik	Gespräch	30	Ein Gruppenmitglied berichtet (faßt offene Fragen aus Kleingruppe zusammen), Referent antwortet, Moderator leitet	Plenum
8. Vertie- fung 2	Weitere Facetten des NA kennenlernen	Videofilme (Näheres unter ad 8!)	Film	30-45	Moderator	Plenum
9. Vertie- fung 3	Die Herausforderung des Christentums durch das NA und sinnvolle und verantwortbare Begegnungsmöglichkeiten mit dem NA aufzeigen; Klärung noch offener Fragen	Persönliche Eindrücke und Ansichten zum Thema NA einbringen	Diskussion	30	Moderator, Referent, alle	Plenum

Projektbeschreibung (Strukturgitter)

ad 1) "Begrüßung": Zunächst sollen die Teilnehmer (Tln.) die Möglichkeit haben, einander kennenzulernen und sich gegenseitig vorzustellen, sollten sie nicht ohnehin etwa aus derselben Pfarre kommen und schon bekannt sein. Der Moderator[3] führt kurz in das Thema ein (Statement) und charakterisiert das New Age als Herausforderung für die Christen von heute (vgl. 1.1.1. – 1.1.4.).

ad 2) "Problemstellung" (Graffiti): Drei Plakate (für je zwölf Tln.; bei höherer Teilnehmerzahl entsprechend mehr) mit folgenden Fragen sind vorbereitet: "Wo/wann bin ich mit dem New Age in Berührung gekommen?" – "Was habe ich bisher über das New Age gehört?" – "Was finde ich am New Age positiv und was negativ?" Etliche Filzschreiber sind vorbereitet. Leise ("einschlägige") Musik. Nach Einführung durch den Moderator gehen die Tln. von Plakat zu Plakat, schreiben ihre Antworten auf, sehen sich die Antworten anderer an, nehmen wieder Platz. Dieser Arbeitsschritt bringt dem Referenten erste Hinweise auf den Informationsstand der Tln. über New Age. Sinnvoll wäre es, könnte der Referent (entsprechende Flexibilität vorausgesetzt) die Referatsinhalte in etwa um die vorgefundenen Antworten gruppieren. So wird sein Beitrag zu einer Antwort auf die Beiträge der Teilnehmer.

ad 3) "Information 1" (Referat): Inhaltliche Hinweise zum ersten Informationsblock unter 1.2. bis 1.7. und 2.1. bis 2.4. je nach aktuellem Informationsstand der Tln.

ad 4) "Information 2" (Literatur): Hinweis auf die wichtigste New Age-Literatur bzw. auf jene, die sich von einer christlichen Grundposition aus mit dem

---

[3] Eine Rollenteilung Moderator/Referent bei längeren Veranstaltungen erweist sich als günstig: technisch-organisatorische Anliegen und Thema müssen nicht von einer Person wahrgenommen werden; Entlastung! Außerdem ist es für die TLN weniger ermüdend, nicht immer nur einen "Vortragenden" zu hören.

New Age kritisch auseinandersetzt. Entsprechende Bücher auflegen.

ad 5) "Pause": Erholung, Kontakte, Zeit für persönliche Gespräche oder Anfragen, Imbiß, Kaffee, Zeit zum "Stöbern" am Büchertisch.

ad 6) "Interaktion" (Gruppengespräch): In Kleingruppen (4-6 Personen je Gruppe) werden offene Fragen zum New Age gesammelt. Die eigene Pfarr- /Dekanatssituation wird auf Defizite hin, die im New Age aufgegriffen werden, überdacht. Ein Gruppenmitglied sammelt Fragen und Beiträge und bringt sie im nächsten Arbeitsschritt ein.

ad 7) "Vertiefung 1" (Gespräch): Im Plenum werden Fragen und Beiträge eingebracht: der Moderator leitet, der Referent steht für Anfragen zur Verfügung.

ad 8) "Vertiefung 2" Videofilme: "Wundertäter oder Scharlatane". Serie: Die Reportage (ZDF); "Psychoboom" (ORF); "Wenn Jugendliche zum Teufel gehen" (WDR).

ad 9) "Vertiefung 3" (Diskussion): Persönliche Eindrücke und Anfragen kommen zu Wort (vor allem im Anschluß an den/die Videofilm/e); der Moderator weist vor allem auf die Frage hin, wie im Bereich der eigenen Pfarrgemeinde das New Age fair und verantwortungsvoll thematisiert werden könnte.

4.1.2. "Typisch männlich – typisch weiblich? Als Frau, als Mann Christ sein" (Projekt 2)

Thema: Typisch männlich – typisch weiblich?
           Als Frau, als Mann Christ sein. Ein Studientag.
Ziele: *   Eigene Klischees von Mann/Frau bewußtmachen.
       *   Klarwerden, in welchen Situationen diese Klischees entlastend, in
           welchen sie behindernd sind.
       *   Das herrschende Menschenbild vom jeweiligen Gottesbild her deuten
           und umgekehrt.
       *   Möglichkeiten finden, wie wir als Frau, als Mann unsere jeweils
           gegengeschlechtlichen Anteile wahrnehmen, akzeptieren und leben
           können.
Zielgruppe: Kirchliche Mitarbeiter (Multiplikatoren aus den verschiedenen
           Gliederungen)
Zeit: Ganztagsveranstaltung; reine Arbeitszeit 6 Stunden, 30 Minuten
           (vormittags 3 Stunden, nachmittags 3½ Stunden).

Strukturgitter:

LERN-SCHRITT	ZIELE	INHALT	METHODE	ZEIT Min.	ROLLEN/MEDIEN	ORGANIS.
1. Begrüßung, Einstimmung	Kontaktnahme; einander kennen-lernen; näher vertraut werden mit dem Thema; geplante Verlaufs-struktur kennen-lernen	Je zwei Teilnehmer interviewen ein-ander (Name, Beruf, fam. Hintergrund, Motiv der Teil-nahme,...) und stellen einander in Plenum vor. Ziele und Verlaufs-struktur des Tages	Interview; Vorstell-spiel; Statement	ca 20	Alle; Paare; Moderator	Plenum, Paare, Plenum
2. Prob-lem-stel-lung 1; Inter-aktion 1	Bewußtmachen der eigenen Klischees in Bezug auf Rol-len Mann-Frau	Klischees in Bezug auf Rollen Mann-Frau	Graffiti "Typisch männlich - typisch weiblich"	10	Moderator; alle; vorbereitete Plakate (je nach Tln.zahl), Filzstifte; Musik	Einzel, frei
3. Prob-lem-stel-lung 2; Inter-aktion 2	Erste Konfron-tation mit über-kommener Rollen-verteilung Mann-Frau in der Ge-sellschaft	Bebel-Zitat: "Die Frau ist eine ver-nachlässigte Größe"	Stummer Dialog	20	Moderator; alle; vor-bereitetes Plakat	Plenum
4. Infor-mation	Klärung der Bedeu-tung der biolo-gischen und psy-chologischen Un-terschiede für das Rollenverständnis von Mann und Frau	Biologisch und psy-chologisch begrün-dete Unterschiede zwischen Mann und Frau und ihre Aus-wirkungen auf das gesellschaftliche Rollenverständnis von Mann und Frau; unterschiedliche Kommunikationsmus-ter von Mann und Frau	Referat 1: "Psycholo-gische Aspekte"	40	Referent	Plenum

5. Vertiefung 1; Evaluation 1	Kritische Auseinandersetzung mit dem bisher Gehörten; Bewußtwerden der Bedeutung der biologischen und psychologischen Aspekte für das eigene Rollenverständnis und Kommunikationsverhalten; Klärung von offenen Fragen; Klärung, wo Klischees hilfreich und wo sie hinderlich sind; Aufzeigen von Möglichkeiten der Veränderung	Offene Fragen zum Thema; eigene Erfahrungen mit und eigene Stellungnahme zum Thema des Referates; Möglichkeiten der Veränderung behindernder Rollenklischees	Diskussion	30	Moderator; alle; Referent; konkrete Ergebnisse auf Plakat	Plenum
6. Vertiefung 2; Evaluation 2	Sich der männlichen und weiblichen Anteile in der eigenen Persönlichkeit bewußtwerden (Animus, Anima); versuchen, dieses verbal und gestaltend kreativ auszudrücken; über die männlichen/weiblichen Anteile in der eigenen Person mit anderen sprechen	Sich über die männlichen und weiblichen Anteile in der eigenen Person Gedanken machen; sie stichwortartig auf Papier bringen und kreativ ausgestalten	Einzelarbeit; kreatives Gestalten; Vorstellen in Plenum (oder Zergespräch)	60	Moderator; alle; Packpapier (mit Mittellinie der Länge nach), Ölkreiden, Filzstifte	Einzel, Paare, Plenum
7. Mittagspause						
8. Konkretisierung	Durchschauen von Rollenklischees in Alltagssituationen; alternative Verhaltensweisen entdecken	Alltägliche Situationen in überkommenen Rollenklischees darstellen; alternative Verhaltensweisen überlegen und durchspielen	Rollenspiel, Kleingruppen (6er-Gruppen); Kleingruppe bespricht Szenenablauf vor Darstellung im Plenum	60	Moderator; Kleingruppe (6er-Gruppen); Plenum	Kleingruppen; Plenum
9. Information 2	Wesentliche Literatur zum Thema Mann/Frau (biologisch, theologisch, psychologisch, philosophisch) kennen	Literatur zum Thema	Statement	10	Moderator; Referent; Büchertisch	Plenum
10. Pause						
11. Problematisierung 3; Interaktion 3	Biblische Aussagen zum Thema Mann/Frau reflektieren; den Zusammenhang von Menschenbild und Gottesbild erkennen; Biblische Aussagen zum Thema Mann-Frau in zeitkritischem Kontext beurteilen	Bibelzitate; Gen 1,22; Gen. 1,27; Röm 16,1; Eph 5,22; Eph 5,25; Jes 66,12; Jes 66,13	Satzpuzzles, Gespräch in Kleingruppen; Satz auf Plakat schreiben	30	Moderator; Kleingruppen; Leerplakate (Packpapier); Filzstifte	Kleingruppen (6er-Gruppen)
12. Information 3	Ansprechen des Zusammenhangs Menschenbild - Gottesbild - Gesellschaft; Deutung der gesellschaftlichen Stellung der Frau in Altertum, in der Bibel, im Judentum, in der Kirche; biblische Aussagen über Gott als Vater und Mutter kennen und deuten	Rollenverständnis Mann/Frau in der Bibel und Zusammenhang Gottes-bild - Menschenbild - Gesellschaft	Referat 2 "Theologische Aspekte"	40	Referent; Kernbegriffe an die Tafel (Flip-card)	Plenum

13. Vertie- fung 3; Evalua- tion 3	Bedeutung der Aus- sagen (Punkt 12) für das eigene Rollenverständnis und Gottesbild deuten; Möglich- keiten für eine Änderung zu enger Klischees ausfin- dig machen	Offene Fragen zum Thema; eigene Erfahrungen mit und eigene Stellung- nahme zum Thema des Referates; Möglich- keiten der Verän- derung behindernder Klischeevorstel- lungen	Diskussion	30	Moderator; alle; Referent; konkrete Ergebnisse auf Plakat	Plenum
14. "Ver- tie- fung";	Erarbeitete Ergeb- nisse des Tages vor Gott zur Spra- che bringen	Wortgottesdienst zum Thema Mann/ Frau, Gott als Vater/Mutter				

Projektbeschreibung (Strukturgitter)

Dieses Projekt geht nicht auf das New Age als solches ein, sondern greift ein für das New Age bedeutsames Thema auf[4] und versucht, von einer christlichen Grundposition aus das eigene Rollenbild zu hinterfragen. Insofern steht dieses Thema im Gesichtskreis des New Age, auch wenn letzteres selbst nicht direkt angesprochen wird.

ad 1) "Begrüßung, Einstimmung": Sollen die Tln. einen ganzen Tag zusammenarbeiten, ist es sinnvoll, daß sie einander zunächst nach einer allgemeinen Begrüßung kennenlernen. Je zwei Tln. interviewen einander gegenseitig (Name, Beruf, Familienstand, Motive für Teilnahme am Studientag, etc... je nach Bereitschaft der Tln.!) und stellen dann einander im Plenum vor.

Der Moderator stellt den geplanten Tagungsablauf vor und führt mit einem Kurzstatement in das Thema ein: geänderte Rollenbilder Mann/Frau vor dem Hintergrund gesellschaftlicher Änderungen; Ruf nach einem "androgynen" Menschen im New Age – was ist davon zu halten?; Auswirkungen eines neuen Rollenverständnisses Mann/Frau auf das christliche Gottesbild; das Selbstverständnis der christlichen Gemeinde und das Kooperieren von Mann und Frau in dieser Gemeinde.

ad 2) "Problemstellung/Interaktion 1" (Graffiti): Für je ca. zwölf Tln. sind je zwei Plakate vorbereitet: Plakat 1: "typisch männlich" (mit plakatfüllenden Umrissen einer männlichen Gestalt), Plakat 2: "typisch weiblich" (mit plakatfüllenden Umrissen einer weiblichen Gestalt); der Moderator fordert die Tln. auf, in die Figuren einzuschreiben, was sie für typisch männlich/typisch weiblich halten. Eigene Stereotypen und Rollenklischees sollen bewußt überlegt werden; dazu Musik. Die bearbeiteten Plakate werden an den Wänden befestigt; bei größerer Teilnehmerzahl: Herumgehen und Betrachten der anderen Plakate.

ad 3) "Problemstellung/Interaktion 2" (Stummer Dialog): Auf einem großen Plakat steht das Bebelzitat: "In der bürgerlichen Welt rangiert die Frau an zweiter Stelle. Erst kommt der Mann, dann sie... Der Mann ist der eigentliche

---

[4]   vgl. Capra 1985, S.25 und 469ff., Ferguson 264ff.

Mensch... Die Frau ist eine vernachlässigte Größe"[5]. Der Moderator fordert die Tln. auf, ihre Meinung zu diesem Satz, ihr Gefühl, das sie beim Lesen dieses Satzes oder eines bereits niedergeschriebenen Beitrages haben, dazuzuschreiben – nonverbal; leise Musik. Bei mehr als 18–20 Tln. ist es sinnvoll, mit zwei oder entsprechend mehr Plakaten zu arbeiten, in 2 oder mehrere Gruppen zu teilen und Zeit zum Durchlesen der anderen Gruppenbeiträge zu lassen.

ad 4) "Information 1" (Referat 1) – Referatskizze:

"Physiologische und psychologische Unterschiede Mann–Frau"
(wie schon weiter oben angedeutet, verstehen sich die Referatskizzen als eine Art "thematischer Steinbruch", als Anregung für die persönliche Vorbereitung des Referenten).

Der zyklische Lebensrhythmus der Frau, durch hormonell verursachte Schwankungen bedingt, könnte Frauen mehr als Männer herausfordern, sich mit sich ändernden Umständen abzufinden und sich an eine wechselnde Art des Lebens anzupassen. "Dies könnte zu mehr Flexibilität, Einfühlungsvermögen für die Gefühlslage anderer Menschen, Lernbereitschaft und zu einer größeren Offenheit sowie vielfältigeren Weltsicht führen"[6]. Die hormonell statischere Situation der Männer wird mit geringerer Anpassungsbereitschaft, größerer Starrheit, aber auch größerem Durchsetzungsvermögen in Verbindung gebracht[7].

Der Bereich der körperlichen Unterschiede: Bei der Geburt sind Mädchen zwar kleiner als Buben, aber in der gesamtorganismischen Entwicklung um vier bis sechs Wochen voraus, beim Schuleintritt um 1 Jahr, mit Beginn der Pubertät um 2 Jahre[8]. Sind männliche Säuglinge bei der Geburt um etwa 5 % schwerer und 1–2 % größer als weibliche, so vergrößert sich diese Differenz beim 20–jährigen Mann aufgrund einer längeren vorpubertären Wachstumsphase der Frau gegenüber um 20% im Gewicht und um 10–20 % in der Größe. Von der körperlichen Ausstattung her scheinen die Männer für einen effizienten Krafteinsatz besser geeignet zu sein: Je nach Belastungsart bringt die Frau absolut zwischen 50 % und 95 % der Leistung des Mannes. Unterschiede treten auf in der Fähigkeit, Sauerstoff zu transportieren (Blutmenge 3,8 Liter bei Frauen gegenüber 5 Liter bei Männern)[9]. Männer haben einen um 8 % höheren Hämoglobingehalt im Blut, haben größere Herzen, transportieren dadurch mehr Blut (37 Liter/Minute beim Mann gegenüber 25 Liter pro Minute bei der Frau)[10]. Im Bereich der Grobmotorik sind die Männer schneller, Frauen sind dagegen im Bereich der

[5]   August Bebel, Die Frau und der Sozialismus 1879. Zit. in: Das Thema 29/1987, "Unser in der Welt sein", München 1987, S.74.
[6]   Sabine Klar, Mann und Frau. Biologische - psychologische - ethologische - gesellschaftliche Aspekte. In: Dialog spezial 2, Wien 1988, S.2.
[7]   vgl. Ch.Gaspari, Eins plus eins ist eins. Leitbilder für Mann und Frau. München 1985, S.144ff.
[8]   vgl. Klar 1988, S.2.
[9]   vgl. ebd. S.3.
[10] vgl. ebd.

Feinmotorik geschickter. Hinsichtlich der körperlichen Aspekte der Gesundheit ist sowohl die Fehlgeburtenrate bei männlichen Föten als auch die Sterblichkeit männlicher Säuglinge höher und die durchschnittliche Lebenserwartung bei Männern geringer.

Bei rechtshändigen Männern scheinen verbale und räumliche Fähigkeiten stärker als bei Frauen von nur einer Gehirnhälfte (der linken) geleistet zu werden, und auch sprachliche Fähigkeiten sind bei Männern mehr linkshemisphärisch ausgerichtet, wogegen bei den Frauen die rechte Hemisphäre stärker beteiligt zu sein scheint[11]. Bei Buben ist ein größeres visuelles Interesse feststellbar, bei Mädchen dagegen eine höhere taktile und orale Sensibilität.

Nach Meinung Gasparis könnten diese Unterschiede so gedeutet werden, daß Männer ein größeres Kraftausmaß einzusetzen haben, um ihre Umwelt durch wirksame Eingriffe zu gestalten, Frauen dagegen nicht mit solcher Kraft ihre Strategien durchzusetzen vermögen. Sie neigen daher mehr als Männer dazu, Divergenzen mit der Außenwelt im eigenen Innenbereich auszugleichen und sich anzupassen[12].

Im Bereich der körperlichen Unterschiede erbringen auf dem Gebiet intellektueller Fähigkeiten Buben zwischen sechs und zwölf Jahren bessere Ergebnisse beim Lösen räumlicher Aufgaben, dagegen sind Buben und Männer Mädchen und Frauen auf verschiedenen Gebieten sprachlicher Intelligenz[13] unterlegen. Dies zeichnet sich bereits bei drei Monate alten weiblichen Babys ab, die mütterlichem Verhalten häufiger durch Lautäußerungen begegnen als Buben[14].

Der männliche Sprachstil wird häufig als nüchtern, formallogisch, sachlich, kurz und themenspezifisch beschrieben, der weibliche dagegen als intuitiver, weniger formallogisch, emotionaler und mehr auf Zusammenhänge ausgerichtet. Wegen der engen Verbindung von Sprache und Denken könnte von der Art des Sprechens auch auf eine Art des Denkens zurückgeschlossen werden. Mädchen sind in der Regel bereits im Kindergartenalter leichter zu Leistungen zu motivieren als Buben und bringen in der Schule bessere Noten, sind während der Pflichtschulzeit ebenso selbstbewußt wie die Buben, aber nicht mehr in der Studentenzeit. Steigt bei Buben die Leistungsfähigkeit unter Wettkampfbedingungen und der Anwesenheit Gleichaltriger, so hat bei Mädchen die Anwesenheit Erwachsener einen leistungssteigernden Effekt. Frauen sehen Erfolge eher als Zufall an (extern variable Attribuierung), Männer dagegen eher als Ergebnis eigener Fähigkeiten (intern stabile Attribuierung).

Buben zeigen bereits ab dem zweiten Lebensjahr ein höheres Aggressionspotential als Mädchen; der Vorsprung männlicher Aggressionsbereitschaft nimmt zwar im Lauf der Sozialisation ab, ist aber bis ins Universitätsalter nachweisbar. Insgesamt scheinen Mädchen und Frauen aber mehr zur verbalen Aggression zu

[11] vgl. ebd.
[12] vgl. Gaspari 1985, S.146.
[13] Wortgedächtnis, grammatische Fähigkeiten, kreatives Sprachverhalten,...
[14] vgl. E.Kloehn, Typisch weiblich. Typisch männlich. Geschlechterkrieg oder neues Verständnis von Mann und Frau. Hamburg 1979, S.293. Diese Ergebnisse sind allerdings nicht unbestritten, da Sprachverhalten nicht nur genetisch, sondern multifaktoriell bedingt ist; vgl. auch Klar 1988, S.4.

neigen, sodaß Unterschiede im Aggressionsverhalten eher durch die Form als
durch das Ausmaß zu bestimmen sind[15].

Bereits im Alter von einem Jahr lassen sich Unterschiede im Spielverhalten
nachweisen. Buben spielen häufiger mit Gegenständen, die nicht im eigentlichen
Sinn als Spielzeug definiert werden können, Mädchen dagegen häufiger mit
definiertem Spielzeug[16]. Mädchen und Buben zeigen bereits im Vorschulalter
die Bereitschaft, sich mit gleichgeschlechtlichen Spielpartnern zu Spielgruppen
zu verbinden[17]. Zusammenfassend zu den psychischen Unterschieden Mann-
Frau läßt sich sagen, daß Männer eher in Ordnungen und Kategorien denken,
Frauen dagegen ein größeres Interesse für die Beziehungen zwischen Menschen,
Lebewesen und Gegenständen zeigen. Männer neigen eher zur Abstraktion, Frauen
gehen eher auf das Personal-Konkrete ein und haben eher einen Zugang zu
ganzheitlich komplexen Phänomenen als Männer, die wiederum eine stärkere
analytische Kompetenz aufweisen[18].

In Bereich des Sozialen zeigen sich Differenzen zunächst im unterschiedlichen
Einkommen. In den USA übersteigt das Einkommen von Frauen der höchsten
Bildungsstufe kaum das von Männern mit nur abgeschlossener
Grundschulausbildung[19]. Dies ist vor allem darauf zurückzuführen, daß
Frauen von vornherein niedriger bezahlte Tätigkeiten ausüben[20]. Die
Berufstätigkeit der Frau ist vor allem von familienzyklischen Phasen abhängig,
wogegen der Mann davon unbeeinflußt berufliche Kontinuität erfährt.

In England und in den USA werden Frauen häufiger als geistig krank
eingestuft, obwohl in der Kindheit Buben mehr psychopathologische Störungen
zeigen als Mädchen[21]. Dies kann als Folge des gesellschaftlichen Drucks bzw.
der Doppelbelastung, der Frauen ausgesetzt sind, gedeutet werden.

Im Gesundheitsbereich scheinen Männer ihren Körper eher wie ein Objekt zu
sehen, bei dem man Einzelteile nach Bedarf ersetzen kann. Frauen nehmen sich
eher als seelisch-körperliche Einheit wahr. Klar schreibt dazu: "Die Frau klagt
und leidet mehr - aber der Mann stirbt früher"[22]. Sie führt dies darauf
zurück, daß Männer eher Krankheitssymptome verdrängen.

Kriminalstatistisch entfallen in England 13 % aller Delikte auf Frauen (hier
handelt es sich vor allem um Diebstahl und Betrug) wobei Klar meint, daß dies
darauf zurückzuführen sein könnte, "daß Vergehen von Frauen nicht so bekannt
werden, daß [...] ihre gesellschaftliche Rolle ihnen hilft, das volle Ausmaß ihrer
Kriminalität zu verbergen"[23].

---

[15] vgl. Klar 1988, S.5.
[16] vgl. ebd. und Kloehn 1979, S.55ff.
[17] vgl. ebd. und J.Eibl-Eibelsfeldt, Die Biologie menschlichen Verhaltens. Grundriß der Humanethologie. München 1984,
     S.344.
[18] vgl. Klar 1988, S.5 und Gaspari 1985, S.147.
[19] vgl. Klar 1988, S.5.
[20] nach Lloyd/Archer stellen Frauen 97 % der in privaten Haushalten Tätigen, 78,9 % der Büroangestellten, 58,3 % der
     Dienstleistungsarbeiter (90,4 % der Kellner), 98,7 % der Vorschullehrer und Kindergärtner, 96,7 % der Krankenpfleger,
     84,2 % der Volksschullehrer, 79,8 % der Bibliothekare und Archivare, 2,7 % der Ingenieure, 2,9 % der Zahnärzte, 9,5 %
     der Anwälte und Richter und 11,2 % der allgemeinmedizinischen Ärzte. Zit. bei Klar 1988, S.6.
[21] vgl. Kloehn 1979, S.91f.
[22] Klar 1988, S.6.
[23] ebd.

Zur Ursache von Geschlechtsunterschieden: Erbanlagen und Umwelteinflüsse spielen bei der Ausformung von Geschlechtsunterschieden zusammen. "Die Angewiesenheit [biologischer Faktoren] auf die soziale Überformung ist geradezu als biologisches Kennzeichen der menschlichen Geschlechtlichkeit anzusehen"[24].

Die meisten körperlichen Geschlechtsunterschiede gehen auf Reifungsprozesse zurück, was aber nicht heißt, daß sie unabhängig von Umwelteinflüssen und Modifikation wären. Vorgeburtlich beginnt die Ausdifferenzierung der Geschlechtsmerkmale mit 6 Wochen. Durch die Wirkung des Y-Chromosomes kommt es beim männlichen Geschlecht zu einer Entwicklung des inneren Teils des embryonalen Gewebes, beim weiblichen Geschlecht beginnen sich mit zwölf Wochen die Eierstöcke zu entwickeln. Das Hormon Testosteron bewirkt die geschlechtliche Ausdifferenzierung. Nach der Geburt fällt der Testosteronspiegel ab und das sichtbare Geschlecht des Säuglings setzt das erste Signal für den Beginn der unterschiedlichen Sozialisation[25]. Reifung und Pubertät werden durch Testosteron - bzw Östrogen-Wirkungen vorangetrieben, wobei jeweils auch das gegengeschlechtliche Hormon wirksam wird. Das Wachstum der Schamhaare beim Mädchen etwa wird durch männliche Androgene bestimmt[26].

Lerntheoretisch läßt sich der Umweltanteil bei der Entwicklung der Geschlechtsunterschiede zunächst durch die Verstärkungstheorie erklären. Erwartetes Verhalten wird von der Umwelt verstärkt, nicht erwünschtes Verhalten durch Rüge oder Bestrafung gelöscht. Eltern verstärken im Rückmeldungssystem mit dem Baby meist geschlechtsspezifisch. Mädchen lassen sich durch Streicheln eher beruhigen[27], Buben dagegen eher, wenn sie durch Gegenstände abgelenkt werden. "Die Folge könnte sein, daß Buben eher lernen, sich von Gefühlen abzulenken - eventuell eine der Quellen männlicher Objektbezogenheit"[28].

Nach der klassisch-analytischen Deutung kommt es nach der ödipalen Phase zur Identifikation mit dem gleichgeschlechtlichen Elternteil, damit zum Erlernen der Geschlechterrolle durch Identifikation. Im Sinne der kognitiven Theorie erwirbt das Kind durch Beobachtung seiner Umwelt Wissen über die Geschlechterrollen und entwickelt langsam ein allgemeines Konzept der Geschlechterrolle. "Handeln in Übereinstimmung mit der eigenen Geschlechterrolle wirkt bekräftigend"[29]. In einer integrativen Sicht könnte man sagen: Männliche und weibliche Rollen entstehen in getrennten Entwicklungswegen und werden sowohl von Reifungs- als auch von Umweltfaktoren beeinflußt[30].

Der biologische Vorteil der geschlechtlichen gegenüber einer ungeschlechtlichen Fortpflanzung liegt, neben einem Ausbessern von Erbschäden, in der Durchmischung des Erbgutes und damit in der Erreichung einer größeren Vielfalt

---

[24] Schelsky, zit. bei Klar 1988, S.6.
[25] vgl. ebd. S.7.
[26] vgl. ebd.
[27] vgl. Kloehn 1979, S.19.
[28] Klar 1988, S.8.
[29] ebd.
[30] vgl. ebd.

an Eigenschaften bei den Nachkommen[31].

Bei den Studien über Unterschiede der Geschlechtsmerkmale sollten aber nicht so sehr nur die Geschlechtsunterschiede hervorgehoben, sondern auch die Geschlechtsähnlichkeiten mit in den Blick gerückt werden. "Auch sollte größeres Augenmerk auf die unterschiedlichen Fähigkeiten der Individuen gelegt werden als auf die Unterschiede der Mittelwerte von Gruppen, zu denen die Individuen gehören."[32].

Der Mensch ist ein leib-seelisch-geistiges Wesen, und es ist daher schwer vorstellbar, daß Geschlechtsunterschiede irrelevant sein sollten. Aber der Mensch ist auch ein geistig strukturiertes, gesellschaftliches Kulturwesen. Von da her kann sein biologisches Substrat nicht das für ihn einzig entscheidende sein. Insofern der Mensch als Geistwesen zur Reflexivität, Selbstbestimmung und Selbstgestaltung befähigt ist[33], ist er aufgerufen, sich in Überformung seiner biologischen Grundlagen eben selbst zu bestimmen und zu verwirklichen. Klar schreibt: "Es gibt zwei Arten, sein Menschsein zu verwirklichen, eben als Mann und Frau"[34]. Menschsein könnte man demnach im Bild einer Ellipse ausdrücken, bei der entweder der eine oder der andere Brennpunkt voll entwickelt ist, die geometrische Gesamtfigur aber nur in der Bezogenheit auch auf den je anderen Brennpunkt verstanden werden kann.

ad 5) "Vertiefung-Evaluation 1" (Diskussion):

Klärung offener Fragen zum Thema, Einbringen eigener Erfahrungen und Ansichten. Frage, in welchen Bereichen Rollenklischees Verhaltenssicherheit bieten, in welchen sie behindernd sind; Möglichkeiten eines Abbaues behindernder Klischees erörtern (Moderator leitet Diskussion, Referent steht für Anfragen zur Verfügung).

ad 6) "Vertiefung-Evaluation 2" (kreatives Gestalten):

Auf einem halben Bogen Packpapier (je Tln. ein Bogen durch Strich in zwei Hälften geteilt) schreiben die Tln. auf die eine Seite die Charaktereigenschaften und Persönlichkeitsanteile, die sie eher als weiblich und auf die andere Seite, die sie eher als männlich einstufen. Sie gestalten beide Seiten bildnerisch (Ölkreiden, bunte Filzstifte). Je nach Offenheit in der Gruppe und gegenseitiger Bekanntheit der Tln. werden die Ergebnisse entweder in einem 2er-Gespräch, Kleingruppengespräch oder im Plenum vorgestellt.

ad 7) Mittagessen, Mittagspause

ad 8) "Konkretisierung 1" (Rollenspiel):

In Kleingruppen aufgeteilt überlegen die Tln. Alltagssituationen, in denen erstarrte Rollenklischees deutlich zum Vorschein kommen. Im Rollenspiel

---

[31] vgl. ebd. S.10.
[32] ebd. S.11.
[33] vgl. Herbert Zdarzil, Pädagogische Anthropologie. Graz 1978[2], S.31ff.
[34] Klar 1988, S.12.

wird zunächst diese Situation, darauf eine Alternative dargestellt, die auf
die "Gleichwertigkeit in der Verschiedenheit" Rücksicht nimmt.

ad 9)"Information 2" (Statement):
   Einschlägige Literatur zum Thema vorstellen; Büchertisch.

ad 10)Pause

ad 11)"Problematisierung-Interaktion 3" (Satzpuzzles):
   Bereits vorbereitet: Biblische Aussagen zum Themenfeld Mann/Frau
   (einzelne Sätze) sind auf breite Papierstreifen geschrieben und in einzelne
   Worte zerschnitten (etwa Gen 1,27; Gen 1,22; Röm 16,1; Eph 5,22; Eph 5,25;
   Jes 66,12; Jes 66,13). Jede der Kleingruppen (4–6 Tln.) erhält einen Satz und
   versucht, die einzelnen Wörter zu einem sinnvollen Ganzen
   zusammenzusetzen. Gespräch in der Kleingruppe, was dieser Satz für das
   Thema aussagt.

ad 12)"Information 2" (Referat 2)
   Referatskizze (Siehe dazu auch Anmerkung zu ad 4)

   "FRAUSEIN – typisch weiblich!? – MANNSEIN – typisch männlich!?
   Theologische Aspekte"

   Die Realität

   * "Die Theorie wäre (theoretisch) gar nicht so schlecht."
Wenn man kirchliche Äußerungen zum Thema "Würde des Menschen", "Mann–Frau",
"Würde und Stellung der Frau" aus der jüngsten Zeit ansieht, dann könnte man
zufrieden sein. Daß das Priestertum der Frau, wie es jetzt steht, kategorisch
verwehrt bleibt, ist ein Wermutstropfen. Die Hoffnung aber bleibt, daß dabei das
letzte Wort noch nicht gesprochen ist.

   Johannes Paul II. (Mulieris dignitatem 1988)
fordert die gleiche Würde, gleiche Rechte für Mann und Frau; Jesus wird als
Förderer der wahren Würde der Frau gezeichnet[35].

   Fischer-Wollpert, Lexikon religiöser und weltanschaulicher Fragen
(Regensburg 1981):
"Von Natur aus existiert der Mensch nur als Mann und Frau. Wegen der
Wesenseinheit von Leib und Seele wirkt sich die verschiedene Geschlechtlichkeit
auch auf das seelisch–geistige Verhalten des Menschen aus; die Frau denkt, fühlt
und handelt anders als der Mann. In der Geschichte der Religion und der
Philosophie sind manche der Versuchung erlegen, aus der Verschiedenartigkeit
eine Verschiedenwertigkeit zwischen Mann und Frau zu konstruieren, die sich in

---

[35] vgl. Kirchenzeitung v. 9.Okt.1988, S.7.

einer Herabminderung der Frau äußerte. In Wirklichkeit sind Mann und Frau bei aller Verschiedenartigkeit gleichwertig"[36].

II. Vaticanum:

Forderung nach Hebung der gesellschaftlichen Stellung der Frau[37]; wendet sich gegen die in der heutigen Gesellschaft vorhandene Diskriminierung der Frau[38]; fordert gleiche Möglichkeiten des Zuganges zu Kulturgütern für die Frau[39].

Paul VI. – "Marialis Cultus":

Die Grenze zur Überzeichnung scheint dort gegeben, wo die reale Frau an einem Idealtypus gemessen wird: "...haben alle die allerseligste Jungfrau hochgeschätzt als neue Frau und vollkommene Christin, vereinigt sie doch alle für eine Frau charakteristischen Züge in sich als Jungfrau, Braut und Mutter: Immer wurde die Mutter Jesu als vollkommenstes Ideal einer Frau und als vollendetes Vorbild für ein Leben nach dem Evangelium hochgehalten..."[40].

* Die Praxis des kirchlichen Alltags sieht aber anders aus.
"Der 13."[41] vom 13.8.1988 S.6/7 – "Liturgischer Skandal in Luzern":
"Basler Katholiken richteten an Bischof Otto Wüst einen Offenen Brief, den sie zur Dokumentation dem »13.« zur Verfügung stellten: Kirchengeschichte des 20. Jahrhunderts, die keines Kommentars bedarf [...] Wir halten es für einen ausgemachten, beispiellosen, öffentlichen Skandal, daß beim Beerdigungs-gottesdienst [für Hans Urs von Balthasar] in Luzern nicht nur so nebenbei, sondern höchst ostentativ Mädchen, nein: großgewachsene, elegante Fräuleins als Altardienerinnen mitwirkten. Wir trauten unseren Augen nicht, als wir das elegante blonde Fräulein erblickten, das mit dem Prozessionskreuz, in Begleitung von zwei Mädchen mit Kandelabern, durch den großen Gang zum Altar ging. Sie führte den Trauerzug an, hinter ihr kamen die vielen Bischöfe mit ihren weißen Mitren.
Ratzinger schockiert?
Ein großes Mädchen trug hinter dem Altar den Bischofsstab des Kardinals Ratzinger. Auch die bischöfliche Kanzlerin sei miteingezogen. Ganz groß waren die Frauen bei der Lesung dabei. Es wurden zwei Lesungen vorgetragen, beide von einer Frau. Auch das war System. Wenn schon mehr als 200 Priester da waren, hätte wenigstens eine Lesung einem Priester übergeben werden können. Doch nein. Groß in Aktion traten die Ministrantinnen, richtiger die Fräuleins, bei der Opferung. Großgewachsene Fräuleins trugen die Kelche oder Schalen mit den Hostien, ebenso die Kännchen mit Wein und Wasser auf den Altar. Mädchen, richtiger: Fräuleins, bedienten den Herrn Kardinal bei der Gabenbereitung und

[36] Fischer/Wollpert, Wissen Sie Bescheid? Lexikon religiöser und weltanschaulicher Fragen. Regensburg 1981[2], S.167.
[37] vgl. II.Vaticanum, Gaudium et spes 52. In: Rahner/Vorgrimler 1966, S.504.
[38] Gaudium et spes 29. Ebd. S.475f
[39] Gaudium et spes 60. Ebd. S.513.
[40] Paul VI., Apostolisches Sendschreiben "Marialis cultus" über die Marienverehrung. Trier 1975, S.83f.
[41] "Der 13.", Zeitung der Katholiken für Glaube und Kirche. Linz 1988.

bedienten ihn bei der Handwaschung. Man sah es von weitem, daß der Herr Kardinal überrascht, wenn nicht schockiert war. Es muß nochmals gesagt werden, die Ministrantenfräuleins spielten ihre Rolle betont ostentativ, sie wollten zur Geltung kommen und vom Volk gesehen werden..."

Die Frau im Kirchenlied – am Beispiel "Gotteslob"[42] unter der Frage "Bruder, wo ist deine Schwester!?":
841 – Nun, *Brüder* sind wir frohgemut; 919/5 – Und ich, ich sollt ein Mensch noch sein und Gott im *Bruder* nicht erfreun?; 855 – Vaterland, Bundeshymne – Heimat bist du größer *Söhne*; 637 – Laßt uns loben, *Brüder*, loben; 638/3 – Er lasse uns wie *Brüder* sein; 640 –Wir sind einander *Brüder*, und niemand ist uns fern, ein Leib und viele Glieder in Christus, unserm Herrn; 634/3 – Wir, die wir essen von dem Mahle und die wir trinken aus der heilgen Schale, sind Christi Leib, sind seines Leibes Glieder und alle *Brüder*; 480/2 – Sieh gnädig auf uns nieder, die wir in Demut nahn; nimm uns als Christi *Brüder* mit ihm zu Opfer an...
Die Liste ließe sich beliebig fortsetzen!

* Die lange Tradition
Die heutige innerkirchliche Sicht der Frau (reduziert, diskriminiert) hat eine breite Tradition: im antiken Judentum, in Äußerungen von christlichen Theologen durch 2 Jahrtausende.

Die Frau im antiken Judentum:
Schizophrene Stellung der Frau gegenüber (Bibel-Talmud-Alltag):
"Rabbi Elasar sagte: Jeder Mensch, der keine Frau hat, ist eigentlich kein Mensch, denn es heißt: Männlich und weiblich erschuf er sie und rief ihren Namen: Mensch"[43]. "Frauen, Sklaven und Minderjährige sind vom Bekenntnis 'Höre' und von Gebetsriemen befreit"[44].
"Die Freude am Schönen: Drei sind ein Vorgeschmack der kommenden Welt, das sind: Schabbat, Sonne und Beischlaf. Drei ermuntern eines Menschen Sinn, das sind: Stimme, Aussehen und Geruch. Drei erheitern eines Menschen Sinn, das sind: eine schöne Wohnung, eine schöne Frau und schöne Geräte [Mensch-Frau!, Rangordnung: Wohnung, Frau, Geräte!]"[45].
Aber auch das 9. und 10. Gebot erinnern daran, daß die Frau neben Haus und Acker als ein weiteres Besitzobjekt des Mannes angesehen wurde: "Du sollst nicht begehren deines Nächsten Frau, du sollst nicht begehren deines Nächsten Gut."

Die Frau in der Theologie – Ein Streifzug durch 2 Jahrtausende:
Paulus ist bei aller ökumenischen Weite ein Kind seiner Zeit: "Ihr Frauen, ordnet euch euren Männern unter. Dadurch zeigt ihr, daß ihr euch dem Herrn unterordnet. Denn der Mann steht über der Frau, so wie Christus über der

[42] Gotteslob. Katholisches Gebet- und Gesangbuch. Erzdiözese Wien. Stuttgart/Wien 1975.
[43] Jewamot 63 a. In: Der Babylonische Talmud, München 1963, S.487.
[44] Mischna Brachot III. In: ebd. S.490.
[45] Brachot 57b. In: ebd. S.491.

Gemeinde steht [...] Wie nun die Gemeinde Christus untergeordnet ist, so müssen auch die Frauen sich ihren Männern in allem unterordnen"[46].
Clemens von Alexandrien (um 200 v.Chr.): "Bei der Frau muß schon das Bewußtsein von dem eigenen Wesen Schamgefühl hervorrufen"[47].
"Man darf aber die Frauen von der körperlichen Durchbildung nicht ausschließen. Man darf sie aber nicht zum Ringen und Laufen auffordern wie Männer, sondern soll sie im Wollespinnen und im Weben üben lassen und darin, bei Brotbacken zu helfen, wenn es nötig ist. Ferner sollen die Frauen aus der Vorratskammer herbeiholen, mit eigener Hand, was WIR [Hervorhebung durch den Verf.] zum Leben brauchen"[48].
Ambrosius (um 400): "Die Töchter dieser Welt werden geheiratet und heiraten: Die Tochter des Himmelreiches enthält sich aber jeglicher Fleischeslust"[49].
Konzil von Macon (585): Ein Bischof fragt an, ob das Wort 'homo' (Mensch) auch auf die Frau angewendet werden kann. Fischer/Wollpert begründet (und entschuldigt), daß im Spätlateinischen bzw. im Frühfranzösischen das Wort homo/homme nur mehr für 'Mann' verwendet wurde[50], stellt aber nicht die Frage, vor welchem sozialen Hintergrund und vor welchem Bild der Frau es zu dieser Entwicklung kommen konnte!
Thomas von Aquin (1225-1274): "Die Frau ist lediglich Hilfe zur Zeugung und nützlich im Haushalt; für das Geistesleben des Mannes ist sie ohne Bedeutung [...] jede Frau hat bei ihrer Geburt schon einen Mißerfolg hinter sich – die Frau ist ein Mißerfolg. Schuld daran, daß der Mann etwas zeugt, was etwas nicht gleich Vollkommenes wie er selbst ist, sind die feuchten Südwinde mit vielen Niederschlägen, wobei Menschen mit größerem Wassergehalt entstehen. Weil in den Frauen mehr Wassergehalt ist, sind sie leichter durch die Geschlechtslust zu verführen [...] Der Vater ist mehr zu lieben als die Mutter [...] Es ist nicht daran zu zweifeln, daß die selige Jungfrau in hervorragender Weise die Gabe der Weisheit empfangen hat. Aber den Gebrauch der Weisheit besaß sie in der Beschauung, nicht aber besaß sie einen Gebrauch der Weisheit im bezug auf das Lehren"[51].
Der heilige *Alfons von Ligouri* (1969-1787): "Wenn es zur Bewahrung der Keuschheit notwendig ist, sich vom Anblick der Frauenzimmer zu enthalten, so ist es umso notwendiger, ihren Umgang zu fliehen: 'Weile nicht mitten in Gesellschaft der Weiber', sagt der Heilige Geist (Ekkl.24,12), und er gibt den Grund davon an, indem er lehrt, daß wie aus der Wolle die Motten hervorgehen, so auch im Umgang mit Frauen die Bosheit der Männer ihren Ursprung habe. 'Denn aus den Kleidern kommen die Motten, und die Bosheit des Mannes kommt vom Weibe'. Und wie sich die Motte, wider den Willen dessen, der die Kleider besitzt, in denselben einfindet und sie zerstört, so wird auch in den Männern unvermerkt die böse Lust aufgeregt, wenn sie sich mit Frauenzimmern unterhalten, sollen dieselben auch

[46] Eph 5,22-24.
[47] Clemens v.A., Der Erzieher II; 33.2. Zit. in: Uta Ranke-Heinemann, Eunuchen für das Himmelreich. Katholische Kirche und Sexualität. Hamburg 1988, S.50f.
[48] Clemens v.A., Der Erzieher III; 49,2. Zit. in: ebd.
[49] Ambrosius, Über die Jungfrauen I/6. Zit. in: Ranke-Heinemann 1988, S.225
[50] vgl. Fischer/Wollpert 1981, S.170.
[51] vgl. Thomas von Aquin, Summa Theologiae III. q.42a. 4 ad 5. Zit. in: Ranke-Heinemann 1988, S.194f.

noch so fromm sein"[52].

Hertling, Jesuit: "Wenn in der Großstadt auf der Straße ein Unfall passiert, eine Dame ohnmächtig wird oder dergleichen, wird es in den meisten Fällen das beste sein, den sonst nicht vorbildlichen Leviten im Evangelium zum Vorbild zu nehmen: Er sah ihn und ging vorüber. Es werden schon andere Leute helfen"[53].

Ermutigende Aussage eines Bischofs, die ein innerkirchliches Umdenken signalisieren könnte: Der Weihbischof *Ernst Gutting* von Speyer 1986, Frauenbeauftragter der Deutschen Bischofskonferenz: "Patriarchalismus ist die Vorherrschaft von Männern über Frauen. Eine Folge des Sündenfalls und deshalb aus dem Bösen [...] Wir kommen immer mehr in den Bereich des gefährlichen Prozesses fast eines Machtrausches männlich geprägter Herrschaft über die Natur. Darum ist die Wende von all diesen Formen des Patriarchalismus zu einer human und christlich zu gestaltenden Welt eine Schicksalsfrage der heutigen Menschheit geworden"[54].

Das Menschenbild und Gottesbild der Bibel

Menschenbild und Gottesbild stehen in einem inneren Zusammenhang, das jeweilige Gottesbild spiegelt auch die sozialen und ökonomischen Verhältnisse wider.

Am Beispiel Xenophanes (griech. Philosoph und Dichter,
um 500 v.Chr.):
"Stumpfnasig, schwarz: so seh'n Äthiopiens Menschen die Götter.
Blauäugig aber und blond: so seh'n ihre Götter die Thraker.
Aber die Rinder und Rosse und Löwen, hätten sie Hände,
Hände wie Menschen zum Zeichnen, zum Malen, ein Bildwerk zu schaffen,
Dann würden Rosse die Götter gleich Rossen, die Rinder gleich Rindern
Malen, und deren Gestalten, die Formen der göttlichen Körper,
Nach ihrem eigenen Bilde erschaffen: ein jedes nach seinem.
Ein Gott nur ist der Größte, allein unter Göttern und Menschen,
Nicht an Gestalt den Sterblichen gleich, noch in seinen Gedanken.
Stets am selbigen Ort verharrt er, ohne Bewegung,
Und es geziemt ihm auch nicht, bald hierhin, bald dorthin zu wandern.
Mühelos schwingt er das All, allein durch sein Wissen und Wollen.
Ganz ist er Sehen; ganz Denken und Planen, und ganz ist er Hören"[55].

Am Beispiel der Bibel:
Dann sagte Gott. "Nun wollen wir den Menschen machen, ein Wesen, das uns ähnlich ist!... Gott schuf den Menschen nach seinem Bild, er schuf Mann und

---

[52] Alfons Maria Ligouri, Der Priester am Altare und in der Einsamkeit. Regensburg 1856, S.197.
[53] Hertling, Priesterliche Umgangsformen. Regensburg 1928, S.55.
[54] zit. bei Helga Unger, Frausein, Mannsein in der Welt. In: Das Thema 29, München 1987, S.64.
[55] Übertragung von Karl Popper. In: Karl R. Popper/Franz Kreuzer, Offene Gesellschaft - offenes Universum, Wien 1983[3],
     S.107ff.

Frau"[56].

Das Gottesbild des Alten Testamentes
Der patriarchale Vatergott:
Das AT zeichnet Gott vor dem Hintergrund einer patriarchalen Kultur: Gott als
Vater, als Herrn, als Mann. Zahlreich sind die Belegstellen im AT[57], in denen
Gott als Vater, Herr und mit männlichen Zügen dargestellt wird.
5 Mos 6,4f: "Der Herr, unser Gott, ist allein der Herr... Du sollst den Herrn, deinen
Gott lieben,..."[58].
2 Sam 7,14: "Ich will sein Vater sein, und er soll mein Sohn sein"[59].
Aber dieses männliche Gottesbild des AT ist nur ein Teil dessen, wie die alttes-
tamentlichen Beter Gott tatsächlich erfahren haben. Zunächst weiß das AT, daß
Gott ganz anders ist, anders als Mann und Frau, er ist mehr als ein Mensch:
Hosea 11,9: "Ich bin Gott und nicht Mensch."
4 Mose 23,19: "Gott ist nicht wie ein Mensch."
Ijob 33,12: "Denn Gott ist größer als der Mensch."
Wenn Gott den Menschen nach seinem Bild und Gleichnis erschafft, dann eben nur
als Bild und Gleichnis. Gott übersteigt den Menschen. Aber immerhin sind Mann
und Frau eine Analogie. Obwohl das AT in einer patriarchalen Umwelt entstanden
ist, konnten doch die mütterlichen Züge Gottes nicht gelöscht werden.

Der mütterliche Gott des AT:
Ps 40,1: "Ich harrte des Herrn. Er neigte sich zu mir und hörte mein Schreien"
(Paßt das nicht eher auf eine Mutter, die sich zu ihrem Kind neigt!?).
Ps 57,2: "Unter dem Schatten deiner Flügel habe ich Zuflucht gefunden" (Paßt
dieses Bild nicht eher auf eine Tier*mutter*?!).
Jes 66,13: "Ich will euch trösten, wie einen seine Mutter tröstet."
Jes 66,12: "Ihr werdet euch geborgen fühlen wie ein Kind, das von seiner Mutter
auf den Hüften getragen und auf den Knien gewiegt wird."
Hosea 11 (Selbstaussagen Gottes – der barmherzige "Vater"; Gott zeigt sich von
seiner intimsten Seite, wenn er sagt, er habe Efraim-Israel "liebgewonnen"): "Als
Israel jung war, gewann ich es lieb [...] Freundlich und liebevoll leitete ich sie,
wie ein Bauer, der seinem Rind das Joch anhebt, damit es leichter fressen kann,
der sich sogar bückt, um ihm das Futter hinzuhalten... Aber je mehr ich sie rief,
desto mehr wandten sie sich von mir ab; sie opferten den Baalen. Dabei war ich es
doch, der Efraim das Gehen gelehrt hatte, ich habe ihn auf meine Arme genommen
[...] Mit Seilen der Güte zog ich sie, mit Stricken der Liebe; ich war für sie wie
solche, die einen Säugling an ihren Busen heben; ich neigte mich ihm zu, um ihm
zu essen zu geben [...] Wie soll ich dich preisgeben, Efraim, ich aufgeben, Israel?
[...] Mein Herz kehrt sich um in mir und zugleich regt sich mein Mitleid ('entbrennt
mein Mutterschoß'). Nicht will ich tun, was mein Zorn mir eingibt, um Efraim zu
verderben! Denn Gott bin ich und nicht ein Mensch, heilig in deiner Mitte. Ich
liebe es nicht, zu verderben [...]" – Gott in seiner "Mütterlichkeit". Das hebräische

[56] Gen 1,26.
[57] vgl. Praktisches Bibelhandbuch. Wortkonkordanz. Stuttgart 1968[9], S.121ff, 143ff, 287ff.
[58] für zahlreiche andere Stellen.
[59] ebenfalls für viele andere Stellen.

Wort für "Mitleid, Barmherzigkeit" bedeutet wörtlich übersetzt eigentlich "Mutterschößigkeit" (rahamim – zu rehem, Mutterschoß!)[60].

Die "Ruach Jahwe":
Wenn die Kirche von der Trinität spricht, so deutet sie damit das unergründliche innere Geheimnis Gottes an: "Der Geist Gottes schwebt über den Wassern" (Gen 1,2); dann im NT "Er sah den Geist Gottes wie eine Taube herabsteigen" (Mt 3,16). Der alttestamentliche Begriff für Geist "ruach" aber ist eine weibliche Form – es müßte demnach von der "Geistin Gottes; der Heiligen Geistin" gesprochen werden. Die griechische Übersetzung des AT und des NT verwendet dafür ein neutrale Form τὸ ἅγιον πνεῦμα – "das" Heilige Geist; im Lateinischen ist Gottes Geist männlich geworden: "spiritus sanctus" – "der Heilige Geist".
Vom ursprünglichen Begriff "ruach" aus könnte man sagen, der Heilige Geist stellt die weibliche Seite im Geheimnis des dreipersonalen Gottes dar[61].

Insgesamt: Unsere Gotteserfahrung kann sich nur an unserer Welterfahrung und unserem Geschöpf-Sein orientieren. Deshalb deuten wir unsere Gotteserfahrung und -erkenntnis unter anderem auch geschlechtsspezifisch (und in patriarchalischen Strukturen meist männlich). So ist der Mensch immer versucht, die unverfügbare Universalität Gottes in ein vermenschlichtes Bild zu pressen, aber Gott sagt: "Ich bin Gott und nicht Mensch" (Hosea 11,9). Trotzdem: Gottesbild und Menschenbild stehen in einem inneren Zusammenhang, bedingen einander. Es lassen sich jeweils an dem einen Bild Züge des anderen ablesen. Das alttestamentliche Gottesbild zeigt, wie Mann und Frau gesehen wurden.

Frau und Mann im Alten Testament
Die Gleichwertigkeit von Frau und Mann (Gen 1,27, Priesterschrift):
"Gott schuf den Menschen nach seinem Bild; er schuf Mann und Frau" – die Aussage ist klar: Die nachexilische Priesterschrift sieht den Menschen in einer männlich-weiblichen Gleichwertigkeit. Es wäre daher interessant, nach dem sozialen Hintergrund der Priesterschrift zu fragen.

Die Frau als Gehilfin des Mannes (Gen 2,18-3,24; Jahwist):
Gott gibt dem Menschen (Mann) – für den es nicht gut ist, daß er allein ist – eine Gehilfin (neuere Übersetzungen sprechen von "Gefährtin"); die Frau kann der Verlockung nicht widerstehen, ißt vom Baum, verführt den Mann.
Auch hier wäre es von Interesse, den sozialen Hintergrund des Jahwisten auszuleuchten (ca. 800 v.Chr.). Zusätzlich könnte man nach den psychischen Mechanismen fragen, durch den die Frau zur Verantwortlichen für das menschliche (männliche) Versagen wird. Insgesamt zeigt sich hier die Zwiespältigkeit, mit der das AT die Frau in ihrer Beziehung zum Mann zeichnet.

Die Frau im Neuen Testament
In dem Buch "Jesus der Mann; die Gestalt Jesu in Tiefenpsychologischer Sicht

---

[60] vgl. Xavier Léon-Dufor (Hg.), Wörterbuch zur biblischen Botschaft. Freiburg 1967[2], S.50ff.
[61] vgl. dazu Christa Mulack, Im Anfang war die Weisheit. Feministische Kritik des männlichen Gottesbildes. Stuttgart 1988, bes. S.67ff.

(1975)" schreibt Hanna Wolff: "Jesus ist der Mensch, der offenbar als erster Mann seine weibliche Seite voll integriert hat"[62]. Er ist zum Modell des neuen Menschen geworden.

Jesus und die Frauen:
Jesus nimmt die Frauen als Person wahr – er geht auf sie zu und spricht mit ihnen (die Frau am Jakobusbrunnen)[63]; er läßt die Salbung durch eine Frau geschehen (Bedeutung der Salbung bei den Juden – "Jesus, der Gesalbte der Frauen"!)[64]; er nimmt die Frau in ihrer geistigen Position ernst: "Martha, Martha, du sorgst und mühst dich um so viele Dinge, aber nur eines ist notwendig. Maria hat das Bessere gewählt, und das soll ihr nicht weggenommen werden"[65]. Frauen sind die ersten Zeugen seiner Auferstehung[66]; daß sie die Apostel holen mußten, hat seinen Grund darin, daß Frauen damals nicht zeugnisfähig waren!

Frauen in der Urgemeinde:
Röm 16,1-2: "Ich empfehle euch Phöbe, die Diakonin der Gemeinde von Kenchreä [normalerweise übersetzt mit: 'die der Gemeinde in Kenchreä dient', obwohl das Substantiv "diakonos" verwendet wird]: Nehmt sie im Namen des Herrn auf, wie es Heilige tun sollen, und steht ihr in jeder Sache bei, in der sie euch braucht: sie selbst ist vielen, darunter auch mir, zur Patronin geworden" (Próstatis – Vorsteherin, Helferin, Beschützerin; dieses Wort wird im NT in 1 Thess 3,4;5,12 und in 1 Tim 3,4;5,17 für die Führungsfunktion von Bischöfen, Ältesten und Diakonen verwendet!). Daneben ließen sich noch viele andere Frauen nennen, die in der Urgemeinde eine offensichtlich wichtige Funktion ausgeübt hatten (Priscilla, Lydia, Nympha,...).
Insgesamt: Jesus nimmt die Frau in ihrer Gleichwertigkeit und Würde an, die Urgemeinde wird von Frauen wesentlich mitgetragen.

Konsequenzen: – * Ein neues Sprechen von Gott
Johannes Paul I.:
Gott ist Vater, ja viel mehr noch Mutter.

* "Theologischer Monismus":
Das Heil liegt nicht darin, daß im Sinn extremer feministischer Theologie aus der TheOlogie eine TheAlogie wird[67]. Das Heil liegt aber auch nicht in einem androgynen Gottesbild, das weibliche und männliche Züge gleichermaßen in sich vereinigt. Gott ist eben ganz anders als Mensch – so notwendig wir Menschen auf ein anthropomorphes Sprechen von Gott angewiesen sind, so sehr müssen wir uns dessen bewußt bleiben, daß ein Sprechen von Gott in Analogie ist!

---

[62] zit. in: Das Thema 29/1987, S.62.
[63] vgl. Jo 4,5ff.
[64] vgl. Lk 7,36ff; vgl. auch Christa Mulack, Jesus – der Gesalbte der Frauen. Weiblichkeit als Grundlage christlicher Ethik. Stuttgart 1987.
[65] Lk 10,41f.
[66] vgl. Mt 28,1-8,par.
[67] etwa die fem. Bewegung um Mary Daly, Amerikanerin, die sich um eine neue, von der jüdisch-christlichen Tradition gelöste Spiritualität bemüht, bei der die Verehrung "der großen Göttin" eine Rolle spielt.

Carol Ochs sagt in dem Buch "Behind the Sex of God. Towards a new Consciousness
- Transcending Matriarchy and Patriarchy (Boston 1977)", daß das androgyne
Denken im Hinblick auf den Gottesbegriff nur eine vorübergehende Phase sei,
sozusagen eine dritte Stufe der menschlichen Gottesvorstellung (matriarchal?,
patriarchal, androgyn). Diese Stufe muß von einer neuen des größeren Einheitsdenkens überwunden werden, in der die geschlechtliche Polarität keine Bedeutung
mehr hat - sie fordert einen "theistischen Monismus"[68].
Wie auch immer; wir bleiben auf unsere Denkmodelle als Menschen verwiesen; wenn
wir darum von Gott als Mutter und Vater sprechen, dann müßten wir immer dazu-
sagen - aber Gott ist mehr, anders,... Wichtig bleibt für unser Thema, daß das
Gottesbild auf die Sicht von Mann und Frau zurückwirkt.

* Auf der Suche nach einem neuen Menschenbild

Catarina Halkes - "Wir müssen auf eine neue Anthropologie hoffen, die auf dem
Person-sein von Mann und Frau aufbaut und von da her die Kirche erst zur Fülle
ihrer Lebensentfaltung kommen lassen wird"[69].
Was tun?:
Die eigene Einstellung überdenken; sensibel werden für die Problematik; den
eigenen Alltag, die eigene Umgangspraxis Mann-Frau überdenken, den Mut zur
Veränderung haben, wenn etwas als unrichtig erkannt wurde.

ad 13)   "Vertiefung-Evaluation 2" (Diskussion): Moderator leitet Diskussion,
          Referent, (Referenten! - Referat 1,2) steht (stehen) für Anfragen zur
          Verfügung. Aufarbeitung offener Fragen, Einbringen eigener Erfahrun-
          gen und eigener Stellungnahmen, Möglichkeiten der Veränderung behin-
          dernder Klischees erörtern, Bedeutung der Aussagen für das Wirken/
          Zusammenwirken von Frau und Mann in der Kirche reflektieren; markante
          Ergebnisse auf Flip-card.

ad 14)   Wortgottesdienst; von Teilnehmern selbst gestaltet (Texte, Lieder,
          Fürbitten).
Soweit ein mögliches Modell zum Thema Mann/Frau, das zwar nicht direkt auf das
New Age eingeht, aber einen wesentlichen Themenbereich des New Age aufgreift
und von einer christlichen Position aus reflektiert.
Ähnlich könnte ein Modell zum Thema Ökologie aufgebaut [70].

---

[68] vgl. Ursula King, Der Beitrag der feministischen Bewegung zur Veränderung des religiösen Bewußtseins. In: Knut Walf
      (Hg.), Stille Fluchten. Zur Veränderung der religiösen Bewußtseins. München 1983, S.57.
[69] Catharina Halkes, in: Das Thema 29/1987, S.64.
[70] vgl. dazu bereits vorhandene Projektansätze. Alois Kraxner, Mensch-Umwelt-Schöpfung. Gott ist ein Freund des Lebens.
      Wien 1985; Eleonore Weisswasser, Umweltbewußt leben - aber wie (Reihe: Information der KFB), Wien 1986.
      Weitere Literatur: Friedrich Kur (Hg.), Natur-Denkstücke. Über den Menschen, das unangepaßte Tier. München 1985; Eugen
      Drewermann, Der tödliche Fortschritt. Von der Zerstörung der Erde im Gefolge des Christentums. Regensburg 1986[4];
      Joachim Illies. Gotteswelt - in unserer Hand. Der Aufbruch des ökologischen Gewissens. Freiburg 1985; K.Barner/G.Liedke
      (Hg.), Schöpfungsverantwortung konkret; Martin Rock, Die Umwelt ist uns anvertraut. Reihe: Sachbücher zu Fragen des
      christlichen Glaubens. Mainz 1987; Paul Schäfer, Herausforderung zur Umkehr. Katholische Dokumente, theologische
      Argumente, physikalische Begriffe und didaktische Strukturen zum Thema Umwelt. Hildesheim 1984.

4.1.3. Gibt's den Himmel wirklich? –
Wenn Kinder nach Tod, Auferstehung,
Himmel, Hölle, Fegefeuer fragen
(Projekt 3)

Thema: Gibt's den Himmel wirklich? – Wenn Kinder nach Tod, Auferstehung,
Himmel, Hölle, Fegefeuer fragen

Ziele: * Tod und Leben als die aufeinander bezogenen Momente unserer Existenz deuten.
* Die christliche Botschaft von den "Letzten Dingen" in der Sprache der Zeit wiedergeben.
* Mit Kindern in deren Denk- und Sprachhorizont über die "Letzten Dinge" reden.

Zielgruppe:
Eltern mit Kinder im Vorschul- und Volksschulalter

Zeit: Abendveranstaltung ("Elternabend"), reine Arbeitszeit zwei Stunden

Strukturgitter:

LERN-SCHRITT	ZIELE	INHALT	METHODE	ZEIT Min.	ROLLEN/MEDIEN	ORGANIS.
1. Begrüßung	Vorstellen des Referenten; Gegenseitiges Vorstellen; Ziele des Abends kennen	Begrüßung, Ziele	Statement	5	Moderator; Referent; alle	Plenum
2. Problematisierung	Eigene Vorstellungen von Himmel, Hölle bewußtmachen	Was fällt ihnen zum Wort "Himmel", "Hölle", "Fegefeuer" spontan ein?	Delphi	10	Moderator; Referent; alle;/Flip-card	Plenum
3. Information 1	- Tod und Leben als die polaren Momente der eigenen Existenz begreifen - Mit der christlichen Botschaft von den 'Letzten Dingen' vertraut werden - Die heutige Sicht der Theologie von den 'Letzten Dingen' verstehen	Tod und Leben als polar aufeinander bezogene Momente; Sterben als menschliche Grund-und Grenzerfahrung; die christliche Frohbotschaft von den 'Letzten Dingen'	Referat 1	30	Referent; Kernbegriffe an die Tafel (Flip-card)	Plenum
4. Information 2	Weiterführende Literatur zum Thema kennenlernen	Leichtverständliche weiterführende Literatur zum Thema	Statement	5	Moderator; Referent; Büchertisch	Plenum
5. Pause						
6. Problematisierung 2	-Eigenes bisheriges Sprechen über die 'Letzten Dinge' mit den Kindern bewußtmachen - Austauschen der Erfahrungen über die Schwierigkeit, mit Kindern über diese Thematik zu sprechen	Was sagen sie, wenn ihr Kind fragt: "Mutti, was ist die Seele?", "Wo ist der verstorbene Opa?"; "Mußt du auch sterben?"; "Vati, warum kommen die Toten ins Grab?"; "Ist es in der Hölle wirklich heiß?"	Gruppenarbeit (Ger-Gruppen)	20	Moderator	Ger-Gruppen

| 7. Information 3 | - Altersgerecht auf Fragen der Kinder nach den 'Letzten Dingen' eingehen - Möglichkeiten kennenlernen, mit Kindern in Bildern über die 'Letzten Dinge' zu reden | Entwicklungspsychologische Anmerkungen zum Thema; religionspädagogisch - katechetische Anmerkungen | Referat 2 | 30 | Referent; Kernbegriffe an die Tafel (Flip-card) | Plenum |
| 8. Vertiefung | - Eigene Erfahrungen im Umgang mit dem Thema zur Sprache bringen - Offene Fragen ausdrücken | Offene Fragen; eigene Erfahrungen; Beiträge aus dem Plenum | Diskussion | 30 | Moderator; Referent; alle | Plenum |

Projektbeschreibung – (Strukturgitter):

ad 1) "Begrüßung": Moderator begrüßt, stellt Referenten vor, führt kurz in Thematik des Abends ein: Es geht um die letzten Fragen des Menschseins, um die niemand herumkommt, denen sich jeder stellen muß. Der Abend soll Anregung bieten, wie man diese Themen mit Kindern behandeln könnte. Voraussetzung dafür ist, daß wir uns als Erwachsene selbst zunächst diesen Fragen aussetzen und die eigene Haltung dem Tod und dem Leben nach dem Tod gegenüber bedenken.

ad 2) "Problematisierung" (Delphi–Methode): Jeder Tln. erhält einen kleinen (A6) Leerzettel und Schreibzeug. Der Moderator fordert die Tln. auf, niederzuschreiben, was ihnen spontan zu den Begriffen Himmel, Hölle, Fegefeuer einfällt. Dazu den Hinweis, daß niemand seinen Namen dazusetzen soll. Wer fertig ist, knüllt den Zettel zu einer kleinen Papierkugel zusammen. Je nach Stimmung unter den Tln. werden diese Kugeln einander so oft zugeworfen oder so lange im Kreis weitergegeben, bis niemand mehr weiß, welcher Zettel von wem ist; jeder Tln. hat dann einen Zettel und liest vor, was an Assoziationen zu diesen Begriffen zu Papier gebracht wurde; der Moderator (oder Referent) listet die Beiträge stichwortartig auf (Flip-card). Diese Methode hat mehrere Vorteile: Die aktuelle Sicht der Tln. zu diesem Thema wird deutlich; die Tln. kommen in einer größeren Gruppe zu Wort, ohne bereits ihre eigene Meinung artikulieren zu müssen; das Weiterreichen oder Zuwerfen der Papierkugeln wirkt auflockernd.

ad 3) "Information 1" (Referat 1)
Referatsskizze (siehe dazu auch Hinweis S.326, ad 4!)

Die Realität des Todes in der heutigen Gesellschaft
Es zeigt sich ein eigenartiges Paradox. Einerseits wird in den Massenmedien qualvolles Sterben gezeigt – andererseits werden Tod, Sterben, Abnehmen und Altern tabuisiert.
In der Industriegesellschaft wird immer mehr im Krankenhaus gestorben. Der heutige Mensch verdrängt Trauer.
Als Tatsache bleibt: Wir können von unserem Leben nur eines mit Gewißheit aussagen – daß wir sterben werden. Das Leben ist offenbar auf das Sterben hin angelegt. Ohne Sterben kein Leben – zwei Seiten der menschlichen Existenz. Vielleicht erleben wir unser zivilisiertes Dasein deshalb so reduziert, weil wir den

Tod und damit die notwendige zweite Hälfte und Kehrseite unserer Existenz verdrängen und entwerten!? Wir leben in einer Kultur scheinbar zeitloser und unvergänglicher Jugend (Werbung,...). In den sogenannten "primitiven Kulturen" wird (oder für heute gesagt: "wurde") der Tod als das gesehen, was er ist: ein zum Leben gehörendes Faktum. Die Menschen wurden von klein auf mit dem Tod konfrontiert – lernten ihn als Realität kennen[71].

In der jüngsten Vergangenheit wurde die Tabuisierung des Todes von einer Art "Todeseuphorie", die an die Todessehnsucht des Biedermeier und der Romantik erinnert, unterspült: Berichte über die Erfahrungen Reanimierter zeichnen das Bild des schönen Sterbens mit Erleichterung, Befreiung, Begegnung mit Lichtwesen,...[72]. So tröstlich diese Erfahrungen sind, Tatsache bleibt, daß das Sterben ein "hartes Geschäft", eine letzte Herausforderung für den Menschen darstellt. Menschen, die aus dem Glauben leben, haben zum Tod als letzter Herausforderung vielleicht deshalb einen anderen Zugang als Nichtglaubende, weil sie von der Hoffnung getragen werden, daß der Tod nicht das letzte Wort hat.

Es gibt grundsätzlich drei Möglichkeiten, sich mit dem Tod auseinanderzusetzen: Man kann ihn *verdrängen* (Sterben im Spital, von Verwandten abgeschoben; Illusion von der ewigen Jugend); *verniedlichen* (Heurigenmentalität; "Wir kommen alle, alle, alle in den Himmel") oder ihn *als Realität akzeptieren* und sich der Auseinandersetzung mit ihm stellen.

Im Laufe unseres Lebens machen wir immer wieder die Erfahrung, daß Leben und Tod, Geborenwerden und Sterben die zwei Seiten einer Realität sind. Immer wieder machen wir Sterbe- und Geburtsphasen durch. Bereits unsere leibliche Geburt ist die Hinterseite einer Todeserfahrung – für den Fötus bricht die bergende, immer vertrauter (wenn zuletzt auch immer beengender) werdende Umwelt zusammen. Was aber für den Fötus Verlust bedeutet, ist für das Baby Gewinn neuer Lebensqualität, neuer Lebensmöglichkeit und -chance. Hineingeboren in den sozialen Uterus der Familie, wiederholt sich mit der Pubertität wieder eine (soziale) Sterbe- und Geburtserfahrung (mit allen "Geburtswehen"). Die vertraut-bergende Umgebung der Familie wird verlassen und eine Leben in Eigenverantwortung und neuen, erweiterten sozialen Beziehungen gewonnen.
In Midlife-crisis und Pensionsschock werden wieder Sterben und Geburt erfahren – nicht mehr erfüllbare Träume, Jugendlichkeit oder Sozialkompetenz werden gemindert oder begraben. Wenn die Herausforderung genützt wird, kann ein Leben in Vertiefung und Neuorientierung auf das Wesentliche gewonnen werden. Bis endlich mit dem leiblichen Sterben – für den, der darauf vertraut – eine neue Geburt und eine neue, erweiterte Seinsweise gewonnen wird, die jenseits von Leiblichkeit, Raum und Zeit den Körper zurückläßt. Wer das Leben mit

[71] vgl. Philippe Aries, Geschichte des Todes. München 1980, S.24-30, 385-400, u.a.; Ernest Becker, Dynamik des Todes. Die Überwindung der Todesfurcht. Olten 1976, S.33-52.
[72] vgl. auch Kübler-Ross, Moody, Serie "Das schöne Sterben. Erlebnisse im Grenzbereich des Todes" in: Der Spiegel Nr. 26, 20.Juni 1977.

seinen Durchgangsphasen so begreift und zu bedenken versteht, übt das Leben, weil er das Sterben als Teil des Lebens ernstnimmt[73].

Tod – theologische Anmerkungen

Die Frage nach dem Tod ist eng mit Religion/Glaube/Theologie verbunden. Durch die Gewißheit des Todes sind wir darauf gestoßen, die Frage nach dem "Danach" oder "Darüber-hinaus" zu stellen.

Sich der Realität des Todes stellen, kann der Anfang von Weisheit und innerer Gelassenheit sein.

Das *Alte Testament* zeichnet den Tod als menschliche Grenze; Unsterblichkeit ist das Zeichen Gottes: "Mein Leben schwindet dahin wie ein Rauch [...] Wie Gras auf der Wiese verwelkt [...] doch du, Herr, regierst für alle Zeiten"[74].

Der Tod ist Katastrophe und Inbegriff der Bedrohung: "Versengt wie Gras und verdorrt ist mein Herz [...] Vor lauter Stöhnen und Schreien bin ich nur noch Haut und Knochen [...] Ich liege wach und klage wie ein einsamer Vogel Dach"[75].

Der Tod erscheint als verwirktes Leben und Gericht – er ist verscherztes Paradies[76]. Im Buch Hiob steht der Tod als Frage ohne Antwort da: Warum rettet Gott den Unschuldigen nicht?

Der Tod bedeutet im Alten Testament Trennung von Gott: "Ich bin zu den Toten hinweggerafft, wie Erschlagene, die im Grabe ruhn, an sie denkst du nicht mehr, denn sie sind deiner Hand entzogen [...] Erzählt man im Grab von deiner Huld, von deiner Treue im Totenreich? Werden deine Wunder in der Finsternis bekannt, deine Gerechtigkeit im Land des Vergessens?"[77].

Viele Fragen bleiben für das Alte Testament offen. Wieso wird gerade im Tod der Mensch von Gott getrennt? Wie kann Gott ein gerechter Richter sein, wenn Unschuldige sterben?

Im *Neuen Testament* sprengt Gott die Grenzen des Todes: Die Auferstehung Jesu ist ein Akt der Neuschöpfung. Sie ist Pfand, "Angeld" für die Auferstehung aller Menschen und die Vollendung der Geschichte[78].

Zusammenfassend zu einer *Theologie des Todes*: Der Tod ist eine Folge der Sünde (Rahner spricht vom "todlosen Tod" im Urzustand!) allgemein, und das Ende des "Pilgerstandes". Die "Letzten Dinge" (Tod, Gericht, Himmel, Hölle, Fegefeuer) fallen in der Begegnung mit Gott in eins zusammen: Im Tod begegnen wir Gott; er richtet (im Sinn von: "er richtet auf"); er wird als Gewonnener Himmel, als Abgelehnter und Verlorener Hölle, als Läuter der Fegefeuer.

Reinkarnation – eine Alternative?

Auf die Frage nach dem "Woher" und "Wohin" erweist sich die Lehre von der Wiedergeburt als verlockendes Angebot. Sie scheint auch Antwort zu geben auf Ungereimtheiten von Lebenserfahrungen: Unverschuldetes Leid, unverdientes Glück werden zur Folge von Schuld oder Verdienst aus einem früheren Leben (Karma-Lehre).

---

[73] vgl. Albert Mauder, Die Kunst des Sterbens. Eine Anleitung. Regensburg 1974[2], bes. S.12-27.
[74] Ps 102, 4.12-13.
[75] Ps 102, 5-8.
[76] vgl. Gen 3.
[77] Ps 88,6.12-13.
[78] vgl. 1 Kor 15, 24-28.

In manchen Religionen wie im Hinduismus und Buddhismus wurde die Idee von der
Wiedergeburt (Seelenwanderung, Geburtenkreislauf, Reinkarnation) in
verschiedener Weise zum System ausgebaut; seit dem 19. Jahrhundert im Westen
aufgegriffen und neu adaptiert (Theosophie, Anthroposophie, New Age). "Ist in
den hinduistischen und buddhistischen Vorstellungen der Reinkarnation vor allem
die pessimistische Erfahrung des 'Leidens' durch das Eingebundensein in das
Gesetz des Karmas, des kosmischen Gesetzes von Ursache und Wirkung, welches
die Vergeltung der menschlichen Taten bestimmt"[79] gekennzeichnet, so
findet seit dem 19. Jahrhundert eine europäische Umorientierung statt: Reinkarnation als 'spiritueller Fortschrittsweg', als optimistische Erkenntnis. "Es geht mit
dir weiter, was dir in diesem Leben nicht gelingt, ist nicht dein wissendes
Verschulden, sondern stammt von früheren Leben und wird in anderen Leben
möglich werden"[80]. Darin liegt der Unterschied zwischen östlichem und
westlichem Reinkarnationsdenken: Während der Buddhist danach sucht, wie er dem
Zwang der Wiedergeburt entkommen kann, versucht das westliche Denken, die
Reinkarnationslehre als Heilsweg zu begreifen, als fortschreitende Entwicklung
zum Besseren. Östliche Religionen und Christentum – beide sehen im Unterschied
zur Theosophie, Anthroposophie und zum New Age in der Reinkarnation einen
"Unheilsweg".
Kernaussage des Christentums ist, daß uns in Tod und Auferstehung Jesu
Erlösung geschenkt wurde. Das Abmühen, um Karma abzutragen, ist im
Christentum überholt: Der Christ ist zur Gelassenheit des Beschenkten berechtigt.
Er muß nicht, bei aller Aufforderung zum täglichen Mühen, sein kosmisches Heil
selbst in die Hand nehmen. "Egal, wieviele Leben hinter mir liegen, ich richte mich
nach vorne aus. Egal, wieviel Leid in diesem oder in früheren Leben hinter mir
liegt. Dort, wo Christus ist, wohin Christus uns zum Vater vorausgeht, dort ist das
Ziel. Und deshalb hat von der christlichen Grunderfahrung her die Idee eines
erneuten Erdenlebens keinen Sinn. Wenn wir Christus gefunden haben, wie könnte
er uns wieder wegschicken! Er sagt selber einmal. 'Wenn einer zu mir kommt,
werde ich ihn nicht wegschicken' (Jo 6,37)"[81].

ad 4) "Information 2" (Statement): Erste Klärung von Anfragen, Vorstellen der
wichtigsten Literatur zum Thema; Büchertisch.

ad 5) Pause

ad 6) "Problematisierung 2" (Gruppenarbeit). Die Tln. tauschen in Kleingruppen
(4-6 Personen) Erfahrungen aus, wie sie ihren Kindern folgende Fragen
beantworten würden: "Mutti, was ist das, Seele!?" – "Wo ist der verstorbene
Opa jetzt?" – "Mußt du auch sterben?" – "Vati, warum kommen die Toten ins
Grab?" – "Ist es in der Hölle wirklich heiß?". Dadurch Einstimmung auf
Punkt 7: Information 3.

---

[79] H.Hänggi/C.A.Keller/H.J.Ruppert/C.Schönborn, Reinkarnation-Wiedergeburt - aus christlicher Sicht. Freiburg 1988[2],
      S.7.
[80] ebd. S.7f.
[81] ebd. S.134.

ad 7) "Information 3" (Referat 2): Referatskizze

Religionspädagogische Anmerkungen[82]
Allgemeingültige Aussagen lassen sich zur entwicklungspsychologischen
Situation, wie Kinder mit dem Todesproblem   umgehen können, schwer
machen. Unterschiedlichste Forschungsmethoden gelangen zur Anwendung:
- spontane Kindesäußerungen über den Tod.
- Todesbewußtsein der Kinder in der Erinnerung der Erwachsenen.
- Auswertung klinischen Materials über das Sterben der Kinder.
- Div. Testuntersuchungen (Fragen,...).
Weiters ist zu beachten:
- geschlechtsdifferenzierte Reaktionsweisen (Mädchen reagieren wacher auf
  das Todesgeschehen als Knaben).
- Erziehungseinflüsse (wie stehen die Eltern/Erzieher dem Todesphänomen
  gegenüber).
- Konfessionelle Einflüsse (Zusammenhang Todeserfahrung – Religion).

Grobeinteilung: 3. Phasen (nach B.Grom)
* Bis 6. Lebensjahr:
  Der Tod ----> vorübergehender Zustand des Schlafes oder
  Verreistseins, wenig angsterregend.
* 6. – 10. Lebensjahr:
  Der Tod ----> endgültig, von außen aufgezwungen, angst-
  erregend.
* ab dem 10. Lebensjahr:
  Der Tod ----> endgültig, organisch bedingt, allgemein.

Erste Phase: bis 6. Lebensjahr:

Der Tod wird als vorübergehender Zustand des Schlafes oder Verreistseins
angesehen, wenig angsterregend.
	Das Kind bezieht den Tod nicht auf das eigene Leben, es registriert, daß
andere sterben, nimmt jedoch nie an, daß es selbst einmal sterben müsse.
Ab dem 2./3. Lebensjahr beginnen sich Kinder mit dem Tod
auseinanderzusetzen. Die Frage des "Wie" hat noch wenig Bedeutung; auch bei
starken Verlust- u. Verlassenheitserlebnissen erfaßt das Kind nicht, was sich
hinter der Tatsache, daß jemand gestorben ist, alles verbirgt (Krankheit,
Schmerzen,...).
	Das Kind wird vor allem von den Begleiterscheinungen des Todes
beeindruckt: Unbeweglichkeit des Toten, Trauer der Angehörigen, schwarze
Kleider, Beerdigung, Ritual usw.

---

[82] vgl. dazu Alois Gügler, Wenn Kinder nach dem Tod fragen. Hilfen für Katecheten und Eltern. Luzern 1979, S.19-27;
Marielene Leist, Kinder begegnen dem Tod. Ein beratendes Sachbuch für Eltern und Erzieher. Freiburg 1979, bes. S.15-24.

Das Kleinkind zeigt in bezug auf Sterben und Tod eine unbekümmert-kühle Haltung. Es kann unbefangen zu einem alten Menschen sagen: "Du bist alt, du wirst bald sterben."

Todes- und Endvorstellungen sind für das Kleinkind unfaßbar. Das Kind lebt in der Phase animistischer Deutung (Allbeseelung): Es kennt den Gegensatz tot-lebendig noch nicht –alle Dinge sind lebendig und beseelt. Für das Kind können sich Tote nicht bewegen, "weil sie im Sarg liegen".

Die Zeit ist für Kinder in dieser Altersphase eine Folge von unverbunde-nen, in sich unendlichen Momenten; es kann sich ein absolutes Ende nicht vorstellen; es zweifelt daran, ob der Tod wirklich das "Ende" bedeutet.

Todeswünsche gegenüber anderen bedeuten, daß abgelehnte Personen "verschwinden" sollen.

Ab dem 5. Lebensjahr gibt es sachlichere und richtigere Vorstellungen: Die Erkenntnis bricht durch, daß der Tod mit dem Alter zusammenhängt; das Kind zeigt Gefühlsreaktion bei Gesprächen über den Tod. Es macht sich angstvoll Gedanken, daß die Mutter sterben und von ihm gehen könnte.

Zweite Phase: 6.- 10. Lebensjahr:

Der Tod wird schrittweise als von außen aufgezwungen und endgültig erlebt: Er ist betont angstauslösend.

Das "Wie" des Sterbevorganges wird interessant und fesselnd; es ist so "spannend", daß kein Blick bleibt für das, was sich dahinter abspielt, was hinter dem Tod auf den Menschen wartet.

Sterben ist auf dieser Stufe noch kein natürliches Erlöschen der Körperkräfte, sondern weitgehend eine Folge äußerer Gewalteinwirkung (Operation, Verkehrsunfall, Schiffsunglück, Feuer, Krieg, Weltuntergang, Mord, Hinrichtung, Selbstmord...).

Eine große Rolle spielt die Personifikation des Todes (schwarzer Mann, schwarzer Engel, Teufel, Gespenst, Knochenmann, Sensenmann...). Ebenso sind religiöse Elemente und Symbole von Bedeutung (Kreuz, Totenkopf, Rosenkranz...). Die kindliche Vorstellungswelt wird von kraß materiellen Details belebt: Verfaulen (Holzsarg, Mensch,...) Einzelheiten der Verwesung wie Ratten, Würmer, Mäuse,... Die makabre Intensität dieser Bilder in der Phantasie der Kinder könnte kompensatorischer Ausdruck ihrer tiefen Angst vor dem Phänomen Tod sein.

Angst besteht weniger vor dem Tod als solchem, sondern vor dem, was ihm vorausgeht (Krankheit, Leiden, Schmerzen). Daher der Wunsch der Kinder: Sterben soll möglichst schnell gehen (Unfall, Vergiftung, auf der Stelle umfallen...).

Stark realistisch Neugier, die sich auf Begleiterscheinungen des Todes bezieht (Sarg, Totengräber,...).

Auch auf dieser Stufe erfolgt nur langsam ein Erkennen und Annehmen der Endgültigkeit und Unentrinnbarkeit des Todes.

Dritte Phase: ab dem 10. Lebensjahr

Der Tod wird als endgültig erkannt und als Erlöschen der Körperkräfte und Körperfunktionen verstanden.
Der Tod ist ein allgemeines Gesetz; er ist für alle Menschen unvermeidbar, er ist ein universales menschliches Schicksal.
Der Blick wird jetzt nicht nur auf die Begleiterscheinungen, sondern auch auf den Tod selbst gerichtet; das Kind nimmt realistisch hin, daß es auch eines Tages sterben werde.
Zwischen dem 11. und 14. Lebensjahr erfolgt eine Angleichung an die Todesvorstellung der Erwachsenen.
Kinder fragen verstärkt nach dem Wie und Was des Todes, sie fragen nach Himmel, Hölle, Gericht,... machen sich Gedanken über die Allgemeingesetzlichkeit des Todes, geben sich Rechenschaft darüber, was der Tod für die Hinterbliebenen bedeutet.

Katechetische Anmerkungen[83]
Jesus hat sich nicht gescheut, von Gott, dem Himmel, dem Leben in der zukünftigen Welt in Bildern und Gleichnissen zu reden[84]. Im Glaubensgespräch mit Kindern drücken Bilder eine tiefe Wirklichkeit aus, die begrifflich noch unerfaßt bleibt.

Vom "neuen Leben":

Bilder für neues Leben:
Die grüne, stachelige Kastanie: In ihr wächst die richtige Kastanie, die endgültige Kastanie heran. Im Herbst wird die äußere Schale runzelig, platzt auf... die richtige Kastanie wird frei! Weitere Bilder: Raupe – Schmetterling, Samenkorn, Kind im Mutterleib...

Vom Nachholen, Warten und Reifen:
–– Die Mutter kauft Bananen. Sie sind noch grün. Soll sie die grünen Bananen wegwerfen?
Sie legt die Bananen in eine Obstschüssel. Dort können sie reif werden.
–– Margit geht in die 2. Klasse. Sie besucht heuer zum ersten Mal den Ballettkurs. Ihre kleine Schwester Manuela ist erst 3 Jahre alt. Auch ihre Schwester Manuela möchte in den Tanzkurs gehen. Sie bettelt bei Margit, sie bettelt bei der Mutter...
Da sagt eines Tages die Mutter zu Manuela: "Also gut, Manuela, weil du so bittest, darfst du morgen mit Margit zum Tanzkurs gehen. Wenn es dir der Lehrer erlaubt, dann darfst du ihn auch besuchen."
Manuela ist überglücklich. Sie kommen zum Tanzkurs. Der Tanzlehrer sagt: "Du willst bei uns bleiben? Das freut mich, Manuela. Nur bist du noch ein bißchen zu

---

[83] vgl. Anny und Kurt Finger, Handbuch zum Religionsbuch 1 und 2. Eine methodische Handreichung. Wien 1980, S.348-350.
[84] vgl. Mt 13,3; Mk 3,23 u.a.

klein. Schau dir die anderen Kinder an. Die sind ja alle schon doppelt so groß wie
du. Du mußt noch ein bißchen warten. Wenn du größer bist, dann darfst du zu uns
kommen."
-- In der Rechenstunde sagt der Lehrer: "Kinder, schaut, daß ihr mit der
Schulübung fertigwerdet. Ihr wißt, in der nächsten Stunde haben wir Turnen,
und heute ist es schön. Wir gehen in den Schulhof und spielen Ball. "Hurra!"
schreien alle...
Rudi sitzt beim Tisch und schaut durch das Fenster hinaus. Er träumt bereits vom
Fußballspielen. Fußball ist sein Lieblingsspiel. Er spielt in einem Verein. Er denkt
an sein letztes Match. War das ein Bombenschuß, mit dem er das 1 : 0 geschossen
hat! –Da läutet es. Rudi ist fertig. Der Lehrer sammelt die Hefte ab. Bei Rudi bleibt
er stehen und sagt: "Rudi, du bist ja noch nicht fertig! Weißt du was, du gehst in
die Nachbarklasse, und wenn du fertig bist, kommst du in den Schulhof nach!"
Rudi ist traurig und verärgert. Hätte er doch gleich ordentlich gearbeitet! Jetzt
sitzt er in der Nachbarklasse und hört vom Schulhof herauf: "Tor! Tor! Tor!"
rufen. Schnell rechnet er. 3 + 7, 4 + 6 ... Dann endlich ist er fertig. Er gibt das
Heft in seine Schultasche und meldet sich beim Lehrer der Nachbarklasse ab...
-- Warten, reif werden, nachholen fällt den Menschen oft schwer. Wer in
seinem Leben nicht darauf geachtet hat, daß das neue innere Leben wächst, der
muß nach seinem Tod noch nachholen. Wer in seinem Leben zu wenig betet, zu
wenig mit Gott spricht, wie soll denn der bei Gott leben können? Er hat Gott noch
zu wenig kennengelernt. Er weiß ja noch gar nicht, wie man mit ihm spricht...er
muß noch nachholen.

Von Himmel, Hölle und Fegefeuer:

Eine Vergleichsgeschichte: Der Wirt G vom Berggasthof veranstaltet ein
Wettrennen und ladet A, B und C, die im Tal wohnen, dazu ein. A will mitmachen
und trainiert täglich, läuft, überißt sich nicht, springt Schnur..., B will auch
mitmachen, trainiert aber nicht, das ist ihm zu mühsam..., C will nicht mitmachen,
kümmert sich nicht um die Einladung. Der Tag des Wettkampfes kommt: Der Berg-
wirt gibt das Startzeichen – A hat trainiert, er läuft im Nu den direkten, steilen
Weg zum Gasthof. B läuft los, nach ein paar Metern geht ihm die Luft aus, er muß
den längeren Weg nehmen. C reagiert nicht auf die Einladung des Wirtes. Er bleibt
allein, verbockt. – Deutung:
G: Gott lädt uns zu sich ein.
A: Mensch, der die Einladung Gottes annimmt und sich auf das Leben bei Gott
   vorbereitet. Er kommt "ohne Umwege zu Gott" (Himmel).
B: Mensch, der die Einladung Gottes zwar annimmt, aber im Leben sich wenig
   darum kümmert. Er muß nach seinem Tod noch lernen, wie man mit Gott lebt,
   er muß nachholen und lernen, was er im Leben versäumt hat ("Fegefeuer").
C: Mensch, der die Einladung Gottes nicht annimmt, der sich um Gott nicht
   kümmert, der verbohrt und verstockt die Gemeinschaft mit Gott ablehnt
   ("Hölle").

Von der "Seele":

Bezeichnung für den "inneren Menschen". Ist eine grüne, stachelige Kastanie eine Kastanie? – Ja, aber nicht reif. Die grüne Schale bekommt Runzeln, wird braun und platzt schließlich auf. Dann erst ist die eigentliche Frucht, die endgültige Kastanie frei. Der Tod der äußeren Schale bedeutet das Frei-werden der eigentlichen Kastanie.
Eine Raupe – in der Raupe wächst ein "neues Leben" heran, der Schmetterling. Durch den "Tod" der Raupe wird der Schmetterling frei.
Tod: Der innere Mensch, der neue Mensch, das neue Leben im Menschen, die Seele wird frei; die äußere Schale und Hülle, der Leib, ist unwichtig geworden.
Himmel: Gemeinschaft mit Gott, Freude, Glück, ein Leben in Vollendung, ein Leben ohne Krankheit, Angst, Tod und Einsamkeit.
Fegefeuer: Noch nachholen müssen, alte Fehler ausbessern, das Leben mit Gott noch lernen müssen, sich vom "alten Menschen" endgültig loslösen.
Hölle: Nicht bei Gott sein wollen, die Gemeinschaft mit Gott und den Mitmenschen ablehnen, verbockt und stur mit sich allein sein wollen.

ad 8) "Vertiefung" (Diskussion):
      Eigene Erfahrungen und Fragen im Umgang mit dem Problembereich "Letzte Dinge" werden zur Sprache gebracht (je nach Sprech-gewohnheit/-bereitschaft und Anzahl der Teilnehmer auch in Form schriftlicher Anfragen an den Referenten).

4.2. DOKUMENTATION

4.2.1. Dokumentation 1
Leitsätze des alten und neuen Paradigmas der
Macht und Politik

LEITSÄTZE DES ALTEN PARADIGMAS DER MACHT UND POLITIK	LEITSÄTZE DES NEUEN PARADIGMAS DER MACHT UND POLITIK

Betonung auf Programmen, Sachverhalten, Plattformen, Manifestationen, Zielen.	Betonung auf eine neue Perspektive. Widerstand gegen starre Programme und Pläne.
Veränderung wird von Autorität verordnet.	Veränderung wächst aus Übereinstimmung und/oder wird von der Führung inspiriert.
Hilfe und Dienstleistungen institutionalisiert.	Fördert individuelle Hilfe, freiwillige Dienste als Ergänzung zur Rolle der Regierung. Verstärkt Selbsthilfe, sich gegenseitig helfende Netzwerke.
Drang zu einer starken, zentralen Regierung.	Bevorzugt den entgegengesetzten Trend. Dezentralisation der Regierung wo immer möglich; horizontale Verteilung der Macht. Eine kleine konzentrierte Zentralregierung würde als Verrechnungsstelle dienen.
Macht *für* andere (Aufseherfunktion) oder gegen sie.	Macht *mit* anderen.
Gewinn/Verlust-Orientierung.	Gewinn/Gewinn-Orientierung.
Regierung als Institutionen aus einem Guß.	Regierung als Übereinstimmung von Individuen; sie unterliegt der Veränderung.
Wohlbegründete Interessen, Manipulationen, rücksichtslose Machtausübung.	Respekt für die Selbständigkeit anderer.

Ausschließlich «männliche», rationale Ausrichtung, lineares Modell.	Sowohl rationale aus auch intuitive Prinzipien. Würdigung einer nicht-linearen Interaktion, Modell von dynamischen Systemen.
Aggressive Führer, passive Gefolgschaft.	Führer und Gefolgschaft in dynamischer Beziehung, beeinflussen einander.
Partei- oder problemorientiert.	Paradigma-orientiert. Politik wird vom Weltbild der Perspektive der Wirklichkeit bestimmt.
Entweder pragmatisch oder visionär.	Pragmatisch *und* visionär.
Betonung auf Freiheit vor bestimmten Arten der Einmischung.	Betonung auf Freiheit für positives, schöpferisches Handeln, Selbstausdruck, Selbsterkenntnis.
Regierung soll für Ordnung sorgen (disziplinäre Rolle) oder wie wohlwollende Eltern sein.	Regierung soll Wachstum, Kreativität, Zusammenarbeit, Transformation, Synergie fördern.
Links gegen Rechts.	«Radikales Zentrum» – eine Synthese konservativer und liberaler Traditionen. Überwinden der Polaritäten und Streitigkeiten.
Mensch als Eroberer der Natur; Rohstoffquellen sollen ausgebeutet werden.	Mensch als Partner der Natur. Betonung auf Bewahrung und ökologische Gesundheit.
Betonung auf von außen verordneter Reform.	Betonung auf der Transformation des einzelnen als Voraussetzung einer erfolgreichen Reform.
Programme, die nur oberflächliche Kosmetik betreiben oder die späteren Generationen bezahlen lassen.	Betonung auf Weitsicht, langfristigen Rückwirkungen, Moral, Flexibilität.
Festgefahrene Behörden, Programme, Abteilungen.	Experimente werden gefördert, ebenso häufige Beurteilung, Flexibilität, ad-hoc-Komitees, sich selbst zu Ende führende Programme.
Wahl zwischen Wohl des einzelnen oder der Gemeinschaft.	Weigerung, diese Wahl zu treffen. Eigeninteresse und Interesse der Gemeinschaft ergänzen sich.

Lobt Konformität, Anpassung.	Pluralistisch, erneuernd.
Ordnet die Aspekte der menschlichen Erfahrung in Schubladen ein.	Versucht, sich interdisziplinär, holistisch zu verhalten. Sucht nach gegenseitigen Beziehungen zwischen den Zweigen der Regierung, nach Verbindung, gegenseitiger Befruchtung.
Nach Newtons Weltbild gestaltet. Mechanistisch, atomistisch.	Im Fluß befindlich, das Gegenstück moderner Physik in der Politik.

Aus: Ferguson 1982, S. 245–247.

4.2.2. Dokumentation 2
Leitsätze der alten und neuen Paradigmen in Medizin und Gesundheitswesen

LEITSÄTZE DES ALTEN PARADIGMAS IN DER MEDIZIN	LEITSÄTZE DES NEUEN PARADIGMAS IM GESUNDHEITSWESEN
Behandlung von Symptomen.	Suche nach Mustern und Ursachen plus Behandlung von Symptomen.
Spezialisiert.	Integriert: setzt sich mit dem ganzen Patienten auseinander.
Betonung auf Leistungsfähigkeit.	Betonung auf menschliche Werte.
Der Arzt soll gefühlsmäßig neutral sein.	Die Fürsorge des Arztes ist ein Bestandteil des Heilungsprozesses.
Schmerz und Krankheit sind ausschließlich negativ.	Schmerz und Krankheit stellen Informationen über Konflikte und Disharmonie dar.
Hauptsächliches Eingreifen mit Medikamenten, Chirurgie.	Minimales Eingreifen mit «angepaßter Technologie», ergänzt durch das ganze Arsenal gemäßigter Techniken (Psychotherapie, Diät, Leibesübungen).
Der Körper wird als Maschine betrachtet, die sich entweder in gutem oder schlechtem Zustand befindet.	Der Körper wird als dynamisches System betrachtet, als Kontext, als Energiefeld innerhalb anderer Felder.

Krankheit oder Körperbehinderung wird als Ding, als Wesen betrachtet.	Krankheit oder Körperbehinderung wird als Prozeß betrachtet.
Betonung auf die Beseitigung von Symptomen, von Krankheit.	Betonung auf dem Erreichen – größtmöglichen Wohlbefindens (Metagesundheit).
Der Patient ist abhängig.	Der Patient ist unabhängig (oder sollte es zumindest sein).
Der Arzt ist «Halbgott in Weiß».	Der Arzt als therapeutischer Partner.
Körper und Geist sind voneinander getrennt.	Körper und Geist als Einheit betrachtet; psychosomatische Krankheit gehört zum Gebiet aller im Gesundheitswesen Tätigen.
Der Geist ist ein zweitrangiger Faktor bei einer organischen Krankheit.	Der Geist ist wichtigster oder zumindest gleichrangiger Faktor bei *allen* Krankheiten.
Der Placeboeffekt zeigt die Kraft der Einbildung.	Der Placeboeffekt zeigt die Rolle des Geistes bei Krankheit und Heilung.
Man stützt sich hauptsächlich auf quantitative Informationen (Tabellen, Tests, Daten).	Man stützt sich hauptsächlich auf qualitative Informationen, einschließlich der subjektiven Berichte des Patienten und der Intuition des Arztes: Quantitative Daten sind nur Ergänzung.
«Vorbeugung» vor allem umweltbezogen: Vitamine, Ruhe, Leibesübungen, Immunisierung, kein Rauchen.	«Vorbeugung» gleichbedeutend mit Ganzheit, Arbeit, Beziehungen, Ziele, Körper-Geist-Seele.

Aus: Ferguson 1982, S.290–291.

4.2.3. Dokumentation 3
Leitsätze des alten und neuen Paradigmas in der Erziehung

LEITSÄTZE DES ALTEN PARADIGMAS IN DER ERZIEHUNG	LEITSÄTZE DES NEUEN PARADIGMAS IN DER ERZIEHUNG

Betonung liegt auf dem Inhalt, auf der Aneignung von «richtigen» Informationen – ein für allemal.

Betonung liegt auf jenem Lernen, wie man lernt, wie man gute Fragen stellt, wie man die Aufmerksamkeit auf die richtigen Dinge lenkt, wie man sich neuen Konzepten gegenüber öffnet und sie wertschätzt, wie man Zugang zu Informationen bekommt. Was heute «erkannt» wird, verändert sich vielleicht. *Der Zusammenhang* ist von Bedeutung.

Lernen als ein *Produkt*, eine Bestimmung.

Lernen als eine *Entwicklung*, eine Reise.

Hierarchische und autoritäre Struktur. Konformität wird belohnt, Andersdenkende werden entmutigt.

Gleichheit, Unparteiische und Andersdenkende werden zugelassen. Schüler und Lehrer sehen sich gegenseitig als Menschen und nicht als Rollen an. Autonomie wird gefördert.

Relativ rigide Struktur, vorgeschriebener Lehrplan.

Relativ flexible Struktur. Es herrscht die Ansicht, daß es viele Wege und Mittel gibt, ein gegebenes Thema zu lehren.

Vorgeschriebener Fortschritt, die Betonung liegt auf dem «angemessenen» Alter für bestimmte Aktivitäten; Trennung der Altersstufen.

Flexibilität und Integration der einzelnen Altersstufen. Der einzelne ist durch sein Alter nicht automatisch auf bestimmte Themen begrenzt.

Priorität liegt auf der Leistung.

Priorität liegt auf dem Selbstbild, jener Instanz, die Leistung hervorbringt.

Betonung liegt auf der äußeren Welt. Die innere Erfahrung wird in der Schule oft als ungeeignet angesehen.	Innere Erfahrung wird als Zusammenhalt für das Lernen angesehen. Der Gebrauch der Vorstellungskraft, des Geschichten-erzählens, von Traumtagebüchern, von Übungen, «die Mitte zu finden» und die Erforschung von Gefühlen wird gefördert.
Ahnungen und Gedanken, die von der allgemeinen Überzeugung abweichen, werden mißbilligt.	Ahnungen und Gedanken, die von der allgemeinen Überzeugung abweichen, werden als ein Teil des kreativen Prozesses gefördert.
Betonung liegt auf dem analytischen, linearen Denken der linken Gehirnhe-misphäre.	Es finden Bemühungen um eine Er-ziehung statt, die das gesamte Gehirn miteinbezieht. Die Rationalität der linken Gehirnhemisphäre wird durch ganzheitliche, nichtlineare und intuitive Strategien ergänzt. Der Zusammenfluß und die Verschmelzung beider Vorgänge wird betont.
Eine Etikettierung (wie z.B. «noch zu heilen», begabt, mit einer minimalen zerebralen Dysfunktion usw.) trägt zur sich selbst erfüllenden Prophezeiung bei.	Eine Etikettierung wird nur in einer untergeordneten, allein der Be-schreibung dienenden Rolle verwendet – und nicht als fixierte Bewertung, die der individuellen erzieherischen Laufbahn anhaftet.
Man befaßt sich mit Normen.	Man befaßt sich mit der individuellen Leistung in Begriffen des eigenen Potentials. Es herrscht ein Interesse vor, die äußeren Begrenzungen auf die Probe zu stellen und wahrgenommene Begrenzungen zu überschreiten.
Es wird primär dem theoretischen, abstrakten «Buch-Wissen» vertraut.	Theoretisches und abstraktes Wissen wird in starkem Maße durch Experi-mente und Erfahrung ergänzt. Sowohl innerhalb als auch außerhalb des Klassenzimmers. Es gibt Erkundungen, Zeiten der (hand-werklichen) Lehre, Vorführungen und Experten, die einen Besuch abstatten.

Klassenzimmer werden im
Sinne ihrer Effektivität und
Zweckmäßigkeit entworfen.

Man befaßt sich mit dem
Lernenvironment: mit Licht, Farben,
Luft, physischen Annehmlichkeiten,
mit dem Bedürfnis nach
Zurückgezogenheit (eines privaten
Bereiches) und Interaktion; ebenso
nach sowohl ruhigen als auch über-
schwenglichen Aktivitäten.

Bürokratisch bestimmt,
gegenüber Vorschlägen der
Gemeinschaft resistent.

Die Vorschläge der Gemeinschaft
werden unterstützt, es besteht
sogar eine Kontrolle von seiten der
Gemeinschaft.

Erziehung wird als eine
soziale Notwendigkeit für
eine gewisse Zeitspanne angesehen, um ein Minimum an
Fähigkeiten einzuschärfen
und um eine bestimmte Rolle
einzuüben.

Erziehung wird als eine lebenslange
Entwicklung angesehen, die nur
berührenderweise mit der Schule
verbunden ist.

Zunehmendes Zutrauen in die
Technologie (audio-visuelle
Ausrüstung, Computer,
Bänder, Textverarbeitung),
Entmenschlichung.

Man benutzt eine geeignete Tech-
nologie. Die menschliche
Beziehungen zwischen Lehrer und
Lernenden sind von primärer
Bedeutung.

Allein der Lehrer gibt Wissen
aus; Einbahnstraße.

Der Lehrer ist ebenso ein Lernender
– er lernt von den Schülern.

Aus: Ferguson 1982, S.335-337

4.2.4. Dokumentation 4
Leitsätze des alten und neuen Wirtschafts-Paradigmas

LEITSÄTZE DES ALTEN WIRTSCHAFTS-PARADIGMAS	LEITSÄTZE DES NEUEN WIRTSCHAFTS-PARADIGMAS

Konsum um jeden Preis via
geplantem Veraltern,
Werbedruck, Schaffung von
künstlichen «Bedürfnissen».

Verhältnismäßiger Konsum. Konser-
vieren, Erhalten, Wiederverwerten,
Qualität, Können, Erneuerung, Erfindungen, die wirklichen Bedürfnissen
entsprechen.

Zur Arbeit passende Leute. Unbeweglichkeit, Konformität.	Zu den Leuten passende Arbeit, Flexibilität, Kreativität, Form und Fluß.
Aufgezwungene Ziele, Entscheidungen von oben nach unten. Hierarchie, Bürokratie.	Förderung der Autonomie. Selbstverwirklichung, Teilnahme der Arbeitnehmer, Demokratisierung. Gemeinsame Ziele, Konsensus.
Zersplitterung, Unterteilung in Arbeit und Rollen. Nachdruck auf spezialisierte Aufgaben. Scharf abgegrenzte Arbeitsbeschreibungen.	Kreuzweise Befruchtung durch Spezialisten, welche eine weitere Bedeutung ihres Expertengebietes sehen. Förderung von Wahl und Wechsel in Arbeitsrollen.
Identifizierung mit Arbeit, Organisation, Beruf.	Identität wächst über Arbeitsbeschreibung hinaus.
Uhrzeit-Modell der Wirtschaft, basierend auf Newtonscher Physik.	Anerkennung von Unsicherheit in der Wirtschaft.
Aggression, Konkurrenz. «Geschäft ist Geschäft».	Zusammenarbeit. Menschliche Werte werden wichtiger als «Gewinnen».
Arbeit und Spiel getrennt. Arbeit als Mittel zum Zweck.	Vermischung von Arbeit und Spiel. Arbeit, die sich selbst belohnt.
Manipulation und Dominanz der Natur.	Zusammenarbeit mit der Natur: taoistische, organische Sicht von Welt und Reichtum.
Streben nach Stabilität, Stellung, Sicherheit.	Gefühl des Wechsels, Werdens, Risikofreudigkeit, Unternehmerische Haltung.
Quantitativ: Quoten, Statussymbole, Einkommensgruppe, Profite, «Lohnerhöhungen», Bruttosozialprodukt, Sachwerte.	Sowohl qualitativ als auch quantitativ. Gefühl des Erschaffens, gegenseitige Leistung zur gegenseitigen Bereicherung, Nichtmaterielle Werte (Kreativität, Erfüllung) wie auch Sachwerte.
Strikt wirtschaftliche Motive, materielle Werte. Fortschritt nach Produkt, Erhalt bewertet.	Geistige Werte transzendieren materiellen Gewinn und Wohlstand. Prozeß ebenso wichtig wie Inhalt. Arbeitskontext gleich wichtig wie Inhalt – nicht nur was man arbeitet, sondern *wie* man arbeitet.

Polarisiert: Arbeit gegenüber Management, Konsument gegenüber Hersteller, usw.	Transzendiert Polaritäten. Gemeinsame Ziele, Werte.
Kurzsichtig, Ausbeutung beschränkter Quellen.	Letztlichen ökologischen Kosten Rechnung tragend. Haushältertum.
«Rationell», nur Fakten trauend.	Rationell und intuitiv. Daten, Logik bereichert durch Eingebungen, Gefühle, Einsichten, nicht-linearen (ganzheitlichen) Sinn für ein Muster.
Nachdruck auf kurzfristige Lösungen.	Einsicht, daß langzeitige Wirksamkeit harmonischen Arbeitsplatz, Gesundheit des Arbeitsnehmers, Kundenbeziehungen Rechnung tragen muß.
Zentralisierte Operationen.	Dezentralisierte Operation wenn immer möglich. Menschliche Dimension. (Menschlicher Maßstab).
Flüchtige, uneingeschränkte Technologie. Unterwürfigkeit der Technologie gegenüber.	Angemessene Technologie. Technologie als Werkzeug, nicht als Tyrann.
Gegensätzliche Behandlung von wirtschaftlichen «Symptomen».	Versuche, das Ganze zu verstehen, tiefgehende Ursachen des mangelnden Ausgleichs, der Unausgewogenheit zu lokalisieren. Präventive «Medizin», Voraussicht von Verlagerungen, Knappheiten.

Aus: Ferguson 1982, S.380–382

4.2.5. Dokumentation 5
Die große Invokation

Aus dem Quell des Lichts im Denken Gottes/ströme Licht herab ins Menschen-Denken./Es werde Licht auf Erden!
Aus dem Quell der Liebe im Herzen Gottes/ströme Liebe aus in alle Menschenherzen./Möge Christus wiederkommen auf die Erde!
Aus dem Zentrum, wo der Wille Gottes thront,/lenke Plan-beseelte Kraft die kleinen Menschenwillen/zu dem Endziel, dem die Meister wissend dienen!
Durch das Zentrum, das wir Menschheit nennen,/entfalte sich der Plan der Liebe und des Lichts/und siegle zu die Tür zum Übel.
Mögen Licht und Liebe und Kraft/den Plan auf Erden wiederherstellen!

Aus: Cumbey 1987, S.233–234.

4.2.6. Dokumentation 6
Grenzbereiche der Aquarier

GRENZBEREICHE DER AQUARIER

Jüdisch-christliche Wiedergeburt

Neuer Pfingstglaube
(Jesus-Sekten und Kommunen)
Charismatische Gemeinden
innerhalb der Großkirchen
"Right on" (das Sprachrohr der
christl. Befreiungsfront)
"Havurot"-Bewegung (die
jüdische Gegenkultur)
Chabad Häuser
Haus der Liebe und des
Friedens in San Francisco
(Rabbi Shlomo Carlebach)

Östliche Religionen

Zen
Tibetanischer Buddhismus
Tantrismus
Yoga
Sufismus
Subud
Baha'i
Taoistischer Naturmystizismus
I Ching

Einzelne Gurus sowie Massenbewegungen:
Krishna-Bewußtsein
(Meister Bhaktivedanta)
Transzendentale Meditation
(Maharishi Mahesh Yogi)
"Divine Light Mission"
(Maharaj Ji)
"Healthy-Happy-Holy-Organisation": 3HO (Yogi Bhajan)
Totales Yoga
(Meister Satchidananda)
Ananda Marga-Yoga
Meher Baba
"Naropa Institute-Dharmadatu"
(Chögyam Trungpa)

Esoterische Wissenschaften

Vergleichende Religionswissenschaft" (Zeitschrift der
Traditionalisten)
Esoterische Gruppen:
Theosophie; Anthroposophie
(Rudolf Steiner);
Gurdjieff - Ouspensky -
J.G.Bennet - A.A.Bailwey
Kabbalismus
Astrologie
"Humanistische Astrologie"
(Dane Rudhyar)
Alchemie
Tarot
Magie
Erdwahrsagung
(Korn- und Kraftfelder)
Okkulte Geschichte
(Atlantis etc.)

Eupsychische Therapien

Jungsche Psychiatrie
Gestalt-Therapie
Psychosynthese
Primärtherapie
Arica
Erhard-Seminar
"Centering"
Humanistische Psychologie
Transpersonelle Psychologie
Logotherapie
Synanon-Spiele
"Silva Mind Control"
Geist-Dynamik (A. Everett)

Nyingmapa-Institut
(Tarthang Tulku)
Sri Aurobindo
Meister Muktananda
Sri Chinmoy
Kirpal Singh
Guru Bawa
Bhagwan Shree Rajneesh
Eknath Easwaran
Gopi Krischna
Meister Subramuniya
Buba Free John
Baba Ram Dass

Geist-Heilung

Integrales Heilen
Akupunktur
Polaritätstherapie
Autogenese
Homöopathie
Naturopathie
Hypnotherapie
Aura-Seminare
Gehirn-Chirurgie
Regenbogendeutung
Yoga asana-Therapie
Elektronik
Pflanzenkunde
Juwel- und Blumenkunde
Introspektive
Biotonik
Medizinische Astrologie
"Aletheia Foundation"
(Jack Schwarz)

Körpertherapien

Sinnliche Wahrnehmung
Strukturelle Integration
(Rolfing)
Strukturelles Planen
Bioenergetik
Orgonomie
Alexander-Methode
Feldenkreis-Methode
Gesunde körperliche
Arbeit
Massage
Körperlehre
T'ai chi ch'uan, Aikido
und andere östliche
Meditationsformen
Therapeutische Athletik
(Esalen Sportzentrum)

GRENZBEREICHE DER AQUARIER

Neoprimitivismus und Heidentum

Philosophische Mythologie
(Jung, Eliade, J.Campbell)
Hexenkult und Schamanentum
(Don Juan, Rolling Thunder)
Freiwillig gewählter Primiti-
vismus als Lebensstil
Anpassung an primitives Wissen
und primitive Rituale

Organizismus

Ökologischer Mystizismus
Kulte der natürlichen Ernäh-
rung
Makrobiotik
Organische Landwirtschaft
Biorhythmus
Vegetarische Kost

"Wilde Wissenschaft"

Veränderte Bewußtseinszustände
Biofeedback
ASW und Parapsychologie
Traumforschung
Psychometrie
Psychedelische Forschung
Kirliansche Fotografie
Schmidt-Maschinen
Lebensfelder
Erforschung des gespaltenen
Bewußtseins
Hypnose der Zeitrückkehr
Morpische Wissenschaft (Whyte)
Visionäre Physik (das Univer-
sum als Bewußtsein)
Psychoenergetische Systeme
Parapsychisch/physische Grenz-
bereiche
Thanatologie (Tod und Sterben)
Synergistik (metaphysische
Geometrie: B.Fuller)
Forschungszentren:
    Institut für Geisteswissen-
    schaft (Edgar Mitchell)
    Stiftung für Geistes-
    forschung: Geistspiele
        (Jean Houston)
    Kundalini Forschungsinstitut
    Zentrale für Prämonition

Psychotronik

Neurale Kybernetik
Medienmystizismus und Elektro-
neuronik
Manipulation des Gehirns durch
Drogen und Elektronik

Pop-Kultur

Science fiction
Metaphysische Phantasie
UFO-Studiengruppen
Schwert- und Hexenromanzen
(Tolkien, Peake, Cabell,
Lovecraft)
Phantasie der Comics
Punk Rock
Light shows und Multime-
dienspektakel
Filmfaszination
Drogen und unkontrollierte
Bewußtseinserweiterung

**Psychologen, Spiritisten,
okkulte Gruppen**

Edgar Cayce
Uri Geller
Echankar
Stele-Gruppen
"One World Family"
"Höchstes Lichthaus"
"The Process"
Pyramidenforschung
Gnostica (okkulte Zeit-
schrift)

Aus: Roszak 1982, S. 44-47

4.2.7. Dokumentation 7
  – Interesse am Psychomarkt
  – Die Ausdehnung des Psychomarktes
  – Psychomarkt und Hinwendung zu Sekten

Tabelle 1:
INTERESSE AM PSYCHOMARKT
Additive Darstellung, wieviel Angebote auf Interesse stoßen (es stehen 37 Verfahren zur Auswahl)

		Kein Interesse kein Angebot genannt	mäßiges Interesse 1-5 Angebote	großes Interesse 6-36 Angebote	%
Insgesamt		46	34	20	100
	– Männer	49	35	16	100
	– Frauen	44	33	23	100
Altersgruppen	– 14–19 Jahre	44	40	16	100
	– 20–29 Jahre	37	37	26	100
	– 30–39 Jahre	37	35	28	100
	– 40–49 Jahre	43	33	24	100
	– 50 Jahre und älter	56	32	12	100
Schulbildung	– Volksschule	55	31	14	100
	– Mittlere Reife	39	40	21	100
	– Abitur	31	35	34	100
Konfession	– evangelisch	48	35	17	100
	– katholisch	47	33	20	100
	– andere	44	35	21	100
	– keine	33	36	30	100

Tabelle zusammengestellt nach Schmidtchen (1987)

Tabelle 2:
DIE AUSDEHNUNG DES PSYCHOMARKTES'

	teilgenommen oder interessiert %	davon gehört %		teilgenommen oder interessiert %	davon gehört %
Massage	66	94	Bioenergetik	6	23
Autogenes Training	35	78	Gestalttherapie	5	20
Yoga	25	81	Psychodrama	5	25
Atemtherapie	20	55	Energietherapie	5	18
Astrologie	20	78	Tiefengewebetherapie	5	22
Traumdeutung	19	68	Tai Chi	4	11
Mal-, Musiktherapie	16	49	Biodynamische		
Fußreflexzonenmassage	16	40	Psychologie	4	15
Verhaltenstherapie	15	55	Tarot	4	15
Selbsthilfegruppen	15	64	Urschreitherapie	4	22
Selbsterfahrungs-			Primärtherapie	3	14
gruppen	14	55	Alchemie	3	24
Psychoanalyse	14	62	Themenzentrierte		
Familientherapie	13	53	Interaktion	3	11
Tanztherapie	13	40	Reinkarnationstherapie	3	16
Gruppendynamik	10	38	Biofeedback	3	14
Gesprächstherapie	9	39	Encounter	2	9
Krisenberatung	8	39	Tantra	2	10
Östliche Meditation	7	43	Rebirthing	2	12
Pendeln	7	37	Aroma-Therapie	2	11

' Zahlen aus Schmidtchen (1987)

Tabelle 3:
PSYCHOMARKT UND HINWENDUNG ZU SEKTEN'

	keines %	wenig %	etwas %	deutlich %	groß %
Sektenmitglieder; Kontakt zu Sekten	2	4	3	6	12
Nähe zu Sekten oder neutral	7	9	13	23	26
Mittlere oder ausgeprägte religiöse Gestaltungsbedürfnisse	18	28	42	50	66

' *Zahlen aus Schmidtchen (1987)*

Aus: Alberto Godenzi, Strukturen des Psychomarktes.
In: Lebendige Seelsorge 1988, S.361-362,365.

4.2.8. Dokumentation 8
New Age-"Lexikon"

NEW AGE - "LEXIKON

globale	Fluktuations-	-beziehung
sanfte	Dissipations-	-verknüpfung
ökologische	Evolutions-	-strömung
holistische	Integrations-	-steuerung
alternative	Interaktions-	-ordnung
feministische	Transformations-	-einheit
spirituelle	Organisations-	-wandlung
dezentrale	Imaginations-	synthese
harmonische	Intuitions-	-kategorie
universale	Koordinations-	-dynamik

Aus: Ralf Bülow, Sprechen Sie New Age.
In: Psychologie heute, Sept.1988, S.9.

4.2.9. Dokumentation 9
  Paradigmenwechsel in der Geschichte
  von Theologie und Kirche

Versuch einer Periodisierung und Strukturierung

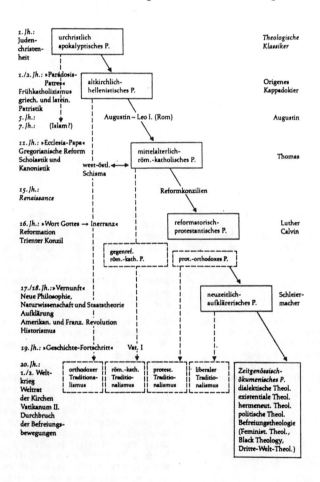

Aus: Küng 1987, S. 157.

4.2.10. Dokumentation 10
         Prophetie und Erfüllung durch die New Age-Bewegung

PROPHETIE	ERFÜLLUNG DURCH DIE NEW AGE-BEWEGUNG:
"Wer Verstand hat, der berechne die Zahl des Tieres, denn es ist eines Menschen Zahl, und seine Zahl ist 666" (Offenbarung 13,18).	Auf den Seiten 79 und 80 von "The Rays and the Initiations" nennt Alice Bailey 666 eine heilige Zahl und zeigt auf, wie diese Zahl in der okkulten Zahlenlehre berechnet wird. Auf Seite 306 von "A Treatise on Cosmic Fire" behauptet sie, 666 beinhalte "das Geheimnis, das von einem der drei himmlischen Menschen verborgen wurde." "The Keys of Enoch", eine weiter New-Age-Bibel", fordert den Leser auf, die Zahlenfolge 6-6-6 so häufig wie möglich zu gebrauchen. Der Gebrauch dieser Zahl soll "höhere Intelligenzen" aus einer anderen Dimension bzw. aus dem Weltraum auf unseren Planeten ziehen.
"Denn die Erde ist unter ihren Bewohnern entweiht worden; sie haben die Gesetze übertreten, die Satzung abgeändert, den ewigen Bund gebrochen" (Jesaja 24,5).	Die New-Age-Bewegung gebraucht das Zeichen des Regenbogens (nach 1.Mose 9,15-17 das Zeichen des Bundes) als Symbol der angestrebten Errichtung der Regenbogenbrücke (antahkarana), die eine Brücke zwischen der Persönlichkeit (dem Menschen) und der Seele (Luzifer) darstellen soll.
"Wenn sie sagen werden: 'Friede und Sicherheit', dann wird sie das Verderben plötzlich überfallen wie die Wehen eine schwangere Frau, und sie werden nicht entfliehen" (1.Thessalonicher 5,3)	Die neue Weltordnung mitsamt dem geplanten Einfrieren aller Atomwaffen bzw. den Abrüstungskampagnen wird auf den Seiten 190-191 von Alice Baileys "The Externalisation of the hierarchy" (dt. Die geistige Hierarchie tritt in Erscheinung) behandelt. Auf Seite 548 desselben Buches behauptet sie, die Atombombe sei ein großer Fortschritt für die Menschheit. Die "Hierarchie" habe durch den "fünften Strahl", durch Wissenschaftler, dazu beigetragen, sie zu entwickeln. Weiterhin meint sie, wenn die Bombe in der Hand der Vereinten Nationen sei, könnten diese sie einsetzen oder mit ihrem Einsatz drohen, "wenn Aggressionen zum Durchbruch kommen".

Dabei sei es nicht von Bedeutung,
ob diese "Aggressionen" von Staaten
ausgingen oder von mächtigen
religiösen Gruppen wie etwa "der
römisch-katholischen Kirche..., die
es bis jetzt nicht fertiggebracht
haben, ihre Finger von der Politik
zu lassen und den Aufgaben
nachzukommen, denen sich religiöse
Gruppen widmen sollten". Creme ist
ebenso wie David Spangler ein
Jünger von Alice Bailey. Diese eben
zitierten Aussagen finden sich in
dem Buch, das Creme in seiner
Bibliographie denjenigen empfohlen
hat, die mehr über den neuen
"Christus" erfahren wollen. Über
den Einsatz von Atomwaffen gibt es
umfassende New-Age-Literatur.

"Wer ist der Lügner, wenn nicht
der, welcher leugnet, daß Jesus
der Christus sei? Das ist der
Antichrist, der den Vater und
den Sohn leugnet" (1.Johannes
2,22).

Benjamin Creme und die gesamte New-
Age-Bewegung mit Ausnahme derer,
die noch keinen entsprechenden Grad
der Einweihung erlangt haben, bestreiten beharrlich, daß Jesus der
Christus ist. Sie bestehen darauf,
Maitreya sei der Christus, und Jesus dessen Jünger. Ein zentraler
Punkt der Geheimlehre und eine zentrale Lehre von New-Age-Kirchen -
beispielsweise von Unity - lautet:
Das Christusbewußtsein wohnt in
jedem einzelnen von uns (die Lehre
vom innewohnenden Gott); außer Jesus gibt es noch andere
Christusse - Buddha war ein
Christus, Krishna war ein Christus
usw.

"...und jeder Geist, der Jesus
nicht bekennet, der ist nicht
von Gott. Und das ist der Geist
des Antichrists, von welchem
ihr gehört habt, daß er kommt;
und jetzt schon ist er in der
Welt" (1.Johannes 4,3).

Die Mitglieder der New-Age-Bewegung
- unter ihnen Benjamin Creme und
David Spangler, die Unity-Kirche
und viele Theologen, die andere
Denominationen unterwandert haben -
behaupten, Jesus Christus *sei nicht
im Fleisch gekommen*. Vielmehr sei
das Christusbewußtsein bei seiner
Taufe auf ihn herabgekommen und sei
bis zu seiner Kreuzigung in ihm
gewesen. Noch verabscheuungswürdi-
ger ist Cremes Behauptung, Jesus
habe sich nicht das Recht verdient,

seinen Auferstehungsleib zu behalten, und lebe gegenwärtig in dem Körper eines 640 Jahre alten Syrers im Himalaya.

"Aber die übrigen der Menschen, die durch diese Plagen nicht getötet wurden, taten nicht Buße von den Werken ihrer Hände, so daß sie nicht mehr die Dämonen und die Götzen von Gold und Silber und Erz und Stein und Holz angebetet hätten, die weder sehen, noch hören, noch gehen können. Und sie taten nicht Buße, weder von ihren Mordtaten, noch von ihren Zaubereien, noch von ihrer Unzucht, noch von ihren Dieberein" (Offenbarung 9,20-21).

Die New-Age-Bewegung gründet theologisch auf dem Pantheismus (alles ist göttlich) und auf dem Animismus (Verehrung von unbelebten Objekten, Seelen- und Geisteswesen der Natur). Die Bewegung verehrt Luzifer als Gott, David Spangler hat sogar erklärt, daß wir uns einer luziferischen Initiation unterziehen *müssen*, wenn wir das neue Zeitalter lebend erreichen wollen. Sie haben jeden heidnischen Gott wieder hervorgeholt, der jemals verehrt wurde, und sich außerdem eine Anzahl von neuen Göttern geschaffen. Was die Hexerei betrifft, so muß sie geradezu als eine Säule der New-Age-Bewegung bezeichnet werden; auch psychischen Phänomenen und "Bewußtseinserweiterung" wird große Bedeutung beigemessen.

"Und der König wird tun, was ihm beliebt, und wird sich erheben und großtun wider jeglichen Gott, und er wird gegen den Gott aller Götter unerhörte Worte ausstoßen, und es wird ihm gelingen, bis der Zorn vorüber ist; denn was beschlossen ist, wird ausgeführt werden" (Daniel 11,36).

Maitreya hat durch Botschaften Benjamin Cremes die Behauptung aufgestellt, Jesus sei einer seiner Jünger, er selbst, Maitreya, sei das Oberhaupt einer Hierarchie von "Göttern" oder "Meistern".

"Statt dessen wird er den Gott der Festungen (englische King-James-Version: God of forces) verehren; diesen Gott, den seine Väter nicht kannten, wird er verehren mit Gold, Silber, Edelsteinen und Kleinodien" (Daniel 11,38).

"The Aquarian Gospel of Jesus the Christ", angeblich nach der "Akasha-Chronik" von "Levi" (Leo Dowling) verfaßt, behauptet auf Seite 16 der Einführung von Eva Dowling, daß man völlig eingehen könne in den Geist des Gottes der "Kraft" bzw. "Macht" (englisch: force). Das Hauptinteresse des Okkultismus, des Luzifer-Kults und der Sekten innerhalb der New-Age-Bewegung besteht darin zu lernen, wie man die "Kraft" bzw. die "Macht" beeinflussen kann.

Mitglieder der New-Age-Bewegung
glauben nicht an einen
persönlichen, die Erfahrung über-
schreitenden Gott, vor dem wir uns
alle verantworten müssen.Sie glauben, Gott sei eine neutrale Kraft,
die entweder zum Guten oder zum
Bösen manipuliert werden kann.

"Und er wird freche Reden gegen
den Höchsten führen und die
Heiligen des Allerhöchsten
bedrücken und wird sich
unterstehen, Festzeiten und
Gesetz zu ändern, und sie werden in seine Gewalt gegeben
sein eine Zeit, zwei Zeiten und
eine halbe Zeit" (Daniel 7,25).

Den Aussagen Benjamin Cremes zufolge erwartet das "Schwert der Spaltung" all diejenigen, die sich wei-
gern, Maitreya als den "Christus"
anzunehmen. Alice Bailey stellt in
ihren Büchern die Behauptung auf,
der nächste große Krieg werde im
Bereich der Weltreligionen statt-
finden. Die drei Ziele des sogenannten neuen Christus beinhalten
ihren Aussagen zufolge die Neuge-
staltung des Christentums und die
Abschaffung des orthodoxen Judentums.
Mitglieder der New-Age-Bewegung -
unter ihnen Bailey, Creme und David
Spangler - beabsichtigen in Übereinstimmung mit dem sogenannten
"Plan" die Abschaffung traditioneller religiöser Festtage und deren
Ersetzung durch heidnische Feste.
Sie haben zum Beispiel angekündigt,
daß Weihnachten und Karfreitag abgeschafft werden sollen (vgl. S.278
unten).

Aus: Cumbey 1987, S.86-92

4.2.11. Dokumentation 11
    Glaube in Westeuropa – Persönlicher Gott

*   Glaube in West-Europa (ohne Spanien, Portugal
    und Griechenland:

(1)   Menschen, die 1 x pro Woche in die Kirche gehen
(2)   Menschen, die nur 1 x pro Jahr in die Kirche gehen
(3)   beide Gruppen zusammen

	1	2	3
Glaube an Gott			
ganze Bevölkerung	97	72	75
Katholiken	98	74	87
Protestanten	97	76	75
andere Kirchen	97	80	87
Glaube an den Himmel			
ganze Bevölkerung	73	20	40
Katholiken	72	28	45
Protestanten	77	37	43
andere Kirchen	91	49	73
Glaube an einen persönlichen Gott			
ganze Bevölkerung	62	23	32
Katholiken	60	27	39
Protestanten	73	18	26
andere Kirchen	84	69	61
Überzeugte Atheisten			
ganze Bevölkerung	–	2	5
Katholiken	–	1	1
Protestanten	1	1	2
andere Kirchen	2	–	1

* Persönlicher Gott, Wichtigkeit von Gott,
  wöchentlicher Kirchenbesuch

Länder	Persönlicher Gott (in %)	Wichtigkeit Gottes (10 Punkte-Skala)	Wöchentlicher Kirchen-besuch (in %)
Republik Irland	73	8,02	82
Malta	71	-	-
Nordirland	70	7,49	52
USA	66	8,21	43
Spanien	55	6,39	41
Norwegen	40	5,35	7
Belgien	39	5,94	30
Holland	34	5,33	27
England	31	5,72	14
Ehem. BRD	28	5,67	21
Frankreich	26	4,72	12
Finnland	25	6,20	4
Dänemark	24	4,74	3
Schweden	19	3,99	5
EUROPA	32	5,80	23

Aus: Richard Friedli, Schamanische Gottesvorstellungen im Christentum
Europas? In: Lebendige Seelsorge 1988, S.352-353.

4.2.12. Dokumentation 12
NA-Themen in österr. Bildungshäusern *1977/78 vgl. S. 285*

BILDUNGSHAUS	1	2		3	3a				4	4a			
		abs	%v1	abs	%v2	HT	GT	WE	abs	%v2	HT	GT	WE
Batschuns, Vorarlberg	214	35	16,35	8	22,85	4	-	4	27	77,15	12	56	12
St. Virgil Salzburg	789	73	9,25	27	36,98	15	14	2	46	63,02	13	11	25
Mariatrost Steiermark	5o7	13	2,56	7	53.84	5	-	6	6	46,16	-	12	3
St. Bernhard NÖ	490	44	8,79	2	4,54	2	-	-	42	95,46	108	36	8
St. Hippolyt NÖ	259	29	11,19	3	10,34	-	2	1	26	89,66	38	9	10
Tainach Kärnten	*286	28	9,79	6	21,42	6	-	-	22	78,58	9	9	8
Neuwaldegg Wien	4o8	44	10,78	7	15,9	10	-	1	37	84,10	86	18	2
Insgesamt	2953	266	9,01	60	22,55	42	16	14	206	77,45	266	151	68

*deutschsprachige Kurse

Legende:

1 Anzahl der Themenangebote;

2 Anzahl der New Age-nahen Themen insgesamt (absolut und im Verhältnis zum Gesamtangebot);

3 Anzahl der New Age-ausgewiesenen oder –kritischen Themen;

3a Dauer der Veranstaltung (HT – Halbtags- oder Abendveranstaltung, GT – Ganztagsveranstaltung, WE – Wochenendveranstaltung Sa bis So)

4 Anzahl der nicht ausgewiesenen oder verdeckten New Age-Themen;

4a Dauer der Veranstaltung (HT – Halbtags- oder Abendveranstaltung, GT – Ganztagsveranstaltung, WE – Wochenendveranstaltung Sa bis So)

LITERATUR

Albrecht, M.: New-Age-Spiritualität. In: Ruppert 1985, S.180-182.

Alt, F.: Frieden ist möglich. Die Politik der Bergpredigt. München 1984[19].

Amery, C.: Das Ende der Vorsehung. Die gnadenlosen Folgen des Christentums. Reinbek bei Hamburg 1974.

Aries, Ph.: Geschichte des Todes. München 1980.

Augustinus: Die zwei Staaten. In: Flasch (Hg.) 1982, S.97-98 (Reihe Bubner 1982, Bd.2).

Badewein, J.: Anthroposophie. Eine kritische Darstellung. Konstanz 1988[3].

Bamberg, C.: Gebet - "Ersatzhandlung" oder Lebenstat? In: Geist und Leben 43/1979, S.245-258.

Barner, K./Liedke, G. (Hg.): Schöpfungsverantwortung konkret. Neukirchen-Vluyn 1986.

Bateson, G.: Geist und Natur. Eine notwendige Einheit. In: Schaeffer/Bachmann 1988, S.109-129.

Baudler, G.: Korrelationsdidaktik. Leben durch Glauben erschließen. Paderborn 1984.

Baumann, A.: ABC der Anthroposophie. Ein Wörterbuch für jedermann. Bern 1986.

Baur, A./Kögel, H.: Unterwegs. Religionsbuch für den katholischen Religionsunterricht an Polytechnischen Lehrgängen, Wien 1979[7].

Beck, L./Pullar, Ph.: Chakra - Energie. Die Kraftzentren des menschlichen Körpers. München 1987.

Becker, E.: Dynamik des Todes. Die Überwindung der Todesfurcht. Olten 1976.

Berger, K.: New Age - Ausweg oder Irrweg. Asslar 1987.

Berman, M.: Wiederverzauberung der Welt. Am Ende des Newtonschen Zeitalters. Reinbek bei Hamburg 1985.

Bertholet, A./Campenhausen, H.Frhr.v.: Wörterbuch der Religionen. Stuttgart 1976[3].

Bhagavadgita/Aschtavakragita. Indiens heilige Gesänge. Düsseldorf 1978.

Bio. Zeitschrift für Mensch und Natur (zwölfmal jährlich). München.

Blaskovic, St.: Unterwegs zur Freiheit, Wien 1974.

Blaskovic, St.: Unterwegs zur Vollendung. Wien 1978.

Blavatsky, H.P.: Die Geheimlehre. Eine Auswahl. Calw 1987[7].

Bloch, E.: Angst und Hoffnung in unserer Zeit. In: Wiehl 1981, S.505-510.

Bloch, E.: Das Prinzip Hoffnung. Frankfurt/M. 1985.

Bohm, D.: Die implizite Ordnung. In: Schaeffer/Bachmann 1988, S.152-180.

Breidenstein, G.: Kommt ein neues Zeitalter? In: Lebendige Seelsorge 1988, S.288-291.

Brik, H.Th.: Gibt es noch Engel und Teufel? Erkenntnis, Geisterwelt und Exegeten. Aschaffenburg 1975.

Brück, M.v.: Dialog der Religionen. Bewußtseinswandel der Menschheit. München 1987.

Brück, M.v.: New Age und christliches Erlösungsverständnis. In: Lebendige Seelsorge 1988, S.271-278.

Brück, M.v. (Hg.): Aufkeimendes Bewußtsein für eine neue Menschheit. In: Brück 1987, S.65-76.

Buber, M: Das dialogische Prinzip. Heidelberg 1984[5].

Bubner, R.: Geschichte der Philosophie in Text und Darstellung (8 Bde). Stuttgart 1982.

Bülow, R.: Nachhilfe - Sprechen Sie New Age? In: Psychologie heute 9/85, S.9.

Bürkle, H.: Zur Unterscheidung der Geister: Selbstrettung des Menschen oder Erlösung durch Gott? In: Bürkle 1988, S.105-136.

Bürkle, H. (Hg.): New Age. Kritische Anfragen an eine verlockende Bewegung. Düsseldorf 1988.

Capra, F.: Die neue Sicht der Dinge. In: Bürkle 1988, S.11-24.

Capra, F.: Das Tao der Physik. Die Konvergenz von westlicher Wissenschaft und östlicher Philosophie. Bern 1988[10].

Capra, F.: Wendezeit. Bausteine für ein neues Weltbild. Bern 1985[10].

Catechismus Romanus. Der römische Katechismus. Kirchen 1970.

Club of Rome, Berichte an den Club of Rome: Der Weg ins 21.Jahrhundert, Alternative Strategien für die Industriegesellschaft. Einführung von Aurelio Peccei. München 1983.

Codex iuris Canonici. Codex des kanonischen Rechtes. Lateinisch-deutsche Ausgabe. Kevelaer 1983.

Combes, A.: Theresia vom Kinde Jesu. In: Manns 1975, S.566-570.

Comenius, J.A.: Orbis sensualium pictus. Reihe: Die bibliophilen Taschenbücher. Dortmund 1979[2].

Cumbey, C.: Die sanfte Verführung. Hintergrund und Gefahren der New-Age-Bewegung. Gütersloh 1987[7].

Dahlberg, B./Dahlberg, W.: Esoterik - Was ist das eigentlich? In: Ruppert 1985, S.152-157.

Daniel-Rops, H.: Die Kirche zur Zeit der Apostel und Märtyrer. Innsbruck 1951.

Dedl, W. u.a.: Tore zum Glück. Wien 1982.

Dethlefsen, Th.: Schicksal als Chance. Das Urwissen zur Vollkommenheit des Menschen. München 1981[3].

Dienst, K.: New Age und Religionsunterricht. In: Lebendige Seelsorge 1988, S.371-374.

Dionysius, A.: Ich schaute Gott im Schweigen. Mystische Texte der Gotteserfahrung. Freiburg 1985.

Dokumentation 1/87: Psychoboom. Überblick - Faszination - Gefahren. Wien 1987.

Dokumentation 3-4/87: Esoterik und New Age - Darstellung und Kritik. Wien 1987.

Drewermann, E.: Tiefenpsychologie und Exegese. Olten 1984.

Drewermann, E.: Der tödliche Fortschritt. Von der Zerstörung der Erde und des Menschen im Erbe des Christentums. Regensburg 1986[4].

Drury, N.: Lexikon esoterischen Wissens. München 1988.

Dürr, H.-P. (Hg.): Physik und Transzendenz. Die großen Physiker unseres Jahrhunderts über ihre Begegnung mit dem Wunderbaren. Bern 1987[4].

Eccles, J.C./Robinson, D.N.: Das Wunder des Menschseins - Gehirn und Geist. München 1985.

Eccles, J.C./Zeier, H.: Gehirn und Geist. Biologische Erkenntnisse über Vorgeschichte, Wesen und Zukunft des Menschen. München 1980.

Eckhart: Meister Eckhart. Einheit im Sein und Wirken (Hg. Dietmar Mieth). München 1986.

Eibl-Eibelsfeldt, J.: Die Biologie menschlichen Verhaltens. Grundriß der Humanethologie. München 1984.

Eliade, M.: Yoga. Unsterblichkeit und Freiheit. Zürich 1988.

Elmandrja, M.: Das neue Zeitalter von Kultur und Kommunikation. In: Berichte an den Club of Rome 1983, S.147-162.

Endres, H.: Das spirituelle Menschenbild und seine Verwirklichung im täglichen Leben. München 1988.

Erharter, H./ Schwarzenberger, R. (Hg.): Versöhnte Christen. Versöhnung in der Welt. Bußpastoral und Bußpraxis heute. Wien 1986.

Esotera, Neue Dimensionen des Bewußtseins. Freiburg (Zeitschrift - erscheint monatlich).

Essmann, K.-R.: "Sekten", Neue religiöse Bewegungen, New Age. Menschen auf der Suche nach Sinn. In: Dialog Spezial 3/88. Wien 1988. S.1-11.

Feifel, E.: Konzeptionen kirchlicher Erwachsenenbildung. In: Feifel, E. u.a. 1975, S.347-360.

Feifel, E./Leuenberger, R./Stachel, G./Wegenast, K. (Hg.): Handbuch der Religionspädagogik. Band 3: Religionspädagogische Handlungsfelder in kirchlicher Verantwortung. Zürich 1975.

Ferguson, M.: Die sanfte Verschwörung. Persönliche und Gesellschaftliche Transformation im Zeitalter des Wassermanns. Basel 1982.

Ferguson, M.: Geist und Evolution. Die Revolution der Gehirnforschung. Olten 1981.

Finger, K.: Bildungshäuser - Bildungsheime in Österreich. Geschichte und Selbstverständnis österreichischer Bildungsheime. Diplomarbeit. Wien 1986.

Finger, A./Finger, K.: Handbuch zum Religionsbuch 1. Eine methodische Handreichung. Wien 1980.

Finger, K.: Ziele und Inhalte der Erwachsenenbildung. Unveröffentlichte Seminararbeit (1984).

Finkenzeller, J.: Was kommt nach dem Tod? Eine Orientierungshilfe für Unterricht, Verkündigung und Glaubensgespräch. München 1976.

Fischer, A./Weitmann, A. (Hg.): Lebendige Seelsorge. Zeitschrift für alle Fragen der Seelsorge. Au bei Freiburg.

Fischer-Wollpert, R.: Wissen Sie Bescheid? Lexikon religiöser und weltanschaulichen Fragen. Regensburg 1981 [2].

Frank, K.S.: Irenäus von Lyon: Gegen die Gnostiker. In: Lebendige Seelsorge 1988, S.330-334.

Franzen, A.: Kleine Kirchengeschichte. Freiburg 1965.

Freitag, E.F.: Kraftzentrale Unterbewußtsein. Der Weg zum positiven Denken. München 1983 [8].

Friedli, R.: Schamanische Gottesvorstellungen im Christentum Europas? Einige religionssoziologische Beobachtungen. In: Lebendige Seelsorge 1988, S.350-355.

Fromm, E.: Psychoanalyse und Religion. Zürich 1966.

Fromm, E.: Haben oder Sein. Die Grundlagen einer neuen Gesellschaft. Stuttgart 1980 [5].

Fromm, E./Suzuki, D.T./Martino, R.d.: Zen-Buddhismus und Psychoanalyse. Frankfurt 1971.

Fuchs, G.: Holistisch oder katholisch? - Christliche Kritik am New Age in solidarischer Zeitgenossenschaft. In: Lebendige Seelsorge 1988, S.264-271.

Fuchs, A.: Erfahrungen einer Psychologin. In: App-Info. Vereinszeitschrift der
Arbeitsgemeinschaft für Präventivpsychologie. Wien 1988 Nr.43, S.12-13.

Gaisbauer, H. (Hg.): Unsichtbar durch die Stadt - Den Engeln auf der Spur. Wien 1986.

Gaspari, Ch.: Eins plus eins ist eins. Leitbilder für Mann und Frau. München 1985.

Gasper, H.: New Age - Herausforderung und Antwort. In: Dokumentation 3-4/87, S.54-60.

Gastgeber, K.: Psychotherapie und Seelsorge. In: Erharter/Schwarzenberger 1986, S.120-121.

Gebser, J.: Ursprung und Gegenwart. 1. Teil: Die Fundamente der aperspektivischen Welt. 2. Teil: Die
Manifestationen der aperspektivischen Welt. München 1983[3].

Geist und Natur. Das Magazin für Zukunftsfragen. München.

Gemoll, W.: Griechisch-deutsches Schul- und Handwörterbuch. Wien 1965.

Gewinner, R.: Ganzheit und schöpferische Vielfalt. Aspekte zu New Age. In: Lebendige Seelsorge 1988,
S.366-371.

Godenzi, A.: Strukturen des Psychomarktes. In: Lebendige Seelsorge 1988, S.360-365.

Graham, B.: Engel - Gottes Geheimagenten. Neuhausen 1975.

Greshake, G.: Stärker als der Tod. Mainz 1976.

Griffiths, B.: Rückkehr zur Mitte. Das Gemeinsame östlicher und westlicher Spiritualität. München 1987.

Griffiths, B.: Die Hochzeit von Ost und West. Hoffnung für die Menschheit. Salzburg 1983.

Grof, St.: Vorstoß ins Unbewußte. In: Walsh/Vaughan 1987, S.100-116.

Grof, St.: Geburt, Tod und Transzendenz. Neue Dimensionen in der Psychologie. München 1985.

Grom, B.: Rückfragen an die Esoterik - eine Aufgabe kirchlicher Erwachsenenbildung. In: Lebendige Seelsorge
1988, S.375-379.

Groothoff, H.-H./Stallmann, M.: Pädagogisches Lexikon. Stuttgart 1968[4].

Gruber, E.: Neues Zeitalter? - Wie 'new' ist eigentlich 'New Age'?. In: Bio 2/89, S.86-89.

Gruber, E./Fassberg, S.: New-Age-Wörterbuch. 300 Schlüsselbegriffe von A-Z. Freiburg 1988[2].

Gruber, E.: Was ist New Age? Bewußtseinstransformation und Spiritualität. Freiburg 1987.

Gruber, E.: Was ist New Age. Bewußtseinstransformation und neue Spiritualität. Freiburg 1987.

Grün, J.F.: Die Fische und der Wassermann. Hoffnung zwischen Kirche und New Age. München 1988.

Grundriß des Glaubens. Katholischer Katechismus. Allgemeine Ausgabe. München 1980.

Guardini, R.: Welt und Person. Versuche zur christlichen Lehre vom Menschen. Würzbzrg 1955[4].

Guardini, R.: Der Herr. Betrachtungen über die Person und das Leben Jesu Christi. Würzburg 1961[12].

Guardini, R.: Das Ende der Neuzeit. Ein Versuch zur Orientierung. Würzburg 1965[9].

Guardini, R.: Der Gegensatz, Versuche zu einer Philosophie des Lebendig-Konkreten. Mainz 1985[3]

Gügler, A.: Wenn Kinder nach dem Tod fragen. Hilfen für Katecheten und Eltern. Luzern 1979.

Gute Nachricht: Die gute Nachricht. Die Bibel im heutigen Deutsch, Stuttgart 1982.

Haag, H.: Abschied vom Teufel. Einsiedeln 1970.

Hampe, J.Ch.: Sterben ist doch ganz anders. Erfahrungen mit dem eigenen Tod. Stuttgart 1977[6].

Hanefeld, E.: New Age - was ist das eigentlich? In: Esotera 1980, S.140-144.

Hanefeld, E.: New Age - was ist das eigentlich? In: Esotera 1980, S.141.

Hänggi, H./Keller, C.A./Ruppert, H.J./Schönborn, C. (Hg.): Reinkarnation - Wiedergeburt - aus christlicher Sicht. Freiburg 1988[2].

Harnisch, G.: Einfach leben. Besser leben. Lebensstil im New Age. Freiburg 1988.

Harvey, D.: Handbuch der Esoterik. A-Z der alternativen Ideen, Lebensweisen und Heilkünste. München 1987.

Hawken, P.: Der Zauber von Findhorn. Ein Bericht. München 1980.

Heinelt, G.: Sinnsuche und Sinnangebote heute. In: Lebendige Seelsorge 1988, S.321-330.

Hentschel, R.: Darwin im Lichte Gaias. Eintritt in das Post-darwinische Zeitalter. In: Geist und Natur 1/89, S.32-33.

Herder: Das neue Lexikon der Pädagogik (4 Bde). Freiburg 1970.

Hertling, G.: Priesterliche Umgangsformen. Regensburg 1928.

Hesemann, M.: Messebummel. In: 2000, Magazin für neues Bewußtsein Nr.79. Göttingen Dez.88/Jan.89, S.60f.

Hiess, P.: Glück aus der Steckdose. Die Revolution der Gehirn-Maschine. In: Wiener 19/1988, S.95-99.

Hirschberger, J.: Geschichte der Philosophie. Bd.1: Altertum und Mittelalter. Freiburg 1976[12]. Bd.2: Neuzeit und Gegenwart. Freiburg 1981[11].

Hitler, A.: Mein Kampf. München 1933[21].

Hofer, N.: Christus gefragt. Wien 1978.

Höfer, J./Rahner, K. (Hg.): Lexikon für Theologie und Kirche (13 Bde). Freiburg 1957[2]. (LThK).

Holländischer Katechismus. Glaubensverkündigung für Erwachsene. Deutsche Ausgabe des Holländischen Katechismus. Nijmegen 1986.

Hörmann, K.: Lexikon der christlichen Moral. Innsbruck 1976.

Hussong, W.: Der gespaltene Mensch. Auf dem Weg zu einer Ethik des Wassermannzeitalters. In: Esotera 1984, S.127-131 und 247-251.

Iber, G.: Aktionsfelder kirchlicher Erwachsenenbildung. In: Feifel, E. u.a. 1975, S.361-370.

Ide, T.R.: Die Auswirkungen neuer Informationssysteme auf das Leben des Individuums. In: Berichte an den Club of Rome 1983, S.214-221.

Illies, J.: Gotteswelt - in unserer Hand. Der Aufbruch des ökologischen Gewissens. Freiburg 1985.

Information 1/87: -bep-/UNH. Bewußtseins-Erweiterungs-Programm. Wien 1987.

Izutsu, T.: Philosophie des Zen-Buddhismus. Reinbek bei Hamburg 1983.

Jantsch, E.: Die Selbstorganisation des Universums. In: Ruppert 1985, S.128-130.

Jantsch, E.: Die Geburt eines Paradigmas aus einer Metafluktuation. In: Schaeffer/Bachmann 1988 S.222-244.

Joachim v.F.: Das Zeitalter des Heiligen Geistes (herausgegeben von Alfons Rosenberg). Bietigheim 1977.

Johannes Paul II.: Enzyklika "Dominum et vivificantem - über den Heiligen Geist im Leben der Kirche und Welt" v. 18.Mai 1986.

Johannes Paul II.: Apostolisches Schreiben Catechesi tradendae. In: Wiener Diözesanblatt, Sondernummer 2, Wien 1979.

Jungmann, J.A.: Katechetik. Freiburg 1965.

Katechismus der Katholischen Religion. Wien 1961.

Katholischer Kurzkatechismus. Königstein/T. 1980[12].

Kehl, M.: New Age oder Neuer Bund? Mainz 1988.

Keller, A.: Zeit - Tod - Ewigkeit. Der Tod als Lebensaufgabe. Innsbruck 1981.

King, U.: Der Beitrag der feministischen Bewegung zur Veränderung des religiösen Bewußtseins. In: Walf 1983, S.38-61.

Klar, S.: Mann und Frau. Biologische - psychologische - ethologische - gesellschaftliche Aspekte. In: Dialog spezial 2, Wien 1988, S.1-14.

Kloehn, E.: Typisch weiblich. Typisch männlich. Geschlechterkrieg oder neues Verständnis von Mann und Frau. Reinbek bei Hamburg 1979.

Koch, K.: Reinkarnation und Fegefeuerglaube. In: Lebendige Seelsorge 1988, S.355-359.

Kongregation für das katholische Bildungswesen: Die katholische Schule (deutsche Ausgabe). Rom 1977.

König, R.: New Age - Geheime Gehirnwäsche. Wie man uns heute für morgen programmiert. Neuhausen 1988[5].

Kopp, S.B.: Triffst du Buddha unterwegs... Psychotherapie und Selbsterfahrung. Düsseldorf 1982[6].

Korherr, E./Hierzenberger, G. (Hg.): Praktisches Wörterbuch der Religionspädagogik und Katechetik. Wien 1973.

Kraxner, A.: Mensch - Umwelt - Schöpfung. Gott ist ein Freund des Lebens. Wien 1985.

Kübler-Ross, E.: Interviews mit Sterbenden. Stuttgart 1977[10](a).

Kübler-Ross, E.: Was können wir noch tun? Antwort auf Fragen nach Sterben und Tod. Stuttgart 1977[3](b).

Kübler-Ross, E.: Reif werden zum Tode. Stuttgart 1977[3](c).

Küenzelen, G.: New Age und Neuer Mensch. In: Dokumentation 3-4/87, S.33-37.

Küenzelen, G.: Wendezeit- oder "Die sanfte Verschwörung". Eine neue Erlösungshoffnung. In: Ruppert 1985, S.186-190.

Kuhn, Th.S.: Die Struktur wissenschaftlicher Revolutionen. Frankfurt 1975.

Küng, H.: Theologie im Aufbruch. Eine ökumenische Grundlegung. München 1987.

Kur, F. (Hg.): Natur - Denkstücke. Über den Menschen, das unangepaßte Tier. München 1985.

Landolt, J.G.: Verbraucher im New Age. Steht die Wirtschaft vor einer Wende? Freiburg 1988.

Lassalle, H.M.E.: Kraft aus dem Schweigen. Einübung in die Zen-Meditation. Freiburg 1988.

Lassalle, H.M.E.: Wohin geht der Mensch? Zürich 1981.

Lassalle, H.M.E.: Leben im neuen Bewußtsein. Ausgewählte Texte zu Fragen der Zeit (Hg. Roland Ropers). München 1986.

Lassalle, H.M.E.: Zen - Weg zur Erleuchtung. Hilfe zum Verständnis. Einführung in die Meditation. Freiburg 1976[5].

Lawhead, St./Tibusek, J.: Reiseführer in eine neue Zeit. Eine Orientierung, Gießen 1988[2].

Leist, M.: Kinder begegnen dem Tod. Ein beratendes Sachbuch für Eltern und Erzieher. Freiburg 1979.

Léon-Dufour, X. (Hg.): Wörterbuch zur biblischen Botschaft. Freiburg 1967[2].

Ligouri, A.M.: Der Priester am Altare und in der Einsamkeit. Regensburg 1856.

Lilly, J.C.: Das Zentrum des Zyklons. Neue Wege der Bewußtseinserweiterung. Frankfurt 1976.

Lohfink, G.: Der Tod ist nicht das letzte Wort. Meditationen. Freiburg 1976[2].

Lotz, J.B.: Tod als Vollendung. Von der Kunst und Gnade des Sterbens. München 1976.

Lovelock, J.E.: Gaia - die Erde als Organismus. In: Geist und Natur 1/89, S.34-37.

Luzyn, D.: "Der Anfang der Trennung von Spreu und Weizen". In: 2000 - Magazin für Neues Bewußtsein 12/88/1/89, S.22-25.

Manns, P.: Die Heiligen. Alle Biographien zum Regionalkalender für das deutsche Sprachgebiet. Mainz 1975.

Marquard, O.: Apologie des Zufälligen. Stuttgart 1986.

Marquard, O.: Abschied vom Prinzipiellen. Philosophische Studien. Stuttgart 1981.

Martin, Th.: Geschichte einer Seele. Theresia Martin erzählt aus ihrem Leben. Trier 1967.

Maslow, A.: Eine Theorie der Metamotivation. In: Walsh/Vaugham 1987, S.143-152.

Maslow, A.H.: Motivation und Persönlichkeit. Reinbek bei Hamburg 1981.

Massa, W. (Hg.): Kontemplative Meditation - Die Wolke des Nichtwissens. Einführung und Text. Mainz 1976[3].

Matthews, J. (Hg.): Der Gralsweg. Basel 1989.

Mauder, A.: Die Kunst des Sterbens. Eine Anleitung. Regensburg 1974.

McLean, P.: Kontakte mit Deinem Schutzgeist. München 1986.

Meadows, D.u.D./Zahn, E./Milling, P.: Die Grenzen des Wachstums. Bericht an den Club of Rome zur Lage der Menschheit. Reinbek bei Hamburg 1973.

Messerschmid, F.: Weiterbildung in kirchlicher Trägerschaft. In: Feifel, E. u.a. 1975, S.337-346.

Miers, H.: Lexikon des Geheimwissens. München 1986[6].

Moltmann, J.: Zeit der Wende. Über Bücher von Fritjof Capra. In: Ruppert 1985, S.176-180.

Moody, R.A.: Leben nach dem Tod. Die Erforschung einer unerklärten Erfahrung. Reinbek bei Hamburg 1977.

Mulack, Ch.: Jesus - der Gesalbte der Frauen. Weiblichkeit als Grundlage christlicher Ethik. Stuttgart 1987.

Mulack, Ch.: Im Anfang war die Weisheit. Feministische Kritik des männlichen Gottesbildes. Stuttgart 1988.

Muller, R.: Die Neuerschaffung der Welt. Auf dem Weg zu einer globalen Spiritualität. München 1985.

Müller, J.: Pastorale Erfahrungen mit New Age. In: Lebendige Seelsorge 1988, S.379-382.

Müller, K.: Fang dir deinen Psychotripper. In:)Wiener(. Mai 1987, S.86-88.

Mynarek, H.: Ökologische Religion. Ein neues Verständnis der Natur. München 1986.

Mynarek, H.: Religiös ohne Gott? Neue Religiosität der Gegenwart in Selbstzeugnissen. München 1983.

Nastainczyk, W.: New Age und Esoterik: Religionspädagogische Herausforderung. In: Lebendige Seelsorge 1988, S.303-306.

Neues Bewußtsein: 2000 - Magazin für ein Neues Bewußtsein. Pöcking (erscheint monatlich).

Neumann, E.: Die Große Mutter. Olten 1983[6].

Neuner, J./Roos, H.: Der Glaube der Kirche in den Urkunden der Lehrverkündigung. Neubearbeitet von Rahner und Weger. Regensburg 1971[9].

Nietzsche, F.: Werke in zwei Bänden (herausgegeben von Gerhard Stenzel). Salzburg o.J.

Niggemann, W.: Das Selbstverständnis katholischer Erwachsenenbildung bis 1933. Osnabrück 1967.

Olvedi, U.: Die Lust am Irrationalen. Chancen und Fallen der New Age-Bewegung. Freiburg 1988.

Paracelsus: Paracelsus. Arzt und Philosoph. Auswahl aus seinen Schriften. München 1959.

Parizek, J.: Glaube gefragt. Wien 1978.

Perlmutter, H.V.: Der Aufbau einer symbiotischen Weltwirtschaft - Ein sozioökonomisches Konzept für die Zukunft. In: Berichte an den Club of Rome 1983. S.125-144.

Persönlichkeitsentwicklung durch Begegnung. Das personenzentrierte Konzept in Psychotherapie, Erziehung und Wissenschaft. Wien 1984.

Pesch, O.H.: Das Gebet. Mainz 1980.

Pestalozzi, H.A.: Die sanfte Verblödung. Gegen falsche New Age-Heilslehren und ihre Überbringer. Ein Pamphlet. Düsseldorf 1988 [6].

Philberth, B.: Christliche Prophetie und Nuklearenergie. Wuppertal 1967 [5].

Pichler, W.: Katholisches Religionsbüchlein. Wien 1966 [33].

Pieper, J.: Hinführung zu Thomas von Aquin. München 1958.

Pöggeler, F.: Erwachsenenbildung. Einführung in die Adragogik (Pöggeler, F. [Hg.]: Handbuch der Erwachsenenbildung, Band 1). Stuttgart 1974.

Popper, K.R./Eccles, J.C.: Das Ich und sein Gehirn. München 1984 [3].

Popper, K.R./Lorenz, K.: Die Zukunft ist offen. Das Altenberger Gespräch. Mit Texten des Wiener Popper Symposions. München 1985.

Praktisches Bibelhandbuch. Wortkonkordanz. Stuttgart 1968 [9].

Przywara, E.: Augustinus. Die Gestalt als Gefüge. Leipzig 1934.

Psychologie heute. Das Bild des Menschen (monatlich). Weinheim.

Rahner, K./Vorgrimler, H.: Kleines Konzilskompendium. Alle Konstitutionen, Dekrete und Erklärungen des zweiten Vaticanums in der bischöflich genehmigten Übersetzung. Freiburg 1966 [3].

Rahner, K.: Grundkurs des Glaubens. Einführung in den Begriff des Christentums. Freiburg 1976 [8].

Rahner, K./Vorgrimler, H.: Kleines theologisches Wörterbuch. Freiburg 1961.

Rahner, K.: Grundkurs des Glaubens. Einführung in den Begriff des Christentums. Freiburg 1976 [8].

Ranke-Heinemann, U.: Eunuchen für das Himmelreich. Katholische Kirche und Sexualität. Hamburg 1988.

Riedl, R.: Biologie der Erkenntnis. Die stammesgeschichtlichen Grundlagen der Vernunft. München 1979.

Rock, M.: Die Umwelt ist uns anvertraut. Reihe: Sachbücher zu Fragen christlichen Glaubens. Mainz 1987.

Rogers, C.: Lernen in Freiheit. Zur Bildungsreform in Schule und Universität. München 1979 [3].

Rogers, C.: Die Grundlagen des personenzentrierten Ansatzes. In: Persönlichkeitsentwicklung durch Begegnung. Wien 1984.

Rogers, C.: Der neue Mensch. Stuttgart 1981.

Rogers, C.: Freiheit und Engament. Personenzentriertes Lehren und Lernen. München 1982.

Rosenberg, A.: Die Welt im Feuer. In: Ruppert 1985, S.148-152.

Rosenberg, A.: Durchbruch zur Zukunft. Der Mensch im Wassermann-Zeitalter. München 1985.

Roszak, Th.: Das unvollendete Tier. Eine neue Stufe in der Entwicklung des Menschen. München 1982.

Rudolph, K.: Die Gnosis. Wesen und Geschichte einer antiken Religion. Göttingen 1980[2].

Ruppert, H.-J.: Esoterik - Neuer Trend auf neuen Wegen. In: Dokumentation 3-4/87, S.4-20.

Ruppert, H.-J.: New Age - Das Zeitalter des Wassermanns. In: Dokumentation 3-4/87, S.21-32.

Ruppert, H.-J.: New Age. Endzeit oder Wendezeit? Wiesbaden 1985.

Russel, P.: Die erwachende Erde. Unser nächster Evolutionssprung. München 1984.

Satura, V.: Gedanken zu einer neuen Spiritualität und heutigen Mystik. In: Lebendige Seelsorge 1988, S.294-298.

Schachter, H.: Bibel, Glaube, Kirche. Ein Lexikon für junge Katholiken. Würzburg 1966.

Schaeffer, W./Bachmann, A. (Hg.): Neues Bewußtsein - neues Leben. Bausteine für eine menschliche Welt. München 1988.

Schäfer, P.: Herausforderung zur Umkehr. Katholische Dokumente, theologische Argumente, physikalische Begriffe und didaktische Strukturen zum Thema Umwelt. Hildesheim 1984.

Schaff, A.: Die Auswirkungen der mikroelektronischen Revolution auf die Gesellschaft. In: Berichte an den Club of Rome 1983, S.163-171.

Schelkle, K.H.: Das Neue Testament. Eine Einführung. Kevelaer 1966[3].

Schischkoff, G.: Philosophisches Wörterbuch. Stuttgart 1982[21].

Schiwy, G.: New Age-Spiritualität und Christentum. In: Bürkle 1988, S.82-104.

Schiwy, G.: Der Geist des neuen Zeitalters. New Age-Spiritualität und Christentum. München 1987.

Schiwy, G.: Teilhard de Chardin. Sein Leben und seine Zeit (2 Bde). München 1984.

Schiwy, G.: New Age Spiritualität und Christentum. In: Bürkle 1988, S.82-104.

Schlink, M.B.: New Age aus biblischer Sicht. Darmstadt-Eberstadt 1988[3].

Schneider, W.: New Age und Esoterik: Ausdruck des Unbehagens an "Nur-Rationalem". In: Lebendige Seelsorge 1988, S.334-340.

Schopenhauer, A.: Werke in zwei Bänden. Herausgegeben von Werner Brede. München o.J.

Schorsch, Ch.: Entstehungsbedingungen der New-Age-Bewegung. In: Lebendige Seelsorge 1988, S.258-263.

Schorsch, Ch.: Die New Age Bewegung. Utopie und Mythos einer neuen Zeit. Gütersloh 1988[2].

Schreijäck, Th.: Meditieren lernen und lehren. Christliche Meditation auf dem Hintergrund neuer religiöser Suchbewegungen. In: Lebendige Seelsorge 1988, S.311-315.

Sheldrake, R.: Das schöpferische Universum. In: Ruppert 1985, S.123-126.

Sheldrake, R.: Die Theorie der morphogenetischen Felder. In: Schaeffer/Bachmann 1988, S.261-283.

Simson, W.: Glauben an die Neue Zeit? New Age - die andere Religion. Basel 1988.

Sölle, D.: Das Recht ein anderer zu werden. München 1981.

Stowasser: Der kleine Stowasser. Lateinisch-deutsches Schulwörterbuch. Wien 1960.

Stürmer, E.: Zen - Zauber und Zucht? Wien 1973.

Sudbrack, J.: Beten ist menschlich. Aus der Erfahrung unseres Lebens mit Gott sprechen. Freiburg 1981.

Sudbrack, J.: Neue Religiosität. Herausforderung für die Christen. Mainz 1987.

Sudbrack, J.: Die vergessene Mystik und die Herausforderung des Christentums durch New Age. Würzburg 1988(a).

Sudbrack, J.: Mystik. Selbsterfahrung - Kosmische Erfahrung - Gotteserfahrung. Mainz 1988(b).

Synode: Leben und Wirken der Kirche von Wien. Handbuch der Synode 1969-1971. Wien 1972.

Talmud: Der babylonische Talmud. Ausgewählt, übersetzt und erklärt von Reinhold Mayer. München 1963[3].

Teilhard de Chardin, P.: Der Mensch im Kosmos - Le phénomène humain. München 1965.

Teilhard de Chardin, P.: Das Tor in die Zukunft. Ausgewählte Texte zu Fragen der Zeit (Hg. Günther Schiwy). München 1984.

Teilhard de Chardin, P.: Kosmische Gebete des Teilhard de Chardin (Hg. Günther Schiwy). Hildesheim 1986.

Teresa v.A.: Die innere Burg. Zürich 1979.

Tibusek, J.: Die neue Religiöse Kultur. New Age: Personen, Organisationen, Zitate. Gießen 1988.

Unger, H.: Frausein, Mannsein in der Welt. In: Das Thema 29, München 1987.

Valentin, F./Schmitt, A.: Lebendige Kirche. Neue geistliche Bewegungen. Mainz 1988.

Vocke, G.: Ikebana. Wiesbaden 1973.

Vulgata: Biblia Sacra iuxta Vulgatam Clementinam. Nova editio, Matriti MCMLXV.

Walf, K.: Der Exodus aus der Kirche - eine Frage der Veränderung des religiösen Bewußtseins? In: Walf 1983, S.147-173.

Walf, K. (Hg.): Stille Fluchten. Zur Veränderung des religiösen Bewußtseins. München 1983.

Walsh, N./Vaugham, F. (Hg.): Psychologie in der Wende. Grundlagen, Methoden und Ziele der Transpersonalen Psychologie. Eine Einführung in die Psychologie des Neuen Bewußtseins. Reinbek bei Hamburg 1987.

Walter, E.: Die Botschaft von den kommenden Dingen. Eschatologische Themen reflektiert, meditiert, verkündigt. Stuttgart 1973.

Waltherscheid, J./Gieraths, G.: Kirchengeschichte in Übersichten. Kevelaer 1961.

Wasserzieher, E.: Woher? Ableitendes Wörterbuch der deutschen Sprache. Bonn 1966.

Wehr, F.: Wörterbuch der Esoterik. Zugänge zum spirituellen Wissen. Freiburg 1989.

Weisswasser, E.: Umweltbewußt leben - aber wie. Reihe: Informationen der KFB. Wien 1986.

Welte, B.: Das Licht des Nichts. Von der Möglichkeit neuer religiöser Erfahrung, Düsseldorf 1985[2].

Wiehl, R. (Hg.): Geschichte der Philosophie in Text und Darstellung. 20.Jahrhundert (Band 8, Bubner), Stuttgart 1981.

Wilber, K.: Halbzeit der Evolution. Der Mensch auf dem Weg vom animalischen zum kosmischen Bewußtsein. Eine interdisziplinäre Darstellung der Entwicklung des menschlichen Geistes. Bern 1988.

Wilber, K.: Wege zum Selbst. Östliche und westliche Ansätze zum persönlichen Wachstum. München 1984.

Willigis: Der Alte aus Atlantis. Grafing 1988[3].

Wolff, T.: Studien zu C.G.Jungs Psychologie. Zürich 1981.

Wood, E.: Grundriß der Yogalehre. Die Praxis und die Gedankenwelt. Stuttgart 1961.

Zdarzil, H.: Pädagogische Anthropologie. Graz 1978[2].

Zdarzil, H./Olechowski, R.: Anthropologie und Psychologie des Erwachsenen. (Pöggeler, F. [Hg.]: Handbuch der Erwachsenenbildung, Band 3). Stuttgart 1976.

Ziegler, G.: Tarot - Spiegel der Seele. Handbuch zum Crowley-Tarot. Neuhausen 1988[12].

Zimmerli, W.Ch.: Die Zeitalter der angekündigten Zeitalter. "New Age" auf dem Prüfstand der philosophischen Kritik. In: Bürkle 1988, S.42-61.

PROSPEKTE, BILDUNGSANZEIGER, KATALOGE

Ansata: Ansata Verlag. Gesamtverzeichnis 1988/89. Ohne Erscheinungsort.

Aquamarin: Buch- und Musikkatalog. Grafing o.J.

Baker-Roshi, R.: Experience, not Philosophy. Rastenberg 1989.

Barth, O.W.: Kultur der Stille. Alte Traditionen - Neues Bewußtsein. München 1988.

Batschuns, Bildungshaus 1987-1988.

Bewußt-Sein: Programm und Forum mit Veranstaltungskalender. Wien 1989.

Bruckner/Kupitz: 'Rebirthing' oder 'Die Freiheit in dir'. Wien 1989.

Buddhistisches Zentrum: Programm Jänner-August 1989. Scheibbs 1989.

Dittmar, J.: Lebenshilfe und Esoterik. München 1988.

Erd, P.: PE-Journal. München o.J.

Focus: Stadtzentrum. Wien 1989.

Fries/Tersch: Reiki-Seminar. Wien 1989.

Knaur: Esoterik. Wege zur Weisheit des Herzens. München 1988.

Kösel: Psychologie und neues Bewußtsein. München 1988.

Lobgesang, M.: Prospekt zum Ausbildungsprojekt Healing Touch, Lehrgang in ganzheitlicher Massage und Energiearbeit. Wien 1989.

Maheshwarananda, P.S.: Harmonie für Körper, Geist und Seele. Yoga im täglichen Leben. Wien, o.J.

Mariatrost im Gespräch. Programmzeitschrift des Bildungshauses. Graz 1987-1988.

McLean, P.: Kontakte mit deinem Schutzgeist. Workshop. Wien 1989.

Megatherian: Bach-Blüten und Meditation. Rastenbach 1989.

Megatherion News. Vereinszeitung des Megatherion - Verein für ökologische Lebensführung und Meditative Praxis. Rastenbach bei Gföhl 1989.

Neuwaldegger Bildungskalender. Wien 1987-1988.

Ohlig, A.: Luna Yoga. Altenmarkt 1989.

Puchberg: Bildungshaus Schloß Puchberg. Termine, Themen, Seminare. Puchberg 1987-1988.

Schikowski, R.: Verlag Richard Schikowski. Berlin o.J.

Schneider: Chakraaktivierung, Selbstheilung und Entwicklung der Psi-Fähigkeiten. Wien 1989.

Sodalitas: Dialog. Katholisches Bildungsheim Sodalitas. Tainach (Bildungsanzeiger 1987-1988).

St. Bernhard: Bildungsanzeiger des Bildungshauses St. Bernhard. Wiener Neustadt 1987-1988.

St. Virgil aktuell. Termine, Themen, Reflexionen. Salzburg 1987-1988.

Urania Sachthemenprospekt: Tarot - Spiegel der Seele. Tarot, Kabbala, Zahlenmagie. Ohne Erscheinungsort und -jahr.

Therapie Products International: Lebensmut und Zuversicht. Subliminal. Gesundheitstraining für ihr Unterbewußtsein. New-Age-Motivations-Cassette 656. Landsberg 1986.

Wöß-Weerth: Rebirthing - Atmen und Körperarbeit. Wien 1989.

August Heuser

Erwachsenenbildung in katholischer Trägerschaft in Frankfurt am Main
Geschichte und Konzeptionen der Arbeit von 1945 bis 1981

Frankfurt/M., Bern, New York, Paris, 1988. 275 S.
Europäische Hochschulschriften: Reihe 23, Theologie. Bd. 327
ISBN 3-8204-1054-6   br./lam. DM 72.--/sFr. 60,--

Die Arbeit untersucht die Voraussetzungen und die Entwicklung der Erwachsenenbildung in katholischer Trägerschaft in Frankfurt am Main von 1945 bis 1981. Wesentlich für die Konzeption dieser Arbeit waren die Gedanken von Ernst Michel, Alfred Delp und Walter Dirks. Auf das Erbe dieser Männer, insbesondere auf ihr politisch-soziales Verständnis von Erwachsenenbildung, ist in der Erwachsenenbildung in katholischer Trägerschaft in Frankfurt nach 1945 immer wieder Bezug genommen worden. Von diesen Bezügen ausgehend, wurde in Frankfurt eine zeitgemäße katholische Erwachsenenbildung aufgebaut.

Aus dem Inhalt: Die Entwicklung der Erwachsenenbildung in katholischer Trägerschaft in Frankfurt – Programme und Konzeptionen – Träger und Aktivitäten – Ernst Michel – Walter Dirks – Alfred Delp – Beiträge der Erwachsenenbildung für die Stadt heute

Verlag Peter Lang Frankfurt a.M. · Bern · New York · Paris
Auslieferung: Verlag Peter Lang AG, Jupiterstr. 15, CH-3000 Bern 15
Telefon (004131) 321122, Telex pela ch 912 651, Telefax (004131) 321131
- Preisänderungen vorbehalten -